高等法学院校民商法学系列

Civil Law and Commercial Law Series Courses for the Higher Education of Law

债权法〔六版〕

Obligation Law

柳经纬　主编

厦门大学出版社 XIAMEN UNIVERSITY PRESS

国家一级出版社

全国百佳图书出版单位

图书在版编目(CIP)数据

债权法/柳经纬主编.—6 版.—厦门:厦门大学出版社，2018.12(2019.12 重印)
(高等法学院校民商法学系列)
ISBN 978-7-5615-7195-8

Ⅰ.①债… Ⅱ.①柳… Ⅲ.①债权法—中国—高等学校—教材 Ⅳ.①D923.3

中国版本图书馆 CIP 数据核字(2018)第 268123 号

出 版 人 郑文礼
责任编辑 施高翔 甘世恒

出版发行 厦门大学出版社
社 址 厦门市软件园二期望海路 39 号
邮政编码 361008
总 编 办 0592-2182177 0592-2181406(传真)
营销中心 0592-2184458 0592-2181365
网 址 http://www.xmupress.com
邮 箱 xmup@xmupress.com
印 刷 厦门集大印刷厂

开本 787 mm×1 092 mm 1/16
印张 23
插页 2
字数 546 千字
版次 2018 年 12 月第 6 版
印次 2019 年 12 月第 2 次印刷
定价 59.00 元

本书如有印装质量问题请直接寄承印厂调换

厦门大学出版社
微信二维码

厦门大学出版社
微博二维码

作者简介

（按照撰写内容先后排序）

柳经纬：国家“2011 计划”司法文明协同创新中心教授、团队首席科学家，中国政法大学教授、博士生导师。本书主编。

丁丽瑛：厦门大学法学院教授、博士生导师。撰写第一章、第二章、第三章、第四章、第五章。

何丽新：厦门大学法学院副院长、教授、博士生导师。撰写第六章、第七章、第八章、第九章、第十章。

陈海波：宁波大学法学院讲师。撰写第十一章、第十二章、第十三章、第十四章、第十五章、第十六章、第十七章。

朱泉鹰，厦门大学法学院民商法教研室主任、副教授、硕士生导师。撰写第十八章。

总 序

伴随着我国法学教育的快速发展，我国的法学教材建设也呈现日益繁荣的景象。在民商法学科，以高校教师为主体组织编写出版的各种系列教材，不仅大大促进了民商法学科的教材建设，而且也为法科学生学习民商法选用教材提供了比较大的空间。同时，伴随着我国市场化改革的深入和社会主义市场经济体制的逐步建立，我国的民商法学理论也获得了长足的进步，无论是研究领域的宽度还是研究领域的深度，民商法理论的进步与发展都是有目共睹的，也是令人欣喜的。我国民商法理论的进步与发展也充分反映在我国民商法学科教材的建设之中。进入21世纪以来出版的民商法学系列教材逐步改变了20世纪80年代以来存在的一本民法教材贯穿全部民法课程学习过程的状况，不仅出版了民商法学的系列教材，而且教材的内容比过去丰富得多，理论深度也比过去大得多。进而，90年代以来，我国的民商法学教材建设也逐渐摆脱了80年代民法教材所具有的苏俄民法学教科书的影响，在构建我国科学的民商法学理论体系方面发挥着其他出版物所不可替代的积极作用。

本系列教材是我与我过去的厦门大学法律系民商法教研室的同事共同努力的成果，也是与厦门大学出版社良好合作的结果。自2000年陆续出版以来，多次重印，陆续再版，逐渐被多所高校法学院系采用，作为本科教学的教材或教学参考书，有的还被选作硕士研究生教学的教材或参考书。2007年在教育部组织的"普通高等教育'十一五'国家级教材规划"评选中，本系列中的《民法总论》和《商法》还被选定为规划教材。

这些对于我和我过去的同事来说，无疑是一种极大的鼓励，也是一种无形的鞭策。我们将不辜负广大读者的厚爱，继续做好本系列教材的修订与再版工作，不断完善教材的内容和体系，尽力为民商法教学提供一套好的教材。

柳经纬

2007年12月22日

于中国政法大学

第六版前言

2017年10月1日开始实施的《中华人民共和国民法总则》在中国民事立法史上具有里程碑式的意义，不仅确立了民法典的基本制度框架，标志着我国民法典编纂的第一步已经顺利完成，并且规定了民事活动的基本原则和一般规定，尤其是以民事权利为中心，科学、系统地规范了市场经济和社会生活的基本规则，有效协调了民法与商法之间的关系，消除了原先存在的《民法通则》与有关单行法律之间的冲突和矛盾。债权法是民法的重要构成部分，《民法总则》也体现了调整债的关系的基本准则。我们注意到，《民法总则》基本上吸收了《民法通则》的民事基本制度和一般性规定，同时做了补充、完善和发展。但在效力方面，《民法总则》通过后，并没有废止《民法通则》的效力，二者是一种并行适用的关系，在二者规定不一致的情况下，应适用《民法总则》。基此，我们对《债权法》第五版再次进行修订，及时吸收了《民法总则》的立法精神、立法内容，以及相关的司法实践和学术研究成果，以确保教材的出版质量和教学的使用需求。

编　者

2018年12月

前　言

民商法学博大精深，不仅理论内容丰富，而且极具实用性。在我国建立社会主义市场经济体制和实现依法治国宏伟目标的过程中，民商法作为社会主义法律体系中最为基础性的法律部门，涉及社会生活的各个方面，因而越来越受到广泛的认同。民商法学理论研究也随之成为学者和研修法律学科的人士钟情的法学领域之一。近年来，民商法学科考研热即是一个很好的说明，1999 年合同法颁行引起的遍及全国的合同法出书热和学习热更是一个很好的例证。

确立社会主义市场经济体制以来，我国民商法学科发展迅速，研究成果令人瞩目，我国民商法学理论也逐渐趋于成熟。将民商法学的理论与我国法律实务加以梳理，编写一套民商法学系列读物，使之既能系统反映民商法学的基本理论，又能结合我国法律实务，探讨实践中提出的民商法律问题；既可作为高校法学专业教材，又可供一般读者学习民商法学理论知识之用。这是全体作者共同的愿望。厦门大学法学院民商法学是福建省重点学科，“民商法学系列”是本学科规划建设中的成果形式之一。本系列的出版得到厦门大学出版社的大力支持，编辑施高翔先生为本系列的策划、编辑付出了大量精力，特此表示谢意。

《债权法》为厦门大学法学院民商法学系列之一，由柳经纬主编，蒋月、丁丽瑛副主编，具体分工如下：丁丽瑛撰写第一、二、三章；蒋月撰写第四、五章；何丽新撰写第六、七、八、九、十章；陈海波撰写第十一、十二、十三、十四、十五、十六章；朱泉鹰撰写第十七章；全书由柳经纬统稿，洪艳蓉参加了部分章节的修改、统稿工作。

本书不足之处，祈请读者和专家批评指正。

柳经纬

2000 年 8 月

目　录

第 1 章

绪论

第一节　债法的概念

债法是民法的一个组成部分，债法在民法乃至整个民商法律体系中占有重要的地位。按照传统民法的理论，民法可以分为人身关系法和财产关系法两个组成部分。其中，财产关系法主要包括物权法和债权法。债法作为一种财产法律制度，与物权法具有不同的调整对象，在促进商品经济发展中发挥着不同的作用。物权法规范财产的支配和利用关系，调整的是静态的财产关系，目的在于维护财产的静态安全；债权法规范财产交易和因保护财产或人身权益而产生的财产流转关系，调整的主要是动态的财产关系，目的在于维护财产的动态交易安全。同时，债法调整的内容并不仅限于财产关系，还包括部分与人身关系法交叉的人身关系，如因人身侵害而产生的债的关系。但因债法所调整的涉及人身关系的部分最终主要体现为损害赔偿责任，因而人们仍将债法归为财产法。债法规范财产交易规则，保障交易安全，并提供财产和人身权益保护的救济措施，在社会生活和经济交往中发挥着难以替代的重要作用。

债法可作广义和狭义之分。狭义的债法又称为形式意义上的债法，仅指有关债的法典或民法典中的债编，前者如瑞士债务法；后者如《德国民法典》第二编"债务关系法"、《意大利民法典》第四编"债"、《日本民法典》第三编"债权"。广义的债法又称为实质意义上的债法，是指调整债的关系的法律规范的总称。除有关债的法典或民法典中的债编外，实质意义上的债法还包括有关债的单行条例、其他法律和法规中有关债的条款、有约束力的判例及立法、司法解释，以及司法中适用的国际公约、双边条约的相关内容等一切关于债的规范性文件。故学者认为，债法者，从实质意义而言，乃以规范债之关系为内容之法规，含制定法（民法债编、民法其他各编及其他民事特别法）及非制定法（习惯、判例及法理）；从形式意义而言，则专指民法债编，包括通则及各种之债。[①] 在大陆法系国家，债法主要表现为民法典的一编或单行法的形式；在普通法系国家，债法存在于合同法和侵权行为法中，主要形式是判例法，辅以少量的单行成文法规。我国尚未制定民法典，原有《民法通则》第五章第二节"债权"和第六章"民事责任"构成债法的组成部分，现有的 2017 年 10 月 1 日生效的《中华人民

① 林诚二：《民法债编总论——体系化解说》，中国人民大学出版社 2003 年版，第 1 页。

共和国民法总则》第五章民事权利中第118条至第122条关于债权、债的发生根据，以及第八章民事责任构成债法的组成部分。此外，《合同法》《担保法》《侵权责任法》《物权法》以及《海商法》《民用航空法》《保险法》等民事特别法中有关合同、担保、侵权责任、损害赔偿的规定，构成我国现行债法的主要法律渊源。

第二节 债法的特征

债法作为民法的组成部分，具有民法的私法、权利法等共同属性。但债法作为规范债权债务关系的法律有其自身的特点，并在社会经济生活中具有特殊的作用。

第一，债法为财产法中的交易法。债法原则上是一种私法，它规范民事主体之间有关债权债务之法律关系。债权为财产权，因而债法为一种财产法，主要规范平等主体之间基于财产流转而发生的债权债务关系，与商品经济密切相关。债的关系多由交易关系而产生，构成债的主要内容的合同是商品交换的法律形式。同时，债法的主要功能是为财产交易安全提供法的保障，维护社会经济的有序发展。

第二，债法为任意法。债法以债权债务关系为调整对象，而债权债务关系是发生在特定的民事主体之间的，其权利主体和义务主体均为特定，具有相对性。因而债法是特定主体的行为规范，反映和保护的也是特定群体的利益，与社会公共利益没有直接的联系。债法的内容更多地强调和体现当事人的意思自治，其规范多为任意性规范，以“当事人另有约定的除外”为适用例外，即允许当事人协商确定债的具体内容以及所产生的法律后果，以排除债法一般性规定的适用。这在合同法中表现尤为突出，“契约自由”是民法意思自治原则的集中体现，合同当事人可以在法律规定的范围内，根据自己的意愿缔结合同，确定合同的条款，选择解决合同纠纷的方式，他人不得干预。意思自治或合同自由正是通过债法的任意性规范而得以实现的。

第三，债法具有广泛适用性。在现代社会的各个领域，民事主体间的交往广泛地采用债的关系进行，人们不仅在有形财产交易中采用债的关系，而且在无形资产转让、许可使用，甚至婚姻关系中夫妻财产的处理，也被允许采用债的关系来处理。债法的原则和基本规则被普遍地适用于社会生活的种种交往中。从这个意义上讲，现代商品经济的高度发达，已使法律调整和保护的重心从物权法转向债法。

第四，债法的发展有国际化的统一趋势。现代商品经济的发展，早已使财产交易突破了国与国的界限，国际有形货物贸易和无形知识产权交易的迅速发展，必然要求消除各国债法的法律冲突，建立统一的债法规则，这使各国债法的制定或修订都不同程度地表现出与国际惯例接轨、融合或与立法发达国家的法律趋同的发展趋势。《联合国国际货物买卖合同公约》《国际商事合同通则》成为包括我国在内的许多国家合同法立法的参考。目前，全球电子商务的发展，已使电子商务合同取代货物买卖合同成为现代合同法的重点。电子商务主要是借助于国际互联网进行的，而网络无国界，国际互联网具有全球性、交互性和开放性。这就要求国际进行统一的电子商务立法，各国债法中涉及电子商务合同的法律规范是不可能各自为政的。相比之下，物权法则较为稳定，有比较严格的地域性，尤其是不动产物权的法律规范更是强调以不动产所在地的法律传统或民族习俗、惯例为基础，并不追求国际统一化的发展。

第三节 债法的沿革

债法作为民法的一个重要组成部分，是随着民法的发展而逐渐发达和完备起来的。以财产交易制度为内容的债法的产生被认为晚于以财产占有制度为内容的物权法，[①]债法的渊源是随着商品经济的发展，在物的交换出现后才逐渐建立起来的交易规则。

一、大陆法系法典化国家债法的沿革

大陆法系国家以及受大陆法系成文法传统影响而制定民法典的国家，其债法的渊源与发展以成文法为主，且以罗马法上之契约和侵权行为法之规定为基础。古罗马《十二铜表法》的第三表为债务法，第八表为伤害法(即侵权行为法之渊源)。查士丁尼国法大全更是将债细分为契约之债、准契约之债、不法行为之债和准不法行为之债，对买卖、租赁、合伙、委任、侵权行为等问题，有详尽之规定。古雅典执政官梭伦改革时期，法律上已有自由之债(即合同之债)和不自由之债(即侵权行为之债)，对质权、抵押权、保证等债的担保也有所规定。在罗马国家，简单商品经济比较发达，为债法从初创到基本成型提供了社会物质生活条件，债的概念、债的成立、债的效力、债的担保等已有相应的规范。具体的，在合同法方面，完成了从“口头契约”到“文书契约”“要物契约”，最后到“诺成契约”的发展，从而建立了现代合同的概念；奴隶与牲畜、物品等动产及房屋、土地等不动产为合同的标的物或交易的对象；债的主体受到严格的限定，债的关系以家族为单位，家子不具有债法上的主体资格；法律对合同的限制和干预较多，允许债权人对债务人采取刑罚制裁。在侵权行为法方面，虽对侵害人身和财产的行为的制裁仍是民刑不分，但已建立对受害人的赔偿制度，并将侵权行为列入债的发生根据。

资产阶级国家建立以后，商品经济高度发展，债的关系与债的观念也更加发达，债法得到全面发展。执政的资产阶级奉行“天赋人权”“意思自治”“人格平等”等信念，确立了个人本位和权利本位为指导思想的资产阶级法律制度。这种思想和观念同样在债法领域得以贯彻。在合同之债方面，契约自由上升为合同法最基本的原则，当事人的合意成为合同成立的首要条件，也是合同解释的基础。在侵权之债方面，资本主义国家已将侵权行为与犯罪行为严格区分开来，并以过错责任作为侵权责任的归责原则。在这一时期，借法典编纂之风，债法也得以成文法典的形式获得完善，《法国民法典》、《德国民法典》、《意大利民法典》、《日本民法典》中的债法都普遍地将契约、无因管理、不当得利和侵权行为列为债的发生根据，并对各种合同之债有详细的规定。同时，在民法典以外，不少国家的商法典中，如《法国商法典》、《德国商法典》、《意大利商法典》也涉及票据、保险、海商等商事合同的规定。

进入 20 世纪以来，资本主义垄断经济对原有的自由经济下产生的债法带来了很大的冲

---

① 张广兴:《债法总论》,法律出版社 1997 年版,第 8 页。

击。在合同法领域，契约自由原则受到限制，各种标准合同大量出现，诚实信用、缔约过失、情势变更、契约对第三人的效力等债法理论在债法中得到体现，并在司法实务中发挥着应有的作用，合同法得到了丰富和充实，以适应现代商品经济高度发达和交易对象复杂多样的需要。商品跨国交易的增加与频繁，使债的关系突破国境界限，国际社会开始致力于统一的国际或区域性的债法立法，有关合同的国际公约或规则陆续缔结，债法出现国际化的发展趋向。在侵权行为法领域，大工业的发展产生了越来越多的工业事故和社会公害，伴随着这种难以归咎于加害人明显主观过错的损害赔偿诉讼的增多，过错责任原则的基础变得难以令人信服。侵权损害赔偿制度的补偿性职能被重视，立法上开始出现无过错责任的规定。

二、英美法系判例法国家债法的渊源

以英国、美国为主要代表的英美法系国家，基于其判例法传统，基本没有成文的民法典，自然也未有系统的成文债法，甚至没有相应的明确的债的概念。英美法系国家包括合同、无因管理、不当得利、侵权行为在内的债法的渊源的基本特点是依循判例，辅之以少量的单行成文法规。这些单行成文法规虽也涉及合同、侵权行为等债的关系的调整，但是未有抽象意义上适用于解决债的关系的一般准则，也未能涵盖所有债的关系。

在18世纪以前，英国的契约法、侵权行为法主要是判例法，成文立法极少，作用也极为有限。19世纪中叶以后，英国有关债法的成文法规增加，先后制定了《灾害事故赔偿法》《汇票法》《合伙法》《货物买卖法》《信托法》《贷款法》《海事保险法》《破产法》等成文单行法。成文单行法的制定，使判例的作用相对下降，但判例的主导地位仍未动摇。美国承袭英国的法律传统，判例也是其债法的主要渊源。但20世纪以来，美国也先后制定了《统一买卖法》《统一附条件买卖法》《联邦侵权索赔法》《统一商法典》《消费者产品安全法》等。与英国不同的，美国属联邦制国家，存在联邦与州之间的立法分权，各州制定成文债法的具体情形和内容有所不同，因而判例法在债法发展中的作用似乎更大一些。此外，美国法学会已主持完成了《合同法重述》《侵权行为法重述》等多部“法律重述”，这些“法律重述”被学者认为虽不能等同于成文立法，但因使用类似于法典的形式重新阐述普通法的规则而具有高度的权威。[①]在债法的发展中，英美法系国家虽采用不同的法律传统，但其在各个不同时期对债法所采用的法律原则与大陆法系国家的成文债法的规定大致相同的。当然，有些规定却也是其特有的，如约因、合同落空原则、合同默示条款。

三、我国债法的产生与发展

在我国古代，债的关系已经存在，但极不发达。在清末以前，我国因不存在形式上的民法，也未有现代意义上的债法，对债的关系的处理乃是属于习惯法范围。光绪二十八年(1902年)清朝光绪皇帝下诏参酌外国法律，改定律例，于宣统三年(1911年)完成《大清民律草案》。《大清民律草案》是我国第一部民法典草案，分总则、债权、物权、亲属、继承五编。其中债编仿德国、日本民法体例，并吸收了外国法中的债、无因管理、不当得利、侵权行为等新概念和新制度，反映了当时世界上最新立法成果，同时保留了中国固有的一些法律制度。该

① 李双元、温世扬主编：《比较民法学》，武汉大学出版社1998年版，第512页。

草案因清朝灭亡而未能公布施行，但为后来的民商立法奠定了基础。

民国成立后，民国政府以第一次民律草案为蓝本，在调查各省民事、商事习惯，参考各国最新立法的基础上，于1925年—1926年先后完成民法第二次草案各编。其中第二编受瑞士债务法的影响，编名改为“债”，以示兼顾债权人和债务人双方利益，债编中的具体内容也有所改动。该草案虽被各级法院以法理引用，但因政治时局变化，也未正式施行。南京国民政府成立后，于1928年成立立法院，次年该院设立民法起草委员会，并确立了民商合一的立法体制，进行民商法统一法典的编订。其中《中华民国民法·债编》于1929年11月22日公布，并于1930年5月5日起施行。同时《民法债编施行法》(共15条)也于同年2月10日公布，与民法债编同时施行。《中华民国民法·债编》以前两次民律草案为蓝本，借鉴《德国民法典》《瑞士债务法》的规定，并受苏俄民法和泰国民法的影响，对各种债的关系的规定已十分翔实，体现了现代意义的债的关系和债的观念，成为我国第一部现代债法。1949年中华人民共和国成立，《中国人民政治协商会议共同纲领》明确宣布废除国民党的“六法全书”，《中华民国民法·债编》不再适用于中国大陆，但仍在我国台湾地区施行。目前台湾现行债法为1999年4月2日通过，并于2000年5月5日起施行的修正案。

新中国成立后，受苏联模式影响，我国在较长的一段时期内，实行高度集中的计划经济体制，商品经济被否定，除简单的民间合同外，社会经济生活中的合同关系受国家指令性计划的严重制约，行政性计划调拨成为财产流转的常规形式。1978年十一届三中全会以后，我国大力发展社会主义商品经济，实行改革开放的政策，注意用经济手段和法律手段管理经济，逐步减少了指令性计划的运用，从而为以合同法为主的债法的发展提供了客观条件。为了适应商品经济的发展和社会主义市场经济体制的建立与发展，我国先后颁布了《中华人民共和国经济合同法》(1981年)、《中华人民共和国涉外经济合同法》(1985年)、《中华人民共和国技术合同法》(1987年)，并由国务院及其部委根据授权制定了《工矿产品购销合同条例》《农副产品购销合同条例》等，从而确立了我国合同法的基本原则和基本制度。1986年4月颁布的《中华人民共和国民法通则》标志着我国民事立法开始走向体系化。我国《民法通则》不仅对合同、无因管理、不当得利以及侵权行为均做了原则性规定，并且明确界定：“债是按照合同的约定或者依照法律的规定，在当事人之间产生的特定的权利和义务关系。”

1999年3月15日九届人大二次会议通过了《中华人民共和国合同法》(1999年10月1日起施行)，原有的《中华人民共和国经济合同法》《中华人民共和国涉外经济合同法》《中华人民共和国技术合同法》同时废止。合同法的颁布结束了我国合同法“三法鼎立”的局面，实现了合同法的统一。合同法吸收了大陆法系和英美法系国家合同法的规定，确立了诸如缔约过失责任、根本违约、预期违约、同时履行抗辩权和不安抗辩权、债权人的代位权、撤销权等规定，同时重视债法的国际化趋向，在合同的订立、形式、效力等方面注重与国际惯例衔接。合同法的颁布有利于保障和促进社会主义市场经济的发展。《合同法》颁布后，最高人民法院分别于1999年12月和2009年2月通过了《最高人民法院关于适用〈中华人民共和国合同法〉若干问题的解释(一)》[简称《合同法解释(一)》]和《最高人民法院关于适用〈中华人民共和国合同法〉若干问题的解释(二)》[简称《合同法解释(二)》]，就人民法院适用《合同法》的有关规定正确审理合同纠纷案件作出具体的解释。此外，针对一些典型合同纠纷案件适用法律问题，最高人民法院也先后通过了《最高人民法院关于审理商品房买卖合同纠纷案件适用法律若干问题的解释》(2003 年 3 月 24 日通过,2003 年 6 月 1 日起施行)、《最高人民法院关于审理城镇房屋租赁合同纠纷案件具体应用法律若干问题的解释》(2009 年 6 月 22 日通过,2009 年 9 月 1 日起施行)、《最高人民法院关于审理买卖合同纠纷案件适用法律问题的解释》(2012 年 3 月 31 日通过,2012 年 7 月 1 日起施行)、《最高人民法院关于审理融资租赁合同纠纷案件适用法律问题的解释》(2013 年 11 月 25 日通过,2014 年 3 月 1 日起施行)。这些司法解释不仅结合民事审判实践,为人民法院正确审理合同纠纷案件,依法保护当事人的合法权益,确保国家法律的准确统一实施,提供了依据,也进一步明晰了合同交易主体之间的法律关系,符合市场经济体制的发展需求,并且在一定程度上丰富了我国债法的内容。

为促进资金融通和商品流通,保障债权的实现,发展社会主义市场经济,1995 年 6 月 30 日第八届全国人民代表大会常务委员会第十四次会议通过《中华人民共和国担保法》(1995 年 10 月 1 日起施行)。根据《担保法》的规定,债权人在借贷、买卖、货物运输、加工承揽等民事活动中,需要以担保方式保障其债权实现的,可以依法设定担保。《担保法》颁布后,最高人民法院为了正确适用《担保法》,于 2000 年 9 月通过《最高人民法院关于适用〈中华人民共和国担保法〉若干问题的解释》(2000 年 12 月 13 日起施行,简称《担保法解释》),结合审判实践经验,对人民法院审理担保纠纷案件适用法律问题作出解释。2007 年 3 月 16 日第十届全国人民代表大会第五次会议通过《中华人民共和国物权法》(2007 年 10 月 1 日起施行),其中第四编为"担保物权",内容包括"一般规定""抵押权""质权""留置权"四章。《物权法》"担保物权"编糅合了《担保法》《担保法解释》的规定,并有所补充和完善,但部分内容可能与《担保法》的规定存在冲突。根据"新法优于旧法"的原则,在《担保法》修订之前,《担保法》的规定与《物权法》中关于担保物权的规定相冲突的,应当适用《物权法》的规定。

为保护民事主体的合法权益,明确侵权责任,预防并制裁侵权行为,促进社会和谐稳定,2009 年 12 月 26 日第十一届全国人民代表大会常务委员会第十二次会议通过《中华人民共和国侵权责任法》(简称《侵权责任法》,2010 年 7 月 1 日起施行)。该法的颁布和施行标志着我国债法制度的健全和完善,为民事主体维护其合法权益以及人民法院处理侵权纠纷提供了明确的法律依据。针对《侵权责任法》的颁布,最高人民法院发布《最高人民法院关于适用〈中华人民共和国侵权责任法〉若干问题的通知》,就正确适用《侵权责任法》作出简要解释。

目前,我国民法典编纂工作的"逐步到位"思路已经获得共识,并得到立法部门的认同。作为《民法典》重要构成内容的《合同法》《物权法》《侵权责任法》的颁布和施行表明"分编审议、分编通过"将成为我国制定《民法典》的主要方式,作为民法重要组成部分的债法将借助于我国民法典的制定而得以统一和完善。

第四节 债法的体系与体例

债法的体系和体例主要是针对形式意义上的债法即成文法典化的债法而言的。债法体系是指债法所调整的社会关系的范畴。债法体例是指债法的编纂体例或结构形式。

一、债法的体系

按照传统民法学的观点，债的发生根据有合同、无因管理、不当得利、侵权行为，因而许多大陆法系国家民法典均将债的一般规定、合同、无因管理、不当得利、侵权行为纳入债权编。我国《民法通则》第五章第二节规定"债权"，但内容仅涉及债和合同的一般规则，以及无因管理和不当得利，另在第六章规定包括违约责任和侵权责任在内的民事责任。2017 年 10 月 1 日生效的《中华人民共和国民法总则》未见专门的债权章节，但在第五章民事权利中第 118 条至第 122 条中规定了债权的概念、债的发生根据，并在第八章规定民事责任。从法的形式上看，传统的债法体系应包括民法典总则编适用于债的规范（如法律行为）、债编以及民法典分则其他编和其他法律关于债的规定。其核心部分是民法典的债编，内容包括债的一般规范（即债法总则）和合同、侵权行为等各种具体类型的债（债法分则）。①

考察属于法学阶梯体系的法国、意大利、瑞士、荷兰民法典和属于学说汇纂体系的德国、日本、泰国、俄罗斯、我国台湾地区和澳门地区民法典，"总则—分则"的结构是各国和地区民法典债法体系的基本模式。在内容上，作为债的一般规范的债法总则的内容大体相似，但债法分则的内容则有所区别，并且在债法体系内，还内存着"总则—分则"的合同法律体系，由此构成了内在双层"总则—分则"结构的债法体系。②

我们赞成这样的观点：就内容构成而言，债法的体系可以由债法总则、典型之债和非典型之债构成。其中，典型之债是指民法典债编所规定的基本类型的债，从多数国家或地区的民法典的规定来看，它大致包括四种：合同之债、无因管理之债、不当得利之债和侵权行为之债；非典型之债是指不能为前四种典型之债所涵盖的分布于民法典债编以外以及民商事特别法乃至其他法律上的债。③

二、债法的体例

关于债法的体例，各国民法典的编纂体例有所不同。1804 年的《法国民法典》没有独立的债编，而是将债的内容置于第三编"取得财产的各种方法"之中，债法分散地体现于"契约或合意之债的一般规定""非因合意所发生之债"以及买卖、互易、租赁、合伙、借贷、寄托、委托、保证等具体契约的规定中。《德国民法典》将债法设于物权法之前，列为第二编"债务关系法"，内容包括债的一般规定和债的特别规定，前者是关于债务关系的内容、债务消灭、债权转让和债务承担、债的主体等一般规则；后者则是具体的合同债务关系和法定的（包括无因管理、不当得利、侵权行为等）债务关系。《日本民法典》将"债权"列为第三编，并分为债权总论、契约、无因管理、不当得利、侵权行为。《意大利民法典》的第四编为"债"，分为债的总论、契约总论、各类契约、单方允诺、有价证券、无因管理、非债给付、不当得利、不法行为。我

① 柳经纬：《当代中国债权立法问题研究》，北京大学出版社 2009 年版，第 7 页。

② 柳经纬：《当代中国债权立法问题研究》，北京大学出版社 2009 年版，第 141 页。

③ 柳经纬：《当代中国债权立法问题研究》，北京大学出版社 2009 年版，第 54 页。

国台湾地区现行民法典采用德国立法例，不仅将债编单列，而且在编次上将债编置于物权编之前。[①] 债编分为二章，第一章为通则，包括债之发生、债之标的、债之效力、多数债务人及债权人、债之转移、债之消灭，为各种法定之债之概括和通用规则。第二章为各种之债，包括买卖、互易等各种典型合同。

在我国制定统一的民法典之前，民法学理上对于债法体例有多种看法，[②]在我国民法典制定问题的讨论中也有许多不同见解，具体的主要体现在以下几方面的争论中：

一是关于侵权行为法是否"独立成编"的争论。赞成"独立成编"者认为："将侵权行为作为债的发生原因之一，侵权行为责任（损害赔偿）转化为债的观念，已与现代发展了的多种民事责任形式相抵触。侵权行为的本质属性是责任而不是债。为制裁侵权行为，充分保护权利人的民事权益，应当将侵权行为从债的体系中分离出来，使之称为与债并列的独立的民事法律制度。"[③]还有学者充分肯定英美法系侵权行为法独立模式的合理性，认为侵权行为法归属于债法并非天经地义，侵权行为法应当从债法体系中分离出来，从而成为民法体系中独立的一支。[④] 反对"独立成编"者认为，主张将侵权行为法独立成编的学者是受英美法的影响，但我国是一个属于大陆法系的国家，多年积累的传统不应轻易放弃，若将侵权行为法独立，则会马上引起债的制度的动摇，可能引起整个体系的混乱。[⑤]

二是关于是否设立债法总则的争论。许多学者赞成设立"债权总则"。有学者的立法建议稿认为应当将"债权法"分为"债权总则""合同法"和"侵权行为法"三编，以"债权总则编"统属"合同法编"和"侵权行为法编"，以此维持"债权法"内部的逻辑性和体系性。[⑥] 有学者认为，债法体系由债法总则和债法分则构成。将各种债的规范加以抽象和提升，形成能够适用于各种债的关系的一般性规范，由此构成债法总则的规范体系，是民法的重要组成部分。此外，设立债法总则也是取决于我国的民法理论传统，是大多数国家（地区）法典的通例，也是构建科学的债法体系所要求。[⑦] 但也有学者反对设立债法总则。其理由之一是认为"我们不能把任何东西都高度地概括抽象"，在每一种法方面都设一个总则，然后才是具体的法，这样的做法并不适宜。[⑧] 还有学者质疑设立债法总则的合理性，认为能对整个债法起到统

---

① 依台湾学者王泽鉴之见解，债法在现代民法编制上，应编于物权编之前或后，系一实质问题，而非体制问题。在工业未发达以前，民法是以"土地"为财产之核心，故物权编在先，债权仅是作为取得物权的一个方法而已。在工业发达后，物权被认为是在辅助债权，以债权实现物权之经济价值，故债权编于物权编之前。参见林诚二：《民法债编总论——体系化解说》，中国人民大学出版社 2003 年版，第 3 页。

② 详见刘心稳主编：《中国民法学研究述评》，中国政法大学出版社 1996 年版，第 456～457 页 。

③ 魏振瀛：《论债与责任的融合与分离——兼论中国民法体系之革新》，载《中国法学》1998 年第 1 期。

④ 王利明：《论中国民法典的制订》，载《 政法论坛》1998 年第 5 期。

⑤ 徐国栋：《民法典草案的基本结构——以民法的调整对象理论为中心》，载《法学研究》2000 年第 1 期。

⑥ 中国民法典立法研究课题组（负责人：梁慧星）：《中国民法典草案建议稿附理由：债法总则编》，法律出版社 2006 年版，第 3 页。

⑦ 柳经纬：《当代中国债权立法问题研究》，北京大学出版社 2009 年版，第 181～188 页。

⑧ 江平、梁慧星、王利明：《中国民法典的立法思路和立法体例》，载王卫国主编：《中国民法典论坛（2002－2005）》，中国政法大学出版社 2006 年版，第 5 页。

率作用的实际上是债权概念而不是债法总则，债法总则的设立对整个债法的存在并不一定是决定性意义的，并且在解决实际纠纷时，由于法律上或事实上的限制，债的一般性规定的适用“几乎不曾发生或是很少发生过”，“从未发生其作为总则的理想效用”，因而认为“从实证角度出发，债法总则存在就属多余了”。[①] 也有学者从债法总则与合同法总则的关系出发，认为我国立法事实上已经采用了合同法总则调整债法内容的情形，这主要表现为《合同法》中对合同概念的规定。此外，我国的《合同法》在总则性的规定已经将传统债法总则的内容几乎已经全部涵盖。在此种情况下，再规定债法总则无疑多余。[②]

三是关于民事责任是否应当成为债法的独立组成部分的争论。多数学者在承认债与责任的概念区别及二者的分离的同时，反对将民事责任列为债法的独立组成部分，认为应当将民事责任分散在债法各项具体制度中。[③]

四是关于于无因管理之债与不当得利之债在债法编中的编排模式，我国民法学界也有过争论。一是因为两者类似于准契约，是一种法律上的拟制，实际上可以产生类似于合同的效力，故将两者编排到合同法中；二是将两者作为意定之债、侵权行为之债的补充，置于债法总则中；三是直接将两者单列成章节。[④] 我们倾向于将债法分为债法总则、合同法和侵权责任法三部分。无因管理和不当得利可以列入债法总则中的“债的发生” 部分。

---

① 覃有土、麻昌华：《我国民法典中债法总则的存废》，载《法学》2003 年第 5 期。

② 许中缘：《合同的概念与我国债法总则的存废——兼论我国民法典的体系》，载《清华法学》2010 第 1 期。

③ 刘心稳主编：《中国民法学研究述评》，中国政法大学出版社 1996 年版，第 458 页；魏振瀛：《论债与责任的融合与分离》，载《中国法学》1998 年第 1 期；王利明：《论中国民法典的制订》，载《政法论坛》1998 年第 5 期。

④ 孙若蒙：《我国民法典债法编结构设计探讨》，《山东理工大学学报(社会科学版)》2014 年第 1 期。

第2章 债的概述

第一节 债的概念

一、债的概念

债，是指特定民事主体之间请求为特定行为的民事法律关系。我国《民法通则》第 84 条规定："债是按照合同的约定或者依照法律的规定，在当事人之间产生的特定的权利和义务关系。享有权利的人是债权人，负有义务的人是债务人。"在债的法律关系中，当事人双方为债权人和债务人。自债权人一方而言，债的关系体现为债权，债权人有权请求对方当事人为特定的行为；自债务人一方而言，债的关系体现为债务，债务人有义务为满足对方当事人的要求而为特定的行为。

现代民法中的债的概念源自罗马法。罗马法上表示债的词为"obligatio"，意指债权、债务或债权债务关系，被认为是现代意义上债的概念。关于罗马法上债的概念，《法学阶梯》认为，"债是法律关系，基于这种法律关系，我们受到约束而必须依照我们国家的法律给付某物的义务。"[①]《学说汇纂》认为，"债的本质不在于我们取得某物的所有权或者获得役权，而在于其他人必须给我们某物或者做或履行某事。"[②]

现代民法中的债的概念至少包含以下含义：(1)债是一种法律关系，它以债权债务为内容，既指债权，也指债务。(2)债的范围相当广泛，包括合同之债、无因管理之债、不当得利之债、侵权行为之债，甚至逐渐扩大到缔约过失、单方允诺。(3)债的标的为给付，请求为特定行为，包括给付金钱、移转权利、交付财物、提供劳务等。(4)债的关系受国家法律保护，该关系依法形成后可以强制实现。

二、债的本质

债的形成是社会经济生活的反映。商品经济的发展，使财产交易不再限于物物交换或即时清结的交易，债成为民事主体参与经济交往的一种手段。因而，债的本质被认为是法律上可期待的信用，是实现某种特定利益的信用手段。债是建立在特定的债权人和债务人之

---

① [意]查士丁尼：《法学总论——法学阶梯》，张企泰译，商务印书馆 1989 年版，第 158 页。

② [意]彼德罗・彭梵得：《罗马法教科书》，黄风译，中国政法大学出版社 1992 年版，第 283～284 页。

间的权利义务关系，债的实质并不是直接带给权利主体某一财物，而是使相对应的义务主体必须实施某种特定的行为，因而债法强调债是债权人实现其特定利益的法律手段。债的关系的设定，目的是保障当事人的利益得到完全的满足，或者使当事人受到损害的利益得以补偿。

债的法律属性主要体现为：第一，债具有相对性。债权人只能请求特定的债务人履行给付的义务，也只有特定的债务人才对债权人负给付的义务。第二，债的内容为给付。在债的关系中，债权和债务都指向一个共同的对象，即债务人的特定行为，债权人有权请求债务人为或不为一定行为，债务人则有义务为或不为此一定行为，以满足债权人的利益。此债务人应为之一定行为，民法学上称为"给付"。在法律上，构成"给付"的债务人的行为包括作为和不作为。第三，债具有财产性。但是，债的财产性并不以给付本身能够给债权人带来财产利益为限，不能直接或间接给债权人带来财产利益但能够采用财产评价的给付也可以成立债的关系。随着商品经济对社会生活各个领域的不断渗透，财产评价逐渐渗入人格、身份这些原本完全由道德评价垄断的领域，使得这些关系具有债的性质。[①]

债的关系的产生主要有两个途径：一是约定之债。它是当事人意定发生的债，债的产生、债的内容完全取决于当事人自行约定，当事人在法律允许的范围内，以协商确定各自的权利和义务，并以对方义务的履行来实现自己的权利。二是法定之债。它是根据法律的直接规定而产生的债，法律专门针对某种特定行为的发生而在原本没有任何利害关系的特定主体之间设定债的关系，使债务人履行规定的义务，以补偿对方因该行为而遭受的利益损失。故而，债的关系的存在，意味着债权人的利益尚未得到满足，而当债权人的利益得到满足之时，也正是债的关系消灭之时。在这个意义上，债权对于债权人来说，尚非一种现实的利益。另一方面，债权人特定利益的实现，有赖于债务人履行义务。债的作用就在于确认债务人负有并应为给付义务，债务人违反给付义务时，即给予法律上的强制。[②]

第二节　债的要素

债是特定主体之间的一种民事法律关系，与其他民事法律关系一样，具有主体、内容和客体三个要素。

① 柳经纬：《当代中国债权立法问题研究》，北京大学出版社 2009 年版，第 24～33 页。

② 张广兴：《债法总论》，法律出版社 1997 年版，第 21 页。

一、债的主体

债的主体是债之关系的基本要素之一，指参加债的法律关系的当事人，包括债权人和债务人。[①] 享有权利的人，即有权请求对方为特定行为的人为债权人；负有义务的人，即有义务满足对方的要求为特定行为的人为债务人。债权人与债务人是债的关系中互相对应的民事主体。

债的主体具有民事主体的一般特点，同时也因债的关系的特殊性而具有自己特有的特点，具体体现在以下方面：

1.债的主体是特定的。债是发生在特定民事主体之间的一种法律关系，主体特定化是债的关系的一个重要特征。在债的关系中，无论是债权人还是债务人，也不论当事人一方或双方是单数或复数，主体均为特定之人。这是债的关系与物权关系、人身权关系、知识产权关系的主要区别所在，后者的权利主体是特定的，义务主体却是不特定的。

2.债的主体双方具有利益上的对立性。债的双方当事人的称谓是互相对应的，但他们在债的关系中的利益却是对立的。债权人享有的权利，正是债务人负有的义务。债务人履行义务使债权人的债权得以实现；债务人不履行义务，债权人的债权就无从实现。在某些债的关系中，债的当事人互为债权人和债务人，当事人一方在享有权利的同时也负有应当履行的义务。如买卖合同的买方和卖方，在标的物的交付关系上，买方为债权人，卖方为债务人；在标的物价款的交付关系上，买方为债务人，卖方为债权人。又如在无因管理之债中，管理人有义务返还管理之物及其所生孳息，也有权要求受益人支付因管理事务而支出的必要费用。在某些债的关系中，债的当事人的法律地位是单纯的，一方为债权人，只享有权利；另一方为债务人，只负有义务。如属于单务合同的赠与合同的赠与人和受赠人、侵权行为之债的受害人和侵权人、不当得利之债的受损失一方和受益一方。

3.债的主体应当具备相应的民事能力。债是一种特殊的民事法律关系，债的当事人应当具备相应的主体资格即民事能力。民事能力包括民事权利能力、民事行为能力和民事责任能力。在民事权利能力方面，包括公民、法人或非法人单位在内的民事主体均可以成为债的主体，国家是一种特殊的民事主体，仅在特殊的情况下，如因发行国债而成为债务人，在国家赔偿责任中作为民事责任的承担者。在民事行为能力方面，并非一切民事主体均可以成为债的主体，债的关系的当事人一般应当具备相应的行为能力。根据我国《民法通则》和《民法总则》的规定，民事法律行为应当具备的条件包括行为人具有相应的民事行为能力。在合同之债中，合同当事人应当具备相应的缔约能力，无民事行为能力人所订立的合同为无效合同，限制民事行为能力人订立的合同，经法定代理人追认后方为有效。但无民事行为能力人

---

① 民法理论上，有人认为，债的主体除债权人和债务人外，第三人也可以成为债的主体，如为第三人利益而设定的合同的受益人、债移转时的受让人、保证人、代为履行或代为接受履行的人、其行为造成债务人违约的人以及因合同实施结果受到损害的人等。对此，我们认为，上述各种第三人均不是得以发生债权债务关系的民事关系的当事人，没有参与债权人与债务人之间的合意，也不实际享有债权人的权利或承担债务人的义务，因而不应认定为债的关系的主体。他们虽与债的关系的主体存在一定的关联，但其法律地位应认为是债的效力所涉及的第三人，或债的主体的代理人，或该债的主体以外的另一债的关系的主体。

和限制行为能力人所进行的与其年龄、智力、精神健康所具有的判断能力相适应的简单、小额的民事行为，如购置学习用品或简单的生活用品应认为有效。无民事行为能力人和限制行为能力人接受他人赠与后，赠与人或他人不得以受赠人无民事行为能力或限制民事行为能力为由而主张赠与无效。在民事责任能力方面，侵权人的责任能力是其承担损害赔偿责任的重要前提，也是决定其是否可以作为侵权行为之债的义务主体的一个因素。根据我国《民法通则》第 133 条的规定，"无民事行为能力人、限制民事行为能力人造成他人损害的，由监护人承担民事责任"，"有财产的无民事行为能力人、限制民事行为能力人造成他人损害的，从本人财产中支付赔偿费用。不足部分，由监护人适当赔偿，但单位担任监护人的除外。"据此，没有财产的无民事行为能力人、限制民事行为能力人不能作为因侵权行为而发生的债的关系的义务主体。

二、债的内容

债的内容是债权人的权利和债务人的义务，即债权和债务。

（一）债权

债权是债权人享有的请求债务人为特定行为的权利。债权是根据法律的规定或合同的约定而产生的，债权人所取得的债权的内容也由法律规定或合同约定。对于债权人来说，债权的内容主要体现为请求他人为一定行为或不为一定行为（或称作为或不作为）的权利。西方及日本学者普遍将债权的内容归结为给付行为，认为债权是特定人对其他特定人请求一定行为的权利，请求行为的内容包括金钱等一定物的交付、劳务的提供等积极性行为和消极性行为，这些行为均称为给付行为。[①] 我国学者也认为，债权的权能包括给付请求权、给付受领权和债权保护请求权。[②] 现行《民法总则》第 118 条规定："民事主体依法享有债权。债权是因合同、侵权行为、无因管理、不当得利以及法律的其他规定，权利人请求特定义务人为或者不为一定行为的权利。"可见，《民法总则》是从债的发生根据来规定债权的概念。

与民法的调整对象相对应，民事权利根据其所体现的民事利益的不同，可以分为财产权和人身权两大部分，债权属于财产权的范畴。这体现在：其一，债权的内容为请求他人为特定给付行为，该给付行为的内容为财产利益，债权人通过债务人履行特定的行为而使自己的财产利益得以实现，因而债权具有财产权的内容。其二，债权本身可以作为财产进行交易、流通。债权可以依法在民事主体之间进行转移，可以与债务抵销，可以设定权利质押，应当列入企业财产核算或破产财产范围，甚至可以成为执行的标的。[③] 这些表明，债权也是一种财产，具有财产权的属性。

债权和物权是民法中两项基本的财产权。债权与物权相比，具有以下的法律特征：

第一，债权是一种请求权。传统民法理论根据民事权利作用的不同而将民事权利分为

---

① 邓曾甲：《日本民法概论》，法律出版社 1995 年版，第 254 页。

② 王家福、梁慧星主编：《中国民法学·民法债法》，法律出版社 1991 年版，第 7 页。

③ 根据最高人民法院《关于适用〈中华人民共和国民事诉讼法〉若干问题的意见》第 300 条和《关于人民法院执行工作若干问题的规定（试行）》的"七、被执行人到期债权的执行"的规定，作为债务人的被执行人所享有的具有金钱给付内容的到期债权可以用于清偿其所欠的债务而成为执行的对象。

支配权、请求权、形成权、抗辩权等。物权属于支配权,体现为直接管领、支配物并排除他人干涉的权利,物权的实现一般不需要借助他人的积极协助行为。债权属于请求权,体现为请求债务人为特定行为的权利,债权人不能直接取得其权利所体现的财产利益,而只能请求并借助于债务人履行义务来实现自己的债权。因而,债权被认为是一种典型的请求权。

第二,债权是一种相对权。传统民法理论根据民事权利效力范围及实现方式的不同而将民事权利分为绝对权(又称对世权)和相对权(又称对人权)。物权属于绝对权,其权利主体是特定的,但义务主体为不特定的物权人以外的一切他人,物权人可以向一切人主张物权。债权属于相对权,债发生在特定的当事人之间,债权人只能向特定的债务人主张权利,请求为或不为一定行为。因而,债权是一种以特定人为义务主体的权利,一般情况下,债权只对债务人有效,对第三人不发生效力。这叫作债的相对性。但是,债的效力在特定情况下可以给予第三人,债权人依法享有的撤销权、代位权实际上就是基于债的保全的需要而使债具有及于第三人的效力。这是债的相对性的例外。

第三,就合同之债而言,债权的设立具有任意性。除法定之债外,合同之债的设立采用"合同自由""意思自治"的任意主义。"物权法定主义"则是物权法的一项原则,物权的内容、种类均由法律加以规定,当事人不得自由创设。在合同之债中,债权的内容依当事人约定而设定,只要不违反法律的强制性规定,不违背社会公共利益,允许当事人自由协商确定其间的债权债务关系。在侵权行为之债中,法律也允许当事人通过协商确定损害赔偿责任的承担。

第四,债权具有相容性。物权具有排他性,表现为同一标的物上不允许有两个或两个以上的不相容的物权同时存在,如同一物上不可能同时存在两个所有权。债权则都不具有排他性,表现为就同一标的物上可以同时成立两个或两个以上内容相同的债权,当这两个或两个以上的债权矛盾时,并不当然地意味着某一债权是无效的。例如,在一房两卖的纠纷中,两个买主中只有一位可能获得房屋的所有权,但另一位未获得房屋所有权的买主的请求权仍存在,其债权转化为违约金和损害赔偿的请求权。

第五,债权具有平等性。当数个债权人对于同一个债务人先后发生数个普通债权(指未设立担保的债权)时,各债权的效力是平等的,不因成立先后而有效力上的差别。例如,在破产还债程序或执行程序中,当债务人的财产总额不足以清偿同一顺序的数个普通债权时,只能按照各自债权比例清偿,债权人不能以债权成立先后为由主张优先受偿。又如,两个或者两个以上的债权人就债务人的同一次债务人提起代位权诉讼的,人民法院可以合并审理,债务人对同一次债务人的债权数额不足以清偿两个或两个以上的债权人的债权的,应当按照比例比配。

第六,债权无追及性。物权具有追及性,无论物权的标的物发生何种变动,无论被何人占有,权利人基于物上请求权均得追及物之所在,请求返还,但法律另有保护善意第三人的规定除外。债权则无追及性,在债权人请求给付的标的物所有权转移至债权人之前,该标的物的所有权已经转移至第三人的,债权人对于该第三人没有请求返还或给付的权利,只能向债务人请求履行义务或承担因不能履行的违约责任。

第七,当物权与债权并存时,物权一般具有优先于债权的效力。例如,债务人以其占有的财产履行债务时,该财产的所有权人享有取回权;在债的清偿中,享有担保物权的债权人具有优先受偿的权利。但是，物权效力的优先性也有例外的法律规定，例如，我国《合同法》第229条规定："租赁物在租赁期间发生所有权变动的，不影响租赁合同的效力。"即租赁合同具有对抗租赁物新所有人所有权的效力。这种为保护承租人利益而创设的制度被认为是"债权的物权化"，它使具有相对性的债权亦具有对抗一般人的效力。[①]

（二）债务

债务是根据当事人的约定或法律的规定，债务人向债权人为特定行为的义务。债务与债权相对应，共同构成债的关系。没有债权，就没有债务；反之，没有债务，债权也就没有存在的基础或实现的可能。

债务的本质是一种不利益。债务是一种法律义务，它是债务人因受合同约定或法律规定的拘束而应当履行的义务。根据合同约定或法律规定，债务人应当满足债权人的要求为一定的行为或不为一定的行为。当债务人依约或依法履行了义务，则债权人的债权得以实现，但债务人因此失去了既有的利益。因此，如果说债对于债权人是一种利益，那么对于债务人则是一种不利益。正是这种利益的转换，使债的设立目的得到实现。

债务是债务人所负担的为特定行为的义务，该特定行为包括作为和不作为，因而债务的内容既包括实施特定的行为，也包括不实施特定的行为。无论是作为或是不作为，债务的内容都具有特定性、确定性。在合同之债中，合同一方或双方的义务由合同规定，具体到义务人履行义务的标的物及其数量、质量、履行期限和履行地点等。在法定之债中，义务人的义务则由法律规定，义务人应当按照法律的具体规定履行义务，如赔偿损失、支付费用。

罗马法不区别债务与责任，债务与责任共同构成了债的观念。在日耳曼法上，债务指应为给付的义务，责任指履行给付义务的财产上的担保。[②] 在现代民法理论上，债务与责任则被认为是既互相联系，又相互区别、可以分离的概念。债务是一种义务，是债务人依照法律规定或合同约定应当履行的义务；责任则是一种法律后果，是债务人不履行义务后应当承担的法律后果。责任在债务设定时，是债务履行的担保；在债务不履行时，是债务履行的法律强制。债务与责任存在一定的关联性，但并非绝对必然的因果关系。例如，在已超过诉讼时效期间的自然债务关系中，债权人与债务人之间的债的实体关系不因诉讼时效期间的届满而消灭，债务人履行债务时，债权人仍可以受领；但债权人的债权已因诉讼时效期间的届满而失去请求人民法院保护的权利，债务人债务的履行已不再具有法律强制性，即此时对于债务人而言仅有债务而无责任。

三、债的客体

债的客体，习惯上又被称为债的标的，是指债权和债务共同指向的对象。关于债的客体，我国民法学界主要有两种主张：一是认为债的客体是行为，即债务人的给付[③]；二是认为债的客体是债权债务关系所围绕之发生的物、行为或智力成果。[④] 我们认为，债的客体应是

① 王泽鉴：《债法原理》(第一册)，中国政法大学出版社2001年版，第17页。

② 李双元、温世扬主编：《比较民法学》，武汉大学出版社1998年版，第500～501页。

③ 王家福、梁慧星主编：《中国民法学·民法债法》，法律出版社1991年版，第6页。

④ 李双元、温世扬主编：《比较民法学》，武汉大学出版社1998年版，第493页。

行为,因为无论是债权人的债权所指向的对象,或是债务人的债务所指向的对象,均是债务人应当为的特定行为。这种特定行为可以概称为给付,它包括积极的给付(作为)和消极的给付(不作为)。积极的给付是以债务人实施某种特定的行为为内容的给付;消极给付是以债务人不为某种特定行为为内容的给付。多数债的关系的客体体现为积极的给付,以消极给付为客体的债较少存在。

债的客体是给付,给付的性质属于行为,给付与给付的内容或对象是不同的。我们认为,有的学者认为债的客体包括物、行为、智力成果,正是混淆了债的客体和债的客体的具体内容,将债务人给付义务所指向的对象视为债的客体。根据债权人请求权的具体内容不同,债权人请求债务人给付的可能是物、行为或劳务,也可能是技术、作品等无体的智力创造成果以及因之而取得的知识产权。

作为债的客体的给付应当具备合法性、可能性和确定性。合法性,指给付行为必须符合法律规定,不得违反法律禁止性规定,不得损害社会公共利益,这在合同之债中往往直接影响了合同的有效性。可能性,指给付行为在客观上应当是可能实施或能够实现的,以完全不可能之行为为客体而成立的债是无效的。确定性,指债务人的给付是特定行为,是债成立时就已依照法律规定或合同约定而确定的。

第三节 债的分类

一、根据债的发生根据所做的分类

根据债的发生根据的不同,债可以分为法定之债和意定之债。这种分类主要体现于债法上对债的分类规定,也是债的最为基本的分类。

(一)法定之债

法定之债,是指债的发生和内容均由法律直接规定的债。依照法律的规定,当某一法律事实发生时,就在特定的当事人之间产生一定的债权债务关系。这种债权债务关系具有法定性,主要体现于:第一,债的发生由法律直接规定。在法定之债发生前,债的当事人之间并无确定的权利义务关系,也无形成权利义务关系的意思。一旦法律规定的事由出现,法律调整社会关系的作用得到发挥,直接在相关当事人之间形成法律规定的权利义务关系,而由不得当事人按照自己的意愿来选择或接受。第二,债的内容由法律直接规定。在法定之债中,债权人的权利和债务人的义务的内容均是由法律具体规定的,对当事人具有强制适用的效力。例如,在侵害公民人身权益而形成的债的关系中,侵害他人的身体而造成伤害的,则依法负有支付被侵害公民的医疗费、因误工减少的收入以及造成残疾时残疾者的生活补助费等费用的义务。侵权人应当实施的给付行为以及具体的给付内容是法律事先设定好的,当事人不得随意加以改变。当然,在债的关系发生后,当事人在解决纠纷时,有权依法处分自己的实体权利和诉讼权利,权利人可以全部或部分放弃自己的权利,但这属于债形成以后的履行及法律救济问题,并不因此改变债的法定内容。根据法律规定的债的发生根据的具体内容的不同,法定之债又可包括侵权行为之债、不当得利之债、无因管理之债和因缔约过失所生之债。

(二)意定之债

意定之债,即合同之债,是指债的发生和内容依当事人合同之约定的债。这是商品经济社会中最为常见也是最为重要的债。合同之债的发生及债权债务关系的内容体现了当事人意思自治原则,除法律另有禁止性规定外,当事人可以根据自己的意愿经意思表示一致而自由地设定债的关系。因合同而发生的意定之债区别于法定之债的主要特点在于:一是依当事人意思表示一致而成立;二是债的内容具有任意性,根据当事人的意思自由确定。

二、根据债的主体所做的分类

(一)单一之债和多数人之债

根据债的主体的数量是否单一,债可以分为单一之债和多数人之债。单一之债,是指债的双方主体均为一个人的债,即债权人和债务人均为一人。多数人之债,是指债的一方或双方为两人以上的债,可能是债权人一方为多数或债务人一方为多数,也可能是债权人和债务人双方均为多数。

单一之债因债的主体双方均各为一人,债的关系较为简单,仅涉及债权人和债务人双方对立的权利义务关系,为债的一般常态,因而法律一般对其不做特别的规定。多数人之债因债的主体一方或双方为两人以上,债的多数主体一方的内部关系和与对方的外部关系相对复杂,不仅涉及债权人与债务人之间的权利义务关系,而且涉及多数债权人或多数债务人之间的内部关系。正确区分单一之债和多数人之债,有助于确定债的关系的主体的具体的权利和义务。

对于多数人之债的具体分类,各国的立法规定有所不同。《法国民法典》和《德国民法典》将多数人之债分为连带之债、可分之债、不可分之债;[①]《日本民法典》沿用罗马法的体例,将多数人之债分为可分之债、不可分之债、连带之债和保证之债。[②] 我国《民法通则》将多数人之债分为按份之债和连带之债。[③]

(二)按份之债和连带之债

在多数人之债中,根据债的多数主体之间的相互权利义务关系,债可以分为按份之债和连带之债。

1. 按份之债

(1)按份之债的概念

按份之债,是指债的多数主体各自按照自己确定的份额享有债权或承担债务的债。其中,债权人为多数,每个债权人按照各自的份额享有请求债务人履行的权利,称为按份债权;

---

① 《法国民法典》第三编"契约或合意之债的一般规定"之第四章"债务的种类"(第 1168 条至第 1233 条)将债务分为"附条件的债务""定期的债""选择的债""连带的债""可分的债及不可分的债""附违约处罚条款的债";《德国民法典》第二编"债务关系法"之第六章"多数债务人及债权人"(第 420 条至 432 条)规定有"可分给付""连带债务人""连带债权人""不可分给付的多数债务人""不可分给付的多数债权人"。

② 《日本民法典》第三编"债权"之第一章"总则"的第三节"多数当事人的债权"第一至四目规定有"分割债权关系""不可分债务""连带债务""保证债务"。

③ 《民法通则》第 86 条、第 87 条。

债务人为多数，每个债务人只就各自的债务份额承担履行的义务，称为按份债务。《民法通则》第 86 条规定："债权人为二人以上的，按照确定的份额分享权利。债务人为二人以上的按照确定的份额分担义务。"该规定就是关于按份之债的规定。

(2)按份之债的发生

按份之债主要是因民事法律行为而发生的，其成立一般具有以下特点：第一，按份之债是一种多数人之债，因而引起债发生的民事法律行为的当事人一方或双方为两人或两人以上。第二，按份之债中，无论是按份债权或按份债务，均是基于同一发生事由即同一民事法律行为而同时产生的。第三，债的标的是可分的，即作为债权债务共同指向的给付可以分成数个份额分别给付，且不因此影响其性质和价值。如果所为的给付是无法分割的，则难以成立按份之债。第四，按份之债成立之时，多数的债权人分享权利或多数的债务人分担义务以及各自的权利或义务的份额是已确定的。

(3)按份之债的效力

按份之债是数个债的集合，由于多数人组成的债的一方之间的权利或义务相对独立，份额明确，因此彼此之间不具有牵连关系。在按份债权中，各债权人只能就自己享有的债权份额请求债务人履行给付，无权请求债务人向自己为全部给付。各债权人在自己的债权份额得到清偿后，即退出债的关系。若按份债权人受领的清偿超过自己债权的份额，则超出部分属于不当得利(但为其他债权人的利益而代领的，可以依法认定为无因管理，按无因管理之债处理)，其他按份债权人的债权不因此消灭，债务人得以请求超过自己份额部分受领清偿的债权人依法返还超额部分。在按份债务中，各债务人只就自己负担的债务份额履行给付，不对整个债务负责，对同一债中属于其他债务人份额的债务不承担清偿义务。因此当按份债务人履行了自己份额的债务后，即退出债的关系。若按份债务人履行的给付超过自己的债务份额的，可以请求受领的债权人返还超过自己份额的部分，债权人不得将这一部分视同其他债务人应当履行的给付，同时其他未履行的部分按份债务人的债务不因此消灭。各按份之债债权人的债权或债务人的债务各自独立，因此，对某一债权人或某一债务人发生效力的事项，如履行不能、履行不当、债务免除或抵销、提存、诉讼时效期间届满等，对其他债权人或债务人不发生效力影响。例如，债权人免除某一按份债务人的债务，并不因此消灭整个债务或同时免除其他债务人的债务。但在合同之债中，因按份之债是因同一合同而发生的，因此旨在消灭按份之债的合同的解除应当由全体当事人为之。至于存在着按份之债的双务合同中，部分按份债务人未为履行或履行债务不符合约定时，对方当事人因此是否可以行使同时履行抗辩权，应当根据对方当事人的对待给付是否可分而确定，除一方的对待给付为不可分债务外，各债权人只能就自己有权受领的部分享有同时履行抗辩权，即就自己应当受领部分的尚未履行或履行不符合约定拒绝对方相应的履行要求。

2. 连带之债

(1)连带之债的概念

连带之债，是指债的多数主体之间有连带关系的债。所谓连带关系，是指多数主体之间互相牵连，各债权人或债务人不能单独退出债的关系，只有在整个债的关系消灭时，多数主体才能一并退出债的关系。其中，债权人为多数，任何一个债权人都享有请求债务人履行全部债务的权利，称为连带债权；债务人为多数，任何一个债务人都负有向债权人为全部给付的义务，称为连带债务。《民法通则》第 87 条规定："债权人或者债务人一方人数为二人以上的，依照法律的规定或者当事人的约定，享有连带权利的每个债权人，都有权要求债务人履行义务；负有连带义务的每个债务人，都负有清偿全部债务的义务，履行了义务的人，有权要求其他连带义务的人偿付他应当承担的份额。"该规定就是关于连带之债的规定。

(2)连带之债的发生

连带之债因法律规定或当事人约定而发生，前者称为法定连带之债，后者称为意定连带之债。在我国，法律对于连带之债发生的法定事由并没有集中规定，而是散见于各种民事法律制度中。主要有：(1)合伙企业的债务。《民法通则》第 35 条第 2 款规定："合伙人对合伙的债务承担连带责任，法律另有规定的除外。"2006 年修订的《合伙企业法》第 38 条、第 39 条规定：合伙企业对其债务，应先以其全部财产进行清偿。合伙企业不能清偿到期债务的，合伙人承担无限连带责任。(2)代理关系中的连带责任。《民法总则》第 164 条第 2 款规定："代理人和相对人恶意串通，损害被代理人合法权益的，代理人和相对人应当承担连带责任。"第 167 条规定："代理人知道或者应当知道代理事项违法仍然实施代理行为，或者被代理人知道或者应当知道代理人的代理行为违法未作反对表示的，被代理人和代理人应当承担连带责任。"(3)共同侵权的连带责任。《民法通则》第 130 条以及《侵权责任法》第 8 条均规定，二人以上共同侵权造成他人损害的，应当承担连带责任。(4)连带责任保证。根据我国《担保法》的规定，保证的方式有一般保证和连带责任保证。连带责任保证的债务人在主合同规定的债务履行期届满时没有履行债务的，债权人可以要求债务人履行债务，也可以要求保证人在其保证范围内承担保证责任。除上述规定外，我国票据法、公司法、海商法等商事法律中也有关于连带责任的规定。①

至于意定连带之债，属意定之债的范畴，是根据当事人的合同约定而设定的。当事人在合同中明确约定两个以上的债务人就履行义务负连带债务的，则属于意定连带之债。

3.连带之债的效力

连带之债为多数人之债，其效力不仅涉及债权人与债务人之间的权利义务关系，即外部效力；而且涉及连带债权人之间或连带债务人之间的内部关系，即内部效力。

其一，外部效力。就连带债权，任何一个连带债权人都有权请求债务人履行全部债务，债务人仅向连带债权人之一履行全部债务并无不当。连带债权人中的一人受领全部给付后，连带债权归于消灭。此时，连带债权转化为连带债权人之间的内部债权债务关系。就连带债务，任何一个债务人都应对全部债务负责，均负有为全部给付的义务，债权人有权向连带债务人的一人、数人或全体请求履行全部债务。连带债务人中的一人或若干人履行了全部债务后，连带债务归于消灭。此时，连带债务转化为连带债务人之间内部的债权债务关系。若连带债务只得到部分的清偿，则就尚未履行部分，全体连带债务人仍存在连带清偿关系。

其二，内部效力。连带之债中的多数债权人或多数债务人之间在对外享有权利或负担义务上存在连带的关系，但在他们之间，也存在着具有内部约束效力的确定的债权或债务份额，并且这一份额在连带之债成立之时就已确定。这一债权或债务份额虽对连带债权人或

---

① 《票据法》第 50 条、第 68 条、第 81 条、第 94 条；《公司法》第 28 条、第 97 条；《海商法》第 63 条、第 123 条、第 163 条、第 169 条、第 225 条、第 229 条。

连带债务人的对方当事人没有拘束力,但却是处理连带债权人或连带债务人内部权利义务关系的重要依据。连带债权得到清偿后,受领清偿的连带债权人与其他连带债权人之间因此形成按份之债,受领全部给付或者受领给付超过自己的份额的连带债权人有义务将超出自己份额的部分返还其他债权人,其他债权人也有权按照自己的份额请求受领全部给付或者受领给付超过自己的份额的债权人履行给付。连带债务履行后,履行债务的连带债务人与其他连带债务人之间因此形成按份之债,履行了全部债务或履行债务超过自己份额的债务人有权要求其他连带债务人偿付其应当承担的份额,即履行了全部债务或履行债务超过自己份额的债务人对其他连带债务人取得按份求偿权。值得注意的是,求偿人因此取得的债权为按份之债,应当分别向其他债务人请求偿付。其他债务人按照自己在连带之债中应当承担的份额履行对求偿人的给付义务,对于超出自己应当承担的份额的部分,其他债务人可以拒绝偿付。

三、根据债的标的所做的分类

(一)特定之债和种类之债

在交付物之债中,根据给付标的物在债成立时是否特定,债可以分为特定之债和种类之债。

特定之债,是指以特定物为给付标的物的债。在特定之债中,债成立之时,债的履行标的物已经具体确定为某一特定物。债一经成立并对当事人产生效力,该标的物就不能为其他物所替代。债务人履行债务,仅得交付该特定物,不得以其他物代替交付,否则就是履行不当,应承担相应的法律责任。债权人也仅得请求给付该特定物,无权请求债务人交付其他物。

种类之债,是指以种类物为给付标的物的债。在种类之债中,债成立之时,债的履行标的物只确定为一定数量的符合一定质量、等级、规格等要求的种类物。由于种类物具有可替代性,因此,在种类之债的履行中,属于同一种类的物可以替代给付。债务人按照合同约定或法律规定交付同一种类的财物,债权人不得拒绝受领。

区分特定之债与种类之债的法律意义在于:第一,确定债务人是否完全、实际履行。特定之债中,债务人应交付债规定的特定物,不能以其他物替代履行。种类之债中,债务人以交付符合规定的同种类的标的物即为履行,履行标的物在交付时才被特定化。第二,确定标的物所有权及风险责任的转移时间。在转移标的物所有权的债的关系中,以特定物为标的物时,当事人约定标的物所有权自债成立时起转移的,则即使标的物尚未实际交付,标的物的所有权也转移归债权人,标的物意外灭失、毁损的风险责任由债权人承担。以种类物为标的物时,标的物的所有权从交付时起转移,在债成立后标的物交付前,标的物的所有权仍归债务人。标的物意外灭失、毁损的风险责任由债务人承担。第三,确定标的物灭失后债务人的履行义务。特定之债因以特定物为履行标的,当该特定物灭失时,则发生履行不能时,则发生履行不能。不能归责于债务人时,债务人的履行义务消灭;归责于债务人时,债务人得以承担违约责任或侵权损害赔偿责任以取代交付特定物之债务。种类之债因以可以替代的种类物为履行标的,一般不发生履行不能之情形,债务人拒不履行债务时,债权人仍可以请求实际履行。

（二）简单之债和选择之债

根据债的标的有无选择性，债可以分为简单之债和选择之债。简单之债，又称为单纯之债，是指债的标的只有一个，当事人只能就该标的请求给付或履行给付而无选择余地的债。选择之债，是指债的标的为数种给付，当事人可以从中选择一种请求给付或者履行给付的债。在选择之债中，选择权属于债权人的，称为选择债权；选择权属于债务人的，称为选择债务。但各国民法大多规定，除法律另有规定或者当事人另有约定外，选择权归于债务人。[①]

选择之债因法律规定或当事人约定而发生。在选择之债成立时，虽债权只有一个，但债的标的有数种可供选择的给付，当事人在请求给付或履行给付时可以选定其中一种。选择之债中的数个不同标的可以体现为：(1)给付形态不同，如给付财物或给付劳务；(2)给付标的物不同，如给付房屋或给付汽车；(3)给付方式不同，如一次性付款或分期付款；(4)履行给付的时间、地点、期限以及标的物数量、品种、等级、规格等不同。

选择之债中的选择权性质上属于形成权。选择之债一经行使选择权，便转化为简单之债，当事人应按照选择后确定的标的请求给付或者履行给付。因而，选择权的行使具有确定及变更债的关系的效力，且不得附加条件或期限，也不得撤回或者变更。其效力溯及于债之发生时。

（三）可分之债和不可分之债

可分之债与不可分之债是以给付的性质为划分标准，当事人可以部分地履行债而不改变其实质的，为可分之债；在相反情况下，则为不可分之债。[②] 在对同一债存在多数的债权人或债务人时，如无相反的规定，各债权人或债务人以均等比例享有权利和承担义务，此为可分之债。当债权或债务的标的因其性质或当事人的约定而为不可分给付时，如债权人为数人，每一债权人都有权向债务人请求向全体债权人共同给付；如债务人为数人，每一债务人均负有连带债务，都有义务向债权人为全部给付，此为不可分之债。

四、根据债的独立性所做的分类

根据两个相互联系并存的债之间的相互效力，债可以分为主债与从债。

主债，是指在两个相互联系并存的债中，能够独立存在，不以其他债的存在为前提而存在的债。

从债，指在两个相互联系并存的债中，不能独立存在，必须以主债的存在为前提而存在的债。

主债与从债是彼此相对而言的，主债与从债在债的产生、变更、消灭等方面有着密切的联系。例如，因借贷合同而发生的债为主债，为保证借贷合同中借款人履行义务而签订的保证合同为从债。没有借贷合同，就不会成立保证合同或抵押合同；而保证合同是为担保借贷合同得以履行而设立的。

主债与从债各自独立存在，是相互联系又同时并存的两个债。二者的关系主要体现于：(1)主债的存在决定了从债的产生和存在，没有主债就不可能有从债。(2)从债的效力依附

① 《法国民法典》第 1190 条；《德国民法典》第 262 条；《日本民法典》第 406 条；《瑞士债务法》第 72 条。

② [意]彼得罗·彭梵得：《罗马法教科书》，黄风译，中国政法大学出版社 1992 年版，第 291 页。

于主债的效力，主债无效，从债也无效。例如，我国《担保法》第 5 条规定："担保合同是主合同的从合同，主合同无效，担保合同无效。担保合同另有约定的，按照约定。担保合同被确认无效后，债务人、担保人、债权人有过错的，应当根据其过错，各自承担相应的民事责任。"(3)主债因履行、抵销、混同等原因而消灭的，从债也随之消灭。即主债消灭的，从债不可能独立存在。

五、其他分类

除了上述分类外，按照时间因素的影响，债可以分为继续性债务关系和定时行为。除了柜台交易、即时清结外，绝大多数的债的关系存在履行期限的问题，时间因素对债的关系有着重要的影响，有时甚至是根本性的。在有些债的关系中，债的总量并非缔约时即已确定，而是随着时间不断增加，如餐饮业的原材料供应合同，或者是一方始终处于交付状态，债的关系依他方的消费而不断更新，如水电气消费合同，这些债的关系被称为"继续性债务关系"。在有些债的关系中，债的履行被确定在某个时点，一旦错过即无法弥补，时间因素更为关键，如定时演出的合同，这些债的关系被称为"定期行为"。这种分类的意义在于揭示时间因素对债的影响，例如在定期行为中，如果债务人不在确定的时点履行债务，即可构成根本违约，债权人可以解除合同；但在其他时间因素不甚重要的债中，债务人迟延履行并不足以构成合同解除的事由。

按照给付的类型，可以将债分为交付物之债、金钱之债、移转权利之债、劳务之债和不作为之债。其中，交付物之债又可分为特定之债和种类之债，而金钱之债因货币不仅在交易中充当等价物的作用，而且成为评价所有财产性关系的手段，而在现代社会生活中具有特殊的意义，发挥着巨大的作用。

按照债的效力不同，可将债分为完全债权(完全债务)和不完全债权(不完全债务)。一般情况下，债具有诉请履行力(请求力)、强制执行力(执行力)、私力实现、处分权能和保有给付五种效力，称为完全债权(完全债务)。欠缺其中某种效力的，称为不完全债权(不完全债务)，如在传统民法上，婚约可以成立债的关系，但婚约不得请求强制履行(即不具有请求力和执行力)，属于不完全债权。[①]

此外，也有学者根据否具有法律上的强制执行力将债分为自然债和民事债。所谓民事债，是指具有法律上的强制执行力的债。所谓自然债，又称不完全债，是指那些虽然对债权人和债务人有法律上的约束力但是丧失法律上的强制执行力的债。自然债是介于法律上的债和道德上的债之间的一种债，因为它既具有法律上的债的特性，也具有道德上的债的特性。自然债的理论源于罗马法，并为近现代两大法系国家和我国的法律所遵循。一般认为，自然债可以分为三类：因民事债蜕化而产生的自然债，因道德义务转化成的自然债，因赌博而产生的自然债。[②]

---

① 以上其他类型之分类详见柳经纬：《当代中国债权立法问题研究》，北京大学出版社 2009 年版，第 51～54 页。

② 张民安、铁木尔高力套：《债权法》(第四版)，中山大学出版社 2013 年版，第62～63 页。

第3章

债的发生、变更和消灭

第一节　债的发生

债的发生，是指债权债务关系在相对的当事人之间的原始产生。在民法理论中，特定的当事人之间形成债的关系可以分成两种情形：一是特定的当事人根据合同约定或法律规定而形成原始的债权债务关系；二是已有的债权债务关系由新的当事人承受而在新的当事人之间形成的债权债务关系。前者被称为债的发生，后者则被称为债的移转，属于债的变更。

债是一种民事法律关系，与其他民事法律关系一样，是因一定的法律事实而发生的。能够引起债的关系发生的法律事实称为债的发生原因或发生根据。现行《民法总则》第118条明确规定：合同、侵权行为、无因管理、不当得利以及法律的其他规定为债的发生原因。

一、合同

合同，又称为契约，是指当事人之间设立、变更、终止民事权利义务关系的协议。依法成立的合同，对当事人具有法律约束力，当事人应当按照约定履行自己的义务。合同是债发生的最为主要和常见的原因，在社会经济交往中，存在各种具体给付内容不同的合同之债。当事人双方在合同中约定的权利和义务即为合同之债的债权人的债权或债务人的债务。

因合同而发生的合同之债，具有以下的特点：

第一，合同之债依据合同而发生。合同为双方民事法律行为，合同经当事人意思表示一致后方能成立。依法成立的合同自成立时生效，具有法律约束力，但违反法律规定而订立的合同属无效合同，对当事人自始没有法律约束力。

第二，合同之债大多依据双务合同而发生。在双务合同中，当事人双方既为债权人也为债务人。因合同而产生的债的当事人之间的利益是相互对应的，合同条款规定一方应当履行的义务，实际上就是规定了另一方享有相应的请求权。并且，在双务合同中，合同的一方当事人往往是合同规定的某种给付的债权人，同时又为同一合同规定的另一种给付的债务人，并且其债权的享有与债务的履行有着密切的关联。例如，我国《合同法》第66条规定合同当事人享有同时履行抗辩权，“当事人互负债务，没有先后履行顺序的，应当同时履行。一方在对方履行之前有权拒绝其履行要求。一方在对方履行债务不符合约定时，有权拒绝其相应的履行要求。”

第三，合同之债具有任意性，合同当事人的债权债务关系由合同条款确定。只要不违反法律、行政法规的强制性规定或损害社会公共利益,合同当事人可以根据双方的意思自由协商确定合同的条款。合同依法成立后,这些合同条款就成为确定当事人之间债权债务关系的根据。

二、不当得利

不当得利,是指没有合法根据,取得不当利益,造成他人损失的事实。我国现行《民法总则》第 122 条规定:“因他人没有法律根据,取得不当利益,受损失的人有权请求其返还不当利益。”在民事、经济交往中,任何人取得一定的经济利益均应当依据相应的法律规定或合同约定进行,既无法律的直接规定又无合同的约定而取得某种经济利益,并因此使他人遭受损失,所取得的利益属于不当利益,依法不能得到法律的确认和保护。因不当得利的发生,在取得利益的一方与利益受损的另一方之间形成不当得利之债,取得不当得利的一方应当将所取得的不当利益返还受损失的另一方。

因不当得利而发生的不当得利之债,具有以下主要特点:

第一,不当得利之债为法定之债。在债的关系中,利益受损失的一方为债权人,其所享有的请求取得利益人返还不当得利的权利是直接根据法律规定而产生的。

第二,引起不当得利之债的不当得利事实是由于利益受损失一方的过错造成的。受益人在取得不当利益时的主观状态并不作为不当得利返还义务成立的必要条件,这是因不当得利所生之债与因侵权行为所生之债的主要区别所在。但是,受益人在取得不当利益时是否知情,是否有过错,对确定其应当返还的利益范围有影响。取得利益的一方在取得利益时不知道自己无法律依据而得利的,其返还利益以现存部分利益为限;如果利益已经不存在的,则不负返还责任。相反的,取得利益的一方在取得利益时知道或者应当知道自己无法律依据而得利的,则应当就其取得的利益承担全部返还的责任。

三、无因管理

无因管理,是指没有法定的或者约定的义务,为避免他人利益受损失而为他人管理事务的行为。我国现行《民法总则》第 121 条规定:“没有法定的或者约定的义务,为避免他人利益受损失而进行管理的人,有权请求受益人偿还由此支出的必要费用。”因无因管理而管理他人事务的人称为管理人,因其管理行为而受益的人称为受益人或本人。管理人自愿管理他人事务虽无法律规定或合同约定的义务,但因其主观上是为他人利益而主动提供帮助,且行为的结果在客观上也避免了他人利益受损失,因而法律认为管理人因无因管理而支付的必要费用或遭受的损失应当得到合理的补偿。因无因管理行为,在受益人与管理人之间发生无因管理之债,管理人应尽妥善管理义务,有权请求受益人偿付其因管理事务而支出的必要费用。受益人应当偿付的必要费用的范围包括偿付管理人为管理他人事务而直接支出的费用、承担管理人为管理事务而以其名义向第三人负担的必要债务、赔偿管理人因管理事务而受到的损害。

因无因管理而发生的无因管理之债,具有以下特点:

第一,无因管理之债是因为管理人善意的管理行为而引起的,无因管理行为属事实行为,非法律行为,无须以意思表示为成立的条件。无因管理人在没有法律规定或者合同约定的义务的条件下，主动为他人管理事务，虽管理人内心应当存有为他人利益而管理他人事务之意思，但该意思无须表示于外部，也不发生任何的法律效力。因而，无因管理不属于以意思表示真实为要件的民事法律行为，而是属于由法律直接规定产生某种法律后果的事实行为。

第二，无因管理之债为法定之债，债的发生、构成条件、给付内容均由法律直接规定。无因管理之债是根据法律直接规定而发生的，因无因管理是对他人自由处分权的干预，法律规定无因管理须符合法律规定的构成条件，须以为避免他人利益受损失为实施管理他人事务行为的目的，并以不违背本人意思为原则。同时，因无因管理而产生的债的内容即管理人与本人之间的债权债务关系也由法律规定，管理人因实施无因管理行为而享有的请求权的具体给付内容由法律规定，不由当事人意志决定。

第三，无因管理之债的发生应以推定符合本人意思和利益为条件，不法无因管理不能产生无因管理之债。在法律上，无因管理须为合法行为，除所管理的他人事务应属于合法事务外，管理人管理他人事务以及所实施的管理行为不得违背本人明知或者可推定的意思，并因此侵害他人的合法权益，否则属不法无因管理，不仅不能产生无因管理之债的效力，而且可能导致侵权的损害赔偿责任。①

第四，无因管理之债的形成不以管理人是否具备民事行为能力为条件，无民事行为能力人和限制民事行为能力人为本人利益而实施管理行为的，同样在管理人和本人之间产生无因管理之债。②

四、侵权行为

侵权行为，是指侵害他人人身、财产权益，给他人造成损害的行为。我国现行《民法总则》第 120 条规定："民事权益受到侵害的，被侵权人有权请求侵权人承担侵权责任。"行为人实施了侵权行为，应当依法承担相应的民事责任。按照我国《侵权责任法》第 2 条、第 3 条的规定，侵害民事权益，应当依法承担侵权责任。其中，民事权益包括生命权、健康权、姓名权、名誉权、荣誉权、肖像权、隐私权、婚姻自主权、监护权、所有权、用益物权、担保物权、著作权、专利权、商标专用权、发现权、股权、继承权等人身和财产权益。被侵权人有权请求侵权人承担侵权责任。《民法总则》第 179 条规定："承担民事责任的方式主要有：(一)停止侵害；(二)排除妨碍；(三)消除危险；(四)返还财产；(五)恢复原状；(六)修理、重作、更换；(七)继续履行；(八)赔偿损失；(九)支付违约金；(十)消除影响、恢复名誉；(十一)赔礼道歉。法律规定惩罚性赔偿的，依照其规定。本条规定的承担民事责任的方式，可以单独适用，也可以合并适用。"据此，因侵权行为在特定的受害人和侵害人之间产生特定的债权债务关系，即侵权行

---

① 例如，《德国民法典》第 677 条规定："事务管理的承担违背本人实际的或可推定的意思，而且管理人对此应该能够予以辨认的，管理人即使不负担其他过失，仍有义务向本人赔偿因管理事务而发生的损害。"

② 在管理人欠缺行为能力时，只因此影响管理人在无因管理中所应承担的义务，并不因此影响无因管理之债的发生以及管理人享有的请求权。例如，《德国民法典》第 682 条规定："管理人无行为能力或在行为能力上受限制的，只依关于侵权行为的损害赔偿和关于返还不当得利的规定负责任。"

为之债。受害人为债权人，有权依法请求侵害人为某种作为如赔偿损失、返还财产，或为某种不作为如停止侵害；侵害人为债务人，依法承担相应的民事责任，有义务根据受害人的请求履行债务。

侵权行为是合同以外又一常见的债的发生原因，与合同之债相比，因侵权行为而发生的侵权行为之债，具有以下特点：

第一，侵权行为之债是由于侵害人的不法行为引起的。引起债发生的侵权行为是一种不法行为，行为人因违反法律规定而侵害他人的财产和人身而受到法律强制性的干预。法律确认在侵害人和受害人之间产生特定的债权债务关系，从而使权利人因侵权行为所受到的损害能够得到相应的补救，维护社会秩序的稳定和民事交往的正常进行。合同之债是因合同而发生的，合同是一种民事法律行为，属合法行为，依法成立的合同，才对当事人具有法律约束力，才得以在合同当事人之间形成债权债务关系。违反法律规定的合同为无效合同，难以据之产生当事人预期的法律后果。

第二，侵权行为之债是由侵害人的单方行为引起，与受害人的意思和行为无关。侵权行为是单方的行为，该行为的实施没有经过受害人的意思表示，也无需受害人行为的配合。受害人往往是因财产或人身权利受到侵害而被动地与他人发生权利义务关系。引起合同之债的合同则是合同当事人意思表示一致的结果，在合同成立以前合同当事人已经进行充分的协商和谈判，充分地表达了自己的意愿，因而最后成立的合同是合同当事人的意志的体现。

第三，侵权行为之债为法定之债，债的发生、构成条件、债的内容均由法律直接规定。侵权行为之债是根据法律规定而直接发生的，法律对应当承担民事责任的侵权行为的构成条件有明确的规定。一旦发生法律规定的侵权行为，就在特定的主体间产生相应的权利义务关系，当事人不得预先以约定设定权利义务的发生条件或具体的给付内容，更不能事先免除一方的赔偿义务。合同之债是根据当事人的约定而发生的，属意定之债。[①]

第四，侵权行为之债的基础为侵权民事责任，它以财产责任为主，但不限于财产责任。承担侵权民事责任的方式包括财产责任和非财产责任，因而侵权行为之债的内容虽主要为赔偿损失，但不限于赔偿损失，还包括其他非财产给付的债权债务关系，如赔礼道歉、消除影响、恢复名誉等。合同之债的内容主要是关于财产或劳务的给付，往往具有直接的经济内容。当一方违反给付义务时，该方所应承担的违约责任仅限于财产责任，除存在违约责任与侵权责任竞合外，一般不发生非财产责任。

五、其他发生原因

近年来，在一些国家的民商事立法、判例和学说中，缔约过失、当事人的单方允诺也被认为是特殊的债的发生原因。

缔约过失，是指当事人在订立合同过程中未尽必要的注意义务或存在其他故意或过失行为，使合同不成立或无效或被撤销，给对方造成损失的情形。因缔约过失而应承担的民事责任称为缔约过失责任。目前，缔约过失责任被认为是违约责任和侵权责任以外的一种独立的民事责任。因缔约过失而在特定的当事人之间形成损害赔偿关系，所以缔约过失也被

① 我国《侵权责任法》第 6 条至第 14 条对侵权责任的构成作出了明确的规定。

认为是债发生的一种原因。我国《合同法》第 42 条、第 43 条即是关于缔约过失责任的规定。当事人在订立合同过程中存在法律规定的缔约过失行为的，应当依法承担损害赔偿责任。[①]

单方允诺，是指表意人向不特定的相对人(一般为社会公众)做出的为自己设定某种义务，使相对人取得某种利益的意思表示。例如，悬赏广告，设立幸运奖项。单方允诺虽是一种单方的行为，但对做出允诺的表意人有相应的拘束力，当不特定的相对人实施了指定的行为后，就在允诺人和行为人之间形成某种特定给付关系，所以，单方允诺也可以被认为是债发生的一种原因。《意大利民法典》第四编第四章明确将“单方允诺”列为债的发生原因，第 1989 条规定：“向公众做出向处于特定情况下之人或者完成特定行为之人以给付的允诺，一经向公众做出立即受到约束。如果对允诺没有确定期限，或者期限不是因允诺的特性或目的所产生，当自允诺时起 1 年内，没有告知允诺所预见状态的实现或行为的完成，则对允诺的约束解除。”《德国民法典》第 657 条也规定悬赏广告为“有拘束力的约定”，“以公告方式对实施一定行为，特别是对促成一定结果的行为悬赏的人，有义务向已实施此种行为的人给付报酬，即使此人系未顾及此悬赏广告而行为的，也不例外。”对于悬赏广告，我国《合同法》没有相应的规定。一般认为，悬赏广告的广告人以广告的方式向社会公开声明，允诺对完成一定行为的人给予约定的报酬。其根本的目的在于与某一尚未能确定的人形成债权债务关系，一旦有人完成了悬赏广告所约定的行为，该合同关系即告成立。因而，合法的悬赏广告应当视为要约，对悬赏人和完成特定行为的人有约束力。

第二节　债的变更

一、债的变更概述

从广义概念上说，债的变更，指债的主体或债的内容基于一定的法律事实而发生变化，是债的法律关系的局部改变。它包括债的主体变更和债的内容变更两种情形。

债的主体变更，又被称为债的移转，是指在不改变债的内容的前提下，债的主体发生变化，它包括债权让与、债务承担以及债权债务概括转移。债权人发生变更的，即债权由原债权人以外的第三人承受的，称为债权让与，债的关系在新债权人和原债务人之间建立。债务人发生变更的，即债务由原债务人转移至第三人承担的，称为债务承担，债的关系在原债权人和新债务人之间建立。债权和债务作为财产的整体而在民事主体间移转的，称为债权债务概括转移，债的一方当事人将其享有的债权和承担的债务同时一并转移至第三人承受。

债的内容变更，又被称为狭义的债的变更，是指在不改变债的主体的前提下，债的内容发生变化。债是特定当事人之间根据法律规定或合同约定而产生的，在现代民法中，法律确认债的关系可以在不同的民事主体之间移转，同时也不禁止当事人对已经成立的债的具体

① 也有学者认为，缔约过失不是我国债的渊源，它仅是侵权行为这一债的渊源的组成部分，属于其中的过失侵权行为。参见张民安、铁木尔高力套：《债权法》(第四版)，中山大学出版社 2013 年版，第 78～83 页。

内容进行改变。但是，债的变更应当符合法律的规定，或符合据以成立债的关系的合同约定的条件，否则不发生债的变更的效力。

二、债权让与

（一）债权让与的概念

债权让与，是指在不改变债的内容的前提下，债权人将其享有的债权移转于第三人享有。第三人因债权人的债权让与而取代原债权人成为新的债权主体，有权请求债务人向其履行债务，债务人则有义务向新的债权人履行债务。从严格意义上讲，债权让与因债权人移转的债权是否为全部而分为债权部分让与和债权全部让与。在债权部分让与中，债权人让与部分债权后，并未退出债的关系，受让部分债权的第三人加入债的关系，也未完全取代原债权人的法律地位，而是与原债权人共同享有债权，从而形成多数人之债。在债权全部让与中，债权人让与全部债权于第三人后，即退出债的关系，受让全部债权的第三人取代原债权人而成为新的债权人。但是，当我们提及债权让与时，一般是指债权全部让与的情形，本节所分析的债权让与制度也是特指债权全部让与。

（二）债权让与的原因、有效条件

1.债权让与的原因

债权让与可因法律规定、单方民事法律行为或双方民事法律行为而引起。

因法律规定而引起的债权让与的具体情形包括：(1)债权被列入遗产的范围而发生财产法定继承；(2)因物权转移等而依法引起合同地位的概括承受，如租赁物财产所有权转移而由新的所有权人取得原租赁合同出租人的权利；(3)依法享有代位求偿权的债务人在履行债务后，就应当由他人承担债务的部分取得原债权人的债权，有权取代原债权人请求债务人履行债务，例如，因清偿连带债务超过自己应当承担的债务份额的人所取得的请求其他债务人清偿债务的情形；因保证人承担保证责任后请求被保证人履行债务的情形；按照保险合同的约定，保险人承担赔偿责任后即取得向有过错的第三人追偿的权利的情形。

因单方的民事法律行为而引起债权让与的情形，主要是指债权人以遗嘱的方式将债权列入遗产范围而处分给遗嘱继承人或受遗赠人，那么在遗嘱人死亡后，遗嘱继承人或受遗赠人即按照遗嘱而取得原属于遗嘱人的债权，成为债的关系的新的债权人。

债权让与合同是债权人与受让人之间就债权让与而达成的协议。债权让与合同是双方的民事法律行为，它是引起债权让与的主要情形。债权让与合同的双方为债权人和债务人以外的第三人，债权让与无需经债务人同意，因而债务人并非债权让与合同的当事人。债权让与合同经债权人与第三人（受让人）意思表示一致即可成立，合同成立后即发生法律效力，债权由原债权人转移至第三人，第三人受让债权成为新的债权人。

2.债权让与的有效条件

第一，须原债权合法、有效存在，并且债权让与不改变债权的内容。原债权因违法或不具备成立的有效条件而被认定无效的，就该债权所进行的让与同样无效。原债权已因履行、抵销、免除、混同等原因而消灭的，无从发生债权让与。但仅因诉讼时效期间届满的，因实体请求权仍然存在，可以为债权让与，只是新的债权人所取得的债权，人民法院不予保护。债权让与是在不改变债的内容的前提下，债权的享有者由原债权人转移至第三人，该权利主体的改变不应影响债务人所承担的债务以及履行债务的条件。因此，债权让与不得改变债权的内容，不得增加债务人的负担。

第二，债权让与须有法律直接规定或债权让与合同成立方能形成。债权让与是根据法律直接规定或民事法律行为的成立而发生的，其中，因债权让与合同而发生的，债权让与应当经原债权人与债权受让人达成合意，并符合民事法律行为成立的有效条件。

第三，所让与的债权必须具有可让与性。依债权性质或合同约定不能让与的债权让与无效。按照《合同法》第 79 条规定以及民法理论，下列债权不得转让：(1)依债权性质不得让与的债权，例如基于当事人间特殊信任关系而发生的债权（如基于委托、雇佣、租赁而取得的债权）；以特定身份关系为基础的债权（如遗产给付请求权、抚养或赡养请求权）。此外，不作为债权、属于从属权利的债权也不得单独让与。(2)法律规定不得让与的债权，例如我国《担保法》第 61 条规定："最高额抵押的主合同债权不得转让。"(3)合同之债中，当事人约定不得让与的债权。

第四，债权让与须经通知债务人后始对债务人发生效力。除法律另有规定或当事人另有约定外，债权让与合同只需经债权人与债权受让人意思表示一致即可成立，无须经债务人同意，但因债权让与将直接影响债务人履行债务，与债务人的利益有一定的关联，因而债权让与对债务人发生效力应当符合一定的条件，即须经通知债务人后始对债务人发生效力。若债务人在接到债权让与通知前已向原债权人履行债务的，其履行应当认定有效，债权人与债务人间债的关系因此消灭。我国《合同法》第 80 条规定："债权人转让权利的，应当通知债务人。未经通知，该转让对债务人不发生效力。债权人转让权利的通知不得撤销，但经受让人同意的除外。"

第五，法律、行政法规规定转让权利应当办理批准、登记等手续的，依照其规定。

(三)债权让与的效力

债权让与有效成立后，即在原债权人、债务人、债权受让人之间发生一定的法律效力。债权让与的效力具体体现在以下方面：

第一，债权由原债权人转移至受让人。原债权人退出债的关系，不得主张受领债务履行；受让人取代原债权人成为新的债权人，有权请求债务人履行；债务人在收到债权让与通知后，应当向新的债权人履行债务。

第二，债权人转让债权的，受让人取得与债权有关的从权利，但该从权利专属于债权人自身的除外。

第三，债务人接到债权转让通知后，债务人对债权让与人的抗辩，可以向债权受让人主张。

第四，债务人接到债权转让通知时，债务人对债权让与人享有债权，并且债务人的债权先于转让的债权到期或者同时到期的，债务人可以向债权受让人主张抵销。

第五，因债权让与，债权让与人对受让人承担附随义务。例如让与人应当将债权文书等与债权有关的证明文件（如借条、票据、合同文本、往来确认函等）移交受让人；将与债的履行有关的一切事项告知受让人，并尽适当的提醒义务；交付让与人原占有的债的担保物。

此外，有学者认为，债权让与可产生时效中断的效力，即债权让与通知应当视为债权人向债务人主张债权，具有中断诉讼时效期间的效力。[①]

又根据最高人民法院《合同法解释（一）》第27条的规定，在合同之债中，债权人转让合同权利后，债务人与受让人之间因履行合同发生纠纷诉至人民法院，债务人对债权人的权利提出抗辩的，可以将债权人列为第三人。

三、债务承担

（一）债务承担的概念

债务承担，是指在不改变债的内容的前提下，债务人将其负担的债务全部或部分转移于第三人负担。第三人因债务承担而成为新的债务人，债权人有权向其请求履行债务。

严格意义上，债务承担包括免责的债务承担和并存的债务承担两种情形。免责的债务承担，是指以原债务人所负担债务转移于新债务人为目的，由第三人替代原债务人承受债务人的地位负担债务，原债务人退出债的关系。并存的债务承担，是指以使第三人分担债务为目的，由第三人加入债的关系与原债务人共同负担同一内容的债务，原债务人并不退出债的关系，而是与第三人共同负担债务履行。在民法学中，一般所说的债务承担为狭义概念，即指免责的债务承担。

值得注意的是，债务承担与履行承担是两种不同的法律行为，履行承担不以债务转移为内容，第三人代替债务人履行债务仍以债务人的名义实施，并不因此加入债的关系。债务人也不因此退出债的关系，因第三人的履行不适而产生的法律责任同样由债务人负担，债权人也不得向第三人主张履行或违约责任。

（二）债务承担的原因、有效条件

1.债务承担的原因

引起债务承担的原因，主要有：(1)因法律直接规定。根据《继承法》第33条规定，对于被继承人生前所欠的税款和个人债务，采取概括继承和限定清偿的原则。被继承人死亡时遗留有个人合法财产，又留有个人债务的，其所遗留的财产权利和财产义务一并由继承人承受，继承人在接受被继承人遗留的财产的同时，也在所取得的遗产价值的限额内负担被继承人生前所欠的债务。(2)因合同约定。当事人间就债务转移而达成的债务承担合同是引起债务承担的最为主要的原因。债务承担合同有两种：一是债务承担人与债权人订立的债务承担合同。二是债务承担人与债务人订立的债务承担合同。立法上一般认为，债务承担人与债权人订立债务承担合同，由债务承担人代替原债务人地位履行债务，只需经债务承担人与债权人达成合意即可成立，不以债务人同意为生效条件。因此，第三人替代原债务人履行债务，债权人愿意接受或实际受领履行的，第三人的履行有效，原债权债务关系消灭。[②] 至于债务承担人与债务人订立的债务承担合同，虽无须以债权人为债务承担合同的第三方以及其意思表示为成立条件，但因债务承担影响债权人债权的最终实现，因而立法上一般认为

---

① 江平主编：《民法学》，中国政法大学出版社2000年版，第504页。

② 例如，根据《德国民法典》第414条的规定，债务可以由第三人通过与债权人订立的合同以由此第三人取代原债务人的方式承担。

该债务承担须经债权人同意才能产生法律效力。[①] (3)单方法律行为,如附义务的遗赠,于遗赠发生效力时,即同时发生债务承担。

2.债务承担的有效条件

第一,须有合法债务的有效存在。债务承担中转移的债务应当属合法的债务,并且有效存在。非法的债务或无效的债务或已经消灭的债务不能作为债务承担的标的。

第二,债务具有可移转性。法律规定或合同约定不得移转于第三人的债务,或与债务人的身份密切相关必须由债务人亲自履行的债务。例如,对因抚养、赡养请求权而发生的债务,因名誉侵权而承担的赔礼道歉,以提供特定技艺、劳务为内容的演出合同、委托创作合同、加工承揽合同等而产生的债务不能设定债务承担。

第三,须符合法律直接规定或有当事人就债务承担达成的协议。债务承担是债务在不同的民事主体间的转移,因债务承担而产生相应的法律后果,故而债务承担应有合法的依据方能有效成立。除法律另有规定外,债务承担应以债务承担合同为根据,债务承担合同为不要式合同,只需合同当事人意思表示一致即可成立,意思表示的方式可以为书面合同、口头承诺或作为的默示。

第四,须经债权人同意。这是债务承担有效的最为主要的条件。因债是发生在特定民事主体之间的权利义务关系,特别是合同之债的发生是建立在合同双方互相信任的基础上的,债权人一般对债务人的履约能力、资金信用有相应的了解。因而,一旦债务由原债务人转移至第三人,第三人是否具有相应的履行能力,是否足以信任,将直接影响债权人债权的实现。所以,各国民法关于债务承担,一般都规定须经债权人同意。[②] 我国《合同法》第 84 条也规定:“债务人将合同的义务全部或者部分转移给第三人的,应当经债权人同意。”

第五,法律、行政法规规定转移义务应当办理批准、登记手续的,依照其规定。

(三)债务承担的效力

就狭义的债务承担(即免责的债务承担),其法律效力具体体现如下:

第一,债务人退出债的关系,由债务承担人承受其债务人地位,直接向债权人承担债务履行的责任。债务承担生效后,债权人仅能向债务承担人请求履行债务,因债务不履行或履行不适当而产生的法律后果概由债务承担人负担,与原债务人无关。

第二,债务转移后,债务人基于债的关系所享有的抗辩权由债务承担人享有,债务承担人得以援用并对债权人行使。我国《合同法》第 85 条规定,债务人转移义务的,新债务人可以主张原债务人对债权人的抗辩。

第三,债务转移后,从属于主债务的从债务一并转移于债务承担人承受。债务人转移义务的,新债务人应当承担与主债务有关的从债务,但该从债务专属于原债务人自身的除外。

第四,债务承担人不得以对抗债务人之事由对抗债权人。债务承担为无因行为,当发生债务承担的原因无效或者消灭时,债务承担人不得以此为由而拒绝向债权人履行债务。

此外,就所移转的债务设有担保的,则债务承担对担保人也产生一定的效力。我国《担

---

① 例如,根据《德国民法典》第 415 条的规定,第三人与债务人约定债务承担的,其有效性取决于债权人的承认,债权人拒绝承认的,债务承担视为未发生。

② 详见《法国民法典》第 1275 条、《德国民法典》第 415 条。

保法》第 23 条规定，保证期间内债权人许可债务人转让债务的，应当取得保证人书面同意，保证人对未经其同意转让的债务，不再承担保证责任。又根据最高人民法院《合同法解释(一)》第 28 条的规定，在合同之债中，经债权人同意，债务人转移合同义务后，受让人与债权人之间因履行合同发生纠纷诉至人民法院，受让人就债务人对债权人的权利提出抗辩的，可以将债务人列为第三人。

四、债权债务的概括转移

债权债务的概括转移，是指债的当事人将其享有的债权和承担的债务概括地一并转移于第三人的法律行为。比较于债权让与和债务承担，这种概括转移使债的承受人完全替代出让人的法律地位，一并承受权利和义务关系。

债权债务的概括转移主要发生在两种情形中：(1)转让合同。合同成立后，合同一方经对方同意，将其合同上的权利义务一并转移给第三人，由第三人承受自己在合同上的地位，享有权利并承担义务。我国《民法通则》第 91 条规定："合同一方将合同的权利、义务全部或者部分转让给第三人的，应当取得合同另一方的同意，并不得牟利。依照法律规定应当由国家批准的合同，需经原批准机关批准。但是，法律另有规定或者原合同另有约定的除外。"《合同法》第 88 条也规定："当事人一方经对方同意，可以将自己在合同中的权利和义务一并转让给第三人。"[①](2)债的一方当事人发生变更。债的关系成立后，债的一方当事人因企业合并、分立等原因而发生变更的，则该方因债的关系而享有的权利和承担的义务由变更后的民事主体承受。《民法总则》第 67 条规定："法人合并的，其权利和义务由合并后的法人享有和承担。法人分立的，其权利和义务由分立后的法人享有连带债权，承担连带债务，但是债权人和债务人另有约定的除外。"《合同法》第 90 条也规定："当事人订立合同后合并的，由合并后的法人或者其他组织行使合同权利，履行合同义务。当事人订立合同后分立的，除债权人和债务人另有约定的以外，由分立的法人或者其他组织对合同的权利和义务享有连带债权，承担连带债务。"

因合同而发生的债权债务的概括转移应当经过债的对方当事人的同意，方能发生法律效力。因一方当事人的合并而发生的债权债务概括转移，无须取得对方当事人的同意，但应做相应的通知或公告。但根据合同性质、当事人约定或者法律规定不得转让的，债权债务不得概括转移。法律、行政法规规定转让权利或者转移义务应当办理批准、登记等手续的，依照其规定。

债权债务概括转移后，受让人成为债的主体，享有相应的权利，承担相应的义务。受让人并且取得与主债权有关的从权利，承担与主债务有关的从债务，但该从权利或从债务专属于让与人自身的除外。受让人还因债权债务的概括转移而取得让与人因债的关系而享有的抗辩权，可以向对方主张原让与人对对方的抗辩。又根据最高人民法院《合同法解释(一)》第 29 条的规定，在合同之债中，合同当事人一方经对方同意将其在合同中的权利义务一并转让给受让人，对方与受让人因履行合同发生纠纷诉至人民法院，对方就合同权利义务提出

① 《合同法》的规定较之于《民法通则》的规定，不再对合同转让加以"不得牟利"的限制，这是一个巨大的进步。

抗辩的，可以将出让方列为第三人。

五、债的内容变更

(一)债的内容变更的概念

债的内容变更，即狭义的债的变更("在债的内容变更"部分中所称的"债的变更"均指狭义的债的变更)，是指在不改变债的主体的前提下，仅改变债的个别具体内容的情形。债的变更与债的更改是两个不同的法律概念。在罗马法中，因强调债权债务与其主体的不可分性，不承认债权让与与债务承担，并为了使债权人或者债务人发生变更，创设了债的更改制度。因而，罗马法中的债的更改包括债权主体、债务主体、债的内容、债的性质、债的期限与条件等诸种更改情形。[①] 法国、日本、意大利民法典仿罗马法中债的更改制度，将债的更改列入债的消灭之情形。[②] 德国民法典则不采用罗马法关于债的更改的概念，而是将债的变更(主要涉及合同债务关系)与债务关系的消灭、债权转让、债务承担分别规定在不同的章中。因而，债的更改是债的消灭的一种情形，债的更改导致旧债的消灭和新债的产生；而债的变更并不导致债的消灭，债变更后，债的关系仍然存在，仅是发生个别具体内容的改变。我国现行的民事立法中也未有债的更改的概念，只是在合同法中存在合同变更的制度。

(二)债的内容变更的有效条件

第一，债已合法成立。债的变更是在原有债的关系继续存在的前提下，改变债的个别具体内容，以此作为债的履行的根据，因而债的变更以原债已经成立并合法存在为前提条件。如果在债的相同主体间所发生的新的债权债务关系，是另一新债的发生，不属于债的变更。例如，在合同履行中，给付一方多为给付，因此而发生的请求返还多为给付部分属于合同之债以外的另一不当得利之债。

第二，债的主体不变，债的内容发生变更。构成债的关系的债权人和债务人不变，而依法改变债权债务关系的具体内容，这是债的变更的最为主要的法律特征。债权债务关系内容的改变涉及变更债的履行标的物(如给付标的物的种类、数量、质量、规格、等级等的变更)、变更债的履行条件(如履行方式、期限、地点等的变更)、变更债的性质(如债的给付形态由物的给付改为劳务的给付)、变更债的担保、所附条件、违约责任等。在我国，一般认为，在不改变债的主体的前提下，债的当事人对原债的各项内容的改变都可以认为是债的变更，对于变更前后的债是否具有同一性，并没有特别的要求。

第三，债的变更须有合法的依据。债根据法律规定或合同约定而产生后，即对当事人具有法律拘束力，非依法定方式不得变更。但因法律规定的情形(如因不可抗力而产生的履行不能)或者经当事人协商一致，可以变更债的内容。我国《合同法》第 77 条规定："当事人协商一致，可以变更合同。法律、行政法规规定变更合同应当办理批准、登记等手续的，依照其规定。"第 78 条规定："当事人对合同变更的内容约定不明确的，推定为未变更。"另外，我国

---

① 李双元、温世扬主编：《比较民法学》，武汉大学出版社 1998 年版，第 607 页。

② 例如：《法国民法典》第三卷第三编第五章"债的消灭"中的第二节"债的更新"(集中体现于第 1271 条)；《日本民法典》第三编第一章第五节"债的消灭"中的第三目"更改"；《意大利民法典》第四编第一章第四节"不同于债务履行的导致债的消灭的其他形式"第一分节"变更"。

《合同法》未确立情势变更制度，但最高人民法院《合同法解释（二）》在关于合同的权利义务终止之法律适用的司法解释中引入了情势变更原则，规定："合同成立以后客观情况发生了当事人在订立合同时无法预见的、非不可抗力造成的不属于商业风险的重大变化，继续履行合同对于一方当事人明显不公平或者不能实现合同目的，当事人请求人民法院变更或者解除合同的，人民法院应当根据公平原则，并结合案件的实际情况确定是否变更或者解除。"①

第四，变更后的债的内容应当具有合法性。变更后的债不得违反法律规定，或损害社会公共利益，否则可能因变更后的债的内容不合法而不具有债的变更的效力。此外，合同之债的当事人变更债的内容因此影响合同一方当事人对第三人债务的履行的，第三人作为另一债的债权人可以依合同法规定行使撤销权，请求人民法院撤销债务人与他人间变更合同的行为。第五，法律、行政法规规定变更合同应当办理批准、登记等手续的，依照其规定。

（三）债的内容变更的效力

第一，债的主体间的债权债务关系的内容发生变更，并对当事人有法律拘束力。债权人应当按照变更后的内容请求给付，债务人应当按照变更后的内容履行债务。但原则上，债的变更的效力仅及于债尚未履行的部分，对于已经履行完毕的债，一般不具有溯及力。

第二，合同之债中，因合同变更而影响当事人一方或双方利益的，按照合同约定处理。当事人协商变更合同的内容，并就因合同变更而给对方造成的损失的赔偿达成协议的，应按协议约定处理。我国《民法通则》第 115 条规定："合同的变更或者解除，不影响当事人要求赔偿损失的权利。"

第三节 债的消灭

债的消灭，是指债权债务关系归于消灭，即债在客观上不复存在。债的消灭不同于债的移转，债的移转仅是债权债务关系转移至新的主体，原让与人退出债的关系，对于该让与人而言，债在主观上消灭，但原债仍在受让人与债的另一方主体间存在，因而债的移转并不发生债权债务关系绝对的消灭的后果。债的消灭也不同于债的变更，债的变更是在债的关系仍然存在，债的主体不变的前提下，对债的内容的改变，因债的变更改变了债权债务关系中的给付内容或给付形态，但债权人享有的请求权及债务人承担的履行义务并没有消灭。

债的消灭，不论原因如何，均在法律上发生使债权人与债务人之间的债权债务关系归于消灭的效力。并且主债消灭的，原附于主债的从债也一并消灭。但是，已经发生的利息债权和已经成立的违约金债权因已经成为独立之债，不随主债的消灭而消灭。此外，债因法律规定的情形而消灭后，当事人应当遵循诚实信用原则，根据交易习惯履行通知、协助、保密以及返还负债字据等义务。

在民法上，普遍认为，引起债的关系消灭的法律事实主要有：清偿、提存、抵销、免除、混

① 《合同法解释（二）》第 26 条。

同。在合同之债中,合同解除也是合同权利义务消灭的重要情形。[①]

一、清偿

(一)清偿的概念、意义和性质

清偿,是指为实现债的目的,并按照债的内容所实施的给付行为。清偿使债权人的债权得以实现,债的关系因此消灭,因而清偿是债消灭的最为主要的和常见的原因。在民法理论上,清偿与履行、给付为同一意义行为在不同使用环境的不同称谓。在概念的使用中,履行更侧重于债权的动态实现,是债的效力体现;清偿侧重于债关系的消灭;给付则为债的标的。

关于清偿的性质,即清偿是法律行为还是事实行为,学者有不同观点。法律行为说认为,清偿须有消灭债务的效果意思,故清偿为法律行为;事实行为说认为,清偿为事实行为,不需要有意思表示。折中说认为,给付行为若为法律行为则清偿即是法律行为;给付行为若为事实行为,则清偿是事实行为。准法律行为说认为关于清偿性质需要考察债务履行的具体情形确定,清偿人即使不存在清偿的意思也是可以的,客观上只要债权内容得以实现,则即发生债权消灭的效果,且法律关于限制民事行为能力、代理及意思表示等的规定,原则上也得适用于清偿。法律行为是以意思表示为构成要件,清偿是否需要意思表示是问题的关键。据此,有些清偿属于事实行为,不需要意思表示;而有些清偿属于法律行为,需要意思表示,例如,以不作为或提供劳务为债务内容的,债务人不作为或作出提供劳务等事实行为就属符合债务本旨的给付。有些清偿属于法律行为,例如,以物权转移为债务内容的,债务人的给付是成立物权契约的行为,订立契约当然需要当事人的意思为要件,是一种法律行为。[②]

(二)清偿主体

在债的清偿中,清偿人和受清偿人仍应当符合法律规定或者合同的特别规定。在一般情况下,清偿以债务人或者其代理人为清偿人,以债权人或者其代理人为受领清偿人。法律或合同没有特别规定须由债的当事人亲自实施的,根据债的性质或当事人的约定,债可以由第三人代为清偿或者受领清偿。除当事人另有特别约定或者依债的性质不得由第三人为清偿外,第三人的履行行为能够满足债权人的利益要求而不构成对债权人的不利益时,第三人的清偿应为有效,债权人无正当理由不得拒绝受领。在破产程序中,破产管理人或清算人为受领清偿人。债务人应当向破产管理人或清算人履行债务而不得再向破产的债权人履行,否则不发生债的清偿效力。另外,符合法律规定的受领证书持有人以及行使代位权的债权人也为有权接受清偿利益的人。[③]

---

① 我国《合同法》第 91 条规定:"有下列情形之一的,合同的权利义务终止:(一)债务已经按照约定履行;(二)合同解除;(三)债务相互抵销;(四)债务人依法将标的物提存;(五)债权人免除债务;(六)债权债务同归于一人;(七)法律规定或者当事人约定终止的其他情形。"

② 以上观点参见:陈华彬:《债法总论》,中国法制出版社 2012 年版,第 281~282 页;柳经纬:《债法总论》,北京师范大学出版社 2011 年版,第 138 页;张民安、铁木尔高力套:《债权法》(第四版),中山大学出版社 2013 年版,第 78~83 页;孙森焱:《民法债变总论》(下册),法律出版社 2006 年版,第 832 页。

③ 台湾"民法"第 309 条规定:"持有债权人签名之收据者,视为有受领权人。但债务人已知或因过失而不知其无受领权者,不在此限。"

(三)清偿方法、地点和期限

清偿应当以全部清偿为原则,债务人不得任意为部分清偿,否则债权人有权拒绝受领而不承担受领迟延责任。但当部分清偿不构成对债权人的不利益时,基于诚实信用原则,债权人应当受领部分清偿。

债的清偿标的应当符合法律规定或者合同约定,未经债权人同意,债务人不得实施代物清偿。代物清偿,是指以他种给付代替原来给付的清偿。代物清偿须有当事人合意,才能发生债的关系消灭的后果。此外,债的清偿还应当符合债要求的地点、期限。对于清偿地、清偿期,当事人有约定的,从其约定;当事人没有约定的,依照法律规定或债的性质或履行习惯履行。①

(四)清偿抵充顺序

债的清偿抵充,是指债务人的给付不足以清偿其对同一债权人所负的数笔相同种类的全部债务时,决定该给付如何抵充债务的制度。根据最高人民法院《合同法解释(二)》第 20 条的规定,债的清偿抵充顺序为:(1)债权人与债务人对清偿的债务或者清偿抵充顺序有约定的,按照约定抵充;(2)应当优先抵充已到期的债务;(3)几项债务均到期的,优先抵充对债权人缺乏担保或者担保数额最少的债务;(4)担保数额相同的,优先抵充债务负担较重的债务;(5)负担相同的,按照债务到期的先后顺序抵充;(6)到期时间相同的,按比例抵充。又根据该司法解释第 21 条的规定,债务人除主债务之外还应当支付利息和费用,当其给付不足以清偿全部债务时,并且当事人没有约定的,人民法院应当按照下列顺序抵充:(1)实现债权的有关费用;(2)利息;(3)主债务。

二、提存

(一)提存的概念

提存,是指在一定条件下,清偿人以消灭债为目的,将给付物提交有关机关保存的行为。债的履行不仅要有债务人履行债务的行为,还要有债权人受领履行的行为,即债权人应当对债务人履行债务的行为提供配合、协助。如果债权人无正当理由拒绝受领或者债权人身份不明或下落不明等,则债务人即使愿意履行,也无法实际履行。因而各国民法大多为债务人履行债务设定提存制度,作为债消灭的原因。

(二)提存原因

债的提存须有合法原因。根据我国《合同法》第 101 条的规定,在合同之债的履行中,有下列情形之一,难以履行债务的,债务人可以将标的物提存:(1)债权人无正当理由拒绝受领,(2)债权人下落不明,(3)债权人死亡未确定继承人或者丧失民事行为能力未确定监护人,(4)法律规定的其他情形。司法部 1995 年 6 月 2 日发布的《提存公证规则》第 5 条也规定:"债务清偿期限届至,有下列情况之一使债务人无法按时给付的,公证处可以根据债务人申请依法办理提存:(一)债权人无正当理由拒绝或延迟受领债之标的的;(二)债权人不在债务履行地又不能到履行地受领的;(三)债权人不清、地址不详,或失踪、死亡(消灭)其继承人不清,或无行为能力其法定代理人不清的。"第 6 条规定:"有下列情况之一的,公证处可以根

① 例如我国《民法通则》第 88 条之规定。

据当事人申请办理提存公证：（一）债的双方在合同（协议）中约定以提存方式给付的；（二）为了保护债权人利益，保证人、抵押人或质权人请求将担保物（金）或其替代物提存的；当事人申办前款所列的提存公证，必须列明提存物的给付条件，公证处应按照提存人所附条件给付标的物。”

（三）提存标的物

债务人提存的标的应为债务履行应当交付的标的物或工作物，以给付劳务为标的的债务不得提存。并且，该提存标的物还应当为可提存物，标的物不适于提存或者提存费用过高，债务人可以依法拍卖或者变卖标的物，提存所得的价款。按照《提存公证规则》第 7 条的规定，下列标的物可以提存：（1）货币；（2）有价证券、票据、提单、权利证书；（3）贵重物品；（4）担保物（金）或其他替代物；（5）其他适宜提存的标的物。

（四）提存机关和提存方式

提存应当向提存机关提出，并按照提存方法进行。《合同法解释（二）》第 25 条规定：“依照合同法第 101 条的规定，债务人将合同标的物或者标的物拍卖、变卖所得价款交付提存部门时，人民法院应当认定提存成立。”提存机关，是指依法设立的接收提存物而为保管，并在条件成就时，应债权人请求将提存物交付债权人的机关。在我国，可以受理提存的机关为符合法律规定的提存部门，包括法院、公证处以及法院指定的银行、从事信托业务或寄存业务的信托公司、商会、仓库单位等。公证处是办理提存公证的部门。提存公证由债务履行地的公证处管辖，以担保为目的的提存或在债务履行地申办提存公证有困难的，可由担保人住所地或债务人住所地的公证处管辖。

在提存公证中，为履行清偿义务或担保义务而向公证处申请提存的人为提存人，提存之债的债权人为提存受领人。提存人向有管辖权的公证处申请提存公证，应当填写申请书，提交身份证明以及与提存之债有关的合同、担保书、生效法律文书等据以履行义务的依据，载明提存受领人及提存标的物，以及提存物的给付条件。公证员依《公证程序规则》和《提存公证规则》受理并经审查后，办理提存，并自提存之日起三日内出具提存公证书。提存之债自提存之日起即告清偿。

标的物提存后，提存人（即债务人）应当将提存事实及时通知债权人或者债权人的继承人、监护人。提存受领人不清或下落不明、地址不详无法通知的，受理提存公证的公证处应自提存之日起 60 日内，以公告方式通知。公告应刊登在国家或债权人在国内住所地的法制报刊上，公告应在一个月内同一报刊刊登三次。

（五）提存的效力

1.债务人依法将标的物提存后，债的关系消灭。提存成立的，视为债务人在其提存范围内已经履行债务。这是因提存而在债权人和债务人之间产生的最为主要的法律效力。各国民法普遍认为，以清偿为目的的提存具有债的消灭的法律效力，但因不符合法定条件或提存错误而导致提存无效或提存人取回提存标的物的，则不发生债的消灭的法律效力。

2.标的物提存后，标的物的风险责任随之由债务人转移至债权人，提存物的自然孳息和法定孳息以及提存费用（包括提存公证费、公告费、邮电费、保管费、评估鉴定费、代管费、拍卖变卖费以及为保管、处理、运输提存标的物所支出的其他费用）均由受领提存物的债权人享有和负担。我国《合同法》第 103 条规定：“标的物提存后，毁损、灭失的风险由债权人承担。提存期间,标的物的孳息归债权人所有。提存费用由债权人负担。”

3.债务人将标的物提存后,除法律、行政法规另有规定外,不得取回。我国台湾地区现行的提存法第11条规定:“提存人若证明其提存系于错误或提存之原因已消灭时,得取回提存物。”我国司法部发布的《提存公证规则》第26条也规定:“提存人可以凭人民法院生效的判决、裁定,或提存之债已经清偿的公证证明取回提存物。提存受领人以书面形式向公证处表示抛弃提存受领权的,提存人得取回提存物。提存人取回提存物的,视为未提存。因此产生的费用由提存人承担。提存人未支付提存费用前,公证处有权留置价值相当的提存标的物。”

4.债的履行标的物提存后,债权人可以随时领取提存物,但债权人对债务人负有到期债务的,或提存人规定提存物给付条件的,在债权人未履行债务或者提供担保之前或提存物给付条件成就之前,提存部门根据债务人的要求应当拒绝其领取提存物。值得注意的是,债权人因标的物提存而对提存部门享有给付提存物的请求权为公法意义上的权利,而非私法上的实体请求权,因而债权人因交付提存物问题而与提存部门发生争议的,得就提存部门的处分行为向其主管司法行政机关提出异议,请求限期责令给付,不得以提存部门为被告提起诉讼,请求给付提存物。但提存部门未按法定或当事人约定的条件给付提存物而给当事人造成损失的,或因提存部门挪用提存物,或因提存部门的过错造成提存物毁损、灭失而给当事人造成损失的,提存部门负有赔偿责任,当事人可以请求提存部门赔偿损失。此外,债权人领取提存物的权利,自提存之日起五年内不行使而消灭,提存物在扣除提存费用后归国家所有。

三、抵销

抵销,是指二人互负同种类的债务时,各以其债权充抵所负债务之清偿,而使双方的债务在等额内相互归于消灭的行为。

抵销根据发生原因的不同,分为法定抵销和合意抵销。法定抵销,指依据法律规定,以当事人单方意思表示所做的抵销。法定抵销权性质上属于形成权。享有抵销权的当事人主张抵销的意思表示一经作出并到达对方当事人,即发生法律效力,无须经对方当事人接受或者同意。合意抵销,是指互负债务的当事人双方经意思表示一致所做的抵销。债的关系成立后,互负债务的当事人在债的履行中,经协商同意,各自以债权充抵债务清偿,从而在相应的等额内消灭债的关系。因而,合意抵销是建立在债的当事人意志自由原则的基础上,并以当事人的合意为条件的,可以不受法定抵销条件的限制。

债的当事人根据法定抵销而单方主张债的消灭的,应当符合法律规定的构成条件。依据民法理论和我国《合同法》第99条的规定,法定抵销应当具备的条件主要包括:

第一,债的当事人互负债务。抵销是债消灭的法定原因之一,抵销的目的在于使互负债务的当事人双方的债权债务关系在等额内归于消灭,因而抵销的发生必须以当事人双方之间存在着两个债务关系,并且互为债权人和债务人为条件,即一方当事人在某一债中为债权人,在另一债中为债务人。

第二,双方债务标的为同一种类的给付。债根据不同的目的而设立,因而债的内容、给付形态也各有所异。主张相互抵销的两个债必须是属于同一给付内容的,债的抵销一般发生在以金钱或种类物为给付标的物的债中。以不同种类的给付为标的或以特定物为给付标的物的，不能主张债务抵销，因为如果允许抵销，则当事人一方或双方的债的请求权就难以得到全面的满足和实现。种类不同的债务只有通过协议才能抵销。

第三，双方债务均已届履行期限。双方债务均已到履行期或均未规定履行期限的，任何一方均可主张债的抵销。双方所负的债务的履行期不同的，则债务已届履行期的一方应当按照债的规定先予给付，不得向债务尚未届履行期的另一方主张债的抵销。但债务人主张以自己未届履行期的债务与对方已届履行期的债务抵销，原则上应当允许，因为只要不损害债权人利益和给债权人增加受领债权的额外费用，法律允许债务人提前履行债务。

第四，双方债务均不属于不能抵销的债务。不能抵销的债务包括：(1)债务性质决定不能抵销的债务。如专属于债务人负担的劳务债务，或与民事主体的人身或生存紧密相关的专项债务，如抚恤金、退休金、抚养费的给付。(2)法律规定不得抵销的债务。如因侵权行为而负担债务的债务人不得主张以自己的债务抵销对方的一般债务；约定向第三人履行债务的债务人不得主张以自己的债务抵销对方应当向自己履行的债务。(3)当事人特别约定不适用于抵销的债务。[①]

符合规定的条件，债的当事人可以主张抵销。抵销权性质上属于形成权，抵销属于单方法律行为，抵销权的行使只需以主张抵销的当事人单方的意思表示就可成立。享有抵销权的当事人主张抵销的意思表示一经做出并到达对方当事人，即发生法律效力，无须经对方当事人接受或同意。抵销权的行使也不以诉讼上之裁判为必要。

另根据《合同法解释(二)》第23条的规定，当事人对合同法第96条、第99条规定的合同解除或者债务抵销虽有异议，但在约定的异议期限届满后才提出异议并向人民法院起诉的，人民法院不予支持；当事人没有约定异议期间，在解除合同或者债务抵销通知到达之日起3个月以后才向人民法院起诉的，人民法院不予支持。

一般认为，抵销产生以下的法律效力：(1)双方对等数额内的债权或债务归于消灭。(2)双方债权数额不等时，超出等额内的尚未被抵销的部分的债权债务关系仍然存在，债权人仍有受领清偿的权利。(3)抵销具有溯及力，即当抵销生效时，债的关系的消灭效力溯及抵销权发生之时。抵销权发生时，债的关系已归于消灭，因而不再发生债务利息的给付，也不发生迟延履行责任以及因此所负的损害赔偿或支付违约金的责任。

四、免除

免除，是指债权人向债务人表示抛弃债权，并以此消灭双方的债权债务关系的行为。债权是一种民事权利，债权人可以依法行使债权，也可以依法放弃债权。债权人向债务人表示放弃债权的，则在其所放弃的债权的范围内免除债务人的债务，双方的债权债务关系归于消灭。

免除为债的消灭原因，这为各国民法所确认。但关于免除的性质，各国立法及学说则不同。大陆法系国家多将债务免除规定为契约行为，日本及我国台湾民法则规定其为债权人

① 《合同法解释(二)》第23条规定："对于依照合同法第99条的规定可以抵销的到期债权，当事人约定不得抵销的，人民法院可以认定该约定有效。"

的单独行为。[①] 根据我国《合同法》第105条的规定，债的免除是一种民事法律行为，其原则上属于单方的民事法律行为。该行为的成立只需债权人一方做出抛弃债权以免除债务人债务的意思表示即可发生法律效力，无须经债务人做出同意的意思表示。但债权人的免除行为不得违背诚实信用原则，损害债务人的合法利益。同时，债权人与债务人也可就债的免除进行协商，订立免除债务合同。免除债务合同为无偿性合同，并以债的消灭为合同的主要内容。债的双方当事人就债务免除及其他有关事项所达成的协议，适用合同法的一般规定。

免除债务的意思表示应当由债权人向债务人做出。免除债务的行为应当符合单方民事法律行为的成立条件。一般认为，免除债务为不要式的民事法律行为，债权人为免除债务的意思表示不需以特定方式做出，可以采用书面或口头等形式。免除债务既为债权人单方的法律行为，自债权人向债务人或者其代理人表示后成立并发生法律效力。因而一旦债权人做出免除债务的意思表示，不得再予以撤回。但也应注意到，若因债权人免除债务人的债务而影响对该债权人享有债权的其他债权人债权的实现的，其他债权人可以依法对该债权人免除债务的行为行使撤销权。我国《合同法》第74条规定："因债务人放弃其到期债权或者无偿转让财产，对债权人造成损害的，债权人可以请求人民法院撤销债务人的行为。"

免除是债的消灭的原因之一，其效力主要在于发生债的关系的绝对消灭的法律后果。我国《合同法》第105条规定："债权人免除债务人部分或者全部债务的，合同的权利义务部分或者全部终止。"债权人免除债务人的债务可以分为全部免除和部分免除。债务全部免除的，债的关系全部归于消灭；债务部分免除的，该免除部分的债权债务关系消灭，未免除部分的债权债务关系仍然存在。主债务因免除而消灭的，其利息债务、担保债务等从债务也随之消灭；但从债务免除的，并不影响主债务的继续存在。

五、混同

混同，是指债权债务同归于一人，从而使债的关系归于消灭的法律事实。债是存在于特定的债权人和债务人之间的权利义务关系，债的存在必须以分立的双方当事人为债的主体。当债的关系中的债权和相对应的债务同归于一人时，债就没有存在的意义，因为同时兼为债权人和债务人的民事主体无从自己向自己主张债权或履行债务。

混同是一种法律事实，无须以当事人的主观意思表示为条件，只要发生债权与债务同归于一人的事实，即发生债消灭的后果。债因混同而消灭的情形有：(1)债的概括承受。如原存在债权债务关系的两个企业合并，因合并后的债权和债务均同归于合并后的企业而发生混同，原债权债务关系消灭。又如，原存在债权债务关系的公民一方死亡后，另一方因接受继承或受遗赠而取得另一方的遗产，从而使债权和债务同归于一人而发生混同，原债权债务关系消灭。(2)债的特定承受。如债权人承受债务人对自己的债务，或者债务人受让债权人对自己的债权，因此发生债主体的混同而导致债的关系消灭。

混同的法律效力在于消灭债的关系以及因该债的关系而产生的从债权。《合同法》第106条规定："债权和债务同归于一人的，合同的权利义务终止，但涉及第三人利益的除外。"所谓债权涉及第三人利益的，是指债权人将债权出质的情形，债权之上存在第三人的质权，

① 张广兴：《债法总论》，法律出版社1997年版，第280页。

若该债权因混同而消灭，第三人的债权则失去质权担保，因而不适用因混同而终止合同的权利义务。此外，法律另有规定的也不适用以混同终止权利义务关系，如根据《票据法》规定，汇票可依背书转让给发票人、承兑人、付款人或其他票据债务人，虽发生混同的事实，但受让人在票据尚未到期之前，可再依背书转让给他人，故该汇票权利并不因混同而消灭。另外，继承人为限定继承时不发生混同的效力。[①]

除以上一般情形外，以下几种情形也可发生债的消灭：作为债的发生的原因被撤销；作为债的发生原因的合同被撤销、解除或终期届至；以债的消灭为目的的契约达成；给付不能；债权人或债务人死亡或解散。[②]

① 崔吉子：《债权法学》，北京大学出版社 2012 年版，第 110～111 页。

② 江平主编：《民法学》，中国政法大学出版社 2000 年版，第 528 页。

第4章 债的效力

第一节 债的效力的一般概述

一、债的效力的概念

债的效力，是指为实现债的内容而由法律赋予债的权能和拘束力，以及在债务不履行时的强制执行力。[①]尽管各国民法关于债的效力的立法体例和立法内容不尽相同，但均认为关于债的效力的基本内容为如何实现债权，包括债权人的权利、债务人的义务以及债务人不履行债务时的后果。基于债的效力，债权人有权要求债务人履行债务，受领并保持受领权益；在债务人不履行债务时，请求国家有关机关强制债务人履行；在一定条件下，为保障债权实现而行使代位权和撤销权。

二、债的效力的分类

(一)一般效力和特殊效力

根据债的效力所适用的债的关系之特殊性，债的效力可以分为一般效力和特殊效力。一般效力，是指不分发生根据或给付内容的任何债均具有的共同的、普遍的效力。债的一般效力主要体现于：(1)给付。债权人得以请求债务人给付，以满足债权实现；债务人为给付后，债务人之责任消灭，已为给付之债务人不得以非债务清偿而请求返还；债权人受领迟延，债务人责任因而减轻。(2)不给付或有不给付之虞时，债权人得以请求强制履行、损害赔偿，以及行使代位权或撤销权。(3)债权实现的一般担保，即债的关系成立后，债务人的财产即

① 关于债的效力，学者有不同的观点。史尚宽先生认为，债的效力，广义是指实现给付或填补给付利益之作用，包括债之履行及债务不履行之效果；狭义的则单指债务不履行之效果。参见史尚宽：《债法总论》，中国政法大学出版社 2000 年版，第 327 页。刘春堂、林诚二、邱聪智先生认为，债之效力，是指债之关系发生后，为实现其内容，法律上所赋予之效果或权能。参见刘春堂：《判解民法债篇通则》，台北三民书局 1978 年版，第 109 页；林诚二：《民法债编总论——体系化解说》，中国人民大学出版社 2003 年版，第 300 页；邱聪智：《新订民法债编通则(下)》，中国人民大学出版社 2004 年版，第 251 页。胡长清先生认为，债的效力，指基于债权债务关系所生法律之力。参见胡长清：《中国民法总论》，台北商务印书馆 1976 年版，第 340 页。江平先生认为，债的效力体现为法律对债权债务关系的保护，即赋予债以请求力、保持力和强制执行力。参见江平主编：《民法学》，中国政法大学出版社 2000 年版，第 477 页。

成为债的一般担保。特殊效力，是指民法因债之发生根据不同而就债的效力所作的特别规定。例如，定金之没收或加倍返还、当事人的同时履行抗辩权和不安抗辩权即属于合同之债的特殊效力；请求权让与之抗辩则为侵权损害赔偿之债的特殊效力。此外，法律就各种合同的效力所作的特别规定也属于债的特殊效力。

（二）对内效力和对外效力

根据债的效力所及于的主体的不同，债的一般效力可以进一步分为对内效力和对外效力。对内效力，是指债发生于债的当事人即债权人和债务人之间的效力，它包括给付、不给付、不完全给付、给付迟延及受领迟延。对外效力，是指债发生于债的当事人与第三人之间的效力，它主要体现为债的保全。

（三）积极效力和消极效力

根据债的效力的内容的不同，债的效力可以分为积极效力和消极效力。积极效力，是指债的当事人依法律规定或合同约定得实施一定的行为，即债的履行和实现。例如，债成立后，债权人有权要求债务人履行债务；债务人得履行债务，并有权在法律规定或合同约定的情形下要求债权人给予必要的协助。消极效力，是指债不履行，包括债务人不履行债务或债权人受领迟延等而产生的法律后果。[①]

三、债的效力的范围

债的效力的范围，是指债的效力及于何人。按照传统民法的观点及早期债法的规定，债的效力仅及于债的当事人，即债权人与债务人。债不具有及于第三人的效力，此为民法的一大原则，故债权称为相对权。[②] 但近现代时期，基于实际需要，尤其是由于理论创设和制度设计上，租赁权的物权化、债权之不可侵性、债的保全、为第三人利益合同、诚实信用原则之贯彻等理论或制度的确立与完善，债的相对性原则在理论上得到突破，各国民事立法及判例在肯定债权为相对权的前提下，也承认这种相对性的特殊例外，即将确定债的效力范围的原则“修正”为：债的效力及于债的当事人，但在法律规定的特殊情形下，也及于第三人。于是，债也兼具了保护或限制第三人的功能。

---

① 有学者认为，债的内容为债权人享有的债权和债务人负担的债务，因此债的积极效力主要表现为债权的效力，而债的消极效力则表现为债务的效力。参见张广兴：《债法总论》，法律出版社1997年版，第161页。

② 江平主编：《民法学》，中国政法大学出版社2000年版，第479页。

第二节 债的对内效力

一、债权的效力

(一)债权的请求力

基于债的效力,债权人有权请求债务人履行债务以实现其债权利益。这种请求力为一种实体请求权,可以于诉讼上和诉讼外行使,于诉讼上行使则体现为诉权。

(二)债权的保持力

基于债的效力,债权人因债务人履行债务所获得的利益为正当利益,因有法律上之正当原因而得以永久保持。债务人履行债务后,不得任意撤回给付行为,也不得以债权人不当得利为由请求返还。债权的保持力是债权具有的一般效力,即使债权已经超过诉讼时效期间而不具执行力,但仍具有保持力。债务经履行后,债务人不得以债权已经超过诉讼时效期间为由请求返还。

(三)债权的执行力

基于债的效力,债权人于债务人不履行债务时,有权请求法院强制债务人履行债务。债权的执行力是法律提供的实现债权的根本性保障。债权人得以依照诉讼程序或者仲裁程序提起诉讼请求或者仲裁请求,并申请强制执行生效的法院裁判或者仲裁裁决,以获得债权实现的公力救济。但是,如果债权已经超过诉讼时效期间,虽债权的实体请求权仍然存在,但债权人因之失去了胜诉权,债权不再受法院的保护而为自然债权,因而不具执行力。

(四)债权人受领迟延

1. 受领迟延的概念

受领迟延,又称为债权人迟延,是指债权人对于债务人已经提出或者实施之给付,拒绝受领或者不能受领之事实。关于债权人受领之性质,民法学说、立法及判例存在受领权利说和受领义务说两种主张。法国民法学说及判例认为,受领为债权人的义务,债权人不当拒绝受领给付即为债务不履行,应负损害赔偿责任。德国普通法新学派及我国台湾立法及学理则认为,受领为债权人的权利而非义务,仅在当事人有特别约定或法律有特别规定的情形下,债权人才有受领的义务。[①] 我们赞成受领权利说。我们认为,既然债权是一种民事权利,该权利是否行使,应为债权人之自由,债务人不得强制债权人受领债务履行。

基于上述观点,受领为债权人之一般权利而非一般义务,则债权人拒绝受领为权利之不行使。但是,基于债的相对性,债务人履行债务应当有债权人的受领才能产生债的消灭之后果。因而,债权人虽无受领之一般义务,但是根据诚实信用原则,当债务人的履行在性质上需要债权人的协助或者配合时,债权人负有协助或者配合之义务。该义务的发生乃是基于当事人的特别约定或者法律的特别规定,而非债权人的一般义务,因此债务人不得就此协助义务单独诉请履行。但是,当债权人对于债务人履行义务负有协助或者配合义务时,债权人

① 江平主编:《民法学》,中国政法大学出版社 2000 年版,第 481 页。

违反该义务即未履行协助或者配合义务而拒绝受领或者不能受领时,债权人应当承受因之产生的不利后果。这种不利后果足以使债务人减轻一定责任,并使债权人承担因之而产生的费用、损失及损害赔偿责任。

2. 受领迟延的构成要件

(1)债权确实合法存在,并且债务的履行在性质上需有债权人的协助或者配合。这是债权人承担受领迟延责任的前提。若债权不存在,或者债务履行无需债权人协助或者配合,仅依债务人的给付行为即可实现,则不产生受领迟延。债务履行是否需有债权人的协助,一般根据法律规定、当事人约定或债务性质而确定。例如,我国《合同法》第 259 条规定:“承揽工作需要定作人协助的,定作人有协助的义务。定作人不履行协助义务致使承揽工作不能完成的,承揽人可以催告定作人在合理期限内履行义务,并可以顺延履行期限;定作人逾期不履行的,承揽人可以解除合同。”

(2)债务人依债的内容提出给付或者实施给付。这包含两方面的条件:一是债务人提出给付或者已实施的给付符合债的内容。若债务履行包括履行时间、地点、方法、标的物之数量或品质等不符合当事人的约定或者法律规定,则债权人有权拒绝受领。二是债务人已现实提出给付或者实施给付。前者为做出给付之意思表示并以通知送达债权人以获得债权人之协助或者配合;后者为已实际实施履行行为从而使债权人处于实际受领之可能状态。

(3)债权人拒绝受领或者不能受领。受领迟延责任一般不以债权人是否存在主观过错为条件,因而债权人拒绝受领(即客观能为受领而不为受领)和不能受领(即客观上无法受领)均可构成受领迟延。拒绝受领包括明示拒绝受领和不提供协助行为的默示拒绝受领。

3. 受领迟延的法律后果

受领迟延之效力一般自债务人提出给付之时起发生。依受领权利说,债权人对于已提出之给付拒绝受领或者不能受领为权利不行使,通常只承担迟延责任,债务人不得强制债权人受领给付。故而,因债权人受领迟延所产生的法律后果,主要体现为减免债务人的责任和使债权人承受不利益。具体而言,包括以下方面:

(1)债务人责任得以减轻。在债权人受领迟延情形下,债务人仅就故意或者重大过失承担责任,债务人的注意义务得以减轻。因受领迟延而导致债务人履行不能的,除债务人有故意或者重大过失外,履行不能可以被认为是由于可归责于债权人的事由所致,债务人得以免除履行义务,并且得请求债权人为对待给付。

(2)债务人无须支付利息。债权人虽受领迟延,仍得随时请求清偿,但债所及于的给付利息的规定或者约定在受领迟延后不再发生作用。自债权人受领迟延发生之日起,债务人无须支付利息。[①]

(3)债务人仅就受领迟延前所生孳息承担返还责任。在债的关系中,债务人负担返还标的物或者标的物所生孳息义务的,若发生受领迟延,则债务人仅就已收取之孳息承担返还责任。对于受领迟延后发生的孳息,纵然有可收取而故意不收取之情形,债务人也不必承担返

---

① 在罗马法上,在债权人受领迟延时,债务人仍须支付利息。但近代学说及德国民法第 301 条、俄罗斯民法第 122 条第 2 项以及我国台湾民法第 238 条等立法例则免除债务人在债权人受领迟延后的此项债务。参见史尚宽:《债法总论》,中国政法大学出版社 2000 年版,第 437 页。

还或者赔偿责任。

(4)债务人得请求支付必要费用和赔偿因之产生的损失。因受领迟延,债权人应当负担因此产生的标的物的保管费用、仓储费用、提存费用、运送费用、通知费用等额外费用。对于上述费用,债务人已经支付的,可以请求债权人予以补偿。因受领迟延给债务人履行义务造成损失的,债权人应当承担赔偿责任。

(5)风险责任发生转移。在双务合同中,因不可抗力而导致履行不能时,风险责任原则上由债务人负担。但发生债权人受领迟延后,因不可抗力而发生标的物毁损、灭失的风险责任则由债权人负担。[①]

(6)债务人得以一定方式自行消灭债务。债权人受领迟延后,给付标的物为动产的,债务人得以提存方式消灭债务,但不得为抛弃占有;给付标的物为不动产的,债务人得以抛弃不动产占有而消灭债的关系,但应当尽妥善告知义务。例如,房屋租赁合同期满,承租人返还承租房屋而出租人无正当理由拒绝接收的,则债务人经通知债权人后,可以自行弃置该房屋而迁往他处。

二、债务的效力

债务的效力是指债务履行满足债权实现的效果。民法对债务效力的规定是围绕着满足债权这一目标来设计的,所以,债务的效力就是以给付为核心的义务群。[②]

(一)给付

1. 给付的概念

债的目的在于实现给付,因而债务人的给付是债的最为主要的效力。基于债的关系,债权人享有请求债务人给付的权利;债务人负担履行给付的义务。

在民法理论中,关于债务的履行、给付及清偿这三个概念的内涵和外延,学者有不同的见解。有学者认为,这是三个互相联系而又具有不同含义的概念。给付指债务人应为的特定行为,它作为债的标的,具有抽象的、静态的意义;履行指债务人实行给付的行为,即债务人实施债的内容所要求的特定行为,具有具体的、动态的意义;清偿指债务人履行的效果,通常在债的消灭原因的意义上使用。[③] 有学者认为,这三个词的语义并无多大的区别,只是使用的语言环境不同而已。[④] 台湾学者认为,给付在民法中有用为动词者,有用为名词者。当其用为动词时,指债务之履行行为,其针对不同债之客体或场合,而可能使用"交付""支付""偿还""返还""赔偿"等字眼;当其为名词时,指履行之过程或履行之内容。[⑤]

---

① 我国《合同法》第142条规定:"标的物毁损、灭失的风险,在标的物交付之前由出卖人承担,交付之后由买受人承担,但法律另有规定或者当事人另有约定的除外。"第143条规定:"因买受人的原因致使标的物不能按照约定的期限交付的,买受人应当自违反约定之日起承担标的物毁损、灭失的风险。"第146条规定:"出卖人按照约定或者依照本法第141条第2款第2项的规定将标的物置于交付地点,买受人违反约定没有收取的,标的物毁损、灭失的风险自违反约定之日起由买受人承担。"

② 张俊浩主编:《民法学原理》,中国政法大学出版社1997年版,第591页。

③ 张广兴:《债法总论》,法律出版社1997年版,第167页。

④ 江平主编:《民法学》,中国政法大学出版社2000年版,第484～485页。

⑤ 黄茂荣:《债法总论》(第二册),中国政法大学出版社2003年版,第89页。

我们认为，给付概念的使用包含两层含义：一是债务人基于债的关系而应为的特定行为，这时的给付是抽象、静态意义上的债的标的，是构成债的关系的必要条件。二是债务人按照合同约定或者依照法律的规定履行义务以满足债权人债权实现的现实行为，该行为又称为债务履行，这时的给付是具体、动态意义上的债务清偿，是债的效力的体现，其结果又导致债的消灭。我国《民法通则》第 84 条第 2 款规定："债权人有权要求债务人按照合同的约定或者依照法律的规定履行义务。"

2. 给付的内容

根据债的内容的不同，给付区分为积极给付和消极给付。前者以作为为给付内容；后者以不作为为给付内容。根据给付义务是否构成债的关系的必备要素，给付义务区分为主给付义务和从给付义务。主给付义务是指债务人负担的债的关系所固有的、必备的、特定的基本义务，例如出卖人交付出卖物的义务。从给付义务是指债务人负担的辅助主给付义务以最大限度地满足债权人利益的主给付义务以外的给付义务，例如出卖人按照合同约定交付出卖物收藏证书的义务。

除了债规定的给付内容外，债务人履行义务应当遵守诚实信用原则。即使法律或者合同对债的给付内容或者方法并无特别规定或者约定，但依照诚实信用原则，债的给付内容应当包括相应的附随义务。附随义务发生于各种不同性质的债的关系中，其内容一般包括注意义务、告知义务、照顾义务、说明义务、保密义务、忠实义务、不作为义务等。附随义务可以区分为独立的附随义务和非独立的附随义务，前者可以单独请求给付，后者不得单独请求给付，但因一方违反附随义务而导致他方受损的，他方可以请求损害赔偿。

此外，有学者认为给付还包括不真正义务。不真正义务，是指债权人对自己利益的照顾义务。此种义务的违反，仅使债权人遭受权利受损或者丧失的不利后果，而不发生损害赔偿问题。[①] 例如，我国《民法通则》第 114 条规定："当事人一方因另一方违反合同受到损失的，应当及时采取措施防止损失的扩大；没有及时采取措施致使损失扩大的，无权就扩大的损失要求赔偿。"[②]由于当事人违反不真正义务导致的是自己不利益，而与对方债权的实现无关，因而该义务不履行的后果在于减轻对方负担的义务或者责任。

（二）债务履行的原则

1. 全面履行原则

全面履行原则是指当事人按照合同约定的标的、数量、质量、价款或者报酬等，在适当的履行期限、履行地点，以适当的履行方式，全面完成合同义务的履行原则。

合同是双方当事人根据自己的实际需要而订的，合同中的各项条款都反映了当事人所追求的目的和实际承受能力，如果不严格按照合同条款全面履行，当事人订立合同或设定权利义务关系的目的就可能落空，从而造成相应的经济损失。所以，当事人应全面履行自己的义务。我国《合同法》第 60 条第 1 款规定："当事人应当按照约定全面履行自己的义务"。

全面履行原则在于指导和监督当事人保质、保量、按时全面地完成合同约定的义务，防止违约行为的发生，以保障当事人的合法权益。

① 王家福主编：《中国民法学·民法债权》，法律出版社 1991 年版，第 150 页。

② 我国《合同法》第 119 条第 1 款的规定与此相同。

全面履行与实际履行既有区别又有联系。实际履行强调债务人按照合同约定交付标的物或者提供服务,至于交付的标的物或提供的服务是否适当,则无力顾及。全面履行既要求债务人实际履行,交付标的物或提供服务,也要求这些交付标的物、提供服务符合法律和合同的规定。可见,全面履行必然是实际履行,而实际履行未必是全面履行。全面履行场合不会存在违约责任,实际履行不适当时则产生违约责任。

2. 诚实信用原则

债务履行应当遵守诚实信用原则。诚实信用原则在多数国家的民法中均被认为是民法的基本原则,对一切民事活动均具有规范意义。其性质也由补充当事人意思的任意性规定,转变为当事人不能依约定排除适用,甚至不待当事人主张即可由法官依职权适用的强制性规定。[①] 诚实信用原则几乎是大陆法系民法中唯一的基本原则,社会主义国家民法的基本原则大都由诚信原则的各项要求具体化而成。[②] 诚实信用原则的适用体现在债法上,亦为债务履行的一般原则。例如,《瑞士债务法》第 2 条第 1 款规定:"任何人都必须诚实、信用地行使其权利并履行其义务。"《日本民法典》第 1 条第 2 款规定:"行使权利及履行义务,应恪守信义,诚实进行。"我国台湾地区"民法"第 148 条规定:"行使权利,履行义务,应依诚实及信用方法。"我国《民法总则》第 7 条规定:"民事主体从事民事活动,应当遵循诚信原则,秉持诚实,恪守承诺。"诚实信用作为我国民法的基本原则同样适用于债务履行。因此,我国《合同法》第 6 条也规定:"当事人行使权利、履行义务应当遵循诚实信用原则。"第 60 条第 2 款规定:"当事人应当遵循诚实信用原则,根据合同的性质、目的和交易习惯履行通知、协助、保密等义务。"

诚实信用作为民事活动应当遵循的一项原则,其内容和适用极具弹性。学者认为,诚实信用原则就是要求民事主体在民事活动中维持双方的利益平衡,以及当事人利益与社会利益平衡的立法者意志。一方面,这种意志要求主体有良好的行为,谓之客观诚信;另一方面,要求主体具有毋害他人的内心意识,谓之主观诚信。诚实信用原则涉及两个利益关系:当事人之间的利益关系和当事人与社会间的利益关系,诚实信用原则的宗旨在于实现这两个利益关系的平衡。在当事人间的利益关系中,诚实信用原则要求尊重他人利益,以对待自己事务的注意对待他人事务,保证法律关系的当事人都能得到自己应得的利益,不得损人利己。当发生特殊情况使当事人间的利益关系失去平衡时,应进行调整,使利益平衡得以恢复,由此维持一定的社会经济秩序。在当事人与社会的利益关系中,诚实信用原则要求当事人不得通过自己的民事活动损害第三人和社会的利益,必须在权利的法律范围内以符合其社会经济目的的方式行使自己的权利。[③] 依此观点,诚实信用原则适用于债务履行情形下应当具有两方面的作用。其一,债务人履行债务应当积极维护债权人的利益,这是诚实信用原则适用于处理债的当事人之间利益关系的准则。债务人应当全面履行法定或者约定的义务,

---

① 张广兴:《债法总论》,法律出版社 1997 年版,第 170 页。

② 徐国栋:《民法基本原则解释》,中国政法大学出版社 2001 年版,第 74 页。

③ 徐国栋:《民法基本原则解释》,中国政法大学出版社 2001 年版,第 79 页。

并依诚实信用原则，根据债的性质、目的或交易习惯履行必要的附随义务。[①] 当然，诚实信用原则不仅适用于债务人，也适用于债权人，债权人应当积极受领给付，依法律规定或合同约定履行协助义务。其二，禁止权利滥用以保障债务履行，这是诚实信用原则适用于处理债的当事人与第三人或社会利益关系的准则。债成立后，债务人即应当以其全部概括财产保障债务的履行，为此法律规定债务人基于此债的债务履行责任限制了其与第三人之间形成的彼债中的权利行使，从而使债具有及于第三人的效力。法律赋予债权人具有代位权和撤销权，即是诚实信用原则在债务履行中扩展为禁止权利滥用原则的具体体现。

（三）债务履行的具体要求

债务履行涉及履行主体、履行标的、履行期限、履行地点和履行方式等。债的效力要求债务人应当按照债所规定的主体、标的、期限、地点、方式等履行义务。在合同之债中，当事人就质量、价款或者报酬、履行地点等债的内容约定明确的，当事人应当按照约定全面履行自己的义务；当事人就债的内容没有约定或者约定不明确的，可以协议补充，不能达成补充协议的，当事人应当遵循诚实信用原则，根据合同的性质、目的、有关条款或者交易习惯确定债务履行；仍不能确定的，则适用合同法规定确定。[②]

1. 履行主体

债的履行主体是指履行债务的人和接受履行的人。在通常情况下，债的履行主体为债的当事人，即债务履行由债务人实施，由债权人受领。但是，除根据法律规定、合同性质决定或者合同约定必须由债务人亲自履行而不得为第三人代替履行或接受履行外，债经当事人约定可以由第三人履行或者接受履行，但债的效力仍发生于债的当事人之间。我国《合同法》第 64 条规定："当事人约定由债务人向第三人履行债务的，债务人未向第三人履行债务或者履行债务不符合约定，应当向债权人承担违约责任。"第 65 条规定："当事人约定由第三人向债权人履行债务的，第三人不履行债务或者履行债务不符合约定的，债务人应当向债权人承担违约责任。"当然，在为第三人利益订立的合同的履行中，受益人虽不是合同的当事人，但其根据该合同享有独立的请求权，债务人应当按照合同约定向其为给付。此外，也有学者认为，履行主体还包括履行辅助人。履行辅助人即债务人为了履行债务而使用的人，包括在债务人的指挥命令之下辅助履行债务的人（如企业的工作人员等）以及依代理或受委托代为履行债务的代理人。前者又称狭义上的履行辅助人，后者称为履行代用人。履行辅助人所为的履行，视同债务人本人的履行。[③]

2. 履行标的

就合同之债的债务履行标的而言，质量要求不明确的，按照国家标准、行业标准履行；没有国家标准、行业标准的，按照通常标准或者符合合同目的的特定标准履行。价款或者报酬不明确的，按照订立合同时履行地的市场价格履行；依法应当执行政府定价或者政府指导价的，按照规定履行。执行政府定价或者政府指导价的，在合同约定的交付期限内政府价格调

---

① 我国《合同法》第 60 条规定："当事人应当按照约定全面履行自己的义务。当事人应当遵循诚实信用原则，根据合同的性质、目的和交易习惯履行通知、协助、保密等义务。"

② 我国《合同法》第 62 条、第 63 条、第 71 条、第 72 条。

③ 柳经纬主编：《债法总论》，北京师范大学出版社 2011 年版，第 144 页。

整时，按照交付时的价格计价。逾期交付标的物的，遇价格上涨时，按照原价格执行；价格下降时，按照新价格执行。逾期提取标的物或者逾期付款的，遇价格上涨时，按照新价格执行；价格下降时，按照原价格执行。

3. 履行期限

就合同之债的债务履行期限而言，履行期限不明确的，债务人可以随时履行，债权人也可以随时要求履行，但应当给对方必要的准备时间。债权人可以拒绝债务人提前履行债务，但提前履行不损害债权人利益的除外。债务人提前履行债务给债权人增加的费用，由债务人负担。

4. 履行地点、方式、费用

就合同之债的债务履行地方而言，履行地点不明确的，给付货币的，在接受货币一方所在地履行；交付不动产的，在不动产所在地履行；其他标的，在履行义务一方所在地履行。就合同之债的债务履行方式而言，履行方式不明确的，按照有利于实现合同目的的方式履行。债权人可以拒绝债务人部分履行债务，但部分履行不损害债权人利益的除外。债务人部分履行债务给债权人增加的费用，由债务人负担。履行费用的负担不明确的，由履行义务一方负担。

(四)违反债务履行义务的形态及其后果

1. 给付不能

给付不能，是指债务人不能依债的内容为现实给付，即给付已经不可能被履行的状态。有学者认为，这种“不能”并非物理意义或者逻辑意义上的不能，而是社会普通观念及法律或经济学观念上的不能。[①] 即依社会普遍观念认为债务事实上已无法强制履行，或者履行必须付出不适当的巨大代价、冒着重大生命危险或者因此违反更大的义务的，则应当认为给付不能。如果仅为给付困难或者债务人缺乏资金的，不构成给付不能。此外，选择之债中尚有可选择的给付或者货币之债、利息之债均不适用给付不能。也有学者认为，给付不能包括物理上的不能，也包括依一般社会观念或交易观念已经不可能的状态。[②] 它包括三方面的含义：(1)物理人、自然法则上的不能，如标的物的毁灭，再如演员声带嘶哑，不能出演等给付无法履行；(2)法律上的不能，如进口的汽车被国家机关没收；(3)经济上的不能，如给付标的物沉于海底，找寻和打捞物理上虽属可能，但经济上无意义。[③]

在传统民法理论上，给付不能可以根据不同的标准做不同的划分。首先，根据导致给付不能的原因的产生时间，给付不能区分自始不能和嗣后不能。前者之不能在债的关系成立之时就已确定或者存在；后者之不能发生于债的关系成立之后。在自始不能情形下，民事行为虽已成立，但不产生债的效力，当事人因此受到损害的，仅得以请求信赖利益的损害赔偿，如请求对方承担缔约过失责任，而不得主张债务不履行责任。其次，根据导致给付不能的原因是否与债务人的主观因素有关，给付不能区分客观不能和主观不能。因债务人本身之事由而导致的给付不能为主观不能，除此之外原因导致的给付不能均为客观不能。此外，给付

① 江平主编：《民法学》，中国政法大学出版社 2000 年版，第 487 页。

② 柳经纬主编：《债法总论》，北京师范大学出版社 2011 年版，第 159 页。

③ 张民安、铁木尔高力套：《债权法》(第四版)，中山大学出版社 2013 年版，第 278 页。

不能还可以划分为事实不能与法律不能，永久不能与一时不能，全部不能与部分不能，可归责的给付不能与不可归责的给付不能。[①] 但在司法实践中，债的效力所及于的债务履行不能责任仅仅于嗣后永久不能。

近年来，关于债务履行不能的理论有所变化，其趋势是自始不能不再作为债权债务关系无效的原因，即使自始客观不能，债权债务关系依然成立，并对债的当事人产生拘束力，债务人自债的关系成立之时，即应当负担违反债务的责任，据此，合同给付之债务将转化为损害赔偿债务。这种理论首先体现在1964年的《关于国际货物买卖统一公约》。该公约放弃履行不能的分类，而赋予其统一的法律效果，即无论何种不能，均不影响合同的效力，债务人应负违反债务的责任。1980年的《联合国国际货物买卖合同公约》也未将自始客观不能规定为合同无效的原因。德国债务法修改委员会1991年提出的债务法修改最终报告也认为，民法典第306条关于"给付自始不能者合同无效"之规定是失败的，因此建议废除。此外，现代各国民法也不再坚持种类之债不发生履行不能的传统观点。[②]

给付不能的效力因是否存在可归责于债务人之事由而有所不同。因不可归责于债务人的事由而导致给付不能的，债务人得以免除全部或者部分给付义务，对方也因此免除对待给付。[③] 我国《合同法》第117条规定："因不可抗力不能履行合同的，根据不可抗力的影响，部分或者全部免除责任，但法律另有规定的除外。当事人迟延履行后发生不可抗力的，不能免除责任。"但是，在此给付不能情形下，债务人仍应履行相应的附随义务，及时通知对方以减轻可能给对方造成的损失，否则因此导致债权人损害或者损失扩大的，债务人应当承担赔偿责任。因不可归责于债务人的第三人的行为导致的给付不能，债务人得以免除债务履行，但债权人因此取得就第三人行为而产生的损害赔偿请求权，即代位求偿权。因可归责于债务人的事由而导致给付不能的，就给付不能部分，债务人得以免除履行原债务的义务，但须承担违约责任或者损害赔偿责任，就仍能为给付部分，债务人仍负继续履行义务。若可能给付部分之履行于债权人已无利益时，债权人得以拒绝受领部分给付而请求全部不履行之损害赔偿。

2. 拒绝给付

拒绝给付，是指债务人能够履行债务而拒绝履行。除法律或者合同另有规定外，债务人拒绝履行债务是一种违法行为，因此产生债务人违反债务履行义务之效力。但如果债务客观上不存在，或者债务人以债权诉讼时效期间已经超过或者保证责任期间届满为抗辩，或者债务人行使同时履行抗辩权、不安抗辩权等抗辩权的，则不属于拒绝履行。

拒绝履行应当有债务人拒绝履行的意思表示。无论是债务清偿期限届满之前或者届满

---

① 江平主编：《民法学》，中国政法大学出版社2000年版，第487～488页。

② 张广兴：《债法总论》，法律出版社1997年版，第173～174页。

③ 不可归责于债务人的事由，一般是指债务人对给付不能的发生无过错。但若法律或者合同特别规定，债务人就事变亦应当负责时，则该事变应当认为可归责于债务人之事由。例如，我国《合同法》第121条规定："当事人一方因第三人的原因造成违约的，应当向对方承担违约责任。"

之后，债务人为拒绝履行意思表示，则在债权人和债务人之间产生债的效力。[①] 债权人据此得以提出解除合同，请求强制履行和损害赔偿。如果债务履行设定了担保，债权人还得以行使担保物权或请求保证人承担保证责任。在双务合同的履行中，遇有债务人拒绝给付的，债权人得以行使不安抗辩权或同时履行抗辩权。

债务人拒绝给付后，除债权人同意外，债务人不得再撤回拒绝履行之意思表示。债务人于拒绝履行后又实际履行的，债权人可以以债务履行已成为不必要为由拒绝受领，并就此请求债务人承担违约责任或者全部损害赔偿责任。

3. 给付迟延

给付迟延，是指债务人于债务清偿期届满后，能够给付而不为给付。给付迟延致使债权不能得到完全的满足，是债务人不履行债务的一种形式，因而产生违反债务履行义务的法律后果。构成给付迟延，应当具备下列条件：第一，须有合法债务存在。债务尚未发生或者业已消灭的，不产生给付迟延。第二，债务已届清偿期。给付有确定期限的，债务人自期限届满时起，负迟延责任；给付无确定期限的，债务人于债权人请求给付时，经债权人催告而未为给付，自受催告时起（含给予必要的准备时间）负迟延责任。第三，给付须为可能。给付在迟延后发生不能的，自给付不能原因发生时起，按照给付不能处理。第四，须无法律上的正当理由。例如，因对方未为对待给付致债务人行使同时履行抗辩权，则债务人逾期未为履行的，不负给付迟延责任。第五，可归责于债务人。如因不可归责于债务人之事由，致未为给付者，债务人不负迟延责任。但债务人应当就此项事由负举证责任。

给付迟延后，债务人应当承担相应的责任。债权人得以请求强制履行，或提出解除合同，并请求债务人承担违约责任或赔偿因迟延所生损害。给付迟延后虽为给付，但因于债权人无利益而为债权人拒绝受领的，债务人得赔偿因不履行债务所生的一切损害。给付迟延后发生不可抗力，债务人仍应承担不可抗力所生之损害赔偿责任。对于给付迟延之债务是以支付金钱为标的的，无论债务人是否有过失，也不论债权人是否受实际利息损失，债权人均得请求债务人依约定承担支付违约金或依法定利率计算迟延利息以承担赔偿责任。

4. 不完全给付

不完全给付，又称为积极违反债务或不当履行，是指债务人虽有履行债务的行为，但履行债务有瑕疵或者给债权人造成损害而未达到债务完全履行之目的。不完全给付可以分为瑕疵给付和加害给付。瑕疵给付，是指债务人虽为给付，但给付不完全符合债的要求。例如，给付标的物数量短少或质量不符合标准，或给付时间、地点、方式不符合合同约定等。加害给付，是指债务人虽为给付，但给付具有瑕疵，并因此导致债权人受损害。例如，出售有质量瑕疵的商品，并因此导致消费者人身受损害。

---

① 有学者认为，在债务清偿期届满之前，债权人本不享有请求实际履行的权利，因而此时并不发生债务人不履行债务的责任。但也有学者认为，债权是债权人可期待之利益，本身具有独立的经济价值，债务人于清偿期届满之前明确表示拒绝履行的，无疑会降低甚至消灭债权的经济价值，从而使债权人利益现时地受到损害。因而，该情形同样属于违反债务履行义务的一种形态。参见王家福主编：《中国民法学·民法债权》，法律出版社 1991 年版，第 158 页。我国《合同法》第 94 条采纳了后一种观点，规定在履行期限届满之前，当事人一方明确表示或者以自己行为表明不履行主要债务的，另一方当事人可以解除合同。

构成不完全给付应当具备如下条件：第一，须有债务人的给付行为。给付不能、拒绝给付、给付迟延均为消极的违反债务履行义务；不完全给付则属于积极的违反债务履行义务。第二，须有债务人的履行不当。因债务人履行债务存在瑕疵或者给债权人造成损害而未能完全达到债务履行的目的。第三，须可归责于债务人。如果因不可归责于债务人的事由而致不完全给付的，债务人不承担补正责任。

基于债的效力，债务人为瑕疵给付的，债权人得以拒绝受领和请求补正；若因补正而致逾清偿期限的，则债权人得以请求债务人依给付迟延承担违反义务的责任；若补正于债权人已无利益时，债权人可以拒绝受领，或者要求解除合同，并得以主张债务人承担全部损害赔偿责任。

倘若不完全给付为加害给付，即因给付之瑕疵而致债权人受损害的，债权人应以何种根据请求债务人赔偿？对此，学者意见并不一致。[①] 我们认为，债务人不完全给付同时损害债权人债权以外的利益的，则该行为同时符合违约责任和侵权损害赔偿责任的构成条件，因此属于违约责任与侵权责任竞合之情形。债权人得以根据责任竞合之处理原则即选择其中的一种请求权行使。债权人可以根据债务人履行债务不符合约定之事实而请求债务人承担违反约定义务的违约责任，或根据债务人实施违法加害行为之事实而请求债务人承担侵权责任。无论债权人选择何种请求权，债权人均有权请求债务人承担赔偿因债务人的加害给付而给债权人造成的实际损失的责任。

综之，债务人违反债务履行义务且不具有不可归责于债务人的事由的，债权人均可要求：(1)强制履行，即以国家强制力强制债务人履行债务，或者以代替履行[②]强制实现债权。(2)赔偿损失，即债务人应当赔偿债权人因债务人违反债务履行义务而导致的实际损害。此外，在合同之债中，债权人还得以主张适用定金罚则而要求双倍返还定金，或要求债务人支付违约金，或得以解除合同，或请求担保人承担担保责任。

---

① 第一种观点认为，因债务人不当履行致债权人遭受原来债务范围以外的损害，仅于债务人有过失，始负侵权责任，债权人只能依侵权行为之规定，请求损害赔偿。第二种观点认为，不当履行行为同时具备侵权行为要件的，被害人尚有侵权行为损害赔偿请求权，因而该行为同时构成不完全给付责任与侵权责任，债权人得选择一有利的根据请求赔偿。第三种观点认为，不完全给付的损害赔偿，系将加害人之侵权行为责任转换为债务不履行责任，从而要求加害人之注意义务乃于“履行债务时，应尽交易上之注意义务，以避免加害于债权人”，如其给付系不完全，则属违反此项注意义务，应认为履行上之过失而负赔偿责任。大陆学者倾向于第二种观点，即认为从保护债权人的利益出发，应采用侵权责任与违约责任竞合说，使债权人能依具体情况，选择对其最有利的根据请求损害赔偿。参见王家福主编：《中国民法学·民法债权》，法律出版社 1991 年版，第 169 页。台湾学者认为，理论通说和现行台湾民法第 227 条采用的是第三种观点，即认为债务人应当按照债务不履行承担责任，而这一观点或立法有利于对债务人利益的保护。参见林诚二：《民法债编总论——体系化解说》，中国人民大学出版社 2003 年版，第 361 页。

② 代替履行，是指由债务人承担履行费用，由债权人或者第三人代替债务人实现债的内容。例如强制搬迁腾退房屋。

第三节 债的对外效力

一、债的保全的概述

债的对外效力,是指债对于债权债务关系的当事人以外的第三人所产生的效力。债的对外效力体现为债的保全制度,包括债权人的代位权和撤销权。

债的保全,是指债权人为确保其债权得到清偿而就债的当事人以外的第三人所实施的行为。债的保全是债的相对性原则的例外。根据债的相对性原则,债只发生在特定的当事人之间的,并不涉及第三人。因而,债权人只能对特定的债务人请求给付,并不能干预债务人与第三人之间的法律关系。在这种原则下,虽然法律为债权实现设置了积极保障(即债的担保)和消极保障(即强制履行和赔偿损失),但均是以债务人或者特定的担保人现有的财产为债权实现的保障,而不能涉及债务人不当减少或者应当增加而未增加的财产。为了维护债务人的财产状况,防止因债务人财产减少而影响债权人的利益,确保债务清偿,法律特别赋予债权人干预债务人与第三人关系之权利而设立债的保全制度。

债的保全是以债务人之全部财产作为债务履行的一般担保,该全部财产在民法上称为“责任财产”。当债务人的全部财产成为债务履行的一般担保时,该责任财产的减少或受损害将影响债权人债权的实现,与债权人的利益攸关,债权人得以根据债的保全之一般规定行使代位权或撤销权,以排除对债务人财产可能造成的危害,从而确保自己债权的实现。

债的保全制度源于罗马法,罗马法上之废罢诉权实即近现代民法撤销权之源头。近现代民法上债的保全制度得到比较普遍的确认,并发展为债权人代位权和债权人撤销权两种制度。[①]《法国民法典》《日本民法典》《意大利民法典》《西班牙民法典》以及我国台湾民法均在债编中规定包括代位权和撤销权在内的债的保全制度。德国、瑞士因强制执行法较为完备,在其民法中未规定债权人代位权,而仅设债权人撤销权。例如,德国1879年颁布特别法《债权人撤销权法》以规定债权人的撤销权。我国《民法通则》《民法总则》均没有关于债的保全的规定,但是1999年10月1日起施行的《合同法》第73条规定了债权人的代位权,第74条、第75条规定了债权人的撤销权。1999年12月29日起施行的《最高人民法院关于适用〈中华人民共和国合同法〉若干问题的解释(一)》[简称《合同法解释(一)》]就债权人行使代位权和撤销权做出了解释,从而进一步构建了我国债的保全制度。

二、债权人的代位权

(一)代位权的概念和性质

代位权,是指在债务人怠于行使其到期债权而危及债权人债权实现时,债权人有权以自己的名义代位行使债务人的债权的权利。债权人代位权是债的保全制度的一项重要内容。它是《法国民法典》在继受罗马法上的废罢诉权时创设的。《法国民法典》第1166条规定:

① 李双元、温世扬主编:《比较民法学》,武汉大学出版社1998年版,第565页。

"债权人得行使其债务人的一切权利和诉权，但权利和诉权专属于债务人个人者，不在此限。"对此，学者认为法国法称债权人的代位权为代位诉权或间接诉权，均非适当。[①] 我国台湾地区现行民法第 242 条规定："债务人怠于行使其权利时，债权人因保全债权，得以自己之名义，行使其权利。但专属于债务人本身者，不在此限。"对此，学者解释台湾地区民事立法中的代位权并非诉权，未限定于诉讼上始得行使，是包括于诉讼上得代位行使债务人之权利的实体权利。[②] 还有学者进一步阐述这种实体法上之权利属于类似形成权之管理权或权能，[③]另有学者认为代位权既非诉讼法上之权利，也非实体法上之权利，而是实体法上之权能，是债权人的固有权，先有债权而后才有代位权能之作用。[④]

我国《合同法》第 73 条第 1 款规定："因债务人怠于行使其到期债权，对债权人造成损害的，债权人可以向人民法院请求以自己的名义代位行使债务人的债权，但该债权专属于债务人自身的除外。"由于该规定是从准予债权人提起代位权诉讼这一角度来体现债权人代位权内容的，因而导致人们对代位权是属于实体请求权或是一种诉权产生争议。有学者认为，代位权的行使必须通过诉讼方式来进行，即仅承认债权人于诉讼上行使代位权之可能。[⑤] 有学者认为，债权人代位权属于形成权，因为它是仅依债权人一方的意思表示就可以自己的名义代债务人行使权利的权利，而不必依债务人之意思表示。[⑥] 有学者认为，代位权不是债权人对于债务人或第三人的请求权，而是行使他人债权的权利，其行使的效果使债务人与第三人的法律关系发生变更，虽与形成权类似，但法律关系的变更或消灭并非仅基于权利人的意思表示，而是基于债权人行使债务人对第三人的债权之事实。因而，它是以管理他人的权利为内容的管理权，债权人应尽善良管理人的注意义务来行使此权利。违反此注意义务者，债权人应就因此给债务人造成的损失负赔偿责任。[⑦] 我们认为，代位权应当被视为债权人享有的一种实体权利，是债权对外效力的体现。其行使不以诉讼程序为必要，于诉讼程序外，债权人也得以行使并受领次债务人[⑧]的清偿。债权人于诉讼上提起代位权诉讼是债权人行使代位权的一种方式，也是凭借国家强制力实现债权的重要手段。[⑨]

(二)代位权的行使条件

根据我国《合同法》第 73 条之规定和《合同法解释(一)》的规定，债权人行使代位权应当符合下列条件：

1. 债权人对债务人的债权合法。代位权为债权人享有的权利，故代位之债权人与被代

---

① 史尚宽：《债法总论》，中国政法大学出版社 2000 年版，第 463 页。

② 杨建华：《问题研析——民事诉讼法(三)》，台湾三民书局 1998 年版，第 359 页。

③ 史尚宽：《债法总论》，中国政法大学出版社 2000 年版，第 463 页。

④ 林诚二：《民法债编总论——体系化解说》，中国人民大学出版社 2003 年版，第 406 页。

⑤ 赵钢、刘学在：《论代位权诉讼》，《法学研究》2000 年第 6 期。

⑥ 刘心稳主编：《中国民法学研究述评》，中国政法大学出版社 1996 年版，第 492 页。

⑦ 江平主编：《民法学》，中国政法大学出版社 2000 年版，第 521 页。

⑧ 指债务人的债务人。该债务人在相关论著中被称为"第三债务人"或者"第三人"，在《合同法解释(一)》中被称为"次债务人"。

⑨ 详见丁丽瑛：《债权人代位权诉讼若干问题探讨》，载于《厦门大学法律评论》第 1 期，厦门大学出版社 2001 年版，第 157～163 页。

位之债务人之间须有合法的债权债务关系存在，债权人始能行使债权之代位权能，否则即无行使代位权之可言。这虽未在法律中明文规定，但债权的合法性应是司法实务中就债权人行使代位权而必须审查的事实之一。

2. 债务人怠于行使其到期债权，对债权人造成损害。即债务人不履行其对债权人的到期债务，又不以诉讼方式或者仲裁方式向其债务人主张其享有的具有金钱给付内容的到期债权，致使债权人的到期债权未能实现。具体而言，该条件包括两方面：其一，债务人对第三人享有到期债权，但怠于行使。怠于行使，又称为不积极行使，是指债务人应当行使且可以行使权利而不行使。其二，对债权人造成损害，即债权人行使代位权须为保全债权之必要。台湾学者认为，保全债权之必要，对于一般债权，是以债务人已陷于无资力为判断要件。无资力，亦称欠缺支付能力，意指债务人负债超过资产（包括信用力），不能清偿其债务而言。对于特定物债权，若债权人行使损害赔偿请求权，其性质与一般债权无异，仍须以无资力为要件；若债权人请求给付特定物，则不以无资力为必要，只要特定物给付发生障碍，即认为有保全必要。[①] 大陆学者对此也表示赞同。[②]《合同法解释（一）》对于“债务人怠于行使其到期债权，对债权人造成损害”做出了较广泛的解释，未明确是否以债务人的现有财产不足以清偿债务为认定条件，因而在适用中仍存在“在债务人的现有财产足以清偿债务，但没有变现力即有价无市的情形下，是否可以行使代位权，而由次债务人向债权人履行清偿义务”的疑问。我们认为，应以“债务人不以诉讼方式或者仲裁方式向其债务人主张其享有的具有金钱给付内容的到期债权，致其可供履行的财产不足以清偿债务，损害债权人到期债权实现”为认定保全债权必要的条件。若债务人怠于行使权利，对于债务清偿并无任何影响，除对第三人所享有的债权外，债务人可供履行的财产已足以清偿债务，则没有为保全债权之目的而行使代位权之必要。

3. 债权人的债权已到期。代位权的成立，是以债权面临不能受清偿之危险为必要的。对于未到期的债权，债权人自不能主张清偿，因而无代位权可言。否则，若允许债权人在债权未到期时行使代位权，则有妨害债务人自由行使权利和处分财产之虞。因而，债务人已负迟延责任，被认为是代位权行使条件之一。[③] 对于履行期限不明确或者无期限的债权，债权人可以随时要求履行，但应当给债务人必要的准备时间，因而代位权一般须经催告后始得行使。

4. 债务人的债权不是专属于债务人自身的债权。即债务人基于抚养关系、扶养关系、赡养关系、继承关系产生的给付请求权和劳动报酬、退休金、养老金、抚恤金、安置费、人寿保险、人身伤害赔偿请求权等专属于债务人自身的债权不适用于债权人行使代位权。此外，一般认为，不作为债权或劳务债权的实现与债务人之资力无关，债权人对此类债权不享有代位权。又基于公法上关系之债权，如税收、罚金债权，亦不能对之主张代位权。[④]

---

① 邱聪智：《新订民法债编通则》（下），中国人民大学出版社 2004 年版，第 306 页。

② 李双元、温世扬主编：《比较民法学》，武汉大学出版社 1998 年版，第 572～575 页。

③ 我国台湾地区民法第 243 条以“但书”规定：债权人之代位权非于债务人负迟延责任时，不得行使。但专为保存债务人权利之行为，如中断债权之消灭时效、破产债权之申报等，不在此限。

④ 邱聪智：《新订民法债编通则》（下），中国人民大学出版社 2004 年版，第 304 页。

(三)债权人行使代位权的效力

1. 对债务人的效力。第一,代位权行使的结果归于债务人。按照法律关系分析,对第三人享有的债权是债务人的权利,债权人仅是代位受领,因此所得虽最终用于清偿债权人的债权,但利益根本上是属于债务人的,即债权人对第三人行使代位权的结果名义上归于债务人。在债权人行使代位权的范围内,债权人与债务人、债务人与次债务人之间相应的债权债务关系即予消灭。第二,债务人对其债权之处分因债权人行使代位权而受限,不得为有害代位权之处分。关于债权人行使代位权后,债务人对其权利的处分是否受到影响,有肯定说和否定说两种观点。肯定说认为,代位权行使后,债务人不得再为妨碍代位权行使的处分行为。否定说认为,债权人代位权的行使并非强制执行,债务人对其权利的处分权不因此受到影响,债务人仍得为处分行为,但若处分有害于债权时,债权人可以再次行使撤销权。[①] 我们同意肯定说并认为,债权人代位权既是债的保全之方式,即因此对债务人的处分行为产生拘束,否则代位权制度就失去了其设立之效用。债权人行使代位权后,债务人在该代位权行使范围内,不得行使处分权,不得为抛弃、免除、让与、延长履行期限等可能导致代位权行使失去效力的行为。否则,所为的行为无效。第三,债权人行使代位权所支出的必要费用由债务人负担。因为债权人是"代位"行使权利,行使权利而取得的财产又在名义上归于债务人,因此行使代位权所支出的必要费用应当由债务人负担。

2. 对债权人的效力。第一,债权人行使代位权的范围以债权为限,在该行使范围内,由次债务人向债权人履行清偿义务,债权人与债务人之间相应的债权债务关系即予消灭。《合同法解释(一)》第 20 条规定:"债权人向次债务人提起的代位权诉讼经人民法院审理后认定代位权成立的,由次债务人向债权人履行清偿义务,债权人与债务人、债务人与次债务人之间相应的债权债务关系即予消灭。"第二,债权人行使代位权应尽妥善义务,因债权人的过错造成债务人财产利益受损的,债权人应当承担赔偿责任。

3. 对第三人的效力。第一,债权人行使代位权时,第三人对债务人的抗辩,如同时履行抗辩权、权利不发生或消灭之抗辩等,均可以向债权人主张。但第三人对于债权人本人的抗辩,不得在债权人行使代位权时对抗债权人。第二,债权人行使代位权不得及于第三人的债务人,即一般不允许辗转行使代位权。

三、债权人的撤销权

(一)撤销权的概念和性质

撤销权,是指债权人对于债务人所为的有害债权的行为,得请求法院予以撤销的权利。债权人的撤销权起源于罗马法,后由法国民法继受。现代各国民法一般有规定债权人的撤销权,且分破产法上的撤销权与破产法外的撤销权。破产法上的撤销权与破产法外的撤销权的要件、适用范围,虽多少有所不同,但其性质并无区别。[②] 破产法上的撤销权是民法上的撤销权在特别立法上的折射。[③]

---

① 江平主编:《民法学》,中国政法大学出版社 2000 年版,第 523～524 页。

② 王家福主编:《中国民法学·民法债权》,法律出版社 1991 年版,第 182 页。

③ 江平主编:《民法学》,中国政法大学出版社 2000 年版,第 525 页。

撤销权与代位权均为债的保全措施，是为保全债务人的全部财产以保障债权实现而设置的制度。所不同的是，代位权是就债务人消极不行使权利而致可供债权实现的财产减少而采取的法律救济；撤销权则是就债务人积极作为的有害债权行为而采取的法律救济。撤销权与代位权不仅实现的具体功能不同，而且权利行使对社会经济秩序和交易稳定的影响也不同。代位权的行使一般以现有权利为范围，对于既成之社会交易秩序不存在破坏之影响；撤销权的行使则不以债务人的现有权利为限，其行使结果足以破坏既成之社会交易秩序，因此在制度设计和运作上应当更加谨慎和周全。

关于撤销权的性质，学者一致认为撤销权属于实体上的权利，而非诉讼上的权利。但是撤销权在实体法上属于何种权利，学说上颇多争论，主要有请求权说、形成权说、折中说和责任说四种看法。多数学者持折中说，认为撤销权兼具请求权和形成权两种性质。撤销权的行使，一方面使债务人与第三人的法律行为归于无效；另一方面又使债务人的责任财产回复至行为前的状态。[①]

（二）撤销权的行使条件

根据我国《合同法》第 74 条、第 75 条之规定和《合同法解释（一）》的规定，债权人行使撤销权应当符合下列条件：

1. 债务人在客观上实施危害债权的行为。该危害债权的行为，是指在客观结果上将导致债务人财产减少或负担增加，因而妨害债权实现的行为。根据我国《合同法》第 74 条第 1 款的规定，该行为包括债务人放弃其到期债权，或者无偿转让财产，或者以明显不合理的低价转让财产，对债权人造成损害的行为。另根据《合同法解释（二）》第 18 条的规定，债务人放弃其未到期的债权或者放弃债权担保，或者恶意延长到期债权的履行期，对债权人造成损害，债权人依照合同法第 74 条的规定提起撤销权诉讼的，人民法院应当支持。

2. 债务人的行为是以财产为标的的。对于非以财产为标的的行为，因与保全债务人的责任财产无关，债权人不得为撤销权。例如，我国台湾地区民法第 244 条第 3 款规定，债务人之行为，非以财产为标的或仅有害于以给付特定物为标的之债权者，不适用债权人撤销权。

3. 债务人之行为系有偿行为时，债权人行使撤销权以受益人[②]恶意为条件。受益人的恶意，是指受益人在受益时知道债务人所实施的行为有害于债权人的债权之事实。例如，我国台湾地区民法第 244 条第 2 款规定，债务人所为之有偿行为，于行为时明知有损害于债权人之权利者，以受益人于受益时亦知其情事者为限，债权人得声请法院撤销之。我国《合同法》第 74 条也规定，债务人以明显不合理的低价转让财产[③]，对债权人造成损害，并且受让

---

① 王家福主编：《中国民法学·民法债权》，法律出版社 1991 年版，第 182～183 页。

② 该受益人通常为债务人之行为的相对人，但也包括为第三人利益所设立的合同的第三人。

③ 根据《合同法解释（二）》第 19 条的规定，对于合同法第 74 规定的“明显不合理的低价”，人民法院应当以交易当地一般经营者的判断，并参考交易当时交易地的物价部门指导价或者市场交易价，结合其他相关因素综合考虑予以确认。转让价格达不到交易时交易地的指导价或者市场交易价 70％的，一般可以视为明显不合理的低价；对转让价格高于当地指导价或者市场交易价 30％的，一般可以视为明显不合理的高价。此外，债务人以明显不合理的高价收购他人财产，人民法院可以根据债权人的申请，参照合同法第 74 条的规定予以撤销。

人知道该情形，债权也可以请求人民法院撤销债务人的行为。

4. 撤销权的行使范围以债权人的债权为限。并且，债权人行使撤销权所针对的债务人行为须是债的关系成立后发生并且仍继续有效存在的行为。

（三）债权人行使撤销权的效力

1. 对债务人的效力。债务人之行为，一经撤销，即自始无效。债权人行使撤销权所支付的律师代理费、差旅费等必要费用，由债务人负担；第三人有过错的，应当适当分担。

2. 对受益人的效力。因债权人行使撤销权而使债务人的行为归于自始无效，因此若债务人已为给付，即受益人的受领视为不当得利，受益人应当就其不当得利承担返还义务；受益人因此遭受损失，仅得请求债务人赔偿。

3. 对债权人的效力。行使撤销权的债权人有权请求受益人向自已为返还不当得利，但不据此享有优先受偿权。行使撤销权后所产生的利益应当归于债务人的全部财产而作为债务人之全部债权人的债权的一般担保。

4. 撤销权的消灭。根据我国《合同法》第75条的规定，撤销权自债权人知道或者应当知道撤销事由之日起一年内行使。自债务人的行为发生之日起5年内没有行使撤销权的，该撤销权消灭。

第5章 债的担保

第一节 债的担保概述

一、债的担保的概念和意义

在民法理论上，债权担保可以分为一般担保和特别担保。一般担保，是指债务人以其全部财产担保债务履行。特别担保，是指在一般担保之外，为担保债权的实现而设定的担保。一般担保并非针对特定债权人而设立，所有的债权不论性质和种类，也不论成立先后，均享有债的一般担保。因而，债权人依据一般担保实现其债权时，一般以债务人现存的清偿能力为基础。当债务人多次甚至无限负债时，以债务人的全部财产作为债的一般担保的担保能力就越来越低，债权人必然直接面临债权不能实现或者不能足额实现的危险。虽法律为债权实现设置了代位权和撤销权两项保全措施，但仍是限于一般担保内的责任财产之保障，并未根本性地解决具体债权实现的保障问题。为获得债务清偿和债权实现的安全、可靠的保障，债权人往往于债的一般担保之外再设置特别担保。本章所称的债的担保，仅指特别担保，不包括一般担保。

二、债的担保的性质

债的担保是为保障债权实现而设定的特别担保，其具有从属性(附随性)、补充性和相对独立性。① 从属性，是指相对于被担保的债权而言，基于债的担保而设立的债为从债，债的担保的成立，以所担保的债权的存在为前提，并随着该债权的消灭而消灭。我国《担保法》第5条第1款规定："担保合同是主合同的从合同，主合同无效，担保合同无效。担保合同另有约定的，按照约定。"补充性，是指债权人基于债的担保而获得的利益对于债权实现具有补充的意义。在一般情况下，只有在债务人不履行债务而致主债权无法获得清偿时，债权人才能行使担保权或者现实取得担保利益。特别是在一般保证中，保证人对于债权人享有先诉抗辩权。② 相对独立性，是指债的担保相对独立于被担保的债权而发生或者存在。债的担保

① 邹海林、常敏：《债权担保的方式和应用》，法律出版社1998年版，第9～10页。

② 例如，我国《担保法》第17条第2款规定："一般保证的保证人在主合同纠纷未经审判或者仲裁，并就债务人财产依法强制执行仍不能履行债务前，对债权人可以拒绝承担保证责任。"

与所担保的债权是两个不同的法律关系，债的担保根据当事人的约定或者法律规定而成立。虽然在合同之债中，主合同无效导致担保合同无效，但是主合同有效的并不必然导致从合同有效。此外，债的担保并不保障所有债权的实现，也不担保特定债权人的一切债权，而只是担保设置了担保的特定债权的实现，因此，债的担保具有特定性。具体体现在两个方面的内容：一是债的担保是为特定的债权人而设的，是为担保特定债权人利益而设的；二是用以担保债权实现的是第三人的信用或特定的财产。[①]

三、债的担保的方式

根据债权担保的基础的不同，债的担保可以分为人的担保、物的担保和金钱担保三类。人的担保，是指债务人以外的第三人以其信用和财产为债务人履行债务提供的担保。这种担保主要是指保证方式，它是以在债务人不履行债务时，由保证人代为履行债务或者承担连带清偿责任的方式担保债权实现。物的担保，是指以债务人或者第三人所有的特定之动产、不动产或者其他财产利益作为债务人履行债务的担保。例如，抵押、质押、留置均为物的担保。金钱担保，是指以金钱为担保标的物而设定的担保。金钱担保实质上可以认为是一种特殊的物的担保，它是以转移金钱占有为标志的担保，例如定金。

根据债的担保的设立方式的不同，债的担保还可以分为法定担保和约定担保。法定担保，是指根据法律规定而直接成立并发生效力的担保。约定担保，是指根据当事人的约定而设立的担保。约定担保因基于当事人的意思表示而成立并发生效力因而也称为意定担保。通常的担保方式中，留置属于法定担保；保证、抵押、质押、定金属于约定担保。

根据我国《担保法》第 2 条第 2 款的规定，债的担保方式为保证、抵押、质押、留置和定金。包括抵押、质押、留置在内的物的担保为物权法的研究内容，因而本章的内容仅涉及保证和定金。

第二节　保证

一、保证的概念和特征

保证是债的担保的一种方式。根据我国《担保法》第 6 条的规定，保证是指保证人和债权人约定，当债务人不履行债务时，保证人按照约定履行债务或者承担责任的行为。保证法律关系涉及三方当事人，即保证人、债权人和债务人。

保证具有以下的法律特征：

第一，保证属于人的担保。保证人是以其信用和全部财产担保债务人履行债务，而不是以某一特定的财物作为担保，这是保证与抵押、质押、留置等担保方式最大的区别所在。当债务人不履行债务时，债权人仅得以请求保证人承担保证责任，不得直接处分担保人的财产。

---

① 柳经纬主编：《债法总论》，北京师范大学出版社 2011 年版，第 197 页。

第二,保证具有从债性质,并因此具有附随性。保证是为确保债权的实现而由债务人以外的第三人提供的担保,被保证的债为主债,保证为从债。保证因其从债之属性而具有附随性,即因主债之存在而成立,随着主债的转移或消灭而转移或消灭,并因主债的无效而无效。

第三,基于保证而成立的保证合同为单务、无偿合同。在保证关系中,保证人是唯一的义务方。债权人根据保证合同享有请求保证人承担保证责任的权利,但对保证人不承担任何的义务;保证人负担在债务人不履行债务条件下的履行债务或者承担责任的义务,对债权人不享有任何权利,但就债权人请求其承担保证责任享有一定的抗辩权。此外,保证通常具有无偿性。保证人为主债提供担保一般不以取得报偿为对价,但当事人另有约定的除外。

二、保证人

保证人,是指以自身的信用和全部财产为债务人履行债务提供担保,并在债务人不履行债务时,按照保证合同的约定履行债务或者承担责任的人。由于保证人承担保证责任的能力和资格关系到债权能否实现,因而法律对于保证人的主体资格一般有明确的规定。在一般情况下,保证人不具备主体资格的,保证合同无效。

(一)保证人的条件

根据各国民法以及我国《担保法》的规定,保证人一般应当具备以下条件:

1. 保证人应当具有民事行为能力。民事行为能力是民事主体独立地以自己的行为取得民事权利和承担民事义务的资格。保证人是基于其与债权人订立的保证合同而承担保证责任,保证合同是民事法律行为,因此,保证人应当具备民事行为能力。无民事行为能力人不得为保证人,其所订立的保证合同无效。[①]

2. 保证人应当具有代为清偿债务的能力。即保证人应当具备在债务人不履行债务时,代为履行债务或者承担责任的能力。关于保证人是否应当具有代为清偿债务的能力,在外国民法中存在不同的立法例。《德国民法典》不要求保证人具有代偿能力;《法国民法典》和《日本民法典》则规定保证人应当“有担保债务的充分财产”或者“有清偿资力”。在我国,《担保法》第 7 条规定:“具有代为清偿债务能力的法人、其他组织或者公民,可以作为保证人。”民法理论界对此存在不同的理解。一种观点认为,我国担保法实际上是将具有代为清偿债务能力作为保证人的条件,保证合同因保证人不具备代为清偿债务能力而应当被认为无效。另一种观点认为,担保法规定保证人应当具有代为清偿债务能力,对于保护债权人利益具有现实意义,但这一规定只能作为提示性条款,意在提醒债权人注意审查保证人的代偿能力,但将保证人的代偿能力视为保证的条件和认定保证合同效力的根据并不妥当。[②] 我们赞同后一种观点。《最高人民法院关于适用〈中华人民共和国担保法〉若干问题的解释》(简称《担

① 对于保证人是否应当具有民事行为能力,我国《担保法》没有特别规定,而适用《民法总则》和《合同法》关于民事法律行为或合同订立之一般规定。但在其他部分国家的民法中,则有相应的规定。例如,《法国民法典》第 2018 条规定,负担保证义务的债务人应当提供“有缔结契约能力的人”为保证人。《日本民法典》第 450 条也规定,保证人应当具备的条件包括“系能力人”。

② 许先丛、陈正川主编:《金融担保法律实务》,中国金融出版社 2002 年版,第 4 页。

保法解释》)[①]第13条规定:"保证合同中约定保证人代为履行非金钱债务的,如果保证人不能实际代为履行,对债权人因此造成的损失,保证人应当承担赔偿责任。"第14条规定"不具有完全代偿能力的法人、其他组织或者自然人,以保证人身份订立保证合同后,又以自己没有代偿能力要求免除保证责任的,人民法院不予支持。"可见,《担保法解释》与《最高人民法院关于贯彻执行〈中华人民共和国民法通则〉若干问题的意见(试行)》(下文简称《民法通则解释》)第106条的规定[②]是一致的,即认为保证人是否具备完全的代偿能力,不影响其承担保证责任。

(二)保证人的范围

根据我国《担保法》的规定,具有代为清偿债务能力的法人、其他组织[③]或者公民(自然人)可以作为保证人。但是以下主体不得为保证人:(1)国家机关不得为保证人,但经国务院批准为使用外国政府或者国际经济组织贷款进行转贷的除外;(2)学校、幼儿园、医院等以公益为目的的事业单位、社会团体不得为保证人;(3)企业的分支机构、职能部门不得为保证人。但企业的分支机构有法人书面授权的,可以在授权范围内提供保证。[④]

(三)共同保证

共同保证,是指同一债务有两个以上保证人的保证。根据我国《担保法》第12条的规定,同一债务有两个以上保证人的,保证人应当按照保证合同约定的保证份额承担保证责任。没有约定保证份额的,保证人承担连带责任,债权人可以要求任何一个保证人承担全部保证责任,保证人都负有担保全部债权实现的义务。已经承担保证责任的保证人有权向债务人追偿,或者要求承担连带责任的其他保证人清偿其应当承担的份额。

三、保证合同

(一)保证合同的性质

保证合同是保证人与债权人之间为保证债权获得清偿而订立的协议。保证合同相对于主合同而言,为从合同。除保证合同另有约定外,主合同无效,保证合同亦无效。但除当事人另有约定外,保证合同无效的,不影响主合同的效力。

---

① 法释[2000]44号,2000年9月29日最高人民法院审判委员会第1133会议通过,自2000年12月13日起施行。

② 《民法通则解释》第106条规定:"保证人应当是具有代偿能力的公民、企业法人以及其他经济组织。保证人即使不具备完全代偿能力,仍应以自己的财产承担保证责任。"

③ 《担保法解释》第15条解释该"其他组织"包括:(1)依法登记领取营业执照的独资企业、合伙企业;(2)依法登记领取营业执照的联营企业;(3)依法登记领取营业执照的中外合作经营企业;(4)经民政部门核准登记的社会团体;(5)经核准登记领取营业执照的乡镇、街道、村办企业。

④ 根据《担保法解释》第17、18条的规定,企业法人的分支机构未经法人书面授权提供保证的,保证合同无效。因此给债权人造成损失的,应当按照《担保法》第5条第2款的规定,根据过错各自承担责任。书面授权范围不明的,法人的分支机构应当对保证合同约定的全部债务承担保证责任。企业法人的分支机构经营管理的财产不足以承担全部保证责任的,由企业法人承担民事责任。企业法人的职能部门提供保证的,保证合同无效。债权人知道或者应当知道保证人为企业法人的职能部门的,因此所造成的损失由债权人自行承担;债权人不知情的,因此所造成的损失,可参照《担保法》第5条第2款的规定和第29条的规定,根据过错承担民事责任。

根据我国《担保法》第13条、第14条、第15条的规定，保证人与债权人应当以书面形式订立保证合同。保证人与债权人可以就单个主合同分别订立保证合同，也可以协议在最高债权额限度内就一定期间连续发生的借款合同或者某项商品交易合同订立一个保证合同。

（二）保证合同的成立

保证合同的成立应当具备以下条件：

1. 当事人意思表示真实并且一致。但是根据《担保法解释》第22条的规定，第三人单方以书面形式向债权人出具担保书，债权人接受且未提出异议的，保证合同成立。或者主合同中虽然没有保证条款，但是，保证人在主合同上以保证人的身份签字或者盖章的，保证合同成立。

2. 主债务合法存在。保证合同应当是就债务人履行合法债务而设定的担保，因而主债务的合法存在是保证合同成立的必备条件。主债务已经清偿或者已被撤销或解除的，保证合同不能成立，保证人不承担保证责任。

3. 保证合同应当以书面形式订立，并应当包括以下内容：被保证的主债权种类、数额；债务人履行债务的期限；保证的方式；保证担保的范围；保证的期间；以及双方认为需要约定的其他事项。保证合同不完全具备前款规定内容的，可以补正。

（三）保证合同的无效及其处理

保证合同因欠缺有效条件而不具有法律效力，则该保证合同被认为无效。在一般情况下，以下情形可能导致保证合同无效：

1. 因主合同无效而导致保证合同无效。根据《担保法》第5条的规定，被担保的主合同无效的，保证合同原则上无效。但是保证人并不因保证合同的无效而必然免责，保证人仍应当根据过错原则承担相应责任。如果保证人无过错的，保证人不承担民事责任；如果保证人有过错的，保证人应当根据过错程度依法承担连带赔偿责任。但是，司法实践中一般认定，保证人承担民事责任的部分，不应超过债务人不能清偿部分的三分之一。[①]

2. 因保证合同自身的原因导致保证合同无效。在被担保的主合同有效的前提下，保证合同也可能被认定无效。因保证合同自身的原因导致保证合同无效通常包括以下情形：

(1)保证人欠缺行为能力。无民事行为能力人为保证人的，保证合同无效；限制民事行为能力人订立的保证合同，经其法定代理人追认后，该保证合同有效。值得注意的是，根据《担保法》和《担保法解释》的规定，目前对于企业法人超越经营范围提供担保的，并无明确的禁止性规定。司法实践一般认为，这类行为可以按照违反有关行政管理规定进行处理，而不因此确认合同无效。[②] 我国现行《合同法》第52条特别规定“违反法律、行政法规的强制性规定”为无效合同。《担保法解释》第6条也规定，从事经营活动的事业单位、社会团体为保

① 《担保法解释》第8条之规定。

② 根据最高人民法院于1993年5月6日做出的《全国经济审判工作座谈会纪要》的精神，当事人在合同中的约定只要不违反法律的规定，不损害国家利益和社会公共利益，对当事人各方即具有约束力，人民法院应根据合同的约定判定当事人各方的权利。合同约定仅一般违反行政管理性规定的，例如一般地超范围经营或违反经营方式等，而不是违反专营、专卖及法律禁止性规定，合同标的物也不属于限制流通的物品的，可以按照违反有关行政管理规定进行处理，而不因此确认合同无效。

证人的，如无其他导致保证合同无效的情况，其所签订的保证合同应当认定有效。

(2)保证人为依法不得为保证人的法人或者其他组织。

(3)保证人违反规定而对外提供保证。有下列情形之一的，对外签订的保证合同无效：未经国家有关主管部门批准或者登记而对外担保的；未经国家有关主管部门批准或者登记，为境外机构向境内债权人提供担保的；为外商投资企业注册资本、外商投资企业中的外方投资部分的对外债务提供担保的；无权经营外汇担保业务的金融机构、无外汇收入的非金融性质的企业法人提供外汇担保的。①

(4)因欺诈、胁迫或者恶意串通而订立保证合同。根据《担保法》第 30 条的规定，有下列情形之一的，保证人不承担民事责任：主合同当事人双方串通，骗取保证人提供保证的；主合同债权人采取欺诈、胁迫等手段，使保证人在违背真实意思的情况下提供保证的。

(5)违反其他法律禁止性规定。例如，公司董事、经理违反公司法规定，以公司资产为本公司的股东或者其他个人债务提供担保，因此而订立的保证合同无效。但除债权人知道或者应当知道的外，债务人、保证人应当对债权人的损失承担连带赔偿责任②。至于实践中提出的公司章程、董事会决议对保证合同效力的影响的问题，我们认为，就公司章程的性质而言，它仅是公司自治性的内部规范，由公司负责执行，其效力仅及于公司内部股东、董事会以及相关工作人员，对外不具有普遍约束力。因此，在无其他导致保证合同无效的事由下，当事人以“提供的保证不符合公司章程规定”或者认为“保证未依公司章程规定的重大事项的决定方式而做出决定”而主张保证合同无效的，人民法院不应当予以支持。至于董事会决议对保证合同效力的影响，在股东会议休会期间，董事会是公司的最高决策机构，董事会的决议是反映公司意志的重要书面文件，一旦对外出具，决议书的内容对公司具有约束力。因此，保证合同附有保证人的董事会决议的，有助于判断保证是否为保证人真实意思表示。但保证人对保证事实的认可并不必须出具董事会决议，只要有其他相关证据表明保证是保证人的真实意愿的，就应认定保证合同有效。但是，根据《中华人民共和国中外合资经营企业法》的规定，由中外合资企业提供保证的，债权人除与之签订保证合同或者要求其出具担保函外，还应当要求提供董事会同意提供担保的决议。

主合同有效而保证合同无效的，债权人、债务人、保证人应当根据过错各自承担民事责任。债权人无过错的，保证人与债务人对主合同债权人的经济损失，承担连带赔偿责任；债权人、保证人有过错的，保证人承担民事责任的部分，不应超过债务人不能清偿部分的二分之一。③

四、保证方式

保证方式，是指保证人在保证法律关系中承担保证责任的方式。保证方式是保证合同的主要内容之一，它不仅关系债权人的债权能否得到及时清偿，而且对保证人的利益也具有重要意义。根据我国《担保法》第 16 条的规定，保证的方式有一般保证和连带责任保证。

① 《担保法解释》第 6 条之规定。

② 《担保法解释》第 4 条之规定。

③ 《担保法解释》第 7 条之规定。

(一)一般保证

一般保证,是指当事人在保证合同中约定,债务人不能履行债务时,由保证人承担保证责任的保证。一般保证具有以下法律特征:

1. 一般保证以当事人在保证合同中的明确约定为前提。当事人就保证方式没有约定或者约定不明确的,应当按照连带责任保证承担保证责任。

2. 一般保证的保证人实际承担保证责任的前提是债务人不能履行债务。"债务人不能履行债务"是指债务人在客观上无法履行债务或者没有履行债务的能力,而不是指债务人主观上不愿履行债务或者拒绝履行债务。

3. 就债务的清偿,保证人承担的保证责任是补充责任,保证人依法享有先诉抗辩权。在一般保证关系中,主合同的债务人是履行债务的第一顺序人,债权人只有在债务人不能履行债务或者不能完全履行债务时,才有权要求保证人承担保证责任,否则保证人有权予以拒绝。根据我国《担保法》第 17 条第 2 款的规定,一般保证的保证人在主合同纠纷未经审判或者仲裁,并就债务人财产依法强制执行仍不能履行债务前,对债权人可以拒绝承担保证责任。

(二)连带责任保证

连带责任保证,是指当事人在保证合同中约定保证人与债务人对债务承担连带责任的保证。连带责任保证具有以下法律特征:

1. 除当事人明确约定保证人承担一般保证责任外,保证人就债务人履行债务承担连带责任保证,即连带责任保证可以依法推定。

2. 保证人承担保证责任以债务人到期未履行债务为前提。"债务人到期未履行债务"是指债务已届清偿期限,但债务人未实际履行债务之事实状态,而不论导致该事实状态的主观或者客观原因。

3. 保证人与债务人对债务履行承担连带责任。根据我国《担保法》第 18 条第 2 款的规定,连带责任保证的债务人在主合同规定的债务履行期届满时没有履行债务的,债权人可以要求债务人履行债务,也可以要求保证人在其保证范围内承担保证责任。即保证人与债务人在履行债务上没有先后顺序,在债务已届履行期限后,债权人可以直接向保证人要求承担保证责任。

五、保证期间和保证的范围

(一)保证期间的概念和意义

保证期间,是指保证人承担保证责任的期间,它是债权人得以根据保证合同向保证人主张保证责任的有效期限。保证人在保证期间内承担保证责任,在保证期间内债权人未对债务人提起诉讼或者申请仲裁的(在一般保证情形下),或者未要求保证人承担保证责任的(在连带保证情形下),保证人得以免除保证责任。

保证期间是保证合同债权人行使权利的期限。在保证人一方,保证期间是保证人承担保证责任的期间;在债权人一方,保证期间是债权人向保证人请求代为履行债务或者承担责任的实体请求权的存续期间。保证期间不同于诉讼时效期间,保证期间届满,保证责任消灭,债权人对保证人所享有的实体请求权消灭。并且,保证期间不因任何事由而发生中止、中断或者延长，其期间一般从主债务履行期届满之日起开始计算。保证期间也不同于除斥期间。除斥期间是法律直接规定或者当事人依法确定的形成权的预定存续期间，因期间经过，该权利当然消灭，即除斥期间仅适用于形成权，而不适用于请求权。而保证期间是一种特殊的权利行使期间或者责任免除期间，债权人在保证合同中享有的权利是请求权，而非形成权。

（二）保证期间的计算

保证期间根据保证人与债权人之间订立的保证合同的约定确定。保证合同对保证期间没有约定或者约定不明确的，依照法律规定确定。保证合同约定的保证期间早于或者等于主债务履行期限的，视为没有约定。

1. 一般保证期间

根据我国《担保法》第 25 条的规定，一般保证的保证人与债权人未约定保证期间的，保证期间为主债务履行期间届满之日起 6 个月。在合同约定的保证期间或者法律规定的保证期间，债权人未对债务人提起诉讼或者申请仲裁的，保证人免除保证责任；债权人已提起诉讼或者申请仲裁的，保证期间适用诉讼时效中断的规定。

2. 连带责任保证期间

根据我国《担保法》第 26 条的规定，连带责任保证的保证人与债权人未约定保证期间的，债权人有权自主债务履行期届满之日起 6 个月内要求保证人承担保证责任。在合同约定的保证期间或者法律规定的保证期间，债权人未要求保证人承担保证责任的，保证人免除保证责任。

3. 最高额保证期间

最高额保证，是指当事人协议在最高债权额限度内，就一定期间连续发生的借款合同或者某项商品交易合同订立的保证合同。根据我国《担保法》的规定，允许保证人与债权人订立最高额保证。保证人按照保证合同就连续发生的债权做最高额保证，未约定保证期间的，保证人可以随时书面通知债权人终止保证合同，但保证人对于通知到达债权人前所发生的债权，承担保证责任。司法实践中一般认定，如果最高额保证合同对保证期间没有约定或者约定不明，但约定了保证人清偿债务期限的，保证期间为清偿期限届满之日起 6 个月；没有约定债务清偿期限的，保证期间自最高额保证终止之日或者自债权人收到保证人终止保证合同的书面通知之日起 6 个月。①

（三）保证期间的其他规定及保证合同的诉讼时效

1. 保证合同约定保证人承担保证责任直至主债务本息还清时为止等类似内容的，视为约定不明，保证期间为主债务履行期届满之日起 2 年。

2. 主合同对主债务履行期限没有约定或者约定不明的，保证期间自债权人要求债务人履行义务的宽限期届满之日起计算。

3. 一般保证的债权人在保证期间届满前对债务人提起诉讼或者申请仲裁的，从判决或者仲裁裁决生效之日起，开始计算保证合同的诉讼时效。连带责任保证的债权人在保证期间届满前要求保证人承担保证责任的，从债权人要求保证人承担保证责任之日起，开始计算

① 《担保法解释》第 37 条之规定。

保证合同的诉讼时效。

（四）保证的范围

保证的范围，是指保证人承担保证责任的范围。在一般情况下，保证担保的范围由当事人在保证合同中约定，保证的范围原则上应当等于或者小于主债务的范围。根据我国《担保法》第 21 条的规定，保证担保的范围包括主债权及利息、违约金、损害赔偿金和实现债权的费用。保证合同另有约定的，按照约定。当事人对保证担保的范围没有约定或者约定不明确的，保证人应当对全部债务承担责任。

六、保证的效力

保证的效力，是指保证关系对当事人所产生的法律拘束力。保证的效力主要体现在保证在债权人与保证人之间的效力和保证在保证人与债务人之间的效力两方面。其内容具体包括保证人承担保证责任、保证人对债权人享有抗辩权以及保证人对债务人享有求偿权。

（一）保证人的保证责任

保证责任，是指保证人依照保证合同约定或者法律规定，在主债务人不履行债务时，向债权人履行债务或者承担责任的法律后果。在一般保证中，主债务人不能履行债务时，由保证人依照保证合同约定或者法律规定承担保证责任。在连带责任保证中，主债务人在主债务履行期届满前没有履行债务的，债权人可以直接要求保证人在其保证范围内承担保证责任。

（二）保证人对债权人的抗辩权

保证人的抗辩权，是指债权人根据保证合同请求保证人承担保证责任时，保证人根据一定的事由，拒绝或者延缓承担保证责任以对抗债权人行使请求权的权利。保证人得以行使抗辩权的事由根据保证合同约定的保证责任的具体内容依法确定。保证人行使抗辩权可能导致保证人免除保证责任或者延缓承担保证责任的后果。

保证人的抗辩权可以分为与主债务人平等的抗辩权和专属于保证人的抗辩权两大类。保证人承担保证责任是以主债务的存在和必须清偿为前提的，因而就债务的清偿请求权而言，保证人享有与主债务人同等的抗辩权。该抗辩权是指债权人行使债权时，债务人根据法定事由，对抗债权人行使请求权的权利，包括撤销抗辩权、时效抗辩权、抵销抗辩权、同时履行抗辩权以及不安履行抗辩权等。[①] 根据我国《担保法》第 20 条的规定，一般保证和连带保证的保证人享有债务人的抗辩权。债务人放弃对债务的抗辩权的，保证人仍有权抗辩。

保证人除享有债务人的抗辩权外，还享有法律规定的专属于保证人的抗辩权。这类抗辩权包括：

1. 保证合同无效之抗辩权。保证合同因主合同无效或者其他事由而被认定无效的，保证人可以免除按照保证合同约定承担保证责任。但保证合同无效的，按照法律规定，保证人仍应当根据过错承担民事赔偿责任。

2. 保证期间届满抗辩权。在一般保证的保证合同约定的或者法律推定的保证期间内，债权人未对债务人提起诉讼或者申请仲裁的，保证人免除保证责任。在连带责任保证的保

① 许先丛、陈正川主编：《金融担保法律实务》，中国金融出版社 2002 年版，第 120～122 页。

证期间内，债权人未要求保证人承担保证责任的，保证人免除保证责任。

3. 一般保证的先诉抗辩权。该先诉抗辩权包括三方面的内容：其一，一般保证的保证人在主合同纠纷未经审判或者仲裁，并就债务人财产依法强制执行仍不能清偿债务前[1]，对债权人可以拒绝承担保证责任。保证人的这种抗辩权并非免除承担保证责任的抗辩权，而是暂时拒绝承担保证责任及延缓债权人行使请求权。其二，一般保证的保证人在主债权履行期间届满后，向债权人提供了债务人可供执行财产的真实情况的，债权人放弃或者怠于行使权利致使该财产不能被执行的，保证人可以请求人民法院在其提供可供执行的财产的实际范围内免除保证责任。其三，先诉抗辩权的例外。为切实保障债权人利益的实现，我国《担保法》第 17 条第 3 款在给予一般保证的保证人先诉抗辩权的同时，也规定在以下情形下，保证人不得行使先诉抗辩权：债务人住所变更，致使债权人要求其履行债务发生重大困难的，包括债务人下落不明、移居境外，且无财产可供执行；人民法院受理债务人破产案件，中止执行程序的；保证人以书面形式放弃先诉抗辩权的。

4. 主合同变更下的抗辩权。主合同的主体、客体或者内容发生变更的，将对保证人承担保证责任产生影响。具体体现于：第一，保证期间内，债权人依法将债权转让给第三人的，保证人在原保证的范围内对受让人继续承担保证责任。但是保证人与债权人事先约定仅对特定的债权承担保证责任或者禁止债权转让的，保证人不再承担保证责任。保证期间内，债权人许可债务人转让债务的，应当取得保证人书面同意，保证人对未经其书面同意转让的债务部分，不再承担保证责任。第二，债权人与债务人协议变更主合同的，应当取得保证人书面同意，未经保证人书面同意的，保证人不再承担保证责任。具体情形包括：其一，保证期间内，债权人与债务人对主合同数量、价款、币种、利率等内容做了变动，未经保证人同意的，如果减轻债务人的债务的，保证人仍应当对变更后的合同承担保证责任；如果加重债务人的债务的，保证人对加重的部分不承担保证责任。其二，债权人与债务人对主合同履行期限做了变动，未经保证人书面同意的，保证期间为原合同约定的或者法律规定的期间。其三，债权人与债务人协议变更主合同内容，但并未实际履行的，保证人仍应当承担保证责任。

5. 借新还旧下的抗辩权。根据《担保法解释》第 39 条的规定，主合同当事人双方协议以新贷偿还旧贷的，除保证人知道或者应当知道的外，保证人不承担民事责任。但是，新贷和旧贷系同一保证人的，不适用该抗辩权规定。

6. 对物的担保的抗辩权。我国《担保法》第 28 条规定："同一债权既有保证又有物的担保的，保证人对物的担保以外的债权承担保证责任。债权人放弃物的担保的，保证人在债权人放弃权利的范围内免除保证责任。"对此，《担保法解释》第 38 条进一步解释为：同一债权既有保证又有第三人提供物的担保的，债权人可以请求保证人或者物的担保人承担担保责任。当事人对保证担保的范围或者物的担保的范围没有约定或者约定不明的，承担了担保责任的担保人，可以向债务人追偿，也可以要求其他担保人清偿其应当分担的份额。同一债权既有保证又有物的担保的，物的担保合同被确认无效或者被撤销，或者担保物因不可抗力的原因灭失而没有代位物的，保证人仍应当按照合同的约定或者法律的规定承担保证责任。

---

① 根据《担保法解释》第 131 条的解释，"不能清偿"是指对债务人的存款、现金、有价证券、成品、半成品、原材料、交通工具等可以执行的动产和其他方便执行的财产执行完毕后，债务仍未能得到清偿的状态。

债权人在主合同履行期届满后怠于行使担保物权，致使担保物的价值减少或者毁损、灭失的，视为债权人放弃部分或者全部物的担保。保证人在债权人放弃权利的范围内减轻或者免除保证责任。

（三）保证人对债务人的求偿权

保证人对债务人的求偿权是保证于保证人与债务人之间的效力的体现。我国《担保法》第 31 条规定："保证人承担保证责任后，有权向债务人追偿。"

1. 保证人之代位求偿权。保证人按照保证合同向债权人为清偿后，在其清偿范围内取得债权人对主债务人的债权，有权向主债务人追偿，即已经承担保证责任的保证人与主债务人之间形成新的债权债务关系。在共同保证中，已经承担保证责任的保证人还有权要求承担连带责任的其他保证人清偿其应当承担的份额。保证人对主债务人取得的求偿权范围仅限于主债权范围，包括主债权、利息、违约金、损害赔偿金以及实现债权的费用。保证人自行履行保证责任时，其实际清偿额大于主债权范围的，保证人只能在主债权范围内对债务人行使追偿权。保证人对主债务人行使追偿权的诉讼时效期间为 2 年，自保证人向债权人承担保证责任之日起开始计算。

2. 保证人求偿权的预先行使。在通常情况下，保证人的求偿权仅得于履行了保证义务即已为实际清偿后始得向主债务人行使。但是，在主债务人破产而债权人又未申报债权时，为保障保证人之利益，法律允许保证人得以其将来的求偿权作为破产债权向主债务人行使权利。我国《担保法》第 32 条规定："人民法院受理债务人破产案件后，债权人未申报债权的，保证人可以参加破产财产分配，预先行使追偿权。"保证期间，人民法院受理债务人破产案件的，债权人既可以向人民法院申报债权，也可以向保证人主张权利。债权人申报债权后在破产程序中未受清偿的部分，保证人仍应当承担保证责任。债权人要求保证人承担保证责任的，应当在破产程序终结后 6 个月内提出。债权人知道或者应当知道债务人破产，既未申报债权也未通知保证人，致使保证人不能预先行使追偿权的，保证人在该债权在破产程序中可能受偿的范围内免除保证责任。

3. 保证人的除去保证责任请求权。保证人是基于对主债务人履行债务之信任，并根据主债务人之要求而为保证的，在某些特定情形下，当主债务人丧失清偿能力或保证人将来向债务人行使求偿权可能发生重大困难时，保证人可否请求除去保证责任？对此，德国民法创设保证责任除去请求权制度。根据《德国民法典》第 775 条的规定，保证人受主债务人委任承担保证，或其依无因管理的规定因承担保证而对主债务人享有受任人的权利的，在下列情形下，可以向主债务人请求免除保证：主债务人的财产状况已明显减少的；对主债务人的权利追诉因在保证承担后主债务人的住所、营业所或居所发生变更而受到重大妨碍的；主债务人迟延履行其债务的；债权人已对保证人取得具有执行力的履行判决的。主债务尚未到期的，主债务人可以向保证人提供担保而不免除其保证。[①] 瑞士债务法第 506 条以及我国台湾地区民法第 750 条仿效德国民法典之规定也有保证责任除去请求权之规定，法国民法典和日本民法典以及我国《担保法》仅规定保证人求偿权的预先行使制度以救济保证人之利益，未规定保证责任除去请求权制度。

---

① 杜景林、卢谌译：《德国民法典》，中国政法大学出版社 1999 年版，第 191～192 页。

七、保证的消灭

保证的消灭，又称为保证责任的消灭或保证责任的免除，是指因发生法定或者约定的事由，保证人不再承担保证责任。

基于保证而形成的是债的关系，因此保证的消灭适用债的消灭的一般性规定，并因其从债之属性而随着主债的消灭而消灭。例如，保证人履行保证责任后，保证消灭。此外，保证还因以下事由而消灭：

1. 债权人抛弃担保物权。为避免保证人对于债务人之求偿权丧失担保和保障保证人之利益，根据我国《担保法》第 28 条的规定，保证人在债权人放弃物的担保权利的范围内免除保证责任，即债权人抛弃担保物权的范围内，保证消灭。

2. 保证期间届满。在一般保证中，合同约定或者法律规定的保证期间内，债权人未对债务人提起诉讼或者申请仲裁的，保证人免除保证责任。在连带责任保证中，合同约定或者法律规定的保证期间内，债权人未要求保证人承担保证责任的，保证人免除保证责任。因此，保证期间的经过也是导致保证消灭的事由之一。

3. 保证人终止最高额保证合同。保证人就连续发生的债权做最高额保证的，保证合同未约定保证期间的，保证人可以随时书面通知债权人终止保证合同。保证人终止最高额保证合同的，保证消灭，但保证人对于通知到达债权人前所发生的债权，仍应当承担保证责任。

4. 未经保证人书面同意，债权人允许主债务人延期履行或变更主合同内容。除法律另有规定或者当事人另有约定外，债权人与债务人协议变更主合同的，应当取得保证人书面同意。未经保证人书面同意，债权人与债务人对主合同的履行标的、履行期限等做了变动的，就超过保证人原保证责任的部分，保证人不再承担保证责任。

5.未经保证人书面同意，债权人许可债务人转让债务。《担保法》第 23 条："保证期间，债权人许可债务人转让债务的，应当取得保证人书面同意，保证人对未经其同意转让的债务，不再承担保证责任。"《担保法解释》第 29 条："保证期间，债权人许可债务人转让部分债务未经保证人书面同意的，保证人对未经其同意转让部分的债务，不再承担保证责任。但是，保证人仍应当对未转让部分的债务承担保证责任。"

八、两种特殊的保证

（一）票据保证

1. 票据保证的概念。票据保证，是指票据债务人以外的第三人以担保特定票据债务人履行票据债务为目的，在票据或者粘单上记载保证文句并签章的一种票据行为。票据保证以出票行为的有效成立为前提，是在已生效的票据上所实施的票据行为，因而被认为是区别于"基本票据行为"的"附属票据行为"。票据保证虽与一般民事保证相同，均是由债务人以外的第三人对债务人履行债务提供信用担保，并在债务人不履行债务时承担相应的保证责任。但是，票据保证在法律属性上属于票据行为的一种，基于票据保证而形成的权利义务关系适用我国《票据法》的规定。根据我国《票据法》第 45 条、第 81 条以及《支付结算办法》第 35 条的规定，票据保证仅适用于银行汇票、商业汇票和银行本票的债务，而不适用于支票及其他票据债务。[①]

2. 票据保证与一般民事保证的区别。(1)票据保证是一种单方法律行为。在通常情况下,只要票据保证人在票据或粘单上记载法定事项(即保证文句)并签章,票据保证即告成立并生效,无需取得票据债务人或票据权利人的同意。[②] (2)票据保证的效力及于所有票据债务人,即不仅及于被保证人,[③]而且及于被保证人的所有后手。(3)票据保证具有较强的独立性,其成立不完全依赖于被保证人票据债务的成立,只要被保证人的债务具备形式条件,即使被保证人的债务因实质上的原因而被认定无效或者被撤销,票据保证也不因之无效,保证人仍应当承担票据责任。[④] (4)票据保证人与主债务人的法律地位完全相同,票据保证人不享有先诉抗辩权。票据保证因被保证人不同而分为承兑保证、出票保证和背书保证,票据保证人均应承担绝对的承兑或付款责任。在承兑保证中,持票人可以在票据到期日直接向保证人行使付款请求权;在出票保证和背书保证中,持票人可以直接向保证人行使追索权。(5)票据保证不得附有条件;附有条件的,不影响票据保证的保证责任。

3. 票据保证的效力。保证人对合法取得附有保证的票据的持票人所享有的票据权利承担保证责任,但被保证人的债务因票据记载事项欠缺而无效的除外。对于被保证的票据,保证人应当与被保证人对持票人承担连带责任。票据到期后得不到付款的,持票人有权向保证人请求付款,保证人应当足额付款。保证人清偿票据债务后,可以行使持票人对被保证人及其前手的追索权。

(二)保函

1. 保函的概念。保函,又称为担保函或保证书,是指保证人应商业交易的一方当事人的要求,向商事交易的另一方当事人出具的担保商事交易项下的特定责任的承担或义务的履行的书面承诺。根据保函规则,被保证人不履行该商业交易项下约定的义务或责任时,由保证人根据保函约定承担付款责任或者其他赔偿责任。目前,在国际或国内贸易中,保函已成为与汇款、托收、信用证相并列的新型结算形式和金融信用工具,被广泛地使用于贸易、货物运输、工程项目建设、劳务承包、投标、银行借款或融资等交易中,对保证合同项下有关当事人义务的履行起到了积极的作用。

2. 保函的种类。保函既可以作为信用证的开证保证金不足部分的担保方式之一,也可以单独作为一种担保方式为商业交易或融资提供担保。根据保函的性质不同,保函可以分

---

① 我国《票据法》第45条规定:"汇票的债务可以由保证人承担保证责任。保证人由汇票债务人以外的他人担当。"第81条规定:"本票的背书、保证、付款行为和追索权的行使,除本章规定外,适用本法第二章有关汇票的规定。"

② 若保证人在票据或者粘单以外的其他文件上承认就票据债务承担保证责任的,则不产生票据保证的效力,仅产生一般民事保证的效力。

③ 被保证人根据票据或者粘单上记载的被保证人确定。若保证人在票据或者粘单上未记载被保证人的名称,已承兑的票据,承兑人为被保证人;未承兑的票据,出票人为被保证人。

④ 作为一种票据行为,票据保证同样具有票据行为的"无因性"。票据保证不因基础票据行为无效或者有瑕疵而受影响。出票人签发票据,只要形式要件齐备,其签发的票据即合法有效。票据于票据到期日一经承兑,承兑人就必须无条件支付票款。被保证的票据到期后得不到付款的,保证人不得以"被保证人的债务在实质原因上无效"为由拒绝承担保证责任。

为从属性保函和独立性保函。从属性保函为基础合同的从属合同。保函依其在基础交易合同中所起的作用不同,可分为信用保函和融资保函两大类。其中,信用保函又可以分为借款保函、投标保函、履约保函、预付款保函、租赁保函、付款保函、加工装配业务保函、承包工程保函、维修保函、质量保函、留置金保函等。融资保函也可以分为延期付款保函、海关保函、保释金保函、透支保函、补偿贸易保函等。目前银行常用的保函种类主要有借款保函、付款保函、投标保函、履约保函、预付款保函和补偿贸易保函等。[①] 借款保函,是指保证人向贷款人保证借款人按照贷款合同约定偿还贷款本息,否则由保证人代为偿还本金并支付利息的保函。付款保函,是指保证人向卖方出具的保证买方收到符合买卖合同规定的货物或者技术资料后付款,否则将代为付款的保函。投标保函,是指保证人向招标人保证如投标人中标后不签约或者签约后不在规定的时间内履行合同,则由保证人在保证金额范围内赔付招标人的保函。履约保函,是指保证人为基础合同的当事人提供履行合同项下义务的保证的保函。预付款保函,是指保证人为保证工程承包人在收取发包人预先支付的用于购买材料、工程筹备等的一定比例的工程价款后依约履行合同而向发包人提供的退还预付款项的保函。补偿贸易保函,包括现汇履约担保和非现汇履约担保。其中,现汇履约担保,是指保证人向供给设备的一方担保,如进口方在收到与合同相符的设备后未按照合同规定将产品交付供给设备的一方或者由其指定的第三方,又不能以现汇偿付设备款及其附加的利息,则担保人按照担保金额加利息及相关费用赔偿供给设备的一方,但不包括非现汇履约担保。独立性保函以见索即付银行保函为代表。见索即付银行保函,是指由银行出具的,以书面形式表示在受益人交来符合保函条款的索赔书或保函中规定的其他文件时,由银行承担无条件付款责任的保函。见索即付银行保函虽根据基础合同和委托合同而产生,但其效力具有较强的独立性,保证银行不受基础合同的约束,保函项下的付款仅以其自身条款为依据,即凭单据付款。见索即付银行保函实质上是一种以款项支付为手段所做出的信誉承诺,是支付货币的一种保证书,因而已成为国际上流行的一种结算支付方式。

3. 保函规则的形成。20 世纪 60 年代、70 年代以来,随着国际经济交往的扩大和贸易方式的多样化,保函以其灵活性的特点得到越来越广泛的应用,但保函业务运作规则并不统一。对此,联合国国际贸易法委员会、国际商会等组织不少专家致力于研究和解决保函统一运作规则的有关问题,力求进行国际协调。1978 年国际商会制定并公布《合约保函统一规则》(简称"325 规则")。"325 规则"是有关保函业务的第一个统一规则,它主要是针对国际上大型工程项目的招标、投标、承包、签约和履约等环节而制定的有关投标保函、履约保函和还款保函的统一规则,目的在于谋求受益人、申请人[②]和保证人三方的权利义务平衡,规范受益人和保证人之间的关系,尤其是保函项下付款的条件和保证人的拒绝或抗辩权。1982 年国际商会又制定并公布了《合约保函示范格式》(简称"406 规则")作为"325 规则"的补充,对保函和相应的索赔书提出了示范格式,以求进一步促进"325 规则"的广泛采用。为了弥补"325 规则"之不足,1991 年 11 月国际商会又制定《见索即付保函统一规则》(简称"458 规则"),并于 1992 年正式公布刊行。它迎合了当今社会保函业务中赔付条件"单据化"的要

① 许先丛、陈正川主编:《金融担保法律实务》,中国金融出版社 2002 年版,第 335 页。

② 又称为委托人。

求,有利于使保函交易与相关的基础合同彼此独立。"458 规则"虽充分满足了频繁使用见索即付保函的银行业的需要,但忽视了从事保函业务的保险商的利益。1993 年在东京海事和火灾保险公司的建议和推动下,国际商会又产生了《合约保单统一规则》(简称"524 规则"),该规则适用于从属性保函。这样,目前在国际保函领域中并存着三个国际惯例,即国际商会"325 规则""458 规则""524 规则"。2010 年国际商会制订《2010 年见索即付保函统一规则》(简称"758 规则"),该规则于 2010 年 7 月 1 日起正式生效,从而取代实施了长达 18 年的"458 规则"。

4. 保函规则的适用。与其他商事惯例类似,保函规则以保函的明示引用为条件,在不与保函条款和约束保函的强制性法律规范相冲突的范围内适用。"325 规则"适用于直开或转开的投标保函、履约保函和还款保函。根据该规则,履约保函和还款保函的受益人向保证人索偿,必须提供申请人违约的可信的证据(如判决、仲裁裁决或者申请人的书面同意)。"458 规则"适用于直开或转开的见索即付保函。该规则适用于凭规定单据或索赔书向保证人索赔的保函,不适用于在确定债务人(申请人)违约事实后保证人才承担责任的从属性保函,体现了保函的独立性。该独立性体现于:(1)见索即付保函与基础合同、委托合同三者相互独立,保函的履行仅以其自身条款为据,基础合同和委托合同的效力的认定、履行或修改不影响业已生效的见索即付保函的效力和责任范围。(2)保证人既不能以基础合同赋予被保证人的抗辩权也不能以申请人违反委托合同为由拒绝受益人的索赔要求。(3)保证人与受益人根据见索即付保函而形成独立的债权债务关系,保证人在见索即付保函中的地位如同被保证人在基础合同中的地位,是主债务人。保证人不得主张先诉抗辩权,也无须核定被保证人是否存在违约行为、是否确未履行基础合同项下的义务或责任,即保证人无条件地承担第一位的付款责任。"524 规则"体现了保函的从属性,保证人在保函项下对受益人的责任从属于申请人在基础合同项下对受益人的违约责任,保证人除可主张产生于保函或依据保函条款的抗辩以外,还可以利用申请人对受益人享有的依据或者不依据基础合同的任何抗辩。相较"458 规则","758 规则"则有以下明显发展:第一,保函的独立性和单据化特征更加明显,与信用证更加接近,体现了见索即付保函的独立性的单据化特征,单据化的要求非常严格,在一定程度上甚至超过了《国际备用证惯例》(ISP98)、《联合国独立担保和备用信用证公约》等规则对单据化的要求,体现了见索即付保函为受益人提供迅速资金补偿的担保功能。第二,关于保函操作的具体规则更加详尽,充分吸纳了 ISP98、UCP600 中关于审单、付款的合理时间,关于拒付通知的内容等。同时,对于原有相关条款的规定也进一步细化,并增强了惯例的指导性可操作性。此外,关于保函终止条件的变更、未规定保函失效条件的后果、有关不可抗力的规则都有进一步发展。[①]

5. 见索即付银行保函的运作。见索即付银行保函是目前银行对外担保中最常见的保函,也是国际贸易中流行的结算支付方式。见索即付银行保函的运作一般涉及以下问题:(1)银行的审单责任。保证人虽不对受益人所提交的单据的正确性承担责任,但有义务对保函规定的单据表面进行合理、谨慎的审查。只要受益人提交的单据经合理、谨慎审查是符合保函规定的表面性要求,保证人就应当付款,即使单据的内容是虚假的、形式是伪造的,保证人也不承担过

① 丁彬:《国际商事惯例的新发展及其对我国民商法的影响》,载《改革与开放》,2012 年 13 期。

错责任，被保证人不得以此作为其拒绝向保证人补偿的抗辩理由。(2)银行的通知和传递责任。银行对受益人的索偿请求负有通知义务，在受益人正式提出索偿时，保证人应立即通知申请人或被保证人，并将受益人所提交的单据悉数传递给申请人或被保证人，以便申请人或被保证人根据基础合同的具体履行情况对受益人的索偿提出抗辩。否则，因保证人怠于通知或传递单据致使申请人或被保证人受损或扩大损失的，保证人应对此承担责任，就此损失部分，不得向申请人或被保证人追偿。(3)银行的付款责任。只要受益人提交符合保函条款的索赔书或保函规定的其他文件时，保证人即有义务立即支付索赔款。除非保证人能十分确定地证明受益人的索偿具有欺诈性，即受益人明知申请人或被保证人没有违约而恶意提出索偿，否则保证人对受益人索偿的任何拖延均构成对见索即付保函的违约。(4)银行的追偿权。在见索即付银行保函中，银行享有的追偿权有两种：其一，根据委托书和反担保函而形成的追偿权。申请人向开户银行申请向受益人出具见索即付保函时，应当向开户银行出具委托书，载明委托开户银行出具见索即付保函，并承诺一旦银行(保证人)依保函承担付款责任后，申请人应无条件地立即予以偿还。根据需要，银行可以要求申请人以其财产或由第三人就其申请提供反担保，并在承担保证责任后根据委托书和反担保函对申请人或反担保人行使追偿权，或以反担保物的变卖价款优先受偿。其二，根据代位求偿权而形成的追偿权。保证人根据保函的规定承担保证责任后，即取得受益人依基础合同对被保证人所享有的一切权利，除基础合同约定的权利外，还包括受益人就其债权所享有的各种担保物权。

第三节　定金

一、定金的一般概述

(一)定金的概念和性质

定金，是指为确保合同的履行，合同一方当事人根据约定在合同订立时或者履行前向对方预先交付的一定金钱。以定金担保合同债权受偿的担保方式称为定金担保。定金担保，自古有之，各国皆用。我国《民法通则》第 89 条、《担保法》第 89 条以及《合同法》第 115 条均规定定金为债权之担保。因而就定金为债的担保方式之一这一性质，学者并无异议。除了债权之担保外，定金是否还具有其他功用？对此则有不同的看法。有学者认为，定金还是一种违约责任形式；[①]还有学者认为，定金兼有证约定金和违约定金的功能。[②] 我们认为，定金是依据定金合同的约定而支付，因而除法律规定以定金作为债的担保外，定金的属性和种类应当根据当事人的约定确定。

定金作为债的担保，与其他债的担保方式相比，具有以下的特点：

第一，定金担保为金钱担保。定金是以一定数额的金钱作为债权实现的担保，它不同于

① 王利明：《违约责任论》，中国政法大学出版社 1996 年版，第 506 页。

② 王家福主编：《中国民法学·民法债权》，法律出版社 1991 年版，第 125 页。

保证之人的担保方式在于用于担保债权实现的责任财产范围不涉及第三人，它不同于抵押等物的担保方式在于没有特定化的担保物。

第二，定金担保为约定担保。定金是一种纯粹的合同担保方式，仅限于合同债务履行的担保，因而其设立应当以当事人之间主合同关系的存在为基础，并以当事人的定金约定和实际支付为凭据。根据《担保法解释》第 118 条的规定，在司法实践中，当事人交付留置金、担保金、保证金、订约金、押金或者订金等，但没有约定定金性质的，当事人主张定金权利的，人民法院不予支持。

第三，定金担保的设定人仅限于被担保的主合同之当事人。定金担保必须由主合同之当事人设定，主合同当事人以外的第三人设定或者给付"定金"的，不发生定金担保之效力。

第四，定金担保为双方互为担保。在定金以外的其他担保方式中，担保措施往往是为一方债权的实现而设定的，因之而产生的担保利益仅为一方债权人享有和得以主张。而定金担保所提供的担保利益则是双向的。定金担保设立后，定金的担保效力及于给付定金的一方和收受定金的一方。给付定金的一方不履行约定的债务的，无权要求返还定金；收受定金的一方不履行约定的债务的，应当双倍返还定金。①

（二）定金的种类

根据定金的设定目的和功用，定金可以分为多种不同功能的定金。我国民事立法规定的定金一般被认为是一种违约定金，但根据《担保法解释》的规定，除违约定金外，当事人还可以约定设立立约定金、成约定金、解约定金。②

1. 违约定金。违约定金，是指作为当事人不履行约定的债务的赔偿的定金，它是最常见的定金形式。违约定金是以定金罚则作为违反合同的一种补救，因而具有约束当事人履约行为的功能。根据我国《担保法》第 89 条的规定，当事人约定一方向对方给付定金的，给付定金的一方不履行约定的债务的，无权要求返还定金；收受定金的一方不履行约定的债务的，应当双倍返还定金。

2. 立约定金。立约定金，是指为担保当事人订立合同关系而支付的定金。立约定金在经济活动和民间交易中广泛存在，其最主要特点在于定金的给付是在当事人之间主合同缔结之前，定金的作用在于担保当事人在未来订立正式主合同，并且其效力在主合同成立之前已经存在，与主合同是否发生法律效力没有必然的联系。根据《担保法解释》第 115 条的规

---

① 互为担保是区别定金与押金性质的标志之一。押金为特殊的质押，性质上属于物的担保。以押金设定的担保，是指债务人或者第三人将一定数额的金钱移交债权人占有，以担保债权的清偿。押金仅具有担保给付押金的债务人履行债务的效力，给付押金的一方不履行约定的债务的，无权要求返还押金；收受押金的一方不履行约定的债务的，不承担双倍返还押金的责任。

② 此外，许多学者认为还存在另一种定金——证约定金，即以定金的支付作为合同成立之证明的定金。该定金的支付不构成合同成立的条件，仅具有证明当事人之间已经成立合同的证据意义。古罗马法上的定金一般具有证约定金的作用，德国民法以及近现代许多国家的民法均承认证约定金的存在。在我国，民法理论上关于是否承认证约定金，存在不同的见解。详见邹海林、常敏：《债权担保的方式和应用》，法律出版社 1998 年版，第 374 页。我们认为，根据我国现行《担保法》以及《担保法解释》的规定，民法意义上的定金不具有证约的效力。当事人之间的合同关系是否成立不能仅凭当事人一方是否实际支付一定数额的"定金"之事实加以判断，仍应当以是否具备法律规定的合同成立要件予以判断。

定，当事人约定以交付定金作为订立主合同的担保的，给付定金的一方拒绝订立主合同的，无权要求返还定金；收受定金的一方拒绝订立合同的，应当双倍返还定金。

3. 成约定金。成约定金，是指作为合同成立要件的定金。成约定金的意义在于，当事人约定成约定金后，定金的交付将影响合同的成立或者生效。根据合同自由原则，当事人可以对合同的成立或者生效约定附加一定的条件。我国《担保法》没有规定成约定金，但司法解释对当事人约定的成约定金予以限制性地承认。根据《担保法解释》第116条的规定，当事人约定以交付定金作为主合同成立或者生效要件的，给付定金的一方未支付定金的，合同不成立或者不生效；但主合同已经履行或者已经履行主要部分的，不影响主合同的成立或者生效。

4. 解约定金。解约定金，是指作为当事人一方享有自由解除合同权之代价的定金。解约定金的作用在于担保当事人实际履行合同，限制当事人解除合同，其效力在于当事人约定解约定金的，一方以承担定金损失为代价要求解除合同的，对方当事人不得要求强制实际履行。但合同解除后，除定金罚则外，解除合同的一方仍应当依照合同法的规定承担相应的法律责任。根据《担保法解释》第117条的规定，定金交付后，交付定金的一方可以按照合同的约定以丧失定金为代价而解除主合同，收受定金的一方可以以双倍返还定金为代价而解除合同。对解除主合同后责任的处理，适用《合同法》的规定。

(四)定金与违约金、预付款的区别

1. 定金与违约金的区别。定金与违约金均属当事人约定，当事人一方违约时，均发生一定的惩罚作用，但二者存在以下明显区别：第一，定金是在合同履行前给付的，是实践性的；违约金是在发生违约行为后支付的，是诺成性的。第二，定金是合同担保形式；支付违约金是承担违约责任的方式。第三，定金具有一定的成约、证约、解约和预先给付的作用；违约金纯粹是违约行为产生的后果。第四，定金的数额不能超过法定数额，超过部分的定金无效，一般不存在变更定金数额的余地；违约金不存在数额限制，但违约金数额过分低于或高于实际损失时，人民法院或仲裁机构可依当事人请求予以增减。此外，值得注意的是《合同法》第116条规定："当事人既约定违约金，又约定定金的，一方违约时，对方可以选择适用违约金或者定金条款。"这一条文通常被解读为违约金与定金不能并用。事实上，对此不应当一概而论。《合同法》第116条应当是任意性规定而非强制性规定。如果当事人在合同中明确约定违约定金与违约金应当并用，只要二者总数上不是过高，当是有效的。如果合同中既约定违约金条款，同时又约定违约定金条款，当事人在合同中明确约定这两种责任针对不同的违约行为，但并没有规定是否并用，此时也应当尊重当事人的约定，允许违约金和定金并存。因为，在此情况下两种责任的适用范围是各不相同的，可以同时存在。①

2. 定金与预付款的区别。定金与预付款均是合同当事人一方于合同履行前预先给付对方的一定数额的金钱，但二者的性质不同：第一，定金是合同的担保形式，其作用在于担保债务履行，其性质是债的担保；预付款是债的履行中的一种付款方式，其作用在于为对方履行合同提供资金帮助，其性质是给付行为。第二，基于定金合同而产生的债属于从债；预付款的约定则为主合同的组成部分，属于合同约定的付款方式条款。第三，定金合同属于实践性合同，应以定金的实际支付为成立条件，且有最高数额限制；预付款约定则为诺成性合同，

① 参见柳经纬主编：《债法总论》，北京师范大学出版社2011年版，第286页。

仅需双方意思表示一致即可成立，且无最高数额限制。第四，定金适用定金罚则，债务人履行债务后，定金可以抵作价款或者收回，但债务人不履行约定债务的，则应当承担定金责任；预付款则仅具有预先给付价款之作用，债务人不履行约定债务的，不发生损失预付款或者双倍返还预付款之后果。

二、定金的成立

定金担保为约定担保，须以定金合同为据。定金合同，是指当事人约定定金的协议。除合同成立之一般要件外，定金合同的成立须具备以下条件：

1. 定金合同为从合同，须以主合同的订立或者存在为前提。若没有担保的主合同的，定金合同无从成立。

2. 定金合同为要式合同。根据我国《担保法》第 90 条的规定，定金应当以书面形式约定。

3. 定金合同为实践性合同。当事人应当在定金合同中约定交付定金的期限，定金合同从实际交付定金之日起生效。当事人实际交付的定金数额多于或者少于约定数额的，视为变更定金合同；收受定金一方提出异议并拒绝接受定金的，定金合同不生效。

4. 定金的数额应当符合法律的规定，一般为少于主合同标的额的一定数额的金钱。根据我国《担保法》第 91 条的规定，定金的数额由当事人约定，但不得超过主合同标的额的 20％。当事人约定的定金数额超过主合同标的额 20％的，超过的部分，人民法院不予支持。

三、定金的效力

定金的效力因定金担保的内容的不同而有所不同。我国民法上规定的定金为违约定金，其效力主要体现于当事人不履行约定的债务的法律后果。根据我国《担保法》第 89 条的规定，定金的效力体现为：

1. 债务人履行债务后，定金应当抵作价款或者收回。定金是主合同的担保，而不是主合同的组成部分，因此定金不是债务人应当给付的部分。债务人履行债务后，给付定金的一方有权收回定金或者抵作价款，接受定金的一方有义务返还定金或者抵作价款。定金抵作价款时，实质上是一种抵销。

2. 债务人不履行约定债务的，应当适用定金罚则而承担相应的法律责任。给付定金的一方不履行约定的债务的，无权要求返还定金；收受定金的一方不履行约定的债务的，应当双倍返还定金。由于债务人不履行约定的债务的情形复杂多样，《担保法解释》第 120 条进一步强调适用定金罚则应当以违约行为和合同目的落空为条件。因当事人一方迟延履行或者其他违约行为，致使合同目的不能实现，可以适用定金罚则。但法律另有规定或者当事人另有约定的除外。当事人一方不完全履行合同的，应当按照未履行部分所占合同约定内容的比例，适用定金罚则。

3. 因不可归责于当事人一方的事由而导致主合同不能履行的，应当区别情况而适用定金罚则。根据《担保法解释》第 122 条的规定，因不可抗力、意外事件致使主合同不能履行的，不适用定金罚则。因合同关系以外第三人的过错，致使主合同不能履行的，适用定金罚则。受定金处罚的一方当事人，可以依法向第三人追偿。

第6章

合同概述

第一节　合同的概念

我国于1999年3月15日九届人大二次会议上通过了《中华人民共和国合同法》(下称《合同法》)。该法是将原《中华人民共和国经济合同法》《中华人民共和国涉外经济合同法》《中华人民共和国技术合同法》三法合一而集成的合同法律规范，它从中国实际出发，总结了我国的合同立法和合同司法的经验，广泛地参考和借鉴了发达国家和地区的成功的合同法和相关判例、学说，客观地反映了市场经济的共同规则，并从兼顾经济效率和社会正义、交易便捷和交易安全出发，注重保障当事人享有合同自由的权利，是社会主义市场经济体制下一部重要的法律规范。

一、合同的概念

合同又称为“契约”，[①]在英文中称为“contract”。长期以来，大陆法和英美法对合同的概念存在不同的理解。大陆法认为，合同是当事人双方的合意或协议；英美法则把合同看作一种允诺，将合同归结为当事人承担义务的单方意思表示。我国民法理论基本上继受大陆法的合同概念，《民法通则》第85条规定：“合同是当事人之间设立、变更、终止民事关系的协议。”《合同法》第2条也做了类似表述，规定：“本法所称合同是平等主体的自然人、法人、其他组织之间设立、变更、终止民事权利义务关系的协议。”《民法总则》第118条则规定，民事主体依法享有债权。债权是因合同、侵权行为、无因管理、不当得利以及法律的其他规定，权利人请求特定义务人为或者不为一定行为的权利。而第119条接着规定，依法成立的合同，对当事人具有法律约束力。可见，我国强调合同本质上是一种协议，是当事人意思表示一致的产物，是债的一种。但是，准确而言，合同与协议亦有所区别，协议往往只是民事法律关系产生和消灭的必要条件，重在强调当事人意思一致，不直接涉及双方当事人具体的权利义务，而合同不仅要求当事人意思表示一致，还规定了在当事人之间所创设的民事法律关系的内容，是设立、变更、终止民事权利义务关系的协议。

---

① 在民法及其学说史上，曾有合同与契约的区别。合同为当事人的目的相同、意思表示方向一致的共同行为，而契约系当事人双方的目的对立、意思表示方向相反的民事法律行为。我国现行法已不再作区分。详见崔建远主编：《合同法》，法律出版社2000年版，第18页。

民法学上的合同有广义和狭义之分。广义上的合同是指平等主体的当事人之间设立、变更、终止民事权利义务关系的意思表示一致的协议。广义的合同涉及整个民事法律关系，不完全局限于债权债务关系，也包括物权、身份及合伙、联营等双方行为而产生的法律关系。狭义上的合同仅指债权合同，强调合同主要是有关债权债务关系的协议，对于物权行为和有关婚姻、收养、监护等身份关系的协议则不视为合同，不适用《合同法》的规定，而适用其他相关法律的规定。由于《民法通则》把“合同”规定在债权章节中，且视合同为债发生的原因，所以其中的合同概念中“民事关系”应作限制性解释，即为债权债务关系。本章论述的合同亦指狭义概念的合同。

二、合同的特征

(一)合同是平等主体的当事人实施的发生法律上效果的民事法律行为

民法理论上的合同建立在当事人自愿协商基础上，因此，订立合同的主体在法律地位上必须是平等的，任何一方都不得将自己的意志强加给另一方，这是合同的基本特征。同时，平等主体在此基础上实施了旨在创设民事权利义务关系的法律行为。首先，合同行为是法律行为，具有合法性，任何违反法律规定的意思表示，即使当事人达成协议，亦不能发生合同的效力，同样不能受到法律的保护；其次，合同是通过有效的意思表示而成立的法律行为，在性质上不同于事实行为。例如无因管理、侵权行为等，虽然当事人之间也发生权利义务关系，但这些事实行为不以意思表示为要件，也不产生当事人预期的法律效果。最后，民事法律行为是民事主体通过意思表示设立、变更、终止民事法律关系的行为。因此，依法成立且生效的合同具有法律约束力，受到法律的保护，产生法律上效果。

(二)合同是当事人设立、变更或终止债权债务关系的协议

合同不仅导致债权债务法律关系的产生，而且也成为债权债务法律关系变更和终止的原因。合同是以设立、变更或终止债权债务法律关系为目的和宗旨的，因此，当事人之间建立债权债务关系的协议是合同，变更或终止债权债务关系的协议也是合同。建立债权债务关系，是指当事人通过订立合同形成或产生债权债务关系；变更债权债务关系，是当事人通过订立合同，使原有的债权债务关系发生变化，形成新的债权债务关系；终止债权债务关系，则是当事人通过订立合同，消灭原有的债的法律关系。因此，无论当事人订立合同的目的是在于设立或变更或终止债的关系，只要当事人的协议成立并生效，就对当事人产生法律约束力，当事人就应该根据合同的规定行使权利，承担义务。

(三)合同是体现当事人双方或多方意思表示一致的协议

首先，合同的成立要求必须有两个或两个以上当事人的意思表示。若只有单方当事人的意思表示，则不能构成合同，这是合同区别于单方法律行为的重要标志；其次，当事人之间的意思表示必须在内容上一致，即当事人在合同标的、数量、质量、价款、履行期限、履行地点和方式、违约责任、解决争议的方法等方面达成合意，才能成立合同。所以，合同是一种合意，体现当事人的共同意志。

第二节　合同的种类

合同作为商品交换的法律形式，因交易方式多样化、交易内容复杂化而显现不同的类型。根据一定的标准对合同做出不同的分类，有助于合同立法的完善，也有助于人民法院和仲裁机关针对不同类型的合同纠纷，准确地适用法律。合同的分类主要分为立法上的分类与学理上的分类。立法上的分类则指《合同法》等法律、法规将合同分为买卖合同、供用电、水、气、热力合同、赠与合同、借款合同、租赁合同、融资租赁合同、承揽合同、建设工程合同、运输合同、技术合同、保管合同、仓储合同、委托合同、行纪合同、居间合同、担保合同等；而学理上的分类，主要有如下几类：

一、有名合同和无名合同

根据法律是否规定一定合同的名称，可以将合同分为有名合同和无名合同。

有名合同又称为典型合同，是指法律已明确其名称并规定相关规则的合同，如《合同法》所规定的买卖、承揽、建设工程、运输、仓储、保管、委托、行纪、居间、租赁等 15 类合同以及《保险法》规定的保险合同和《担保法》规定的抵押合同、保证合同，《旅游法》规定的旅游服务合同，等等。对于有名合同法律通常规定了一些规则，当事人可以参照执行，法院和仲裁机关在处理有名合同发生争议时亦可直接加以适用。但这些法律规定大多为任意性规范，当事人仍可以通过约定来改变其规定，只有在合同当事人约定不明确或没有特别约定时才加以适用。

无名合同又称为非典型合同，法律尚未明确其名称，对其也未作具体规定，如瘦身美容合同，加盟店合同、旅游合同等等。因此，只要不违背法律禁止性规定和社会公共利益，当事人可以自由订立无名合同。但无名合同发生争议时，一方面要充分尊重合同目的和当事人的意思表示，可类推适用与之类似的有名合同的法律规定，另一方面也可以适用民事法律行为和合同法的基本原则的规定加以解决。《合同法》第 124 条规定："本法分则或者其他法律没有明文规定的合同，适用本法总则的规定，并可以参照本法分则或者其他法律最相类似的规定。"

二、要式合同和不要式合同

根据合同是否应以一定的形式和手续作为合同成立或生效要件，可以将合同分为要式合同和不要式合同。

法律要求必须具备一定的形式和手续的合同，为要式合同，如法律要求合同以书面形式或以公证形式或经有关国家机关审批为合同成立或生效的形式要件。合同的这种形式要件究竟是属于合同成立要件还是生效要件，应视合同的性质和法律的具体规定。我国《合同法》第 32 条规定："当事人采用合同书形式订立合同的，自双方当事人签字或者盖章时合同成立。"经双方当事人签字或者盖章的合同书是合同的成立要件而非生效要件。但有些要式合同，不具备法定形式，则不能发生法律效力，如房地产抵押合同，若不到房管部门登记，则不生效。

法律不强制要求必须具备特定的形式要件的合同为不要式合同。对于不要式合同，当事人可以采取口头方式，也可以采取书面形式，无论当事人决定采用何种合同形式，均不影响合同的成立和生效。合同除法律有特别规定以外，均为不要式合同。

三、诺成合同和实践合同

诺成合同，顾名思义为"一诺即成"的合同，是指当事人意思表示一致即可成立的合同，无须以合同标的物的交付为成立要件。大多数合同是诺成合同。而实践合同，是指除当事人意思表示达成一致之外，合同的成立还必须具备标的物的交付或完成其他给付行为，如客运合同、保管合同、自然人间的借款合同等。

区分诺成合同和实践合同的主要意义在于，两者成立与生效的时间不同。诺成合同自当事人达成合意即告成立，而实践合同须由当事人交付标的物后才能成立。但两者区分是根据法律规定和交易习惯而定，也不是绝对的恒定不变，如传统的运输合同属于实践合同，但各国为保护承运人利益，运输合同已列入诺成合同，当事人一经合意就成立合同，产生彼此的权利义务关系。诺成合同和实践合同的区分，可以根据法律的规定和交易习惯加以确定。

四、双务合同和单务合同

根据合同当事人双方对合同权利义务的分担方式，可将合同分为双务合同与单务合同。

双务合同是指当事人双方互相承担权利义务关系，互负对待给付义务的合同。在双务合同中，双方当事人均具有双重身份，既是债权人，又是债务人，且彼此之间的权利和义务互为对价关系。如在买卖合同中，买方享有获得标的物的权利，但负担支付价款的义务；卖方负担交付标的物的义务，但享有获得价款的权利。单务合同是指仅有一方当事人负担给付义务的合同。在单务合同中，当事人双方并不互相享有权利和承担义务。如在借用合同中，借用人必须承担按期归还借用物的义务，而出借人除享有按期收回借用物的权利外，无须负担任何义务，双方当事人的权利义务并不相互对应。

区分双务合同和单务合同的法律意义在于：(1)在是否适用同时履行抗辩权上不同。双务合同的当事人之间权利义务存在对应和牵连关系，因此，双务合同当事人享有同时履行抗辩权、不安抗辩权和后履行抗辩权。如依同时履行抗辩权，双务合同的当事人一方在他方未为对待履行之前，有权拒绝对方的履行请求。而单务合同中，只有当事人一方负担义务或另一方虽也负有义务，但不存在彼此之间的义务对应性，因此，不负义务的一方向负有义务的一方提出履行请求时，对方无权适用同时履行抗辩权。(2)在风险负担上不同。在双务合同中，因发生不可抗力而使双方不能同时履行时，任何一方均不得要求对方履行；如一方已经履行的，对方应予以返还，否则，构成不当得利。[①] 因不可抗力的发生非一方当事人的原因所导致，其合同债务得以免除，享有的合同权利也归于消灭。而在单务合同中，因不可抗力而导致不能履行义务时，不发生风险的负担问题。(3)在合同不履行的法律后果上不同。双

① 李永军：《合同法》，法律出版社 2004 年版，第 27 页。

务合同中，因归责于一方过错原因而致使合同不能履行时，非违约的另一方有权要求解除合同。而单务合同中，不存在解除合同问题，一般理解为单务合同的债权人撤回。[①]

五、有偿合同和无偿合同

根据当事人之间的权利义务关系是否互为对价，可以将合同分为有偿合同和无偿合同。

有偿合同是指一方通过履行合同规定的义务而给对方某种利益，对方要得到该利益须为此支付相应代价的合同。无偿合同则指对方在获得合同利益时无须支付任何报酬。在债权合同中，绝大多数是有偿合同，无偿合同仅是民事等价有偿原则在适用中的例外现象。

有偿合同和无偿合同存在重大区别。第一，主体资格的要求不同。有偿合同原则上要求合同当事人双方均须具备完全民事行为能力。而无偿合同的受益人可以为无民事行为能力人、限制民事行为能力人。无民事行为能力人、限制民事行为能力人接受奖励、赠与、报酬，他人不得以行为人无民事行为能力、限制民事行为能力为由，主张上述行为无效。[②] 第二，合同责任轻重不同。有偿合同中，合同责任较重，只要一方违约造成对方损失，无论是否故意，均应承担赔偿责任。而在无偿合同中，利益出让方只承担较低的注意义务和较轻的合同责任，仅对其故意或重大过失行为负责。如《合同法》第 374 条规定："保管期间因保管不善造成保管物毁损、灭失的，保管人应当承担损害赔偿责任，但保管是无偿的，保管人证明自己没有重大过失的，不承担损害赔偿责任。"

六、主合同和从合同

根据合同相互间的主从关系，可以将合同分为主合同和从合同。

主合同指不依赖其他合同而能独立存在的合同；从合同则指以主合同的存在为前提才能成立的合同，其主要特点在于其附属性。例如设立主债务的合同是主合同，为债务担保的合同为从合同。从合同不能独立存在，具有附属性，亦称"附属合同"。主合同无效或消灭，从合同随之无效或消灭，但当事人在合同中加以特别约定的除外。

七、为自己利益的合同和为第三人利益的合同

合同当事人为自己设立权利，使自己直接享受合同利益而订立的合同，是为自己利益的合同。在绝大多数情况下，合同均是当事人为自身利益而订立。但在特殊情况下，当事人也为第三人利益而订立合同，如保险合同中的投保人指定第三人为受益人，这种合同就是为第三人利益的合同。由于第三人非合同当事人，其无须在合同上签字，也不必通过代理人参与缔约，因此未经第三人同意，不得为其设定义务，只能为第三人带来利益[③]。第三人可以接受利益，也可拒绝该利益。若第三人接受了合同赋予其的利益，他就有权根据合同的规定享

---

① 周枏：《罗马法原论》，商务印书馆 1994 年版，第 659 页。

② 参见最高人民法院《关于贯彻执行〈中华人民共和国民法通则〉若干问题的意见（试行）》第 6 条和我国《合同法》第 47 条的规定。

③ 但并不意味第三人不承担任何义务。第三人在取得一定利益时，可能还要履行与其利益相关联的义务。

有请求权，请求合同义务人向其履行义务并接受其履行，但第三人不是合同当事人，不享有撤销、变更、解除合同的权利，也不能够追究违约责任，只能由合同当事人行使。

八、确定合同和射幸合同

确定合同是指当事人双方的权利和义务在合同中已有明确约定，当事人须依约履行。射幸合同是指以机会利益为标的的合同，当事人的义务履行常常取决于机会或不确定的事件的发生或不发生。例如保险合同就是射幸合同，其射幸性体现在保险事故发生的不确定性、偶然性。投保人支付了保险费，可能在保险期限届满时一无所获；也可能在因保险事故的发生后，其得到的补偿大大超过原先支付的保险费。

第三节 合同的解释

一、合同解释的概念

合同解释，是指运用各种解释规则和方法，确定合同条款的真实含义，探究合同当事人的意思表示，以明确双方的权利义务。各国立法对合同解释的界定规定不一，大陆法系强调合同解释在于解决合同条款相互之间的冲突和矛盾，对晦涩、模糊的条款做出说明；英美法系则倾向于认为合同解释是提示合同语意的过程。尽管两大法系对合同解释的理解不尽一致，但均认为合同解释主要指对当事人有争议的合同条款的解释。[①]

合同解释的主体有广义和狭义之分。广义上讲，任何人均有权对合同及其相关资料的含义进行分析和说明，不仅包括合同当事人对所订立的合同进行解释，而且包括发生合同纠纷后，仲裁机关和法院及其有关证人、鉴定人、诉讼代理人、专家学者等，从不同角度对合同进行解释。狭义而言，合同解释的主体仅指受理合同纠纷的法院或仲裁机构对合同及其相关资料的含义做出具有法律拘束力的分析和说明。由于合同解释的根本目的在于使含糊不清、模棱两可或相互矛盾的合同内容归于具体、明确，以利于当事人因对合同文本的不同理解而导致的纠纷得到合理妥善的解决。所以，真正具有法律意义的合同解释主要指受理该合同纠纷的法院或仲裁机构依其职权对合同条文所做的解释，即通常所言的有权解释。法院或仲裁机构在审理或仲裁合同纠纷案件时对合同所做的解释是制作调解书或判决书的主要依据之一，对合同当事人具有强制执行的法律拘束力。但将合同解释定义为有权解释并不意味着否定合同当事人的合同自由。当事人仍可根据其理解来解释合同，只不过这种解释只有被法院或仲裁机构接受时，才能发生解释合同的法律拘束力。[②]

二、合同解释的规则

合同解释规则是指导解释合同的客观准则。我国《合同法》第 125 条规定："当事人对合

① 李国光主编：《合同法解释与适用》，新华出版社 1999 年版，第 518 页。

② 邱鹭风、叶金强、龚鹏程：《合同法学》，南京大学出版社 2000 年版，第 192 页。

同条款的理解有争议的，应当按照合同所使用的词句、合同的有关条款、合同的目的、交易习惯以及诚实信用原则，确定该条款的真实意思。合同文本采用两种以上文字订立并约定具有同等效力的，对各文本使用的词句推定具有相同含义。各文本使用的词句不一致的，应当根据合同的目的予以解释。”就此，合同解释过程中应遵循以下规则：

(一)文义解释规则

文义解释，是指通过解释合同所使用的文字词句的含义来确定当事人的真实意思。由于合同条款系由语言文字组成，所以确定合同条款的真实含义，必须首先揭示合同条款词句的意义。但一些词句在不同的场合可能表达不同的含义，因此，采用文义解释合同时，不能拘泥于文字本身，而应该结合与交易有关的环境因素，从语法、逻辑的角度探究当事人订立合同的真实意思表示。

(二)体系解释规则

体系解释又称整体解释，是指将全部合同条款视为合同统一整体，[①]从各个合同条款及构成部分的相互关联、在合同中所处的地位和总体联系上分析和阐明当事人有争议的合同条款用语的含义。体系解释规则要求将合同条款置于合同的整体之中，不能孤立地看待某个合同条款，坚持在同一个合同中的概念用语含义的统一性，不局限于合同文本的词句，结合合同其他有关条款及与该合同有关的合同草案、谈判记录、信件、电报、传真等文件，准确地确定该合同条款的意思。

(三)参照交易习惯解释规则

所谓交易习惯，是指人们在长期反复实践的基础上形成的，在某一地域、某一行业经济交往中普遍采用的方法、做法，成为大多数从事交易者所认同和遵从的规则。交易习惯可分为：(1)一般的交易习惯，即通行于全国的交易习惯；(2)特定区域的交易习惯，即地区习惯；(3)特殊行业的交易习惯；(4)当事人之间长期从事某种交易所形成的习惯。[②] 交易习惯应为法律所认可，且不违反法律的强制性规定或禁止性规定，为合同当事人双方所知道或应当知道且不明示排斥。参照交易习惯规则解释合同，则是指在合同文字或条款的含义发生歧义时，按照交易习惯予以明确或补充。在合同没有明示的情况下，合同解释的效力依序是：当事人之间的习惯优先适用于特殊习惯，特殊习惯优先适用于一般习惯(即通行全国或全行业的习惯)。

(四)诚实信用原则

诚实信用原则是民法的最高指导原则，不仅贯穿于合同订立至合同终止的整个过程，而且要求在合同解释中，应以诚实、公平、善意来探究当事人的真意，以平衡双方当事人的利益，不偏袒任何一方。对于显失公平的合同条款，或合同当事人双方地位悬殊时，应做出有利于处于弱势地位当事人的解释。《合同法》第 41 条规定，对格式条款有两种以上解释的，应做出不利于提供格式条款的一方的解释。

(五)符合合同目的解释规则

当事人以合同条款为载体来确定相互间的权利义务关系，以达到其预定的经济或社会

① 金勇军：《一般交易条款的解释》，载《法学》1997 年第 5 期。

② 王利明主编：《民法学》，复旦大学出版社 2004 年版，第 798 页。

的目的。符合合同目的解释规则，就是指合同的解释应符合当事人缔约的目的。这种合同的目的应是当事人双方在合同中通过一致的意思表示来确定的，若当事人双方内心所欲达到的目的不一致，则从双方均已知或应知的表示于外部的目的而加以明确。符合合同目的解释规则关键在优先考虑当事人的共同意图，有学者将该原则简称之为当事人共同意图优先原则。[①] 符合合同目的解释规则可以印证文义解释、体系解释、参照交易习惯的解释是否正确。当合同条款出现两种以上的解释时，应当以符合当事人订立合同的目的的解释为准。

（六）针对不同合同条款效力强弱的解释规则

对不同合同条款的解释，可遵循以下规则：第一，特殊用语优于一般用语。在合同中，如当事人采用其所知悉的特殊用语表达合同条款，应优先适用特殊用语解释。第二，种类限制解释。对表示范围的合同条款词句，应作限制解释。如合同条款采用"等"之类文字，应解释为与所列事项属同一种类；如合同条款列举具体事项，其后没有采用"等"之类的文字，应仅限于所列事项。第三，特别约定条款优于标准条款。当合同条款中既有当事人特别约定条款，又有标准条款，而两者含义出现矛盾时，应以特别约定条款为准。第四，手写体条款优于印刷体或打印的条款。一般而言，手写体条款已否认了印刷体或打印条款的效力，是当事人的一种个别协商。因此，当手写体条款与印刷体或打印条款发生矛盾时，应优先适用手写体条款进行解释。第五，书面合同优于口头合同。书面合同证据效力优于口头合同，当书面合同有明确记载，而口头合同与之矛盾时，应优先适用书面合同。第六，行为效力优于书面文字效力。合同订立后，当事人的实际行为与合同规定相悖，且双方已认可，应视为当事人行为对合同的书面规定做出变更，行为效力优先。第七，明示条款优于默示条款。第八，加贴或批注条款优于基本条款。合同基本条款后附加贴或批注内容，这些加贴或批注条款若与基本条款发生冲突，应优先适用。

（七）不同合同文本的解释规则

当事人订立合同时，应约定合同使用的文字。在合同使用两种或两种以上的文字时，当事人应约定每种文字组成的合同文本的法律效力。在解释不同文字组成的合同文本的法律效力时，首先根据当事人的约定来确定，如当事人可以在某些经济合同中约定，中文的合同文本效力优于英文的合同文本的效力。若当事人约定不同文字的合同文本具有同等效力的，但当事人对各文本使用的词句在理解上不一致时，应遵循以下解释规则：

第一，推定解释。合同文本采用两种以上文字订立并约定具有同等效力的情况下，对各合同文本所使用的词句推定具有相同的含义。

第二，目的解释。文本使用的词句含义不一致，按订立合同的目的予以解释。如中文合同文本要求买方承担运费，英文合同文本则以卖方负责运费，这时的合同解释以实现买卖合同目的进行解释，以卖方负责运费为宜。

三、合同解释规则的运用顺序

根据我国《合同法》的规定，合同的文义解释规则、目的解释规则、体系解释规则、参照交易习惯解释规则、诚实信用解释原则、对起草者不利解释原则等，构成完整的合同解释规则

① 邱鹭风、叶金强、龚鹏程：《合同法学》，南京大学出版社 2000 年版，第 197 页。

体系。因此，在合同条款发生争议时，首先应按照文义解释的规则，探究合同该条款的准确含义。如果该条款涉及合同的其他条款或规定时，则应适用体系解释规则。若依照这些解释规则无法进行合理地解释时，应采用目的解释规则、参照交易习惯及诚实信用原则进行解释。[①]

---

① 王利明主编：《民法学》，复旦大学出版社 2004 年版，第 800 页。

第7章 合同的订立

第一节 要约

订立合同是当事人反复协商,彼此交换意思表示,最终达成合意的过程。我国《合同法》第13条规定:"当事人订立合同,采取要约、承诺方式。"可见,法律把合同订立过程简化为要约和承诺两个阶段。

一、要约的概念

要约是订立合同的必经程序,又称为发盘、出盘、发价、出价、报价等,发出要约的一方为要约人,接受要约的一方为受要约人、相对人或承诺人。各国法律对要约的概念及其性质有不同的理解。大陆法系认为,要约是当事人订立合同的意思表示,既非事实行为,也非法律行为,只是订约的意愿,是缔约一方向另一方发出的订立合同的提议。要约作为单方的意思表示,只是双方法律行为的要素,须与承诺相配合才能成立双方法律行为。而英美法系则把要约看作当事人要做什么事或不做什么事的一种允诺。尽管存在不同的理论和不同的定义方式,但两大法系对要约实质含义的认识基本一致。《联合国国际货物销售合同公约》第14条指出:"向一个或一个以上特定的人提出订立合同的建议,如果十分确定,并且表明发价人在得到接受时承受约束的意旨,即构成发价。"我国《合同法》第14条规定:"要约是希望和他人订立合同的意思表示。"可见,我国采纳了大陆法系关于要约属于意思表示的观点,而且该条规定采取的是最通常和最简单的定义方式。他就有权根据合同的规定享有请求权,请求合同义务人向其履行义务并接受其履行,但第三人不是合同当事人,不享有撤销、变更、解除合同的权利,也不能够追究违约责任,只能由合同当事人行使。

二、要约的构成要件

要约要发生法律效力,必须具备特定的形式和内容。要约的构成要件如下:

(一)要约是由具备缔约能力的合同当事人向希望与其缔结合同的特定的受要约人做出的意思表示

要约的作出以订立合同为目的,因此要约人应当具备缔约能力。我国《合同法》第9条规定:"当事人订立合同,应当具有相应的民事权利能力和民事行为能力。"无行为能力人发出的订约提议或限制行为能力人发出的订约内容与其年龄、智力和精神健康不相适的,不能产生要约的法律效力。

同时,要约原则上应向特定的人发出,只有当要约人向希望与之缔结合同的受要约人发出,才能唤起受要约人的承诺。特定的人可以是一人,也可是数人。但在某些情况下,法律也承认向不特定的人发出的订约的提议具有要约的效力,如悬赏广告就规定为要约。

(二)要约必须具有与他人订立合同的意图

要约作为订立合同的意思表示,一经受要约人承诺,就可以成立合同。所以,要约的目的在于订立合同,要约人通过要约表达了订立合同的意图,其缔约目的十分明确。倘若提议一方明确表示不受其缔约建议的约束,则不能构成要约,因为此时的建议并没有订立合同的意愿,只是邀请或引诱对方向自己发出要约,属要约邀请。一般情况下,可以根据要约内容、表意行为、交易习惯等识别是否具有订立合同的意图。

(三)要约的内容须具备足以使合同成立的主要条款

我国《合同法》第 14 条规定:“要约的内容必须具体确定。”所谓“具体”,就是指要约的意思表示内容须具备足以使合同成立的最基本条款。这样,受要约人一经承诺,当事人之间就合同主要条款达成合意,合同即告成立。至于合同的主要条款,应视合同的具体情况和内容加以判断,至少包括合同标的、数量、价格三项基本内容。所谓“确定”,是指要约的内容必须明确,受要约人可以根据其生活常识和交易知识,了解要约的真实意愿和缔约的主要条件。要约内容若含糊不清,受要约人因难以理解要约的真实确切含义而无法承诺,这样的“要约”便不能发生其法律效力。因此,要约内容必须是最终的、无保留的,若“要约”内容附加或保留一定的条件,则该意思表示不能构成有效的要约,而是要约邀请。

(四)要约应是已送达受要约人的意思表示

要约只有在送达受要约人后,受要约人才能知悉要约的内容。倘若某项提议的提议人虽有要约之意,但因故未能将提议送达受要约人,受要约人就不能针对该提议进行承诺,该提议因此亦不可能产生要约所应有的拘束力。

三、要约邀请

(一)要约邀请的概念

要约邀请,又称要约引诱,是指希望他人向自己发出要约的意思表示。要约邀请的目的在于引诱他人向自己发出要约,它不会因相对人的接受而成立合同。所以要约邀请人在发出要约邀请后,可以随时撤回其邀请,只要没有造成善意相对人的信赖利益的损失,要约邀请人一般不承担法律责任。收到要约邀请的人并没有获取承诺资格,也没有必须承诺的义务,因此要约邀请只是一种事实行为,对双方均不产生法律约束力。在商品交易中,要约邀请被看作是为订立合同所做一种带有宣传性质的准备活动。

(二)要约邀请与要约的区分

虽然要约邀请与要约的最终目的都在于订立合同,但两者存在较大区别:

1. 当事人的意愿不同。要约邀请的目的在于希望他人向自己发出要约,所以要约邀请人往往基于宣传自己,使对方了解自己,而向对方寄送价目表、报价单、商品目录等,引诱或邀请对方向自己提出订约的意思表示。要约邀请不会因相对方的接受而成立合同,因此它不是合同成立的必要条件和必经程序。而要约旨在订立合同,一经受要约人承诺,就成立合同，是合同成立的必要条件和必经程序。

2. 受约的对象不同。要约邀请的受约对象一般是不特定的多数人，而要约通常则是向希望与之订立合同的特定人发出。当然，法律规定在某些特定情况下，向不特定人发出订约提议也具有要约的效力，如商店标价出售商品、悬赏广告等。《合同法》第 15 条第 2 款也规定："商业广告的内容符合要约规定的，视为要约。"

3. 内容不同。要约邀请只是希望对方当事人提出要约，并没有订立合同的意图，所以在其内容上不必具体、明确，无须包含合同成立的主要条款。而要约的内容则要求具体明确，具备合同的主要条款，这样才能因受要约人的承诺而成立合同。

4. 法律拘束力不同。要约邀请对行为人无法律拘束力，除行为人恶意发出并造成他人损失外，发出要约邀请的一方一般不承担任何法律后果。而要约是希望和他人订立合同的意思表示，受要约人一旦承诺，合同便告成立，要约人和受要约人都会受到合同的约束。即使受要约人不承诺，要约人在一定时间也应受到要约的约束，不得违反法律规定擅自撤回或撤销要约，也不得随意变更要约的内容。

基于要约邀请和要约的上述区别，在实践中应综合各种因素区分某项提议是要约还是要约邀请，以利于确定合同是否成立和有关当事人各方的法律责任。区分要约和要约邀请，可考虑如下因素：第一，根据法律规定进行区分。《合同法》第 15 条规定："寄送的价目表、拍卖公告、招标公告、招股说明书、商业广告等为要约邀请。"据此，依法律规定做出区分某种行为是要约还是要约邀请。第二，根据当事人在提议中的措辞所表达的意思表示进行区分。当事人在提议中明确表示不愿意接受提议的拘束，如写明"任何人不得就提议做出承诺"或"无意使提议具有法律拘束力"等，表明该行为是要约邀请。而要约则应充分表达订立合同的意思表示，在提议中的措辞包含足以构成要约的条件。第三，根据当事人之间的交易习惯进行区分。当事人习惯的交易做法是区分要约和要约邀请的因素之一，如询问商品的价格，根据交易习惯，一般认为是要约邀请，而非要约。第四，根据意思表示是否针对特定人。要约邀请一般是针对不特定的对象，因此，在大多数情况下以是否向特定对象发生意思表示，区分要约和要约邀请。

四、要约的生效

要约的生效是指要约发生法律效力，即对要约人和受要约人产生的法律约束力。

（一）要约的生效时间

要约从何时发生法律效力，学术界有不同的观点，主要有表示主义、发信主义、到达主义、了解主义。表示主义认为，要约人只要做出要约的意思表示，要约就开始生效；发信主义认为，要约人发出要约之后，只要要约已处于要约人控制范围之外，要约即生效；了解主义认为，要约自受要约人了解时才发生法律效力，一般适用于口头要约形式；到达主义认为，要约必须在到达受约人时才发生法律效力。英美法系采用的是发信主义规则，大陆法系则大都采用到达主义的观点。《联合国国际货物销售合同公约》也采纳了到达主义，第 15 条第 1 款规定："发价于送达被发价人时生效。"我国《合同法》第 16 条也规定："要约到达受要约人时生效。"可见我国法律采纳到达主义的观点。《民法总则》第 137 条规定，以对话方式作出的意思表示，相对人知道其内容时生效。以非对话方式作出的意思表示，到达相对人时生效。

以非对话方式作出的采用数据电文形式的意思表示，相对人指定特定系统接收数据电文的，该数据电文进入该特定系统时生效；未指定特定系统的，相对人知道或者应当知道该数据电文进入其系统时生效。当事人对采用数据电文形式的意思表示的生效时间另有约定的，按照其约定。第138条、第139条接着规定，无相对人的意思表示，表示完成时生效。法律另有规定的，依照其规定。以公告方式作出的意思表示，公告发布时生效。因此，要约的"到达"，通常是指要约送达到受要约人能够控制的地方。要约的送达方式不同，其"到达"的时间界定也不同。采用直接送达的方式发出要约的，记载要约的文件交给受要约人时即为到达；采用普通邮寄方式送达要约的，以受要约人收到要约文件或要约送达到受要约人信箱的时间为到达时间；采用数据电文形式（包括电报、电传、传真、电子数据交换和电子邮件）发出要约的，数据电文进入收件人指定的系统的时间或者在未指定接收信息的系统情况下，相对人知道或者应当知道该数据电文进入其系统时，作为要约的到达时间。值得注意的是，当事人对采用数据电文的意思表示的生效时间另有约定的，则按照其约定。

（二）要约对要约人的拘束力

要约一经生效，要约人即受到要约的拘束。要约人在要约有效期间内不得随意撤销要约或对要约内容加以限制、变更和扩张，以免影响正常的交易安全。但要约对要约人的拘束力须界定在要约有效期限内，而要约的有效期间由要约人在要约中加以确定。若要约中没有明确规定有效期限，则视发出要约的具体情况确定合理期限：以口头形式发出要约的，仅在受要约人立即承诺时，才对要约人有拘束力，"立即承诺"是其合理期限；以书面形式发出要约的，合理期限通常考虑下列三方面内容：要约到达受要约人的时间，受要约人做出承诺所必要的时间，承诺通知到达要约人所必要的时间。[①]

（三）要约对受要约人的拘束力

要约生效后，受要约人取得承诺的资格。但是，只有受要约人才享有对要约进行承诺的权利，受要约人以外的任何第三人均无权对该要约内容做出承诺。第三人做出的接受要约的意思表示应视为第三人对要约人发出的要约。同时，承诺是受要约人的权利，受要约人是否做出承诺由其自己决定。受要约人不为承诺的，合同不能成立，受要约人无须承担责任。

五、要约的撤回与撤销

（一）要约的撤回

要约的撤回是指要约人在要约发出后，到达受要约人之前，宣告取消要约。撤回的目的在于阻止要约发生效力。在要约发生法律效力之前，任何一项要约都可以撤回。依《合同法》第17条规定，要约人撤回要约应当符合以下条件之一，才能产生撤回要约的效力：其一，撤回通知先于要约到达受要约人；其二，撤回通知与要约同时到达受要约人。倘若要约已送达受要约人，要约则不能撤回。《民法总则》第141条也规定，行为人可以撤回意思表示。撤回意思表示的通知应当在意思表示到达相对人前或者与意思表示同时到达相对人。

（二）要约的撤销

要约的撤销是指在要约发生法律效力后，要约人欲使其丧失法律效力而取消该项要约

---

① 王利明：《民商法研究》第四辑，法律出版社1999年版，第467页。

的意思表示。对于要约生效后能否撤销问题,英美法系和大陆法系存在不同的看法。英美法系认为:要约人一经发出要约,要约立即生效,无论其是否到达受要约人或者何时到达受要约人。因此,英美法系实质上否定了要约可以撤回或撤销的可能性。[①] 大陆法系虽然强调要约对要约人的拘束力,但认为要约可以撤销。为保证交易安全,对要约的撤销有严格的限定,即撤销必须发生在要约已经到达且生效但受要约人尚未做出承诺的期限内。倘若要约规定承诺期限的,则不可撤销。我国《合同法》第 18 条规定:"要约可以撤销。撤销要约的通知应当在受要约人发出承诺通知之前到达受要约人";同时规定,要约在以下情况下不得撤销:(1)要约人确定了承诺期限或者以其他形式明示不可撤销;(2)受要约人有理由认为要约是不可撤销的,并已经为履行合同做了准备工作。要约人撤销要约而给相对人造成损失的,应承担缔约过失责任。

六、要约的失效

要约的失效是指要约丧失法律效力,要约人和受要约人不再受其约束。

要约失效的原因主要有:(1)拒绝要约的通知到达要约人。要约于受要约人表示拒绝时即告失效,但拒绝要约的通知必须送达到要约人能够控制的范围内,要约才失去法律拘束力。(2)要约人依法撤销要约。要约在受要约人发出承诺之前,要约人可以撤销。要约经撤销后就不再生效。(3)承诺期限届满,受要约人未做出承诺。要约中规定承诺期限的,承诺期限届满,受要约人以不作为形式表明拒绝承诺的,要约自动失效;要约中未明确规定承诺期限的,则要约于合理期间届满后丧失效力。(4)受要约人对要约的内容做出实质性变更。受要约人对要约的实质内容进行变更,实际上是受要约人向要约人发出的新要约,并不是对原要约的接受,所以原要约就失去效力。但是,如果受要约人对要约的非实质性内容进行变更的,则不视为对要约的拒绝,除非要约人在要约中已明确声明要约的任何内容均不得更改的。

要约失效后,受要约人即使做出承诺,也不会导致合同的成立。如果受要约人还有意订立合同,他只能向原要约人发出新要约。但受要约人在拒绝要约后,若表示后悔,可以向要约人发出撤回拒绝的通知,但该通知必须于拒绝要约的通知到达要约人之前或者同时到达,才发生撤回拒绝要约的效力。

第二节 承诺

一、承诺的概念及构成要件

承诺,是指受要约人向要约人做出完全接受要约条件以订立合同的意思表示。承诺的法律效力在于,要约一经承诺,并送达要约人,合同便告成立。

---

① 为繁荣交易市场,某些英美法系国家在司法实践中已承认要约可以撤销,但对要约的撤销确立了较为严格的规则。详见李国光主编:《合同法解释与适用》,新华出版社 1999 年版,第 120 页。

一项有效的承诺应当符合下列要件：

(一)承诺必须是由受要约人向要约人做出的意思表示

要约原则上是向特定人发出的，承诺作为对要约的回应，也只能由受要约人做出，当然，也可由受要约人授权的代理人做出。第三人做出同意要约的意思表示，原则上不能视为承诺，亦不会因此导致合同成立。同时，承诺也必须向要约人做出才能达到缔结合同的目的，倘若是向非要约人做出的同意要约的意思表示，不能构成有效的承诺，只能视为对他人发出要约。但是，若向要约人的代理人做出承诺也视为向要约人做出。[①]

(二)承诺应在要约有效期内做出

承诺必须在要约所要求的期限内到达要约人。要约的有效期限届满，要约的效力终止，受要约人对失效的要约做出同意的意思表示，视为向要约人发出新要约，不能产生承诺的法律效力。我国《合同法》第23条规定："承诺应当在要约确定的期限内到达要约人。"但是，如果要约中没有明确规定承诺期限，则根据具体情况确定合理的承诺期限。若要约是以对话方式做出的，承诺须由受要约人立即做出，除非当事人有特别约定；若要约以非对话方式做出的，承诺应在合理期限内到达要约人。"合理期限"要根据要约发出的客观情况和交易习惯确定，一般包括受要约人在收到要约后决定是否做出承诺的时间，以及发出承诺并到达要约人的时间。关于承诺期限的起算点，我国《合同法》第24条有明确规定，要约以信件或者电报做出的，承诺期限自信件载明的日期或者电报交发之日开始计算；信件未载明日期的，自投寄该信件的邮戳日期开始计算；要约以电话、传真等快速通讯方式做出的，承诺期限自要约到达受要约人时开始计算。《民法总则》第137条和第138条仅区分意思表示有无相对人时的不同生效时间：有相对人且以对话方式作出的意思表示，相对人知道意思表示的内容时该意思表示生效；有相对人且以非对话方式作出的意思表示，该意思表示到达相对人时生效。

(三)承诺的内容要与要约一致

承诺是受要约人对要约内容的同意和接受，因此只有承诺的内容与要约一致，合同才得以成立。两大法系的传统合同法理论认为，承诺的内容必须与要约的内容绝对完全一致，承诺不得限制、扩张、变更要约的内容，不得附加条件。但随着民商事交易的发展，要求承诺内容与要约内容绝对一致，并不利于鼓励交易。因此，我国《合同法》要求承诺的内容应当与要约的内容一致。"内容一致"强调的是承诺与要约的实质内容一致，即意思表示一致，并非指在文字表达上完全一致。根据我国《合同法》第30条、第31条规定，受要约人对要约的内容做出实质性变更的，即对有关合同标的、数量、质量、价款或者报酬、履行期限、履行地点和方式、违约责任和解决争议方法等条款做出变更的，为新要约，不构成承诺；但未对要约的内容做出实质性变更的，如增加建议性条款、说明性条款等，除要约人及时表示反对或者要约表明承诺不得对要约的内容做出任何变更的以外，仍可构成一项承诺，合同的内容仍以承诺的内容为准。但受要约人仅笼统地表达"原则上赞成或可以考虑你们提出的条件"等，因不具有明确的订约承诺意思表示，不发生承诺的效力。

---

① 王家福主编：《中国民法学·民法债权》，法律出版社1991年版，第297页。

二、承诺的方式

根据我国《合同法》第 22 条规定，承诺原则上应当以通知的方式做出，所以承诺的意思表示必须明确通知要约人。通知不局限于以书面形式或口头形式做出，受要约人一般可以根据要约所规定的承诺方式进行通知。承诺方式是承诺生效的特殊要件。倘若受要约人违反要约规定的承诺方式，如要约要求承诺用电报方式做出，而受要约人却以邮寄方式，则不能构成有效的承诺。当然，根据一般原则，受要约人采用比要约规定的更为迅捷的方式做出的承诺，仍为有效。若要约中没有明确规定承诺方式的，通常应采用与要约相同的方式做出承诺。

承诺除了原则上以通知方式做出外，还可根据交易习惯或要约的规定，以积极作为的方式进行承诺。作为承诺是指受要约人虽未明示承诺，但通过其行为，可以推定其已具有承诺的意思。但在一般情况下，不作为不能构成承诺。不作为是指受要约人不仅没有明示承诺，而且从其行为中也难以确定其对要约做出承诺。例如甲向乙、丙兜售某块手表，价值 200 元，乙沉默不语，丙则拿出 200 元给甲，则乙的行为不属于承诺，而丙以支付 200 元这一作为方式进行了有效的承诺。《民法总则》第 140 条也规定，行为人可以明示或者默示作出意思表示。沉默只有在有法律规定、当事人约定或者符合当事人之间的交易习惯时，才可以视为意思表示。

三、承诺的生效

《合同法》第 25 条规定："承诺生效时合同成立。"因此，承诺于何时生效，合同即于何时成立。合同成立后，当事人即受合同关系的拘束，享有合同权利，承担合同义务。在承诺生效时间问题上，大陆法系和英美法系的规定截然不同。大陆法系一般采用到达主义，认为承诺的通知到达要约人支配的范围内，承诺才生效，在此之前，因邮局等原因导致承诺通知丢失或延误，由承诺人承担其后果，承诺不生效。英美法系则采用发信主义，受要约人以书面形式做出承诺时，在承诺通知的信件投邮时承诺生效。因此，承诺的通知一经投邮，承诺生效，不论要约人有否收到该通知。即使因邮局的原因而导致承诺丢失或延误，也由要约人承担其风险和责任。我国《合同法》第 26 条规定："承诺通知到达要约人时生效。承诺不需要通知的，根据交易习惯或者要约的要求做出承诺的行为时生效。采用数据电文形式订立合同，收件人指定特定系统接收数据电文的，以数据电文进入该特定系统的时间，视为承诺到达的时间；未指定特定系统的，以数据电文进入收件人任何系统的首次时间，视为承诺到达的时间。"但《民法总则》第 137 条修改了《合同法》的相关规定，未指定特定系统的，相对人知道或者应当知道该数据电文进入其系统时，为承诺到达时间。

四、承诺迟延

承诺迟延是指受要约人在承诺期限内发出承诺，并按通常情形能够及时到达要约人，但由于传达故障等原因使承诺超过承诺期限到达要约人。承诺迟延与承诺迟到都是超过承诺期限到达要约人，但承诺迟到通常指受要约人超过承诺期限而发出承诺，因此，除要约人及时通知受要约人该承诺有效的除外，迟到的承诺已不具有承诺的有效性，法律上将此确定为受要约人向要约人发出的新要约。而承诺迟延是因非属于要约人和受要约人的外界原因所致，所以受要约人客观上并不知其承诺迟延，按照诚实信用原则，要约人应负有及时通知受要约人其是否接受承诺迟延的义务，若要约人怠于履行通知，则承诺仍有效。承诺的迟延直接影响到合同的成立。英美法系和大陆法系在承诺迟延方面的规定截然不同，导致在合同成立问题上的规定也不尽一致。根据发信主义，只有受要约人将承诺通知的信件投邮时，承诺生效。因此即使因邮局等外因导致承诺迟延，也不会影响合同成立。到达主义要求承诺须在要约规定的期限内做出，有效期届满的承诺不发生承诺效力，亦不会导致合同的成立。我国基本上采纳大陆法系的规定，《合同法》第 29 条规定："受要约人在承诺期限内发出承诺，按照通常情形能够及时到达要约人，但因其他原因承诺到达要约人时超过承诺期限的，除要约人及时通知受要约人因承诺超过期限不接受该承诺的以外，该承诺有效。"

五、承诺的撤回

承诺撤回，是指受要约人在发出承诺通知以后，承诺正式生效之前，阻止该承诺发生法律效力的一种意思表示。由于承诺一经送达要约人即发生法律效力，合同随即成立，所以撤回承诺的通知应当在承诺通知到达要约人之前或者与承诺通知同时到达要约人，才能产生承诺撤回的法律效力。英美法系由于采取发信主义确定承诺生效的时间，承诺一经发出即生效，客观上就不存在承诺的撤回问题。倘若承诺人发出承诺后对承诺内容反悔，因这时合同已成立，所以只能通过解除合同加以解决。大陆法系采用到达主义观点，允许承诺撤回，但承诺撤回须符合上述条件才能导致撤回承诺的后果。《合同法》第 27 条也规定承诺可以撤回，但"撤回承诺的通知应当在承诺通知到达要约人之前或者与承诺通知同时到达要约人"。

六、合同订立的时间和地点

承诺生效之时为合同成立之时。当事人采用合同书形式订立合同的，自双方当事人签字或者盖章时合同成立。当事人采用信件、数据电文等形式订立合同，要求签订确认书的，签订确认书时合同成立。若在签字或盖章之前，当事人一方已经履行主要义务，对方并已接受该履行的，履行义务的时间为合同成立的时间。

承诺生效的地点为合同成立的地点。合同的成立地点是确定管辖权和法律适用的重要因素，意义重大。根据我国《合同法》的规定，采用数据电文形式订立合同的，收件人的主营业地为合同成立的地点；没有主营业地的，其经常居住地为合同成立的地点。当事人另有约定的，按照其约定。当事人采用合同书订立合同的，双方当事人签字或者盖章的地点为合同成立的地点。根据《合同法司法解释(二)》第 4 条的规定，采用书面形式订立合同，合同约定的签订地与实际签字或者盖章地点不符的，人民法院应当认定约定的签约地为合同签订地；合同没有约定签订地，双方当事人签字或盖章不在同一地点的，人民法院应当认定以最后签字或盖章的地点为合同签订地。法律、行政法规规定的或当事人约定必须履行特定程序(如公证、鉴证、审核、登记等)合同才成立的，则应以完成该特定程序的地点作为合同成立的地点。①

① 翟云岭、郭洁:《合同法论》,法律出版社 2012 年版,第 53 页。

第三节 合同的条款

一、合同条款的概念

合同内容通过合同条款加以规定，合同条款是指合同当事人达成合意的具体内容，它是判定合同是否合法、有效以及确定合同当事人权利与义务的主要依据。

合同条款按照表现形式和意义的不同，可将其分为主要条款和普通条款，明示条款与默示条款，格式条款与非格式条款等。

二、合同的主要条款和普通条款

（一）主要条款

合同的主要条款是指合同一般必须具备的条款，欠缺这些条款，当事人的权利义务就难以确定。合同的主要条款可因法律的规定、当事人的约定或合同的类型和性质而定。当法律规定某种合同应具备某些条款时，这些条款就是主要条款。如《担保法》第 39 条规定："抵押合同应当包括以下内容：（一）被担保的主债权种类、数额；（二）债务人履行债务的期限；（三）抵押物的名称、数量、质量、状况、所在地、所有权权属或者使用权权属；（四）抵押担保的范围；（五）当事人认为需要约定的其他事项。抵押合同不完全具备前款内容的，可以补正。"可见，抵押合同的主要条款包括被担保的主债权的种类、数额；债务人履行债务的期限；抵押物的名称、数量、质量、状况、所在地、所有权权属或使用权权属；抵押担保的范围等。但是，从合同自由原则和鼓励交易原则出发，当事人在必要时也可约定合同的主要条款。由于合同的类型和性质不同，对主要条款的具体要求各不相同。合同的类型决定着该类型合同主要条款的范围，但欠缺这些条款，并不必然影响合同的成立，合同成立与否，还应根据合同性质的具体要求决定。合同性质决定应具备上述所有条款时，若欠缺某一条款，将致合同不成立。合同性质决定只需具备上述某些条款时，则即使欠缺上述的另一些条款，合同依然成立。[①] 根据《合同法》第 12 条规定，合同一般包括以下条款：当事人的名称或者姓名和住所，标的，数量，质量，价款或者报酬，履行期限、地点和方式，违约责任，解决争议的方法等。《合同法》第 12 条采用提示的方法规定合同的指导性条款，其中包含了合同基本的和必要的条款。

1. 标的。标的是合同权利义务共同指向的对象，它是合同存在的基础，可以是实物、货币、行为、智力成果等。合同的标的条款是所有合同必须具备的主要条款，该条款应当明确标的的性质、标的物的种类和名称。标的条款使标的特定化，能界定权利义务。

2. 数量。数量指表示合同标的的数字、计量单位、计量方法，它是衡量标的的尺度。以物为标的的合同，其数量主要表现为重量；以行为为标的的合同，其数量为一定的工作量；以智力成果为标的的合同，其数量为智力成果的价值。数量条款还应选择计量单位和计量方法，

① 邱鹭风、叶金强、龚鹏程：《合同法学》，南京大学出版社 2000 年版，第 119 页。

合同应允许合理的尾差或磅差。

3. 质量。质量是指衡量标的的内在成分和外观形态。质量条款虽不是所有合同的必备条款,但仍是合同的重要条款。质量条款关键在于明确质量标准。当事人可以根据国家、行业的质量标准订立,也可自行约定质量标准。

4. 价款或者报酬。价款或者报酬是有偿合同的主要条款。价款是指在以物或货币为标的的有偿合同中,为获取合同标的物所应支付的代价,如价款、租金、利息等;报酬是指在以行为为标的的有偿合同中,为获取服务而应支付的代价,如运费、工程款、保管费等。该条款应明确价格或报酬的数额或确定数额的标准及支付方式。

5. 履行期限、地点和方式。履行期限是合同权利义务完成的时间,可以用履行的特定时间或时间区间加以表示。按履行期限长短,可分为即时履行、定时履行、分期履行。履行期限是确定当事人违约与否的因素,订立时应特别注意明确具体。履行地点则是合同当事人履行义务与接受履行的地方,它是确定合同标的物的风险和所有权转移的依据,也是确定诉讼管辖权和法律适用的重要根据。履行方式包括交货方式、实施行为方式,验收方式、结算方式等等,当事人可以在合同中加以具体约定。

6. 违约责任。它指合同当事人不履行合同义务或履行合同义务不符合约定时应承担的民事责任。违约责任是法定责任,即使当事人在合同中没有约定违约责任,违约方仍须承担责任。可见,违约责任条款不是合同的必要条款。但当事人在合同明确规定违约责任条款,将有利于保护非违约方的合法权益,促进合同当事人积极履行合同,同时也有利于合同争议的妥善解决。违约责任条款通常包括违约形态的规定、违约致损的计算方法、违约赔偿的方法和范围、违约责任的免除事由等。

7. 解决争议的条款。解决争议的条款是当事人关于解决争议的办法、程序和法律适用等的约定。当事人可以在合同中约定以仲裁或诉讼作为解决合同争议的方法,如订立仲裁条款或诉讼管辖条款或法律适用条款等。当事人没有约定解决争议的方法的,因合同而发生的纠纷的解决按照法律规定处理。解决争议的条款的效力具有相对独立性,即使合同被确认无效,其效力也不受影响,对当事人仍具有约束力。

(二)普通条款

合同的普通条款是指合同主要条款以外的其他条款,主要包括:法律未直接规定,亦非合同的类型和性质所要求必备的,当事人可以任意约定而不影响合同成立的条款;法律以任意性规范规定的可供当事人选择的条款;当事人有意留待以后协商确定或根据具体情况加以确定的条款等。

三、合同的明示条款与默示条款

合同的明示条款是指当事人以口头或书面等方式明确规定的条款。

合同的默示条款是当事人没有明示规定,但根据法律规定或交易习惯或当事人的行为推定,合同应当具有的条款。默示条款通常包括:(1)实现合同目的及作用必不可少的条款,(2)以公认的商业习惯或经营习惯为内容的条款,(3)以合同当事人系列交易的惯有规则为内容的条款,(4)以某种特定的行业规则为内容的条款,(5)直接根据法律规定而产生的法定默示条款。默示条款对于合同当事人是不言自明的,无须当事人在合同加以明确。[①]

四、合同的格式条款与非格式条款

非格式条款是当事人双方通过协商约定的条款。格式条款是指当事人一方为了重复使用而预先拟定,并在订立合同时未与对方协商的条款。[②] 格式条款在双方当事人进入缔约阶段之前就已拟定,拟定方通常是经济上居优势地位的企业或公用事业单位。拟定格式条款的目的并非仅适用某一特定交易或特定人,而是在同一业务中针对不特定相对人重复使用,因此,格式条款具有定型化和稳定性的特点,相对人不参与合同条款协商过程,通常只能概括地予以接受或不接受。格式合同则是通常由一方当事人事先拟定固定格式和内容的合同,这类合同全部包含有格式条款。但并非包含有格式条款的合同都是格式合同,有些格式条款仅是合同的一部分内容,其他内容仍是当事人双方协商约定,这种不能称其为格式合同。

格式合同的缔约过程十分简单。由于格式条款通常由一方当事人事先拟定并多次重复使用,具有事先确定性和不变性,所以另一方当事人在订立合同前已知合同内容,只要其承诺即成立格式合同。格式合同具有简化合同订立程序,提高交易效率,降低缔约成本的作用。但是,拟定格式条款的一方在设计条款时,利用其优势地位,总是尽可能做有利于自身利益的安排,而格式条款的相对方居于附从地位,所以合同条款含有不公平内容的可能性较大。为此,法律对格式合同进行一定程度的规制。根据《合同法》第 39 条至第 41 条的规定,合同法对采用格式条款订立合同的特别规制,有以下几点:

1.提供格式条款的一方应当遵循公平原则确定当事人之间的权利和义务。提供格式条款一方免除其责任、加重对方责任、排除对方主要权利的条款无效,如《合同法》第 53 条规定,免除造成对方人身伤害的责任的格式条款和免除因故意或重大过失造成对方财产损失的责任的格式条款无效。

2.提供格式条款的一方应采取合理的方式提请对方注意免除或者限制其责任的条款,并按照对方的要求,对该条款予以说明。但提供格式条款一方对已尽合理提示及说明义务承担举证责任。在合同订立时,提供格式条款一方采用足以引起对方注意的文字、符号、字体等特别标识,并按照对方的要求对该格式条款予以说明的,可以认定为"采取合理的方式"。[③]

3.对格式条款的理解发生争议的,应当按照通常理解予以解释。对格式条款有两种以上解释的,应当做出不利于提供格式条款一方的解释。格式条款与当事人特别约定条款即非格式条款不一致的,应当采用非格式条款。

---

① 王利明、崔建远主编:《合同法》,法律出版社 1999 年版,第 170 页。

② 参见《合同法》第 39 条第 2 款。

③ 参见《最高人民法院关于适用〈中华人民共和国合同法〉若干问题的解释(二)》第 6 条。

第四节 缔约过失

一、缔约过失的概念

缔约过失是指在合同订立过程中，一方因违背依据诚实信用原则所应尽的义务，而致使合同不成立、无效、被撤销或导致另一方的信赖利益受损的情形。

合同关系是一种基于信赖而产生的法律关系，在缔约之际，因一方过失而致使另一方的信赖利益受损时，由于当事人之间尚不存在合法有效的合同关系，所以难以追究当事人的合同责任。法律确立缔约过失责任制度，缔约过失一方依法对另一方受损利益进行赔偿，有利于鼓励交易，维护交易的安全。

缔约过失是大陆法系合同法的一项重要法律制度，我国台湾学者林诚二认为，信赖利益的赔偿意识在罗马法已存在，只不过因缔约失败引起信赖利益的损害赔偿，在当时适用范围狭小，情形不多。[①] 缔约过失作为法学上的发现而备受推崇，归功于德国法学家耶林。耶林指出，德国普通法过分注重意思说，强调当事人主观意志合意，不足以适应商业活动的需要。他主张对德国普通法法源的罗马法做扩张解释，广泛地承认信赖利益赔偿。契约因当事人一方的过失而不成立时，过失方应对他方因信赖契约成立而遭受的损失负赔偿责任。从事契约缔结的人，是从契约交易外的消极义务范畴，进入契约上的积极义务范畴，其因此而承担的首要义务，系于缔约时须善尽必要的注意。法律所保护的，并非仅是一个业已存在的契约关系，正在发生中的契约关系亦应包括在内，否则，契约交易将暴露于外，不受保护，缔约一方当事人不免成为他方疏忽或不注意的牺牲品。契约的缔结产生了一种履行义务，若此种效力因法律上的障碍而被排除时，则会产生一种损害赔偿义务，因此，所谓契约无效者，仅指不发生履行效力，而非不发生任何效力。简言之，当事人因自主过失致使契约不成立时，对信其契约为有效成立的相对人，应赔偿基于此信赖而生的损害。[②] 因此，1900 年《德国民法典》问世时，在有限的范围内规定了缔约过失责任。缔约过失在德国获得了发展。此外，《瑞士民法典》《意大利民法典》等都明确规定有缔约过失。

我国在新的《合同法》颁布前，《民法通则》第 61 条第 1 款、《经济合同法》第 16 条第 1 款

① 林诚二:《民法上信赖利益赔偿之研究》(三)，刊于《法学丛刊》第 72 期。

② 耶林的缔约过失理论《缔约上过失——契约无效与不成立时的损害赔偿》，1986 年发表于其本人主编的《耶林法学年报》上。转引自王泽鉴:《民法学说与判例研究》第 1 册，中国政法大学出版社 1998 年版，第 88～89 页。

和《涉外经济合同法》第11条的规定，已经涉及缔约过失的含义，[①]但缔约过失作为一项法律制度未能在立法上得到完整的确立。我国《合同法》第42条、第43条和第58条，第一次较完整地规定了缔约过失制度。

二、缔约过失的构成

关于缔约过失的构成要件，学者意见不一。有的主张两要件，一是过失，二是因行为人的过失而使合同不成立、无效或被撤销，且给相对人造成损害。[②] 有的主张三要件，即存在损害事实；当事人一方或双方具有过错；过错行为与损害事实之间有因果关系。[③] 有的主张四要件，即缔约一方违反先合同义务；未违反先合同义务者受损失；违反先合同义务与损失之间有因果关系；违反先合同义务者有过错。[④] 还有人主张五要件，即缔约当事人一方或双方有过错；一方或双方意思表示不真实；缔约相对人误信合同成立；合同尚未有效成立；缔约当事人须受到损害。[⑤] 我们认为四要件说较合理。

1.缔约一方当事人对合同不成立、无效或被撤销具有过错。缔约过失责任实际上是一种过错责任，包括当事人过失与故意，有学者因此认为称其为"缔约责任"更加妥当。[⑥]

缔约上的过错发生在合同订立过程中。缔约过失责任区别于合同违约责任的重要一点，就是其过错发生在合同缔结阶段，而不是发生在合同成立或生效之后。即使责任发生在合同成立后，因欠缺生效要件而被确认无效或被撤销，但其责任人的过错仍应在缔约之际就已存在。缔约过程，顾名思义，应以合同成立为界。但须履行法定登记或审批程序才生效的合同，成立后并没有马上生效。此期间，当事人一方如果有意拖延、阻碍法定程序的完成，或因过错违反先合同义务，给对方造成损失，过错方也应承担缔约过失责任。

2.合同一方违背其应尽的先合同义务。当事人在订立合同的过程中，基于诚实信用原则和当事人之间的信赖关系而产生先合同义务。先合同义务通常包括告知义务、协作和照顾义务、保证合同的真实性和合法性义务，保护对方利益义务等。先合同义务是一项法定义务。当事人一方违背此项义务，造成对方损害，就应承担缔约过失责任。

(1)告知义务，又称情报提供义务。具体包括：①不向对方做出错误意思表示的义务。如不得欺诈的义务，不向对方做虚假陈述的义务，不隐瞒自己无代理权的义务、不致对方产生错误、误解的义务等；②合同订立前重要事项的告知义务，如告知财产状况、履行能力等；

---

① 《合同法》颁布前，我国民事立法有无涉及缔约过失，是一个有争议的问题。争论焦点集中在《民法通则》第61条第1款是否规定了缔约过失。有三种不同意见：一是认为该条款强调民事行为无效等情形之下过错方的赔偿责任，这正反映了缔约过失责任的本质内涵；二是认为该条款虽涉及缔约过失责任内容，但非完整意义上的缔约过失责任；三是认为该条款内容不是关于缔约过失，而是有关无效民事行为和可撤销民事行为法律后果的规定。详见刘心稳主编：《中国民法学研究述评》，中国政法大学1996年版，第546页。

② 王家福主编：《中国民法学·民法债权》，法律出版社1991年版，第38页。

③ 例如魏青松：《从缔约过错责任谈我国合同法的完善》，《政治与法律》1998年第5期。

④ 苏惠祥主编：《中国当代合同法》，吉林大学出版社1992年版，第131页。

⑤ 何勤华、戴永盛主编：《新民商法论》，复旦大学出版社1999年版，第139页。

⑥ 隋彭生：《合同法论》，法律出版社1997年版，第74页。

③使用方法的告知义务，主要指产品制造人应在某产品上附使用说明书，或向买受人告知标的物使用方法；④瑕疵告知义务，即出让人有义务告知受让人物品所包含的缺陷和不安全因素。

(2)协作义务，即共同尽力促成契约缔结的义务。在缔约过程中可能会出现许多导致合同最终不能成立的情况，如发现新的伙伴，提出新的条件或要求，拒绝对方必要的要求，不断修改协议致使合同谈判拖延，要求对方出让更多利益或承担更多债务等等。依合同自由原则，当事人有订立或不订立合同的自由，但是在无力或无意缔约的情况下，恶意谈判或恶意终止谈判，就违反了协作义务。

(3)保护、照顾义务，即在缔约过程中，一方当事人应保护对方使其身体健康免遭损害；不得滥用经济上优势地位，胁迫对方，对对方施加不当影响，或利用对方的无经验或急迫需要取得不正当利益。

(4)保密义务，即对在缔约谈判过程中知悉的对方的个人身份、财产状况、商业秘密等秘密信息，不得泄露或不正当使用。在缔约磋商过程中，当事人双方的关系非比一般，为签订合同，双方往往都会向对方提供一些局外人不能了解的情况，如果不适当利用该秘密就可能会对对方造成不公正损失，基于诚实信用原则要求，当事人应保守秘密。

(5)无正当不得撤销要约的义务。要约规定承诺期限或以其他形式明示要约不可撤销或受要约人有理由认为要约不可撤销，且已为履行合同做了准备的，要约人不能随意撤销要约。

3.缔约过失行为使一方当事人遭受损失。当事人处在缔约阶段，基于信赖关系而相信合同能够成立或生效，但由于一方缔约过失，破坏了这种信赖关系，使信赖人的利益丧失，这是缔约过失的损害结果。同时，缔约人未尽适当的照顾和保护义务，也会造成相对方的损失。要追究缔约过失责任，必须存在过错缔约的相对方遭受损失的前提。

4.违反先合同义务行为与损害结果之间有因果关系。法律上的因果关系是指损害后果与违法行为的相互关联性，行为是因，损害是果。检验违反先合同义务是否是相对人损害的事实原因，只需检验前者是否为后者产生的必要条件或充分条件即可。

三、缔约过失责任

(一)缔约过失责任的性质

缔约过失责任是缔约人在合同订立过程中因故意或过失违反先合同义务并造成对方当事人损害时依法应承担的民事责任。

关于缔约过失责任的性质，即这种责任的法律理论基础，理论界的看法并不一致。[①] 多数人的观点认为，当事人为订立合同协商之际，已由一般的普通关系转入一种特殊信赖关系，依民法的诚实信用原则，尽管此时合同尚未成立，但仍然在当事人之间产生了相互协助、照顾、保护、通知、诚实等附随义务，即当事人应善尽必要注意义务，以维护相对人利益。违反这种注意义务，即构成缔约上过失。如因此导致合同不成立或者无效，违反注意义务的当事人应就所造成的损害负赔偿责任。

缔约过失责任不同于合同责任，两者区别在于：(1)缔约过失责任是基于合同不成立或无效或被撤销而产生，违反的是先合同义务。而合同责任是基于合同有效存在为前提，违反的是合同义务；(2)缔约过失责任是一种法定责任，不能由当事人约定，而且责任方式仅是赔偿损失。而合同责任可以由当事人约定，如当事人在合同中可以约定违约金的计算方法，且合同责任方式既有赔偿损失，也有支付违约金、强制实际履行等多种方式；(3)缔约过失责任赔偿范围仅限于信赖利益的损失，而在合同责任下，权利人还有权请求赔偿履行利益的损失。

缔约过失责任也不同于侵权责任，两者主要区别在于：(1)缔约过失责任以缔约双方因订立合同而产生的特殊信赖关系为前提，而侵权责任的发生不需要当事人之间存在任何关系，只要客观上发生了侵权行为，就在当事人之间产生损害赔偿关系；(2)在缔约过失责任领域，行为人应尽的注意程度比侵权行为法要求的注意程度小；[②](3)缔约过失责任承担的是财产责任，其责任方式仅在于赔偿损失。而侵权责任所保护的并不是信赖利益，而是物权、人格权等绝对权，所以其责任方式除了损害赔偿外，还有停止侵害、排除妨碍、消除危险、消除影响等等。

(二)缔约过失责任的适用

缔约过失责任主要适用于以下情形：

1. 假借订立合同，恶意进行磋商。缔约一方以损害对方利益为目的，虽没有订立合同

---

① 学者看法，主要有四种：(1)侵权行为说。认为缔约过失行为违反了不得侵害他人财产权益的法定一般义务，且符合侵权行为的一般构成要件，故是一种侵权行为，行为人依法承担的赔偿责任应属侵权责任。《德国民法典》制定后若干年内，该主张曾盛行。我国内地也有学者主张此观点。(2)法律行为说。认为当事人在缔约过程中的磋商行为本质上已构成法律行为，尽管当事人意欲订立的契约尚未成立，但该行为使得当事人间形成了“准备的法律关系”，此种关系具有“类似契约”性质；而缔约过失责任只是违反此法律关系的后果。缔约过失行为本质上应视为违反约定的“先契约的义务”之违约行为。(3)法律规定说。认为缔约的过失行为是一种独立的违法行为，其法律依据源于法律直接规定，因此，缔约过失责任是法律责任的一种独立类型。缔约过失行为所违反的义务对一切人具有普遍意义，不能视为当事人约定义务，而应视为法定一般义务。其内容不仅包括不侵犯他人财产的义务，还应包括关心、照顾、保护他人财产免遭损害的注意义务。(4)诚信原则说。此说为目前德国通说。我国内地多数学者也持此观点。本书采用多数人观点。因为信赖利益及其责任，只在当事人之间存在“一定关系”场合才被肯定，它不会在无此“关系”的当事人间发生；而侵权行为发生前，加害人与受害人之间通常不存在这种法律关系。依法律行为说，缔约过失行为视为违约行为，缔约过失责任似乎成了合同责任扩张适用的结果，显然混淆了先合同义务和合同义务、缔约过失与违约的关系。至于法律规定说只涉及表面，未深入法理。哪一项法律制度不是基于法律的直接规定呢？

② 王利明、崔建远主编：《合同法》，法律出版社1999年版，第163页。

的真实意思，却进行恶意谈判而致其对方遭受损失；

2. 故意隐瞒与订立合同有关的重要事实或者提供虚假情况。缔约中的这两种诈欺行为使对方产生错误的订约意思表示，并致使其利益受损，应承担赔偿责任；

3. 泄露或不正当地使用商业秘密。当事人在订立合同过程中知悉了对方的商业秘密，根据诚实信用原则应负保密义务。一方因泄露或不正当地使用该商业秘密，而造成对方因此受损，应承担缔约过失责任；

4. 其他违背诚实信用原则的行为。根据《最高人民法院关于适用〈中华人民共和国合同法〉若干问题的解释(二)》第8条规定：依照法律、行政法规的规定经批准或者登记才能生效的合同成立后，有义务办理申请批准或者申请登记等手续的一方当事人未按照法律规定或者合同约定办理申请批准或者未申请登记的，属于"其他违背诚实信用原则的行为"，另一方当事人可依此主张缔约过失责任。

在上述情况下，过错一方均应承担缔约过失责任，赔偿另一方因信赖合同成立和有效，但由于合同不成立和无效的结果而遭受的信赖利益损失。

(三)缔约过失责任的承担方式

损害赔偿是缔约过失责任唯一承担方式。其赔偿的对象与范围就是信赖利益。信赖利益是指当事人相信法律行为有效，却因某种事实发生致使法律行为(尤其是契约)不成立或无效而生的损失。信赖利益的构成必须具备三个要件：(1)双方为缔约进行合理的接触与磋商；(2)一方因对方的行为产生信赖；(3)一方由于信赖对方而支出一定成本，包括放弃一定机会。

因缔约过失承担对方信赖利益的损害赔偿时，赔偿范围主要包括：(1)直接损失，即受害人现有财产的减少，包括缔约费用、准备履约费用及其他直接财产损失，如通信费用、赴缔约地的旅费等。(2)间接损失，即现有财产应增加而不增加，主要指因失去与第三人缔约机会或比日前更有利条件下缔约机会所受的损失。但该损失应比照《合同法》第113条规定的合理预见规则予以一定限制。

第8章 合同的效力

第一节　合同效力概述

一、合同效力的概念

合同的效力又称为合同的法律效力，是指法律以其强制力使合同当事人按其相互之间确立的合同的内容履行义务、实现权利的效力。合同的法律效力强调合同对当事人的法律拘束力，这种法律拘束力并非来源于当事人的共同意志，而是来源于法律的赋予，法律赋予符合法律规定的当事人合意行为产生拘束力。合同对当事人的拘束力既体现在当事人依据合同所产生的权利依法受法律保护，又体现在当事人应根据合同的约定全面履行合同义务。《合同法》第8条规定："依法成立的合同，对当事人具有法律约束力。当事人应当按照约定履行自己的义务，不得擅自变更或者解除合同。"《民法总则》第136条第1款也规定，民事法律行为自成立时生效，但是法律另有规定或者当事人另有约定的除外。

在罗马法上，契约的本身性质决定契约效力及于当事人双方，正如法律谚语所说，"契约是当事人间的法律"。因此，只要契约内容不违背法律和公序良俗，契约成立后即发生当事人所希望的法律效果。[①] 罗马法关于契约效力的规定对大陆法系的现代合同法产生了重大影响。《法国民法典》第1134条规定："依法订立的契约，对于缔约当事人双方具有相当于法律的效力。"但是，若将当事人的合意视为法律，则意味着当事人的自由意志至高无上，合同所具有的法律效力是当事人的意志本身所固有的，这是将意志自治原则绝对化。因此，我们认为，合同只是当事人的合意，并非法律。合同之所以具有法律效力，是由于法律赋予当事人依法成立的合意以强制力，要求当事人以遵守法律的注意力，认真对待和履行合同，当事人通过履行合同义务达到其预期的法律效果。

二、合同效力的体现

（一）合同当事人约定的权利、义务为法律所确认

合同依法成立后，法律赋予当事人的合意以"相当法律的效力"，因此，当事人在合同中

---

① 周枏：《罗马法原理》，商务印书馆1996年版，第661页。

所约定的权利义务关系受到法律保护，合同的权利和合同义务具有法律上的意义。合同权利的行使，为法律所支持和保护，合同义务的履行，为法律所强制，当事人应依照合同的约定享受合同权利，履行合同义务。合同的履行是合同效力的重要体现。[①]

（二）合同对当事人产生约束力

合同有效成立后，法律赋予合同具有拘束合同当事人各方的强制力，合同的效力因此体现在合同当事人履行与不履行合同义务的责任上。当事人应按照合同的约定履行合同义务，不得擅自变更或者解除合同。当事人违反合同义务，当不履行合同义务或履行合同义务不符合约定时，均应承担违约责任。同时，根据合同所产生的权利依法受到保护，债权人可以请求债务人履行债务，债务人能够履行而拒绝履行或者不为全部履行的，除承担违约金等违约责任外，还面临强制实际履行。

（三）依法成立的合同排斥第三人的非法干预和侵害

根据合同相对性原则，只有合同当事人才能享有基于合同所产生的权利并承担根据合同所产生的义务，合同当事人以外的第三人原则上不得向合同当事人主张合同上的权利和承担合同上的义务，也就是说，除为第三人利益设立的合同等特殊类型外，合同不具有对第三人的拘束力。[②] 但是，依法成立的合同受法律保护。法律不仅保护合同当事人根据依法成立的合同享有权利，承担义务，而且法律排除任何第三人非法干预和侵害业已依法成立的合同。因此，合同的法律效力还体现在法律赋予合同当事人具有排斥第三人妨害和在第三人非法侵害合同债权时享有排除妨害、要求赔偿损失的权利。另外，为保全合同利益，保障合同债权的实现，《合同法》第 73 条、第 74 条还允许债权人在特定的情况下主张代位权和撤销权。例如，债务人恶意并低价转让财产予第三人，损害债权人利益，债权人有权主张撤销该转让行为。

三、情势变更与合同效力

合同有效成立后，当事人必须严格依照合同的约定全面履行合同内容。但是，合同依法成立时，存在其赖以生存的环境和基础，当事人在合同中所约定的权利义务也与该环境和基础相适应。倘若因不可归责于合同当事人的缘由而致使合同的环境和基础发生情势变更，那么合同原约定的权利义务与新形成的客观环境就不相适应，继续按原合同内容履行就会对一方当事人显失公平。因此，只有变更或解除原合同，重新调整当事人的权利义务关系，才符合民法的诚实信用、公平合理的原则。为此，两大法系的法院在司法实践中逐步确立了合同的情势变更原则。情势变更原则在英美法系中称“合同落空”原则。英国在 1863 年的

① 本书第四章第二节“债的履行”已做详述，本节不再累述“合同的履行”。

② 合同效力不涉及第三人的理论在晚近的各国立法和判例中，有所突破。各国基于实际需要，逐渐承认为第三人利益的合同，债务人依诚实信用原则发生对第三人的义务等等，使合同的效力扩及于第三人。

“泰勒诉卡德威尔案”(Taylor v.Caldwell)的判例[1]中首先确立了“不可能履行”的原则，1903年“克雷尔诉亨利”一案(Kreel v. Henry)[2]中确定了“合同落空”原则。所谓合同落空原则是指在合同成立之后，非由于当事人自身的原因，而是由于发生了意外的情况，使得当事人在订约时所谋求的商业目标受到挫折。在出现上述合同落空的情况下，对于当事人的不履行，应当予以免责。大陆法系国家通过立法或判例也相继确立情势变更原则。《联合国国际货物销售合同公约》《国际商事合同通则》等国际合同统一法也都规定了情势变更原则。[3]我国同样存在情势变更问题，诸多学者因此主张在《合同法》中确立情势变更原则。但因该原则在司法实践中适用范围难以把握，法官自由裁量权过大，可能会成为当事人逃避合同义务的借口，不利于交易安全和合同的履行，因此，《合同法》最终没有将情势变更原则作为合同履行的一项原则，但这并不意味着《合同法》排除适用该原则。《最高人民法院关于适用〈中华人民共和国合同法〉若干问题的解释(二)》第26条规定：“合同成立以后客观情况发生了当事人在订立合同时无法预见的、非不可抗力造成的不属于商业风险的重大变化，继续履行合同对于一方当事人明显不公平或者不能实现合同目的，当事人请求人民法院变更或者解除合同的，人民法院应当根据公平原则，并结合案件的实际情况确定是否变更或者解除。”可见，该司法解释已确立情势变更原则。

(一)情事变更原则的概念

情事变更原则，是指合同依法成立后，因不可归责于双方当事人的原因发生了缔约时当事人不可预见的情况，致使合同赖于成立的环境或基础发生异常变动，若继续维护合同原有效力则显失公平，允许变更或解除合同的原则。

(二)情事变更原则的适用条件

1.须有情事变更的事实。情势变更是指合同赖以成立的交易或经济情况和非经济事实发生异常变动。判断是否构成情事变更，应以是否导致合同基础丧失、是否致使合同目的落空、是否造成对价关系障碍作为判断标准。[4] 例如战争引起严重的通货膨胀，导致一方当事人履行合同的费用增加，致使双方当事人在合同所达到的利益均衡发生根本改变，若继续履行合同，将显失公平。

2.情势变更须发生在合同有效成立以后，履行终止以前。若在合同订立时即已发生，不得援引情势变更原则。债务人迟延履行，在继续履行期间发生情势变更，也不得因情势变更而主张变更或解除合同。

---

① 在该案中，卡德威尔同意将音乐厅出租给泰勒举行四天音乐会，但在到期之前，音乐厅被焚，泰勒起诉索赔。法院认为，音乐厅被焚并非出于被告的过失，音乐厅既然已不存在，合同也就不可能履行，双方的义务均应解除，故判决被告无须赔偿原告的损失。详见高尔森：《英美合同法纲要》，南开大学出版社1997年版，第154页。

② 在该案中，原告同意将一房间出租给被告，以便观看英国国王爱德华七世举行加冕礼后的游行队伍。但这次游行因国王患病而取消，原告起诉索讨租金。英国上诉法院认为，合同的目的是观看国王的游行队伍，此乃双方缔结合同的基础。既然合同的目标已落空，合同便告终结，双方所承担的义务均应解除。因此，判决被告无须再付租金。详见高尔森：《英美合同法纲要》，南开大学出版社1997年版，第154页。

③ 参见《联合国国际货物销售合同公约》第79条、《国际商事合同通则》第六章第二节。

④ 梁慧星：《中国民法经济法诸问题》，法律出版社1991年版，第226页。

3.情势变更须是当事人在缔约时所不可预见,且不可归责于双方当事人的客观事实。若当事人在订立合同时能够预见,则表明其愿承担这风险,则不能适用情势变更原则。同时,情势变更须因不可归责于双方当事人的事由所致。

4.情势变更使履行合同显失公平。情势变更导致双方当事人在订立合同时预期所能达到的利益均衡遭到破坏,包括债务人履行特别困难,履行对债权人无利益等等。

(三)情事变更原则的效力

情事变更原则在适用中发生两个层次的效力,即:

1.变更合同,使合同的履行趋于公平合理。变更合同可体现为增减标的数额、延期或分期履行、拒绝先为履行、变更标的物等。[①]

2.解除合同。如果变更合同仍不能消除显失公平,当事人可选择主张解除合同。

第二节 双务合同的效力

在双务合同中,当事人双方相互享有权利、承担义务,一方所享有的权利与负有的义务,正是另一方负有的义务与享有的权利。因此,一项义务的成立和效力必然影响另一项义务的成立和效力,一项义务的履行也必然影响另一项义务的履行。双务合同依法成立后,正由于上述的关联性,当事人双方均应依照合同的约定享受合同权利、履行合同义务,当一方当事人不履行义务时,另一方也有权中止履行。从债权债务的角度而言,履行请求权是债权人的权利,但债务人在一定条件下享有对抗债权人履行请求权的抗辩权,以避免自己履行后得不到对方履行的风险。双务合同的履行抗辩权,是合同效力的体现。它们的行使,只是在一定期限内阻止履行请求权效力的发生,并不消灭合同的履行效力。双务合同中的履行抗辩权包括同时履行抗辩权、后履行抗辩权和不安抗辩权。

一、同时履行抗辩权

(一)同时履行抗辩权的概念

所谓同时履行抗辩权是指双务合同的当事人没有先后履行顺序的,一方在对方履行之前有权拒绝对方履行要求,一方在对方履行债务不符合约定时,有权拒绝其相应的履行要求。在合同当事人双方互负给付义务的双务合同中,当事人双方互为权利义务关系,彼此所负的债务具有关联性,倘若一方不履行自己义务,不仅使对方权利不能实现,而且直接影响到对方的义务的履行。因此,合同没有约定先后履行顺序时,当事人双方应当同时履行各自的给付义务。一方在对方履行之前有权拒绝其履行要求。因此,同时履行抗辩权主要体现为一种拒绝权。我国《合同法》基于民法的诚实信用原则确立了同时履行抗辩权,其根本目的在于维持双方当事人在利益关系上的公平。因为一方当事人在不履行自己所负义务时,要求对方履行义务,有悖于公平观念。[②]

---

① 王利明、崔建远:《合同法新论·总则》,中国政法大学出版社 1996 年版,第325~335 页。

② 江平主编:《中华人民共和国合同法精解》,中国政法大学出版社 1999 年版,第 56 页。

(二)同时履行抗辩权的适用条件

1.须当事人双方之间存在有效的双务合同,双方互负债务。首先,同时履行抗辩权仅适用于双务合同(如买卖、互易、租赁、承揽、有偿委托、保险、雇佣、劳动等合同),而不适用于单务合同(如无偿保管、无偿委托等)和不完全的双务合同(如委任合同等)。其次,同时履行抗辩权必须基于同一双务合同而产生互为对价的两个债务,即双方当事人的债务因同一双务合同而发生。如果双方的债务基于两个或两个以上双务合同而产生,即使在事实上具有密切关系,也不得主张同时履行抗辩权。第三,当事人互负债务,才能行使同时履行抗辩权。所谓"互负债务"是指双方互负的债务具有对价关系,但该对价关系并不要求双方债务在经济上必须等价,而是强调双方互负的债务具有互为条件、互为牵连的关系。

关于双务合同中的主给付义务与从给付义务之间是否存在牵连关系,学说上存在争议,但通常认为,从给付义务的履行与合同目的的实现有密切关系,应认定这时的主给付义务与从给付义务之间存在对价关系,可适用同时履行抗辩权[①]。损害赔偿之债以及合同无效、撤销或解除而产生的相互返还义务,是原合同债务的弥补和转化,与对方履行的义务之间存在对价关系,也可产生同时履行抗辩权。[②]

2.须双方互负的债务均已届清偿期,且没有先后履行顺序。当事人互负债务,有先后履行顺序的,不适用同时履行抗辩权。只有当事人互负债务均已到期,为保证双方当事人所负的债务同时履行,才能行使同时履行抗辩权。

3.须对方未履行债务或未按照约定正确履行债务。合同一方向对方请求履行债务时,须自己已履行债务,若自己未履行债务,对方则可主张同时履行抗辩权。合同一方未按照约定正确履行债务,如交付标的物有瑕疵的,与未履行债务的效果一样,均导致合同目的无法实现,因此,合同对方也可以此而行使同时履行抗辩权,拒绝其相应的履行请求。当然,一方履行债务部分有瑕疵的,另一方也只能就有瑕疵的履行部分行使相应的同时履行抗辩权。[③]

4.须对方的对待给付是可能履行的义务。同时履行抗辩权制度目的在促使双方当事人同时履行其债务。倘若对方当事人已丧失履行的可能性,则要求对方同时履行也就毫无意义,因此,也不发生同时履行抗辩权的问题。

5.一方的不履行或履行不当须为该方当事人的过错所致。若非因当事人过错如不可抗力而导致一方不履行或履行不当的,不发生同时履行抗辩权。

(三)同时履行抗辩权的效力

同时履行抗辩权属于延期抗辩权,而非永久性的抗辩权,其作用一般只是阻止对方当事人的请求权发生效力,或使对方当事人的请求权延期生效,并没有产生消灭对方请求权的效力。当一方当事人完全履行了合同义务或为履行提供担保时,同时履行抗辩权消灭,对方当事人也应当履行自己的义务。同时履行抗辩权依其性质应由当事人自己行使,当事人在行使同时履行抗辩权时,应主动向法院或仲裁机构表述其援用该抗辩权的意思,否则,法院或

---

① 魏振瀛主编:《民法》,北京大学出版社、高等教育出版社 2000 年版,第 404 页。

② 王利明等:《合同法教程》,首都经济贸易大学出版社 2002 年版,第 146 页。

③ 有学者认为,在瑕疵履行时,只能在该瑕疵导致根本违约的情况下,才可以拒绝相应的给付。详见王利明主编:《民法学》,复旦大学出版社 2004 年版,第 662 页。

仲裁机构不会主动依职权加以适用。[①]

当事人行使同时履行抗辩权会导致合同迟延履行。但正当行使同时履行抗辩权并不构成违约，同时履行抗辩权与违约行为在性质上存在根本区别。同时履行抗辩权正是通过一方当事人行使抗辩权来督促对方履行义务，而不是鼓励不履行或不适当履行。因此它在行使过程中不应以违约对待。但是，当事人在不符合同时履行抗辩权的情况下，滥用同时履行抗辩权，这行为本身已构成违约，若由此造成对方损害的，应当承担损害赔偿责任。[②]

二、后履行抗辩权

（一）后履行抗辩权的概念

后履行抗辩权，是指在双务合同中，负有先履行义务的一方当事人届期未履行义务或者履行义务有重大瑕疵的情况下，负有后履行义务的当事人为了保护自己的合同利益，可以拒绝履行自己相应的义务。后履行抗辩权本质上是对违约的救济，因此可称为违约救济权。[③]但后履行抗辩权不同上述的同时履行抗辩权，它发生于有先后履行顺序的双务合同中，且基本上是先履行一方违约的情况下才适用。

（二）后履行抗辩权的适用条件

1.须双方当事人因双务合同而互负债务。双方当事人因同一合同互负债务，在履行上存在关联性，形成对价关系，才能发生后履行抗辩权。

2.双方当事人互负的债务有先后履行顺序，且后履行一方的债务已届清偿期。无论根据法律规定还是依照合同约定，合同双方互负的债务必须有先后履行顺序时，才能适用后履行抗辩权，否则应属于同时履行抗辩权的范畴。同时，后履行一方的债务必须已到期，否则不存在后履行一方拒绝其履行的可能。

3.先履行合同债务一方不履行债务或者履行债务不符合约定。后履行抗辩权的行使是对先履行合同义务一方当事人违约的抗辩，因此，倘若先履行一方已经适当地、全面地、正确地履行其合同义务的，自然无法产生适用后履行抗辩权的问题。只有先履行一方不履行债务或履行债务不符约定时，[④]后履行一方才能行使后履行抗辩权。

4.先履行一方当事人应当先履行的债务是可以履行的。若先履行一方的债务已不可能被履行，则无从谈及后履行抗辩权。同时，先履行一方的不履行或履行不当系先履行方的过错所致，后履行一方才适用后履行抗辩权。若因不可抗力等导致先履行一方不履行或履行不当的，也不存在后履行抗辩权。

（三）后履行抗辩权的效力

后履行抗辩权同样属延期的抗辩权，只是产生后履行一方暂时中止履行自己的给付义务的后果，并不产生消灭合同的效力。当先履行一方采取补救措施，完全履行合同义务后，

---

① 王家福主编：《中国民法学·民法债权》，法律出版社 1991 年版，第 403 页。

② 王利明：《民商法研究》（第二辑），法律出版社 1999 年版，第 683 页。

③ 李国光主编：《中国合同法条文解释》，新华出版社 1999 年版，第 155 页。

④ 有学者认为，先履行一方履行债务不符合法定规定时，也可适用后履行抗辩权，这是对我国《合同法》第 67 条的补充理解。详见王利明、崔建远主编：《合同法》，北京大学出版社 1999 年版，第 156 页。

后履行抗辩权也就消灭,后履行一方也应履行其债务。当然,后履行抗辩权的行使并不影响后履行一方就先履行一方违约而主张违约责任。同时,后履行一方因行使后履行抗辩权而造成迟延的,后履行一方并不因此承担违约责任,由此造成迟延履行的责任仍应由先履行一方承担。后履行抗辩权不得由法院或仲裁庭主动援用,其效力应由当事人主张方可发生。[①]

三、不安抗辩权

(一)不安抗辩权的概念

不安抗辩权是大陆法系国家确认的一项合同履行制度,是指双务合同成立后,应当先履行的当事人有证据证明对方当事人不能履行义务,或者存在不能履行合同义务的可能或危险时,在对方没有履行或者没有提供担保之前,有权中止履行其合同义务。我国《合同法》在借鉴大陆法系国家不安抗辩权和英美法系预期违约制度[②]的基础上也建立了不安抗辩权制度。我国《合同法》的不安抗辩权是指先给付义务人在有证据证明后给付义务人的经营状况严重恶化,或者转移财产、抽逃资金以逃避债务或者丧失商业信誉,以及其他丧失或者可能丧失履行债务能力的情况时,可中止自己的履行。不安抗辩权不同于后履行抗辩权,是先履行一方有证据证明对方存在不能为对待给付的危险时行使的一种自助权利。正由于在双务合同中先履行一方无权也无法行使后履行抗辩权,所以法律设立不安抗辩权,以使在对方无力履行情况下,先履行方享有中止履行合同义务的权利。不安抗辩权与同时履行抗辩权、后履行抗辩权一样,都是双务合同的履行抗辩权,且要求双方当事人互为对待给付。不安抗辩权制度的设立,反映了《合同法》保障交易安全的价值目标。

(二)不安抗辩权的适用条件

1.双方当事人因同一双务合同而互负债务,且这两项债务具有对价关系。

2.必须是负有先履行义务的一方当事人才有权享有不安抗辩权。不安抗辩权发生在有先后履行顺序的双务合同,当先履行一方在其预期利益存在不能实现的危险时享有的履行抗辩权,所以,不安抗辩权的前提是权利人有先履行义务,且也只有先履行义务的这一方当事人才有权享有该抗辩权。先履行义务因当事人的合同约定、法律规定、合同性质或交易习惯而产生。

3.后履行债务的一方当事人的债务尚未届履行期限,且这一方当事人存在不能履行或可能不能履行的情形。首先,不安抗辩权是在合同成立后,合同履行期限届满前,因后履行债务一方存在不能履行的危险而产生的。若在合同成立时,后履行方已不能履行,或履行期限届满后,后履行一方不能履行,则无行使不安抗辩权的必要。其次,先履行一方有确切证据证明后履行一方存在不能履行或可能不能履行的情形。否则,当事人没有确切证据而中

---

① 王利明主编:《民法学》,复旦大学出版社2004年版,第665页。

② 有学者认为,不安抗辩权与预期违约制度之间存在明显的区别,主要体现在:(1)前提条件不同,(2)先例的条件不同,(3)当事人主观是否有过错不同,(4)法律后果不同。详见杨永清:《预期违约规则研究》,载梁慧星主编:《民商法论丛》第3辑,法律出版社1995年版。但也有学者指出,不安抗辩权和预期违约虽然在某些方面存在差异,但制度价值是一致。详见李永军:《合同法》,法律出版社2004年版,第527页。

止履行的，应当承担违约责任。根据《合同法》第 68 条规定，应当先履行债务的当事人，有确切证据证明对方有下列情形之一的，可以中止履行：(1)经营状况严重恶化。后履行方因经营状况严重恶化导致其财产状况恶化，从而使其存在不能或可能不能履行合同义务的危险。《合同法》没有明确规定后履行方经营状况恶化到什么程度下才能行使不安抗辩权，有学者认为，经营状况严重恶化是指后履行方因经营不善，已陷于破产或资不抵债或履行资金明显减损的状况。① (2)转移财产、抽逃资金，以逃避债务。当先履行方有后履行方为逃避债务的履行而将自己的财产转移或撤回已投入企业的资金的确切证据时，先履行方可向人民法院主张行使债权人撤销权，同时也有权行使不安抗辩权，中止自己的履行。(3)丧失商业信誉。丧失商业信誉，是指一方当事人长期性地或多次不履行或不能履行合同义务，在商业行为上给他人感觉其失去诚实信用。后履行方完全丧失商业信誉或丧失商业信誉已足以影响到其对合同的履行的情形下，先履行一方可行使不安抗辩权。(4)有丧失或可能丧失履行债务能力的其他情形。如企业产品市场行情突变，导致后履行方企业经营资金出现困难，履约能力受到影响，先履行方可先中止自己的履行。

4.后履行债务的一方当事人未能提供适当担保。后履行债务一方当事人的履行能力明显降低，有不能为对待给付的危险，又未能提供与其所应履行的义务相当的担保，则危及先履行一方当事人的债权实现，因此，先履行一方有必要行使不安抗辩权。但若后履行一方已提供适当担保时，先履行一方的债权不会因此受到损害，故也不得行使不安抗辩权。

(三)不安抗辩权的效力和行使

1.不安抗辩权的效力

《合同法》第 69 条规定："当事人依照本法第 68 条的规定中止履行的，应当及时通知对方。对方提供适当担保时，应当恢复履行。中止履行后，对方在合理期限内未恢复履行能力并且未提供适当担保的，中止履行的一方可以解除合同。"因此，先履行一方当事人有另一方当事人不能履行或可能不履行合同的确切证据时，可以暂时中止履行，待中止履行的原因消灭后，中止履行方应继续履行合同。若对方在合理期限②内未恢复履约能力，又未提供担保的，中止履行方可解除合同。但基于诚信和交易安全原则，《合同法》要求先履行一方行使不安抗辩权时，应及时通知对方，否则，可构成违约。

2.不安抗辩权的行使程序

(1)先履行方应负举证义务，有后履行方不能履行或可能不能履行合同的确切证据。

(2)先履行一方应及时通知对方。先履行一方行使不安抗辩权而中止履行时，应当将中止履行的事实理由及恢复履行的条件，及时通知对方，通知方式一般以明示形式进行。如权利人没有及时通知相对人，则应视具体情形承担相应的违约责任。

(3)对方当事人提供适当担保时，先履行一方应恢复履行。这里的"担保"可以是人的担保，也可以是物的担保。

(4)对方当事人在合理期限内没有恢复履行能力，且未提供适当担保的，中止履行的一

---

① 邱鹭风、叶金强、龚鹏程：《合同法学》，南京大学出版社 2000 年版，第 313 页。

② 这里的"合理期限"是指先履行方中止履行至合同履行期届至的期间，但一般不应超过合同规定的履行期限。

方可以解除合同。

四、履行不能对于双务合同的效力

(一)履行不能的概念

履行不能,是指因某种事由的出现,债务人在事实上已不可能履行合同。履行不能可分为自始不能与嗣后不能。自始不能是指在合同成立时已经不可能履行,如将用于租赁的房屋毁于火灾。嗣后不能是指合同成立后才发生的履行不能,如合同成立后应交付的字画灭失。履行不能根据其发生原因,又可分为基于债务人的原因和非基于债务人的原因的履行不能。传统理论认为,履行自始不能绝大多数是基于合同不成立或合同不发生效力的原因,若因此发生债权人损害,债务人承担缔约过失责任。[①] 履行嗣后不能,除不可归责于债务人事由外,债务人应承担不能履行的违约责任。

(二)在双务合同中履行不能的法律效力

履行不能因是否归责于债务人的事由而导致的法律效力有所不同。

1.因可归责于债务人的事由而致履行不能,其法律效力体现在:第一,履行不能导致合同目标无法实现,债权人有权解除合同,并要求债务人承担违约金或损害赔偿责任。部分履行不能,债权人仅得请求就不能部分的违约金或损害赔偿责任。对其他部分,债权人可请求继续履行。若继续履行对债权人无利益,债权人可拒绝该部分的履行,而请求债务人承担全部不履行的违约金或损害赔偿责任。

2.因不可归责于债务人的事由而致履行不能时,其法律效力体现在:第一,债务人免除履行原债务的义务,且不承担违反合同的责任。部分履行不能,免除部分义务,完全不能履行,解除全部义务。第二,债权人免除对待给付的义务。对待给付已经履行的,可依不当得利请求返还,但债权人自身原因造成履行不能的除外。第三,债务人向债权人主张履行不能而免除自己履行义务的,应对此承担举证责任,并及时通知债权人。债务人不履行通知义务,致使债权人损失扩大的,债务人应承担扩大的损失的赔偿责任。第四,因第三人行为致使履行不能的,除第三人行为系不可抗力外,债务人仍应向债权人承担违约责任,但在某种情况下,可将对第三人的损害赔偿请求权让与债权人。在双务合同,债权人行使代偿请求权,也应为对待给付。

---

① 近年来,关于履行不能的理论有所变化,其趋势是履行自始不能不再作为债权债务关系无效的原因。即使自始客观不能,债权债务关系依然有效成立,因而债务人自债的关系成立之时,即应负债务违反的法律责任。详见张广兴:《债法总论》,法律出版社 1997 年版,第 174 页。

第三节　合同的解除

一、合同解除的概念

合同的解除，是指合同有效成立后，具备解除条件时，因当事人一方或双方的意思表示而使合同关系自始或向将来消灭的行为。

合同一经有效成立，即具有法律约束力，当事人双方必须严格遵守，认真履行，不得擅自解除合同，否则擅自解除合同一方应依法承担违约责任。但从合同有效成立之后至合同全部履行之前，由于主客观情况的变化，往往可能导致合同不能履行或履行不必要，因此法律规定当具备合同解除条件时，当事人可单方或协议解除合同。

合同解除有以下法律特征：

第一，合同解除适用于有效成立的合同。对于欠缺有效要件的无效合同或当事人意思表示不真实的可撤销合同，不发生合同解除。

第二，合同解除必须具备解除的条件。合同有效成立后，具有法律约束力，当事人非依法律规定或双方协议不得擅自解除合同。合同解除的条件可以是法定的，也可以是约定的。

第三，合同的解除必须有解除行为。解除条件只是合同解除的前提，具备合同解除条件的，合同并不当然自动解除。[①] 合同解除必须有当事人的解除行为，包括当事人双方协商同意解除或主张解除合同的一方向对方发出解除的意思表示，才能达到合同解除的法律后果。但符合法定或约定解除权的一方行使解除权的意思表示无须征得对方同意。

二、合同解除与相关制度的区别

(一)合同解除与合同无效

合同解除与合同无效都使合同对当事人失去了法律拘束力，但两者存在较大的区别，主要体现在：(1)合同无效是合同不符合法律规定的合同有效的条件，不能发生当事人预期的法律效力，合同自始无效，从合同订立时起，就没有法律约束力。合同解除则是消灭既已生效成立的合同。(2)无效合同是当然无效，即使当事人不对合同效力提出主张，人民法院或者仲裁机关也有权确认合同无效。合同解除则遵循合同自由原则，当事人是否能够现实地解除合同，还有赖于当事人做出解除合同的意思表示。(3)无效合同因当事人违反法律、行政法规的强制性规定或者损害国家利益、社会公共利益或者以合法形式掩盖非法目的，因而具有违法性。对于当事人恶意串通，损害国家利益的无效合同，应追缴当事人因此获得的非法财产。而合同解除在当事人之间发生，则不存追缴财产问题。值得注意的是，《民法总则》明确规定了公序良俗，第 143 条第 3 项和第 153 条第 2 款均规定，合同违反公序良俗，应被认定无效。同时，根据《合同法司法解释(二)》第 14 条的规定，法律、行政法规中的强制性规

① 日本等国家立法采用当然解除主义，只要符合解除条件，合同自动解除，而不以当事人意思表示为必要。

定分为效力性强制性规定和管理性强制性规定，只有违反了法律、行政法规中的“效力性强制性规范”的合同才归于无效。

（二）合同解除与合同被撤销

可撤销合同，是指因意思表示不真实，通过撤销权人行使撤销权，使已经生效的意思表示归于无效的合同。合同解除与合同被撤销都是合同消灭的制度，都使合同失去效力。但两者并不相同：(1)适用范围不同。合同被撤销适用于重大误解、显失公平或意思表示有瑕疵的情形。合同解除则适用于有效成立的合同。(2)发生的原因不同。合同被撤销的原因由法律规定，合同解除所发生的原因既可以由法律规定，也可以由当事人约定，而且大多数合同解除原因是发生在合同有效成立以后。(3)行使方式不同。合同被撤销必须由撤销权人在法律规定的期间内提出，由人民法院或仲裁机构确认。合同的解除则可以通过当事人协商一致或当事人一方行使解除权而达到目的。(4)发生的效力不同。合同被撤销，发生溯及既往的效力。合同解除往往没有溯及力，除非当事人特别约定或法律特别规定解除非继续性合同时，才有溯及力。但是，撤销权具有存续期间，《合同法》第 55 条规定，具有撤销权的当事人自知道或者应当知道撤销事由之日起 1 年内没有行使撤销权或具有撤销权的当事人知道撤销事由后明确表示或者以自己的行为放弃撤销权的，撤销权消灭。

（三）合同解除与合同变更

合同的变更，是指合同成立之后，当事人在原合同的基础上对合同内容进行修改或者补充。合同变更一般只能涉及尚未履行的部分，当事人按变更后的合同内容履行，对于已经履行的部分则不能加以变更，即已经履行的债务不因合同的变更而失去法律依据。合同解除则是消灭合同关系，有的合同解除具有溯及既往的效力，产生恢复原状的法律后果。

（四）合同解除与合同终止

合同终止，是指依法生效的合同，因具备法定情形和当事人约定的情形而发生权利义务关系消灭。合同终止的法定事由包括清偿、债务相互抵销、提存、免除、混同等。合同解除也是合同权利义务终止的情形之一。两者区别主要表现在：(1)合同的解除既向过去发生效力，也向将来发生效力。因此，合同解除可以分为两类：一类是发生溯及既往的效力；一类是不发生溯及既往的效力。[①] 对于前者，当事人产生恢复原状的义务。而合同的终止只是向将来发生效力，当事人不发生恢复原状的义务；(2)合同解除经常与违约责任联系，是违约补救的方式之一，非违约方可就此做出选择。而合同终止可以适用于违约的情形，但更主要适用于非违约情况下，当事人协商一致而终止合同。

三、合同解除的种类

（一）法定解除

法定解除，是指合同生效后，没有履行或未履行完毕前，当事人在法律规定的解除条件出现时，行使解除权而使合同关系消灭。法定解除必须因发生法律规定的解除条件而解除合同，这种法定解除条件既有适用于所有合同的条件（即一般法定解除），也有适用于特定合同的条件（即特别法定解除）。法定解除的主要特征在于权利人根据法律所规定的合同解除

① 王利明：《合同法新问题研究》，中国社会科学出版社 2003 年版，第 526 页。

条件来行使解除权而解除合同。它与约定解除既有联系,又有区别。二者的联系在于法定解除没有排除约定解除的适用,当事人可以通过约定来补充法定解除的条件。如因不可抗力导致不能实现合同目的的,属于《合同法》规定的法定解除范围,但合同当事人可以通过协商约定不可抗力的具体范围。二者的区别在于,法定解除是解除权人在出现法律所规定的解除条件时做出解除合同的意思表示,是单方法律行为。而约定解除,无论是当事人双方通过协商解除合同,还是采取约定解除条件而当解除条件成就时,解除权人解除合同的方式,在合同中都需要当事人双方的合意,仅有一方当事人的意思表示,不能导致合同的解除。

根据我国《合同法》第 94 条的规定,在下列情形之一的,当事人可以解除合同:

1.因不可抗力致使不能实现合同目的。所谓不可抗力是指不能预见、不能避免并且不能克服的客观情况。综合我国司法实践,不可抗力通常包括自然灾害、战争、社会异常事件、政府行为等。因不可抗力导致合同当事人无法实现订立合同的目的时,当事人可以解除合同。

2.在履行期限届满之前,当事人一方明确表示或者以自己的行为表明不履行主要债务。[①] 当事人在履行期限届满之前,无论是明示还是默示方式表明其拒绝履行合同主要义务的,均构成预期违约。预期违约将导致非违约方的履行利益受损,为及时补救非违约方的损失,法律允许其通过解除合同的方式来主张对违约的救济。

3.当事人一方迟延履行主要债务,经催告后在合理期限内仍未履行。迟延履行广义上讲包括债务人给付迟延和债权人受领迟延,但《合同法》相关条款只规定当债务人迟延履行主要债务时,经债权人催告,并给予债务人一段合理的期限催其继续履行,但债务人仍不履行的,债权人可解除合同。

4.当事人一方迟延履行债务或者有其他违约行为致使不能实现合同目的。债务人未能在合同规定的履行期限内履行合同义务,若严重影响债权人订立合同所期望的利益,致使债务人继续履行对债权人无意义的情况下,债权人因合同目的的无法实现,可以解除合同。对于债务人除迟延履行外的其他违约行为,如履行不能、拒绝履行、履行不当等而致使不能实现合同目的,债权人也可解除合同。

5.法律规定的其他情形。如根据《合同法》第 69 条规定,当事人一方行使不安抗辩权,中止履行后,对方在合理期限内未恢复履行能力且未提供适当担保时,中止履行的一方可以解除合同。

(二)约定解除

约定解除,是指当事人根据协商或双方约定的条件解除合同。《合同法》第 93 条规定:“当事人协商一致,可以解除合同。当事人可以约定一方解除合同的条件。解除合同的条件成就时,解除权人可以解除合同。”由此可见,约定解除可分为协商解除与约定解除权的解除。

1.协商解除。协商解除又称为协议解除、合意解除,是指合同有效成立后完全履行前,当事人双方通过协商同意而解除合同的行为。协商解除是基于当事人双方的合意,不以约定或法定的解除权为必要,适用于合同有效成立后的各种情况,当事人双方通过协商而达成

---

① 主要债务是指能够影响合同目的实现的债务。

解除原订合同的协议，该协议实质上是订立一个解除原合同的新合同。但协商解除也有一定的限制，即当事人达成的解除合同的协议不得违反法律、行政法规的强制性规定，不得损害国家利益和社会公共利益。否则，协商解除将不能发生法律效力。

2.约定解除权的解除。约定解除权的解除，是指当事人双方在合同中约定一定的解除合同条件，合同有效成立后完全履行前，当解除合同的条件成就时，由解除权人行使解除权解除合同的行为。约定解除权的解除是当事人事先在合同中约定解除条件，所以，解除权的设立是当事人通过协商设定的合意结果，必须符合法律规定的合同生效条件，否则，解除权的设立不发生法律效力。而当约定的解除条件成就时，解除权人通过行使解除权就产生解除合同的效力。

四、解除权的行使

行使解除权均以当事人享有解除权为前提。解除权包括法定解除权和约定解除权，从性质上而言是形成权，所以享有解除权的一方当事人将解除合同的意思表示送达到合同另一方当事人，就发生合同解除的法律效果。

当事人行使解除权，应当按照以下程序进行：

1. 法律规定和当事人约定的解除合同的条件成就时，解除权人即可解除合同。当事人享有法定解除权和约定解除权的情况下，解除合同是单方法律行为，只要解除权人的单方意见表示即可成立，无须对方当事人的同意。

2. 当事人一方行使解除权应当以口头或书面方式通知对方当事人。虽然，行使解除权只需解除权人单方的意思表示，但当事人一方行使解除权，必然引起合同的权利义务关系的终止，因而直接影响到对方当事人的权益。因此，当事人根据约定解除权和法定解除权主张解除合同时，应当通知对方，合同自通知到达对方时解除。对方当事人接到解除合同的通知后，认为不符合法定解除权和约定解除权的条件而不同意解除合同的，可以请求人民法院或者仲裁机构否认解除合同的效力。但是，对方对解除合同存在异议的，应在当事人约定的异议期间内向人民法院或起诉或向仲裁机构申请，根据《合同法司法解释二》第 24 条的规定，当事人没有约定的，异议期间为解除合同的通知到达之日起 3 个月。

3. 法律、行政法规规定解除合同应当办理批准、登记等手续的，还应依法办理批准、登记手续，才能发生合同解除的效力。有关部门批准解除的日期即为合同解除的日期。

4. 当事人必须在法律规定或者当事人约定解除权行使期限内及时行使解除权，否则期限届满当事人不行使的，将丧失解除权。合同解除权的行使，将引起合同关系的重大变化。因此，倘若享有解除权的当事人长期不行使解除权，就会使合同关系处于不确定状态。所以解除权必须在一定期限内行使。法律规定或者当事人约定解除权行使期限的，应按规定或约定行使解除权，期限届满当事人不行使的，该权利消灭。法律没有规定或者当事人没有约定解除权行使期限的，一方当事人可以催告享有解除权的对方当事人及时行使解除权，经催告后享有解除权的当事人在合理期限仍不行使解除权的，该解除权消灭，合同关系依然存在，当事人仍要按照合同约定履行合同义务。

五、解除合同的法律后果

合同解除的后果是合同所生债权债务关系的消灭，但合同解除后债权债务应如何处理，首先涉及合同解除的溯及力。关于合同解除是否具有溯及力问题，学术界有三种观点：第一种观点认为，合同解除具有溯及力，合同解除使合同关系溯及既往地消灭，合同视同自始未成立；第二种观点认为，合同解除没有溯及力，合同解除的效力仅仅及于将来，解除之前的合同关系仍然有效；第三种观点认为，合同解除原则上有溯及力，但根据某些合同的性质、履行情况及当事人的约定来确定这些合同解除有无溯及力。我国《合同法》对合同解除的效力作了灵活性的规定，第 97 条规定："合同解除后，尚未履行的，终止履行；已经履行的，根据履行情况和合同性质，当事人可以要求恢复原状、采取其他补救措施，并有权要求赔偿损失。"可见，合同解除的法律后果表现为：

1. 尚未履行的，终止履行。合同解除无溯及力时，解除前的合同关系仍然有效，因此合同的解除只是终止尚未履行的债务。对于尚未履行的义务，终止履行。

2. 恢复原状。恢复原状是有溯及力的合同解除所具有的法律后果。恢复原状使基于合同所发生的债权债务关系全部溯及消灭，恢复到订立合同前的状态。它仅适用于合同已部分或全部履行的情况。如果合同没有开始履行则谈不上恢复原状问题。

恢复原状的范围则包括：(1)返还财产。如果原交付的标的物存在的，应返还原物；如果原物不存在的，原物又是种类物，可以用同一种类物返还；(2)返还财产所产生的孳息；(3)支付一方在财产占有期间为维护该财产所花费的必要费用；(4)违约方承担因返还财产所支出的必要费用。当事人一方违约导致合同继续履行不可能或不必要，对方因此主张解除合同的，有权要求违约方赔偿包括由于返还给付而发生的费用在内的违约行为所造成的损失。

但根据某些合同的性质和履行情况，不可能或不容易恢复原状的，则不必恢复原状，这些合同有：(1)以水、电、气等使用标的为内容的连续供应合同，对以往的供应不可能恢复原状；(2)以行为为标的的合同(如劳务合同、仓储合同等)，给付人只能请求对方返还劳务相应的价金，难以要求返还已支付的劳务；(3)涉及善意第三人利益的合同(如委托合同等)。为保护善意第三人的合法权益，这些合同的解除不应有溯及力，以利于交易的稳定和社会经济秩序的正常化。①

3. 采取其他补救措施。合同解除时，当事人一方已全部或部分地履行了债务，对方却未履行对待给付。倘若这种情况发生在合同解除有溯及力下，可采用上述恢复原状方式；倘若这种情况发生在合同解除无溯及力下，由于解除前的合同关系依然有效，采取返还给付物的方式显然不妥，因此，负有返还义务的一方当事人可以采取其他补救措施如修理、更换、重作、减价等，也可以赔偿对方当事人因合同解除所造成的损失。

4. 赔偿损失。合同解除后，对合同解除负有过错的一方当事人应赔偿对方的损失。我国《民法通则》第 115 条承认合同解除与赔偿损失可以并存，《合同法》第 97 条也规定，合同的解除不影响当事人要求赔偿损失的权利。但请求赔偿损失的行使因合同解除方式不同而有所不同：

---

① 胡康生主编：《中华人民共和国合同法释义》，法律出版社 1999 年版，第 163 页。

(1)协商解除与赔偿损失。若双方在协商解除中免除一方的损害赔偿责任,那么任何一方无权在解除协议达成后再主张损害赔偿;若双方在协商解除中商定了赔偿数额,只要不违背法律规定,就根据该约定确定赔偿责任;若双方在协商解除中没有商定赔偿数额,赔偿范围则包括:对方订立合同所支出的必要费用,对方因相信合同能适当履行而做准备所支出的必要费用,对方因返还原物所支出的必要费用,对方因无法恢复原状而造成的损失等。

(2)法定解除与赔偿损失。①因不可抗力引起的解除,由于当事人双方均无过错,因此在合同解除后双方均不承担赔偿责任。但一方在不可抗力发生后,应当积极采取措施避免损失的扩大,若未采取措施的,应就扩大的损失部分自行承担责任;②因根本违约或者经催告仍不履行义务而解除合同的,由于当事人一方存在违约行为,并给对方造成损失,当然应承担赔偿责任,但赔偿范围有所不同。如果是合同解除无溯及力的情况,违约方应当赔偿另一方因违反合同所受到的损失;如果是合同解除有溯及力的情况,违约方应当赔偿对方因订立合同、准备履行合同和因恢复原状而支出的费用。

第四节 违约责任

一、违约责任的概念

违约责任,又称为违反合同的民事责任,指合同当事人违反合同义务时,根据法律规定或合同约定所应承担的民事法律责任。违约责任是违反合同义务行为的法律后果。当事人之间一旦存在合法有效的合同关系,就应该按照合同的约定全面地、严格地履行合同义务,任何一方当事人违反合同义务均应承担违约责任。《合同法》第107条规定:"当事人一方不履行合同义务或者履行合同义务不符合约定的,应当承担继续履行、采取补救措施或者赔偿损失等违约责任。"

违约责任是民事责任的一种,具备民事责任的一般特征。除此之外,违约责任还有自己的法律特征,主要体现在:

1. 违约责任以合同债务的有效存在为前提,以一方当事人违反合同义务为条件,是合同当事人不履行合同义务或履行合同义务不符合约定所产生的民事责任。若当事人违反的不是合同债务,而是法律规定的其他义务,应承担其他责任。

2. 违约责任具有相对性。由于合同的相对性,违约责任也具有相对性,原则上发生于合同当事人之间,合同当事人以外的第三人一般不可能成为违约责任的主体。即使违约系第三人的行为所致,也应由合同债务人向债权人承担违约责任,债务人承担违约责任后可向第三人追偿。当然,若违约方的违约行为损害了第三人的利益(如为第三人利益的合同),也应是违约方向合同债权人而非第三人承担赔偿责任。

3. 违约责任的确定,可以由当事人的约定。违约责任具有一定的任意性,这是指违约责任可以在法律规定的范围内,依当事人的约定而产生的。根据《合同法》第114条规定:"当事人可以约定一方违约时应当根据违约情况向对方支付一定数额的违约金,也可以约定因违约而产生的损害赔偿的计算方法。"由此可见,合同当事人可以对违约责任的承担方式和范围事先做出约定，这是合同自由原则的体现。但是，违约责任毕竟是一种法律责任，无论当事人是否有约定，只要存在违约行为，违约方就要承担违约责任。

4. 违约责任具有补偿性和一定的制裁性。违约责任的补偿性，是指违约责任旨在弥补或补偿因违约行为造成的损害后果，在于赔偿当事人一方因另一方违约所造成的损失，但损失赔偿额不能超出实际损失额，受损害方不能因违约方承担违约责任而获得额外的不应得的利益。《合同法》第 113 条第 1 款规定："当事人一方不履行合同义务或者履行合同义务不符合约定，给对方造成损失的，损失赔偿额应当相当于因违约所造成的损失，包括合同履行后可以获得的利益，但不得超过违约一方订立合同时预见到或者应当预见到的因违约可能造成的损失。"违约责任的补偿性从根本上而言是民法平等、等价原则的体现，通过追究违约方的违约责任，从而使受损害方因违约行为而失去的利益得到补偿，合同双方当事人之间的利益状况达到平衡。

但违约责任的补偿性并不完全排斥违约责任的一定制裁性。① 合同一方当事人违反合同义务时，应承担对其不利的违约责任，这本身就体现对违约行为的制裁。正是通过制裁违约，才能有效地促使当事人履约，保障交易安全，保证合同债权的实现。可见，违约责任的补偿性和一定的制裁性共同构成违约责任的属性。

二、违约责任的构成

违约责任的构成，是指违约当事人应具备何种条件才应承担违约责任，是用以判定合同当事人是否应承担违约责任的法律依据。违约责任的归责原则决定着违约责任的构成。英美法系采用严格责任原则，因此不考虑违约人的主观态度，认为违约行为本身就表明当事人无正当理由，因此把违约行为作为违约责任的唯一构成要件；大陆法系采用过错责任原则，因此合同当事人客观上有违反合同义务的行为，主观上又具有过错时，才承担违约责任，即违约责任的构成要件由违约行为和过错两个因素构成。我国《合同法》第 107 条规定："当事人一方不履行合同义务或者履行合同义务不符合约定的，应当承担继续履行、采取补救措施或者赔偿损失等违约责任。"可见，我国对违约责任的归责实质是实行过错推定原则。② 根据这一原则，如果一方当事人能够举证证明另一方构成违约，则应推定另一方对此违约应承担违约责任，除非另一方能够举证证明其违反合同具有法定和约定的免责事由，从而表明其对违约没有过错，则被免除违约责任。也就是说，在我国，承担违约责任的条件由违约行为和不存在法定和约定免责事由这两部分构成。当然，在违约责任确立的前提下，违约一方承担违约责任的具体方式可能因违约方或受害方的主观因素的不同而所有不同。

（一）违约行为

违约责任的构成的基础要件是存在当事人违反合同义务的违约行为。当然，违约行为以合法有效的合同关系为前提，合同尚未成立或已被解除或被确认无效或被撤销，则不存在违约行为。由于当事人的违约行为，导致了对合同债权的侵害，使合同债权人依据合同所享

① 有学者认为，损害赔偿的数额仅限于实际损失，违约责任旨在对债务人违约行为填补，因此，违约责任只有补偿性，而不具有惩罚性。详见王利明主编：《民法学》，复旦大学出版社 2004 年版，第 748 页。

② 王利明、崔建远主编：《合同法》，北京大学出版社 1999 年版，第 235 页。

有的债权不能实现，因此违约人应承担违约责任。违约行为是对合同义务的违反，包括对合同义务的不履行、迟延履行、部分履行、不适当履行等。

（二）不存在法定和约定的免责事由

违约行为发生后，违约当事人并不是在任何情况下都应当承担违约责任。违约行为不是违约责任的唯一构成要件。如果违约当事人存在法定和约定的免责事由，虽然发生了违约行为，则不一定必然要承担违约责任。

法定的免责事由主要指法律规定的当事人不履行合同或履行合同不符合约定时，无需承担违约责任的情况，主要有不可抗力、债权人的过错、标的物的合理损耗等。《合同法》第117条规定："因不可抗力不能履行合同的，根据不可抗力的影响，部分或全部免除责任，但法律另有规定的除外。当事人迟延履行后发生不可抗力的，不能免除责任。"不可抗力，是指当事人不能预见、不能避免、不能克服的客观情况，非当事人所能控制的，亦不是当事人的过错，因此，各国立法一般都将其列入法定的免责事由。债权人的过错，是指债权人因其过错而行使权利不当或怠于行使权利，导致债务人无法依约履行合同义务的，债务人不承担违约责任。如根据《合同法》第311条规定，承运人对运输过程中货物的毁损、灭失承担损害赔偿责任，但货物的毁损、灭失是托运人、收货人的过错造成的，承运人不承担赔偿责任。同时，《合同法》第311条还规定，若承运人证明货物的毁损、灭失是货物本身的自然性质或者合理损耗造成的，承运人也不承担损害赔偿责任。可见，因标的物的自然性质或合理损耗导致债务人无法履行合同义务的，债务人也可免除违约责任的承担。

除法定免责事由外，当事人双方还可以在合同中事先约定，旨在免除或限制其未来责任的免责事由或免责范围，这即是上述约定免责事由。当事人在合同中约定的免责条款是合同条款的组成部分，因此，首先，应符合法律、行政法规的强制性规定和诚实信用原则。《合同法》第53条规定："合同中的下列免责条款无效：（一）造成对方人身伤害的；（二）因故意或重大过失造成对方财产损失的。"这些免责条款以侵害对方的人身和财产权利为前提，违背法律的约定，依法不能予以保护。其次，免责条款须当事人双方协商一致。一方以欺诈、胁迫的手段，或乘人之危使对方接受显失公平的免责条款的，受害方有权请求人民法院或仲裁机构撤销该免责条款。

三、违约行为的种类

违约行为，就是违反合同义务的行为。这里的合同义务既包括合同本身规定的当事人应承担的义务，也包括法律直接规定的合同当事人必须遵守的义务，还包括根据诚实信用原则，合同当事人应予遵守的附随义务，如照顾、保管、协助、保密、保护、告知等义务。合同当事人违反上述义务均构成违约行为。违约行为的后果是导致对合同债权的侵害，使债权人的债权不能充分实现。因为合同一经合法成立，即具有法律约束力，为法律所肯定和保护，合同当事人应认真遵守和履行。当事人违反合同义务的违约行为从本质上是违背法律的要求，故具有违法性。

根据当事人违反合同义务的性质和特点的不同，可以将违约行为进行具体分类。违约行为的种类有：

（一）预期违约

预期违约，原是英美合同法特有的概念，是指合同生效后至合同履行期限到来之前的毁约，是对未到期义务的违反，因此侵害了期待债权的实现，它包括明示毁约和默示毁约。明示毁约是指违约方在合同履行期届至前以口头或书面形式明确表示不履行或不能履行合同义务。默示毁约是指违约方以行为表明其陷入不能履行的困境或已丧失履约的信用和条件，在合理时间内又未能提供适当的担保。我国《合同法》吸收和借鉴了英美法中的预期违约制度，第108条规定："当事人一方明确表示或者以自己的行为表明不履行合同义务的，对方可以在履行期限届满前要求其承担违约责任。"

预期违约是先期违约，是在履行期限届至前的毁约，与实际违约存在较大的区别，它的主要特点是：第一，预期违约是将来不履行合同的意思表示，不是表现为现实的违反义务，是预期违约方对合同的毁弃，因此，又可称为毁约行为。第二，预期违约侵害的是期待的债权而不是现实的债权。由于合同具有履行期限，在履行期届至前，债权人所享有的债权只是期待权，因期待的债权而带来的利益也只是期待利益，而预期违约方毁约，则使债权人的期待利益不能实现。第三，预期违约具有特殊的补救措施。预期违约是与实际违约相对应的特殊违约形态，因此存在特殊的补救措施。根据《合同法》的规定，对于预期违约，债权人可以采取：(1)要求预期违约方提供履行担保；(2)中止自己尚未履行部分的履行；(3)解除合同；(4)在履行期限届满前要求预期违约方承担违约责任，如要求继续履行合同、赔偿因合同的解除造成的损失、支付违约金等。

构成预期违约，须具备一定的条件：

1.须一方当事人以明示方式明确表示其不履行合同或以其行为表明在履行期到来之前不履行合同。

2.一方当事人不履行合同的意思表示须在合同履行期届至之前做出。若在履行期届至之后做出，则为实际违约。

3.一方当事人表示不履行合同的主要义务，致使合同目的无法实现。若一方当事人表示的只是不履行合同的次要义务，如拒绝提供买卖合同中标的物的产品说明书，则不构成预期违约。

4.一方当事人不履行合同义务的意思表示不存在正当理由。若存在正当理由，债务人拒绝履行债务不构成预期违约。正当理由通常包括：因不可抗力而使合同不能履行；因债权人违约而使债务人享有合同解除权；因合同欠缺生效要件而应被宣告无效；债务人依法而享有撤销权或履行抗辩权等。

（二）实际违约

实际违约是指在合同履行期限届至后，当事人不履行或不完全履行合同义务或履行合同义务不符合合同约定和法律的规定。实际违约行为有以下几种类型：

1.不履行

不履行针对的是合同当事人在履行期限届至时履行不能或拒绝履行。履行不能主要指债务人在客观上已无能力或条件履行合同义务，它又包括自始履行不能和嗣后履行不能。自始履行不能，是指在合同成立时即已发生的履行不能，绝大多数是基于合同无效的原因，因此从性质上一般不属于违约行为。而嗣后履行不能是合同成立后的不能履行，除因不可抗力造成外，都构成违约。拒绝履行则指履行期限届至后，合同当事人无正当理由拒绝履行合同义务的行为，包括拒为给付和拒绝受领，这两种情况均是当事人拒不履行合同义务，因此都是违约行为。

2.履行不当

履行不当，是指合同当事人虽履行了义务，但其履行不符合合同的约定和法律的规定，主要包括迟延履行、瑕疵履行、部分履行、履行方式不当等。

(1)迟延履行。迟延履行是对履行期限届满时未予履行的行为，包括债务人给付迟延和债权人受领迟延。债务人的给付迟延是指债务人超逾履行期限履行债务的。对合同没有明确规定履行期限的，在债权人提出履行催告后仍未履行债务的，也构成债务人给付迟延。债权人受领迟延则是指履行期限届满时，债务人提出给付的，债权人应当受领而没有及时受领的情形。

(2)瑕疵履行。瑕疵履行，又称为不适当履行，是指合同债务人履行的合同标的不符合合同规定或法律规定的质量标准。瑕疵履行是独立的违约形态，但对于不可归责于履行方面的原因造成的瑕疵，不能构成违约行为。

(3)部分履行。部分履行是指合同虽然履行，但债务人履行的标的在数量上不符合合同的约定。部分履行发生的原因，包括履行不能或拒绝完全履行。部分履行导致债权不能完全实现，有些合同的部分履行对债权人甚至毫无利益，因此部分履行也构成违约行为。

(4)履行方式不当。履行方式不当是指债务人虽然履行了合同，但在具体的履行方式上违反了法律规定或合同约定。如合同约定运输方式为铁路运输，但债务人无正当理由却采用空运，这样导致履行成本的增加。因此，履行方式不当也是一种违约形态。

3.加害履行

当事人履行合同除有一般瑕疵外，还造成对方当事人履行利益外的其他财产、人身损害的，为加害履行。加害履行的特点是违约与侵权行为的竞合，有学者认为是与履行不当并行的违约形态。[①]

四、违约责任的承担

合同当事人不履行合同或履行合同不符合合同约定和法律规定而构成违约，除存在法定和约定的免责事由外，均应承担一定形式的违约责任。

(一)继续履行

1.继续履行的概念

继续履行是指一方违反合同义务时，另一方有权要求其根据合同规定继续履行合同义务。继续履行是违约后的补救方式，它可以与违约金、损害赔偿等其他违约责任形式并用，但它强调的是对未履行的合同义务的继续履行，因此，不能与解除合同的方式并用。

2.继续履行的适用条件

(1)须有违约行为的存在。继续履行责任是当事人一方不履行合同义务或者履行合同义务不符合要求时，另一方当事人才有权要求其继续履行，所以，继续履行责任以违约行为

---

① 刘家琛主编:《合同法新制度的理解与适用》，人民法院出版社1999年版，第403页。

的发生为前提。我国《合同法》第109条规定的“当事人一方未支付价款或者报酬的”和第110条规定的“当事人一方不履行非金钱债务或者履行非金钱债务不符合约定的”的情况下，另一方当事人有权要求其继续履行其尚未履行的义务。但是，对于履行不当等违约行为而产生的修理、更换、重做等，不能作为继续履行的内容，是属于其他的违约补救措施，应作为独立的违约责任形式。

(2)须由债权人在合理期限内向违约方提出继续履行的请求。请求继续履行是债权人的权利，应由债权人决定是否采用继续履行方式来救济因对方违约行为而给自己造成的后果。因此，从保护债权人利益出发，若继续履行对债权人已毫无必要，则债权人可以采取赔偿损失等其他补救措施。但基于维护履行的公平性，债权人应在合理期限内提出继续履行请求，若未在合理期限内提出，债权人则不能再提出此种要求。

(3)须合同义务在法律上或者事实上能够履行或适合于履行。首先，继续履行的内容是按照合同义务进行履行，只有能够履行的债务才能适用继续履行。对于法律上和事实上的履行不能，如作为合同标的的特定物已灭失等，对方就不可以要求继续履行。其次，债务的标的适于强制履行的，才能适用继续履行。对于一些基于人身依赖关系而产生的合同，如委托合同、信托合同、合伙合同等，因这些合同的债务具有严格的人身性，若强制履行，则与这些合同根本性质相违背，只能采用其他补救措施来承担违约责任。

(4)须违约方有继续履行的能力，并且继续履行在经济上是合理的。继续履行的目的在于促使违约方履行合同规定的标的，如果违约方因违约而事实上无能力继续履行，继续履行就不可能实现。继续履行也不得违反法律的规定，如果违约方在事实上虽然可以履行，但履行将损害善意第三人利益而与有关法律相抵触，也难以适用继续履行。同时，继续履行在经济上必须是合理的，符合公平原则和效益原则。若继续履行的费用过高，则不宜适用继续履行。判断履行费用过高的标准，有学者认为，应是债务人需支出的履行费用高于其因履行合同而获得的利益，或高于债权人因履行合同而获得的利益。[①]

(二)赔偿损失

1.赔偿损失的概念

赔偿损失是民事责任中最常见和最重要的责任方式，既适用于违反法定义务侵害他人财产、人身而应当承担的侵权责任，也适用于违反合同义务而应当承担的违约责任。这种责任方式的实质在于补偿因义务人违反义务的行为而给权利人造成的实际损失，具有补偿性。合同法中的赔偿损失，是指合同当事人不履行合同义务或者履行合同义务不符合合同约定时，依照法律规定或合同约定赔偿对方因违约所受到的损失的责任形式。它可以与继续履行等其他补救措施并列适用。

赔偿损失具有法定和约定的两种。[②] 约定的赔偿损失的适用优先于法定的赔偿损失。

---

① 邱鹭风、叶金强、龚鹏程：《合同法学》，南京大学出版社2000年版，第411页。

② 赔偿损失有法定和约定的两种。一般的赔偿损失责任是依照法律规定而产生，不需要双方当事人在合同中约定，即为法定的赔偿损失。但请求赔偿损失的权利作为一种债权，根据《合同法》第114条第1款的规定，法律也允许当事人存在约定的赔偿损失。约定的赔偿损失，在学理上称为约定赔偿额，实质上相当于违约金的一种。

由于违约责任是以合同约定为基础的，因而违约方承担赔偿损失的违约责任也以合同约定为依据。合同双方在订立合同时，可以在合同条款中明确规定一方违约时应当承担的赔偿对方经济损失的具体的赔偿范围或计算方法，或至少不低于某一合理的具体赔偿数额，作为将来若发生违约纠纷时，违约一方应当承担的赔偿责任的确定根据。[①] 当事人对损失赔偿额的确定没有特别约定的，则适用法定赔偿损失，即按照我国《合同法》第 113 条的规定处理。

2.赔偿损失的适用条件

（1）必须有违约行为，包括不能履行、迟延履行、部分履行、拒绝履行等违约形态。

（2）债权人必须遭受损失。赔偿损失以债权人的损失为基础，通过弥补债权人因违约所遭受的损失，使其间接地达到订立合同的目的。如果违约行为未给债权人造成损失，则不能适用赔偿损失的方式来追究违约方的民事责任。

（3）违约行为与损失之间存在因果关系。因果关系强调违约行为与损失之间存在着内在的、本质的、必然的联系，即当事人一方的违约行为是债权人造成损失的原因，债权人的损失是违约行为的后果。当事人一方若因第三人的原因造成违约的，也应向对方承担违约责任，但第三人原因造成的违约行为与损失之间也要求成立因果关系。根据《合同法》的规定，该当事人承担违约责任后，可以向第三人追偿。

3.赔偿原则

我国《合同法》第 113 条规定："当事人一方不履行合同义务或者履行合同义务不符合约定，给对方造成损失的，损失赔偿额应当相当于违约所造成的损失，包括合同履行后可以获得的利益。"可见，我国采用完全赔偿原则。赔偿范围包括实际损失和可得利益损失。所谓实际损失，又称积极损失，是指合同当事人的违约行为给对方造成的现有财产的减少、灭失和费用支出。所谓可得利益损失，又称消极损失，是指合同一方当事人的违约行为导致对方当事人丧失了在合同依约履行下所能够得到的利益。责令违约方赔偿对方的实际损失和可得利益的损失，目的在于弥补对方因违约行为而遭受的全部损失，使对方的利益恢复到合同所得以完全履行下的状态，达到订立合同的目的。

但是，完全赔偿原则并不意味着因违约行为而受到的各种损失都能得到赔偿。根据《合同法》的规定，完全赔偿原则在适用中应有一定的限制，主要包括：

（1）合理预见规则

《合同法》第 113 条规定，损害赔偿额不得超过违反合同一方订立合同时预见到或者应当预见到的因违反合同可能造成的损失。可见，我国采用合理预见规则作为限制赔偿责任的依据。根据这一规则，只有当违约所造成的损害是违约方在订立合同时可以预见的情况下，违约方才应对这些损害负赔偿责任。如果损害是不可预见的，违约方则不承担这些损害的赔偿责任。合理预见规则将违约方的赔偿责任限制在可预见范围之内，有利于鼓励交易，

---

① 在司法实践中，约定赔偿额与实际损失额往往不能完全吻合，但在一般情况下，即使有差异，亦应按约定赔偿额办理。倘若约定赔偿额较实际损失额过高或者过低而显失公平的，赔偿人可以请求法院或仲裁机构减少赔偿额，受赔偿人可以请求增加赔偿额。详见胡康生主编：《中华人民共和国合同法实务全书》，中国商业出版社 1999 年版，第 205 页。

保障交易活动的正常进行。

(2)减轻损失规则

依《合同法》第 119 条规定，合同当事人一方在对方违约后，应及时采取合理措施以防止损失的扩大，若未采取合理措施而造成损失进一步扩大，无权就扩大的损失要求违约方赔偿。减轻损失是非违约方根据诚实信用原则应尽的义务，倘若非违约方违反该项义务，其本身就存在过错，因此应对自己过错导致损失的扩大部分负责，免除违约方对扩大损失的赔偿责任。

(3)违约损害相抵规则

《合同法》第 120 条规定："当事人双方都违反合同的，应当各自承担相应的责任。"《最高人民法院关于审理买卖合同纠纷案件适用法律问题的解释》第 30 条也规定："买卖合同当事人一方违约造成对方损失，对方对损失的发生也有过错，违约方主张扣减相应的损失赔偿额的，人民法院应予支持。"可见，当事人双方均违约并因此而损害彼此利益时，可以减轻或免除双方的赔偿责任，这就是违约损害相抵规则。违约损害相抵规则的实质在于当事人双方均有违约行为且造成彼此损失时，两个违约损害赔偿之债进行抵销，从而达到减轻或免除彼此双方的赔偿责任。

(4)损益相抵规则

损益相抵规则是指受损害方因违约而获得一定的利益时就应当将所获得的利益从损害赔偿额中扣除。损益相抵规则并没有免除违约方的责任，只是从违约方应承担的损害赔偿额中扣除受损害方所获利益部分，违约方承担的损失赔偿额就是上述这两者扣除后的差额。当然，得为扣除的利益必须是法律允许予以扣除的利益，且与违约行为有因果关系。《最高人民法院关于审理买卖合同纠纷案件适用法律问题的解释》第 31 条规定："买卖合同当事人一方因对方违约而获有利益，违约方主张从损失赔偿额中扣除该部分利益的，人民法院应予支持。"

(三)支付违约金

1.违约金的概念

违约金是指按照当事人的约定，一方当事人违约时应支付给对方的一定数量的金钱。支付违约金是违反合同一方依合同应当承担的民事责任。这种责任的实质在于强制合同当事人支付一定数额的违约金以体现对违约一方当事人的制裁和对对方当事人的补偿，兼具有惩罚和补偿的性质。

违约金具有以下特点：

(1)违约金具有约定性。① 《合同法》第 114 条规定："当事人可以约定一方违约时应当根据违约情况向对方支付一定数额的违约金，也可以约定因违约产生的损失赔偿额计算方

① 在过去的合同法中有约定违约金和法定违约金。法定违约金根据法律的规定而产生，如《工矿产品购销合同条例》和《农副产品购销合同条例》就对供方不能供货的行为规定了按不能供货部分的百分比计付违约金，即法定违约金。但新合同法未保留法定违约金这种形式，根据《合同法》第 114 条的规定，新合同法上的违约金概为约定违约金。但在司法实践中，对于逾期付款的违约金，仍按照最高人民法院相关的司法解释(法释[1999]8 号)计算，详见下文。

法。”可见，违约金具有约定性，违约金的数额、计算标准、支付方式可以由当事人协商确定。

(2)违约金是一种特殊的违约责任形式，兼具有惩罚性和赔偿性。违约金责任的特殊之处在于支付违约金并不导致违约方违约责任的消失，债务人除支付违约金外，还应继续履行债务，因此，它是与继续履行并行的独立违约责任形式，而非是继续履行的补充责任。违约金在性质上可分为惩罚性违约金和赔偿性违约金。惩罚性违约金不考虑违约后所造成的实际损失数额，重在对违约方的过错行为进行惩罚，可以高于对方的实际损失，或与赔偿损失等其他责任形式并用。赔偿性违约金充分考虑违约可能造成的实际损失，旨在弥补违约后对方因此所遭受的损失，原则上不能与其他违约责任形式并用。

(3)违约金的数额是预先确定的。当事人在约定违约金时，违约金的数额都是预先确定的。在违约行为发生后，追究违约方的违约金责任就十分简便迅捷，免除债权人对实际损失的举证责任，同时也向债务人指明了违约的后果，从而起到督促和保证债务人履行合同的作用，促进了交易的发展。但《最高人民法院关于适用〈中华人民共和国合同法〉若干问题的解释(二)》和《最高人民法院关于审理买卖合同纠纷案件适用法律问题的解释》都建立了人民法院或仲裁机构干预违约金制度，当约定违约金低于实际损失或过分高于实际损失时，当事人可以请求人民法院或仲裁机构调整约定违约金。

2.违约金的计算

在合同的履行中，一方当事人违约的，应当按照约定的数额或计算比例向另一方支付违约金。由于违约金是合同当事人事先协商而确定的，因此与违约后给对方造成的实际损失数额相比，可能会过高或过低。从公平原则出发，当事人约定违约金过高或过低的，可以请求人民法院或仲裁机构予以减少或增加。我国《合同法》第 114 条第 2 款规定：“约定违约金低于损失的，当事人可以请求人民法院或仲裁机构予以增加；约定违约金过分高于造成的损失的，当事人可以请求人民法院或仲裁机构予以适当减少。”《最高人民法院关于适用〈中华人民共和国合同法〉若干问题的解释(二)》第 28 条、第 29 条也规定：当事人依照请求人民法院增加违约金的，增加后的违约金数额以不超过实际损失额为限。增加违约金以后，当事人又请求对方赔偿损失的，人民法院不予支持；当事人主张约定的违约金过高请求予以适当减少的，人民法院应当以实际损失为基础，兼顾合同的履行情况，当事人的过错程度以及预期利益等综合因素，根据公平原则和诚实信用原则予以衡量，并作出裁决；当事人约定的违约金超过造成损失的百分之三十的，一般可以认定的“过分高于造成的损失”。

合同当事人在合同中没有约定违约金的数额或具体的计算方法的，则可以按照法律规定或人民法院确定的违约金计算标准，确定违约一方应当支付的违约金数额。例如，按照最高人民法院 1999 年 2 月 12 日起开始施行的《关于逾期付款违约金应当按照何种标准计算问题的批复》(法释[1999]8 号)和最高人民法院《关于修改〈最高人民法院关于逾期付款违约金应当按照何种标准计算问题的批复〉的批复》(法释[2000]34 号)，对于合同当事人没有约定逾期付款违约金标准的，人民法院可以参照中国人民银行规定的金融机构计收逾期贷款利息的标准计算逾期付款违约金。中国人民银行调整金融机构计收逾期贷款利息的标准时，人民法院可以相应调整计算逾期付款违约金。《最高人民法院关于审理买卖合同纠纷案件适用法律问题的解释》第 24 条也规定，买卖合同没有约定逾期付款违约金或者违约金的计算方法，出卖人以买受人违约为由主张赔偿逾期付款损失的，人民法院可以中国人民银行同期同类人民币贷款基准利率为基础，参照逾期罚息利率标准计算。

（四）定金责任

《合同法》第 115 条规定："当事人可以依照《中华人民共和国担保法》约定一方向对方给付定金作为债权的担保。债务人履行债务后，定金应当抵作价款或收回。给付定金的一方不履行约定的债务的，无权要求返还定金；收受定金的一方不履行约定的债务的，应当双倍返还定金。"定金一般可分为立约定金、成约定金、解约定金和违约定金，违约定金是违约责任的一种形式，与定金作为债的担保形式不矛盾，均有利于担保债权的实现，督促当事人全面适当履行债务。但是，当事人既约定违约金，也约定定金的，一方违约时，对方可以选择适用违约金或者定金条款，两者不能并用。但定金不足以弥补一方违约造成的损失，对方请求赔偿超过定金部分的损失的，可以并处，但定金和损失赔偿的数额总和不得高于因违约造成的损失。

（五）其他违约责任形式

《合同法》第 107 条规定，合同当事人一方发生违约行为后，应当承担继续履行、采取补救措施或者赔偿损失等违约责任。可见，采取补救措施也是一项独立而重要的违约责任形式之一。采取补救措施是指当继续履行、赔偿损失、违约金等违约责任方式难以适用时，违约方应当根据对方当事人的实际需要和违反合同义务的情况，承担其他补救对方利益的措施的责任。如提供合同标的物质量不符合约定的，受损害方可以根据合同标的的性质以及损失的大小，合理选择要求违约方承担修理、更换、重做、退货、折价等违约责任。

五、违约责任与侵权责任的竞合

（一）责任竞合的概念

违约责任与侵权责任的竞合，是指行为人实施的某一违法行为，既符合违约要件，又符合侵权要件，而具有违约行为与侵权行为的双重特征，导致违约责任与侵权责任的一并产生。

关于违约责任和侵权责任竞合的性质，学术界主要有三种不同的观点[①]：(1)法条竞合说。该说认为，行为人行为的构成要件发生重合，因而其适用的法律规范也是重合的。(2)请求权竞合说。该说认为，一个具体的行为如果同时具备了侵权行为和违约行为的特征，就应产生侵权行为的损害赔偿请求权与债务不履行的请求权，两种请求权可以并存，权利人则可以选择其中一种请求权，或同时行使两种请求权。(3)请求权规范竞合说。该说认为，一个具体的生活事实如果符合债务不履行与侵权行为双重要件，只能产生一个请求权，但因该请求权的基础有两个，一是合同关系，一是侵权关系，故其具有合同和侵权行为双重性质。一般情况下，债权人可以根据对其有利的法律规定选择行使请求权。该说观点在我国民法学界占主导地位。《合同法》第 122 条规定："因当事人一方违约行为，侵害对方人身、财产权益的，受损害方有权选择依照本法要求其承担违约责任或者依照其他法律要求其承担侵权责任。"可见，在责任竞合的情况下，受损害方只能通过选择来实现其中一项请求权。

---

① 熊进光、彭国元主编：《民法：公平的艺术》，江西人民出版社 1998 年版，第 236 页至 242 页。

（二）违约责任和侵权责任竞合发生的原因

违约责任和侵权责任的竞合主要发生在如下情形：

1.合同当事人的违约行为同时违反了法律规定的强制性义务。责任是违反义务的结果，合同当事人违反合同义务时本应承担违约责任，但因该违约行为同时也违反了法律规定的强制性义务，并符合法律关于侵权责任的构成要件的规定。因此，合同当事人虽然仅实施一个违约行为，但同时违反《合同法》和侵权法的有关规定，产生违约和侵权两种法律责任，这就造成违约责任和侵权责任的竞合。

2.合同当事人的违约行为同时导致侵权行为或造成侵权的后果。例如，保管人非法使用保管的财产，由于非法使用财产又导致财产毁损灭失，这就是侵权性的违约行为。又如供电部门违约中止供电，由于中止供电致使对方当事人财产和人身遭受损害，这就是违约性的侵权行为。在发生上述两种情况下，都会产生违约责任和侵权责任的竞合。

3.侵权行为的加害人和受害人之间事先存在一种合同关系，那么加害人对受害人所实施的损害行为，不仅可以作为侵权行为，也可以作为当事人违反合同义务的违约行为对待，这种情况也会造成责任的竞合。但在侵权行为仅造成受害人的人身伤亡和精神损害下，虽然当事人之间也存在合同关系，由于合同责任无法对人身死亡、精神损害提供补救，所以只能适用侵权责任，不产生责任竞合。[①]

4.一种违法行为虽然只符合一种责任要件，但法律从保护受害人利益出发，规定合同当事人可以根据侵权法提出请求，从而发生违约责任和侵权责任的竞合。

（三）对违约责任和侵权责任竞合的处理

世界各国对违约责任和侵权责任竞合的处理，大致有三种立法体例：第一，禁止竞合模式，以法国法为代表。在违约的场合下，合同当事人只能寻求合同救济方法，而不得将对方的违约行为视为侵权行为，只有在没有合同关系时才产生侵权责任；第二，允许竞合和选择请求权模式，以德国法为代表。允许违约责任和侵权责任竞合，受害人就此而产生两个请求权，可提起违约之诉或侵权之诉，但因其中一项请求权实现而使另一种请求权消灭，无论如何不能使两项请求权同时实现。第三，有限制的选择诉讼模式，以英国法为代表。允许违约责任和侵权责任竞合，但解决责任竞合只是某种诉讼制度，它只涉及诉讼形式的选择权，而不涉及实体法上的请求权的竞合问题，并对选择之诉做了严格的适用限制。我国《合同法》中对违约责任和侵权责任竞合的处理是采用第二种模式，允许当事人选择，且没有特别限制。但是，当事人不能因既依违约责任又依侵权责任而获得双倍赔偿。当其中一种请求权得到满足后，另一种请求权即归于消灭。

（四）选择违约责任请求权和侵权责任请求权的意义

当事人选择违约责任请求权还是侵权责任请求权进行诉讼，法律效果存在较大的不同，由于违约责任和侵权责任在构成要件等方面区别甚大，因此，发生责任竞合时，选择权如何行使，意义重大。

当事人对违约责任请求权和侵权责任请求权进行选择时，应权衡违约责任和侵权责任的利弊，并可根据以下原则进行：第一，权利充分行使的原则。违约责任和侵权责任在责任

① 李国光主编：《合同法解释与适用》，新华出版社1999年版，第509页。

形式和赔偿范围等方面存在很大区别，当事人可以根据实际情况，结合两种责任特点，选择可以获得充分赔偿的责任形式。由于侵权责任原则上以过错原则为主，所以当事人以侵权责任为诉由时，一般需要举证对方存在过错，而且，损害事实是侵权责任成立的前提条件，当事人还应对其损害事实的存在负举证责任。而当事人以违约责任为诉由时，则无需举证对方存在过错，只要证明对方存在违约行为即可。除赔偿损失外的其他违约责任形式中，甚至无需证明损害的存在。同时，违约责任的赔偿损失额要么依照当事人约定计算，要么根据法律的规定相当于非违约方因违约行为而遭受的实际损失和可得利益损失。但侵权责任的损害赔偿不仅包括对财产损失的赔偿，而且也包括人身伤害和精神损害的赔偿，甚至当侵权导致他人死亡时，赔偿范围还包括死者生前抚养的人的必要生活费用。因此，当事人可以针对上述违约责任和侵权责任的区别，选择对其获得最充分赔偿的责任形式。第二，权利方便行使的原则。竞合责任的选择应有利于当事人方便行使其中一项请求权。由于违约责任和侵权责任在诉讼时效、免责条件、管辖、法律适用等方面也存在区别，当事人应视具体情况，选择便于实现请求权的方式进行。因侵权行为而产生的请求权，诉讼时效期间一般为 2 年，但因身体受到伤害而产生的赔偿损失请求权的诉讼时效为 1 年。而追究违约责任的诉讼时效期间一般也为 2 年，但在延付或拒付租金、寄存财物被丢失或损毁的情况下，诉讼时效期间为 1 年。同时，违约之诉，当事人可以在被告住所地、合同履行地、合同签订地、原告住所地、合同标的物所在地人民法院协议管辖，选择方便其实现诉权的有管辖权的法院诉请，同时，法律还准许当事人选择合同准据法。但侵权之诉不适用协议管辖，也不允许当事人选择法律适用，只能由侵权行为地和被告住所地法院管辖。

第9章 移转所有权的合同

第一节 买卖合同

一、买卖合同的概述

买卖合同是出卖人转移标的物的所有权于买受人，买受人支付价款的合同。在买卖合同中，出卖标的物的一方称为出卖人或卖方，接受标的物并支付价款的一方称为买受人或买方。买卖合同的基本内容是出卖人向买受人转移标的物的所有权。在一般情况下，标的物的所有权人对其所有的财产的最终归属进行处分，出卖给买受人，因而是最常见的出卖人。但也有例外，主要是所有权人之外的"有权处分标的物的人"对标的物进行处分，如：(1)非所有权性的财产权人(如国有企、事业单位)出卖由其管理、经营的国有财产；(2)信托人根据信托合同出卖委托人的财产；(3)抵押权人或质押权人在债务人到期不履行债务时，可以出卖抵押物或质押物，从所得价款优先受偿；(4)经催告债务人仍不履行债务的，留置权人可将留置的财产出卖，从所得价款受偿；(5)当事人不执行已生效的判决或裁定时，人民法院依职权出卖义务人的财产以保障生效判决或裁定的强制执行。关于买受人的一般条件，除法律有特别规定的情况外，任何公民、法人或其他社会组织均可成为买卖合同的买受人。但是，根据《民法总则》的规定，为保护被监护人的合法财产权益不受侵害，监护人一般不得成为被监护人财产的买受人。《公司法》第 61 条第 2 款、第 123 条规定，公司的董事、经理不得同本公司订立合同或者进行交易，不能成为买卖合同的买受人。

买卖合同具有以下法律特征：

第一，买卖合同是卖方将合同标的物所有权转移给买方，买方以支付约定的价款为对价的合同。买卖的目的是发生财产所有权的转移，因此，买卖合同的最基本的法律特点就是出卖人将财产所有权转让给买受人，以此区别于租赁合同、借用合同、保管合同等转移财产使用权或移转占有权的合同。但是，出卖人并非无偿转让财产所有权，买受人须以支付一定的价款为代价来取得财产所有权，这是买卖合同的有偿性，以此区别于赠与合同、互易合同。

第二，买卖合同是双务合同和诺成性合同。买卖合同是典型的双务合同，出卖人和买受人互负义务、互享权利。出卖人转移标的物所有权，但有权收取相应的价款；买受人获得标的物所有权，但必须支付相应的价款为对价。同时，买卖合同自合同双方当事人意思表示一致达成协议时即为成立，不以交付合同标的物为成立要件，因此，买卖合同又是诺成性合同，而非实践合同。合同当事人是否交付标的物、是否支付价款等，决定于当事人是否适当履约及违约责任的承担，与买卖合同的合法成立无关。

第三，买卖合同的标的物，主要是有体物，包括动产和不动产。[①] 至于无体物如电、气、热力等，出卖人通常为特定的主体，此类买卖合同属于特殊的财产转移合同。对于知识产权、债权、土地使用权等其他财产权益转移的合同，一般不列入买卖合同的调整范围，而由其他合同类型进行规范，如专利权转让，适用技术转让合同。当然，买卖合同的标的物还必须是法律允许买卖的可流通物，诸如土地、山脉、河流、海洋等不能成为买卖合同的标的物。

第四，买卖合同可以采用口头形式或书面形式。对于即时清结、关系比较简单的，以及在长期业务往来中形成的交易伙伴而订立的买卖合同，以口头形式为常见。对于关系较为复杂，法律、行政法规规定或当事人约定应采用书面形式订立买卖合同的，应采用书面形式。根据《最高人民法院关于审理买卖合同纠纷案件适用法律问题的解释》[②]（下文简称：《买卖合同解释》）第1条的规定，当事人之间没有书面合同，一方以送货单、收货单、结算单、发票等主张存在买卖合同关系的，人民法院应当结合当事人之间的交易方式、交易习惯以及其他相关证据，对买卖合同是否成立作出认定。对账确认函、债权确认书等函件、凭证没有记载债权人名称，买卖合同当事人一方以此证明存在买卖合同关系的，人民法院应予支持，但有相反证据足以推翻的除外。

二、买卖合同当事人的权利和义务

买卖合同是双务合同，当事人之间的权利义务是相互对应的，买受人的权利即为出卖人的义务，买受人的义务即为出卖人的权利。

（一）出卖人的义务

1.出卖人应当履行向买受人交付标的物或者交付提取标的物的单证，并转移标的物所有权的义务。

买卖合同中，买受人的目的是取得标的物的所有权，所以交付标的物并转移标的物所有权是出卖人最基本的义务。标的物交付是指由出卖人将标的物转移给买受人占有，可分为现实交付和拟制交付。现实交付是指出卖人将标的物的占有直接转移于买受人，使标的物处于买受人的实际控制之下。[③] 拟制交付指在标的物不转移实际占有的情况下，出卖人将标的物有关所有权凭证如仓单、提单、不动产所有权证书等交给买受人，以替代标的物的现实交付。拟制交付和现实交付同样都会产生所有权移转的法律效果，我国《合同法》对此均予以认可。出卖人在交付标的物之外，还应当根据约定或者交易习惯向买受人交付提取标的物单证以外的有关单证和资料。这些单证和资料主要包括保险单、保修单、普通发票、增值税专用发票、产品合格证、质量保证书、质量鉴定书、品质检验证书、产品进出口检疫书、原

① 买卖合同的一般规则适用于不动产的买卖，但由于不动产的特殊性，不动产买卖合同存在其特殊规则，如物权公示原则等。

② 《最高人民法院关于审理买卖合同纠纷案件适用法律问题的解释》于2012年3月31日由最高人民法院审判委员会第1545次会议通过，自2012年7月1日起施行。

③ 李国光主编：《中国合同法条文释解》，新华出版社1999年版，第286页。

产地证明书、使用说明书、装箱单等。同时，根据《买卖合同解释》第 8 条的规定，出卖人仅以增值税专用发票及税款抵扣资料证明其已履行交付标的物义务，买受人不认可的，出卖人应当提供其他证据证明交付标的物的事实。合同约定或者当事人之间习惯以普通发票作为付款凭证，买受人以普通发票证明已经履行付款义务的，人民法院应予支持，但有相反证据足以推翻的除外。

在买卖合同中，标的物的交付对于标的物所有权的转移及风险责任有着重要的意义，依《民法通则》第 72 条及《合同法》第 133 条、第 140 条等相关规定，除法律另有特别规定或当事人另有约定外，标的物所有权随交付而转移给买受人。但标的物在订立合同之前已为买受人占有的，合同生效时间为出卖人完成交付的时间。对于不动产或船舶、飞机、车辆等交通工具，交付并不当然引起所有权转移，还必须办理所有权人的变更登记，登记时间才为买受人取得所有权的时间。

出卖人应当按照合同约定的标的物的品名、数量、规格、质量、期限、地点将标的物交付给买受人，其中交付期限、交付地点、交付方式至为重要。(1)交付期限。出卖人应当按照合同约定的期限交付标的物。若合同中约定的是一个交付期间的，出卖人可以在该交付期间内的任何时间交付。如果当事人没有约定标的物交付期限或者约定不明确的，出卖人可以随时交付标的物，买受人也可随时要求出卖人交付标的物，但应给对方必要的准备时间；(2)交付地点。出卖人应当按照合同约定的地点交付标的物。当事人没有约定交付地点或者约定不明确的，可以订立补充协议加以明确或根据交易习惯、合同有关条款加以确定。上述方法仍无法确定交付地点时，标的物需要运输的，无论运输以及运输工具是由出卖人安排，还是买受人安排，出卖人的交付义务就是将标的物交付给第一承运人，或者第一承运人指定的地点，即以第一承运人接收标的物的地点为交付地点；标的物不需要运输的，若出卖人和买受人订立合同时知道标的物在某一地点的，出卖人应当在该地点交付标的物，若不知道标的物在某一地点的，出卖人应当在出卖人订立合同时的营业地交付标的物；(3)交付方式。出卖人应按照合同约定的交付方式进行。标的物的交付方式，包括现实交付、简易交付、[①]占有改定、[②]指示交付[③]等。现实交付又涉及一次性交付或者分期交付以及运输方式、包装方式、送货方式或者提货方式等问题。如合同约定出卖人送货上门的，出卖人应将标的物送到约定地点；如合同约定买受人自己提货的，以出卖人通知、留有必要准备时间的提货日期为交付。但对于合同没有约定或约定不明时，交付方式应根据有利于实现标的物所有权转移及实现买卖合同的目的的原则进行。如标的物为无需以有形载体交付的电子信息产品，当事人对交付方式约定不明确的，且依照《合同法》第 61 条的规定仍不能确定的，买受人收到约定的电子信息产品或者权利凭证即为交付。

---

① 简易交付是指在买卖合同订立前，买受人基于其他原因而已经实际占有标的物的情况下，自合同生效之时起即为交付。

② 占有改定是指双方在买卖合同中约定，标的物所有权转移于买受人，但标的物仍由出卖人实际占有，买受人取得的只是间接占有。

③ 指示交付是指出卖的标的物由第三人占有的情况下，出卖人将对于第三人就标的物的返还请求权转让给买受人，以代替标的物实际交付。

2.出卖人对标的物承担瑕疵担保义务。瑕疵担保义务包括两方面的内容:一是物的瑕疵担保;二是权利瑕疵担保。

(1)物的瑕疵担保。这是指出卖人应担保其交付的标的物不存在可能使其价值或使用价值降低的瑕疵,以及担保标的物具备其通常或特殊约定的用途。物的瑕疵担保包括价值瑕疵担保、效用瑕疵担保和品质瑕疵担保三种情况。对物的瑕疵,买受人除明知而仍接受的外,有权行使解除合同请求权、减少价金请求权和要求出卖人另行交付无瑕疵物的请求权。因标的物的瑕疵致人身或财产损害的,出卖人还应承担损害赔偿责任。对于合同约定减轻或者免除出卖人对标的物的瑕疵担保责任,因出卖人故意或者重大过失不告知买受人标的物的瑕疵的,出卖人不得主张依约减轻或者免除瑕疵担保责任。

(2)权利瑕疵担保。它是指出卖人应担保其所出卖的标的物不侵犯任何第三人的合法权益,任何第三人均不能对标的物提出权利要求,出卖人因此担保标的物的所有权完全转移给买受人。因出卖人对标的物无权处分或标的物上设有抵押权、质押权等担保物权或标的物侵犯第三人的专利权等知识产权,致使标的物被第三人追索或被第三人占有,阻碍了买受人完全享用标的物的所有权,出卖人应承担违反权利瑕疵担保义务的法律责任,买受人可以根据有关规定采取主张支付违约金、实际履行、解除合同或要求损害赔偿等救济措施。但出卖人对标的物的权利瑕疵担保责任原则上以买受人不知为条件。如果买受人订立合同时知道或应知道第三人对买卖标的物享有权利而仍愿意接受交付的,出卖人不承担违反权利瑕疵担保责任。但是,出卖人无权处分行为属于效力待定性质,根据《买卖合同解释》第 3 条规定,当事人一方以出卖人在缔约时对标的物没有所有权或者处分权为由主张合同无效的,人民法院不予支持。出卖人因未取得所有权或者处分权致使标的物所有权不能转移,买受人要求出卖人承担违约责任或者要求解除合同并主张损害赔偿的,人民法院应予支持。因此,在买卖合同中,即使出卖人的无权处分行为没有得到权利人追认或事后取得处分权,也不会导致买卖合同无效,买受人仍然可以追究出卖人的违约责任。

(二)买受人的义务

1.支付价款的义务

买受人应当按照合同约定的数额、地点、时间支付标的物的价款,这是买受人最基本的义务,也是与出卖人交付标的物和转移标的物所有权相对应的义务。

(1)价款的支付数额。在买卖合同中,当事人在绝大多数情况下都会对标的物的价款额进行明确约定,买受人就按照约定的数额来支付价款。但若对价款没有约定或者约定不明确的,首先由当事人双方协商订立补充协议,如协商不成的,可参照合同有关条款及交易习惯确定。上述方法仍然无法确定支付价款的,买受人按照订立合同时履行地的市场价格履行,如依法由国家政府定价的,应按照国家政府定价履行。但当买卖标的物质量不符合约定时,买受人可以要求出卖人减少价款。根据《买卖合同解释》第 23 条规定,当事人主张以符合约定的标的物和实际交付的标的物按交付时的市场价值计算差价的,人民法院应予支持。价款已经支付,买受人主张返还减价后多出部分价款的,人民法院应予支持。

(2)价款的支付地点。买受人应该按照合同约定的地点支付价款。对支付地点没有约定或约定不明确的,当事人可协商补充或参照合同有关条款或交易惯例进行确定。若上述方法仍无法确定的,买受人应当在出卖人的营业地支付,若出卖人有两个以上的营业地,则应以主要营业地为准。但约定交付价款以交付标的物或者交付提取标的物单证为条件的，买受人则在交付标的物或者交付提取标的物单证的所在地支付价款。

(3)价款的支付时间。买受人应当按照合同约定的时间支付价款。对支付时间没有约定或约定不明确的，可补充协商或参照合同有关条款或交易习惯进行确定。若上述方法仍无法确定支付时间，买受人应根据同时履行原则，在收到标的物或提取标的物单证的同时交付价款。买受人支付价款迟延时，除有义务继续支付价款外，还必须承担支付迟延的罚息。《买卖合同解释》第 24 条对买受人逾期付款问题作出规定，买卖合同对付款期限作出的变更，不影响当事人关于逾期付款违约金的约定，但该违约金的起算点应当随之变更。买卖合同约定逾期付款违约金，买受人以出卖人接受价款时未主张逾期付款违约金为由拒绝支付该违约金的，人民法院不予支持。买卖合同约定逾期付款违约金，但对账单、还款协议等未涉及逾期付款责任，出卖人根据对账单、还款协议等主张欠款时请求买受人依约支付逾期付款违约金的，人民法院应予支持，但对账单、还款协议等明确载有本金及逾期付款利息数额或者已经变更买卖合同中关于本金、利息等约定内容的除外。

2.接受交付的义务

买受人订立买卖合同的目的在于取得标的物所有权，因此，当出卖人按照合同规定交付标的物时，买受人应当及时受领。因买受人过错未及时受领造成出卖人损失的，买受人应承担赔偿责任。但在特殊情况下，买受人虽接收[①]到标的物，但因标的物质量不符合质量要求的，致使不能实现合同目的的，买受人可以拒绝接受标的物或者解除合同。但买受人应负有妥善保管标的物的义务，并通知出卖人。对于某些不易存储的标的物如新鲜水果、蔬菜等，可以采取合理的紧急措施，如将标的物变卖或委托拍卖公司拍卖等。因保管和处理标的物而支出的费用，由出卖人给予买受人补偿。买受人拒绝接收出卖人多交部分标的物的，可以代为保管多交部分标的物，且有权向出卖人主张负担代为保管期间的合理费用。

《买卖合同解释》第 9 条、第 10 条对于普通动产和特殊动产的一物数卖的受领交付问题作出了规定。对于出卖人就同一普通动产订立多重买卖合同，在买卖合同均有效的情况下，买受人均要求实际履行合同的，应当按照以下情形分别处理：(1)先行受领交付的买受人请求确认所有权已经转移的，人民法院应予支持；(2)均未受领交付，先行支付价款的买受人请求出卖人履行交付标的物等合同义务的，人民法院应予支持；(3)均未受领交付，也未支付价款，依法成立在先合同的买受人请求出卖人履行交付标的物等合同义务的，人民法院应予支持。对于出卖人就同一船舶、航空器、机动车等特殊动产订立多重买卖合同，在买卖合同均有效的情况下，买受人均要求实际履行合同的，应当按照以下情形分别处理：(1)先行受领交付的买受人请求出卖人履行办理所有权转移登记手续等合同义务的，人民法院应予支持；(2)均未受领交付，先行办理所有权转移登记手续的买受人请求出卖人履行交付标的物等合同义务的，人民法院应予支持；(3)均未受领交付，也未办理所有权转移登记手续，依法成立在先合同的买受人请求出卖人履行交付标的物和办理所有权转移登记手续等合同义务的，人民法院应予支持；(4)出卖人将标的物交付给买受人之一，又为其他买受人办理所有权转

① 接收标的物与接受标的物不同。接收标的物后，买受人发现标的物不符约定时，可拒收标的物。而接受标的物后，买受人丧失拒收的权利。

移登记，已受领交付的买受人请求将标的物所有权登记在自己名下的，人民法院应予支持。

买受人接收标的物后，可以根据合同约定的标的物的质量要求或出卖人所提供的有关标的物的质量说明来检验标的物。合同没有约定检验标准的，当事人可以补充约定，仍未能达成补充协议的，可以根据合同有关条款或交易习惯进行确定检验标准。若上述方法仍然无法确定的，则按国家标准、行业标准确定。没有国家标准或行业标准的，按通常标准或符合合同目的的特定标准确定。出卖人依照买受人的指示向第三人交付标的物，出卖人和买受人之间约定的检验标准与买受人和第三人之间约定的检验标准不一致的，以出卖人和买受人之间约定的检验标准为标的物的检验标准。

对于买受人检验标的物的，应在约定的检验期间内进行。约定的检验期间或者质量保证期间短于法律、行政法规规定的检验期间或者质量保证期间的，应当以法律、行政法规规定的检验期间或者质量保证期间为准。当事人没有约定检验期间的，买受人应当及时检验。买受人签收的送货单、确认单等载明标的物数量、型号、规格的，可以认定买受人已对数量和外观瑕疵进行了检验，除非存在相反证据足以推翻。若买受人在检验期间内放弃检验的，视为标的物符合约定。若买受人在约定的检验期间内发现标的物的数量或质量不符合约定，买受人应将标的物瑕疵的情形及时通知出卖人。买受人怠于通知的，除出卖人知道或者应当知道提供的标的物不符合约定的以外，视为标的物的数量或质量符合约定。对于当事人没有约定检验期间的，买受人应当在发现或应当发现标的物数量或者质量不符合约定的合理期间[①]内通知出卖人。买受人在合理期间内未通知或者自标的物收到之日起 2 年内未通知出卖人的，视为标的物无瑕疵。但如果对标的物有质量保证期的，则适用质量保证期，而不适用上述 2 年的最长合理期间的限制。买受人在检验期间、质量保证期间、合理期间内提出质量异议，出卖人未按要求予以修理或者因情况紧急，买受人自行或者通过第三人修理标的物后，出卖人应负担因此发生的合理费用的。

三、买卖合同标的物所有权的移转及风险责任的承担

（一）标的物所有权的移转

买卖合同是移转财产所有权的合同。买卖合同标的物所有权何时自出卖人移转至买受人是买卖合同的基本法律问题。世界各国对买卖合同标的物所有权的移转时间，有三种立法规定：一是以法国民法典为代表，主张在买卖合同有效成立时移转标的物的所有权；二是以美国统一商法典为代表，主张标的物的确定时间为移转所有权的时间；三是绝大多数国家采取的方式，主张自标的物交付时起转移所有权。我国《民法通则》和《合同法》也以标的物交付时间作为确定所有权移转的时间，但法律另有规定或当事人另有约定的除外。对于标的物为不动产的，我国法律另有规定，自登记时起其所有权发生转移，因此，即使这些标的物未交付，但只要办理了所有权转移登记，所有权就从登记时起发生移转。同时，买卖合同当事人也可以在合同中约定标的物所有权的移转，如约定标的物所有权自合同订立时起转移，

① “合理期间”应当综合当事人之间的交易性质、交易目的、交易方式、交易习惯、标的物的种类、数量、性质、安装和使用情况、瑕疵的性质、买受人应尽的合理注意义务、检验方法和难易程度、买受人或者检验人所处的具体环境、自身技能以及其他合理因素，依据诚实信用原则进行判断。

也可约定在标的物交付后的某一时间转移其所有权，但这些约定不得违背国家法律强制要求不动产所有权自登记起发生移转的规定。

以交付作为标的物所有权转移时间是法律的原则性规定。卖方为维护自身利益，有时对所有权的转移附加条件。此时，只有卖方所附加的条件得到满足时，标的物所有权才从出卖人转移至买受人。我国《合同法》第 134 条规定："当事人可以在买卖合同中约定买受人未履行支付价款或者其他义务的，标的物的所有权属于出卖人"这就是出卖人保留标的物所有权的规定，以避免出卖人交付标的物后因买受人不履行其主要义务给自身所造成的损害。所有权保留条款设定的目的在于保护出卖人的利益，防止买受人在支付全部价款之前，擅自处分标的物，导致出卖人债权难以实现。[①] 保留所有权的约定，一般应具备以下条件：(1)该约定必须是当事人在买卖合同中明确订立，不存在默示或推定的问题。(2)该约定的内容须提及所有权的保留，而且只能约定在买受人违约的情况下，标的物的所有权仍属于出卖人，否则买受人依约支付价款后，标的物所有权因交付而转移至买受人，不存在所有权保留问题。同时，为了充分发挥所有权的担保功能，所有权保留条款通常约定在买受人违约的情况下，出卖人享有取回标的物的权利。但《买卖合同解释》第 36 条对出卖人的取回权进行限制，规定：买受人已经支付标的物总价款的 75％以上的和第三人已依据物权法善意取得标的物所有权或其他物权的，出卖人主张取回标的物的，人民法院不予支持。(3)该约定所涉及的标的物一般是经久耐用的机器、设备等，[②]至于一次性消耗的商品，因买受人已消耗而客观上不存在，出卖人保留所有权亦毫无意义。此外，对于法律另有规定标的物所有权转移需办理变更登记手续的，也不允许买卖合同当事人就所有权保留进行约定。[③] 根据《买卖合同解释》第 35 条的规定："当事人约定所有权保留，在标的物所有权转移前，买受人有下列情形之一，对出卖人造成损害，出卖人主张取回标的物的，人民法院应予支持：(一)未按约定支付价款的；(二)未按约定完成特定条件的；(三)将标的物出卖、出质或者作出其他不当处分的。取回的标的物价值显著减少，出卖人要求买受人赔偿损失的，人民法院应予支持。"

(二)标的物风险责任的承担

在买卖合同中，标的物风险是指发生不可抗力或意外事故等非因双方当事人的过错而发生的情况下导致标的物意外毁损或灭失。风险责任的承担则是指标的物因风险所遭受的损失应由哪一方当事人承担。如果出卖人承担标的物风险责任，标的物毁损灭失后，出卖人应返还买受人已支付的全部价款；如果买受人承担标的物风险责任，无论标的物是毁损还是灭失，买受人均不能免除支付价款的义务。标的物风险的发生与买卖合同双方当事人的意志无关，如果标的物毁损、灭失系一方当事人的过错造成，根据过错原则来确定当事人责任，不适用风险责任的承担。

---

① 王利明：《所有权保留若干问题探讨——兼评〈买卖合同司法解释〉相关规定》，《法学评论》2014 年第 1 期。

② 《买卖合同解释》第 34 条规定："买卖合同当事人主张合同法第一百三十四条关于标的物所有权保留的规定适用于不动产的，人民法院不予支持。"可见，在我国，所有权保留仅适用于动产而不适用于不动产。

③ 刘家琛主编：《合同法新制度的理解与适用》，人民法院出版社 1999 年版，第 251 页。

各国对买卖合同标的物风险责任的承担有两种立法体例。一种是物主主义，即物主承担风险，标的物风险和标的物所有权同时转移，在标的物所有权转移于买受人之前，标的物的风险责任由卖方承担，在标的物所有权转移至买受人之后，不论标的物是否已交付，都由买受人来承担风险责任；一种是交付主义，以标的物交付时间来决定风险责任的转移时间，而不论标的物所有权是否转移，均由标的物实际占有者承担风险。[①] 我国《合同法》原则上也是以标的物的交付时间作为风险责任转移时间，但在一方当事人对迟延履行或不履行有过错的情况下，则应由过错方承担风险责任。

1.风险责任转移时间

我国《合同法》第142条确立了买卖标的物风险负担的一般性规则，即从交付时起发生转移，该法条规定，标的物毁损、灭失的风险，在标的物交付之前由出卖人承担，交付之后由买受人承担，但允许合同当事人就风险责任转移的具体时间和条件另行约定。同时第144条对在途运输货物的风险做特别的规定，出卖人出卖交由承运人运输的在途标的物，除当事人另有规定的以外，标的物毁损、灭失的风险自合同成立时起由买受人承担。若出卖人根据合同约定将标的物运送至买受人指定地点并交付给承运人后，标的物毁损、灭失的风险由买受人承担，除非当事人另有约定。但是出卖人在合同成立时知道或者应当知道标的物已经毁损、灭失却未告知买受人的，买受人可以主张出卖人负担标的物毁损、灭失的风险。对于当事人未约定交付地点或者约定不明确时，标的物需要运输的，出卖人将标的物交给第一承运人后，标的物毁损、灭失的风险由买受人承担；标的物不需要运输的[②]，出卖人和买受人订立合同时知道标的物存放地点的，自出卖人在该地点交付标的物时起，风险责任自出卖人转由买受人承担；出卖人和买受人在订立合同时不知道标的物存放地点的，自出卖人将标的物在其订立合同时的营业地交货时起，风险责任由出卖人转由买受人承担。同时，根据《买卖合同解释》第14条的规定，当事人对风险负担没有约定，标的物为种类物，出卖人未以装运单据、加盖标记、通知买受人等可识别的方式清楚地将标的物特定于买卖合同，买受人主张不负担标的物毁损、灭失的风险的，人民法院应予支持。

2.合同当事人违约对风险责任转移的影响

(1)出卖人所交付的标的物质量不符合要求，致使不能实现合同目的的，买受人可以拒绝接受标的物或者解除合同。买受人拒绝接受标的物或者解除合同的，标的物毁损、灭失的风险仍由出卖人承担。

(2)因买受人拒不履行协助义务致使标的物不能按照约定的期限交付的，买受人应当自违反约定之日起承担标的物毁损、灭失的风险。因买受人原因迟延接收标的物，尽管此时的标的物仍在出卖人的控制下，但风险责任仍按原约定的标的物交付日期转移至买受人承担。

---

① 有学者认为，风险自标的物交付时转移的交付标准有以下优点：(1)交付标准便于风险承担者在风险损失发生后估价损失，以利于其向保险人求偿以及救助或处置受损货物；(2)交付标准容易划清风险责任的界限；(3)交付标准有利于保护交易安全，促进商品流转。详见孙美兰：《论国际货物买卖中货物损失风险的转移》，载《民商法论丛》第8卷，第665页。

② “标的物需要运输的”是指标的物由出卖人负责办理托运，承运人系独立于买卖合同当事人之外的运输业者的情形。

(3)出卖人已按照法律规定或合同约定将标的物置于交付地点,买受人违反约定没有收取的,标的物毁损、灭失的风险自违反约定之日起由买受人承担。

(4)出卖人按照约定未交付有关标的物的单证和资料的,不影响标的物毁损、灭失风险的转移。

但是,标的物毁损、灭失的风险由买受人承担的,不影响因出卖人履行债务不符合约定,买受人要求出卖人承担违约责任的权利。

同时,除当事人特别约定外,风险随标的物的交付而移转,标的物的天然孳息和法定孳息等也随着标的物的交付而移转。《合同法》第163条规定:"标的物在交付之前产生的孳息,归出卖人所有,交付之后产生的孳息,归买受人所有。"

第二节 特种买卖合同

一、试用买卖合同

(一)试用买卖合同的概念

试用买卖合同又称为试验买卖合同,是指合同成立时出卖人将标的物交由买受人试用,买受人在试用期间内可以决定购买标的物或拒绝购买的一种特殊买卖合同。我国《合同法》第170条和171条规定了试用买卖。

试用买卖是一种特殊的买卖方式,其构成应具备一定的条件:(1)双方当事人约定由买受人试用标的物;(2)买受人做出同意购买标的物并确认买卖成立的意思表示;(3)试用期须确定。标的物的试用期间是试用买卖合同中的重要条款。但是,买卖合同存在下列约定内容之一的,不属于试用买卖:(1)约定标的物经过试用或者检验符合一定要求时,买受人应当购买标的物;(2)约定第三人经试验对标的物认可时,买受人应当购买标的物;(3)约定买受人在一定期间内可以调换标的物;(4)约定买受人在一定期间内可以退换标的物。

试用期间的确定有以下方法:(1)试用买卖的当事人在试用买卖合同中约定试用期间;(2)当事人没有约定试用期间或者约定不明确的,由当事人协商订立补充协议,若经当事人补充协商,仍无法达成一致意见的,可以根据合同的有关条款及交易惯例进行确定;(3)在上述方法仍无法确定试用期间的,基于公平,应由出卖人加以确定。

(二)试用买卖合同的效力

1.出卖人将标的物交付给买受人试用,是试用买卖合同成立的一个基本条件。买受人接受试用的标的物后,应合理使用标的物,并于试用期间届满做出是否同意购买的决定。买受人同意或不同意购买的意思表示,可以书面形式,也可以口头形式做出。如果在试用买卖合同明确约定以特定形式做出,买受人应按约定的要求做出该意思表示。

2.买受人在试用期间届满同意购买标的物的,买卖合同发生效力,买受人应支付价款,并取得标的物所有权。试用买卖合同成立时,出卖人将标的物交付给买受人,但标的物所有权并没有发生转移,只有在买受人对标的物认可时,标的物所有权才转移至买受人。但买受人同意购买的意思表示不一定要求明示,试用期间届满,买受人对是否购买标的物未作表示的，视为购买。这在学理上推定买受人对标的物的承认，在双方当事人之间发生买卖合同的效力。[①] 根据《买卖合同解释》第 41 条的规定，试用买卖的买受人在试用期内已经支付一部分价款的，人民法院应当认定买受人同意购买，但合同另有约定的除外。在试用期内，买受人对标的物实施了出卖、出租、设定担保物权等非试用行为的，人民法院应当认定买受人同意购买。

3.买受人拒绝购买标的物的，应将标的物退回，试用买卖合同因买受人拒绝而不发生法律效力。但买受人拒绝购买标的物的意思表示一般是明示的，而不是默示的。[②] 买受人不同意购买的而将标的物退回时，一般无需说明理由。若标的物在出卖人处由买受人试用而未交付给买受人，买受人于试用期届满后未做表示的，可以视为买受人拒绝购买。

二、货样买卖合同

货样买卖合同是指当事人约定以货物样品作为确定买卖标的物品质的标准的买卖。货样买卖合同的主要特点在于出卖人交付的货物应当与当事人保留的样品及其说明具有相同的品质，否则即构成违约行为。它不是一种有条件的买卖，不以出卖人交付的标的物符合样品质量为生效条件，也不以出卖人交付的标的物不符合样品质量为解除合同的条件。[③] 我国《合同法》第 168 条规定："凭样品买卖的当事人应当封存样品，并可以对样品质量予以说明。出卖人交付的标的物应当与样品及其说明的质量相同。"合同约定的样品质量与文字说明不一致且发生纠纷时当事人不能达成合意，样品封存后外观和内在品质没有发生变化的，应当以样品为准；外观和内在品质发生变化，或者当事人对是否发生变化有争议而无法查明的，应当以文字说明为准。

货样买卖的当事人在封存样品时，应采用语言、文字对样品质量予以说明。出卖人交付的标的物应当与样品及其说明的质量相同，这是出卖人对标的物的质量所做的特别担保。但是，凭样品买卖的买受人不知道样品存在隐蔽瑕疵的，即使出卖人交付的标的物与样品相同，出卖人仍负有交付同种物通常标准的标的物的义务。因为在买卖合同中，出卖人的质量瑕疵担保责任是一项法定责任，当事人不能以约定排除适用。所以，即使其是货样买卖，出卖人仍然应承担交付标的物的质量符合同种物通常标准的责任，而当样品存在隐蔽瑕疵，其品质低于同种物的通常标准时，买受人因不知情而同意以此类样品买卖，显然违背上述法律的强制性规定，出卖人仍不能排除其所应承担的质量瑕疵担保责任。

三、分期付款买卖合同

分期付款买卖合同是指当事人在订立合同时约定出卖人一次性交付标的物，买受人则分期支付价款的买卖。《合同法》第 167 条规定了分期付款买卖合同。分期付款买卖合同较之一般买卖合同，具有两个显著特点：一是标的物一次交付，二是价款分期偿付，即买受人将应付的总价款在一定期间内至少三次向出卖人支付。它经常适用于不动产和某些高档耐用

---

① 郭明瑞、王轶：《合同法新论・分则》，中国政法大学出版社 1997 年版，第 47 页。

② 张新宝、龚赛红：《买卖合同与赠与合同》，法律出版社 1999 年版，第 194 页。

③ 石静霞：《买卖合同》，中国法制出版社 1999 年版，第 296 页。

消费品的买卖中,是兼顾买卖双方利益的一种有效的促销手段。

在分期付款买卖中,出卖人承担着所交付的标的物的价款不能全部回收的风险。因此,为保障其收回价款的债权,出卖人经常在合同中特别约定以下条款:

1.保留所有权条款,即在买受人未全部支付价款之前,标的物的所有权仍归出卖人所有;

2.设定抵押权条款,即在标的物上设置第一顺序的抵押权,以保证其债权的受偿;

3.设立解除合同条款,即买受人未支付价款达到多少期或达到总价款的一定比例时,卖方有权单方解除合同,并收回标的物。依《合同法》第 167 条规定,分期付款的买受人未支付到期价款的金额达到全部价款的五分之一的,出卖人可以解除合同。我国《合同法》并未要求出卖人在解除合同前对买受人实施付款催告程序,只要买受人未付价款达到总价款的五分之一,出卖人就有权解除合同。但由于标的物已先期由买受人占有和使用,出卖人解除合同有时并未能达到恢复原状的效果,因此,出卖人解除合同时,还可以向买受人要求支付该标的物的使用费,该使用费可相当标的物的同期租金。同时,出卖人解除合同时,标的物已毁损灭失的,买受人应当负赔偿责任;标的物的磨损程度超出正常使用的,买受人在返还标的物的同时应予以适当的补偿。分期付款买卖合同可以约定出卖人在解除合同时扣留已受领价金,但出卖人扣留的金额超过标的物使用费以及标的物受损赔偿额的,买受人可请求返还超过部分。

4.设立买受人期待利益丧失条款,即买受人未能支付到期价款达总价款的一定比例时,出卖人有权要求买受人一并支付未到期的剩余全部价款。这样,由于买受人迟延付款,导致其所享有的期待利益丧失。依《合同法》第 167 条规定,分期付款的买受人未支付到期价款的金额达到全部价款的五分之一的,出卖人可以要求买受人支付全部价款。

四、拍卖合同

(一)拍卖合同的概念

拍卖是指以公开竞价的方式将特定物品或者财产权利出卖给最高应价人的买卖方式,它是一种特殊的买卖成交方式。我国《合同法》第 173 条规定:“拍卖的当事人的权利和义务以及拍卖程序,依照有关法律、行政法规的规定。”而我国《拍卖法》[①]对拍卖的原则和定义、拍卖的标的、拍卖的当事人、拍卖程序、法律责任等做出了具体的规定,所以,有关拍卖合同的规定应适用《拍卖法》等法律规定。

拍卖法律关系的主体是拍卖当事人,包括拍卖人、委托人、竞买人、买受人。拍卖人指主持拍卖活动的人。拍卖人可分为自行拍卖人和委托拍卖人。公民、法人自行拍卖财产,是自行拍卖人。接受委托从事拍卖活动的拍卖人为委托拍卖人,主要指依照拍卖法及公司法的规定设立的从事拍卖活动的企业法人。委托人是指委托拍卖人拍卖物品或者其他财产权利的公民、法人或其他组织。它既包括拍卖标的物的所有权人及其代理人,也包括国家行政机关及人民法院。竞买人是指参加竞购拍卖标的的公民、法人或者其他组织。竞买人在竞买时,又叫应价人。买受人是指以最高应价购得拍卖标的的竞买人。

---

① 我国于 1996 年 7 月通过了《中华人民共和国拍卖法》,自 1997 年 1 月 1 日起施行。

(二)拍卖当事人的权利义务

1. 委托拍卖人的权利义务

委托拍卖人对委托人交付的拍卖标的物应尽妥善保管义务;在接受委托后,未经委托人同意,不得委托其他人拍卖;委托人、买受人要求对其身份保密的,拍卖人应为其保密;拍卖人及其工作人员不得以竞买人的身份参与自己组织的拍卖活动,并不得委托他人竞买;拍卖人不得在自己组织的拍卖活动中拍卖自己的物品或财产权利;拍卖成交后,拍卖人应按约定向委托人交付拍卖标的物的价款,并按约定将拍卖标的物移交给买受人。

拍卖人可以与委托人、买受人约定佣金的比例,收取佣金的比例按照同拍卖成交价成反比的原则确定。未作约定的,若拍卖成交,拍卖人可以向委托人、买受人各收取不超过拍卖成交价百分之五的佣金;若拍卖未成交,拍卖人可以向委托人收取约定的费用,若未约定费用的,拍卖人可以向委托人收取为拍卖支出的合理费用。

2. 委托人的权利义务

委托人可以确定拍卖标的的底价并要求拍卖人保密;委托人在拍卖开始前可以撤回拍卖标的;委托人应当向拍卖人说明拍卖标的的来源和瑕疵;委托人不得参加竞买,也不得委托他人代为竞买;按约定由委托人移交拍卖标的的,在拍卖成交后,委托人应当将拍卖标的移交于买受人。

3. 竞买人的权利义务

竞买人有权了解拍卖标的的瑕疵,有权检验拍卖标的和查阅相关拍卖资料;竞买人一经竞价,不得撤回;竞买人之间、竞买人与拍卖人之间不得恶意串通,损害他人利益。

4. 买受人的权利义务

买受人应当按照约定支付拍卖标的的价款,未按约定支付价款的,应当承担违约责任,或者由拍卖人征得委托人的同意,将拍卖标的再次拍卖。拍卖标的再行拍卖的,原买受人应当支付第一次拍卖中本人及委托人应当支付的佣金。再行拍卖的价款低于原拍卖价款的,原买受人应当补足差额。买受人未能按照约定取得拍卖标的的,有权要求拍卖人或者委托人承担违约责任。买受人未按照约定受领标的物的,应当支付由此产生的保管费用。

(三)拍卖程序

1. 拍卖委托。由委托人与拍卖人订立委托拍卖合同。委托人应当提供身份证明和拍卖人要求提供的拍卖标的物的所有权证明或依法可以处分拍卖标的物的证明及其他资料。拍卖标的物主要有两类:一类是有形物品,如生活用品、生产用品、艺术品等;一类是与财产权有关的权利,如科技成果、专利权、出版权、土地使用权、冠名权以及电话号码、汽车牌照等。对于矿藏、水流、森林、山岭、草原等自然资源,法律禁止拍卖;对于某些物品如文物、国有资产等应经过批准等一定的手续后方能拍卖。

2. 拍卖公告。拍卖人应当在拍卖之日七日前发布拍卖公告。拍卖公告的法律性质为要约邀请,拍卖公告应当载明以下事项:(1)拍卖标的;(2)拍卖的时间、地点;(3)拍卖物展示的时间、地点;(4)参与竞买应当办理的手续;(5)其他需要公告的事项。拍卖公告可以通过报纸、电视、广播、广告等媒体发布。

3. 拍卖物展示。拍卖人应当按照拍卖公告公布的时间、地点向公众展示拍卖物,并提供察看拍卖物的条件及相关资料。拍卖物的展示时间应在两天以上。

4. 竞买。竞买是以应价的方式向拍卖人所做的应买的意思表示，其法律性质为要约。[1]竞买人做出应买的意思表示，一经做出，不得撤回，竞买人应受其拘束，竞买人应买的意思表示在其他人提出更有利的条件时即失去效力。

5. 拍定。拍定是拍卖人用落槌或者其他公开方式做出卖定的意思表示，其法律性质属于承诺。拍卖人一旦拍定，拍卖合同即成立，拍卖终结。拍卖成交后，拍卖人与买受人签署成交证明书。

五、招标投标合同

招标、投标买卖属于竞争缔约的买卖，是一种特殊的买卖方式，具有公开、公平、公正的特点，增加合同订立的透明度。所谓“招标”是指招标人采取招标通知或招标公告的形式，向不特定的主体发出以吸引或邀请相对方发出要约为目的的意思表示。招标的法律性质是要约邀请。所谓“投标”是指投标人按照招标人提出的要求，在招标通知规定的期限内向招标人发出以订立合同为目的包括了足以使合同成立的必要条件的意思表示。投标的法律性质是要约。招标、投标买卖也就是招标人公布买卖标的物的出卖条件，投标人参加投标竞买，招标人选定中标人的买卖方式。因此，投标人投标后必须有招标人的承诺，招标人在综合衡量投标人条件后选择中标人，这时买卖合同才得以成立。

招标、投标买卖有广泛的适用范围，主要适用于买卖合同、承揽合同、建设工程合同、技术合同等。我国《合同法》第 172 条规定：“招标投标买卖的当事人的权利和义务以及招标投标程序等，依照法律、行政法规的规定。”《中华人民共和国招标投标法》于 1999 年 8 月 30 日通过，从 2000 年 1 月 1 日起实施。该法主要规范与工程建设项目有关的招标投标活动，但同时也适用于在中国境内进行的其他招标投标活动。

招标、投标买卖方式，目前较常见有三种方式：

1. 竞争性招标。这种方式是指招标人邀请符合条件的投标人参加投标，通过多数投标人竞争，选择其中对招标人最有利的投标人达成交易，它属于竞卖的方式。

2. 谈判招标。这种方式又叫议标，是一种非公开、非竞争性的招标。由招标人物色几家客商进行买卖合同谈判，谈判成功，则达成交易。

3. 两阶段招标。这是采用技术标和价格标分离的两阶段招标方式。在第一阶段，招标人先就有关技术问题向供应商咨询，在此基础上制定招标说明书。进入第二阶段后，再进行通常的招标程序。

招标投标买卖的程序不同于一般买卖的程序，可分为招标、投标、开标、评标和定标、签约等。招标一般采用招标通知或招标广告的形式，向特定或不特定主体发出。招标前的准备工作很多，主要包括发布招标公告、资本预审、编制招标文件等。投标程序则是投标人按照招标人的要求，在规定的期限内向招标人发出订立合同的意思表示，一般包括投标前的准备工作、编制投标文件和提供担保函、递交投标文件等。开标是在规定的时间和地点，由招标人支持，邀请所有投标人参加，当场拆封，宣读投标人名称、投标价格和投标文件的其他主

[1] 在一般情况下，拍卖表示为要约邀请，竞买人的应价为要约。但在拍卖人说明拍卖标的物无保留价时，拍卖表示属于要约，竞买人应价为承诺。

要内容,并进行记录,存档备查。评标是由招标人依法组成的评标委员会负责,与投标人有利害关系的人不得进入评标委员会。招标人应采取必要的措施,保证评标在保密的情况下进行。中标在法律上为承诺。中标人确定后,招标人应当向中标人发出中标通知书,并同时将中标结果通知所有未中标的投标人。中标通知书对中标人有法律约束力,中标人放弃中标项目的,应依法承担法律责任。招标人确定中标人后,招标投标买卖成立,招标人和中标人签订书面合同。

第三节　供应合同

一、供应合同概述

供应合同是指供应人将电、水、气、热力等提供给用户,用户支付价款的合同。供应合同从本质上属于一类特殊的买卖合同,合同当事人一方将相应数量的电、水、气、热力连续地提供给另一方,另一方当事人则支付相应价款。由于电、水、气、热力等行业先期投入资金庞大,供应对象涉及广大民众和各行各业,供应时间持续,供应质量好坏关系到普通百姓生活和工农业生产,所以,这些供应行业通常由国有企业独家经营。我国《合同法》也将供应合同从一般买卖合同中分离出来,规定为一类独立的合同。供应合同具有以下特点:

1.供应人具有特定性。供应人只能是依法取得特定营业资格的供应企业,所涉行业具有独家经营性质。例如供电合同的供电人只能是国家管理的特定的电力供应部门,即具有法人资格的供电局,其他任何部门均无权与用户签订供电合同。

2.合同标的物具有特殊性。供应合同是以电、水、气、热力为标的物,属于民法中"物"范畴,用户正是通过使用这些标的物来体现其效用。

3.合同条款具有确定性。由于供应内容的标准化和长期连续性,供应合同的用户又具有广泛性,因此,供应人与用户签订供应合同时经常使用格式条款,双方自由协定合同条款的余地极其有限,供应人与用户几乎没有讨价还价的可能性。

4. 合同的履行具有连续性。电、水、气、热力的供应和使用具有连续性,因此,供应合同的履行也具有持续性。

二、供电合同

(一)供电合同概念

供电合同是指供电人向用电人供电,用电人支付电费的合同。其中供电人只能是具有法人资格的供电部门,而用电人既包括企、事业单位、社团法人,也包括个体工商户、农村承包经营户、私营企业和城乡广大居民。供电合同的标的是电力,是一种无形的特殊的物质财富。由于电力不能储存,对电力的生产、供应、使用是同时进行,一次完成,因此供电合同不存在退货问题。同时,供电合同是一种长期的、连续的合同,供电人持续地供电,用电人持续地按照国家规定的电费标准支付电费。供电合同还具有很强的计划性,电力是国民经济发展和人民生活需要的重要能源,供电人必须按照国家规定有计划、合理地分配电力,实行计划供电原则。由于供电合同属于连续供货的特殊买卖合同，履行期限长，用电人数众多，用电数额庞大，不能即时清结，所以根据《供电营业规则》第93条的规定，供电合同应采用书面形式。

供电合同按不同的分类标准，可以分为不同的种类。按照电压标准区分，可分为高压供电合同和低压供电合同；按照电的用途标准区分，可分为工业用电合同、农业用电合同、生活用电合同。

(二)供电合同的内容

供电合同是规范用电人与供电人双方权利义务关系的协议。由于供电合同的长期性，供电合同要求采用书面形式。同时，因为电力供应的标准化、长期性、连续性、广泛性的特点，供电又是社会公用事业，所以，供电合同不可能由供电人与每一个用电人就各个供电合同条款进行逐条协商并达成协议，通常是用电人在供电人预先制定的格式合同上签字认可，即完成供电合同的签订。为避免供电人利用其优势地位，在供电合同加入对用电人不合理、不公平的内容，根据我国《电力法》的规定，如果供电人制定的格式合同条款超过了或违反了《电力供应和使用条例》的规定，用电人有权要求修改或删除。

根据我国《合同法》第177条的规定，供电合同的主要内容包括：

1. 供电的方式、质量和时间。供电方式是供电人向用电人提供电力的形式，包括主供电源、备用电源、保安电源的供电方式以及委托转供电等内容。供电企业对申请用电的用户提供的供电方式，应从供用电的安全、经济、合理和便于管理出发，根据电网规则、用电性质、用电容量及当地供电条件等因素，进行技术经济比较后，与用户协商确定。供电质量包括供电的电压质量、频率质量和供电可靠性三项内容。供电人必须按照国家规定的供电电压和供电频率来供电，但允许有一定幅度的变动和偏差。凡供电电压超过规定的变动幅度，供电频率超过规定所允许的偏差幅度，均视为是供电质量不符合国家规定的供电质量标准。供电时间是指供电人向用电人提供电力的起止时间。供电时间应由供电人与用电人在供电合同中明确规定，以保证正常的供用电秩序。

2. 用电容量、地址、性质。用电容量是确定用电人耗用电力的数量指标，一般以千瓦(度)来表示。用电人通常只能在规定的用电容量限度内用电，不得超计划用电。用电地址是用电人使用电力的地址。用电性质是用电人根据自身的用电需求与供电人协商确定的供用电力的种类。用电种类包括大工业用电、非普工业用电、农业生产用电、商业用电、居民生活用电、非居民照明用电、趸售用电和其他用电。

3. 计量方式和电价、电费的结算方式。供电合同双方当事人就供、用电量应确定计算或测量方法，通常通过电度表来计量。电价、电费必须根据用电人的用电数量和国家规定的电源标准计量确定，供电人、用电人不得擅自提高或降低电价。

4. 供用电设施的维护责任。该条款是供电合同的主要条款。合同当事人在供电合同中应协商确认供电设施维护管理责任的分界点，分别由供电人、用电人定期对用电设备进行检查、检修，防止供用电设施发生故障或事故。

5. 其他条款。除上述合同条款外，供电合同双方当事人还可以就供用电的其他事项进行协商确定，如签订合同的有效期限、违约责任等条款。即使供电合同生效后，当事人对合同内容没有明确约定的，仍然可以进行协议补充。

(三)供电合同当事人的权利义务

1. 供电人的主要义务

(1)按照合同规定的时间、地点、数量、质量安全供电。在供电合同中对履行地点没有约定或者约定不明确的,以供电设施的产权分界处为履行地点。同时,供电人应当按照国家规定的供电质量标准和约定安全供电。若供电人所提供的电力不能达到国家规定的供电质量标准和合同的约定标准,且造成用电人损失的,应当承担损害赔偿责任。

(2)供电人因供电设施计划检修、临时检修、依法限电或者用电人违法用电等原因,需要中断供电时,应当按照国家有关规定事先通知用电人。未事先通知用电人而中断供电,造成用电人损失的,应当承担损害赔偿责任。

(3)因自然灾害等原因断电,供电人应当按照国家有关规定及时检修。未及时检修,造成用电人损失的,应当承担损害赔偿责任。

(4)指导和帮助用电人节约用电、安全用电,对用电人的安全用电工作进行督促检查,经常开展安全供用电的宣传教育,普及安全用电常识。

(5)按国家规定的价格和合同中约定的时间、方式收取电费。

2. 用电人的主要义务

(1)用电人应当按照国家有关规定和当事人的约定及时交付电费。用电人逾期不交付电费的,应当按照约定支付违约金。经催告用电人在合理期限内仍不交付电费和违约金的,供电人可以按照国家规定的程序中止供电。

(2)用电人应当按照国家有关规定和当事人的约定安全用电。用电人未按照国家有关规定和当事人的约定安全用电,造成供电人损失的,应当承担损害赔偿责任。

(3)用电人应按供电合同规定的用电时间、电量和规定的用途计划用电,不得擅自转供电,不准窃电。用电人需要超负荷用电或者不能按照约定的时间用电的,应事先通知供电人,无正当理由超负荷用电或者不能按照约定的时间用电的,应当承担违约责任。

三、供水合同

(一)供水合同的概念

供水合同是指自来水公司向用水人供应自来水,由用水人支付水费的合同。由于供水设施的特殊性,供水经营具有天然的垄断性。我国实行供水专营制度,自来水公司是唯一合法的自来水供应单位,用水人则可以是企业、事业单位、国家机关、其他组织或公民个人。供水合同的标的物是自来水。各地农村在干旱季节与水利系统达成的供水灌溉协议,因其标的物不是供水人加工或制造的自来水,且具有很强的行政性,是行政合同,而非本章的供水合同。

(二)供水合同的主要条款

1. 供水质量。供水质量直接涉及人们的生命健康问题,国家对自来水质量有明确严格的规定,自来水在供给之前必须经过净化消毒处理,各种矿物质的含量不得超过国家规定的指标。

2. 供水数量。供水数量的确定,一般根据自来水公司的供给能力、用水人的用水需求和用水类型等因素在供水合同中加以协商确定。自来水公司应优先满足居民用水的需求,其次才是工业用水的需要。

3. 水费。水费的单位价格由自来水公司根据生产成本、税费和合理利益等因素拟定，报国家有关部门审批。用水人应该根据水表中的记录和单位价格交纳水费。

(三)供水合同双方当事人的权利义务

1. 供水人的义务

(1)按照国家规定和合同约定的时间以及质量标准供水。如果自来水的质量标准不符合国家规定的标准，给用水人造成损失的，应承担损害赔偿责任。

(2)因供水设施计划检修、临时检修、依法限水或用水人违法用水等原因，需要中断供水时，应当按照国家有关规定事先通知用水人。未事先通知用水人中断供水的，造成用水人损失的，应当承担损失赔偿责任。

(3)因自然灾害等原因中断供水，供水人应当及时抢修。未及时抢修，造成用水人损失的，供水人应当承担损害赔偿责任。

2. 用水人的义务

(1)按照合同约定的时间、收费标准和用水量，计缴水费。如果用水人拖欠水费，应向供水人承担违约责任。经供水人催告在合理期限内仍不交付违约金和水费的，供水人可以按照国家规定的程序中止供水。

(2)用水人不能私自接用水龙头，未经允许不得过分扩大用水量，由于用水人的违约用水，造成自来水公司对外停水的，用水人应向供水人承担违约责任。

(3)用水人不能私自移动或拆除计水装置，否则，应向供水人承担违约责任，供水人有权请求用水人支付违约金或者赔偿损失。

四、供气合同

供气合同也是供应合同的一种，其合同内容及双方当事人的权利义务参照上述的供电、供水合同，有所不同的是，供气合同的标的物为煤气或天然气。供用气双方应当根据供气能力、输配条件、平衡手段和用户用气量，在供气合同中协商确定用气的数量。同时，供气企业应按国家和地区物价部门批准的煤气、天然气使用费来计量收费，价格标准实行优质优价、高来高走的原则，对居民用气价格、公共福利事业用气价格、工业用气价格分别计算。

1.用气户应按合同约定的时间、收费标准和用气量来计缴用气费。逾期不交费的，须另行支付违约金。经供气企业催告，用气户在合理的期限内仍不支付违约金和用气费的，供气企业可以按照规定中止供气。

2.用气户未经批准私自添装、改装煤气管道，擅自更换或损坏供气设备，使用未经鉴定的灶具、仪表及专用设备等，供气企业可以停止供气；给供气企业造成损失的，用气户应对供气企业的损失承担赔偿责任。

3.用气户大量超过合同规定的数量用气的，供气企业有权按照合同的约定，要求用气户支付违约金，并收取用气户超用部分的煤气费或天然气费。

4.因用气户原因造成供气企业对其他用气户停止供气，供气公司应先对其他用气户承担损害赔偿责任，然后有权向责任方追偿。

5.供气企业应按合同约定和国家规定的质量标准，向用气户供应煤气或天然气。如果质量达不到合同约定和国家规定的质量标准，则供气企业应当承担违约责任，向用气人支付违约金并赔偿损失。

6.因供气设施计划检修、临时检修、依法限气或用气户违法用气等原因，需要中断供气时，应当按照国家有关规定事先通知用气户。未事先通知用气户而中断供气，造成用气户损失的，应当承担损失赔偿责任。

7.因自然灾害等原因中断供气，供气企业应当及时抢修。未及时抢修，造成用气户损失的，供气企业应当承担损害赔偿责任。

五、供热合同

供热合同的标的物是热力。作为供热方，应按照国家规定和合同的约定时间、标准、范围和类型供热。因供热设施计划检修、临时检修、依法限热或用热户违法用热等原因，供热方需要中断供热时，应当按照国家有关规定事先通知用热户。对于自然灾害等原因中断供热的，供热方应及时抢修。供热方若未能依法履行上述义务，应承担相应的违约责任，因此给用热户造成损失的，应承担损害赔偿责任。作为用热户，则应按照合同约定的供热面积、使用性质和运行方式用热，不得擅自增减供热设施。同时，应按照合同约定的时间、收费标准和用热面积，计缴用热费。如果用热户拖欠用热费，应向供热方承担违约责任。经供热方催告在合同的期限内仍不支付违约金和用热费的，供热方有权按照国家规定的程序中止供热。

第四节　互易合同

一、互易合同的概念

互易合同是指双方当事人以货币以外的财物进行交换的合同。互易又称为以物易物或物物交换。互易合同属于有偿转让财产所有权的合同，从本质上而言是买卖合同的一种，具备买卖合同的一般特征，是双务的、有偿的、诺成合同，但互易合同不以货币为交换媒介，具有自身的法律特点。

第一，以物易物是互易合同的最根本特点。互易合同虽是有偿合同，但其标的物是金钱以外的财物，不以货币为对价，而是相互以物为对价交换财物的合同。

第二，互易合同可分为单纯互易合同和价值互易合同。[①] 单纯互易合同是双方当事人互相交换给付，但双方之给付并不考虑物的价值因素，不追求严格意义上的对价或等价。如作家和画家互相交换书籍和绘画，这种以物易物在交换时并不完全基于物的价值来决定交换量，而考虑到其他诸如当事人的需要、物的紧俏程度等等。价值互易合同是以标的物的价值为基础，通常要求以同等价值为前提而互易，实质上近似于两个买卖合同，但其中价款互相抵销。

---

① 史尚宽：《债法各论》，中国政法大学出版社2000年版，第105页。

互易是最原始的商品交换形式。随着生产力和商品经济的发展，物物交换逐渐被以货币为媒介的商品交换所取代。但从客观上讲，互易合同即使在商品经济高度发达的今天，仍有其存在的必要性。因此，为互通有无，相互支援，调剂余缺，我国法律允许在一定范围内适用互易合同。我国《合同法》第 175 条规定，当事人约定易货交易，转移标的物的所有权的，参照买卖合同的有关规定处理。[①]

二、互易合同当事人的权利和义务

在互易法律关系中，双方当事人既可视为出卖人，又可视为买受人，每一方当事人扮演双重角色，因此，当事人之间的权利义务关系也是对价的。他们的主要义务如下：

1.相互交付标的物，转移财物所有权。但若所交付的标的物为特定物，且因不可归责于双方当事人的事由而致毁损、灭失时，双方当事人免予承担此项给付义务。如果一方已交付的物的，另一方应将其取得的标的物返还。

2.相互承担各自所交付的标的物的瑕疵担保责任。

3.在不等价互易合同中，双方当事人所交换的标的物的价值有差异时，多得利益的一方应向另一方补充价款。支付补充价款的互易，兼有互易合同和买卖合同的特性，因此有人称之为混合合同。

第五节 赠与合同

一、赠与合同的概念

赠与合同是赠与人将自己的财产无偿给予受赠人，受赠人表示接受赠与的合同。给予财产的一方为赠与人，受领财产的一方为受赠人。赠与合同是财产所有权人依法处分自己财产的一种法律形式，赠与合同的履行最终导致财产所有权的转移。赠与合同有其特殊的功能，它可使受赠人得到经济上的资助和满足当事人的情感需要，有利于弘扬中华民族扶贫济弱、互助互救的优良美德，实现维护社会正义和善良风俗的社会效果。除《合同法》调整一般的赠与关系外，1999 年《公益事业捐赠法》和《最高人民法院关于适用〈中华人民共和国婚姻法〉若干问题的解释(二)》《最高人民法院关于适用〈中华人民共和国婚姻法〉若干问题的解释(三)》对特殊赠与关系也作出了规定。赠与合同具有以下法律特征：

第一，赠与是一种双方法律行为。赠与只有在赠与人和受赠人双方意思表示一致时才能成立，一方自愿赠与而另一方不愿接受，或者一方有接受赠与的意思表示而另一方不愿赠与的，赠与合同均不能成立。赠与合同因此不同于遗赠，遗赠是被继承人在生前做出的将其财产在其死亡后转移给法定继承人以外的其他人的单方意思表示，是一种单方法律行为。

① 互易合同中，有的转移所有权以外的其他权利，如土地使用权的互易，就不能参照买卖合同的有关规定。

第二，赠与合同是单务、无偿合同。赠与合同原则上仅赠与人单方履行义务如交付赠与物、移转财产所有权，受赠人则仅享有权利而不负担相应给付的义务，因此赠与合同属单务合同。即使在附义务的赠与合同中，受赠人根据合同规定也需负担某种义务，但受赠人所负义务与赠与人所承担义务之间不是相互对应关系，故这时的赠与合同仍可称为单务合同。同时，受赠人在取得受赠财产的所有权时无需支付价款或为其他的对价给付，所以赠与合同又是无偿合同。

第三，赠与合同为诺成合同。在我国《合同法》颁布以前，民法学界和审判实践一般认为赠与合同为实践合同。最高人民法院《关于贯彻执行〈民法通则〉若干问题的意见》第128条规定："公民之间赠与关系的成立，以赠与物的交付为准。赠与房屋，如根据书面赠与合同办理了过户手续的，应当认为赠与关系成立；未办理过户手续，但赠与人根据书面合同已将产权证书交与受赠人，受赠人根据赠与合同已占有、使用该房屋的，可以认定赠与有效，但应令其补办过户手续。"将赠与合同规定为实践合同，客观上赋予赠与人在交付赠与物之前反悔的权利，有利于保护赠与人的利益。在《合同法》颁布后，根据《合同法》第185条规定："赠与合同是赠与人将自己的财产无偿给予受赠人，受赠人表示接受的合同。"第186条第1款又规定："赠与人在赠与财产的权利移转之前，可以撤销赠与。"也就是说，赠与合同于双方达成协议时即已成立，但赠与人在实际转移赠与物的所有权之前享有撤销权。由此可见，赠与合同为诺成合同，当事人意思表示一致时即成立，其成立不以物的交付为条件。但赠与合同成立后，赠与人在赠与财产的权利转移之前可以撤销赠与，实质上产生与实践性合同（交付之前合同不成立）大致相同的法律后果。对于一些特别的赠与合同，如具有救灾、扶贫等社会公益、道德义务性质的赠与合同和经过公证的赠与合同，根据《合同法》第186条第2款的规定，赠与人不得撤销赠与，如果赠与人不交付赠与财产，受赠人可以请求交付，则为典型的诺成合同。

二、赠与合同当事人的权利和义务

（一）赠与人的主要义务

1. 赠与人原则上不承担赠与财产的瑕疵担保责任，但在某些特殊的赠与合同中，须承担一般性瑕疵担保义务。由于赠与合同的单务性和无偿性，赠与人在一般情况下对赠与财产的品质瑕疵不承担担保责任，但须以赠与人主观上无恶意为前提。若赠与人故意不告知瑕疵或已保证无瑕疵，却造成受赠人损失的，应当承担损害赔偿责任。在附义务的赠与合同中，因受赠人在接受赠与财产的同时，应履行合同的随附义务，赠与财产若存在瑕疵，亦会产生受赠人所受利益减损。为公平合理地保护受赠人的利益，对于附义务的赠与，赠与财产有瑕疵的，赠与人应当在附义务的限度内承担与出卖人相同的瑕疵担保责任。

2. 赠与人承担交付赠与财产的义务。具有救灾、扶贫等社会公益、道德义务性质的赠与合同或经过公证的赠与合同，赠与人在赠与合同成立后负有交付赠与财产的义务。若赠与人不交付赠与财产的，受赠人可以要求交付。对于其他一般性的赠与合同，赠与人在赠与合同成立后不愿交付赠与财产的，可以在赠与财产的权利转移之前单方撤销赠与，受赠人亦无权请求赠与人交付。此外，按照《合同法》第195条的，赠与人的经济状况显著恶化，严重影响其生产经营或者家庭生活的，可以不再履行赠与义务。

3. 因赠与人故意或重大过失致使赠与财产毁损、灭失的，赠与人应承担损害赔偿责任。赠与合同成立后，受赠人对赠与财产享有期待利益，如果赠与人故意或重大过失致使赠与财产毁损、灭失的，必然损害受赠人利益，赠与人对此应承担赔偿责任。但对于赠与人轻微过失或非因赠与人过失而致赠与物毁损、灭失的，赠与人不承担赔偿责任。

(二)受赠人的主要义务

在一般性的赠与合同中，受赠人无需承担任何义务。但按照《合同法》第190条的规定，赠与可以附义务。在附义务的赠与合同中，虽然受赠人所附义务并不要求与赠与财产具有对价性，但受赠人必须依照合同约定履行所附义务。受赠人不按约定履行所附义务的，赠与人有权请求受赠人履行其义务或者撤销其赠与。受赠人履行其义务，仅限于受赠财产的价值范围内，对于超出部分，受赠人不负履行责任。

三、赠与合同的撤销

赠与合同的撤销包括任意撤销与法定撤销。

(一)任意撤销

在赠与合同中，当事人关于赠与事项达成合意后，在赠与财产的所有权转移之前，可以撤销赠与。这种撤销是根据赠与人单方的意思表示，属任意撤销，无需具备条件。但具有救灾、扶贫等社会公益、道德义务性质的赠与合同和经过公证的赠与合同，不适用任意撤销。赠与合同被撤销后，赠与人当然无须交付赠与财产，受赠人也无权主张赠与人承担违约责任。

(二)法定撤销

所谓法定撤销，是指赠与人基于一定法定事由而撤销赠与的情形。法定撤销是在赠与合同依法成立，且赠与人已全部或部分交付赠与财产后，法律赋予赠与人单方行使撤销权。法定撤销不仅适用一般的赠与合同，而且也适用于具有救灾、扶贫等社会公益和道德义务性质的赠与合同或者经过公证的赠与合同或者受赠人附义务的赠与合同。根据我国《合同法》第192条规定，受赠人有下列情形之一的，赠与人可以撤销赠与：(1)严重侵害赠与人或者赠与人的近亲属；(2)对赠与人有扶养义务而不履行；(3)不履行赠与合同约定的义务。赠与人行使上述法定撤销权的，应自知道或应当知道撤销原因之日起1年内，超过1年，撤销权消灭。

我国《合同法》第193条还规定："因受赠人的违法行为致使赠与人死亡或者丧失民事行为能力的，赠与人的继承人或法定代理人可以撤销赠与。"法律之所以赋予赠与人的继承人或者法定代理人行使撤销赠与权，是由于受赠人的违法行为致使赠与人本身无法行使撤销权，自应由赠与人的继承人或法定代理人行使。不过，赠与人的继承人或者法定代理人的撤销权，应自知道或者应当知道撤销原因之日起六个月内行使。若在规定的期限内不行使，撤销权消灭。

撤销权人在行使上述法定撤销权时，应以口头或书面方式通知受赠人，自撤销的意思通知到达受赠人时生效。撤销权一经行使，将导致赠与合同关系的消灭。如果有部分赠与财产尚未交付，则不再交付；如果赠与财产已交付，若原物尚存，可请求返还原物；若原物不存在，可请求返还同等价值的财产。[①] 对于受赠人利用赠与财产而取得收益的，也可以一并请求返还。

① 张新宝、龚赛红：《买卖合同、赠与合同》，法律出版社 1999 年版，第 228 页。

第10章 移转使用权的合同

第一节　租赁合同

一、租赁合同的概述

租赁合同是出租人将租赁物交付承租人使用、收益，承租人支付租金并于租赁期限届满时返还租赁物的合同。提供租赁物的一方当事人为出租人，使用租赁物的另一方当事人为承租人，被交付使用的财产为租赁物。租赁合同具有以下法律特征：

第一，租赁合同是转移标的物占有、使用、收益权的合同。在租赁合同中，出租人将租赁物出租给承租人，在合同有效期内，承租人对租赁物享有占有、使用、收益的权利，但无处分权。租赁期间届满，承租人将租赁物返还给出租人。租赁合同移转的是标的物的使用权，而非所有权，这是租赁合同根本区别于买卖合同之所在。

承租人对租赁物享有使用收益权（即用益权），以承租人占有租赁物为前提。如果出租人仍占有标的物，承租人则无法使用标的物，一般不能构成租赁关系。但在某些特殊情况下，出租人对标的物的占有使用与承租人对标的物的占有使用并不矛盾，出租人转移用益权并不排斥其继续占有、使用标的物，如公交公司将所属公共汽车的车外身租给广告公司进行广告宣传，这种出租人继续占有租赁物是租赁关系中的特有现象。[①]

第二，租赁合同是诺成、双务、有偿合同。租赁合同自合同双方当事人意思表示一致即为成立，不以出租人交付标的物给承租人使用收益为合同成立的先决条件。出租人交付标的物，是在租赁合同成立后，出租人根据租赁合同应当履行的义务。由此可见，租赁合同是诺成性合同，而非实践性合同。同时，租赁合同的双方当事人的权利义务关系具有对应性，出租人以转移租赁物用益权来获取租金，承租人以支付租金来享有租赁物的用益权，因此，租赁合同是典型的双务合同。但租赁合同的承租人为取得租赁物的用益权，必须以支付租金为代价，无租金的转移标的物用益权的合同为借用合同。租赁合同的有偿性就是体现在租金是租赁合同的必备条款。

第三，租赁合同的标的物是特定的非消耗物。租赁合同的特点决定，在租赁合同终止

---

① 王家福主编：《中国民法学·民法债权》，法律出版社1991年版，第649页。

时，承租人有义务将租赁物返还给出租人。如果租赁物一经承租人使用，原物就消灭或转化为它物，原租赁物不复存在的，则承租人无法履行返还义务。所以，种类物、消耗物不能作为租赁标的，只有特定物或特定化的种类物且是非消耗物，才能成为租赁合同的标的物。租赁合同的标的物还应是有体物，对无体物使用权的取得不适用租赁合同。

第四，租赁合同有一定期限的限制。标的物的使用价值具有一定期限的，经过一定期限的使用收益，标的物使用价值可能降低或丧失。所以租赁合同的出租人只是将租赁物的用益权临时转移给承租人，而非永久性转移。各国法律为保护出租人的权益，均有规定租赁合同的最长期限。我国《合同法》第 214 条规定，租赁期限不得超过 20 年。超过 20 年的，超过部分无效。租赁期间届满当事人可以续订租赁合同，但约定的租赁期限自续订之日起不得超过 20 年。

第五，因租赁合同产生的承租权具有物权属性。根据《合同法》第 229 条的规定，租赁物在租赁期间发生所有权变动的，不影响租赁合同的效力。承租人的承租权在租赁合同的有效期限内具有对抗第三人的效力，出租人出卖租赁物的，原租赁合同对租赁物的新的所有权人同样具有拘束力。

二、租赁合同的主要内容

我国《合同法》第 213 条规定："租赁合同的内容包括租赁物的名称、数量、用途、租赁期限、租金及其支付期限和方式、租赁物维修等条款。"但该条款非强制性条款，当事人可根据具体情况自由约定租赁合同的内容。

（一）租赁物

租赁物是租赁合同的标的物，是租赁合同的主要条款。租赁合同的特点决定租赁物必须是有体物、流通物、非消耗物。在租赁合同中，双方当事人应明确约定租赁物的名称、数量、用途。租赁物的名称将租赁物特定化，租赁物的数量是出租人履行交付租赁物和承租人在租赁期限届满时返还租赁物的依据，租赁物的用途则要求承租人应按合同约定的用途和租赁物的性能、条件来正当、合理地使用收益租赁物。

（二）租赁期限

租赁期限是租赁合同的有效期间。合同当事人可以约定具体明确的租赁期限，也可以不约定租赁期限。但无论如何，租赁期限最长不得超过 20 年。对于当事人有明确约定租赁期限的，在约定的租赁期限届满时，承租人应返还租赁物，租赁合同终止。若承租人继续使用租赁物，出租人没有提出异议的，原租赁合同继续有效，但这时租赁期限改为不定期。当然，当事人也可通过协商延续租赁期限。根据《合同法》有关规定，即使当事人续订租赁合同的，所约定的租赁期限自续订之日起也不得超过 20 年。对于当事人在租赁合同中没有约定租赁期限的，为任意期限即不定期，出租人可随时要求收回租赁物，但应给予承租人必要的准备时间，当然，承租人也可在任意时间提出退租。

（三）租金

租赁合同的有偿性决定，承租人须以支付租金为代价来获取租赁物的用益权，因此，合同双方当事人在租赁合同中须约定租金的支付方式和期限。租金的支付方式既可以是现金支付也可以是票据支付，既可以一次支付也可以分次支付。同时，当事人在合同中约定租金支付期限的，承租人应按约定期限支付租金，超过期限未付租金或少付租金，应承担违约责任。若没有约定支付期限的或对支付期限的约定不明确的，当事人可补充协商或根据合同有关条款或交易习惯进行确定。倘若上述方法仍无法明确支付期限，可参照《合同法》第226条的有关规定支付，即对于租赁期间不满1年的，租金应当在租赁期间届满时支付；对于租赁期间1年以上的，租金应当在每届满1年时支付，剩余时间不满1年的，租金应当在租赁期间届满时支付。

（四）租赁物维修

出租人将租赁物提供给承租人占有、使用和收益，应保持租赁物的性能和条件符合使用的目的。因此，在租赁合同下，出租人通常要承担租赁物的维修义务，但当事人也可通过特别约定由承租人来承担租赁物的维修责任。

三、租赁合同当事人的权利和义务

（一）出租人的主要义务

1.按照约定交付租赁物。出租人应按照合同约定的租赁物的名称、数量、交付方式、时间和地点将租赁物的用益权转移给承租人。若合同对租赁物交付地点没有约定或约定不明确的，交付不动产的，在不动产所在地；交付动产的，在出租人的住所地或营业地。若没有约定交付时间的，应在合同成立之后的合理时期内交付，即出租人可随时交付，承租人也可随时要求交付，但应给出租人必要的准备时间。出租人交付租赁物是指转移租赁物的占有权，但在合同成立时，租赁物已为承租人直接占有的，则自合同约定的交付时间起承租人即取得对租赁物的使用收益权。租赁物附有从物的，出租人在交付租赁物时，应当同时交付从物。例如，在船舶租赁合同中，出租人提供船舶本体外，还应将救生艇等船舶属具一并交付给承租人使用。同时，出租人交付的租赁物应适合合同约定的使用收益的目的。如果出租人不能按照约定交付租赁物或交付的租赁物不适合约定的使用收益目的的，应当承担违约责任。

2.在租赁期间内担保租赁物能够为承租人正常使用收益，即出租人应承担租赁物的瑕疵担保责任。出租人不仅在交付时要保证租赁物符合约定的用途，以使承租人能够正常使用租赁物，而且在租赁关系有效期间内也应保持租赁物合乎约定的用途。在非因承租人过错而导致的租赁物不能正常使用收益时，出租人有义务予以修缮或更换。否则，承租人有权要求降低租金、解除合同、赔偿损失。对于租赁物存在危及承租人的安全或者健康的瑕疵时，即使承租人订立合同时明知该租赁物瑕疵时，承租人仍然可以随时解除合同。

3.承担租赁物的权利瑕疵担保责任。租赁合同要求出租人必须是租赁物的所有权人或合法使用权人（如国有土地使用权人、国有资源使用权人、土地承包经营权人，国家授权其经营管理的财产经营权人等），出租人因此应担保不因第三人对承租人主张租赁物的权利而妨碍承租人对租赁物进行使用收益。我国《合同法》第228条规定："因第三人主张权利，致使承租人不能对租赁物使用、收益的，承租人可以要求减少租金或者不支付租金。"但第三人所主张的权利须发生于租赁物交付前，若第三人所主张的权利发生在租赁物交付后，则承租人的权利具有对抗第三人的效力，即使第三人主张权利也不会妨碍承租人对租赁物进行使用收益。同时，当第三人主张权利时，承租人应当及时通知出租人，以便出租人及时采取救济措施。

4.在合同当事人没有特别约定的情况下，出租人应当履行租赁物的维修义务。出租人在租赁存续期间内负有使承租人对租赁物进行正常使用收益的义务，因此，在租赁物不合约定的使用收益状态时，出租人应对租赁物予以维修，以保证承租人能够按照约定正常地使用收益。但由于租赁物在租赁期间为承租人占有使用，所以当发生租赁物确有修理的必要时，除出租人明知外，承租人应及时通知出租人。承租人应为通知而未为通知的，出租人可不承担维修租赁物的义务。承租人要求出租人在合理期限内维修租赁物，而出租人未履行维修义务的，承租人可以自行维修，但维修费用则由出租人负担。同时因维修租赁物而影响承租人使用的，应当相应减少租金或者延长租期。

出租人承担租赁物的维修义务，并不排斥当事人另行约定由承租人负责维修。根据当事人的约定或依习惯，租赁物应当由承租人负责维修时，出租人不承担维修义务。

（二）承租人的义务

1.承租人应当按照约定合理使用租赁物。承租人合理使用租赁物是租赁目的的体现，是承租人行使租赁权时应履行的义务。因此，承租人应按合同约定的办法或与租赁物性质相适应的方法使用租赁物。若承租人不按约定方法使用租赁物而致使租赁物受损，承租人应承担赔偿责任。但承租人已按照约定的方法或者租赁物的性能正常使用租赁物的，即使租赁物受到损害，承租人也不承担租赁物的正常损耗的赔偿责任。

2.承租人应当按照合同约定的租金标准、支付方式、支付期限向出租人支付租金。租金是租赁物使用收益权的对价，承租人应依约支付租金。至于租金标准，国家有规定的，按国家规定确定；国家没有规定的，以当事人双方约定的为准。同时，承租人应依约按时交纳租金，无正当理由未支付或迟延支付租金的，经过出租人所确定的相应期限催告后，承租人在该期限届满时仍未支付的，出租人可以解除合同。

3.承租人应妥善保管租赁物。在租赁期间内，虽然租赁物的所有权归出租人，但承租人对租赁物进行占有、使用、收益，因此，承租人应以善良管理人的注意程度妥善保管租赁物。如果承租人保管不善而造成租赁物毁损、灭失的，应当承担损害赔偿责任。

4.承租人在改善租赁物或者在租赁物上增设他物时，应经得出租人同意，并不得损害出租人利益。承租人为便利行使租赁权，经出租人同意，可以对租赁物进行改善或增设他物。在租赁合同终止时，承租人有权请求出租人补偿因其改善行为而致租赁物现存价值增加所支出的费用。但承租人未经出租人同意，对租赁物进行改善或者增设他物的，出租人可以要求承租人恢复原状或者赔偿损失。

5.承租人将租赁物转租给第三人的，应经出租人同意。承租人未经出租人同意的，不得将租赁物转租给第三人。出租人同意承租人转租的，承租人不退出租赁关系，承租人与出租人之间的租赁合同继续有效，出租人与转租的第三人之间不发生直接的法律关系。承租人就第三人行为向出租人负责，第三人对租赁物造成损失的，承租人应当对出租人承担赔偿损失责任。

6.租赁期间届满，承租人应按照约定或依租赁物的性质使用后的状态返还租赁物。承租人在租赁期间未经出租人同意对租赁物改建、改装或增加附属物的，在返还租赁物时，应当恢复原状；如果承租人对租赁物的改善行为业经出租人同意，承租人可不必对租赁物恢复原状。承租人返还租赁物时，租赁物原物存在的，应返还根据租赁物性质正常使用后合理损耗状态的租赁物;租赁物非因承租人的事由而灭失的,承租人不承担返还义务。对于承租人逾期不及时返还租赁物的,不仅要交付逾期部分的租金和违约金,而且还要承担租赁物于逾期返还期间意外灭失的风险。

四、房屋租赁合同的特殊规定

房屋租赁是以房屋为租赁物的租赁,是指房屋所有权人作为出租人将其房屋出租给承租人使用,由承租人向出租人支付租金的行为。房屋租赁的出租人和承租人应当签订书面租赁合同,约定租赁期限、租赁用途、租赁价格、修缮责任等条款,以及双方的其他权利和义务,并向房产登记部门登记备案。[①] 根据《合同法》等有关法律的规定,房屋租赁具有以下特殊效力:

(一)承租人的优先购买权

我国《合同法》第 230 条规定:"出租人出卖租赁房屋的,应当在出卖之前的合理期限内通知承租人,承租人享有以同等条件优先购买的权利。"这条款规定了承租人对租赁的房屋具有优先购买权。优先购买权是一种附条件的形成权,即以同等条件[②]为前提,在非同等条件下,承租人不享有优先购买权。同时,承租人享有的优先购买权要求出租人在出卖租赁房屋前的合理期限内通知承租人,以便于承租人决定是否购买该租赁房屋。若出租人在出卖租赁房屋前不履行通知义务,致使承租人的优先购买权受到侵害,承租人可以请求出租人承担赔偿责任,但请求确认出租人与第三人签订的房屋买卖合同无效的,人民法院不予支持。[③]

(二)同居人的居住权

我国《合同法》第 234 条规定:"承租人在房屋租赁期间死亡的,与其生前共同居住的人可以按照原租赁合同租赁该房屋。"该条款保护了与承租人生前共同居住人的居住利益。在租赁期间,承租人死亡,与承租人生前共同居住的人可以选择继续居住原租赁房屋,但他须与出租人办理续租手续,这样其与出租人之间成立与原租赁合同内容相同的租赁合同。这种居住权是根据同居人单方意思表示来决定,无须征得出租人的同意,且同居人未必是承租人的继承人。但在租赁期间,承租人死亡后无共同居住人的,租赁关系终止,承租人的承租权原则上不得继承。

(三)买卖不破租赁

在房屋租赁期间,出租人出卖房屋给第三人时,买受人应当维持原有租赁合同关系至合同终止,承租人向受让人履行租金的交付义务。我国《合同法》第 229 条关于租赁合同对抗效力的规定,被称为"租赁权的物权化",租赁物在租赁期间发生所有权变动的,承租人的租赁权可以对抗租赁物的新所有权人。但为了平衡第三人利益与承租人利益,《最高人民法院关于审理城镇房屋租赁合同纠纷案件具体应用法律若干问题的解释》对此进行限制,以下情形不适用买卖不破租赁:(1)房屋在出租人前已设立抵押权,因抵押权人实现抵押权发生所

---

① 参见《中华人民共和国城市房地产管理法》第 53 条。

② 同等条件是指承租人与其他购买人在买卖条件上等同,包括买卖的价格、付款的期限和方式等等。

③ 《最高人民法院关于审理城镇房屋租赁合同纠纷案件具体应用法律若干问题的解释》第二十一条。

有权变动的;(2)房屋在出租前已被人民法院依法查封的;(3)出租人与承租人在租赁合同中约定不受“买卖不破租赁”的约束。

第二节　借用合同

一、借用合同的概念

借用合同是指出借人将某项财物无偿交给借用人使用,借用人使用后按约定将原财物返还给出借人的合同。借用合同是民事主体之间相互提供帮助的重要形式,但我国《合同法》没有明确规定该合同形式。

借用合同与租赁合同都是转移标的物使用权的合同,但两者存在很大的区别:首先,借用合同是实践合同。借用合同一般自出借人交付借用物给借用人时成立,仅有合同双方当事人的意思表示一致而没有借用物的实际交付,借用合同并不成立。而租赁合同为诺成合同,在出租人交付租赁物之前,合同因当事人双方意思表示一致即成立。其次,借用合同是无偿合同。借用人借用出借人的财产无论借用时间多久,均不必支付报酬或费用。而租赁合同是有偿合同,承租人以支付租金为代价来获取对租赁物的占有、使用和收益。第三,借用合同的目的在于使用,而非收益,所以借用合同转移的只是借用物的使用权。而租赁合同真正转移的是租赁物的使用收益权,而不仅是使用权。第四,借用合同是单务合同。借用合同自出借人交付借用物而合同成立后,仅是借用人承担返还借用物的义务,出借人无须承担任何义务,出借人对借用物一般不负瑕疵担保责任[①],即使借用物不适合使用时,出借人也不承担维修义务,而由借用人负担其必要维修费用。而租赁合同是双务合同,出租人不仅承担所交付的租赁物符合约定的用途的义务,而且在租赁期间内还应保持租赁物合乎约定的用途,否则,负有维修义务。

二、借用合同借用人的义务

借用合同中,借用人的义务主要体现为:

第一,借用人应按约定的用途或依借用物性质所许可的方法正常地使用借用物。因借用人的故意或过失使用不当致使借用物受损的,借用人应承担损害赔偿责任。

第二,借用人负有妥善保管、修缮借用物的义务。借用人在借用期限届满时应返还借用物原物,因此,在借用期间,借用人占有借用物,借用人应以善良管理人所应尽的注意程度妥善保管借用物。若违反此项义务致使出借人受到损害的,借用人应承担赔偿责任。同时,借用人还须负担借用物的通常保管修缮费用。

第三,借用人未经出借人的同意,不得将借用物转借第三人,更不得转租给第三人。否则,出借人有权解除合同,同时,借用人在借用物擅自转借或转租期间所发生的损害,承担赔

① 但基于诚实信用原则,出借人因故意或重大过失未告知借用物的瑕疵而致使借用人受损的,应承担赔偿责任。

偿责任。

第四，借用人负有按时返还借用物的义务。借用合同中有明确约定借用期限的，在借期届满，借用人应及时返还借用物；借用合同中没有约定借用期限的，借用人在达到使用借用物的目的或在出借人要求返还后，也应及时返还。借用人返还的借用物应符合合同约定的或正常使用消耗后的状态。在返还借用物的同时，借用人还应将在使用期间所发现的借用物的瑕疵告知出借人。

第三节　融资租赁合同

一、融资租赁合同的概念

融资租赁合同是指出租人根据承租人对出卖人、租赁物的选择，向出卖人购买租赁物，提供给承租人使用，承租人支付租金的合同。融资租赁合同不同于传统的租赁合同，具有融资、担保和使用功能，是一种贸易与信贷相结合、融资与融物为一体的综合性交易。融资租赁合同具有以下法律特征：

第一，融资租赁合同是买卖合同和租赁合同相结合的新型独立合同。融资租赁合同涉及三方当事人、两个合同：一个是出租人与承租人签订的租赁合同，一个是出租人与供货商签订的买卖合同，这两个合同相互独立又相互交错，形成复杂的融资租赁交易。其一，由承租人选择供货商、租赁物，并与供货商协商确定买卖租赁物的合同条件；其二，承租人向出租人提出融资性租赁的申请，由出租人与承租人订立租赁合同；其三，出租人作为买受人与供货商（出卖人）订立租赁物的买卖合同。这时的出租人虽然名义上是买卖合同的当事人，但其并非要通过买卖合同来收益，而是通过融资并出租给承租人使用来实现其收益，所以承租人才是买卖合同实质意义上的买受方。因此，出租人与供货商订立的买卖合同通常约定由供货商直接向承租人交货。对于供货商（出卖人）向承租人交货的，承租人则享有检验合同标的物的权利，并承担及时受领供货商的交货的义务；其四，承租人受领并确认供货商交付的租赁物后，供货商（出卖人）就已履行完毕其在买卖合同中应尽义务。出租人作为买卖合同的买受人，就应向供货商（出卖人）支付买卖价款，并相应取得租赁物的所有权。在融资租赁合同中，出租人应根据承租人对出卖人、租赁物的选择来订立买卖合同，未经承租人同意，出租人不得擅自变更买卖合同的供货商（出卖人），不得擅自变更承租人选择指定的标的物，不得擅自变更与承租人有关的买卖合同条款。这是融资租赁合同区别于传统租赁或买卖合同的重要特征。在一般的租赁或买卖合同中，出租人出租的租赁物，并非是根据承租人的要求而购买，而是根据自己的需要并按自己的要求来购买，其购置行为与租赁合同之间没有直接的关联性。融资租赁合同则是出租人（买受人）根据承租人对出卖人、租赁物的选择来购买租赁物，其购置行为真正的目的并非自用，而是出租给承租人使用。因此，在融资租赁合同中必然涉及三方当事人，一方是为租赁合同提供资金融通，并以自己名义购买租赁物的出租人；一方是选择租赁物并向出租人支付租金的承租人；一方是为出租人提供或出售租赁物的供货商（出卖人）。融资租赁合同三方当事人所形成的独立三方法律关系是融资租赁合同有效成立的基础。

第二，融资租赁合同的租赁物的所有权和使用权相分离，出租人享有租赁物的法律上所有权，其法律地位类似于融资人。在融资租赁合同中，出租人以出租租赁物的形式给承租人融资，出租人收取的租金是其投资购买租赁物的回报，出租人不承担租赁物的瑕疵担保责任，当出卖人交付的标的物有瑕疵时，出租人将赔偿请求权让渡给承租人。在融资租赁合同有效期间内，承租人应承担租赁物的维修保养和妥善保管的义务，因承租人占有租赁物而给第三人的人身或财产造成损害时，出租人一般不承担赔偿责任。当租赁期届满，出租人和承租人可以约定租赁物的归属，没有约定或约定不明确的，租赁物的所有权归属出租人。出租人也可以通过收取一定价款将租赁物的所有权转移给承租人。

第三，融资租赁合同是诺成性合同和要式合同。融资租赁合同一经订立，合同当事人就应当履行合同约定的义务，任何一方均不得随意变更或解除合同。由于融资租赁合同的租赁物由承租人选定，具有特定性，而没有通用性，若承租人解除合同，出租人则将因难以出卖租赁物或难以将租赁物出租给他人而无法收回所投入资本，所以融资租赁合同具有诺成性，一经当事人达成合意并订立合同，就应认真遵守履行。同时，由于融资租赁合同涉及三方以上当事人，所形成的法律关系较为复杂，融资金额较大，履行期较长，为明确各方当事人的权利义务关系，根据我国《合同法》第 238 条第 2 款规定，融资租赁合同应当采用书面形式。融资租赁合同内容一般包括租赁物名称、数量、规格、技术、性能、检验方法、租赁期限、租金构成及其支付期限和方式、币种、租赁期间届满租赁物的归属等相关条款。

二、融资租赁合同的类型

（一）直接租赁

直接租赁是典型的融资租赁合同，由两个合同组成。一是出租人与承租人签订一项租赁合同；二是出租人根据承租人选择的租赁物，与供货商（出卖人）签订一项买卖合同。直接租赁是采用购进租出的做法，因此一般为资金雄厚的租赁公司所采用。

（二）转租

转租是保留融资租赁合同基本特征的基础上，又增加了一个出租人，是指第二出租人按最终承租人的要求先以承租人的身份从第一出租人处租进租赁物，然后再转租给承租人使用的一项租赁交易。①

（三）回租

回租是指承租人将自己所有的物件（如自制或外购的机器设备）按账面价值或重估价格卖给出租人，同时与出租人签订一份融资租赁合同，再将该物件租回使用的一种租赁方式。在回租情况下，承租人同时是租赁物的出卖人，出租人同时也是买受人。

（四）杠杆租赁

杠杆租赁是指出租人一般只出资租赁物全部金额的一部分（一般在 20%～40% 的金额），即可在法律上获得租赁物的所有权，租赁物的其他金额（60%～80% 的金额）则以租赁物为抵押，向金融机构贷款解决的一种租赁方式。在杠杆租赁中，金融机构提供的是无追索

① 朱家贤：《租赁合同·融资租赁合同》，中国法制出版社 1999 年版，第 168 页。

权的贷款,[①]但需出租人以租赁物、融资租赁合同和收取租金的受让权作为担保。

三、融资租赁合同当事人的权利和义务

(一)出租人的主要权利和义务

1.出租人在一般条件下不承担租赁物瑕疵担保义务

在融资租赁下,一般由承租人根据自己的技能和判断选择供货商和租赁物,出租人是根据承租人对供货商、租赁物的选择订立租赁物的买卖合同,并购买租赁物以出租给承租人,所以,出租人对租赁物只拥有名义上的所有权,不承担包括质量瑕疵担保在内的任何实体上的责任。如果租赁物不符合合同约定或者不符合使用目的的,出租人不承担责任,由承租人直接向供货商(出卖人)索赔并承担索赔不成时的法律后果。但承租人行使索赔权利的,出租人应当提供必要的帮助,包括提供相应的资料等,以协助承租人索赔。

法律之所以免除出租人的瑕疵担保责任,是因为承租人承担租赁物的选择责任,出租人购买租赁物主要目的在于出租,并不对租赁物进行实际的占有和使用。但是,如果承租人不是自己选择租赁物,而是依赖出租人的技能确定租赁物或者出租人干预承租人选择租赁物,这时的出租人对租赁物的选择行使了决定权,因此出租人就必须在上述情况下承担租赁物的瑕疵担保责任。

2.出租人享有收取租金的权利

在融资租赁合同中,承租人所支付的租金的性质不同于诸如一般租赁合同下承租人对租赁物占有、使用和收益而收取的租金,其租金是出租人向承租人提供融资的对价,租金标准一般根据租赁物的购置成本、租赁期间的利息费、租赁手续费以及出租人合理利润确定。出租人对承租人进行融资租赁活动的主要目的就在于出租人有权按照融资租赁合同的约定向承租人收取租金,从而实现收回其向供货商购买租赁物所支付的价款的目的。所以,即使融资租赁物有瑕疵致使承租人不能使用收益,承租人仍应按照约定支付租金,同时,在融资租赁期间,承租人承担租赁物灭失的风险责任,租赁物因不可归责于双方当事人的事由而发生毁损灭失的,也不能因此免除或减少承租人支付租金的义务。若承租人未能依约支付租金,出租人有权规定合理期限要求承租人支付。如果承租人经催告后在合理期限内仍不支付租金的,出租人有权要求承租人支付全部已到期而承租人未支付的租金以及其他未到期的租金,出租人也可以解除合同,收回租赁物。

3.出租人享有破产财产取回权

在融资租赁中,出租人是买卖合同中的买受人,通过向供货商支付价款而取得对租赁物的所有权。这种所有权是绝对权,可以对抗包括承租人在内的一切人。因此,尽管在融资租赁期间,承租人通过支付租金而占有、使用、收益租赁物,但出租人仍保留着对租赁物的所有权。在承租人破产时,租赁物并不属于破产企业的财产,出租人对租赁物享有取回权。在实践中,根据最高人民法院《关于审理融资租赁合同纠纷案件若干问题的规定》,在承租人破产时,出租人可以将租赁物收回;也可以申请受理破产案件的法院拍卖租赁物,将拍卖所得款

① 无追索权的贷款是指当承租人不履行支付租金义务时,作为债权人的金融机构不得向承租人直接追索债务,只能从出租人的出租资产中得到偿付。

用以清偿承租人所欠的出租人的债务。租赁物价值大于出租人债权的，其超出部分应退还承租人；租赁物价值小于出租人债权的，其未受清偿的债权应作为一般债权参加破产清偿程序，或者要求承租人的保证人清偿。

4.出租人不承担租赁物对第三人的人身伤害或财产损害的赔偿责任

在承租人占有租赁物期间，承租人应妥善保管和使用租赁物，若租赁物造成第三人的人身伤害或财产损害时，出租人不承担责任。例如在产品责任中，因租赁物本身缺陷致使他人人身或财产受损的，由租赁物的出卖人和承租人承担连带责任，出租人不与租赁物直接发生联系，不承担由此而产生的一切责任。又如，承租人从事高压危险作业致人损害，或租赁物是建筑物，而建筑物上搁置物、悬挂物致人损害或承租人操作不当导致环境污染等等的情况下，承租人应承担因此造成的损害赔偿责任，出租人对此不承担责任。

5.出租人承担根据承租人对租赁物及出卖人的选择来购买租赁物的义务

出租人应根据承租人对租赁物及出卖人的选择，以自己的名义与出卖人订立租赁物的买卖合同，购进租赁物以供承租人使用。因此，向出卖人支付货款，是出租人承担的基本义务。如果出租人不履行支付货款义务，而使承租人不能对租赁物使用收益的，出租人应承担民事责任。同时，承租人根据自己的需要选择租赁物的种类、规格、型号、质量、性能等，并与出卖人协商租赁物的买卖合同条款，出租人为保障承租人融资租赁目的实现，未经承租人同意，不得擅自变更买卖合同中与承租人有关的内容。

6.出租人承担保证承租人对租赁物的占有和使用的义务

承租人订立融资租赁合同的根本目的在于取得租赁物的使用权。因此，承租人在接受供货商交付的标的物后，在整个租赁期间内，出租人应保证承租人对租赁物的占有和使用权，且不受第三人的干扰。出租人在未经承租人同意，不得擅自变更原承租条件，亦不得非法干预承租人对租赁物的正常使用；出租人转让租赁物的所有权的，融资租赁合同对新的所有权人仍然有效，新所有权人不得收回租赁物；出租人对租赁物设立抵押的，出租人的抵押行为不影响承租人的使用收益权，承租人的使用收益权可以对抗抵押权人的抵押权；在承租人占有使用租赁物权利受到妨碍时，出租人应予以排除。

（二）承租人的主要权利和义务

1.承租人在出卖人不履行买卖合同义务的情况下，可以行使索赔的权利

在融资租赁合同中，出租人是根据承租人对出卖人、租赁物的选择来订立买卖合同，未经承租人同意，出租人不得变更与承租人有关的买卖合同内容。所以，虽然出租人和出卖人是买卖合同的当事人，但承租人对买卖合同的履行最为关注。同时出租人购买租赁物的根本目的，也在于租赁给承租人使用收益，所以，出租人充其量只是融资人的角色，承租人和出卖人之间形成准合同关系，出卖人应直接向承租人交付标的物，承租人享有与受领标的物有关的买受人的权利，包括及时验收所受领的标的物。当出卖人不履行买卖合同义务时，出租人、出卖人、承租人可以约定，由承租人直接向出卖人行使索赔的权利，以便于承租人及时维护其合法权益。关于承租人直接行使索赔权的性质，根据我国《合同法》的精神，认为是一种债权让与。[①] 由于这种债权让与是出租人将对出卖人的索赔权让与承租人，所以，原则上须

① 李国光主编：《合同法释解与适用》，新华出版社1999年版，第1160页。

经出卖人的同意。但在实践适用的融资租赁合同文本中，也有采用债权直接让与，无须征得出卖人的同意，只需及时将转让事宜通知出卖人即可。同时，值得注意的是：在涉外合同中，根据我国《对外贸易法》的规定，这种索赔权利只能转让给有外贸经营权的承租人，若承租人无外贸经营权，索赔权只能由出租人行使。承租人在行使上述索赔权的过程中，出租人应提供必要的资料，协助承租人向出卖人行使索赔权。

2.承租人在融资租赁期间应妥善保管、使用和维修租赁物

在融资租赁期间，承租人实际占有、使用和收益租赁物，因此，承租人应当尽一个谨慎的人所能尽到的注意程度使租赁物处于安全状态，妥善保管和使用租赁物。同时，由于融资租赁合同的出租人对租赁物不承担瑕疵担保责任，因而对租赁物也不负维修义务。为维持租赁物的正常使用，在租赁物需要维修时，承租人负维修义务，这是融资租赁合同有别于一般租赁合同的重要特点。

3.在租赁期间届满，承租人享有对租赁物处置的选择权

在一般的租赁合同中，租赁期间届满，承租人应返还租赁物。但在融资租赁合同中，租赁期间届满，承租人对租赁物有三种选择权：留购[①]、续租或退租。由于承租人自行选择融资租赁物，所以出租人对租赁物本身并不关注，在租期届满也不希望保留租赁物的所有权，承租人因此经常以留购租赁物作为融资租赁交易的条件。在实践中，当事人虽然约定租赁期间届满租赁物归承租人所有，承租人客观上也已支付大部分租金，但对于剩余租金却无力支付，出租人仍然可以解除合同而收回租赁物。但出租人收回租赁物的价值若超过承租人欠付的租金以及其他费用的，承租人可以请求部分返还。对于承租人采用续租或退租方式的，当事人双方在约定租期届满，可以补充协商决定租赁物的归属问题，或双方续订融资租赁合同进行续租，或承租人将租赁物退回出租人。如果出租人和承租人在租赁期间届满对租赁物的归属没有约定或约定不明确，根据交易习惯或合同有关条款无法确定，当事人双方也无法达成补充协议的，租赁物的所有权仍应归出租人。

（三）出卖人的主要权利和义务

在融资租赁合同中，出卖人的法律地位与买卖合同中的卖方相同，即出卖人享有向出租人收取货款的权利，负有按照约定向非买受人的承租人交付标的物的义务。并向承租人承担租赁物的瑕疵担保责任，但就标的物所有权的移转，仍应向作为买受人的出租人履行其义务。

---

① 留购是指租期届满，承租人支付给出租人一笔双方商定的租赁物残值的货价，取得租赁物的所有权。

第11章
资金融通合同

借款合同，是指借款人向贷款人借款，到期返还借款并支付利息的合同（《合同法》第196条）。借款合同具有资金融通作用，属于消费借贷的一种形式。根据合同主体的不同，可以将借款合同分为贷款合同、民间借贷合同和同业拆借合同。我国《合同法》第十二章对借款合同做了规定。

第一节　贷款合同

一、贷款合同的概念

贷款合同，又称金融借款合同，是指由金融机构作为贷款人将一定数量的货币供给借款人，借款人到期返还相同数额的货币并支付利息的合同。出借钱款的一方为贷款人，借入钱款的一方为借款人。

贷款合同除具有诺成性、双务性、有偿性和要式性等特点外，还具有如下法律特征：

1. 贷款合同的贷款人特定。贷款合同不同于民间借贷合同，贷款合同的贷款人是经过中国人民银行及其分支机构批准，依法成立的政策性银行、商业银行、信用合作社或其他金融机构。民间借贷合同的贷款人是自然人。

2. 贷款合同的标的物是货币，包括人民币和外币。贷款合同不同于租赁合同。贷款合同中，贷款人将约定的钱款交付给借款人后，借款人即取得了该钱款的所有权。借款人除了可以占有、使用该钱款并获得收益外，还有权依照约定处分该钱款。租赁合同下，承租人只有权使用租赁物并获得收益，不能取得租赁物的所有权。贷款合同不同于买卖合同。贷款合同的目的是使借款人获得对借款的消费，待贷款期限届满时，借款人应返还同样数量的钱款。买卖合同的目的是转移标的物的所有权，买受人不负有届时返还标的物的义务。

3. 贷款合同一般实行专款专用制度。借款人应当按照约定的借款用途使用借款，否则贷款人可以停止发放借款、提前收回借款或者解除合同。

4. 贷款利率应当按照中国人民银行规定的贷款利率的上下限确定。贷款合同当事人所约定的利率超过该上限的，超过部分无效；低于该下限的，应当调至下限。

二、贷款合同的订立

当事人应当采取要约、承诺的方式订立贷款合同，并且必须遵守国家有关信贷管理的规定。所谓信贷管理，是指国家金融监督管理部门，即中国人民银行，为了保证国家货币政策的正确贯彻执行，加强对金融业的监督管理而制定的各种管理政策。中国人民银行依法制定和执行货币政策，审批、监督管理金融机构，监督管理金融市场，发布有关金融监督管理和业务的命令和规章。

根据中国人民银行《贷款通则》(1996 年 6 月 28 日发布)的规定，借款人要取得贷款，首先应当填写《借款申请书》，并向贷款方提供：(1)借款人及保证人的基本情况；(2)财政部门或会计(审计)事务所核准的上年度财务会计报告以及申请借款前一期的财务会计报告；(3)原有的不合理占有贷款的纠正处理情况；(4)抵押物、质押物清单和有处分权人同意抵押、质押的证明及保证人拟同意保证的有关证明；(5)项目建议书及可行性研究报告；(6)贷款人认为应当提供的其他材料。贷款方对借款方提出的贷款项目经过审查与评估后，在符合贷款要求的情况下所做的贷款意向书就是对借款要约的承诺。除国务院批准的特定贷款外，贷款方一般只根据贷款条件和贷款程序自主审查和决定贷款，有权拒绝任何单位和个人关于发放贷款的强行要求。贷款人对借款人的借款要约做出承诺时，必须经过下列步骤：(1)审查借款人的资格；(2)评定借款人的信用等级，即贷款人或者社会上依法成立的信用评估机构根据借款人的领导者素质、经济实力、资金结构、发展情况、经营效益和发展前景等因素，评定借款人的信用等级；(3)调查立项，即对贷款项目的投资必要性以及借款的合法性、安全性、盈利等情况进行调查，核实抵押物、质押物、保证人的情况，测定贷款风险，据以确定贷款项目；(4)贷款审批，即贷款人的审查人员对调查人员提供的情况资料就内容的真实性、企业申请贷款的合理性、贷款投向投量的正确性、贷款偿还保证的可靠性等方面全面核实，评定和复测贷款风险度，提出贷款意见，并按规定报有批准权限的人员批准的过程。贷款项目一经批准，信贷人员即可签发贷款意向书，借贷双方继而签订贷款合同。贷款合同应当采用书面形式。符合法定生效要求，该贷款合同生效。

从最高人民法院于 2003 年 6 月 9 日就建设银行合肥市新站开发区支行诉安徽新长江公司借款合同纠纷案做出的最高人民法院(2002)民二终字第 97 号民事判决书[①]，可以看出法律对于借款(贷款)合同成立条件与生效条件的要求及其法律意义。该案中，法院认定，被上诉人(一审原告)中国建设银行合肥市新站开发区支行与上诉人(一审被告)安徽新长江投资股份有限公司虽然未签订港币借贷合同，但被上诉人从安徽中行拆借的 2000 万元港币进入上诉人账户的事实及上诉人出具的还款承诺书等函件，表明一方已经履行主要债务，对方也予以接受，因此依据《合同法》第 36 条的规定，双方关于 2000 万元港币的借款关系成立。然而被上诉人与上诉人均不具备港币借贷的主体资格，该港币借贷关系未经主管部门批准，因而港币借款合同无效。但是，尽管该港币借款合同无效，上诉人对 2000 万元港币亦不应无偿使用，除返回所欠的港币本金外，其还应偿还相应的法定孳息，即法定利息。另外，被上诉人与上诉人对于 1993 年至 1996 年期间发生的借款未签订书面借款合同，虽然有违《借款合同条例》第 5 条的规定，但是根据最高人民法院《关于适用中华人民共和国合同法若干问题的解释》第 3 条关于“人民法院确认合同效力，对合同法实施以前成立的合同，适用当时的法律合同无效而适用合同法合同有效的，则适用合同法”的规定，双方在 1993 年至 1996 年

① 《中华人民共和国最高人民法院公报》2004 年第 3 期。

期间的借款关系应认定有效。上诉人没有按照约定的期限返还借款，应当依据《合同法》第207条的规定支付借款本金及逾期罚息。

三、贷款合同的条款

贷款合同的主要条款包括借款种类、币种、用途、数额、利率、期限和还款方式等。当事人可以根据借款人的性质、经营范围以及借款用途等因素，确定借款的种类，如工业借款、农业借款，长期借款、短期借款等。关于借款的数额，当事人应当明确借款的总金额。如果该借款以分批方式支付，还应明确每一次支付的金额。借款利率，是指贷款人和借款人约定的应当收取的利息数额与所借出资金的比率。中国人民银行根据国务院的批准和授权所制定的各种利率是法定利率，其他任何单位和个人均不得变动。商业银行可以在中国人民银行总行规定的浮动范围内，以法定利率为基础自行确定浮动利率，并报辖区中国人民银行备案。根据《合同法》第204条的规定，办理贷款业务的金融机构贷款的利率，应当按照中国人民银行规定的贷款利率的上下限确定。一般情况下，当事人应当根据借款人的生产经营周期及还款能力、贷款人的资金供给能力，确定借款的期限。

四、贷款合同当事人的权利义务

（一）贷款人的权利和义务

1.贷款人的义务

贷款人应当按照合同的约定按时、足额地向借款人发放贷款。贷款人不能按期、足额地提供贷款的，借款人有权请求贷款人支付违约金。对于借款人因此遭受的损失，贷款人应当予以赔偿。贷款人在提供的借款中不得预先扣除贷款违约金、保证金或利息。如果预先扣除的，借款人应当按照实际借款的数额返还借款并计算利息。贷款人还应当对基于贷款事项而掌握的借款人的各项商业秘密承担保密义务。

2.贷款人的权利

贷款人的权利是在贷款期限届满时收回贷款，并按照合同约定要求借款人支付利息。在贷款合同期间，贷款人有权要求借款人提供与借款有关的业务活动和财务状况的真实情况；有权依照贷款合同的约定检查、监督借款的使用情况；当借款人未按照贷款合同的约定使用借款时，可以停止发放借款、提前收回借款或者解除贷款合同。需要注意的是，这种贷后审查是《中华人民共和国商业银行法》、中国人民银行《贷款通则》等法律法规及商业银行内部关于商业银行加强风险控制的管理性要求。贷款人可以据此对借款人行使贷后审查的权利。但是，我国现行立法并无商业银行违反贷后严格审查义务的民事责任的相关规定。因此，即使贷款人违反贷后严格审查义务的管理性要求，也不必然免除借款人的还款义务和借款保证人的保证责任。[①]

---

① 见中华人民共和国最高人民法院“中国农业银行股份有限公司大连甘井子支行与大连础明集团有限公司、大连冰凌花天然食品有限公司借款合同纠纷再审案”民事判决书(民提字第51号)。

（二）借款人的权利和义务

1.借款人的义务

（1）按照合同约定及时受领借款的义务。借款人未及时受领借款，不影响贷款人按约定的日期、数额计算利息。

（2）按照合同约定的贷款用途使用借款的义务。借款人擅自改变借款用途，将会使当事人在订立合同时所预期的收益变得不确定，增加贷款人的借款风险。因而，借款人应当按照合同约定的贷款用途使用借款，不得将借款挪作他用，不得使用借款进行违法活动。借款人未按照约定用途使用借款的，贷款人可以停止发放借款、提前收回借款或解除合同。根据《借款合同条例》《贷款通则》的规定，贷款人对于借款人违约使用的借款部分有权加收罚息。

（3）按照合同约定的期限支付利息的义务。借款人应当按照合同约定的期限向贷款人支付利息。当事人可以约定在借款期限（期限不超过一年）届满时与本金一并支付利息，也可以约定在借款期间内按季支付利息。如果当事人对于支付利息的期限没有约定或者约定不明确，应当依照《合同法》第 61 条的规定予以确定，即当事人可以协议补充支付期限的内容。当事人不能达成补充协议的，应当按照贷款合同的有关条款或者交易习惯予以确定。如果依照《合同法》第 61 条的规定仍然不能确定，借款期间不满一年的，应当在返还借款时与本金一并支付；借款期间为一年以上的，应当在每届满一年时支付，剩余期间不满一年的，应当在返还借款时一并支付。

（4）返还借款的义务。借款人应当按照合同约定的还款期限和方式及时偿还借款。合同未约定还款期限或约定不明的，借款人可以随时返还，贷款人也可以催告借款人在合理期限内返还。借款人未按约定还款的，应当按照约定或者国家的有关规定支付逾期利息。但是，借款人可以在还款期限届满之前向贷款人申请展期。接到展期申请后，贷款人应当对借款人不能还款的原因进行调查和了解，对自己原有的资金安排进行调整，从而决定是否同意借款人的展期申请。同意展期的，应当办理相应的手续。借款人提前返还借款的情况下，除当事人另有约定外，应当按照实际借款的期间计算利息。[①] 但是，根据《合同法》第 71 条的规定，如果借款人提前还款损害贷款人利益的，贷款人有权拒绝借款人提前还款的要求。此外，贷款人按照约定检查、监督借款使用情况的，借款人应当提供有关反映其真实财产状况和经营情况的财务会计报表，接受贷款人对贷款使用情况的监督检查。

2.借款人的权利

借款人的权利就是按照贷款合同的约定提取和使用全部贷款。借款人并有权拒绝贷款人在借款合同之外提出的任何附加条件。

① 《合同法》第 208 条。

第二节　民间借贷合同

一、民间借贷合同的概念

民间借贷合同，是指由贷款人将一定数量的货币提供给借款人，借款人定期或不定期返还相同数额货币的合同。2015 年《最高人民法院关于审理民间借贷案件适用法律若干问题的规定》改变以往对于民间借贷合同的界定，提出该规定所称的民间借贷是指自然人、法人、其他组织之间及其相互之间进行资金融通的行为。

《合同法》第 197 条、第 210 条和第 211 条对民间借贷合同做了相应的规定。

民间借贷合同的贷款人是自然人、法人或其他组织而非金融机构，这是与贷款合同的主要区别。至于借款人的身份则与贷款合同没有区别，可以是自然人、法人或其他组织。我国以往鉴于维护经济秩序等方面的考虑，禁止企业之间的借贷，要求民间借贷合同的贷款人不得为企业。随着经济发展，为了满足大量企业资金融通的客观需要，将民间借贷的范围扩大为自然人、法人、其他组织之间及其相互之间进行的资金融通。同时将金融企业之间的同业拆借行为排除在民间借贷之外，并对非金融企业的民间借贷行为限制为以生产、经营需要为目的订立的民间借贷合同，其他资金融通行为不受法律保护。例如，具有下列情形之一的，应当认定无效：(1)企业以借贷名义向职工非法集资；(2)企业以借贷名义非法向社会集资；(3)企业以借贷名义向社会公众发放贷款；(4)其他违反法律、行政法规规定的行为。①

此外，在订立民间借贷合同时，订约方意思表示真实，又没有违反法律、行政法规效力性的强制性规定，则应确认该民间借贷合同有效。民间借贷涉嫌或构成非法吸收公众存款罪，合同一方当事人可能被追究刑事责任的，并不当然影响民间借贷合同以及相对应的担保合同的效力。②

与贷款合同相比较，民间借贷合同是不要式合同、实践合同。根据《合同法》第 197 条的规定，自然人之间的借贷合同约定采用口头形式的，可以采用口头形式。根据《合同法》第 210 条的规定，自然人之间的借款合同，自贷款人提供借款时生效。实践中，民间借贷合同的举证较为复杂。一般而言，出借人仅提供借据佐证借贷关系的，应当深入调查辅助性事实以判断借贷合意的真实性。出借人无法提供证据证明借款交付事实的，还应综合考虑出借人的经济状况、资金来源、交付方式、在场证人等因素判断当事人陈述的可信度。对于大额借款仅有借据而无任何交付凭证、当事人陈述有重大疑点或矛盾之处的，法院依据证据规则认定出借人未完成举证义务。③

---

① 最高人民法院《关于如何确认公民与企业之间借贷行为效力问题的批复》法释[1999]3 号。另见《最高人民法院关于审理民间借贷案件适用法律若干问题的规定》第 14 条。

② 见“吴国军诉陈晓富、王克祥及德清县中建房地产开发有限公司民间借贷、担保合同纠纷案”，载《中华人民共和国最高人民法院公报》2011 年第 11 期。

③ 见“赵俊诉项会敏、何雪琴民间借贷纠纷案”，载《最高人民法院公报》2014 年第 12 期。

除借贷利息、还款日期与方式等事项外，民间借贷合同的条款、当事人的权利、义务与贷款合同相同。值得注意的是，企业借贷应当限为生产经营的目的，因此出借人享有对款项使用情况的知情权、监督权，以便在发现借款人擅自改变款项用途或发生其他可能影响出借人权利的情况时，及时采取措施、收回款项及利息。[①]

二、民间借贷合同的利息问题

民间借贷具有互助性，因此民间借贷合同的当事人可以约定借款为有偿或者无偿。约定利息或者利率的，为有偿合同。约定不支付利息的，为无偿合同。根据《合同法》第 211 条第 1 款规定，自然人之间的借款合同对支付利息没有约定或者约定不明确的，视为不支付利息。根据《最高人民法院关于审理民间借贷案件适用法律若干问题的规定》第 25 条的规定，法人或其他组织为借贷合同一方当事人的，借贷双方对借贷利息约定不明，出借人主张利息的，人民法院应当结合民间借贷合同的内容，并根据当地或者当事人的交易方式、交易习惯、市场利率等因素确定利息。

当事人约定支付利息的，可以同时约定利率。我国法律禁止高利放贷的行为。《合同法》第 211 条第 2 款规定，当事人所约定的借款利率不得违反国家有关限制借款利率的规定。依据上述司法解释第 26 条和第 28 条的规定，我国民间借贷的利率一般不得超过年利率 24%。如果超过年利率 24%但是未超过年利率 36%，超过的部分借款人可以自愿支付。借款人自愿支付的，不得要求出借人返还，因此具有“自然债”的特点。如果超过年利率 36%，则超过部分的利息约定无效，超过部分的利息不受保护。另外，贷款人不得预先在本金中扣除利息、保证金。预先扣除的，应按实际借款数额返还借款并计算利息。贷款人将利息计入本金计算复利时，也受到年利率 24%的限制。根据该司法解释第 27 条的规定，借贷双方对前期借款本息结算后将利息计入后期借款本金并重新出具债权凭证，如果前期利率没有超过年利率 24%，重新出具的债权凭证载明的金额可认定为后期借款本金；约定的利率超过年利率 24%的，超过部分的利息不能计入后期借款本金计算复利。计算复利之后的本息之和，不能超过最初借款本金与以最初借款本金为基数，以年利率 24%计算的整个借款期间的利息之和。根据《最高人民法院关于贯彻执行〈中华人民共和国民法通则〉若干问题的意见（试行）》的规定，自然人之间进行无息借款的情况下，当事人约定偿还期限而借款人不按期偿还借款，或者未约定还款期限，但是经出借人催告后，借款人仍不偿还的，出借人有权要求借款人偿付逾期利息。

三、还款日期及还款方式

借款人应当按照合同约定的还款日期返还本金及利息。如果未约定还款期限或者约定不明确，借款人可以随时返还，贷款人也可以催告借款人在合理期限内返还。“合理期限”应当根据具体情况确定。借款人逾期不还的，贷款人有权要求其偿付逾期利息。借贷双方对逾期利率有约定的，从其约定，但是不得超过年利率 24%。未约定逾期利率或者约定不明

① “李占江、朱丽敏与贝洪峰、沈阳东昊地产有限公司民间借贷纠纷案”，载《最高人民法院公报》2015 年第 9 期。

的，出借人可以主张借款人自逾期还款之日起按照年利率6%支付资金占用期间的利息。只约定借款利率但是未约定逾期利率的，出借人可以主张借款人自逾期还款之日起按照借款利率支付资金占用期间的利息，但是仍应以年利率24%为限。如果借贷双方既约定了逾期利率，又约定了违约金或者其他费用，出借人可以一并主张或者选择主张逾期利息、违约金或者其他费用，但是总计不得超过年利率24%。

债权人在诉讼时效期间届满后向债务人发出催收到期贷款通知单，债务人在该通知单上签字或盖章的情形下，根据《最高人民法院关于超过诉讼时效期间借款人在催款通知单上签字或者盖章的法律效力问题的批复》，应当视为债务人对原债务的重新确认，该借贷债权债务关系应受法律保护。这一批复适用于贷款合同、民间借贷合同和拆借合同。如果催款通知单上只写明本金事项，未写明利息事项，根据《最高人民法院关于审理民事案件适用诉讼时效制度若干问题的规定》，债权人对本金主权权利的诉讼时效中断也及于剩余债权，包括对于利息的债权。但是，如果在催款通知单上遮挡住利息，只对本金进行催收和确认，不能当然导致利息债权诉讼时效中断，债务人可以就此提出抗辩。[①] 实践中，相关企业、机构会采用各种形式实现约定款项的提供与使用、发放与偿还。如果究其实质，属于一方与另一方之间的民间借贷的，即应依据民间借贷的相关法律规定来澄清当事人的法律地位，明确相应的权利、义务与责任。例如在"北京长富投资基金与武汉中森华世纪房地产开发有限公司等委托贷款合同纠纷案"中，委托人、受托银行与借款人三方签订委托贷款合同，由委托人提供资金、受托银行根据委托人确定的借款人、用途、金额、币种、期限、利率等代为发放、协助监督使用并收回贷款，受托银行收取代理委托贷款手续费，并不承担信用风险。实质上，这是委托人与借款人之间的民间借贷关系，该委托贷款合同的效力，委托人与借款人之间的利息、逾期利息、违约金等权利义务均应受有关民间借贷的法律、法规和司法解释的规制。[②] 有的企业通过异常买卖的形式掩盖实质性的借贷目的。这种由当事人共同实施的虚伪的买卖意思表示，应认定为无效。此类纠纷应当作为借款合同，依据《合同法》有关借款合同的规定来审理。如果三家或多家企业采用封闭式循环买卖的形式进行实质性借贷的活动，作为中间方的托盘企业并非出于生产、经营需要而借款，而是为了转贷牟利，此借贷合同亦应认定为无效。借款合同无效后，借款人应向贷款人返还借款的本金和利息。因贷款人对合同的无效也存在过错，人民法院可以相应减轻借款人返还的利息金额。[③]

---

① 见辽宁省高级人民法院对"中国农业银行股份有限公司辽中县支行与新民市农村信用合作联社同业拆借纠纷案"的二审民事判决书，(2014)辽民二终字第00065号。

② 见最高人民法院对"北京长富投资基金与武汉中森华世纪房地产开发有限公司等委托贷款合同纠纷案"的民事判决书，(2016)最高法民终124号，载《最高人民法院公报》2016年第11期。

③ 见最高人民法院对提审案件"日照港集团有限公司煤炭运销部与山西焦煤集团国际发展股份有限公司借款合同纠纷案"的民事判决书，(2015)民提字第74号，载《最高人民法院公报》2017年第6期。

第三节 拆借合同

一、拆借合同的概念

拆借,亦称同业拆借,是指银行、非银行金融机构之间相互融通短期资金的行为。一般而言,金融机构在一天营业停止之后,由于存款放款、汇进汇出的不断变化,形成了资金的不足或多余。不足者无法保证第二天的正常支付,多余者则资金闲置,不仅不能盈利还要支付存款人利息。因此,允许临时性的资金拆借是必要的。

拆借合同,又称资金拆借合同,是指一方当事人将剩余的资金借给另一方,另一方按照约定在短期内还款并支付利息的协议。借出资金的一方为资金拆出方,借入资金的一方为资金借入方。

拆借合同具有如下特征:(1)合同的主体必须是金融机构。非金融机构企业之间不以生产经营为目的的资金融通行为,将会扰乱金融市场、破坏经济秩序,因此国家对非金融机构企业相互之间进行资金融通进行了严格的限制。(2)拆借的期限较短。根据我国有关规定,拆借的期限最长不得超过四个月。

二、拆借合同当事人的权利和义务

拆出方的义务是如期提供借款。因拆借的期限短,多为紧急融资所需,合同一经订立,拆出方就必须立即交付资金。否则,使借入方无法正常营业的,应当赔偿由此给借入方造成的损失。

借入方的义务是依照合同约定的用途使用借款,并如期归还及支付利息。拆入的资金只能用于弥补票据结算、联行汇差头寸的不足和解决临时性周转资金的需要。国家禁止用拆借资金发放固定资产贷款,或者用于固定资产投资、购买有价证券、经营或炒买炒卖房地产及向企业投资参股等。

第12章

完成工作成果的合同

完成工作成果的合同是当事人一方按照他方的要求，完成一定的工作并交付工作成果，他方为此支付报酬的合同。在我国合同法上，完成工作成果的合同包括承揽合同和工程建设合同。

第一节　承揽合同

一、承揽合同的概念

承揽合同，是指承揽人按照定作人的要求完成一定的工作并交付工作成果，定作人接受该项成果并给付报酬的合同(《合同法》第251条第1款)。按照他人的要求完成一定的工作，并交付工作成果的一方为承揽人；要求他人完成一定的工作，接受工作成果并给付报酬的一方为定作人。承揽人的承揽工作具有特定性，例如翻译某份材料、修理某部汽车、录制某盘磁带等。承揽工作的对象称为承揽标的物。有形的承揽标的物通常称作定作物或者承揽物，例如被翻译的资料或文件、被修理的汽车、被录制的磁带等。承揽人完成承揽工作应当有工作成果。承揽人完成的工作成果，通常不是按照种类物的一般标准，而是依据定作人的特殊要求来确定，具有一定的特定性。《合同法》第十五章对承揽合同作了规定。

承揽合同具有诺成性、有偿性、双务性和不要式性等特征。此外，承揽合同具有以下法律特征：

1. 承揽合同以完成一定工作为目的，是独立的有名合同。有学者认为，承揽合同属劳务合同范畴。[①] 但是，承揽合同的标的是承揽人完成并交付特定的工作成果，这与直接以提供劳务为标的的合同(如雇佣合同)仍有本质的区别。虽然承揽人为了完成工作必须付出劳务，但这仅是实现合同目的的手段，而非目的本身。如果承揽人仅仅付出了劳务，而没有完成并交付约定的工作成果，则不能请求定作人支付报酬。因此，承揽合同不属于劳务性质的合同，而是独立的合同类型。

2. 承揽的标的具有特定性。承揽人在承揽活动中，应按照合同的约定，完成承揽工作并交付工作成果。所交付的工作成果实际上体现了定作人对工作成果的规格、形状、质量等

① 王家福主编：《中国民法学·民法债权》，法律出版社1991年版，第691～692页。

方面的特定要求,因此所完成的工作成果具有特定性。承揽合同的意义就在于以特定的工作成果满足定作人的特定需要。该工作成果可以是有形的,也可以是无形的。

3. 承揽人独立完成承揽工作并承担工作中的风险责任。承揽人应当使用自己的设备、技术独立地完成义务,否则定作人有权解除承揽合同。在承揽活动中,因不可抗力或其他非因当事人双方的过错致使不能完成工作成果或工作物毁损灭失的,由承揽人承担风险责任。

4. 定作人负有协助的义务。定作人应当为承揽人提供必要的协助,以使承揽人完成承揽工作,是承揽合同的一项特点。其他合同中,当事人一方一般能够独立完成合同约定的义务,不受另一方能否履行义务的影响与支配。但是在承揽合同中,承揽人履行承揽义务往往需要定作人进行协助。①

二、承揽合同的种类

在社会生活中,承揽合同的类型很多。一般的承揽合同标的,如广告制作、金银首饰加工、设备修理等,均是具体、有形的工作成果。但也有一些承揽合同的标的是无形的工作成果,如口头翻译、医疗护理等,在工作过程中即为交付,没有工作成果完成后的具体交付行为。依具体内容的不同,承揽合同有以下几种主要类型:

1. 加工合同。即定作人提供原材料,承揽人以自己的设备、技术和劳力加工成符合定作人要求的产品,定作人接受产品并给付报酬的合同。如企业生产中,一家企业为另一企业将原材料、半成品加工成成品,把零部件组装成机器设备;日常生活中,自带布料加工衣服等。

2. 定作合同。即承揽人按照定作人的要求,用自己的原材料,并以自己的设备、技术和劳力加工和技术制作定作人所要求的产品,定作人接受产品并支付报酬的合同。如定作机器设备,定作家具等。定作合同与加工合同的区别在于材料提供人不同。

3. 修理合同。即承揽人为定作人修复损坏的物品,定作人接受修复后的物品并支付报酬的合同。在修理中需要更换的器件、配件,可以由定作人提供,也可以由承揽人提供。生活中常见的有修缮房屋,修理自行车、电视机、手表、皮鞋等。

4. 建房合同。即房屋建筑合同,是指承揽人按照定作人的要求为定作人建筑房屋并收取建筑报酬的合同。这里的建房合同是指除基本建设工程合同之外的房屋建筑合同,例如自然人自己住房的建筑合同。建房合同在现实生活中主要有"包工包料"和"只包工不包料"两种类型。前者是指由承揽人自带建筑材料为定作人建造房屋,把建筑材料的费用计入报酬一并向定作人收取;后者是指定作人自己准备建筑材料由承揽人进行建造,承揽人只出工不出料。

5. 复制合同。即承揽人依据定作人提供的样品,制作复制品,定作人接受复制品并支付报酬的合同。例如文物部门为保护某一文物,委托承揽人制作复制品,用于展览;更为常见的是文件资料的复印。

6. 测试合同。即承揽人利用自己的仪器、技术和设备为定作人完成特定项目的测试任务,定作人接受测试成果并支付报酬的合同。如材料强度测试、物品化学成分测试等。但为

① 唐德华、孙秀君主编:《合同法及司法解释审判实务》(下),人民法院出版社2004年版,第951页。

完成基本建设工程的测量任务而订立的合同不为承揽合同。

7. 检验合同。即承揽人利用自己的技术和设备，对特定的检验项目进行检测、分析化验等并做出报告或结论，由定作人接受报告或结论并支付报酬的合同。如对发生事故的车辆、船舶的受损情况进行检验等。

除此之外，还有修缮、印刷、广告、测绘、装配、出版、包装、装潢、印染、翻译、专业航空等类型。无论何种形式的承揽合同，根据《合同法》第 252 条的规定，均应包括承揽的标的、数量、质量、报酬、承揽方式、材料的提供、履行期限、验收标准和方法等条款。

三、承揽合同当事人的权利和义务

（一）承揽人的义务

1.完成工作并交付工作成果的义务

按照约定完成工作并交付工作成果，是承揽人最基本的义务。根据《合同法》第 261 条的规定，承揽人完成工作的，应当向承揽人交付工作成果，并提交必要的技术资料和有关质量证明。提交必要的技术资料和有关质量证明是承揽人的附随义务。

承揽人应在合同约定的时间内完成定作人所要求的工作。承揽人不仅应于规定的时间开始和进行工作，而且应当于约定的期限完成工作。如果合同没有约定完成期限或者约定不明确的，当事人可以协议补充。当事人达不成补充协议的，可以根据合同的性质、有关条款和交易习惯来确定承揽人完成工作的时间。承揽人请求定作人支付报酬以交付工作成果为前提。因此除合同有相反约定（如约定定作人应交付预付款、定金或分期付款等）外，承揽人不得以定作人未给付报酬为由，拒绝完成工作。

承揽人应当保质保量地完成承揽工作。根据《合同法》第 262 条的规定，承揽人交付的工作成果不符合质量要求的，定作人可以要求承揽人承担修理、重作、减少报酬、赔偿损失等违约责任。其他国家和地区的立法一般将承揽人对工作成果的瑕疵担保责任规定为一种特别责任，与过错违约责任有所不同。如果承揽人违反了瑕疵担保义务，定作人可以请求修理、减少报酬或者解除合同，但是不享有重作请求权，而且仅在因可归责于承揽人的事由致使工作成果发生瑕疵的情形下，才可请求损害赔偿。我国合同法对于违约采取严格责任，即把承揽人的瑕疵担保责任与违约责任合二为一，无需以过错为条件。至于合同法规定定作人对于承揽人有瑕疵的履行得请求重作，我们认为，如果请求修理已足以除去工作成果上的瑕疵，承揽人有权拒绝重作。

承揽人负有移转工作成果所有权的义务。承揽合同中，因材料的来源不同，在交付工作成果时可能会涉及转移财产所有权的问题。《合同法》对此虽无明确规定，但仍可依民法理论加以界定：由定作人提供材料的情况下，在履行合同过程中，加工物自始属定作人所有，交付仅是转移占有；由承揽人提供全部材料的情况下，在交付前，定作物的所有权归属承揽人，交付时发生定作物所有权的转移；若定作人和承揽人各提供部分材料，则应按物权理论中的“一物一权”原则确定交付前定作物的所有权。承揽合同中的加工行为，应属添附取得所有权的方式。一般认为，只有在承揽人提供的材料为主物时，交付前定作物才属承揽人所有。交付前承揽人对于定作物享有所有权的情况下，在交付该工作成果时，承揽人负有移转工作成果所有权的义务。

在承揽工作完成之后，承揽人应当按照合同约定的时间、地点和方式，将工作成果转移于定作人占有。这是定作人对工作成果行使所有权、实现订立承揽合同经济目的的前提。合同约定由定作人自提的，承揽人应当在完成工作后，通知定作人提货，并在工作完成的地点或者定作人指定的地点，将工作成果交给定作人占有。该完成地点或者指定地点为交付地点，通知提货的日期为交付日期。如果合同约定由承揽人送交，承揽人应当在完成工作后，自备运输工具，将工作成果送到定作人指定的地点并通知定作人验收。这种情况下，定作人指定的地点为交付地点，定作人实际接受的日期为交付日期。如果合同约定由运输部门或者邮政部门代为运送，承揽人应当在完成工作后，将工作成果交到运输部门或者邮政部门并办理运输手续。这种情况下，运输部门或者邮政部门收受该工作成果的地点为交付地点，接受该工作成果的日期为交付日期。如果合同中没有交付方式、时间、地点的约定或者约定不明确，承揽人可以与定作人达成补充协议予以明确。如果双方达不成补充协议，应当依据合同的性质或者交易习惯来确定交付工作成果的方式、时间和地点。如果依据合同的性质或者交易习惯仍然不能确定的，承揽人应当在工作完成时，通知定作人取货。这种情况下，承揽人通知的地点为交付地点，承揽人确定的合理取货时间为交付时间。

如果根据承揽合同的性质，工作成果无需特别交付的，承揽人完成工作即为交付。其完成工作的时间、地点即为交付时间、地点。

2.亲自完成工作的义务

根据《合同法》第253条的规定，除合同另有约定外，承揽人应当以自己的设备、技术和劳力，完成主要工作。未经定作人同意，承揽人将其主要工作交由第三人完成(转承揽)的，定作人有权解除合同，并要求承揽人承担违约责任。这是由于承揽合同的订立是建立在定作人对承揽人的设备、技术和劳力的信任基础上的。但自罗马法以来，各国立法对承揽人是否亲自完成工作有不同规定。[①] 所谓“主要工作”，一般是指对工作成果的质量起决定性作用的那部分工作，多数情况下是技术要求高的部分。例如，使用复印机进行复印是主要工作。合同约定承揽人可以将主要工作交由第三人完成，或者定作人同意承揽人将主要工作交由第三人完成的情况下，承揽人将主要工作交由第三人完成的，应当就该第三人完成的工作成果，包括完成的质量、数量、时间等，向定作人负责。

承揽人可以自行决定是否将辅助工作交由第三人完成。所谓“辅助工作”可以理解为主要工作之外的工作。例如复印资料的承揽合同下，对复印好的资料进行分页和装订是辅助工作。承揽人将承揽工作中的辅助部分交由第三人完成的，应当就该第三人完成的工作成果包括完成的质量、数量、时间等向定作人负责。承揽人承担责任后，可以依据承揽人与第三人的约定向第三人追偿。

① 《意大利民法典》第1656条规定：“如果没有定作人的许可，承揽人不得将成果的完成或者服务的提供进行转承揽。”德国民法典对此没有明确规定。《澳门特别行政区民法典》第1139条对转承揽没有限制性规定。

3.按照合同约定提供材料的义务

承揽工作所使用的材料直接关系到工作成果的质量好坏。如果承揽合同中约定由承揽人提供全部或者部分材料，承揽人应当按照合同的约定提供材料。如果合同约定了材料的数量、质量和提供时间，承揽人应当按照约定提供。合同没有约定或者约定不明确的，应当依照通常情况下完成该类工作成果所需要的数量确定提供的数量；依据定作人对工作成果的质量要求、该工作成果的用途或者通常标准确定所提供材料的质量；依据承揽工作的性质和定作人对交付工作成果的要求及时提供材料。

承揽人提供材料时，应当及时通知定作人检验，并如实提供发票以及材料数量和质量的说明文件。定作人对于材料的质量提出异议的，承揽人应当对材料进行调换。

4.妥善保管和保密的义务

如果承揽工作所需要的全部或者部分材料由定作人提供，在定作人交付材料后，承揽人对该材料虽不享有所有权但实际占有的，应尽到妥善保管的义务。承揽工作完成后、交付工作成果前，工作成果处于承揽人占有之下的，承揽人应对工作成果承担保管义务。定作人受领迟延时，承揽人仍有保管义务。因保管不善，造成定作人提供的材料或者完成的工作成果毁损、灭失的，承揽人应当承担损害赔偿责任。

承揽人的保密义务是附随义务的一种。承揽人应当按照定作人的要求保守秘密，不得以任何方式泄露秘密，否则应承担违约责任。未经定作人同意，承揽人不得留存复制品或者技术资料，更不得将资料和复制品转让第三人，否则应承担侵权责任。根据《合同法》第 60 条第 2 款的规定，即使合同已履行完毕，承揽人仍应承担合同法上的保密、通知、协助等“后合同义务”。

5.检查和通知的义务

承揽合同基于定作人对承揽人的信任而订立，因而承揽人在履行合同时要特别遵循诚实信用原则。承揽人对于定作人提供的材料、图纸或技术要求，应当及时检验，发现不符合约定或者不合理的，应当及时通知定作人进行更换、补齐或者采取其他补救措施。承揽人不得擅自更换定作人提供的材料，不得更换不需要修理的零部件。承揽人迟延检验定作人所提供的材料并发出不符通知的，对于因此承揽工作的迟延完成应当承担违约责任。如果承揽人发现材料不符却未发出不符通知，视为材料符合合同的要求。

6.接受监督检验的义务

承揽人在工作期间，应当接受定作人必要的监督检验，以保证工作成果适合定作人的特殊要求。定作人不仅对承揽人使用的材料有监督检验权，而且对承揽人进行工作的整个过程享有监督检验权。当然，承揽人有权要求定作人在监督检验时不得妨碍承揽人的正常工作。

7.共同承揽人的连带责任

两个以上的承揽人共同为定作人完成一项工作的，为共同承揽。共同完成承揽工作的为共同承揽人。共同承揽的情况下，承揽合同没有相反约定的，共同承揽人应对定作人承担连带责任。共同承揽人之间关于责任承担的内部约定不得对抗定作人。

（二）承揽人的权利

1.收取工作报酬、材料费用和其他垫付费用的权利。承揽人按照合同约定完成承揽工作的，有权要求定作人支付工作报酬。承揽人提供完成承揽工作所需材料的，有权要求定作人支付材料费用。承揽人为完成承揽工作而垫付其他费用的，有权要求定作人予以偿付。

2.对工作成果的留置权。定作人没有按照约定支付工作报酬或者其他费用的，承揽人依《合同法》第 264 条之规定，对所完成的工作成果享有留置权。

（三）定作人的义务

1.按照合同的约定提供材料的义务。承揽合同约定由定作人提供材料的，定作人应当按照约定的数额、质量和时间向承揽人提供材料。承揽人对定作人提供的材料应当及时进行检验。经过检验，发现所提供的材料不符合合同约定的，承揽人应当及时向定作人发出不符通知。定作人在接到通知后，应当及时补齐、更换材料，或者采取其他补救措施，使之达到合同约定的要求。定作人未更换、补齐或采取其他补救措施，或者未及时更换、补齐或采取其他补救措施的，承揽人有权解除合同。定作人应当赔偿因此给承揽人造成的损失。

2.接受工作成果并支付报酬及相关费用的义务。定作人应当按照合同约定的方式、时间、地点及时验收并接受工作成果。如果承揽人在合同终止时未能全部完成承揽工作，但是已经完成的工作成果对定作人有使用意义的，定作人也应当受领已经完成的部分。[①] 定作人无正当理由受领迟延的，承揽人可请求其受领并支付相应报酬和费用，包括违约金、保管费用等。承揽人也可以依法提存定作物。定作人则应承担因其受领迟延而发生的关于工作成果的风险。定作人在受领工作成果的同时，有义务对工作成果进行验收。但是验收本身并不能作为承揽人免除责任的理由。如果工作成果依其性质在短期内难以发现瑕疵，或者是工作成果存在隐蔽瑕疵的，定作人仍可于验收后的合理期限内请求承揽人承担责任。

承揽合同是双务合同，支付报酬是定作人最主要的义务，是定作人取得承揽人交付的工作成果的对价性给付。当事人对于合同报酬的支付期限没有约定或约定不明确的，应首先适用《合同法》第 61 条关于合同补充的规定。如仍不能确定的，定作人应当在承揽人交付工作成果的同时支付；工作成果部分交付的，定作人须支付相应的报酬。[②] 承揽人依据合同的约定提供相应材料的，定作人应当向承揽人支付材料费用。如果承揽人为完成承揽工作垫付了有关费用，定作人也应当予以偿付。

3.协助义务。承揽工作的完成通常需要定作人与承揽人共同合作，相互协助。《合同法》第 259 条规定，承揽工作需要定作人协助的，定作人有协助义务。例如按照约定提供原材料、零配件、图纸、技术资料等。定作人不履行协助义务致使承担工作不能完成的，承揽人可以催告定作人在合理期限内履行义务，并可以顺延履行期限；定作人逾期不履行，例如复制合同中定作人未提供原件的，承揽人可以解除合同。这与多数国家的做法相同（如德国民法典第 643 条）。承揽人发现定作人提供的图纸或者技术要求不合理的，应当及时通知定作人，定作人应当及时予以答复。因定作人怠于答复等原因造成承揽人损失的，定作人应当承担赔偿责任。

（四）定作人的权利

1.随时变更承揽工作要求和解除合同的权利。承揽合同是完成一定工作并交付工作成

---

① 唐德华、孙秀君主编：《合同法及司法解释审判实务》（下），人民法院出版社 2004 年版，第 961 页。

② 参见《德国民法典》第 641 条第 1 项、《瑞士债务法》第 372 条、《日本民法典》第 633 条等的规定。

果的合同，工作成果的完成由定作人的需求目的所决定。定作人对工作成果的需求因情势变化而变化，甚至完成该工作成果已无必要，如不允许定作人变更或解除合同，从经济效益上讲，不仅对定作人不利，而且会造成资源的浪费。而承揽人订立承揽合同的目的在于获得报酬，只要定作人变更或解除合同时给予承揽人适当经济补偿，承揽人的合同利益并没有受损。故《合同法》赋予定作人单方中途变更承揽工作要求和随时解除合同的权利。多数国家法律与我国《合同法》的规定一样。补偿或赔偿承揽人的损失不是前提条件而是变更或解除合同的法律后果。我国《合同法》第 258 条和第 268 条规定，定作人中途变更承揽工作的要求或者解除承揽合同，造成承揽人损失的，应当赔偿损失。

2.对承揽人提供的材料进行检验的权利。合同约定由承揽人提供全部或者部分材料的情况下，定作人在收到承揽人的材料备妥通知后，有权对所提供的材料以及有关说明文件进行检验，并应当将符合或者不符合合同约定的检验结果及时通知承揽人。

3.对承揽人的工作进行必要监督的权利。承揽工作过程中，在不妨碍承揽人正常工作的情况下，定作人有权对承揽人的工作进行必要的监督。这是保证工作质量、避免瑕疵的有效措施。但是，定作人的监督权利以不妨碍承揽工作和具有必要性为条件。定作人应当提前通知承揽人检验监督的时间和内容。“必要监督”限于合同约定的监督，以及对于承揽工作质量的监督。

四、承揽合同中的风险负担及留置担保

（一）承揽合同中的风险负担

承揽合同中的风险负担，是指在工作成果交付前，非因当事人的原因而使原材料或工作成果毁损、灭失的损失由何方承担的问题。

1.原材料的风险负担。若承揽工作所需的原材料系由承揽人提供，在其转化为工作成果之前，与定作人无关，原材料毁损、灭失的风险当然由承揽人承担。

至于定作人提供的原材料在承揽人占有期间发生意外毁损、灭失的风险负担，我国《合同法》并没有作出规定。在理论和实践上，存在两种不同的主张。一种是交付说，根据占有原则，标的物的风险负担在标的物交付前由交付人承担，交付后由受领人承担。这与《合同法》对于买卖合同标的物风险负担的交付主义规定相统一。[①] 另一种是所有权说，依据“风险随归所有权”的原则，谁享有所有权，谁就承担该标的物的风险。各国民法典一般都规定，承揽人不承担定作人提供的原材料的意外风险。例如《德国民法典》第 644 条第 1 款第 3 项规定：“承揽人对定作人所供给材料的意外灭失或意外毁损，不负其责任。”我们认为，后者符合我国民法的传统观点，所有权人承担意外风险，体现了风险与利益的一致性。

2.工作成果的风险负担。根据《合同法》的规定，承揽合同工作成果的风险负担，应以交付为界定标准。工作成果的风险随着交付而转移。交付前毁损、灭失的，承揽人承担不能交付的违约责任。但是如果由于定作人的受领迟延导致工作成果未能交付的，因定作人违约在先，工作成果的风险应由定作人承担。各国法律对于工作成果的风险分配采取的是交付主义原则，但以定作人受领迟延为例外。例如《德国民法典》第 644 条第 1 款、《瑞士债务法》

① 陈小君主编：《合同法学》，中国政法大学出版社 1999 年版，第 382～383 页。

第376条第1款、《法国民法典》第1790条等。

如果承揽人的工作成果不需要实际交付，则承揽工作的完成时间是该工作成果风险承担的时间界限。工作完成前发生的风险由承揽人承担，工作完成后发生的风险由定作人承担。承揽工作的完成时间是承揽人完成承揽工作各有关项目，通知定作人并经定作人验收完毕的那个时刻。承揽人没有履行通知义务，或者履行了通知义务并且定作人及时验收，但是没有通过验收的，工作成果的风险仍由承揽人承担。①

（二）留置担保

留置权，是指债权人占有属于债务人的动产，根据法律的规定，于债权未受清偿时，有权留置该动产，以该财产折价或者以拍卖、变卖该财产的价款优先受偿的担保物权。在承揽合同关系中，承揽人的留置权是实现其对于定作人的权利的重要保障。《合同法》第264条规定，定作人未向承揽人支付报酬或者材料费等价款的，承揽人对完成的工作成果享有留置权。该法定留置权与《民法通则》第89条第4款及《担保法》第84条的规定相一致。但是当事人在合同中可以约定排除这一法定留置权。留置权的行使适用《担保法》的有关规定。行使留置权应以占有为先决条件，在不能占有工作成果的情况下，如房屋修缮，承揽人不能行使留置权而只能主张支付违约金或赔偿损失。

第二节 工程承包合同

一、建设工程合同的概念

建设工程合同，是指承包人进行工程的勘察、设计、施工等建设，发包人支付价款的合同（《合同法》第269条）。负责工程的勘察、设计、施工任务的一方为承包人，委托他人进行工程的勘察、设计、施工任务的建设单位为发包人。建设工程合同，通常又称基本建设工程合同、基本建设工程承包合同、基本建设工程承揽合同和工程建设合同。建设工程合同包括工程勘察合同、工程设计合同和工程施工合同。

严格意义上说，建设工程合同是一种承揽合同。建设工程合同与一般的承揽合同一样，均为诺成合同、双务合同和有偿合同，并都是当事人一方按照他方的要求完成一定工作并交付工作成果（工程），由定作人支付报酬或价款的合同，两类合同项下双方当事人的权利义务关系也基本一致。因此，根据《合同法》第287条规定，对于建设工程合同未作规定的事项仍适用承揽合同的有关规定。德国、瑞士等国的民法典则把建设工程合同归入承揽合同一类。但建设工程合同是一种特殊的承揽合同，与一般承揽合同比较，具有以下法律特征：

1. 合同标的仅限于基本建设工程。建设工程合同的标的只能是作为基本建设工程的种类建筑物、地下设施、附属设施的建筑，以及对线路、管道、设备进行的安装建设。因为基本建设工程的标的是不动产，基本建设工程对于国家和社会有重要意义，对于合同当事人有

① 唐德华、孙秀君主编：《合同法及司法解释审判实务》（下），人民法院出版社2004年版，第968页。

着特殊的要求，《合同法》将建设工程合同和承揽合同作为两个并列、独立的有名合同加以规定。

2. 合同的主体只能是法人。虽然《合同法》对此并无明确要求，但是根据《中华人民共和国建筑法》及其他有关法规的规定，建设工程合同的主体具有特定性。发包人只能是经过批准建设工程的法人，承包人也只能是具有从事勘察、设计、建筑、安装资格的法人。这是因为工程建设通常是投资大、周期长、质量要求高的建设项目，公民个人无能力承担。

3. 国家管理的特殊性。建设工程涉及国家的基本建设规划，其标的物为特殊不动产，须长期存在和发挥效用，事关国计民生，国家仍需对基本建设项目进行宏观调控并确保工程质量。因而，有关法律、法规对工程的审批、合同的签订和履行、资金的投入、成果的验收等均做出严格规定。①

4. 具有计划性和程序性。为了防止盲目上马、重复建设、乱铺摊子现象的发生，工程建设必须按照国家规定的程序进行。工程建设通常可分为四个阶段：(1)立项，即建设项目从提出建议到设计被批准的过程；(2)施工准备，即进行筹建登记，领取筹建许可证，申请贷款、场地及材料准备的阶段；(3)施工，即筹建单位与建设单位签订建筑安装工程合同，由施工单位按约进行建设施工的过程；(4)竣工验收，交付使用。国家重大建设工程合同，应当按照国家规定的程序和国家批准的投资计划、可行性研究报告等文件订立。

5. 要式合同。建设工程合同涉及的工程量通常较大，当事人的权利义务关系复杂。为明确当事人的权利义务关系，法律明确规定建设工程合同必须采用书面形式(《合同法》第270条)。

二、建设工程合同的订立

基于建设工程的特殊地位，同时为了促使建设单位和施工企业进入建筑市场公平交易、平等竞争，减少和防止国有资产的流失，建设工程合同一般采用招标投标的方式订立。工程招标，是指工程建设的发包人采取招标公告的形式，向不特定的勘察、设计、施工企业发出的，以吸引或邀请相对方投标为目的的意思表示；工程投标，是指投标人(出标人)按照发包人在招标公告中的要求，在规定的期间内发出的以订立合同为目的的、包括全部合同条款的意思表示。建设工程的招标投标，应当依照《中华人民共和国招标投标法》以及其他相关法律、法规的规定进行。

依据合同法和招标投标法的规定，建设工程的招标投标应当遵循公开、公平、公正的原则。公开原则要求建设工程合同的招标、投标活动应当公开进行，不允许发包人和(或)投标人隐瞒真实情况，进行暗箱操作。公平原则要求发包人为所有投标人创造平等的竞争环境，给予平等的竞争机会；要求投标人处于平等的竞争地位，不得享有任何特权。公正原则要求

---

① 1998年《中华人民共和国建筑法》、1999年《建设工程勘察设计市场管理规定》、1992年建设部《工程建设监理单位资质监理试行办法》、1995年建设部、国家计委《工程建设监理规定》，1993年建设部《建设工程质量管理办法》《建设工程勘察设计合同条例》、1993年《建设工程施工合同管理办法》《建筑安装工程承包合同条例》，1996年国家计委《关于实行建设项目法人责任制的暂行规定》、1992年建设部《工程建设施工招标投标管理办法》。

发包人应当制定相应的标准、组成相应的评标组织,该标准的制定、该组织的成立以及在招标投标过程中的具体评标活动应当公正,以保证定标结果的公正性。

建设工程合同应当采用书面形式。但是,根据《合同法》第36条的规定,没有采取书面形式的建设工程合同并不当然无效。如果一方当事人已经履行合同的义务,对方接受的,该建设工程合同仍然有效成立。

根据《合同法》第273条的规定,国家重大建设工程合同,应当按照国家规定的程序和国家批准的投资计划、可行性研究报告等文件订立。

建设工程合同可以采用两种不同的形式:(1).建设工程总承包合同。建设工程总承包合同,是指发包人就整个建设工程从勘察、设计到施工交给总承包人进行工程建设,由总承包人对整个建设工程负责的合同。对于大型工程或者结构复杂的工程,可以由两家或者两家以上的单位共同成为总承包人,与发包人签订建设工程总承包合同。(2)建设工程单项承包合同。发包人可以就建设工程的三个重要阶段,即勘察阶段、设计阶段和施工阶段,分别与勘察人、设计人、施工人分别订立单独的建设工程勘察合同、建设工程设计合同、建设工程施工合同。勘察人、设计人、施工人为各个单独合同中的承包人。为了保证工程的建设质量,便于统筹、协调,法律禁止发包人将应当由一个承包人完成的建设工程肢解成若干部分发包给几个承包人。

征得发包人的同意,承包人(总承包人或者单项承包人)可以依法将其承包的部分工作分包给具备相应资质条件的第三人,此为“建设工程的分包”。法律禁止承包人未经发包人同意分包工程,禁止承包人将工程分包给不具备相应资质条件的单位,禁止承包人将其承包的全部建设工作转包给第三人或者将其承包的全部建设工程肢解以后以分包的名义转包给第三人。承包人非法转包、违法分包建设工程的行为无效。当前《民法总则》与《民法通则》并存。在《民法总则》没有规定的情况下,人民法院可以根据《民法通则》第134条的规定,收缴当事人已经取得的非法所得。发包人可以请求解除与该承包人之间的建设工程合同,并要求承包人承担相应的违约责任。但是,具有劳务作业法定资质的承包人可以与总承包人、分包人签订劳务分包合同。法律要求承包人自行完成建设工程主体结构的施工任务,禁止将该施工任务分包出去。分包形式下,原建设工程合同的承包人为发包人,接受分包的第三人为分包人(又称分包合同的承包人)。法律禁止分包人在接受分包后,将其承包的工程再行分包。在分包的情况下,分包人就其完成的工作成果与(原建设工程合同的)承包人(总承包人或者勘察、设计、施工承包人)向发包人承担连带责任。亦即,对于因分包工程对发包人产生的侵权责任和违约责任,发包人既可以要求总承包人、勘察人、设计人、施工人和分包人共同承担,也可以单独要求总承包人、勘察人、设计人、施工人承揽责任,或者直接要求分包人承担责任。与此相类似,依据2004年《最高人民法院关于审理建设工程施工合同纠纷案件适用法律问题的解释》(以下简称《建设工程施工合同司法解释》)第12条的规定,发包人不得直接指定分包人分包专业工程。如果直接指定分包人分包专业工程,造成建设工程质量缺陷的,应当承担过错责任。

为了科学控制建设工程的投资、保证建设工期、确保工程质量,发包人往往委托具备监理资质的监理单位进行建设监理,并为此签订建设工程监理合同。建设工程监理合同,是指发包人与监理人签订的,发包人委托监理人对承包人在施工质量、建设工期和建设基金的使用等方面实行监督，并支付报酬的合同。建设工程监理合同应属于委托合同的一种。《合同法》第276条规定，发包人与监理人的权利和义务以及法律责任，应当依照《合同法》第21章"委托合同"以及其他有关法律、行政法规的规定。

三、工程勘察合同

（一）工程勘察合同的概念

工程勘察合同，是指发包人与勘察人订立的，由勘察人完成一定的勘察工作，发包人接受工作成果并支付报酬的合同。工程勘察，是指对工程项目进行实地考察或查看的活动，主要内容包括工程测量、水文地质勘察和工程地质勘察等。工程勘察的任务是为建设项目选址、工程设计和施工提供科学、可靠的依据。

（二）工程勘察合同的主要条款

根据《合同法》第274条的规定，勘察合同的内容包括有关基础资料和文件（包括概预算）的提交期限、勘察的质量要求、勘察的费用以及其他协作条件等条款。勘察资料和文件是工程设计的基础，是工程建设的依据。因此，勘察资料和文件的提交时间直接影响整个建设工程的完成期限，当事人应当在合同中予以明确约定。其他协作条件，是指合同双方为了保证勘察工作的顺利完成所应当履行的相互协作的义务。例如，发包人应当为勘察技术人员提供必要的生活、工作条件等。

（三）承包人的义务

承包人的义务主要有：(1)完成勘察工作，并向发包人交付工作成果。勘察人应当按照合同规定的进度和质量完成勘察任务，并在约定期限内将勘察成果及说明按约定方式交付发包人。(2)对勘察成果负瑕疵担保责任。勘察人对其完成和交付的工作成果应当负瑕疵担保责任。即使勘察合同已履行完毕，但在工程建设中发现勘察质量问题，造成返工的，勘察人仍应继续完善勘察，减收或者免收报酬并赔偿损失。

（四）发包人的义务

发包人的义务主要有：(1)按照合同的约定向承包人提供勘察工作所需的基础资料、技术要求，并对提供的时间、进度以及资料的可靠性负责。(2)按照合同约定向勘察人提供必要的协作条件，如必要的生活、工作条件等。(3)按照合同约定支付勘察费。(4)维护勘察成果。发包人对于勘察成果，不得擅自修改，不得擅自转让给第三人重复使用。

四、工程设计合同

（一）工程设计合同的概念

工程设计合同，是指发包人与设计人订立的，由设计人完成一定的工程设计工作，发包人接受工作成果并支付报酬的合同。工程设计，是指运用工程技术理论及技术经济方法，按照现行技术标准等进行综合性设计（包括必需的非标准设备设计）及技术经济分析，并提供作为施工依据的设计文件和图纸的活动。

（二）工程设计合同的主要条款

根据《合同法》第274条的规定，工程设计合同的内容包括有关基础资料和文件（包括概预算）的提交期限、设计的质量要求、设计的费用以及其他协作条件等条款。设计资料和文件是工程建设的依据。因此,设计资料和文件的提交时间直接影响整个建设工程的完成期限,当事人应当在合同中予以明确约定。其他协作条件,是指合同双方为了保证设计工作的顺利完成所应当履行的相互协作的义务。例如,发包人应当为设计人员提供必要的生活、工作条件;设计人应当配合建设工程的施工,进行设计交底,解决施工中的有关设计问题等。

(三)承包人的义务

承包人的义务主要有:(1)完成工程设计工作,并向发包人交付工作成果。设计人应当按照合同规定的进度和质量完成设计任务,并在约定期限内将设计图纸及说明和材料设备清单、概算等设计成果按约定方式交付发包人。(2)对设计成果负瑕疵担保责任。设计人对其完成和交付的工作成果应当负瑕疵担保责任。即使设计合同已履行完毕,但在工程建设中发现设计质量问题,造成返工的,设计人仍应继续完善设计,减收或者免收报酬并赔偿损失。(3)按约完成协作事项。设计人对其承担设计任务的建设项目应当配合施工,进行设计交底,解决施工过程中有关设计的问题,负责设计变更和修改预算,参加试车考核或工程竣工验收等。对于大中型工业项目和复杂的民用工程,应派员现场设计,并参加隐蔽工程验收。

(四)发包人的义务

发包人的义务主要有:(1)按照合同的约定向承包人提供设计工作所需的基础资料、技术要求,并对提供的时间、进度以及资料的可靠性负责。(2)按照合同约定向设计人提供必要的协作条件,如必要的生活、工作条件等。(3)按照合同约定支付设计费。(4)维护设计成果。发包人对于设计成果,不得擅自修改,不得擅自转让给第三人重复使用。

五、工程施工合同

(一)工程施工合同的概念

工程施工,是指对工程进行实际修建的过程,包括建筑和安装两方面。建筑是营造工程的行为,安装主要是指与工程有关的管线、设备等的装配活动。工程施工合同,又称为建筑安装工程承包合同,是指发包人(建设单位)与承包人(施工单位)之间所达成的,承包人为发包人完成建设安装工程项目,发包人接受成果并支付报酬的合同。

如上所述,工程施工项目必须公开招投标,而且对于承包人的资质要求较高。依据《建设工程施工合同司法解释》的规定,建设工程必须进行招标而未招标或者中标无效的,合同无效;承包人未取得建筑施工企业资质或者超越资质等级,或者没有资质的实际施工人却借用有资质的建筑施工企业名义施工的,该工程施工合同也应认定为无效。人民法院甚至可以根据《民法通则》第 134 条规定,收缴当事人已经取得的非法所得。

为了促进经济活动的开展,《建设工程施工合同司法解释》第 5 条规定,承包人在签订建设工程施工合同时超越资质等级许可的业务范围,但是在建设工程竣工前取得相应资质等级的,可以认为该建设工程施工合同有效。

(二)施工合同的主要条款

根据《合同法》第 275 条的规定,施工合同的内容包括工程范围、建设工期、中间交工工程的开工和竣工时间、工程质量、工程造价、技术资料交付时间、材料和设备的供应责任、拨款和结算、竣工验收、质量保修范围和质量保证期、双方相互协作等条款。其中,中间交工工程，是指施工过程中的阶段性工程。建设工程整体往往由许多中间工程组成。中间工程的开工和完工时间直接影响了后续工程的开工和完工，制约着整个工程的顺利完成。因此，在施工合同中应当明确约定中间工程的开工和竣工时间。

工程款根据支付的目的和时间，分为4部分：预付款、工程进度款、竣工结算款、保修扣留金。关于工程款的拨付方式，应当由当事人明确约定。

（三）承包人的义务

承包人的义务主要有：（1）做好施工前的准备工作，按期开工。承包人在开工前，应当按照合同约定负责做好施工场地的平整，施工界区内的用水、用电、道路以及临时设施的施工；编制施工组织设计（或施工方案）；进行材料和设备的采购、供应和管理；向发包人提出应由发包人供应的材料、设备的计划。承包人对于发包人提供的施工图纸和其他技术资料，不得擅自修改。承包人应当按照合同约定，及时向发包人提交开工通知书、施工进度报告表、施工平面布置图等。（2）严格按合同进行施工，接受发包人的必要监督，确保工程质量。已经完成的建设工程质量不合格，而承包人又拒绝修复的，发包人可以请求解除合同，并要求承包人承担相应的违约责任。承包人有义务接受发包人对工程进度和工程质量的必要监督，不得拒绝，并应给予支持和协助。（3）提交工程进度报告。在施工过程中承包人应当提供月份作业计划、月份施工统计报表、工程事故报告等。（4）在隐蔽工程隐蔽以前，承包人应当及时通知发包人检查；（5）按期按质进行施工并如期交付工程。否则，承包人应当承担逾期交付的违约责任。承包人于竣工后、交付前应负责保管完成的工程并清理施工现场；提交竣工验收技术资料，通知发包人验收工程并办理工程竣工结算和参加竣工验收。（6）瑕疵担保责任。工程质量不符合约定的，承包人应承担在合理期限内无偿修理或者返工、改建的责任。建设工程在合理使用期限内造成人身伤亡和财产损害的，承包人仍应承担损害赔偿责任。

（四）发包人的义务

发包人的义务主要有：（1）做好施工前的准备工作。发包人应当于施工前办妥正式工程和临时设计范围内的土地征用、租用，申请施工许可证，确定建筑物、道路、线路、上下水道的定位标准、水准点和坐标控制点。发包人应当在开工前接通现场水源、电源和运输道路，依约定清除施工现场的障碍物，组织有关单位对施工图等技术资料进行审定。（2）按照约定的时间和要求提供原材料、设备、场地、资金、技术资料。如果发包人提供的设计有缺陷，或者提供或指定购买的建筑材料、建筑构配件、设备不符合强制性标准，致使承包人无法施工，且在催告的合理期限内仍未履行义务的，承包人可以请求解除建设工程施工合同，并要求发包人承担相应的违约责任；造成建设工程质量缺陷的，发包人应当承担过错责任。如果发包人没有提供必要工作条件，影响工程建设的顺利进行的，承包人有权顺延工期并有权要求赔偿停工、窝工等损失。（3）协助承包人工作，解决施工中的有关问题。在施工过程中，发包人应当派驻工地代表，对工程进度、质量进行监督检查，检查隐蔽工程，办理中间交工工程的验收手续以及其他应由发包人解决的相关事宜。发包人不履行合同约定的协助义务，致使承包人无法施工，且在催告的合理期限内仍未履行义务的，承包人可以请求解除建设工程施工合同，并要求发包人承担相应的违约责任。（4）验收工程并支付价款。《合同法》第279条和《建设工程质量管理条例》第16条均规定，工程竣工后，发包人应当组织工程竣工验收。工程竣工验收，是整个工程施工的最后阶段，是全面检验工程施工是否符合设计要求与施工质量要求的重要环节，因此甚为关键。验收，既是发包人的义务，也是发包人的权利。根据《中华人民共和国建筑法》第 61 条的规定，交付竣工验收的建筑工程必须符合所要求的建筑工程质量标准，有完整的工程技术经济资料和经签署的工程保修书，并且具备国家规定的其他竣工条件。

验收合格的，发包人应当按照约定支付价款，并接收该建设工程。未经验收的，不得认定为工作成果符合合同约定；验收不合格的，不得交付使用。如果发包人在建设工程未经竣工验收时擅自使用该建设工程，除要求承包人在建设工程的合理使用寿命内对地基基础工程和主体结构质量承担民事责任外，不得再以使用部分质量不符合约定为由拒绝支付工程价款。承包人未经发包人同意组织验收的情况下，单方向质量监督部门办理竣工验收手续的，是对发包人工程验收权利的侵害。质量监督部门对该工程成果出具的验收报告及工程质量认定证书也因不符合法定验收程序，不能产生验收合格、质量优良等相应的法律效力。[①] 按照《合同法》第 286 条的规定，发包人未按照约定支付价款的，承包人可以催告发包人在期限内支付价款。发包人逾期不支付的，除按照建设工程的性质不宜折价、拍卖的以外，承包人可以与发包人协议将该工程折价，也可以申请人民法院予以拍卖。建设工程的价款就该工程折价或者拍卖的价款优先受偿。发包人违反这一义务致使承包人无法施工，且在催告的合理期限内仍未履行义务的，承包人可以请求解除建设工程施工合同，并要求发包人承担相应的违约责任。根据《建设工程施工合同司法解释》第 2 条和第 3 条的规定，建设工程施工合同无效，但建设工程经竣工验收合格的，承包人可以请求发包人参照合同约定支付工程价款。[②]

如果建设工程经竣工验收不合格，经过修复竣工验收合格的，发包人在参照合同约定支付工程价款的同时可以要求承包人承担修复费用。如果经过修复仍然无法通过竣工验收，承包人无权请求支付工程价款。因法定或约定原因而解除合同的，如果已经完成的建设工程质量合格，发包人应当按照约定支付相应的工程价款；如果已经完成的建设工程质量不合格，应当视修复情况来进行与上述情况相类似的具体处理。违反方应当承担相应的违约责任。因承包人的过错造成建设工程质量不符合约定，而承包人拒绝修理、返工或者改建的，发包人可以减少支付工程价款。实践中，发包人与承包人可能就同一建设工程签订两份不同版本的合同。依据《建设工程施工合同司法解释》第 21 条的规定，在两份合同不相一致，发生争议时，应当以备案的中标合同作为结算工程价款的根据，而不能以存档合同文本作为结算工程价款的依据。[③] 需要注意的是，国家审计机关会对相关的工程建设单位进行审计，以实现相应的行政监督。但是，如果建设工程合同的双方当事人已经通过结算协议确认了工程结算价款并已基本履行完毕，国家审计机关做出的审计报告则不影响双方当事人结算

① 见“吉林冶金设备厂诉烟台冶金研究所加工承揽合同纠纷案”，载《中华人民共和国最高人民法院公报》2004 年第 6 期；“威海市鲸园建筑有限公司与威海市福利企业服务公司、威海市盛发贸易有限公司拖欠建筑工程款纠纷案”，载《中华人民共和国最高人民法院公报》2013 年第 8 期。

② 见“莫志华、深圳市东深工程有限公司与东莞市长富广场房地产开发有限公司建设工程合同纠纷案”，载《中华人民共和国最高人民法院公报》2013 年第 11 期。

③ 见“西安市临潼区建筑工程公司与陕西恒升房地产开发有限公司建设工程施工合同纠纷案”，载《中华人民共和国最高人民法院公报》2008 年第 8 期。

协议的效力，当事人依据该结算协议履行支付工程价款义务的行为应当得到认可。[①]

六、承包人的优先受偿权

取得工程价款是承包人履行工程建设合同义务后所享有的合法权利。给付工程价款是发包人取得工程成果所应当承担的合同义务。依据承包人与工程建设人员之间的劳务合同，承包人应当向工程建设人员支付劳务费用。实践中，在工程建设过程中，承包人也可能需要投入大量的资金。由于承包人的主要资金来源是发包人支付的建设工程价款，因此，赋予承包人对其建设工程价款的优先受偿权，可以有力地保护承包人的合法权益，也有利于解决因发包人拖欠工程款所引发的一系列社会问题。

第 286 条赋予承包人建设工程价款优先受偿权，简称工程价款优先权或优先权。同时，为了进一步明确该优先权的相关内涵，最高人民法院于 2002 年通过并公布了《最高人民法院关于建设工程价款优先受偿权问题的批复》(以下简称《批复》)，该批复于 2002 年 6 月 27 日起施行。承包人建设工程价款优先受偿权涉及行使条件、行使方式、行使范围、优先顺序等内容。[②]

(一)优先受偿权的行使条件

承包人的优先受偿权不以登记为要件。发包人逾期不支付建设工程的价款时，承包人即可行使优先受偿权。建设工程承包人行使优先受偿权的期限为 6 个月，自建设工程竣工之日或者建设工程合同约定的竣工之日起计算。为了合理保护当事人的合法权益，批复明确规定关于"行使期限"及其起算时间的规定自该批复公布之日起 6 个月后，即 2002 年 12 月 20 日开始施行。

优先受偿权的行使标的是未依约支付工程价款的建设工程的折价价款或者拍卖价款。亦即，承包人就建设工程折价或者拍卖的价款优先受偿。如上所述，该建设工程不论竣工与否，该优先受偿权均得行使。但是如果按照性质，该建设工程不宜折价、拍卖，承包人则不能行使优先受偿权，只能要求发包人支付工程价款并承担违约责任，该权利属于一般债权。

(二)优先受偿权的行使方式

优先受偿权的行使标的是建设工程的折价价款或者拍卖价款。因此，优先受偿权的行使方式有两种：一是承包人与发包人协商将该建设工程进行折价，承包人在支付折价款与工程价款的差额后，取得该建设工程的所有权；二是申请人民法院将该建设工程依法拍卖，承包人就拍卖价款优先受偿。承包人不得委托拍卖公司拍卖该建设工程，或者自行将该建设工程变卖。

为了保护消费者的合法权益，批复明确规定，该建设工程为商品楼的，消费者交付购买

---

① 见"重庆建工集团股份有限公司与中铁十九局集团有限公司建设工程合同纠纷案"，载《中华人民共和国最高人民法院公报》2014 年第 4 期。

② 除这些方面外，还涉及该优先受偿权的法律性质。关于该优先受偿权的法律性质，目前有三种意见：(1)认为该优先受偿权为留置权；(2)认为该优先受偿权为法定抵押权；(3)认为该优先受偿权是一种独立的优先权。详见汪治平：《〈最高人民法院关于建设工程价款优先受偿权问题的批复〉的理解与适用》，载祝铭山主编：《建设工程合同纠纷》，中国法制出版社 2003 年版，第 373～378 页。

商品房的全部或者大部分款项后，承包人就该商品房享有的工程价款优先受偿权不得对抗买受人。这种情况下，不得通过折价或者拍卖的方式影响消费者已经取得或者即将取得的所有权。

（三）优先受偿权的行使范围

建设工程价款的数额范围是承包人行使优先受偿权的数额范围。建设工程价款主要包括两大类：(1)承包人为建设工程应当支付的工作人员报酬。该款项包括承包人已经支付的和尚未支付但是应当支付的工作报酬；(2)承包人为建设工程支付的材料款等实际支出的费用。该款项应当是承包人已经支付的费用。

建设工程价款不包括承包人因发包人违约所造成的损失。

（四）优先受偿权的优先顺序

建筑工程承包人的优先受偿权优于在该建设工程上所设定的抵押权和发包人应当清偿的其他债权。如果建设工程的折价款或者拍卖价款不足以清偿工程价款，承包人仍享有要求发包人补足差额的权利，但是该权利不再受到优先受偿权的保护。

第13章

提供服务的合同

提供服务的合同，是指当事人一方依他方的要求，完成一定服务行为或从事特定的服务活动，他方按照约定支付报酬的合同。提供服务合同与完成工作成果合同的区别是：后者的工作成果以实体物的形式表现出来，而前者的标的特指当事人的活劳动。提供服务的合同的当事人一方只是提供某种劳务，并不承担交付工作成果的义务。但是，提供特定服务可以使接受服务一方依法获得相应的权利和权益，这正是签订、履行提供服务合同的目的所在。在"王保富诉三信律师所财产损害赔偿纠纷案"[①]中，被告在见证被继承人遗嘱过程中，缺少两个以上见证人这一法定形式要件，致使被继承人所立的遗嘱被人民法院生效判决确认为无效，被继承人的遗愿无法实现。为此，法院判定被告应当承担相应的过错赔偿责任。

提供服务的合同种类多样，我国《合同法》中规定了运输合同、保管合同、委托合同、行纪合同和居间合同等有名合同。

第一节　运输合同

一、运输合同的概念

运输合同，又称运送合同，是指承运人将旅客或者货物从起运地运送到约定地点，旅客、托运人或者收货人支付票款或者运输费用的合同。将旅客或者货物从起运地点运送到约定地点的一方为承运人，支付票款或者运输费用、在目的地接受货物的一方为旅客、托运人或者收货人。运输合同的标的是将旅客或货物实现地理上的位移这一运送行为，而非旅客或货物本身。

运输合同具有以下法律特征：

1. 运输合同的主体是承运人和旅客、托运人。承运人与旅客、托运人签订旅客或者货物运输合同，是运输合同的主体。根据具体运输形式的不同，承运人可以是多个。例如在相继运输中，承运人可以分为缔约承运人和实际承运人；在多式联运中，有多式联运经营人和区段承运人等。

在货物运输中，有权在目的地收取货物的可能是托运人或者托运人以外的收货人。在

① 载《中华人民共和国最高人民法院公报》2005年第10期。

这种情况下,收货人虽然不是运输合同的主体,却具有特殊的法律地位,是运输合同的第三人和重要的关系人。承运人应当将货物运交收货人,承运人和收货人享有相应的权利、承担相应的义务。

2. 运输合同的客体是承运人将旅客或者货物运到目的地的运送行为。运输合同的客体不是旅客或者货物,而是运送行为,因而运输合同是一种典型的提供服务的合同。

3. 合同一般具有双务性、有偿性、诺成性[①]和格式性。按照约定的或者通常的运输路线在约定期间或者合理期间内将旅客或货物安全运输到约定地点,是托运人订立运输合同的目的,也是承运人的基本义务。支付相应的票款或者运输费用是旅客、托运人或者收货人的基本义务。票款或者运输费用是承运人提供运送服务的对价。承运人和旅客、托运人关于运送旅客、货物的意思表示一致,运输合同成立。承运人和旅客有缔约自由,但是,我国合同法对从事公共运输的承运人规定有强制承诺的义务,即不得拒绝旅客、托运人通常、合理的运输要求。运输活动遍布各个角落,时时刻刻发生。为便于当事人及时有效地订立运输合同,节省时间和费用,当事人往往事先拟订好合同内容以反复使用。因而多数运输合同具有格式性。交通运输是国民经济的一个重要领域,与城市供水、供电、邮政通讯等相类似,所提供的服务具有公用事业的性质,并且往往具有独占地位。为平衡各方利益,各国法律均对这类合同的订约自由进行必要的干预。

4. 承运人一般享有限制赔偿责任的权利。由于交通运输行业具有特殊性,许多国家的法律赋予承运人享有责任限制的权利,我国也不例外。《合同法》虽没有对此加以规定,但我国已出台的多部单行法明确规定,承运人享有责任限制的权利[②]。

依据运输对象的不同,可以将运输合同分为客运合同、货运合同。根据运输方式的不同,可以将运输合同分为铁路运输合同、航空运输合同、公路运输合同、水路运输合同和多式联运合同等。根据是否跨越国界,可以将运输合同分为国内运输合同和国际运输合同。我国合同法对于运输合同做了一般性的规定,并区分客运合同、货运合同和多式联运合同加以规定。有关的单行法对于运输合同做出了相关的规定。[③] 根据合同法的规定,国际公约(针对国际运输合同,不适用于国内运输合同)、各单行法对于各种运输合同有规定的,优先适用该规定。国际公约、单行法没有规定的,适用合同法的相应规定。

二、运输合同各有关方的基本义务

《合同法》对于运输合同各有关方的基本义务做了规定。这些义务是各类运输合同所共通的,不因运输合同种类的不同而有所区别。

(一)承运人的基本义务

根据《合同法》第289条的规定,从事公共运输的承运人不得拒绝旅客、托运人合理的运输要求。这是从事公共运输的承运人的强制性的承诺义务。从事公共运输的承运人,指依

① 虽有观点认为运送合同原则上为实践合同,必须以承运人接收货物、运费为成立标志,但《合同法》《海商法》《铁路法》《航空法》《公路货物运输合同细则》等均规定运输合同为诺成合同。

② 《海商法》《航空法》《铁路旅客运输损害赔偿规定》等法规中均有规定。

③ 例如《海商法》《民用航空法》《铁路法》等。

法取得公共运输资格,以向不特定的社会公众提供运输服务为营业的人。该承运人除从事公共运输外,可以依法获得向私人提供运输服务的资格。因此,从事公共运输时,该承运人负有强制性的承诺义务。但是从事私人运输时,该承运人不受此项法定义务的约束。

在履行运输合同过程中,承运人的基本义务是运送义务。在时间上,承运人应当在约定期间或者合理期间内将旅客或者货物运到目的地。承运人无正当理由(如发生不可抗力,造成道路阻塞不能通行),不得运送迟延。在路线上,承运人应当按照约定的或者通常的运输路线运送旅客或货物。承运人无正当理由(例如为了旅客或者货物及其他财产的安全),不得偏离约定或者通常的路线。承运人未按照约定路线或者通常路线运送的,无权要求旅客、托运人或者收货人增加支付票款或者运输费用。在安全性上,承运人应当保证旅客或者货物的安全运送。在运送途中,承运人应当根据具体情况适当照料旅客或者货物,消除危险。此外,承运人应当将旅客或者货物运到约定地点。除法律另有规定或者当事人另有约定外,承运人没有将旅客或者货物运到约定地点的,应当承担违约责任。

(二)旅客、托运人或者收货人的基本义务

旅客、托运人或者收货人的基本义务是支付票款或者运输费用。

客运合同中,旅客一般应当在购买旅客运输票证的同时支付票款。旅客没有购买运输票证并支付票款,也没有依据合同法以及其他有关法律、法规的规定补交票款的,承运人可以拒绝运送。旅客除应支付票款外,还应根据具体情况,依据有关规定或者合同的约定支付客运杂费。

货运合同中,托运人可以与承运人约定支付运输费用的时间、数额、方式以及支付义务人(为托运人本人还是收货人)。通常,约定在起运货物时支付运费的,应当由托运人支付。托运人不支付运费的,应当承担违约责任。当事人约定运费在将货物运到约定地点时支付的,应当由前来提取货物的托运人或者收货人支付。前来提取货物的托运人或者收货人不支付运费的,应当承担违约责任。承运人对该货物享有留置权。

如前所述,承运人未按照约定路线或者通常路线运输致使票款或者运输费用增加的,旅客、托运人或者收货人可以拒绝支付增加部分的票款或者运输费用。对于承运人超出约定或者有关规定而多收的费用,旅客、托运人或者收货人有权拒付。

三、客运合同

(一)客运合同的概念

客运合同,又称旅客运输合同,是指承运人将旅客从起运地运至目的地,旅客支付票款的合同。在旅客运送中,旅客既是与承运人订立客运合同的当事人,又是承运人运送的对象。客运合同通常采用票证形式(如车票、船票、机票),具有突出的格式性。客运合同的价款、运输时间、运输路线等均由承运人事先拟定,旅客只能选择购票(订立该客运合同)或者不购票(不订立该客运合同),对于合同的具体内容一般没有协商余地。客运合同通常包括对旅客行李和儿童(成年旅客可免费携带一名)的运送。

通常情况下,旅客先向承运人购买客票,凭票乘坐交通运输工具,根据《合同法》第 293 条规定,合同自承运人向旅客交付客票时成立。但是,当事人另有约定或者交易习惯与此不同的,应当按照当事人的约定或者交易习惯确定合同成立的时间。例如,乘客乘坐出租车时，习惯在到达目的地时计程收费、开具乘车发票。另外，旅客先上车船，后补票的，承运人向旅客交付客票的行为不再是合同成立的标志。

（二）旅客的权利和义务

1.持有效客票乘运。持有效客票乘运，既是旅客的权利，又是旅客的义务。客票虽然不是旅客运输合同的书面形式，却是证明旅客运输合同的基本凭证，也是旅客向承运人要求乘运的依据。除当事人另有约定或经承运人同意或者旅客补交票款外，旅客不得无票乘运。客票分记名客票和不记名客票两种。对于记名客票，如飞机票，旅客必须本人持票才为有效。关于不记名客票，谁持有客票，谁就是运输合同的一方当事人。在检票之前，旅客可以自由转让不记名客票，但是不得倒卖客票。客票上通常记载客票的有效期间、乘运的距离和级别等事项。除当事人另有约定、经承运人同意或者补交票款外，旅客无权使用超过有效期间的客票乘运，也无权超程乘运、越级乘运，或者持失效客票乘运。承运人向旅客交付客票后，旅客因自己的原因不能按照客票记载乘坐的，有权在约定的时间内退票或变更乘运内容，但应当办理相关手续。

2.限量携带行李的义务。客运合同包括对旅客行李和儿童（可免费携带一名）的运送。旅客行李运送附属于旅客运送。旅客可以免费携带限量行李。运送的行李超过限量的，超过部分应当办理托运手续。行李托运适用货物运输的有关规定。旅客为该行李的托运人，负有支付运费的义务。

3.不得随身携带或者在行李中夹带危险物品或者违禁物品的义务。这是旅客必须遵守的法定义务。为此，承运人对旅客进行安全检查既是承运人的法定权利，又是承运人的法定义务。根据《合同法》第297条的规定，旅客不得携带或者在行李中夹带易燃、易爆、有毒、有腐蚀性、有放射性以及有可能危及运输工具上人身和财产安全的危险物品或者其他违禁物品。旅客随身携带或者在行李中夹带危险物品或者违禁物品的，承运人可以将危险物品、违禁物品卸下、销毁或者送交有关部门。对于该危险物品或者违禁物品的损失，承运人不承担赔偿责任。旅客坚持携带或者夹带此类物品的，承运人应当拒绝运输。根据有关法律、法规的规定，旅客随身携带或者在行李中夹带危险物品或者违禁物品的，应根据具体情况承担行政责任、刑事责任；对承运人或者他人造成伤害或损失的，应当承担相应的赔偿责任。

（三）承运人的义务

除一般承运人的权利义务外，旅客运输的承运人还负有以下义务：

1.告知义务。承运人应当将不能正常运输的重要事由和安全运输注意事项及时告知旅客。例如告知旅客因承运人的原因或者天气原因致使运输工具不能按时到达目的地，或无法到达原目的地而转到其他地点；在飞机起飞前告知旅客如何正确使用氧气面罩以及紧急出口的位置等。实际中，承运人还应当向旅客告知与旅客运输密切相关的有关信息，这是承运人在客运合同中的附随义务。在“杨艳辉诉南方航空公司、民惠公司客运合同纠纷案”中，[①]法院认定，在客运合同中明白无误地向旅客通知运输事项，是承运人应尽的附随义务。“只有承运人正确履行了这一附随义务，旅客才能于约定的时间到约定的地点集合，等待乘坐约定的航空工具。上海有虹桥、浦东两大机场，确实为上海公民皆知。但这两个机场的专

① 《中华人民共和国最高人民法院公报》第2003年第5期。

用代号 SHA、PVG，却并非上海公民均能通晓。作为承运人的被告南航公司，应当根据这一具体情况，在出售的机票上以我国通用文字清晰明白地标明机场名称，或以其他足以使旅客通晓的方式作出说明。南航公司在机票上仅'上海 PVG'来标识上海浦东机场，以致原告杨艳辉因不能识别而未在约定的时间乘坐上约定的航空工具，南航公司应承担履行附随义务不当的过错责任。"最后，法院认为"原告杨艳辉持机场名称标识不明的机票，未能如期履行。参照迟延运输的处理办法，被告南航公司应负责全额退票，并对旅客为抵达目的地而增加的支出进行赔偿。"

2.按照客票载明的时间和班次，使用合同约定的运输工具运送旅客的义务。承运人应当提供客票载明的以及合同约定的运送服务。除有正当理由外，承运人没有按照客票所载明的时间和班次运送旅客的，应当承担违约责任。承运人迟延运送的，应当根据旅客的要求安排改乘其他班次以及变更客运合同或者退票以解除该客运合同。承运人擅自变更运输工具也构成了对运送合同的违反。如果承运人擅自变更运输工具而降低了服务标准，旅客有权要求退票或者相应减少票款，承运人应当满足旅客退票或者减收票款的要求。如果承运人擅自变更运输工具而提高了服务标准，承运人无权向旅客加收票款。即使因不可抗力等正当理由，没有按照客票所载明的时间和班次运送旅客，承运人仍应及时告知旅客，并对旅客作出合理的安排。实践中，有的承运人以打折飞机票上注明"不得退票，不得转签"字样，对旅客不管不顾，违反了承运人应尽的责任。在"阿卜杜勒·瓦希德诉东方航空公司国际航空旅客运输合同纠纷案"中，法院认定"不得退票，不得转签"字样只是限制购买打折机票的旅客由于自身原因而退票和转签，不能剥夺旅客在支付了票款后享有的按时乘坐航班抵达目的地的权利。当不可抗力造成航班延误，致使航空公司不能将换乘其他航班的旅客按时运抵目的地时，航空公司有义务在始发地向换乘的旅客明确告知到达目的地以后是否提供转签服务，以及在其不能提供转签服务时旅客应当如何办理旅行手续。航空公司不尽此项义务或者不能证明自己已尽此项义务，而给换乘旅客造成损失的，应当承担赔偿责任。①

3.在运输过程中对患急病、分娩、遇险的旅客尽力救助的义务。这是承运人运送义务的附随义务。如果承运人不尽力救助，应当承担相应的民事责任。

(四)承运人的损害赔偿责任

1.旅客伤亡的赔偿责任。承运人负有安全运送旅客的义务。承运人应当保障旅客在运输过程中的安全。旅客在运输过程中的伤亡一般与承运人运输职责的履行有直接或者间接的关联。基于国家对旅客运输行为的严格管理，承运人的独占性和公用性以及由此产生的国家对旅客的严格保护，②《合同法》第 302 条规定承运人对运输过程中旅客的伤亡承担严格的无过错责任。即，对于运输过程中旅客的伤亡，承运人即使没有过错，仍应当承担赔偿责任，除非承运人能够证明该伤亡是由于旅客自身健康原因造成的或者是旅客故意、重大过失造成的。同样，按照规定免票、持优待票或者经承运人许可搭乘的无票旅客(《合同法》第 302 条第 2 款)以及根据《海商法》第 108 条的规定，经承运人同意，在货物运输合同中随运输工具护送货物的人，均享有旅客的法律地位。在运输过程中发生伤亡的，承运人也应当承

---

① 载《中华人民共和国最高人民法院公报》2006 年第 10 期。

② 胡康生主编：《中华人民共和国合同法实务全书》，中国商业出版社 2000 年版，第 315 页。

担赔偿责任;但是承运人能够证明该伤亡是由于该旅客自身健康原因或者该旅客故意、重大过失造成的,承运人不承担赔偿责任。

在运送过程中发生旅客人身损害的,往往构成承运人违约责任与侵权责任的竞合。赔偿权利人可以选择按照《合同法》及相关立法的规定或者《侵权责任法》的规定,要求承运人承担违约责任或者侵权责任。例如根据2010年《最高人民法院关于审理铁路运输人身损害赔偿纠纷案件适用法律若干问题的解释》第12条的规定,赔偿权利人要求作为承运人的铁路运输企业承担违约责任的,应当依照《合同法》第290条、第301条、第302条等规定,确定承运人是否承担责任及责任的大小;赔偿权利人要求承担侵权赔偿责任的,应当依照有关侵权责任的法律规定,确定承运人是否承担赔偿责任及责任的大小。

2.旅客自带物品损失的赔偿责任。旅客自身携带的物品在运输过程中的毁损、灭失的,承运人承担过错责任。在运输过程中,承运人应当尽合理谨慎义务,保证该物品的安全。如果由于承运人的过错造成该物品的毁损、灭失,承运人应当承担损害赔偿责任。旅客承担证明承运人犯有过错的举证责任。《合同法》第303条第2款规定,旅客托运的行李毁损、灭失的,适用货物运输的有关规定。

承运人对于旅客伤亡、旅客自带物品的毁损、灭失承担赔偿责任时,有权根据有关法律的规定,限制其赔偿责任。①

四、货运合同

(一)货运合同的概念

货运合同,是指承运人将托运人交付的货物从起运地运输到约定地点并交付收货人(或托运人),由托运人或收货人支付运费的合同。托运人与承运人是货运合同的主体。托运人可以是所运货物的所有人,也可以是其他人。承运人可以实际完成货物运输的全部,也可以将部分货物运输交由其他人完成,但是仍然应当就全部货物运输向托运人或收货人负责。承运人所运输的货物范围广泛,但是不包括不动产和无形财产。

与客运合同相比较,货运合同的一个显著特征是往往涉及第三人(收货人)。托运人既可以在合同中约定将货物交付自己,也可以指定向不同于托运人的第三人(收货人)交付。收货人虽然不是货运合同的当事人,但却是合同的利害关系人,享有合同的权利及承担相应的义务。如享有货损货差、迟延交付的索赔权利,承担补交运费、赔偿因受领迟延给承运人造成的损失的义务等。承运人把货物交付给收货人方为履行完毕。

货运方式较客运方式更多样,除铁路运输、航空运输、水路运输、公路运输外,还有管道运输方式。

(二)托运人的权利

1.变更、解除货运合同的权利。这是托运人的单方权利。在订立货运合同后,承运人将货物交付收货人之前,托运人可以要求中止运输、返还货物、变更到达地或者将货物交给其他收货人,但应赔偿由此给承运人造成的损失。托运人做出解除或者变更合同的决定时应

① 通常,承运人故意造成旅客伤亡、旅客自带物品的毁损、灭失的,承运人丧失限制赔偿责任的权利。参见《海商法》第59条的规定。

当及时告知承运人，并赔偿承运人因合同解除、变更所遭受的损失。[①]

2.拒付运费或者要求返还已收运费的权利。货运合同约定由托运人支付运费的情况下，根据《合同法》第314条的规定，如果货物在运输过程中因不可抗力灭失的，托运人有权不支付运费；运费已经支付的，托运人可以要求返还运费。这是公平原则和诚实信用原则的体现。货物部分灭失的，托运人支付运费的义务部分免除。值得注意的是，《海商法》对此没有规定。在《合同法》生效前，司法实践中参照国际通常做法，即货物在海上运输过程中因不可抗力灭失的，托运人仍有义务支付运费，承运人对预收的运费无退还的义务[②]。《合同法》生效后，《海商法》没有规定的，应适用《合同法》的规定，而不能再参照国际通常做法。

（三）托运人的义务

1.支付运输费用的义务。除货运合同约定（有相关运输单证并明确载明）由收货人支付运费外，托运人应当向承运人支付运费。这是托运人的基本义务。

2.如实申报的义务。托运人在办理货物运输时，应当向承运人如实申报收货人的名称或者姓名或者凭指示的收货人，货物的名称、性质、重量、数量，收货地点等有关货物运输的必要情况。相对于承运人，托运人对于货物的特性更为了解，因此应当告知承运人有关安全运输的必要情况并提供有关文件资料。例如对于易碎品，应当做出警示并提供安全运送的书面材料。承运人往往依据托运人提供的情况履行货运义务。因此，如果托运人申报不实或者遗漏重要情况给承运人造成了损失，例如少报货物数量造成承运人运费损失、漏报货物的吸潮膨胀性造成运输工具毁损，托运人应当承担损害赔偿责任。

3.按照合同约定提供货物的义务。提供约定货物交付承运人占有，是货物运输的前提。托运人应当按照合同约定的时间、地点、方式、数量向承运人提供约定的货物。托运人没有履行这一义务造成承运人损失的，例如逾期供货造成承运人滞留损失，应当按照合同的约定承担赔偿责任。货物运输需要办理审批、检验手续的，托运人应当将有关经审批、检验的完妥文件提交承运人。如果因手续不完整造成承运人的运输工具以及他人货物滞留，托运人应当承担损害赔偿责任。托运人应当按照约定的方式包装货物。当事人对于货物的包装方式没有约定或者约定不明确的，根据合同法的规定，当事人可以协议补充。当事人不能达成补充协议的，可以按照合同的有关条款或者交易习惯来确定。如果仍然无法确定的，应当按照通用的方式包装。没有通用方式的，应当采取足以保护货物、确保货物安全运送的方式包装。托运人没有按照合同的约定或者法律的规定包装货物的，承运人有权拒绝运输该货物。因包装不固造成货物灭失、损坏的，承运人不承担赔偿责任。

4.对于危险货物的特殊义务。根据《合同法》第307条的规定，托运人托运易燃、易爆、有毒、有腐蚀性、有放射性等危险物品的，应当按照国家有关危险物品运输的规定对危险物品妥善包装，做出危险标志和标签，并将有关危险物品的名称、性质和防范措施的书面材料提交承运人。承运人可以根据托运人申报的事项和提供的材料，决定是否承运该危险物品

---

① 有学者提出，在提单运输中，如果托运人将提单转让给第三人，托运人无权单方解除或者变更货运合同，提单持有人享有该解除、变更合同的权利，承担赔偿承运人相应损失的义务。胡康生主编：《中华人民共和国合同法实务全书》，中国商业出版社2000年版，第320页。

② 司玉琢主编：《海商法详论》，大连海事大学出版社1995年版，第124～125页。

和采取怎样的安全措施。托运人违反此项义务的,承运人有权拒绝运输该危险物品。承运人也可以在任何时间、任何地点采取相应措施以避免损失的发生和扩大;此项措施所产生的费用,应当由托运人承担。因此造成该危险物品灭失、损坏的,承运人不承担赔偿责任。因此造成承运人损失的,托运人应当承担赔偿责任。

(四)承运人的权利

1.承运人在托运人或者收货人不支付运输费用时享有留置权。根据《合同法》第 315 条的规定,除当事人另有约定外,托运人或者收货人不支付运费、保管费以及其他费用的,承运人对相应的运输货物享有留置权。但承运人只能对与未支付运输费用的数额相当的货物进行留置。

2.在收货人不明或者收货人无正当理由拒绝受领货物的情况下有提存货物的权利。收货人不明,是指无法确定谁是收货人。收货人不明,或者收货人无正当理由拒绝受领货物的,承运人难以履行交付货物的义务,并因此无法获得相应报酬。因此法律规定承运人可以提存货物。承运人提存所运输的货物视为交付货物,其在运输合同项下的义务履行完毕。货物提存后,该货物的毁损、灭失的风险以及提存所生费用均由收货人承担。

(五)承运人的义务

1.运送货物的义务。将托运人交付的货物按照合同约定安全运送到目的地并交付收货人(或托运人),是承运人的基本义务。如上所述,承运人应当在约定期间或者合理期间内运输货物,并按照约定或者通常的运输路线将货物安全运输到约定地点。

2.通知义务。承运人将货物运到目的地后,收货人明确的,承运人应当及时通知收货人提货;收货人不明的,承运人通常应当及时与托运人取得联系以确定货物的交付。

(六)承运人的货损赔偿责任

承运人对于运输过程中货物的毁损、灭失承担无过错的损害赔偿责任。即除法定免责事由外,只要货物在运输途中发生毁损、灭失,不论承运人是否有过错,承运人均应承担赔偿责任。承运人有无过错不是该责任的成立要件。根据《合同法》第 311 条的规定,承运人的免责事由为:(1)不可抗力,即当事人不能预见、不能避免并且不能克服的客观情况;(2)货物本身的自然损耗或合理损耗,例如货物所含水分蒸发使货物重量减轻;(3)托运人、收货人的过错,例如托运人对货物的包装不固、收货人没有办妥货物进口的手续造成货物被有关机关没收。

在最高人民法院于 2000 年 9 月 12 日再审终审的"宏隆实业有限公司与上海铁路分局何家湾站等铁路货物运输合同逾期货损索赔纠纷再审案"中,[①]法院认定,托运人没有如实申报货物运输的有关情况,其在货物运单中填写的品名是甘油,货物价格 6 万元,货物重量 60 吨,但是实际托运的是 TD 甘油,货物价值 60 万元,重量远超过 60 吨。TD 甘油属极易被氧化物质。宏隆公司使用包装容器不符合企业标准与国际标准,由于包装不当造成货物氧化变质。此外,托运人采用自装自锁的装车方式,所使用的棚车限制吨位是 60 吨,但实际上却超重装车,造成货车损坏。承运人为了安全,对货车进行修理,造成运输时间延长。因此货物损失的原因是货物自然特性和托运人过错,承运人对此不承担赔偿责任。但是承运

① 《中华人民共和国最高人民法院公报》第 2001 年第 1 期。

人鹰潭站没有根据具体情况及时安排倒装车辆，故亦应对在该站的逾期负责，向货主支付违约金。由于车辆的损坏是托运人超重装车造成的，因此可以相应减轻承运人的违约责任，判令承运人向宏隆公司支付逾期运到违约金 496.84 元。

此外，有关法律还规定了其他的免责事由。例如《海商法》第 51 条规定，海上货物运输的承运人对由于船长、船员、引航员或者承运人的其他受雇人在驾驶船舶或者管理船舶中的过失造成的货物灭失或损坏，不负赔偿责任。承运人对于这些免责事由应当承担举证责任。

根据《合同法》第 312 条的规定，对于货物的毁损、灭失的赔偿额，当事人有约定的，按其约定；没有约定或者约定不明确的，当事人可以协议补充。当事人不能达成补充协议的，按照合同有关条款或者交易习惯确定。如果仍不能确定，则按照交付或者应当交付时货物到达地的市场价格计算。但是海商法、民用航空法等法律、法规对于赔偿额的计算方法和赔偿限额有特殊规定的，依照其规定。例如《民用航空法》第 129 条规定，对托运行李或者货物的赔偿责任限额，每公斤为 17 计算单位。《铁路法》第 17 条规定，未按保价运输承运的，按照实际损失赔偿，但最高不超过国务院铁路主管部门规定的赔偿限额。《海商法》第 55 条和第 56 条规定，货物灭失的赔偿额，按照货物的实际价值计算；货物损坏的赔偿额，按照货物受损前后实际价值的差额或者货物的修复费用计算。承运人对货物的灭失或者损坏的赔偿限额，按照货物件数或者其他货运单位数计算，每件或者每个其他货运单位为 666.67 计算单位，或者按照货物毛重计算，每公斤为 2 计算单位，以二者中赔偿限额高者为准。

两个以上承运人以同一运输方式进行货物联运的，称作相继运输或者单式联运。这种运输方式下，托运人只需与数个承运人中的某一个签订运输合同，与托运人签订运输合同的承运人又称运输经营人或者第一承运人、缔约承运人、契约承运人，（某运输区段的）其他承运人称为实际承运人。根据《合同法》第 313 条的规定，与托运人订立合同的契约承运人应当对全程运输承担责任。如果能够确定货物的毁损、灭失发生在某一运输区段，则契约承运人与该运输区段的实际承运人承担连带责任。无法确定货损发生区段的，只能向契约承运人主张损失赔偿。

（七）收货人的义务

收货人是合同约定或者托运人指定的有权提取货物的人。当事人可以在货运合同中约定托运人或者第三人为收货人或者由托运人指定收货人。托运人指定第三人为收货人的情况下，被指定的收货人还可以在货物交付前再行指定其他人为收货人。约定、指定他人为收货人并转让相关运输单证后，托运人或者托运人所指定的"收货人"不再是有权提取货物的收货人。

及时提货既是收货人的权利又是收货人的义务。货物运输到达，承运人及时通知收货人的，收货人在收到到货通知后，应当按照通知及时提货。收货人逾期提货的，应当向承运人支付保管费等费用。收货人无正当理由拒绝提取货物的，承运人可以依法提存货物。货物提存后的风险和费用由收货人承担。收货人提货时，应向承运人提交有关运输单证，否则，承运人有权拒绝交货。在提取货物时，收货人应当按照合同约定的期限对货物进行检验。合同没有约定或者约定不明确的，当事人可以协议补充。当事人不能达成补充协议的，按照合同有关条款或者交易习惯确定。如果仍不能确定，收货人应当在合理期限内对货物进行检验。收货人在约定期限或者合理期限内对货物的数量、毁损等未提出异议的，视为承运人已经按照运输单证的记载交付货物的初步证据。如果检验发现货物毁损、灭失的，收货人有权向承运人索赔。

货运合同约定由收货人支付运费、保管费以及其他运输费用的，收货人应当及时支付（如在提取货物时支付）。这是收货人的又一项基本义务。收货人不支付的，除当事人另有约定外，承运人对于相应的运输货物享有留置权。货物在运输过程中因不可抗力而全部或者部分灭失的，收货人有权不支付灭失货物的相应运费。

五、多式联运合同

（一）多式联运合同的概念

多式联运合同，是指多式联运经营人以两种或两种以上不同的运输方式，负责将托运人托运的货物从接收地运到目的地，并收取全程运费的合同。多式联运合同的主体为托运人和多式联运经营人。多式联运经营人为了履行多式联运合同，可以与其他承运人签订区段运输合同。但是各区段运输合同与多式联运合同相互独立。除法律另有规定外，各区段运输合同的订立和履行不影响多式联运合同的履行。多式联运是因集装箱的出现和使用而产生的一种新兴运输方式，可以提高运送速度、减少费用支出。随着社会的发展，多式联运越来越多地被人们所采用。多式联运不同于一般的联运。一是多式联运中采用了两种或者两种以上不同的运输方式；二是多式联运下，多式联运经营人承担全程运输过程中的货损赔偿责任，但是该赔偿责任和责任限额应当根据具体情况来确定。而一般的联运采用同一种运输方式，货损发生区段的区段承运人与契约承运人对于货物损失承担连带责任。

（二）多式联运单据

多式联运经营人在收到托运人交付的货物时，应当签发多式联运单据，作为证明该多式联运合同存在以及多式联运经营人接管货物并按合同条款交付货物的凭证。多式联运单据通常应当记载以下内容：(1)货物品名、标志、性质、数量、质量；(2)货物的外表状况；(3)多式联运经营人的名称及主要营业地；(4)托运人名称；(5)收货人名称；(6)多式联运经营人接收货物的时间、地点；(7)交货的地点；(8)交货时间；(9)该多式联运单据可以转让或不可转让的声明；(10)运输方式、航线和转运地点；(11)每种运输方式的运费以及运费支付的方式；(12)适用法律；(13)多式联运经营人或其授权人的签字；(14)多式联运单据的签发时间、地点；(15)当事人约定的其他事项。多式联运经营人应当按照托运人的要求签发可转让的或者不可转让的多式联运单据，并应在多式联运单据上明确载明。

（三）多式联运合同当事人的责任

多式联运合同下，当事人的权利和义务与一般运输合同下的权利、义务基本相同。应当注意的是，托运人将多式联运单据转让给第三人后，仍应就其托运货物时的过错，如不实申报、未提供约定货物等，对多式联运经营人因此所遭受的损失承担损害赔偿责任。

多式联运经营人对全程运输负责。如上所述，多式联运经营人可以与参加多式联运的各区段承运人就多式联运合同的各区段运输约定相互之间的责任，但是该约定不影响多式联运经营人对全程运输承担的义务和责任。如能确定货物的毁损、灭失发生于多式联运的某一区段，则多式联运经营人的赔偿责任和责任限额适用调整该区段运输方式的有关法律规定。多式联运经营人在对托运人或者收货人承担赔偿责任之后，有权依据其与该区段承运人之间的约定以及相关法律规定，向该区段承运人追偿。不能确定货损发生区段的，根据《合同法》第 321 条的规定，应当依照《合同法》第 17 章“运输合同”的规定承担损害赔偿责任，即对于货物毁损、灭失的赔偿额，当事人有约定的，按约定计算赔偿；当事人没有约定或者约定不明确的，当事人可以协议补充；当事人无法达成补充协议的，按照合同的有关条款或者交易习惯予以确定；仍然不能确定的，按照交付或者应当交付时货物到达地的市场价格计算。但是法律、行政法规对于赔偿额的计算方法和赔偿限额另有规定的，依照其规定。

第二节　保管合同

一、保管合同概述

保管合同，又称寄托合同、寄存合同，是指一方当事人将物品交给他方保管，他方在一定期限内返还保管物的合同。保管物品的一方为保管人或受寄托人，将物品交付相对方保管的一方为寄存人或存货人。所保管之物为合同的标的物。

保管合同具有以下法律特征：

1. 保管合同以被保管物之保存为目的。当事人订立保管合同的直接目的是由保管人保管寄存人交付的保管物。因此，保管人的保管行为是保管合同的标的。保管保管物并届时交还给寄存人是保管人的义务。这是保管合同与借用合同、租赁合同、承揽合同等的重要区别。保管人提供的是保管服务，因此也与运输合同、委托合同、行纪合同、居间合同等合同相区别。

2. 保管合同下移转标的物的占有，但不转移标的物的所有权或使用权。保管人对于保管物进行保管的前提是占有、控制该保管物。因此在保管合同下，寄存人应当将对保管物的占有移转给保管人。但是，保管合同仅使保管人取得占有，并不发生保管物的所有权或使用权移转。

3. 保管人应当保持保管物的原状，不得使用或者许可他人使用保管物。保管人应妥善保管保管物，保持保管物的原状（形状、性质等），不得使用或许可第三人使用保管物，也不得擅自改变保管场所和方法。寄存人或存货人交付的保管物有瑕疵，或者按照保管物的性质需要采取特殊保管措施的，应当告知保管人。保管人则负有保管物的危险通知义务。

4. 保管合同当事人对保管期间没有约定或者约定不明确的，寄存人可以随时提取保管物。

5. 寄存人未按照约定支付保管费以及其他费用的，保管人对保管物享有留置权。

保管合同在人们的日常生活和经济交往中的使用十分普遍，大到仓储、货栈保管，小到行李寄存。通常把保管合同分为一般的保管合同（即寄存合同，为狭义的保管合同）和仓储保管合同（又称“仓储合同”）两类。随着商品经济的发展，仓储业逐渐成为特殊而独立的行业，相对于一般的保管有许多特殊表现。因而，我国《合同法》第二十章将仓储合同作为一种独立的有名合同加以规定，但是第二十章没有规定的内容仍然适用第十九章“保管合同”（一般的保管合同）的有关规定。

二、寄存合同

（一）寄存合同的概念

寄存合同，又称寄托合同，是保管人保管寄存人交付的保管物，并返还该物的合同。《合同法》第十九章所指的保管合同，应理解为狭义的保管合同，即仅指寄存合同，而不包括仓储合同。

寄存合同具有以下法律特征：

1.寄存合同是实践合同和不要式合同。寄存合同以保管物的实际交付和接受为成立要件，不要求当事人必须采取某种特定的合同形式。例如常见的行李寄存、保管货币等，应当以交付保管物为前提，不要求当事人订立书面的合同。在保管物交付前，双方当事人均可改变约定，而一方并不能以相对方违约请求损害赔偿。[①]《合同法》第 367 条明确规定寄存合同自保管物交付时成立。实际交付保管物是寄存合同与保管柜借用合同的重要区别。在“李杏英诉上海大润发超市存包损害赔偿案”中，[②]法院认为，原告李杏英按照自助寄存柜的操作步骤，通过一系列人机对话方式，直接取得对自助寄存柜的使用权，实现了存放物品的目的。这一过程中，原告的物品没有转移给被告大润发超市占有，被告也没有收到原告交付保管的物品。原告只是借助使用自助寄存柜继续实现对自己物品的控制和占有，而被告由于没有收到交付的物品，也无法履行保管职责。他们之间不存在保管合同成立的必备要件——保管物转移占有的事实。双方当事人就使用自助寄存柜形成的不是保管合同关系，而是借用合同关系。[③] 出具保管凭证的目的仅是为了便于证明寄存合同的存在，减少纠纷。

2.寄存合同通常是无偿合同。寄存合同体现的是社会成员间相互提供帮助或服务部门为公民提供公共服务的一种形式，多数国家法律规定以无偿为原则。《合同法》也做出类似规定，当事人可以约定保管费，但是没有约定或约定不明确的，视为无偿保管。

（二）保管人的义务

1.给付保管凭证的义务。除当事人另有约定外，寄存人将保管物交付给保管人后，寄存合同成立。除另有交易习惯外，保管人应当给付保管凭证，作为寄存合同的证明。这是保管人的法定义务（《合同法》第 367 条）。保管凭证不是成立寄存合同的形式要件，因此保管人不给付保管凭证并不影响寄存合同的成立。但是，作为寄存合同的证明，在当事双方发生纠纷时，保管凭证是最重要的证据。

---

① 有人认为，依据《合同法》第 368 条“寄存人向保管人交付保管物的，保管人应当给付保管凭证”的规定，表明保管凭证就是寄存合同所要求的特殊形式，故保管合同是要式合同。这种观点显然是不能成立的。

② 《中华人民共和国最高人民法院公报》2002 年第 6 期。

③ 本案还涉及当事人订立合同的意思表示问题。法院认为，被告大润发超市为前来购物的消费者提供了人工寄存和自助寄存柜寄存两种存包方式。通过自助寄存柜上的“寄包须知”中关于“本商场实行自助寄包，责任自负”“现金及贵重物品不得寄存”的内容，大润发超市已经把只愿将自助寄存柜提供给消费者使用，不愿对柜内寄存的物品承担保管责任的意思明白表示给消费者。原告李杏英看到自助寄存柜上的明示后，仍不用人工寄存而选用责任自负的自助寄存，说明原告不愿将自己的物品交付给大润发超市保管，而只愿使用该超市的自助寄存柜暂时存放。因此，双方当事人没有达成保管合同的意思表示。

2.妥善保管保管物的义务。寄存合同以物之保管为目的，妥善保管是保管人的义务。当事人可以约定保管场所或者保管方法，保管人应当按照约定进行保管。如果当事人对于保管的场所或方法没有约定或者约定不明确，应当根据保管物的性质、合同的目的以及诚实信用原则来确定。除紧急情况或者为了维护寄存人利益的以外，保管人不得擅自改变约定或者确定的保管场所或者保管方法。根据《合同法》第 374 条的规定，因保管不善造成保管物毁损、灭失的，对于有偿保管，保管人就其过错承担赔偿责任。保管人没有过错的，不承担赔偿责任；对于无偿保管，保管人仅就其故意或者重大过失承担赔偿责任。无偿保管人没有故意和重大过失的，不承担赔偿责任。因此，如果保管物的毁损、灭失系因保管物自身的特性，或者是寄存人所提供的包装不妥所造成的，保管人不承担赔偿责任。

3.亲自保管的义务。寄存合同多是基于信任关系而订立的合同。根据《合同法》第 371 条的规定，除当事人另有约定外，保管人应当亲自保管保管物，不得将保管物转交第三人保管。这是诚实信用原则在寄存合同中的根本体现。如果保管人违反亲自保管的义务，擅自将保管物转交第三人保管，该保管人应当对保管物因此造成的损失承担赔偿责任。

4.不得使用或者许可他人使用保管物的义务。寄存合同下，寄存人只转移对保管物的占有，不转移对保管物的所有权和使用权。因此，除当事人另有约定外，保管人只有权占有保管物，无权使用保管物，也不得许可他人使用保管物。但是寄存货币或者其他可替代物的情况除外。保管人接受交付保管的货币或者其他可替代物后，根据双方的约定，寄存人将对该货币、其他可替代物的所有权转移给保管人。保管人因此有权使用、处分该货币、其他可替代物，届时可以不予返还该货币、其他可替代物，而是返还相同种类、数量的货币，或者相同种类、品质、数量的物品。有学者提出，如果基于保管物的性质，保管人对于保管物的使用是其保管方法的一部分，保管人有权在保管必要的范围内使用该保管物或者许可他人使用该保管物。[①]

5.危险通知的义务。因第三人主张权利或者自然原因可能产生不能返还保管物的危险时，保管人应当通知寄存人。第三人对保管人提起诉讼或者对保管物申请扣押的，保管人应当及时通知寄存人，以便于寄存人及时参加诉讼、维护自己的合法权益。保管人的通知义务是其返还保管物义务的补充。

6.返还保管物的义务。当保管期间届满或者寄存人提前领取保管物时，保管人应当返还保管物及其孳息。这是保管人的基本义务。合同没有约定保管期间或者约定不明确的，保管人可以随时要求寄存人领取保管物，并在寄存人领取保管物时负有返还该保管物及其孳息的义务。如果合同约定了保管期间，则保管人只能在特别情况下，得要求寄存人提前领取保管物，并在寄存人领取保管物时负有返还该保管物及其孳息的义务。应当返还的孳息，是该保管物在保管期间所产生的孳息。第三人对保管物主张权利，除保管物已经被法院采取财产保全措施或者已经被法院强制执行而不能返还的以外，保管人仍应履行向寄存人返还该保管物及其孳息的义务。但如上所述，在保管货币或者其他可替代物（即消费保管）的情况下，保管人可以返还相同种类、数量的货币，或者按照约定返还相同种类、品质、数量的物品。

---

① 崔建远主编:《合同法》，法律出版社 2003 年第 3 版，第 445 页。

（三）保管人的权利

保管人的权利与寄存人的义务相对应，主要有：有偿保管下的保管费用请求权；必要保管费用的请求权；当寄存人没有按照约定支付保管费用和其他费用时，对于保管物有留置权。

（四）寄存人的义务

1.支付保管费和偿还必要费用的义务。对于有偿保管，寄存人应当按照合同的约定支付保管费和保管人为保管物所支出的必要费用。对于无偿保管，寄存人虽无支付保管费的义务，但仍有支付保管人为保管物所支出的必要费用的义务。当事人约定保管费支付期限的，寄存人应当按照约定的期限支付保管费。合同当事人对支付期限没有约定或者约定不明确的，可以协议补充。当事人无法达成补充协议的，应当按照合同的有关条款或者交易习惯来确定。如果仍然不能确定支付期限，寄存人应当在领取保管物的同时向保管人支付保管费。寄存人应当按照约定的保管费的支付方式、地点、数额支付保管费。除当事人另有约定外，寄存人没有按照约定的期限、方式、地点、数额支付保管费以及其他费用的，保管人享有留置保管物，并以该保管物折价或者对其拍卖、变卖的价款优先受偿的权利。此为保管人的留置权。保管人应当依照《担保法》的相关规定行使其留置权。

2.告知义务。根据《合同法》第370条的规定，寄存人交付的保管物有瑕疵或者按照保管物的性质，例如易燃性、腐蚀性，需要采取特殊保管措施的，寄存人应当将有关情况告知保管人。寄存人应当承担未告知的风险；由于寄存人未告知，致使保管物受损失的，保管人不承担损害赔偿责任，该损失由寄存人自己承担；寄存人未告知给保管人造成损失的，寄存人应负赔偿责任，但是保管人知道或者应当知道并且未采取补救措施的情况除外。所谓“知道或者应当知道”，是指寄存人向保管人交付保管物时，尽管寄存人没有告知，但是保管人发现保管物存在瑕疵或者具有特殊性质，或者作为谨慎勤勉的保管人应当能够发现该瑕疵或者特殊性质。

3.对贵重物品的声明义务。寄存人寄存货币、有价证券或者其他贵重物品的，应当向保管人声明。并由保管人验收或者封存。寄存人未声明的，该物品毁损、灭失后，保管人仅须按照一般物品的价值予以赔偿。

4.应保管人的要求领取保管物的义务。寄存人与保管人没有约定保管期间，或者约定不明确的，保管人可以随时要求寄存人领取保管物，寄存人应当依照保管人的要求领取保管物。如果寄存人在领取保管物的同时应当支付保管费用和（或）其他费用而不支付的，保管人可以留置该保管物。

（四）寄存人的权利

寄存人的权利与保管人的义务相对应，主要包括随时领取保管物的权利；对于保管人保管不善的损害赔偿请求权。不论寄存合同是否约定保管期间，寄存人均可随时领取保管物。如果当事人约定保管期间，保管人无特别事由而要求寄存人提前领取保管物的，寄存人可以拒绝保管人的要求。但是，如果当事人没有约定保管期间或者约定不明确，或者在约定有保管期间而保管人有特别事由的情况下，保管人要求寄存人提前领取保管物的，寄存人无正当理由不得拒绝。

三、仓储保管合同

(一)仓储保管合同的概念

仓储保管合同,又称仓储合同,是指保管人储存存货人交付的仓储物,并在储存期限届满时返还该仓储物,存货人支付仓储费的合同。提供保管服务的一方为保管人,将仓储物交由保管人仓储保管的一方为存货人。仓储保管服务的标的为仓储物。

仓储保管合同具有以下法律特征:

1.保管人必须是有仓储设备并专门从事仓储业务的人。这是仓储保管合同与寄存合同的主要区别。仓储业是从保管业中逐渐发展、壮大起来的特殊行业,专门提供为他人保管、储存货物的商业服务,并以此获得商业报酬。寄存合同中,保管人的范围较为广泛,可以是专门从事保管业务的人,也可以是其他人。

2.仓储保管合同的标的物须为动产。不动产不能成为仓储保管合同的标的物。而在寄存合同(一般的保管合同)中,虽然保管物以动产为原则,但是并不排除不动产作为保管物。

3.仓储保管合同具有双务性、有偿性和诺成性。仓储保管合同是双务有偿合同,双方当事人互负给付义务,一方提供服务,另一方给付报酬和其他费用。通说认为,只要存货人与保管人就仓储货物达成意思表示一致,合同即告成立并生效,并不以仓储物的实际交付为其生效要件。[①] 我国《合同法》第 382 条规定,仓储合同自成立时生效。

4. 仓储保管合同下,保管人应当出具仓单,存货人或者仓单持有人应当凭仓单提取仓储物或者行使相应权利。

5.仓储保管合同为不要式合同。虽然仓单是储存人提取仓储物的凭证,并记载了仓储保管合同的主要内容,但仓单不是仓储保管合同本身。现行法律并未明文规定订立仓储合同之时必须采取一定的书面形式,仓储合同应为不要式合同。[②]

(二)保管人的义务

1.给付仓单的义务。仓单是保管人应存货人的请求而签发的表明仓储关系存在,凭以提取或者处分仓储物的凭证。存货人交付仓储物后,保管人应当给付仓单。

仓单必须具有一定的记载事项,并由保管人签名或盖章才为有效。根据《合同法》第 386 条的规定,仓单应当记载以下事项:(1)存货人的名称或者姓名和住所;(2)仓储物的品种、数量、质量、包装、件数和标记;(3)仓储物的损耗标准;(4)储存场所;(5)储存期间;(6)仓储费;(7)已经为仓储物投保的,其保险金额、期间以及保险人的名称;(8)仓单的填发人、填发地和填发日期。

仓单的性质与提单的性质相似,是一种有价、要式、文义、指示、自付的物权证券。仓单的作用表现为:证明保管人已经收到仓储物以及保管人与存货人之间存在仓储关系;存货人或者仓单持有人凭仓单提取仓储物;存货人、仓单持有人可以通过在仓单上背书并经保管人签字或者盖章来转让提取仓储物的权利。因此,保管人对仓单持有人的给付义务依仓单记

---

① 关于仓储保管合同是诺成合同还是实践合同,理论上颇有争议。

② 有人认为仓储保管合同是要式合同,其理由是《合同法》第 385 条明确规定,仓储合同的保管人在接受储存的货物时,应当给付仓单,仓单即为合同成立的要件。

载,仓单上权利的行使或移转,以仓单的占有或移转为条件。

仓单可以转让。保管人向存货人出具仓单后,存货人可以在仓单上背书并经保管人签字或者盖章,将仓单转让给其他人。受让取得该仓单的为仓单持有人,可以凭仓单享有相应的权利、承担相应的义务。仓单持有人可以通过在仓单上背书并经保管人签字或者盖章的方式将仓单再行转让。仓单也可以出质。在出质时,持有仓单的存货人或者仓单持有人应当与质权人签订质押合同,在仓单上做出质押背书,并经保管人签字或者盖章,将仓单交付给质权人,质押生效。

2.验收和保管仓储物的义务。保管人在将存货人交存的仓储物接受入库时,应当按照合同的约定对该货物进行验收。发现不符合约定的,应当及时通知存货人,与存货人协商修改合同或者将不符仓储物予以退回。保管人未按合同约定验收入库仓储物即签发仓单,或者虽然进行了验收,但未提出异议而签发仓单的,视为仓储物符合合同的约定,保管人应对仓单的记载负责。验收后,发生仓储物的品种、数量、质量与合同约定不符的,保管人应当承担损害赔偿责任。

保管人应当按照合同约定的保管条件和方式妥善保管货物,不得擅自改变保管条件和方式。对于易燃、易爆、有毒、有腐蚀性、有放射性等危险物品的保管,保管人应当具备相应的资格和保管条件,并应按照法定或者约定的要求进行储存操作。在仓储保管合同下,保管人的保管责任比寄存合同下保管人的保管责任严格。储存期间,由于保管人保管不善,造成仓储物毁损、灭失的,保管人应当承担损害赔偿责任。但是,因不可抗力、自然损耗、仓储物自身的性质、仓储物的包装不符合约定,或者超过有效储存期间,造成仓储物变质、损坏的,保管人不承担损害赔偿责任。因此,仓储保管合同的保管人若要免除自己的损害赔偿责任,必须举证证明自己没有过错,仓储物的损害系因不可抗力、自然损耗、仓储物自身的性质、仓储物的包装不符合约定,或者超过有效储存期间所致。

3.危险通知义务。当储存的仓储物出现危险时,保管人有义务及时通知存货人或仓单持有人。所谓"危险",一般包括以下三种情形:(1)遇有第三人对该仓储物主张权利而起诉或申请扣押的;(2)储存的货物发现有变质或者其他损坏的;(3)储存的货物发现有变质或者其他损坏,危及其他仓储物的安全和正常保管的。遇有该情形的,保管人还应当催告存货人或者仓单持有人做出必要的处置。如果情况紧急,保管人可以自行做出必要处置,但是应当将这一情况及时通知存货人或者仓单持有人。

4.容忍义务。根据《合同法》第 388 条的规定,在仓储期间,存货人或者仓单持有人要求检查仓储物或者提取样品的,保管人应当允许。

5.返还仓储物的义务。仓储保管合同约定的保管期限届满,或者因其他事由终止合同时,保管人应将储存物的原物返还给存货人或者交付给仓单持有人。如果仓储保管合同对于储存期间没有约定或者约定不明确,存货人或者仓单持有人可以随时提取仓储物,此时保管人应当返还仓储物。保管人也可以随时要求存货人或仓单持有人提货。

(三)保管人的权利

保管人除享有保管费和其他必要费用请求权外,还享有要求存货人或仓单持有人在合同时间内提取仓储物的权利。存货人或仓单持有人无正当理由不及时提取仓储物的情况下,保管人享有提存仓储物的权利。保管人的权利与存货人和仓单持有人的义务相对应。

（四）存货人和仓单持有人的义务

1.按照合同约定交存货物的义务。存货人应当按照合同约定的品名、数量、交存时间将货物交付给保管人验收入库。对于危险物品和易变质物品，存货人在交存时还应当说明该物品的性质，并提供有关的保管、运输、危险防止等资料。存货人没有履行说明义务或者资料提供义务的，保管人可以拒收该仓储物。保管人在接受该仓储物之后，发现该仓储物是危险物品或易变质物品的，也可以采取相应措施以避免损失发生、扩大，因此所生的费用由存货人承担。如果交存的货物是危险物品，存货人没有说明并提供有关资料的，对于保管人因此所遭受的损失，存货人应当承担损害赔偿责任。如果交存的货物是易变质物品，存货人没有说明并提供有关资料的，对于该物品的变质损坏，保管人不承担损害赔偿责任。

2.提取仓储物的义务。根据《合同法》第 391 条的规定，当事人对于储存期间没有约定或者约定不明确的，存货人或仓单持有人有权随时提取货物，保管人也可以随时要求存货人或者仓单持有人提取仓储物，但是应当给予必要的准备时间。当事人对于储存期间有明确约定的，在期间届满时，存货人或仓单持有人应当提取仓储物。存货人或仓单持有人逾期提取的，应当加付仓储费。存货人或仓单持有人在期间届满前提取仓储物的，不减收仓储费。

存货人或仓单持有人应当凭仓单提取仓储物。没有出示仓单，或者不是仓单上记载的存货人或仓单持有人的，不得提取仓储物。提取仓储物的同时，存货人或仓单持有人应当缴回仓单。

在约定的储存期间届满时，存货人或仓单持有人不提取仓储物的，保管人可以催告其在合理期限内提取。超过合理期限仍未提取的，保管人可以提存仓储物；提存期间，仓储物的风险和费用由存货人或仓单持有人承担。存货人或仓单持有人未及时提取仓储物的，应当向保管人承担违约责任。

3.在储存期间，仓储物变质或者有其他损坏，危及其他仓储物的安全和正常保管的，在保管人的催告下，存货人或仓单持有人应当及时做出必要的处置以消除危险、减少损害。

4.支付仓储费及其他必要费用。一般地，仓储费由存货人在交付仓储物时按照约定支付，但逾期提取的，增加的仓储费用和其他必要费用应由提货人（凭仓单提取仓储物的存货人或仓单持有人）承担。该费用包括逾期仓储费用及其利息以及其他相关费用。存货人或仓单持有人提前提取的，仓储费并不减少。如果存货人或仓单持有人没有支付上述费用，保管人对该仓储物享有留置权。

（五）存货人、仓单持有人的权利

存货人或仓单持有人享有检查仓储物、提取仓储物样品的权利，有权随时提取仓储物。存货人或仓单持有人的权利与保管人的义务相对应。

保管人、存货人或仓单持有人的其他权利和义务，等同于一般保管合同下保管人和寄存人的相关权利和义务。

第三节　委托合同

一、委托合同的概念

委托合同,又称委任合同,是指一方委托他方为其处理事务,他方允诺处理事务的合同。将一定的事务交由他方处理的为委托人,允诺为他方处理事务的人为受托人。

委托合同的意义在于合理利用他人的技能和劳力为自己谋取利益,而不用事必躬亲。在现代社会生活中,委托合同得以广泛运用,成为人们从事民事活动的重要方式。我国《合同法》第二十三章对委托合同做了专门的规定。

委托合同具有如下法律特征:

1. 委托合同的标的是处理委托事务的劳务行为。委托事务是指与委托人有利害关系,若不交由他人处理,就不得不亲自为之的事务。可以委托处理的事务的范围非常广泛。订立合同、进行诉讼等行为,均可成为委托合同的标的。但是,违反法律规定的事项、依其性质不得委托他人处理的事项,均不得委托。例如不得委托运输毒品、不得委托办理结婚登记。

2. 委托合同的成立以双方的信任关系为基础。委托方之所以选定他方作为受托人为自己处理事务,是基于对他方的知识技能、办事能力和信誉的了解,相信他方能够处理好委托的事宜。而受托人之所以接受委托,愿意为委托人处理事务,也是基于对委托人的了解和信任。没有当事双方相互信任和自愿,委托合同难以成立。在委托合同的履行过程中,如果一方对于另一方产生了不信任,可以随时终止合同。

3. 受托人通常以委托人的名义办理委托事务。委托合同是一种典型的提供劳务的合同。合同订立后,受托人在委托的权限内以委托人的名义办理受托的事务,与第三人进行法律行为,其后果直接由委托人承担。同时,我国《合同法》第 402 条、第 403 条结合我国实际,借鉴《国际货物销售代理公约》,规定了间接代理,即代理人以自己的名义,为本人的利益对外发生法律关系,法律效果间接归于本人的委托代理关系。

此外,委托合同还具有诺成性、双务性和不要式性。委托人与受托人协商一致,委托合同成立。在罗马法中,委托合同以无偿为原则,《法国民法典》《德国民法典》继承了这一原则。我国《合同法》第 398 条规定,委托人应当支付委托事务的处理费用。我们认为,支付委托事务的处理费用不是受托人提供处理委托事务服务的对价。因而,法律没有强制规定委托合同是否有偿,故委托合同可以是有偿的,也可以是无偿的。但是,无论委托合同是否有偿,委托人和受托人均应承担相应的义务,因而委托合同为双务合同。委托合同既可采用口头形式,也可以采用书面形式,具体由当事人视情况而定。但是法律对此有特别规定的,应予遵守,如委托出售不动产、委托代理参加诉讼或仲裁活动等。

委托与代理是两个不同的概念。基于委托合同的约定获得了代理权所形成的代理关系,称为委托代理。因法律直接规定的代理权而产生的代理关系为法定代理,如父母对于未成年子女的法定代理权。法定代理与委托无关。委托合同与代理密切相关,委托关系是代理关系的基础。但代理权的授予是委托人的单方行为,无须受托人同意;而委托合同是双方法律行为，需双方当事人意思表示一致才能成立。委托关系的变更或终止并不必然导致代理关系的相应终止或变更。只有相应的代理权之撤销或变更行为才能引起代理关系的相应终止或变更。

依据受托人权限范围的不同，可以将委托合同分为特别委托合同和概括委托合同。特别委托，是指委托人将其特定的一项或者数项事务交由受托人处理。特别委托在经济生活中十分普遍，比如委托律师出庭，委托他人订票等。概括委托，是指委托人将其一切事务交由受托人处理。但是这并不表明委托人将其所有事务一概由受托人全权处理，而只是表明委托事务的范围在一定程度上不受明确限制。例如依据我国《民事诉讼法》的规定，代为承认、放弃、变更诉讼请求，进行和解，提起反诉或者上诉等委托事项，必须是特别委托，而不能概括委托；而公司对于经理、职员的委托，则是典型的概括委托。

二、委托合同当事人的权利和义务

（一）受托人的义务

1.依照委托人的指示亲自处理委托事务的义务

这是受托人的基本义务。委托合同中通常载明委托人的指示。在委托合同的履行过程中，委托人也可以向受托人发出指示。委托人的指示通常包括委托事务所涉及的主体、时间、地点、内容、方式以及其他具体细节。受托人应当尽可能地遵守委托人的指示来处理委托事务，未经委托人同意，原则上不得变更委托人的指示。根据《合同法》第 399 条的规定，在情势紧急必须立即采取措施，并且由于客观原因致使受托人难以与委托人取得联系的情况下，受托人可以为了委托人的利益而变更委托人的指示，妥善处理委托事务。这是受托人遵守委托人指示的例外。所谓“妥善”，是指受托人依据可以推知的委托人的意思，即如果委托人知道这一情况，也会变更指示，来处理委托事务。但是，受托人在遵守例外的情况下，应当在变更处理后将该情况及时报告委托人。受托人怠于报告，给委托人造成损失的，应当承担赔偿责任。

受托人应当亲自处理委托事务。委托合同以当事人的相互信任为基础，强调当事人的人身属性。如果受托人擅自将委托事务交由他人处理，可能辜负委托人的信任并损害委托人的利益。因此，法律规定，只有经得委托人同意的情况下，或者在情况紧急，为维护委托人的利益所必需的情况下，受托人可以将委托事务转委托。这种转委托，又称复委托，是指受托人将委托人委托处理的部分或全部事务转由第三人处理，而在委托人与第三人之间直接发生转委托关系的行为。在转委托关系中，被转委托的第三人称次受托人。委托人与次受托人之间有直接的转委托关系，委托人可以就委托事务直接指示次受托人。次受托人应当履行受托人的相关义务。受托人对于次受托人的行为不予负责，但是对于次受托人的选任以及对次受托人的指示承担责任。未经委托人同意，亦非情况紧急必须转委托的情况下，受托人将委托事务部分或者全部交由第三人处理的，《合同法》第 400 条也使用了“转委托”一词。不过，此处的“转委托”与前述转委托不同。这种转委托下，原委托的委托人与转委托的受托人之间没有直接的转委托关系。原委托的受托人对于原委托的委托人负责，转委托的受托人，即第三人，对于转委托的委托人，即原委托的受托人负责。因此，仍然是（原委托的）委托人向（原委托的）受托人直接发出指示，受托人应当对转委托的第三人的行为向委托人承担责任。

受托人处理委托事务时应当尽合理注意义务，包括要谨慎行事和对委托人进行风险提示。在有偿的委托合同中，如果因受托人的过错给委托人造成了损失，受托人应当承担损害赔偿责任；对于无偿的委托合同，如果因受托人的故意或者重大过失给委托人造成了损失，受托人也应当承担损害赔偿责任。在"苏州阳光新地置业有限公司新地中心酒店诉苏州文化国际旅行社有限公司新区塔园路营业部、苏州文化国际旅行社有限公司委托合同纠纷案"[①]中，法院认定原告作为星级酒店，在有关境外信用卡的刷卡业务上具有一般商事主体不具备的专业知识和风险防控能力，应当对风险较高的"无卡无密"境外信用卡刷卡等业务进行认真核查，并对委托人负有审慎和风险告知的义务。原告没有尽到谨慎行事和风险提示的义务，存在重大过失，对于委托人遭受的损失应当承担相应的赔偿责任。需要注意的是，在受托从事商业交易的过程中，如果是基于商业判断而作出的正常商业交易行为，只要尽到了善良管理、合理注意的义务，不存在明显的过错，就不应向委托人承担正常商业风险所致交易损失的赔偿责任。[②]

受托人只能在委托权限范围内处理委托事务，包括要谨慎行事和对委托人进行风险提示。如果受托人超越委托权限，给委托人造成了损失，受托人应当向委托人承担损害赔偿责任。在"李二娇诉张士辉委托代理纠纷案"中，[③]原告将其深圳发展银行股票288股交给被告，委托其代领股息。但是被告却擅自将原告的股票低价出卖并过户给第三人，在扣除税款和手续费后，托人将过户股票的股息及卖股票款980元交给原告。原告未追认被告的这一行为。法院认为被告的行为超越了代理权，应当承担民事责任。经调解，被告在限期内用原告的身份证和姓名购买深圳发展银行股票288股给原告，所需股金及手续费用，由被告承担；原告将被告交给她的980元当庭退还被告。

2.诚信义务

委托合同的基础是委托人与受托人之间的特别信任。因此，受托人应当向委托人承担诚信义务。受托人应当为了委托人的利益，忠实地处理委托人事务；受托人不得利用对委托事务的处理，为自己谋取委托合同约定以外的利益；受托人也不得为了自己或者第三人的利益侵害委托人的利益。

3.报告义务

委托事务的处理，直接关系到委托人的利益。为便于委托人掌握委托事务的处理情况和处理结果，在合同的履行过程中，受托人应当按照委托人的要求，随时或定期报告受托事务的处理情况；在委托合同终止时，受托人应当向委托人报告委托事务的结果，提交有关的账目、书面材料、证明文件等。受托人的报告义务不以委托人的请求为前提。

4.披露义务

在间接代理，为实现委托合同中委托人的介入权和第三人的选择权，作为间接代理人的

---

① 《中华人民共和国最高人民法院公报》2012年第8期。

② 见"西能科技公司诉国泰君安证券公司委托管理资产合同纠纷案"，载《中华人民共和国最高人民法院公报》2004年第8期。

③ 《中华人民共和国最高人民法院公报》1993年第1期。

受托人在一定情形下应当承担披露义务：受托人以自己的名义与第三人订立合同时，第三人不知道受托人与委托人之间的代理关系的，受托人因第三人的原因对委托人不履行义务，受托人应当向委托人披露第三人；受托人因委托人的原因对第三人不履行义务，受托人应当向第三人披露委托人。

5.交付处理委托事务所取得的一切利益的义务

受托人处理受托事务过程中取得的财产以及其他一切利益，包括金钱、实物、财产权利以及孳息等，应当及时转交给委托人。受托人为处理委托事务从委托人处接受的财产，在委托事务完成后未被处理的，应当返还委托人。以委托人的名义从第三人取得的财产，其权利直接归属于委托人；以受托人的名义从第三人处取得的，必须经由受托人移转该权利，委托人才能获得权利。

此外，委托人可以同时委托两个或两个以上受托人共同处理委托事务。这种情况下，如果其中一名或数名受托人违反受托人的义务，给委托人带来了损害，各委托人对委托人承担连带责任。亦即，委托人可以向其中一名或者数名受托人，甚至全体受托人提出索赔。如果实施该违约行为的受托人未就该行为与其他一名或者数名受托人协商，则无过错的受托人在承担连带赔偿责任后，可以向实施该行为的受托人追偿。但是，委托人委托不同的受托人分别处理不同的委托事项的，委托人与各受托人之间的委托合同相互独立，各受托人只负责处理其受托事项，相互之间不承担连带责任。

（二）受托人的权利

受托人的权利，主要包括费用请求权、报酬请求权和风险损失赔偿请求权。受托人的这些权利同时对应委托人的义务。此外，处理委托事务，既是受托人的权利，也是受托人的义务。受托人还享有随时解除委托合同的权利，但是应当赔偿因解除合同给对方造成的损失（不可归责于受托人的事由所造成的除外）。

（三）委托人的义务

1.支付费用的义务

在委托关系中，受托人是以委托人的费用为委托人处理委托事务。因此，不论委托合同是否有偿，委托人都有支付费用的义务。委托人应当根据委托事务的性质，预付处理委托事务的费用。受托人为处理委托事务垫付了必要费用的，委托人应当偿还该费用及其利息。支付费用与支付报酬不同，支付费用不是受托人提供服务的对价。

2.支付报酬的义务

委托合同约定支付报酬的，当受托人完成委托事务时，委托人应当向受托人支付报酬。如果委托合同没有报酬约定，但是根据交易习惯或者委托事务的性质应当给付报酬的，委托人仍然应当在受托人完成委托事务后支付报酬。因不可归责于受托人的事由致使委托合同解除或者委托事务不能完成的，委托人应当向受托人支付相应的报酬。因可归责于受托人的事由致使委托合同解除或者委托事务不能完成的，委托人不负有支付报酬的义务。

3. 赔偿受托人损失的责任

委托人除负有上述义务外，在下列情况下，还应承担赔偿受托人损失的责任：(1)受托人在处理委托事务时，因不可归责于自己的事由而遭受损失的，委托人应当对受托人的损失予以赔偿。(2)委托人经受托人同意将委托事务再委托第三人处理的情况下，委托人应当赔偿受托人因此遭受的损失。(3)除不可归责于委托人的事由外,委托人解除委托合同的,应当赔偿受托人因解除合同所遭受的损失。

(四)委托人的权利

1. 委托人有撤销委托授权的权利

依据《合同法》第 410 条的规定,委托人享有随时解除委托合同的权利,表现为撤销委托授权。撤销委托是单方民事法律行为,只要有撤销委托的意思表示就可成立。但是,除不可归责于委托人的事由外,委托人应对因撤销委托给受托人造成的损失,承担赔偿责任。

2.委托人的介入权

根据《合同法》第 402 条、第 403 条的规定,在间接代理关系中,受托人在授权范围内以自己的名义与第三人订立合同,第三人在订立合同时知道受托人与委托人之间的代理关系的,除有确切证据证明该合同只约束受托人和第三人的外,该合同直接约束委托人和第三人,即委托人自动介入该合同。在未披露委托人的情况下,受托人以自己的名义,与不知情的第三人订立合同后,受托人因第三人的原因对委托人不能履行义务,受托人向委托人披露第三人的,委托人可以直接行使受托人对第三人享有的合同权利,但是第三人与受托人订立合同时如果知道该委托人就不会订立合同的除外。此即委托人选择介入该合同的权利。委托人选择行使介入权的,应当通知受托人和第三人。

三、间接代理制度

我国《民法通则》和《民法总则》仅规定直接代理制度,并不认同间接代理制度。直接代理,是代理人以被代理人的名义从事代理活动的代理。间接代理,指代理人不以被代理人的名义,而是以自己的名义,为本人利益考虑所从事的活动。长期以来,在外贸经营活动中形成了外贸代理制度,即是外贸进出口公司以自己的名义进行代理行为的制度。《合同法》根据代理制度的原理,考虑在经济贸易活动中对有关代理的不同要求,兼顾委托人、受托人、第三人的合法权益,借鉴了《国际货物销售代理公约》中的相关规定,做出了更为具体的规定。因而,我们认为,我国合同法正式承认了间接代理制度。

《合同法》第 402 条、403 条关于间接代理的规定,主要涉及委托人的介入权和第三人的选择权。在间接代理下,如果委托人介入合同,即取代受托人的地位,行使受托人对第三人的权利。第三人可以同时向委托人主张其对受托人的抗辩。但是如果委托人在受托人披露后,选择不行使介入权,则仍然应当由受托人处理因第三人违约而产生的问题。[①]

第三人的选择权,是指在受托人以自己的名义与不知情的第三人所订立的合同关系中,如果因委托人的原因致使受托人不履行合同义务,受托人应当向第三人披露委托人,第三人可以选择受托人或者委托人作为合同相对人从而主张其权利。第三人一经选定相对人,就不得变更。如果第三人选定委托人作为其相对人的,委托人可以向第三人主张其对受托人的抗辩以及受托人对第三人的抗辩。

① 胡康生主编:《中华人民共和国合同法实务全书》,中国商业出版社 2000 年版,第 374～375 页。

四、委托合同的终止

《合同法》对于委托合同的终止进行了特别规定。除因合同期限届满、履行不能、委托事务处理完毕等通常原因而终止外，委托合同还可因当事人随时解除合同和当事人死亡、丧失民事行为能力或破产等原因而终止。

（一）委托合同因一方当事人解除而终止

如上所述，委托关系建立在当事人相互信任的基础上，具有一定的主观性。若一方对另一方的信任有所动摇，则不问是否合理，不论该委托合同为有偿或无偿、定有期限或未定期限，以及委托事务的处理是否已经告一段落，均应准许其终止委托关系，而无须征得对方的同意。委托人解除委托合同的表现为撤销委托，受托人解除委托合同的表现为辞去委托。委托人撤销委托、受托人辞去委托，都应当以明示方式向对方作出意思表示方为有效。这种单方终止委托关系的权利属于法定解约权。因解除合同给对方造成损失的，除不可归责于解除合同一方的事由以外，解除合同的当事人应当承担赔偿责任。需要注意的是，这种责任的性质、程度和后果不能等同于一方当事人故意违约而应承担的违约责任，不宜对“赔偿损失”作扩大解释，而要限于因解除委托合同而给对方造成的直接损失。[①]

（二）委托合同因一方当事人死亡、丧失民事行为能力或破产而终止

一方当事人死亡、丧失民事行为能力或破产，或者双方当事人同时死亡、丧失民事行为能力或破产的，委托合同得以维系的依赖关系已不复存在。因此，除当事人有相反约定或者委托事务的性质决定该委托合同不能终止的外，委托合同因委托人或者受托人死亡、丧失民事行为能力或破产而终止，无需当事人为一定意思表示。但是，为了维护委托人的合法权益，受托人死亡、丧失民事行为能力或者破产致使委托合同终止的，受托人的继承人、法定代理人或者清算组织应当及时通知委托人。

依据《合同法》第 412 条、第 413 条的规定，因委托人死亡、丧失民事行为能力或破产，致使委托合同终止将损害委托人利益的，在委托人的继承人、法定代理人或者清算组织承受委托事务之前，受托人应当继续处理委托事务；因受托人死亡、丧失民事行为能力或破产，致使委托合同终止将损害委托人利益的，在委托人作出善后处理之前，受托人的继承人、法定代理人或者清算组织应当采取必要措施。

第四节　行纪合同

一、行纪合同的概念

行纪合同，是指一方接受另一方的委托，以自己的名义为另一方从事贸易活动，并收取报酬的合同。以自己名义为他人从事贸易活动的一方为行纪人；委托行纪人为自己从事贸

---

① 见“上海盘起贸易有限公司与盘起工业（大连）有限公司委托合同纠纷案”，《中华人民共和国最高人民法院公报》2006 年第 4 期。

易活动并支付报酬的一方为委托人。

行纪制度，是商品经济的产物。在欧洲中世纪，由于国际贸易的兴起，出现了专门从事以受他人的委托办理商品购入、卖出或其他交易事务并收取一定佣金为常业的行纪人。对当事人而言，行纪合同具有以下优点：(1)委托人可以不暴露自己的姓名或名称，但仍享有与他人订立合同的利益，从而使委托人既能保守商业秘密，又不失良机。(2)第三人在与行纪人订立合同时，无须探求委托人的信用及支付能力，故而能使交易达到安全、便捷的效果。(3)委托人可以利用行纪人的资产、信用为自己服务，同时也能利用行纪人的交易关系及有关业务知识为自己创造效益。(4)在行纪人以自己名义为委托人利益与第三人订立合同时，行纪人对第三人负责，这样能使行纪人充分行使权利，并能审时度势，灵活应变。(5)因为委托人与行纪人之间关系准用关于委托的法律规定，从而使行纪与代理权的授予有同一效力。法国商法、德国商法、瑞士债务法、日本商法等对此均有规定。

我国有学者称行纪合同为信托合同，此为大陆法的信托。大陆法的信托制度与英美法的信托制度完全不同。英美法的信托实际上是一种管理财产的法律关系，是指由一方当事人(信托人)将自己的财产(信托财产)的所有权移转于另一方当事人(受托人)，受托人负有为第三方(信托受益人)的利益而管理使用信托财产的义务，并在信托关系终止时，将信托财产的所有权复归于信托人。信托关系有信托人、受托人和信托受益人三方主体，且以财产交付给受益人为要件，取得财产所生利益的是受益人而非财产授予人。信托制度中有完全不同于合同责任的信托责任。信托人基于信托拥有财产的所有权，同时负有为另一方利益使用该财产的义务。因此英美法的信托类似于大陆法中的某些他物权，信托制度属大陆法中的物权法范畴。而行纪合同是债权合同，由债权法规范调整，行纪人并不享有委托物的所有权，也不存在着作为受益人的第三方。我国《合同法》第二十二章规定了行纪合同。

行纪合同除具有双务性、有偿性、诺成性、不要式性等特征外，还具有下列特征：

1.行纪人以自己的名义为委托人办理委托事务。虽然行纪人是为了委托人的利益而处理委托事务，但是行纪人以自己的名义与第三人订立合同，并非以委托人的名义订立合同；合同的权利义务也由行纪人直接承受，而非由委托人直接承受，委托人与第三人不发生合同关系。[①] 这一点与委托合同不同。依委托合同，受托人既可以以委托人的名义，又可以以自己的名义为委托人处理委托事务。受托人在以自己的名义与第三人订立合同的情况下，负有披露义务。委托人直接承受其受托人处理事务的法律结果。

2.行纪合同的标的是行纪人为委托人进行贸易活动。依行纪合同，行纪人所提供的服务仅限于为委托人进行贸易活动，如为委托人购入货物、出售产品等。行纪人不能为委托人处理贸易活动以外的其他服务。这一点也与委托合同不同。依委托合同，受托人可以基于委托人的委托，为委托人处理包括贸易活动在内的一切事务(法定只能由委托人自己处理，不能委托的事务除外)。

3.行纪人主体资格的限定性。行纪人只能是经批准或者核准从事贸易行纪业务的法人。未经批准或者核准的，不能成为行纪合同中的行纪人。这一点与委托合同不同。委托

① 见浙江省杭州市中级人民法院“无锡市爱必喜科技有限公司与周霖行纪合同纠纷二审案”民事判决书，(2013)浙杭商终字第1822号。

合同中的受托人,可以是具备相应知识、能力或资格的任何人。

我国《合同法》基于行纪合同与委托合同的区别,在第二十二章和第二十一章把行纪合同与委托合同作为两种独立的有名合同分别进行规定。两种合同之间的区别除了体现在上述处理名义、合同标的、行纪人资格等方面外,还体现为:有偿性不同和费用负担不同。行纪合同是双务有偿合同,而委托合同可以是单务无偿合同。行纪人处理委托事务所支出的费用,由行纪人自行负担。而受托人处理委托事务所支出的费用,由委托人负担。尽管如此,行纪合同与委托合同具有许多共同的特征:二者均为提供服务的合同,均以当事人双方的相互信任为前提,委托人的相对人均须处理一定事务。因而在某些国家的立法中,行纪被认为是委托的一种。我国《合同法》第423条明确规定,第二十二章对于行纪合同没有规定的,适用委托合同的有关规定。

在我国,较为常见的行纪合同主要有以下几种:(1)代销、代购或寄售合同。(2)外贸代理合同。根据我国现行的关于外贸代理制度的法律规定,外贸单位接受国内企业委托,以自己的名义与外方订立贸易合同的情况下,对外方直接承受合同权利、义务的是外贸单位而非国内企业。(3)证券经纪合同。这是从事证券经纪业务的证券公司与投资者签订的,由证券公司为投资者在证券交易所进行证券受托买卖的合同。(4)期货经纪合同。这是期货经纪公司与投资者签订的,由期货经纪公司为投资者在期货交易所进行期货受托买卖的合同。(5)委托拍卖合同。这是拍卖公司与委托人之间订立的,由拍卖公司为委托人拍卖委托物的合同。从委托关系的法律性质看,拍卖公司与委托人之间的委托关系,属于行纪法律关系。

二、行纪合同当事人的权利和义务

(一)行纪人的义务

1.为委托人从事贸易活动的义务

处理委托事务是行纪人应负的合同基本义务。行纪人应当以自己的名义亲自处理委托事务,应按照委托人委托交易的种类、性质、要求等,以善良管理人的注意,选择对委托人最为有利的条件,实现为委托人成就交易的目的。

2.依委托人的指示处理事务的义务

委托人指定了卖出价格或者买入价格的情况下,行纪人应当依据委托人的指定价格处理委托事务。如果行纪人低于委托人指定的价格卖出或者高于委托人指定的价格买入的,应当经得委托人同意,或者由行纪人补偿其差额。如果未经委托人同意,也未补偿差额,委托人有权拒绝接受对其不利的行纪行为,并且有权要求行纪人赔偿损失。

由于行纪合同以满足委托人的利益要求为目的,因而行纪人一般可以以高于指定价格卖出委托物或者低于指定价格买进委托物。这种行为往往给委托人带来了增加收入或者节约开支的收益,因此,行纪人可以依据行纪合同的约定要求增加报酬。如果合同没有约定或者约定不明确,当事人可以协议补充。当事人不能达成补充协议的,可以按照合同的有关条款或者交易习惯予以确定。但是,如果仍然无法确定,行纪人的这一行为所增加的利益归属于委托人。然而,如果委托人对于交易价格有特别指示,行纪人就不得做出违背委托人指示的行纪行为,卖出或者买入委托物。所谓"特别指示",应当是有不得做任何变更的意思的指示。

3.妥善保管和处置委托物的义务

行纪人占有委托物的，应当尽善良管理人的注意义务妥善保管该委托物。如果行纪人尽了合理注意义务，对于委托物的意外灭失、损坏，或者不可归责于行纪人的人为灭失、损坏，行纪人不承担赔偿责任。如果委托人指示行纪人为委托物投保，而行纪人没有投保的，构成对委托人指示的违反。在这种情况下，行纪人应当对委托物的灭失、损坏承担损害赔偿责任。

如果委托物交付给行纪人时有瑕疵或者容易腐烂、变质，行纪人应当及时通知委托人，在征得委托人的同意下，可以处分该委托物，例如及时拍卖、变卖等。但是无法及时与委托人取得联系的，行纪人可以合理处分该委托物。如果行纪人没有及时通知，也没有采取合理措施，造成损失扩大的，行纪人应当对委托人承担损害赔偿责任。如果行纪人应当检查而未检查，或者已经进行了检查并发现了委托物的瑕疵，却没有记录在案并及时通知的，行纪人对于委托物的瑕疵或者毁损、灭失仍然应当承担责任。

4.按照约定负担行纪费用的义务

行纪费用，是指行纪人在处理委托事务时所支出的费用。对于行纪费用的负担，多数国家和地区的立法规定以委托人负担行纪费用为原则，行纪人垫付费用的，有请求利息的权利，例如德国、日本、瑞士及台湾地区等的法律规定。《合同法》第 415 条明确规定了委托人负担行纪费用的原则和当事人自由协商原则。当事人可以自由协商由谁负担行纪费用以及负担的范围等内容。当事人约定由委托人负担行纪费用的，行纪人有权不承担行纪费用，对于已经垫付的费用有权要求委托人予以偿还。

5.转交交易财产的义务

根据我国民法理论，行纪人为委托人从事贸易活动所取得的财产的所有权属于委托人，行纪人应当以适当方式及时转交委托人。

(二)行纪人的权利

1.直接履行与第三人合同的权利

根据《合同法》第 421 条的规定，行纪人与第三人订立合同的情况下，行纪人为该合同的当然主体，对该合同直接享有权利、承担义务。

2.介入权(自卖自买权)

《合同法》第 419 条规定，对于具有市场定价的受托商品，除委托人有相反意思表示的以外，行纪人自己可以作为委托人的相对方买入或卖出受托商品，此谓介入权。行纪人享有介入权的同时，仍然可以要求委托人支付报酬。行纪人享有并行使介入权，有积极要件和消极要件。积极要件，是指受托物品须为有市场定价的物品；消极要件，是指委托人未做出反对行纪人介入的意思表示，并且行纪人尚未对委托事务做出处理，该行纪合同仍然有效存在。

3.委托物的提存权

如果经行纪人催告，委托人无正当理由拒绝受领行纪人基于行纪合同所取得的委托物，行纪人有权将该委托物提存；委托物不能卖出或者委托人撤回出卖的情况下，如果经行纪人催告，委托人不取回或者不处分该委托物，行纪人有权将该委托物提存。行纪人提存委托物的，视为其履行了合同的相关义务。提存过程中，如果委托物不适于继续提存或者继续提存的费用过高，行纪人可以依法拍卖或者变卖该委托物，提存所得的价款。

4.报酬请求权和留置权

根据《合同法》第 422 条的规定，行纪人完成或者部分完成委托事务的，委托人应当向其支付相应的报酬。除当事人另有约定外，如果委托人无正当理由逾期不支付相应报酬，行纪人对其依据行纪合同而合法占有的委托物享有留置权，有权依据《担保法》的相关规定行使留置权。

（三）委托人的义务

1.及时受领、取回或处分委托物的义务

及时受领、取回或者处分委托物，既是委托人的权利，又是委托人的义务。当行纪人依照行纪合同的约定为委托人买入委托物时，委托人应当及时受领。当委托物不能卖出或者委托人撤回出卖时，委托人应当及时取回或者处分该委托物。如果经行纪人催告，委托人无正当理由拒绝受领、不取回或者不处分该委托物，行纪人可以依法提存该委托物。在提存期间，该委托物的风险和费用均由委托人承担。

2.支付报酬的义务

支付报酬是委托人的基本义务。委托人应当根据行纪人的履约情况支付相应的报酬。行纪人按照委托人的指示和要求完成了全部委托事项的，委托人应当支付全部报酬；如果因委托人的过失致使行纪人不能全部完成委托事项，委托人仍然应当支付全部报酬；非因委托人过失，行纪人仅部分完成委托事项的，委托人应当就其履行部分按比例支付报酬。委托人与行纪人对报酬支付另有约定的，应当依其约定。

（四）委托人的权利

委托人除享有上述及时受领、取回或处分委托物的权利外，还享有指示权和损害赔偿请求权。

1. 指示权

委托人有权对行纪人进行指示、做具体要求，行纪人应当按照委托人的指示和要求处理行纪事务。委托人指示的范围是行纪人处理行纪事务的依据与判定标准。

2. 损害赔偿请求权

在行纪人与第三人订立合同的情况下，如果第三人不履行合同义务致使委托人受到损害，除行纪人与委托人另有约定外，委托人有权要求行纪人做相应的赔偿。

第五节　居间合同

一、居间合同的概念

居间合同，是指居间人向委托人报告订立合同的机会或者提供订立合同的媒介服务，由委托人支付报酬的合同。在民法理论上，居间合同又称为中介合同或者中介服务合同。向他方报告设立合同的机会或者提供订立合同的媒介服务的一方为居间人，接受他方所提供的订约服务并支付报酬的一方为委托人。

居间是历史上较早出现的一种商业现象。在我国古代，居间人曾被称作“互郎”。而后，在古汉语中,“互”字写作“东”字而被讹传为“牙”字。因此民间将居间人称为“牙行”或“牙纪”“经纪”等。但是根据我国现行法,居间与经纪是两个不同的概念。经纪包括委托代理、行纪和居间。我国《合同法》第二十三章规定了居间合同。

居间合同除具有双务性、诺成性和不要式性特征外,还具有以下法律特征:

1.居间合同以促成委托人与第三人订立合同为目的。委托人与居间人订立居间合同的目的,是要求居间人提供交易信息或者媒介服务。居间人只负责向委托人报告订立合同的机会或者为委托人与第三人订约居中斡旋,传达双方意思,起穿线搭桥的作用,尽力促成委托人与第三人订立合同。

2.居间人对于委托人与第三人的交易谈判没有介入权。居间人只向委托人提供交易信息或者媒介服务。委托人根据这些信息或者帮助,决定是否与第三人协商谈判以及谈判的内容、是否达成协议等。居间人并不直接参与委托人与第三人的具体商洽活动,对合同没有实质的介入权。这是居间合同与委托合同、行纪合同的重要区别。

3.居间人获得报酬具有不确定性。居间合同具有有偿性,即居间人提供服务的对价是委托人支付居间报酬。但是,居间人获得报酬的前提,是委托人根据居间人提供的交易信息或者媒介服务,与第三人订立了相关合同。因此只有促成了委托人与第三人签订合同,居间人才能因此要求委托人支付报酬。如果居间人提供了信息或者帮助,但是委托人并未与第三人达成协议,居间人无权要求报酬。另外,在特定情况下,承担支付报酬义务的主体除了委托人之外,还可能包括第三人。根据《合同法》第 426 条的规定,因居间人提供订立合同的媒介服务而促成委托人与第三人的合同成立的,委托人与该第三人应当平均负担居间人的报酬。而委托合同可以是有偿的,也可以是无偿的;行纪合同下,行纪人只能要求委托人支付报酬。

根据居间人接受委托而进行的居间活动的内容,可以把居间分为报告居间和媒介居间两类。报告居间,是指居间人根据委托人的委托,为委托人寻找并报告可与其订立合同的相对人,从而为委托人订立合同提供机会的服务行为。媒介居间,是指居间人介绍双方当事人订立合同,斡旋于双方之间,促进双方交易达成的服务行为。①

二、居间合同当事人的义务

(一)居间人的义务

1.报告订约机会或者媒介订约的义务。根据《合同法》第 425 条的规定,居间人应当就有关订立合同的事项向委托人如实报告,这是居间人的义务。订约的有关事项,一般包括相对人的信用状况,履约能力,相对人将用于交易的标的物的存续状态等。要签订的合同不同,所要提供的事项也会有所不同。居间人只需将其知道的情况如实告知,不负有进行积极调查的义务。在报告居间中,居间人应向委托人履行报告义务。在媒介居间中,无论居间人仅接受了一方的委托还是同时接受了双方的委托,居间人均应将有关订立合同的事项据实报告给双方当事人。

---

① 1995 年 10 月 26 日国家工商行政管理局发布的《经纪人管理办法》对从事居间、行纪或者代理等经纪业务的经纪人员应具备的条件和资格等做了明确规定。

2.忠实义务。忠实义务是诚实信用原则在居间合同中的具体体现。该义务要求居间人应当实事求是地报告其实际掌握的信息，并保证其信息的真实可靠性，不能隐瞒、欺骗或者掺杂自己的任何主观臆测。居间人不得对订立合同实施不利影响，损害委托人的利益。对于所提供的信息、成交机会以及后来的订约情况，居间人还负有向其他人保密的义务。如果居间人为了获取居间报酬而故意做虚假报告，或者与第三人恶意串通、促成委托人与第三人订立合同，从而损害了委托人的合法权益，居间人无权要求委托人支付报酬，并且应当对委托人因此所遭受的损失承担损害赔偿责任。

3.负担居间活动费用的义务。根据《合同法》第426条的规定，居间人促成合同成立的，居间活动的费用应由居间人自己负担。但是，居间人可以与委托人在居间合同中明确约定居间费用为居间报酬的一个组成部分，由委托人支付。

（二）委托人的义务

《合同法》第427条规定，居间人未促成合同成立的，不得要求支付报酬，但可以要求委托人支付从事居间活动支出的必要费用。因此，委托人的义务有：

1.支付居间报酬。居间合同为有偿合同。居间人促成合同成立的，委托人应当向居间人支付居间报酬。合同合法成立和居间原因是支付居间报酬的两个前提条件。如果合同没有成立，委托人无需向居间人支付报酬。如果所订立的合同是无效或者可撤销的合同，并不视为合同（合法）成立，委托人不负有支付报酬的义务。如果合同的成立与居间人的介绍之间没有因果关系，例如居间人并没有介绍某甲，而是介绍了某乙，此后委托人与某甲订立了合同，居间人不得要求委托人支付居间报酬。

实践中，第三人可能通过多个居间人公开交易标的物的相关信息。委托人在通过其他公众可以获知的正当途径获得同一交易标的物信息的情况下，有权选择报价低、服务好的居间人促成交易的达成。这不属于利用与之签订居间合同的居间人所提供的交易信息，委托人不构成对该居间合同的违反，无需向该居间人支付居间报酬。[①]

居间报酬的支付以合同成立为要件，已经成立的合同最终是否履行、履行的情况如何，均不影响委托人支付居间报酬的义务。对于报告居间，居间人因其居间活动而促使委托人与第三人之间合同成立的，委托人应按约定支付报酬。居间合同对于居间报酬没有约定或者约定不明确的情况下，当事人可以协议补充。当事人达不成协议的，应当依据合同的有关条款或者交易习惯予以确定。依据合同条款仍然无法确定居间报酬，或者没有相应的交易习惯可予遵循的，应当根据居间人的劳务，包括居间人所付出的时间、所使用的物品、所支出的费用等，合理确定居间报酬。对于媒介居间，交易双方当事人均因居间人的媒介而得益，双方当事人应平均负担居间人的报酬。

2.支付必要居间费用。居间人未能促成合同成立的，委托人没有支付报酬的义务，但是应居间人的要求，仍应支付居间人在居间活动中所支出的必要费用。

① 见最高人民法院指导案例1号"上海中原物业顾问有限公司诉陶德华居间合同纠纷案"裁判要点。

第14章 承包经营和租赁经营合同

第一节　企业承包经营合同

一、企业承包经营合同的概念

企业承包经营，是在我国80年代初经济体制改革过程中产生的一种企业经营方式。企业承包经营制坚持以公有制为基础、以责任制为核心、以经济利益为约束机制，体现了所有权与经营权相分离的原则，有利于确立企业独立自主的法人地位。企业承包经营责任制以企业所有权和经营权相分离为理论依据，当事人通过签订企业承包经营合同，明确国家、集体与企业之间的责权关系。国务院于1988年制定了《全民所有制工业企业承包经营责任制暂行条例》①，1990年农业部制定了《乡镇企业承包经营责任制规定》，1990年对外经济贸易部发布了《对外经济贸易部和国家工商行政管理局〈关于承包经营中外合资经营企业的规定〉》，对企业承包经营、企业承包经营合同进行了较为全面和具体的规定。

企业承包经营合同，是指发包人将其企业财产交给承包人，由承包人经营管理并完成一定经济利益的合同。将其所有或者拥有的企业财产交给对方经营管理的一方为发包人，发包人通常是企业的主管部门或其他有关部门；接受发包人的企业财产，对该企业财产享有占有、使用、经营管理和一定收益权的一方为承包人，承包人可以是企业（承包企业或其他企业）也可以是自然人。

企业承包经营合同除具有诺成性、要式性、有偿性等特征外，还具有以下特征：

1.企业承包经营合同的主体具有双重性。一方面，作为合同的当事方，发包人与承包人的地位平等，均应遵循调整平等主体的自愿、平等、协商一致的原则；另一方面，发包方作为国有企业、集体企业的行政管理主体，与企业的承包经营者之间又具有管理与被管理的行政管理关系。这种合同主体与一般合同的主体不相一致。

2.企业承包经营合同的客体具有特殊性。承包合同的客体是企业的有形财产、无形财产的集合，而不是某一具体的物体、技术。发包人将对企业财产的经营管理权而非所有权转移给承包人，因而不同于一般的合同。承包经营合同的履行不能改变企业财产的所有权归

① 该条例第21条于1990年2月24日修订。

属和所有状态。企业承包经营合同客体的特殊性,也是企业承包经营合同与农业承包经营合同的重要区别。农业承包经营合同的客体是国有或者集体所有的土地、生产资料、森林、草原、荒地、滩涂等自然资源,具有单一性。

3.企业承包经营合同的内容具有经济利益。当事人签订和履行企业承包经营合同的目的在于通过对该企业的经营管理,取得一定的经济利益。该利益并不是单纯的获得某一物的所有权或者取得某项知识产权。承包人利用承包财产进行经营活动,完成各项承包任务,其总和构成企业承包的经济利益。

根据不同的标准,可以对企业承包经营合同做不同的划分。根据所有制性质的不同,企业承包经营合同可以分为全民所有制企业承包经营合同、集体所有制企业承包经营合同、私有企业承包经营合同。其中,前两种合同居主要地位。

二、全民所有制企业承包经营合同

全民所有制企业承包经营合同,是指代表国家所有权的主管机关作为发包人,与作为承包人的企业经营者之间,依法确立国家与企业的责权关系,使企业经营者取得对该全民所有制企业的承包经营的合同。与企业经营者签订全民所有制企业承包经营合同,是国家行使国有财产所有权的一种方式。承包人根据全民所有制企业承包经营合同,享有一定的自主经营权。在签订全民所有制企业承包经营合同时,应当采取公开招标、竞争上岗的办法或者国家规定的其他方式确定企业经营者,由企业经营者代表承包人与发包人签订全民所有制企业承包经营合同。为了保证承包经营合同的合法和公正,签订合同的双方当事人或者一方当事人可以要求对该合同进行鉴证、公证或者见证。

发包人与承包人在签订和履行全民所有制企业承包经营合同的过程中,应当遵循以下原则:(1)兼顾国家、企业、经营者和生产者利益的原则;(2)责权利相结合,维护企业经营管理自主权的原则;(3)包死基数、确保上交、超收多留、歉收自补的原则;(4)遵守国家法律政策、接受国家监督审计的原则;(5)平等、自愿、协商的原则。

(一)全民所有制企业承包经营合同的主体

根据《全民所有制工业企业承包经营责任制暂行条例》的规定,全民所有制企业承包经营合同的主体,即发包人和承包人分别为人民政府指定的有关部门和实行承包经营的企业。

国家作为全民所有制企业财产的所有者,是真正的发包人,但实际上是由政府指定的有关部门代表国家行使其发包权。在实践中,可以作为全民所有制企业承包经营合同发包人的有:(1)企业主管部门单独作为发包人;(2)企业主管部门、财政税收部门以及计委、经委、银行、物资、劳动等部门共同作为发包人;(3)政府财政部门单独作为发包人;(4)国家资产管理部门作为发包人。现实中出现了一种较为特殊的承包经营形式:全员资产承包形式。全员资产承包形式将承包合同分为两个阶段:第一阶段,由国有资产管理部门与承包企业的全体职工签订“资产承包合同”,将国有企业资产的经营管理权承包给该企业全体职工;第二阶段,由企业的全体职工作为发包人,招聘经营者,与经营者签订“经营承包合同”,由该经营者具体行使经营管理权,完成承包任务。在这种情况下,国有企业的全体职工也是全民所有制企业承包经营合同中的发包人。

根据《全民所有制工业企业承包经营责任制暂行条例》的规定,实行承包经营的全民所有制工业企业可以作为全民所有制企业承包经营合同中的承包人。实践中，可以作为全民所有制企业承包经营合同承包人的范围不限于实行承包经营责任制的企业，即除实行承包经营责任制的企业外，其他中标的全民所有制企业、集团、该企业的职工、其他集体、非法人组织或个人也可以在符合规定条件的情况下，成为全民所有制企业承包经营合同中的承包人。个人承包的，应当以个人财产为其承包经营提供担保，以促使其全面履行合同。

（二）全民所有制企业承包经营合同的客体

如前所述，全民所有制企业承包经营合同的客体是企业财产。发包人将企业财产交由承包人经营管理，承包人对企业财产享有占有、使用的权利和一定收益、处分的权利。承包人对企业的行政、人事制度等方面的管理权，是由对企业财产经营管理权派生出来的从权利。实践中，所承包经营的客体既可以是整个全民所有制企业的企业财产，也可以是该全民所有制企业某一具体内设部门的企业财产。在"李显志诉长春建工集团界定产权、返还财产纠纷案"（载《中华人民共和国最高人民法院公报》2005 年第 10 期，第 10—20 页）中，李显志承包经营了被告原一建五处，即属于后一种情形。这种情况下，发包人仍然为该全民所有制企业，而不是该企业的内设部门。由该全民所有制企业与承包人协商确定双方的权利义务关系，依法实现合同目的。

（三）全民所有制企业承包经营合同的内容

根据《全民所有制工业企业承包经营责任制暂行条例》第 16 条的规定，承包经营合同一般应当具有以下主要条款：(1)承包形式，当事人可以协议采用上交利润递增包干、上交利润基数包干及超收分成、微利企业上交利润定额包干、亏损企业减亏（或补贴）包干等形式；(2)承包期限，当事人双方所约定的承包期限一般不得少于三年；(3)上交利润或减亏数额；(4)国家指令性供应计划和产品生产计划；(5)产品质量及其他主要经济技术指标；(6)技术改造任务，国家资产维护和增值；(7)留利使用，借款归还，承包前的债权债务处理；(8)双方权利和义务；(9)违约责任；(10)对企业经营者的奖罚；(11)合同双方约定的其他事项。

1.发包人的权利和义务。发包人的基本权利是获得收益，这是发包人行使收益权的结果。此外，对承包人的生产经营活动，发包人有权进行检查、监督；有权下达一定的指令性计划；有权依据合同的约定对企业经营者进行奖惩。当承包人因经营管理不善完不成承包经营合同任务时，发包人有权提出解除承包经营合同。

发包人应当尊重承包人的生产经营自主权，按照合同的约定维护承包人和企业经营者的合法权益，并在职责范围内帮助协调解决承包人在生产经营过程中所遇到的困难，逐步改善承包人承包活动的外部条件。此外，发包人应当按照承包经营合同所规定的额度和期限，偿还实行承包前的贷款；发包人不履行合同，影响承包合同完成的，发包人应当承担违约责任，并应视情节轻重追究发包人直接责任者的行政和经济责任。

2.承包人的权利和义务。承包人享有国家法律、法规、政策和承包合同规定的经营管理自主权，这是承包人的基本权利。承包人的经营管理自主权具体包括：(1)生产经营权；(2)产品、劳务定价权；(3)产品销售权；(4)物资采购权；(5)进出口权；(6)投资决策权；(7)留用资金支配权；(8)资产处置权；(9)联营、兼并权；(10)劳动用工权；(11)人事管理权；(12)工资、资金分配权；(13)内部机构设置权；(14)拒绝摊派权。此外，因发包人违约使承包人无法履行承包经营合同时，承包人有权提出解除承包经营合同。

承包人负有按承包经营合同的约定完成各项任务的义务，主要包括：(1)确保上交国家利润，(2)完成减亏任务，(3)完成技术改造任务，(4)完成国家指令性计划，(5)保证产品质量和服务质量，(6)逐步改善职工生活，(7)合理使用企业留利。承包人不能完成承包经营合同任务时，应当承担违约责任，并视情节轻重追究企业经营者的行政责任和经济责任。此外，承包人还应当遵守国家法律、法规和政策，接受人民政府有关部门的监督。

三、城乡集体所有制企业承包经营合同

城乡集体所有制企业承包经营责任制，是在坚持企业的劳动群众集体所有制的前提下，按照所有权与经营权分离的原则，以承包经营合同形式，确定劳动群众集体经济组织与企业的责权利关系，使企业做到自主经营、自负盈亏、自我约束的经营管理制度。城乡集体所有制企业承包经营责任制是仿照全民所有制企业承包经营责任制建立起来的，体现了在坚持社会主义劳动群众集体所有制的前提下，所有权与经营权相分离的原则，其目的在于使国家、集体、个人三者的利益相统一，使企业真正成为市场的主体，提高企业经济效益。签订和履行城乡集体所有制企业承包经营合同是具体实现城乡集体所有制企业承包经营责任制的重要步骤。

城乡集体所有制企业承包经营合同，是指劳动群众集体经济组织作为发包人，与承包人之间依法确立责权关系，实行企业自主经营管理的合同。城乡集体所有制企业承包经营合同具有以下特征：(1)发包人和承包人比全民所有制企业承包经营合同中的发包人和承包人复杂；(2)合同的客体为劳动群众集体所有的企业财产，不同于全民所有制企业承包经营合同中的全民所有的企业财产；(3)城乡集体所有制企业承包经营合同要体现的是国家、集体、个人三者利益的统一，全民所有制企业承包经营合同所要突出体现的是国家与企业的利益统一。

根据合同客体的不同，可以将城乡集体所有制企业承包经营合同分为城镇集体所有制企业承包经营合同和乡镇企业承包经营合同。农业部于 1990 年 4 月 13 日制定了《乡镇企业承包经营责任制规定》，用以调整乡镇企业承包经营和乡镇企业承包经营合同。我国目前尚未制定关于城镇集体所有制企业承包经营的法律、法规。城镇集体所有制企业承包经营以及城镇集体所有制企业承包经营合同可以参照《全民所有制工业企业承包经营责任制暂行条例》和《乡镇企业承包经营责任制规定》的相关规定处理。

签订城乡集体所有制企业承包经营合同时，应当公开招标以确定企业经营者。不具备公开招标条件的，也可以采取招聘、推荐等方式选用经营者。企业经营者对承包企业的经营效果起着决定性的作用，因此发包人应当严格把关，防止让不懂管理、不善经营、损公肥私的人成为企业经营者。企业经营者确定之后，即由该企业经营者代表承包人与发包人签订承包经营合同。

(一)城乡集体所有制企业承包经营合同的主体

城镇集体所有制企业承包经营合同的主体包括发包人和承包人。可以作为发包人的主要有：城镇集体经济行政主管部门、举办集体企业的集体经济组织、无主管单位的集体企业、由企业的董事会或者其他管理机构作为发包人。承包人可以是：实行承包经营的企业；其他法人单位，如其他集体企业和全民所有制企业、事业单位；公民个人或者其他非法人组织。

乡镇企业承包经营合同的发包人可以是:企业所属的集体经济组织;企业的董事会,如农民股份合作企业的董事会。乡镇企业承包经营合同的承包人可以是:实行承包经营的企业;其他企业和个人、合伙等。

(二)城乡集体所有制企业承包经营合同的客体

城乡集体所有制企业承包经营合同的客体是企业财产。发包人作为所有人将企业财产交由承包人经营管理。承包人接受企业财产进行经营,对企业财产享有占有、使用的权利和一定收益、处分的权利。承包人对企业的行政、人事制度等方面的管理权,是由对企业财产经营管理权派生出来的从权利。

(三)城乡集体所有制企业承包经营合同的内容

城镇集体所有制企业承包经营合同的主要条款有:(1)承包形式,可以是上交利润递增包干、上交利润基数包干及超收分成、微利企业上交利润定额包干、亏损企业减亏(或补贴)包干等形式;(2)承包期限,一般为三年至五年,如果承包经营得好,在双方自愿的基础上可以连续承包;(3)各项承包指标;(4)固定资产的维护和增值;(5)企业留利及其使用;(6)承包期间的债权债务处理;(7)合同双方的权利和义务;(8)违约责任;(9)工资总额与经济效益挂钩的办法及奖惩办法;(10)变更或解除合同的条件;(11)合同双方约定的其他事项。

乡镇企业承包经营合同的主要条款有:(1)承包形式。可以是利润定额及超额分成、全额利润按比例分成、联利计酬、利润包干及全奖全赔等形式。如果是集体承包,一般只能采用前两种形式。如果是个人或者个人合伙承包,可以采用任一形式;(2)承包期限。一般为三年到五年,如果经营得好,在双方自愿的基础上可以连续承包;(3)各项承包指标;(4)固定资产和流动资产的数额;(5)厂房、设备、运输工具和其他附属设施的维修办法及承包期满后的完好程度;(6)企业留利、各项提留和基金的使用,以及债权债务的处理;(7)承包期满后库存物资、产成品、在产品的处理办法;(8)合同双方的权利和义务;(9)违约责任;(10)工资总额与经济效益挂钩办法及奖惩原则和办法;(11)变更或解除合同的条件;(12)合同双方约定的其他事项。

1.发包人的权利和义务。发包人对企业资产享有所有权,有权决定企业的经营方向和经营方式。这是集体企业承包经营合同的基础。发包人享有获得利润的权利,这是发包人的基本权利。发包人有权对企业招聘、辞退职工进行指导和监督;对承包人的经营活动进行监督和检查。发包人还享有对企业分立、合并、迁移、停业、终止、破产的决定权。

在发包前,发包人有义务对企业的资产和债权、债务进行清理并登记造册。这是发包人在缔约前的义务。对企业资产进行清理的结果是签订承包经营合同的重要依据。在承包经营合同的履行过程中,发包人应当保障承包人合法行使企业经营自主权,维护承包人的合法权益。这是发包人的基本义务。发包人应当按照承包经营合同的约定为承包人解决承包经营中的困难。

2.承包人的权利和义务。承包人对于企业财产享有占有、使用和一定收益、处分的权利。这是承包人承包经营的基础。承包人享有自主经营承包企业的权利,这是承包人的基本权利。自主经营权涉及的范围较为广泛,包括生产、物资、销售、人事、用工、奖惩等方面。

承包人的义务是遵守国家法律、法规和政策的规定,完成承包经营合同所规定的各项任务,改善经营管理,推进技术进步,提高企业的经济效益。

四、承包人对于承包前企业债务的经济责任

承包前后，企业的法律性质不发生变化。实行承包经营后，承包前的债权债务仍由承包后的企业承担。在实践中，对于承包前企业贷款中应当由国家承担的部分，发包人和承包人应当在承包经营合同中规定还款额度和还款期限，先由承包企业分年偿还，再按照合同的约定调整承包基数。对于企业承包前的其他债务，在企业继续承担之后，应当在上交利润中扣减所偿还的债务数额。

但是，如果承包人是实行承包经营的企业之外的其他企业、组织、个人，发包人应当与承包人在承包经营合同中明确约定承包前债务的偿还义务人，以及偿还的时间和金额等内容。

第二节　企业租赁经营合同

一、企业租赁经营合同的概念

企业租赁经营，原指在不改变企业财产所有制性质的条件下，实行所有权与经营权的分离，以国家或者集体授权单位（包括农村经济合作社）为出租人，将企业有期限地交给承租人经营，承租人向出租人支付租金并依照合同约定对企业实行自主经营的方式，目前实践中也包括非国家、集体所有制企业将企业或者企业的部分经营项目交给承租人经营，承租人支付租金并依照合同约定对企业（或者部分经营项目）实行自主经营的情形。本节主要介绍国家或集体所有制企业与承租人之间的企业租赁经营合同。

企业租赁经营是我国经济体制改革中出现的企业租赁经营责任制的产物，是企业所有权与经营权相分离的又一种形式。企业租赁经营的出发点在于改变企业附属于政府的地位，使企业成为真正独立自主的市场主体。企业租赁经营合同是实现企业租赁经营的重要保障和有效途径，是调整企业租赁经营责任制法律关系的基本依据。国务院的《全民所有制小型工业企业租赁经营暂行条例》对全民所有制企业的租赁经营和企业租赁经营合同进行调整。同时在第 38 条规定，集体所有制工业企业实行租赁经营的，可以参照本条例执行。

企业租赁经营合同，是指国家或集体授权单位作为出租人把国有企业或者集体所有的企业的全部资产以租赁的方式交给承租人生产经营和管理，承租人向出租人支付租金并到期返还全部企业资产的合同。

企业租赁经营合同是一种新型的租赁合同形式。与一般的租赁合同相比，企业租赁经营合同具有以下特征：

1.企业租赁经营合同的直接目的，是使企业的所有权与经营权相分离，搞活企业、提高企业的经济效益，使国家（或集体）、企业、职工和承租人均获得相应的利益。一般的租赁合同，以承租人取得某项财产的使用权、出租人取得约定租金为根本目的。

2.合同形式的特殊性。企业租赁经营合同应当以书面形式订立。法律对于一般的租赁合同的形式则未作强制性要求，当事人可以以口头形式、书面形式或者其他形式订立租赁合同。

3.出租主体的特定性。企业租赁经营的实质出租人是国家或集体，具体表现为由企业的主管机关或者地方人民政府代表国家、集体授权单位代表集体作为出租人行使企业的出租权。一般的租赁合同中，谁可以成为出租人不受限制。国家、集体作为企业租赁经营的出租人又具有双重性。一方面，企业租赁经营中，国家、集体作为出租人与承租人的法律地位是平等的，承租双方均应遵循自愿、平等、协商一致的原则；另一方面，国家、集体作为行政管理者，与承租人形成管理与被管理的关系。一般的租赁合同下，出租人和承租人的地位平等，出租人不具有双重性。

4.租赁标的的特殊性。企业租赁的标的是整个企业。一般理解，企业是以企业财产为核心的人财物、产供销、资金、技术、信誉等多种因素的有机结合体。承租人获得的不是某个物品的使用权，而是对企业全部财产的经营管理权，或者某相对独立经营项目的全部财产的经营管理权。例如在“浙江巨化塑胶有限责任公司与徐益新企业租赁经营合同纠纷”案[①]中，巨化塑胶公司将其所属的塑料管材厂的生产经营性资产交由徐某租赁经营。因而可以说，承租人承租的是企业的经营管理权。一般的租赁合同则以某项固定财产为标的，承租人取得对该财产的使用权。

5.费用承担的特殊性。企业租赁经营合同中，租赁企业的一切费用，包括税款、维持企业财产正常使用以及进行修理的费用等，均由承租人承担。一般的租赁合同下，承租人只承担占有、使用承租财产所产生的风险和费用。

6.合同终止时返还财产的特殊性。企业租赁经营合同终止时，承租人除返还原来的出租财产外，还应返还租赁合同中规定的企业扩大再生产而增值的资产。一般的租赁合同终止时，承租人只需返还原租赁财产，无需向出租人支付财产增值的部分资产。

7.合同担保的特殊性。企业租赁经营合同下，除了承租人自己应当提供必要的财产担保之外，通常还要有两位担保人以财产形式为承租人履行合同的能力提供担保。承租人提供的担保金额一般远低于企业财产的总值。一般的租赁合同下，可以由承租人提供担保，或者由第三人单独为承租人提供担保，承租人或者第三人所提供的担保金额应当与租赁财产的价值相等或相近似。

8.企业租赁经营合同的订立要经过企业主管的审查批准这一特殊程序。订立一般的租赁合同，除非法律明确要求经过特定程序，否则没有特定程序的要求。

企业租赁经营合同不同于企业承包经营合同。企业租赁经营下，企业所有权与经营权分离的程度比企业承包经营情况下要高，承租人只承担企业租赁经营合同中所规定的责任。企业租赁后，应当按照国家的有关规定办理法人变更登记手续。企业承包经营后，企业的性质不发生变化。企业租赁经营合同主要适用于中小型企业，企业承包经营合同主要适用于大中型企业。此外，企业租赁经营合同的承租人必须提供符合规定的担保。在特定情况下，企业承包经营合同的承包人才负有提供担保的义务。

出租人必须在企业出租前，会同有关部门对企业进行清产核资、清理债权债务、评估资产，根据行业和本企业资金利润率确定标底。出租人应当通过公开招标的方式确定承租人，并遵循平等、自愿、协商的原则与承租人签订书面的企业租赁经营合同，按照国家有关规定

① 见浙江省衢州市中级人民法院民事判决书，(2012)浙衢商终字第260号。

办理法人变更登记手续。租赁期满，承租人要继续承租，出租人同意其继续承租的，必须重新订立企业租赁经营合同并办理法人变更登记手续。

四、企业租赁经营合同的主体

企业租赁经营合同中的出租人，是国家授权的企业所在地人民政府委托的部门，或者集体经济组织或集体经济组织所授权的机构。

企业租赁经营合同中的承租人，可以是企业（该承租形式简称“企业承租”）、公民个人（个人承租）、个人合伙（合伙承租）、全体职工（全员承租）或者符合国家有关规定的其他人。承租人必须具体确定具备国家规定的厂长任职条件的承租经营者。该承租经营者是企业租赁期间的法定代表人，行使厂长职权，对企业全面负责。承租人是个人的，承租经营者是该承租经营企业的个人。

需要注意的是，直接涉及国家安全、公共安全、经济宏观调控、生态环境保护以及直接关系人身健康、生命财产等的特定活动，需要按照法定条件申请行政许可。承租人对此类行业企业进行租赁经营时，应当取得相应的行政许可，否则该企业租赁经营合同会因违反《合同法》第 51 条第 1 款第 5 项的规定而被认定无效。[①]

五、企业租赁经营合同的内容

根据《全民所有制小型工业企业租赁经营暂行条例》第 18 条的规定，企业租赁经营合同应当具备下列条款：(1)标的；(2)租赁经营合同的生效条件和有效期限；(3)租赁期内经营总目标及年度经营目标；(4)租金数额、交付期限及计算办法；(5)承租方的收益及企业各项基金的分配比例；(6)企业租赁前债权债务及遗留亏损的处理；(7)租赁双方的权利和义务；(8)担保的形式和要求；(9)合同的变更、解除及合同纠纷处理办法；(10)违约责任；(11)租赁期满后资产返还和验收；(12)租赁双方约定的其他条款。

其中，根据《全民所有制小型工业企业租赁经营暂行条例》第 11 条的规定，企业租赁经营合同中的承租人必须提供符合规定的担保。个人承租的，必须出具与租赁企业资产成一定比例的个人财产（其中应当有一定比例的现金）作为担保，现金必须专款存入银行，并有不少于两名拥有相应可供担保的财产的保证人；合伙承租、全员承租的，承租成员必须出具与租赁企业资产成一定比例的个人财产（其中应当有一定比例的现金）作为担保，现金必须专款存入银行；企业承租的，必须出具与租赁企业资产成一定比例的留用资金作为担保，并存入银行。存入银行后，除征得出租人同意可作为流动资金参加周转外，不得挪作他用。

租赁期届满前 6 个月，出租人和承租人应当协商确定是否继续租赁关系。继续租赁关系的，应当依照有关规定办理相关手续。

（一）出租人的权利和义务

出租人有权监督承租人遵守国家法律、法规和政策，督促承租人完成国家计划，监督、保护租赁企业的财产不受损害。

---

① 见“深圳市粤美特石油化工有限公司与东莞市明兴石油产品供销有限公司、陈文龙等企业租赁经营合同纠纷案”，广东省高级人民法院二审民事判决书，(2013)粤高法民二终字第 70 号。

出租人有权依照租赁合同的约定向承租人收取租金。出租人应当按照合同的规定向承租人移转对企业全部资产的占有，将企业全部财产交付承租人生产经营。出租人应当充分尊重承租人的经营自主权，依法维护企业租赁前享有的各项优惠待遇。出租人还应当为企业的生产发展提供必要的服务，根据承租人的要求，协助租赁企业解决经营活动中的困难。

（二）承租人的权利和义务

承租人依照租赁合同的规定享有经营自主权。企业原来享有的各项权利如财产权、专利权、商标权等转由承包人享有。承租人还享有企业生产经营的成果，有权依照法律占有并支配企业利润等。

承租人可以依法担任厂长或者选任、派出厂长，该厂长享有国家规定的厂长权利。承租人有权任免厂级行政副职并报有关部门备案，有权决定企业脱产人员的编制。

承租人有权根据市场需求调整企业的经营方向，并按照国家有关规定办理变更登记手续。

承租人或其厂长应当履行国家规定的厂长职责。承租人应当执行国家经济政策，完成经营总目标和年底目标规定的各项任务；执行价格政策，维护用户和消费者的合法权益；依据国家的有关规定维护职工的合法权益。承租人应当按照合同规定的数额、期限和方式缴纳租金；向国家缴纳生产经营中的各项税收，承担资产使用、土地管理、基本建设等费用。承租人应当维护租赁经营企业资产，保证设备完好，办理企业财产保险。承租人不得将企业转租。

第 15 章

技术合同

第一节　技术合同概述

一、技术合同概述

技术合同，是指当事人就技术开发、转让、咨询或者服务订立的确立相互之间权利和义务的合同。所谓技术，是指根据生产实践经验和科学原理所形成的，作用于自然界一切物资设备的操作方法与技能。[①]

技术合同除具有双务性、有偿性、要式性（书面形式。但技术咨询合同和技术服务合同除外）等特征外，还具有以下法律特征：

1.技术合同的标的为提供技术的行为，而非一般的商品买卖或劳务服务。提供技术的行为包括提供现有的技术成果、对尚未存在的技术进行开发以及提供与技术有关的辅助性帮助等行为，即技术开发、转让、咨询或者服务的行为。技术成果是提供技术行为指向的标的物。不以技术成果为当事人权利义务的对象的，不能成立技术合同。

2.技术合同的主体具有特殊性。与一般的合同主体不同，技术合同的主体中，至少有一方拥有技术成果的使用权或转让权，或者是从事技术开发、服务或咨询的自然人或法人。这里的自然人或法人，包括外国的企业、其他组织或者个人。根据《全国法院知识产权审判工作会议关于审理技术合同纠纷案件若干问题的纪要》第 9 点意见，法人或者其他组织设立的从事技术研究开发、转让等活动的不具有民事主体资格的科研组织（包括课题组、工作室等）订立的技术合同，经法人或者其他组织授权或认可的，视为法人或者其他组织订立的合同，该法人或者其他组织承担责任；未经法人或者其他组织授权或认可的，由该科研组织成员共同承担责任，但是该法人或者其他组织因该合同受益的，应当在其受益范围内承担相应的责任。

3.订立技术合同以促进科学技术进步，加速科学技术成果的转化、应用和推广为目的和原则。科学技术只有与生产实践相结合，才能把科技成果转化为生产力，推进社会进步。而技术合同正是实现这一结合的桥梁和纽带。因此《合同法》第 323 条要求当事人订立技术合

---

① 崔建远主编：《合同法》，法律出版社 2003 年第 3 版，第 425 页。

同时必须遵循这一原则。

4.技术合同的法律调整具有多样性。技术成果的所有权、使用权归属是技术成果的交换等债权、债务关系成立、发生效力的前提和保障。而技术成果的所有权取得、转让和消灭，应当受知识产权法律制度的调整。因此，技术合同除受《合同法》调整外，还受知识产权相关法律、法规，如《专利法》《促进科技成果转化法》等的约束。

根据《合同法》第 322 条的规定，技术合同可以分为技术开发合同、技术转让合同、技术咨询合同和技术服务合同等。《合同法》第 18 章对于这些技术合同分别予以规定。最高人民法院于 2001 年 6 月 19 日印发《全国法院知识产权审判工作会议关于审理技术合同纠纷案件若干问题的纪要》(以下简称《纪要》)，于 2004 年通过《最高人民法院关于审理技术合同纠纷案件适用法律若干问题的解释》(以下简称《技术合同司法解释》)，为明确技术合同法律关系、处理技术合同纠纷案件提供了指南。

二、技术合同的内容

技术合同的内容由当事人约定。根据《合同法》第 324 条的规定，技术合同一般应包括以下条款：(1)项目名称；(2)标的的内容、范围和要求；(3)履行的计划、进度、期限、地点、地域和方式；(4)技术情报和资料的保密；(5)风险责任的承担；(6)技术成果的归属和收益的分成办法；(7)验收标准和方法；(8)价款、报酬或者使用费及其支付方式；(9)违约金或者损失赔偿的计算方法；(10)解决争议的方法；(11)名词和术语的解释。另外，当事人可以约定将与履行合同有关的技术背景资料、可行性论证和技术评价报告、项目任务书和计划书、技术标准、技术规范、原始设计和工艺文件，以及其他技术文档等作为合同的组成部分。技术合同涉及专利的，还应当注明发明创造的名称、专利申请人和专利权人、申请日期、申请号、专利号以及专利权的有效期限。

三、技术合同价款、报酬或使用费的支付

技术作为知识形态的商品，其价值和价格具有特殊性，没有统一的市场价格，也不可能由国家根据经济理论和价格政策定价。技术合同的价款、报酬或使用费的数额，只能由当事人自由协商。技术开发合同和技术转让合同的主要议价因素有：有关技术成果的研究开发成本、先进性、实施转化和应用的程度，使用期限、技术成果的经济效益与社会效益、当事人享有的权益和承担的责任等。技术咨询合同和技术服务合同的主要议价因素有：有关咨询服务工作的数量、质量和技术含量，以及预期产生的经济效益与社会效益。技术合同的价款、报酬、使用费中包含非技术性款项的，应当分项计算。

技术合同价款的支付方式，主要有定额支付和提成支付两种。定额支付，包括一次总算、一次总付或者一次总算、分期支付两种具体方式。这种支付方式与一般的商品交易的支付方式基本类似，没有与实施技术后的效益挂钩，通常适用于简单的技术合同和比较成熟的技术交易。提成支付，是指一方将技术实施以后所产生的收益按一定的比例和期限提取，作为支付相对方技术合同的价款、报酬或者使用费。提成支付的合同价款取决于实施技术一方实际获得的利益。这种支付方式较为科学，已被国内外普遍采用。但是提成支付方式所涉及的计算、检查、监督管理比较复杂，当事人应当在合同中约定查阅有关会计账目的办法。

提成支付又可分为单纯提成支付和入门费加提成支付两种支付方式。单纯提成支付，是指全部提成费仅在实施技术方的产品正式销售之后，才向相对方支付。入门费加提成支付方式，又称提成支付附加入门费方式，是指在合同订立之初就支付一部分固定价款，包括复制图纸和准备资料的工本费、改进资料工本费、咨询费等成本，其余的再提成支付。两者相比较，入门费加提成支付方式，对当事人双方更合理、公平。按提成价款的来源可分产品价格提成法、产值提成法、利润提成法和销售额提成法等类型。产品价格提成法，是指在合同约定提成期限内以实施技术(实施专利或使用技术秘密)后生产的产品的市场价格为提成基数的付款方法。产值提成法，是指在合同约定提成期限内以实施技术后生产的产品的新增产值为提成基数的付款方法。利润提成法，是指在合同约定提成期限内以实施技术后生产的产品的新增利润为提成基数的付款方法。销售额提成法，是指在合同约定提成期限内以实施技术后生产的产品的销售额为提成基数的付款方法。其中，销售额提成方法，在一定程度上兼顾了技术合同双方当事人的利益，使双方形成了共担风险、共享收益的关系，双方更为关心实施技术后的经济效益，关心市场的需求，从而加强了双方互相协作的精神，对于科学技术与生产建设的结合具有一定的促进作用。提成支付的比例可以采取固定比例、逐年递增比例或者逐年递减比例。

四、技术成果相关权利的归属

根据《技术合同司法解释》第 1 条的规定，技术成果指的是利用科学技术知识、信息和经验作出的涉及产品、工艺、材料及其改进等的技术方案，包括专利、专利申请、技术秘密、计算机软件、集成电路布图设计、植物新品种等。其中，技术秘密是指不为公众所知悉、具有商业价值，并经权利人采取保密措施的技术信息。技术成果本身具有技术性、成果性、实用性和相对进步性等特征。技术成果相关权利的归属，是指技术合同在订立、履行过程中所涉及的科技成果及其知识产权的所有权、使用权和转让权等权利的归属。与技术合同有关的知识产权主要有发明专利权、实用新型专利权、外观设计专利权、计算机软件版权、集成电路知识产权、植物新品种权、商标专用权、商业秘密(包括技术秘密)等，涉及财产权利和人身权利两方面内容。

法人或者其他组织与其职工在劳动合同或者其他协议中就职工在职期间或者离职以后所完成的技术成果的权益归属有约定的，依该约定确认。没有约定，或者约定被依法认定为无效或被撤销、解除的，应当依据《合同法》的规定确定职务技术成果和非职务技术成果。职务技术成果，是执行法人或者其他组织的工作任务，或者主要是利用法人或者其他组织的物质技术条件所完成的技术成果。执行法人或者其他组织的工作任务主要有:在职人员履行本单位的岗位职责或者承担本单位交付的其他技术开发任务;离职后 1 年内继续从事与其原所在法人或者其他组织的岗位职责或者交付的任务有关的科学研究和技术开发，但法律、行政法规另有规定或者当事人另有约定的除外。主要利用法人或者其他组织的物质技术条件，是指在完成技术成果的研究开发过程中，全部或者大部分利用了法人或者其他组织的资金、设备、器材、原材料、未公开的技术信息和资料等。但是对利用法人或者其他组织提供的物质技术条件，约定返还资金或者交纳使用费的除外。在研究开发过程中利用法人或者其他组织已对外公开或者已为本领域普通技术人员公知的技术信息，或者在技术成果完成后利用法人或者其他组织的物质条件对技术方案进行验证、测试的，不属于主要利用法人或者其他组织的物质技术条件。职务技术成果凝聚了法人或其他组织的科学决策、群众智慧和集体的经验，包含法人或其他组织长期的人力、物力、智力投入。因此，职务技术成果的使用权、转让权属于法人或者其他组织，该法人或者其他组织可以就该项职务技术成果订立技术合同。但是完成该项技术成果的个人享有物质奖励或者报酬的权利，有权要求该法人或者其他组织从使用和转让该项职务技术成果所取得的收益中提取一定比例作为奖励或者报酬。当法人或者其他组织订立技术合同转让职务技术成果时，完成该项技术成果的个人在同等条件下享有优先受让的权利。根据《合同法》第 328 条的规定，完成技术成果的个人享有署名权及荣誉权，有在有关技术成果文件上写明自己是技术成果完成者的权利，以及取得荣誉证书、奖励的权利。完成技术成果的个人既执行了原所在法人或者其他组织的工作任务，又就同一科学研究或者技术开发课题主要利用了现所在法人或者其他组织的物质技术条件所完成的技术成果的权益，由其原所在法人或者其他组织和现所在法人或者其他组织协议确定归属，不能达成协议的，由双方合理分享。

非职务技术成果，是指职务技术成果以外的技术成果，即完成技术成果的个人在其本职工作之外，利用自己的物质技术条件，自行研究开发完成的成果。非职务技术成果的使用权、转让权属于完成该技术成果的个人，该完成人有权就该项技术成果订立技术合同。该完成人还同样享有署名权和荣誉权。

职工于本岗位职责或者其所在法人或者其他组织交付的任务之外从事业余兼职活动或者与他人合作完成的技术成果的权益，按照其与聘用人(兼职单位)或者合作人的约定确认。没有约定或者约定不明确，也未能依法达成补充协议的，应当依据《合同法》的上述规定来确认权益归属。根据《纪要》的意见，在具体确认时不得损害职工所在的法人或者其他组织的技术权益。

五、技术合同无效的特别规定

合同无效，指因合同欠缺生效要件而不产生应有的法律效力。除《合同法》第 52 条和第 53 条规定的无效情形外，根据《合同法》第 329 条的规定，非法垄断技术、妨碍技术进步或者侵害他人技术成果的技术合同也属无效。这是技术合同应当有利于科学技术进步、加速科学技术成果转化、应用和推广原则，以及禁止权利滥用原则的体现。

非法垄断技术、妨碍技术进步，是指通过合同条款限制另一方在合同标的技术基础上进行新的研究开发或者限制其使用所改进的技术，包括要求一方将其自行改进的技术向对方无偿提供、非互惠性的转让，以及无偿地独占或者共享该改进技术的知识产权；限制另一方从其他来源获得与技术提供方类似技术或者与其竞争的技术；阻碍另一方根据市场的需要，按照合理的方式充分实施合同标的技术，包括不合理地限制技术接受方实施合同标的技术生产产品或者提供服务的数量、品种、价格、销售渠道和出口市场；要求技术接受方接受并非对实施技术必不可少的附带条件，包括购买技术接受方并不需要的技术、服务、原材料、设备或者产品等和接收技术接受方并不需要的人员等；不合理地限制技术接受方自由选择从不同来源购买原材料、零部件或者设备等的渠道或来源；禁止技术接受方对合同标的技术的知识产权的有效性提出异议或者对提出异议附加条件。例如，为了规避国家法律规定的专利强制实施许可制度及专利或非专利技术指定实施许可制度，与他人订立虚假的技术合同。这在客观上造成了非法垄断技术、妨碍技术进步的不良后果，当事人订立合同的目的不是为了实施这一技术，而是阻止它的实施，因而该类技术合同是无效合同，不具有法律约束力。

侵害他人技术成果，是指一方当事人侵害对方或者第三方知识产权和其他技术权益的行为。技术合同侵害他人技术成果的情形主要有以下几种类型：非专利权人未经专利权人许可与第三人订立的专利实施许可合同；当事人一方未经其共同专利权人同意，与他人订立的专利实施许可合同；未经专利权人许可而实施该专利的，即为经营的目的制造、使用或者销售专利产品而订立的技术合同；专利实施许可合同的被许可方实施专利超越合同所约定范围（如实施期限、实施地区、实施方式等）的；专利实施许可方违反不向他人发放专利实施许可承诺的；个人未经单位同意私自使用、转让其利用工作关系取得的职务技术成果的；单位未经个人许可使用、转让个人的非职务技术成果的；合同约定非专利技术的使用权或者转让权属于一方，另一方当事人擅自使用或转让的，等等。根据《技术合同司法解释》第 12 条的规定，侵害他人发明权、发现权以及其他科技成果权等技术成果完成人身权利的合同，合同部分无效。不影响其他部分效力的，其他部分仍然有效。除法律、行政法规另有规定外，善意取得该技术秘密的一方当事人可以在其取得时的范围内继续使用该技术秘密，但是应当向权利人支付合理的使用费并承担保密义务。需要注意的是，在专利技术实施许可合同生效后，许可方按合同的约定，向接受方提供包含专利技术的专用生产设备，使其用于生产和销售专利产品的，不构成“非法垄断技术、妨碍技术进步”的情形。[①] 侵害他人技术成果的技术合同，因侵害了他人合法权益，除该合同被依法认定为无效（或部分无效）外，合同当事人还应依法承担相应的违约责任或侵权责任。例如双方恶意串通侵害他人技术秘密成果使用权、转让权而订立、履行技术合同，或者一方明知或者应知另一方侵害他人技术秘密成果使用权、转让权仍然与其订立或者履行合同的，属于共同侵权，应当共同承担连带赔偿责任和保密义务，因该无效合同而取得技术秘密的当事人不得继续使用该技术秘密。

《民法通则》第 42 条规定，企业法人应当在核准登记的经营范围内从事经营。但是，最高人民法院《关于正确处理科技纠纷案件的问题的意见》（法发[1995]6 号）明确规定，企业法人、依法登记领取营业执照的合伙联营企业及其他非法人组织订立技术合同，不受核准登记的经营范围的限制。国家对企业实行工商执照制度，是为了对生产流通领域加强管理，保障交易安全有序进行。国家鼓励科学技术的开发和利用，加速科学技术成果的转化、应用和推广，故对技术开发、技术转让、技术咨询和技术服务不实行工商执照制度。法人、自然人和其他经济组织有从事科学技术活动的自由和权利，不受行业、专业、学科和领域的限制。尽管技术合同涉及的生产产品或提供服务需要依法得到相关行政部门审批或者许可，但是仍然应当依据技术合同是否违反法律、行政法规的强制性规定，而不是是否违反行政规章的规定，来判断技术合同的有效性。如果该产品或服务未经相关行政部门审批或许可，并不直接

① 见“大洋公司诉黄河公司专利实施许可合同纠纷案”，载《中华人民共和国最高人民法院公报》2004 年第 9 期。

影响该技术合同的有效性。①

第二节　技术开发合同

一、技术开发合同的概念

技术开发合同，是指当事人之间就新技术、新产品、新工艺或者新材料及其系统的研究开发所订立的合同。技术开发合同具有以下法律特征：

1.技术开发合同的成果具有创造性

技术开发合同成果是研究开发方按照合同的要求，经过创造性劳动而取得的新的技术成果，并非是在签订合同之前就已经完成了的技术项目。技术开发的过程应是不断探索，获悉未知的过程。一切现有技术的转移和利用现有技术进行的服务，例如根据用户需要按常规加工定做产品，或是在现有产品、工艺、材料的基础上通过改变尺寸、形状、排列和调整有关参数的设计及其他通过一般设计变更可以完成的产品改型、工艺变更、材料配方的调整等，都不属于技术开发的范畴。

2.技术开发合同的标的具有新颖性

该技术应当是在订立合同时，双方当事人尚未掌握，须经过研究开发才能实现的新的技术方案。非专利技术的新颖性，是指在世界范围内未经他人公开发表，并且在本国未经他人公开使用。例如国内已有某项技术，但双方当事人不知道或者无法获得的，仍可作为技术开发合同的标的。

3.技术开发合同的风险较大

技术开发是对未知领域的探索，成功与否难以预料，可能由于开发人的科学技术水平有限而导致失败，也可能因无法克服的技术困难而导致研究开发失败。

技术开发合同包括委托开发合同和合作开发合同两种类型。此外，根据《合同法》第330条第4款的规定，当事人之间就具有产业应用价值的科技成果实施转化订立的技术转化合同，是指当事人之间就具有实用价值但尚未能够实现工业化应用的科技成果(包括阶段性技术成果)，以实现该科技成果的工业化应用为目标，约定有关后续试验、开发和应用等内容的合同。此种技术转化合同参照适用技术开发合同的规定。

二、委托开发合同

(一)委托开发合同的概念

委托开发合同，是指一方承担开发费用，委托他方就特定的技术项目进行研究开发的合同。提供资金并最终取得技术成果的一方为委托方，接受他方委托进行技术开发研究的一方为受托人(研究开发人)。

委托开发合同与委托合同都是一方委托另一方从事一定行为的合同。但是两者之间有

---

① 见最高人民法院对“海南康力元药业有限公司、海南通用康力制药有限公司与海口奇力制药股份有限公司技术转让合同纠纷案”的民事判决书，(2011)民提字第307号。

着明显的区别：(1)委托合同中，受托方以委托人的名义处理委托事项。而委托开发合同中，受托人(研究开发人)以自己的名义从事技术开发活动，享有独立完成工作的权利；(2)委托合同中，受托方的任务是完成委托方交付的与第三人之间的民事行为，是一种法律行为。而在委托开发合同中，研究开发人只能从事约定的技术项目的开发研究，与第三人没有任何关系，是一种事实行为；(3)委托合同有时为单务合同；而委托开发合同为双务有偿合同；(4)委托合同下，委托人承担受托人行为的一切后果，享有所取得的一切权利，并承担一切义务。委托开发合同下，委托人对于技术开发所取得的技术成果并不当然享有一切权利，只能依照合同的约定或者法律的规定，享有一定的权利。技术开发的风险也由合同约定，约定不明的由双方合理承担；(5)委托合同的双方当事人可以任意解除合同。委托开发合同下，当事人不得自由解除合同，只有在法律规定的特定情形出现时才能解除合同。

(二)委托人的权利和义务

1. 进行必要监督检查的权利

委托人在不妨碍研究开发人正常工作的情况下，有权对研究开发人履行合同和使用研究开发经费的情况进行必要的监督与检查，包括查阅有关账簿和访问研究开发的现场。委托人进行适当的监督与检查，可以及时发现问题、解决困难，有利于委托开发合同的顺利履行。

2.按照合同约定支付研究开发经费和报酬的义务

研究开发经费是进行技术开发研究必要的成本。当事人可以约定研究开发经费，包括设备、材料、能源、试验、试行、安装、调试、文件编制、资料整理等项开支的负担，如无约定，委托方应当提供全部研究开发经费。使用研究开发经费所购置的专用设备、仪器等所有权，当事人无相反约定的，应归研究开发人所有。报酬，是指委托人取得研究开发成果后，作为科技成果的“对价”向研究开发人支付的款项，包括研究开发成果的使用费和研究开发人员的科研补贴。

3.按照合同约定提供技术资料、原始数据，完成协作事项的义务

技术开发合同下，往往需要双方当事人的共同协作才能保证研究开发工作的顺利进行，实现预期目的。委托人应当按照约定提供技术资料、原始数据及研究开发过程中所需要的背景材料和数据等。提供的技术资料或数据不足的，应研究开发人的请求，委托人应当在履行合同所必需的范围内予以补充。但是，委托人的这项提供及补充提供技术资料与数据的义务属辅助性劳务，不能因此认定为委托人参与该项研究开发工作。委托人不是受托人的共同开发人。

4.按期接受研究开发成果的义务

委托人应当按照合同约定的时间或者在合理时间内及时验收接受研究开发成果，这既是委托人的权利，又是委托人的义务。委托人在验收研究开发成果时，有权取得实施技术成果所必需的技术资料、试验报告和数据，要求研究开发人进行必要的技术指导，保证所提供的技术成果符合合同约定的条件。

委托人违反合同约定的义务，例如逾期支付研究开发费用、未提供有关技术资料等，造成研究开发工作停滞、延误或者失败的，应当承担违约责任。委托人不及时接受已完成的成果，经研究开发人催告后的合理期限内，委托人仍然无正当理由拒绝接受的，研究开发人有

权处分该研究开发成果，并从所得收益中扣除约定的研究开发经费、报酬、保管费等。如果所得收益不足以支付上述款项，研究开发人有权要求委托人支付该差额。

（三）研究开发人的义务

1.按照合同约定制订和实施研究开发计划的义务

制订计划是开展研究开发工作的前提。研究开发人在接受委托后，应当按照委托方所交付的研究开发任务，制定合理的研究开发计划，以保证开发工作符合委托人要求的技术内容、范围、进度、期限等，实现合同确定的预期目标。研究开发计划一经制订，并经委托人同意后，任何一方不得任意变更。除委托人同意外，研究开发人应当亲自严格实施研究开发计划。但是对于研究开发工作的辅助部分，研究开发人可以自行委托第三人完成，并对该第三人的工作负责。

2.合理使用研究开发经费的义务

合同约定的研究开发专项经费，必须专款专用，不得挪作他用，也不得挥霍浪费。研究开发人应当合理有效地使用研究开发经费，并接受委托人的监督。经费使用不合理的，委托人有权予以制止，并要求其退还相应款项以用于研究开发。

3.按期完成研究开发工作并交付技术成果的义务

这是研究开发方最基本的合同义务，也是委托方订立委托开发合同的最主要目的。研究开发人交付的成果，必须真实、正确、充分、完整，以保证委托方实际应用该成果。成果的表现形式有：产品设计、工艺规程、材料文本和其他图纸、论文等技术文件；磁盘、计算机软件；动、植物新品种、微生物菌种；样品、样机；成套技术设施等。因研究开发人的过错造成研究开发成果不符合合同约定的，研究开发人应当承担违约责任。

4.提供有关的技术资料和必要的技术指导，帮助委托人掌握研究开发成果的义务

这是研究开发人的后续义务。委托方委托研究开发的最终目的，是为了实际应用研究开发新成果，提高劳动生产率。因此，研究开发方应当在交付研究成果时以及在委托人使用该研究成果的过程中，提供相关的技术资料和具体的技术指导，培训技术人员，使委托方尽快掌握该项新技术，发挥其经济效益。

研究开发人违反合同约定，例如未实施研究开发计划、未按期完成研究开发工作等，造成研究开发工作停滞、延误或者失败的，应当承担违约责任。

三、合作开发合同

（一）合作开发合同的概念

合作开发合同，是指当事人就共同进行研究开发所订立的合同。合作开发合同下，当事人共同投资、共同经营、共担风险、共享收益。但是合作开发合同有其特殊性：其目的是进行特定的技术开发研究工作，不同于一般的经营活动；各方只有共同参与研究开发，才为合作开发合同。如果一方仅提供资金、材料、设备等物质条件，由另一方完成研究开发工作，则是委托开发合同，不是合作开发合同。

（二）合作开发合同当事人的义务

根据《合同法》第335条的规定，合作开发合同的当事人主要负有以下义务：

1.按照合同约定进行投资的义务

共同投资是合作开发合同的重要特征。当事人的投资方式除提供资金外，还可以包括设备、材料、场地、技术等。但是以资金以外的其他方式投资的，应当折算成相应的金额，以确定该投资占总投资的比例。

2.按照合同约定分工参与研究开发工作并相互协作配合的义务

合作各方应当按照约定的计划和分工，共同或分别承担设计、工艺、试验、试制等研究开发工作，直至完成开发项目。技术开发合同一方当事人仅提供资金、设备、材料等物质条件或者承担辅助协作事项，另一方进行研究开发工作的，不是合作开发合同，而是委托开发合同。合作开发的核心在于，合作开发各方以各自的技术力量创造性地共同完成一个研究开发项目。在合作开发过程中，每一方所负责完成的工作与其他方的工作有关联性，直接关系到研究开发项目的成功与失败，因此任何一方当事人都必须认真履行各自的开发工作，并与其他方密切配合、相互协作。在完成开发项目进行验收时，任何一方当事人都有权取得实施技术成果所必需的技术资料、试验报告和数据，要求另一方进行必要的技术指导，保证该技术成果符合合同约定的条件。

3.保守技术情报、资料和技术成果的秘密的义务

合作开发各方对于在合作开发过程中知晓的其他方的技术情报、资料和技术成果应当保守秘密，对于合作开发的成果也应当保守秘密，以维护其他当事人的合法权益。

四、技术开发合同风险的负担

技术开发合同的风险，是指在技术开发过程中，因无法克服的技术困难导致研究开发工作全部或者部分失败。风险出现，技术开发合同无法履行，会给当事人造成损失。当事人可以在合同中约定风险责任的承担原则。当事人没有约定或者约定不明确的，可以协议补充。当事人达不成补充协议的，应当按照合同的有关条款或者交易习惯予以确定；仍然无法确定风险责任的承担的，应当由当事人合理分担。

在技术开发过程中，任何一方当事人在发现可能导致研究开发全部或者部分失败的情况时，应当及时通知另一方，并应采取适当措施以减少损失、防止损失扩大。没有及时通知并采取适当措施，致使损失扩大的，应当就扩大的损失承担责任。

五、技术成果权益的归属

合同当事人可以在合同中约定技术开发成果的归属和分享。当事人没有约定的情况下，如果是委托开发合同，委托开发完成的技术成果属于发明创造的，申请专利的权利属于研究开发人。但是研究开发人取得专利权的，委托人可以免费实施该专利。研究开发人转让专利申请权的，委托人在同等条件下有权优先受让该专利申请权。当事人约定就开发完成的技术成果申请专利的权利为当事人共有，从而当事人共有该技术成果的专利权的，可以同时约定实施该专利的方式和利益分配办法。当事人没有约定或者约定不明确的，可以依法协议补充。不能达成补充协议的，当事人均享有自己实施该专利的权利，由此所获得的利益归实施人。

合作开发的情况下，如果当事人没有约定技术开发成果的归属和分享，合作开发完成的技术成果属于发明创造的，申请专利的权利属于合作开发的当事人共有。将来该技术成果

的专利权也为当事人所共有。对此，当事人没有约定或者约定不明确，又不能达成补充协议的，当事人均享有自己实施该专利的权利，由此所获得的利益归实施人。当事人一方不同意申请专利的，另一方或者其他各方不得申请专利。当事人一方转让其共有的专利申请权的，另一方或者其他各方在同等条件下有权优先受让该专利申请权。当事人一方声明放弃其共有的专利申请权的，可由另一方单独申请，或者其他各方共同申请。但是申请人取得专利权的，放弃专利申请权的一方可以免费实施该专利。

根据《技术合同司法解释》第 21 条的规定，上述当事人依据《合同法》的规定或者合同约定可以自己实施专利或使用技术秘密，但是不具备独立实施专利或使用技术秘密的条件的，可以通过普通实施许可的方式许可他人实施该专利或者使用该技术秘密。

当事人可以通过约定，具体分配技术开发所完成的技术秘密成果的使用权、转让权以及有关利益。享有使用权的当事人，有权依据法律的规定或者合同的约定，以生产经营为目的自己使用或者许可他人使用该技术秘密成果。享有转让权的当事人，有权依据法律的规定或者合同的约定，向他人让与技术秘密成果。当事人没有约定或者约定不明确的，可以协议补充。当事人无法达成补充协议的，应当按照合同的有关条款或者交易习惯来确定。如果仍然无法确定，当事人均有使用和转让的权利，有权不经对方同意而自己使用或者以普通使用许可的方式许可他人使用技术秘密并独占由此获得的利益。当事人均有权使用和转让的权利，包括当事人均有不经对方同意而自己使用或者以普通使用许可的方式许可他人使用技术秘密，并独占由此所获利益的权利。

根据《合同法》第 341 条的规定，在委托开发的情况下，研究开发人在将研究开发成果交付委托人之前不得把该研究开发成果转让给第三人。

六、技术开发合同终止的特别事由

除一般的合同终止事由外，根据《合同法》第 337 条的规定，因作为技术开发合同标的的技术已经由他人公开，致使技术开发合同的履行没有意义的，任何一方当事人均可以解除该技术开发合同。技术已经由他人公开致使继续履行合同没有意义的情况包括：他人已经开发出此项技术并已申请专利；他人已经开发出此项技术并使人们普遍掌握了此项技术。对于因此而造成的损失的承担，当事人有约定的，依约定；当事人未约定承担方式的，由当事人各方合理分担。

第三节　技术转让合同

一、技术转让合同的概念

技术转让合同，是指技术的合法拥有者包括有权对外转让技术的人将现有特定的专利、专利申请、技术秘密的相关权利让与他人或者许可他人使用所订立的合同。交付技术成果的一方为让与人，接受技术成果并支付报酬的一方为受让人。

技术转让合同具有以下法律特征：

1.技术转让合同的标的是现有的特定技术成果，包括专利权、专利申请权、专利实施权、技术秘密使用权和转让权等。尚待研究开发的技术成果不得成为技术转让合同的标的。这是技术转让合同与开支技术开发合同的重要区别。

2.技术转让合同中可以约定让与人和受让人实施专利或者使用技术秘密的范围，包括实施专利或者使用技术秘密的期限、地域和方式以及接触技术秘密的人员等方面，但是不得限制技术竞争和技术发展。

在实践操作中，技术转让合同中关于让与人向受让人提供实施技术的专用设备、原材料或者提供有关的技术咨询、技术服务的约定，属于技术转让合同的组成部分，按照技术转让合同来处理。

当事人以技术入股方式订立联营合同，但技术入股人不参与联营体的经营管理，并且以保底条款形式约定联营体或者联营对方支付其技术价款或者使用费的，视为技术转让合同。

二、技术转让合同的种类

依据合同标的的不同，可以将技术转让合同分为专利权转让合同、专利申请权转让合同、专利实施许可合同、技术秘密转让合同四种。

专利权转让合同，是指专利权人将其专利的所有权或持有权让与受让人，受让人支付约定价款的合同。专利申请权转让合同，是指让与人将其就特定的发明创造申请专利权的权利移交受让人，受让人支付约定价款的合同。这两类合同受《专利法》调整，须进行专利权或专利申请权转让的登记和公告。未经登记公告的，对合同外的第三人无约束力。全民所有制单位的专利权或专利申请权转让的，须经上级主管机关批准。我国单位或个人向外国人转让专利申请权或专利权的，必须报国务院主管部门批准。申请专利权转让合同成立后，受让人就发明创造申请专利，其申请被驳回的，不得向让与人请求返还价款，但让与人侵害他人专利权或专利申请权的除外。订立专利权转让合同或者专利申请权转让合同之前，让与人自己已经实施发明创造，在合同生效后，受让人可以要求让与人停止实施该发明创造。此外，让与人与受让人订立的专利权、专利申请权转让合同，不影响在合同成立前让与人与他人订立的相关专利实施许可合同或者技术秘密转让合同的效力。

专利实施许可合同，又称专利许可证合同，是指专利权人或其授权的人作为让与人，许可受让人在约定范围内实施专利技术，受让人支付约定使用费的合同。专利实施许可合同以转让专利技术的使用权为目的，让与人仅转让其对专利技术的使用权而不转让专利本身。专利实施许可合同只在该专利的期间内有效。专利权有效期限届满或者专利权被宣布无效的，专利权人不得就该专利与他人订立专利实施许可合同。专利实施许可合同按转让的权限分普通专利许可合同、排他性专利许可合同、独占专利许可合同等。普通专利许可合同，是指专利权人许可他人实施其专利技术的同时，有权许可第三人于相同的许可范围内实施该专利技术的许可合同。排他性实施专利许可合同，是指专利权人许可被许可人在许可的特定地域范围内排斥第三人实施同一专利技术，但专利权人自己仍可以在该地域内实施专利技术的许可合同。独占性专利许可合同，是指在被许可的地域范围内，于合同约定的许可期限内，只能由被许可人独自使用该专利技术的实施许可合同。当事人对专利实施许可方式没有约定或者约定不明确，也不能依法达成补充协议的，视为普通实施许可。除当事人另有约定外，专利实施许可合同约定受让人可以再许可第三人实施该专利的，对第三人的再许可为普通实施许可；根据实施专利的强制许可决定而取得的专利实施权的，该专利实施权为普通实施许可。专利实施许可合同的让与人应当按照约定许可受让人实施专利，交付实施专利有关的技术资料，提供必要的技术指导。受让人应当按照约定实施专利，支付使用费，并不得许可约定以外的第三人实施该专利。

技术秘密转让合同，是指技术秘密成果的权利人或其授权的人作为让与人，将技术秘密提供给受让人，明确相互间技术秘密使用权、转让权，受让人支付价款或约定使用费用的合同。技术秘密，又称非专利的专有技术，具有秘密性、知识性、实用性和价值性等特点。一般认为，技术秘密包括未申请专利的技术，未授予专利的技术和《专利法》中规定的不授予专利权的技术，技术秘密转让合同的让与人应当按照约定提供技术资料，进行技术指导，保证技术的实用性和可靠性，并应承担保密义务。根据《纪要》第 68 点意见，除合同约定让与人不得申请专利或者明确约定让与人承担保密义务外，《合同法》第 347 条所称让与人的保密义务不影响其申请专利的权利。受让人应当按照约定使用技术，支付使用费，并承担保密义务。技术秘密转让合同对使用技术秘密的期限没有约定或者约定不明确，又不能依法达成补充协议的，受让人可以无限期地使用该技术秘密。

根据《纪要》第 57 点意见，当事人就申请专利的技术成果所订立的许可使用合同，在专利申请公开以前，适用技术秘密转让合同的有关规定；在发明专利申请公开以后、授权以前，参照专利实施许可合同的有关规定；在授权以后，原合同即为专利实施许可合同，适用专利实施许可合同的有关规定。

三、技术转让合同当事人的权利和义务

我国《合同法》第 343 条至 354 条明确规定了技术转让合同当事人的一般义务和责任。

（一）让与人的义务

1.按照合同的约定转让技术成果的义务。让与人未按照约定转让技术成果的，应当返还全部或者相应部分的使用费，并应当承担违约责任。让与人实施专利或者使用技术秘密超过约定范围的，或者违反约定擅自许可第三人实施该项专利或者使用该项技术秘密的，应当停止违约行为并承担违约责任。在订立专利权转让合同或者专利申请权转让合同之前，让与人已经自行实施其发明创造的，除当事人另有约定外，在合同生效后，受让人有权要求让与人停止实施。

2.交付实施技术有关的技术资料，提供必要的技术指导的义务。这是让与人履行交付约定技术成果义务的辅助义务。让与人未履行此项义务造成受让人无法按照约定使用该技术成果的，应当赔偿受让人因此遭受的损失。

3.保密义务。让与人应当对其专利或者技术秘密保守秘密。违反保密义务造成受让人损失的，让与人应当承担赔偿责任。

4.瑕疵担保责任。技术转让合同的让与人应当保证自己是所提供技术的合法拥有者，并保证所提供的技术完整、无误、有效，能够达到约定的目标。这是权利瑕疵担保义务和物的瑕疵担保义务的具体体现。让与人应当保证受让人按约定的方式实施技术能够达到约定的技术指标。转让阶段性技术成果的，让与人应当保证在一定条件下重复试验可以得到预

期的效果。但是，除非合同明确约定让与人应保证受让人达到约定的经济效益指标，否则让与人不对受让人实施技术后的经济效益承担责任。除当事人另有约定外，受让人按照约定使用技术成果造成他人损害的，让与人应当承担赔偿责任。

（二）受让人的义务

1.支付价款或者使用费的义务。受让人应当按照合同约定的时间、方式、数额向让与人支付合同价款或者技术成果的使用费。受让人未按照约定支付价款或者使用费的，应当补交，并应当按照约定支付违约金。受让人不补交价款、使用费或者支付违约金的，应当停止实施专利或者使用技术秘密，交还技术资料，并应承担违约责任。

2.保密义务。在技术转让合同中，需要保密的那部分专有技术的技术资料，通常由最有价值的技术标的构成。让与人为了保护自身的利益，一般在技术转让开始阶段，既与受让人就特定技术情报和资料的提供与保密等事项达成协议。如果受让人违反约定的保密义务，应当承担违约责任。

3.按照合同约定的方式在约定的期限、地域内合理使用技术的义务。依约使用约定的技术也是受让人的权利。受让人依照专利法的规定受让专利权或者专利申请权后，可以依法作为专利权人或者专利申请人对他人行使权利。如果受让人实施专利或者使用技术资料超过约定的范围，或者未经让与人同意擅自许可第三人实施该专利或者使用该技术秘密，受让人应当停止该违约行为并承担违约责任。合同约定受让人取得的技术须经受让人小试、中试、工业性试验后才能投入批量生产，而受让人未经小试、中试、工业性试验直接投入批量生产的，对于因此所产生的损失，让与人不承担责任。

《合同法》第 344 条至第 348 条还针对专利实施许可合同、技术秘密转让合同，对当事人的义务作了进一步的规定。根据《合同法》第 355 条的规定，法律、行政法规对技术进出口合同或者专利、专利申请合同另有规定的，依照其规定。

四、后续改进技术成果的权益分配

后续改进，是指在技术转让合同的有效期限内，一方或双方对作为合同标的的专利技术或技术秘密所做的革新和改良。当事人可以按照互利的原则，在合同中约定对于后续改进技术成果的分享办法。当事人没有约定或者约定不明确的，当事人可以协议补充。当事人不能达成补充协议的，应当按照合同的有关条款或者交易习惯来确定实施专利、使用技术秘密后续改进的技术成果的分享办法。如果仍然无法确定，该后续改进技术成果属于完成人，其他各方无权分享。

第四节　技术咨询合同

一、技术咨询合同的概念

技术咨询合同，是指一方运用自己的科学技术知识和技术手段，对另一方提出的特定技术项目进行可行性论证、技术预测、专题技术调查、分析评价报告等，另一方支付咨询费的合同。技术咨询合同包括就特定技术项目提供可行性论证、技术预测、专题技术调查、分析评价报告等合同。委托他人进行可行性论证、技术预测、专题技术调查、分析评价报告等活动，并支付咨询费的一方为委托人。接受委托并完成上述工作，并因此取得咨询费的一方为受托人。

技术咨询合同具有以下法律特征：

1.技术咨询合同主要调整因特定技术项目的可行性论证、技术预测、专题技术调查、分析评价等而发生的民事法律关系。这与技术开发合同、技术转让合同的调整内容不同。特定技术项目包括有关科学技术与经济、社会协调发展的软科学研究项目，促进科技进步和管理现代化、提高经济效益和社会效益的技术项目，以及其他专业性技术项目。

2.技术咨询合同的目的在于受托人为委托人提供可供委托人决策时参考的建议、方案、咨询报告等。这与订立技术开发合同、技术转让合同、技术服务合同的目的不同。

3.技术咨询合同下，除当事人另有约定外，受托人不承担保证委托人不会因实施其咨询报告而遭受损失的担保责任。这也是技术咨询合同与技术开发合同、技术转让合同、技术服务合同等的区别。在技术开发合同、技术转让合同、技术服务合同中，研究开发人、让与人、受托人承担技术瑕疵担保责任。

4.技术咨询合同是不要式合同。法律没有明确要求当事人以何形式订立技术咨询合同。当事人可以采用书面形式、口头形式和其他形式订立技术咨询合同。

二、当事人的义务

（一）委托人的义务

1.按照约定阐明咨询的问题，提供技术背景材料以及有关技术资料、数据的义务。这是受托人履行合同义务的前提。必要时，委托人还应当依据合同的约定配合受托人进行现场调查、测试、分析等工作，提供必要的工作便利。委托人没有按照约定提供必要的资料和数据，影响受托人的工作进度和质量的，应当承担违约责任，即没有支付报酬的应当支付，已经支付的不得追回，给受托人造成损失的，还应当承担赔偿责任。委托人逾期不提供有关资料、数据致使受托人不能开展工作的，除合同另有约定外，受托人可以解除合同。根据《技术合同司法解释》第32条的规定，受托人发现委托人提供的资料、数据等有明显错误和缺陷的，应当及时通知委托人。委托人应当及时答复并在约定的期限内予以补正。受托人发现上述问题不及时通知委托人的，视为其认可委托人提供的技术资料、数据等符合约定的条件。我们认为委托人提供的资料、数据等有明显错误和缺陷，影响受托人的工作质量和进度的，除受托人明确表示接受或者以其行为明显表明接受外，委托人仍然应当承担违约责任。但是受托人不及时通知委托人补正的，可以适当减轻委托人的责任。

2.接受工作成果并支付报酬的义务。接受受托人提交的咨询工作成果，是委托人的权利，也是委托方的基本义务。委托人不接受或者逾期接受工作成果的，已经向受托人支付的报酬不得追回，未向受托人支付报酬的应当如数支付。委托人还应当承担该工作成果的保管费用。委托人应当按照约定向受托人支付报酬，这也是委托人的基本义务。委托人没有按照约定支付报酬的，应当补交报酬，并承担违约责任。除合同另有约定外，受托人进行调查研究、分析论证、试验测定等所需费用，则由受托人自己承担，委托人不予负责。

（二）受托人的义务

1.按照约定期限完成咨询报告或解答问题的义务。这是受托人的基本义务。受托人应当在约定期限内全面分析所承担的咨询课题，认真查阅委托人所提供的技术资料和数据，进行调查、论证，综合运用科学知识和先进的技术手段，提出具有参考价值的咨询报告和意见。受托人未按期提出咨询报告的，应当减收或者免收报酬，并承担赔偿损失等违约责任。

2.保证咨询报告或意见达到约定的要求的义务。受托人应当保持独立性、客观性和公正性，遵循实事求是、尊重科学、服从真理的原则，提出委托人所要求的具有实际价值的咨询报告或意见。受托人提出的建议、意见和方案，仅供委托人在决策时参考。受托人按约定的要求提出咨询报告后，即视为合同义务履行完毕，该技术咨询合同即行终止。委托人是否采纳以及如何采纳该咨询报告、意见，由委托人自行决定，与受托人再无关系。因此《合同法》第359条规定，除当事人另有约定外，技术咨询合同的委托人按照受托人符合约定要求的咨询报告和意见做出决策所造成的损失，由委托人承担，即委托人自己承担因实施咨询报告而造成的风险。当然，如果受托人提供的咨询报告和意见缺少科学、客观、公正、独立的基础，或者有明显的缺陷甚至错误，受托人仍然应当承担减收或者免收报酬，以及赔偿损失等违约责任。

3.保密义务。受托人应当对委托人提供的技术资料、数据及其他相关资料保守秘密。《纪要》第72点意见提出，当事人没有约定对委托人提供的技术资料和数据或者受托人提出的咨询报告和意见负有保密义务的，在不侵害对方当事人对此享有的合法权益的前提下，任何一方当事人都有权予以引用、发表和向第三人提供。

三、新技术成果的归属和分享

在技术咨询合同的履行过程中，受托人可能在履行合同义务之外派生完成新的技术成果。委托人也可能在受托人工作成果的基础上后续完成新的技术成果。对于此类新技术成果的归属和分享，当事人有约定的，依约定。当事人没有约定、约定不明确，或者没有相反约定的，基于完成即拥有的原则，受托人利用委托人提供的技术资料和工作条件完成的新技术成果，属于受托人；委托人利用受托人的工作成果完成的新技术成果，属于委托人。当然，一方利用自己的技术资料、工作条件、工作成果、自己原有的技术成果等完成新的技术成果的，该完成者对于该技术成果的权利不受当事人约定的影响。

第五节 技术服务合同

一、技术服务合同的概念

技术服务合同，是指当事人一方以技术知识为另一方解决特定技术问题所订立的合同，但不包括建设工程合同和承揽合同。提出待解决的特定技术问题的一方为委托人。以自己的技术知识解决特定技术问题的一方为受托人。特定技术问题，是指需要运用科学技术知识予以解决的专业技术工作中有关改进产品结构、改良工艺流程、提高产品质量、降低产品成本、节约资源消耗、保护环境、实现安全操作、提高经济效益和社会效益等技术问题。[①]

技术服务合同只涉及运用专业技术知识解决特定技术问题，不涉及专利和技术秘密成果的权属问题。这是技术服务合同与技术开发合同、技术转让合同的重要区别。技术服务合同下，受托人应当解决约定的技术问题，保证工作质量。这是技术服务合同与技术咨询合同的重要区别。技术咨询合同下，委托人自行决定是否采纳受托人的咨询报告和意见，并承担由此带来的风险。

技术中介合同、技术培训合同是技术服务合同的两个具体类型。[②] 但是基于这两种合同的特殊性，《合同法》第364条明确规定，“法律、行政法规对技术中介合同、技术培训合同另有规定的，依照其规定”。

二、当事人的权利和义务

（一）委托人的义务

1.按照约定提供相应技术资料、数据、相关样品和工作条件，完成配合事项的义务。这是受托人正常履行合同义务的前提。根据《纪要》第76点意见，受托人发现委托人提供的资料、数据、样品、材料、场地等工作条件不符合约定的，应当及时通知委托人。委托人应当及时答复并在约定的期限内予以补正。受托人发现上述问题不及时通知委托人的，视为其认可委托人提供的技术资料、数据等工作条件符合约定的条件。如上所述，我们认为委托人提供的工作条件有明显错误和缺陷，影响受托人的工作质量和进度的，除受托人明确表示接受或者以其行为明显表明接受外，委托人仍然应当承担违约责任。但是受托人不及时通知委托人补正的，可以适当减轻委托人的责任。

2.接受工作成果并支付报酬的义务。这是委托人的基本义务。如果委托人不履行合同义务或者履行义务不符合约定，影响受托人工作进度和工作质量，委托人已经支付报酬的，不得追回该报酬；委托人尚未支付报酬的，应当如数支付；造成受托人损失的，委托人还应当承担赔偿责任。委托人不接受或者逾期接受工作成果的，已经向受托人支付的报酬不得追回，尚未支付报酬的应当如数支付；所产生的保管费用由委托人承担；造成受托人损失的，委托人还应当承担赔偿责任。除合同另有约定外，受托人服务项目，解决技术问题所需费用，则由受托人自己承担，委托人不予负责。

（二）受托人的义务

1.按照约定完成服务项目，解决技术问题的义务。这是受托人的基本义务。但是，受托人在完成服务项目过程中，发现继续工作对材料、样品或者设备等有损坏危险时，应当中止工作，并及时通知委托人或者提出建议。委托人应当在约定的期限内作出答复。受托人不中止工作或者不及时通知委托人并且未采取适当措施的，对于因此发生的危险后果应当承担相应的责任。当然，如果委托人未按期答复，则应对因此发生的危险后果承担相应的责任。

2.保证工作质量的义务。解决特定的技术问题是当事人订立合同的目的。因此，受托

---

① 胡康生主编：《中华人民共和国合同法释义》，法律出版社1999年版，第524页。

② 参见崔建远主编：《合同法》，法律出版社2003年第3版，第441页。

人应当保证其服务能够解决特定的技术问题。

3.传授解决技术问题的知识的义务。在完成约定的服务项目之后，受托人应当向委托人(委托人的受雇人员)完整地传授解决技术问题的知识，以帮助委托人尽快掌握相应知识，切实解决特定的技术问题。

4.保密义务。受托人应当对委托人提供的技术资料、数据、样品等保守秘密。这是受托人的附随义务。

根据《合同法》第362条的规定，受托人未按照合同约定完成服务工作的，应当承担免收报酬等违约责任。受托人迟延交付工作成果的，应当支付违约金。如果受托人交付的工作成果有缺陷，委托人同意利用的，受托人应当减收报酬并采取适当的补救措施。如果工作成果有严重缺陷，委托人不能利用的，受托人应当免收报酬，并赔偿委托人的相应损失。此外，受托人对于委托人提供的技术资料、样品等保管不善，或者泄露委托人的技术资料、数据、样品等，造成委托人损失的，受托人应当承担赔偿责任。

三、新技术成果的归属和分享

在技术咨询合同的履行过程中，受托人可能在履行合同义务之外派生完成新的技术成果。委托人也可能在受托人的工作成果的基础上后续完成新的技术成果。对于此类新技术成果的归属和分享，当事人有约定的，依约定。当事人没有约定、约定不明确，或者没有相反约定的，基于完成即拥有的原则，受托人利用委托人提供的技术资料和工作条件完成的新技术成果，属于受托人；委托人利用受托人的工作成果完成的新技术成果，属于委托人。

第16章 其他类型合同

第一节 合伙合同

一、合伙合同的概念

合伙合同，又称“合伙协议”，是两个以上当事人约定共同出资、共同经营、共享利益、共担风险的协议。订立合伙合同，并共同出资、共同经营、共享利益、共担风险的当事人均被称为合伙人。有时，人们也将合伙合同称为“合伙”。由于“合伙”一词可以被理解为合伙合同，也可以被理解为合伙团体，[①]为了避免混淆，我们在谈及合伙合同当事人之间的法律关系时使用“合伙合同”或“合伙协议”一词，在谈及依据合伙合同所形成的组合体时使用“合伙”一词。

合伙合同历史悠久，最早起源于共同继承关系，并不断得到发展及演化，逐渐形成了民事合伙与商事合伙、普通合伙与隐名合伙的区分。我们将对民事合伙与商事合伙的共性部分进行介绍，并对隐名合伙和有限合伙做特别介绍。

合伙合同具有如下法律特征：

1. 合伙合同是以经营共同事业为目的而订立的协议。共同经营某一事业，是合伙人订立合伙合同的最根本目的。所经营的事业，可以以学术、商业运作、日常生活、慈善、宗教等为具体表现。该事业可以是营利性的，也可以是非营利性的；可以是连续性的，也可以是临时性的，甚至是单一行为[②]；可以成立组合体，也可以不成立组合体。这一事业对于所有合伙人来说，应当是共同的。通说认为所谓“共同”，是指各合伙人就事业之成立有共同利害关系。[③] 这种利害关系，并不局限于金钱利益关系，也可以是精神利益关系。

2. 合伙合同是双务、有偿合同。合伙人都负有出资的义务，这一债务互为对价，因此合

① 见郭明瑞、王轶：《合同法新论·分则》，中国政法大学出版社 1997 年版，第 372 页。合伙团体可以为依据《民法通则》的规定组合而成的个人合伙或法人合伙，也可以为依据《中华人民共和国合伙企业法》所成立的合伙企业。

② 例如合伙人共同出资购买一箱水，并进行分配。

③ 史尚宽：《债法各论》(二十世纪中华法学文丛 19)，中国政法大学出版社 2000 年版，第 686 页。另见黄立主编：《民法债编各论》(下)，中国政法大学出版社 2003 年版，第 728 页。

伙合同是双务合同和有偿合同。但是,合伙合同中各合伙人的权利与义务具有平行性,即均承担为共同事业而出资、执行合伙事务的义务,均享有就共同事业分享收益的权利等。这与一般的双务合同不同。一般的双务合同中,一方的权利与另一方的义务相对应,反之亦然。因此,合伙人为两人时,双务合同中的同时履行抗辩权、不安抗辩权、危险负担等均得以适用。但是,合伙人为三人或三人以上时,由于合伙具有团体性,同时履行抗辩权、不安抗辩权的适用受到了一定的限制。例如,甲、乙、丙三人的合伙合同约定了出资义务,甲依约出资,乙、丙未依约出资。当甲要求乙依约出资时,乙不得以丙未依约出资为由,拒绝出资。

3. 合伙合同是诺成合同、不要式合同。一般认为,合伙合同一经合伙人意思表示一致即成立,不以合伙人的实际给付为成立要件,也不以特定形式为必要。因此,合伙合同是诺成合同、不要式合同。但是关于合伙合同是否应当以书面形式订立,立法与实践的情况有所不同,详见“合伙合同的订立”部分的介绍。

4. 依合伙合同形成的合伙具有团体性。合伙合同以经营共同事业为目的。为了实现这一目的,合伙人依据合伙合同的约定形成合伙这一组合体,以自己的名义对外发生法律关系,享有权利、承担义务。合伙财产一定程度上独立于各合伙人的个人财产。合伙事务由全体合伙人,或者由全体合伙人指派业务执行人来执行。合伙人退伙、其他人入伙、合伙解散等均有专门的制度安排。

目前,我国合伙的主要表现形式有:个人合伙、合伙型联营、合伙企业等。2006 年修订的《中华人民共和国合伙企业法》(以下简称《合伙企业法》)将合伙企业进一步分为普通合伙企业和有限合伙两种类型,并对有限合伙企业进行了较为特殊的规定。本节除特别注明为“有限合伙企业”“有限合伙人”外,均指普通合伙企业、普通合伙人。

二、合伙合同的订立

上文述及,合伙合同是诺成合同、不要式合同,合伙人意思表示一致时,合同成立。

我国相关立法与司法实践对于合伙合同是否应当以书面形式订立,意见不尽一致。《民法通则》第 31 条规定,个人合伙应当就出资数额、盈余分配、债务承担、入伙、退伙、合伙终止等事项订立书面协议。但是对于合伙型联营的合伙协议形式,《民法通则》未作规定。而在司法实践中,《最高人民法院关于贯彻执行〈中华人民共和国民法通则〉若干问题的意见(试行)》(本节简称《最高人民法院意见》)第 50 条对于个人合伙协议的形式做出了规定,认为当事人之间没有书面合伙协议,又未经工商行政管理部门核准登记,但是具备合伙的其他条件,又有两个以上无利害关系人证明有口头合伙协议的,人民法院可以认定为合伙关系。在最高人民法院“张中山与闫国平合伙纠纷上诉案”[(2000)民终字第 8 号]中,法院认为,“张中山与闫国平之间虽然没有订立书面合伙协议,但双方当事人均承认其合伙关系,又具备合伙的其他条件,故双方之间的合伙关系应予认定。”

我国学者认为,法律没有必要对合伙合同规定特定的形式,关于合伙合同书面形式的要求,仅是证据的要求,不是对合同成立生效要件的要求,因此合伙合同应当为不要式合同。[①]我们同意这一观点。同时,需要注意的是,根据《合伙企业法》的规定,要设立合伙企业,应当

---

① 郭明瑞、王轶:《合同法新论·分则》,中国政法大学出版社 1997 年版,第 373～374 页。

有书面的合伙协议。因此，书面的合伙合同是设立合伙企业的必要条件。但是，合伙企业的成立不同于合伙关系的成立。可以说，合伙企业是合伙人在成立合伙关系后，依据合伙协议的约定，依法共同设立的非法人组织。合伙企业的设立与运作是合伙人之间合伙关系的有力证明。合伙企业的成立要件也不能简单地等同于合伙关系的成立要件。虽然没有书面的合伙协议不能设立合伙企业，但是如果符合有关要求，当事人之间的合伙关系仍应予以肯定。

依据法律的规定，合伙合同通常应当具有以下内容：

(1)合伙人的姓名及住所；(2)合伙人出资的方式、数额和缴付出资的期限；(3)利润分配和亏损分担的办法；(4)合伙事务的执行；(5)入伙与退伙；(6)合伙的终止与清算；(7)违约责任；(8)合伙人争议解决方式。

三、合伙合同的效力

合伙合同一旦生效，即对合伙人产生法律约束力，主要分为合伙合同的内部关系与外部关系两个方面。

(一) 合伙合同的内部关系

合伙合同的内部关系，主要指合伙人之间在实现经营共同事业这一目的的过程中所发生的权利义务关系，主要包括：(1)合伙人的出资义务，(2)合伙财产，(3)合伙损益分配的权利与义务，(4)合伙事务的决定与执行等。

1. 合伙人的出资义务与出资请求权

经营共同事业是合伙人集结一起的目的，这一共同事业所需的资本也应由合伙人给付。出资，指合伙人为了筹集合伙事业所需资本所进行的给付。合伙人的出资构成合伙财产的一部分。关于出资方式，《民法通则》列举了资金、实物、技术等类别。《合伙企业法》规定合伙人的出资方式可以是合伙人合法拥有的货币、实物、土地使用权、知识产权或者其他财产权利，以及劳务等。有学者认为除此之外，还可以以信用及不作为来出资。[①] 有限合伙人不得以劳务出资，出资方式限于货币、实物、知识产权、土地使用权或者其他财产权利。

用资金(或者货币)出资是最简便、最常用的出资方式。以实物出资，是出资人将对该物的所有权转让给合伙，作为合伙人共有的合伙财产，或者将对该物的使用收益权让与合伙，由合伙人共同管理与使用。以财产权利(例如土地使用权、知识产权等)出资的，亦是如此。不论哪种情形，都应当依据法律的规定办理权利移转手续或者履行有关义务，例如不动产登记手续、知识产权登记手续、履行转移占有的义务等。以劳务出资，指以合伙事业所必需的某合伙人的体力劳务或脑力劳务出资。

合伙人的出资方式由全体合伙人在合伙合同中确定，可以有所不同。由于货币最易于计算与比较，所以以货币以外的方式出资的，往往要将其出资折算成货币数额，作为该合伙人的出资额。出资额往往是全体合伙人协商确定权利、义务，特别是损益分配时的重要依据。以实物、财产权利出资的，一般需要由全体合伙人协商确定该项出资的作价，或者由全体合伙人委托评估机构进行评估作价。以劳务出资的，该项出资的评估办法由全体合伙人

---

① 史尚宽：《债法各论》(二十世纪中华法学文丛 19)，中国政法大学出版社 2000 年版，第 691 页。

协商确定。

关于出资时间，应当由全体合伙人在合伙合同中确定，可以有先后之分。合伙合同中没有约定出资时间的，应当视为合伙合同成立时即应履行该出资义务。如果合同约定合伙人的出资有先后之分，则部分合伙人应先行出资，其他合伙人可以等待至履行期届满时再履行出资义务。由于应当给付的出资也属于合伙财产的一部分，所以当合伙的实有财产不足以清偿合伙债务时，后出资的合伙人即使未至履行期，也应丧失其期限利益，提前履行出资义务。

如果合伙合同约定在特定情况下合伙人应当以约定的程序、方式、数额、期限增加或者补充出资，则合伙人应当依据该约定增加出资或者补充出资。

不履行出资义务或者迟延履行出资义务的，应当承担违约责任。符合合同约定的除名情形的，其他合伙人可以依据约定以决议的方式将其除名。[①]

出资请求权，即请求某一合伙人履行出资义务的权利，分为合伙的出资请求权与他合伙人的出资请求权两类。合伙的出资请求权为全体合伙人共有，往往由执行合伙事务的合伙人以合伙的名义行使。他合伙人的出资请求权是不执行合伙事务的合伙人以个人的名义要求另一合伙人履行出资义务的权利，因此是该合伙人的个人债权。被请求履行出资义务的合伙人应当向执行合伙事务的合伙人或者全体合伙人履行出资义务。

2. 关于合伙财产的权利与义务

合伙财产是为经营共同事业而结合的各种财产的总称。合伙财产由合伙人的出资、经营合伙事业所产生的财产，以及基于合伙财产所生的财产三部分组成。其中，合伙人的出资包括已经给付的出资，以及依据合同的约定应当给付的出资。经营合伙事业所产生的财产可以是经营产生的利润。基于合伙财产所生的财产，包括合伙财产所产生的法定或天然孳息，以及因合伙财产遭到第三人毁损所取得的损害赔偿请求权或者赔偿物。

合伙不具有法人地位，所以合伙财产归全体合伙人共有。《民法通则》第 32 条第 1 款规定，合伙人的出资由合伙人统一管理和使用。同条第 2 款规定，合伙经营积累的财产归合伙人共有。根据《合伙企业法》第 21 条的规定，合伙人的出资、以合伙企业名义取得的收益和依法取得的其他财产，均为合伙企业的财产。

由于合伙财产是合伙人经营共同事业的基础，为了维持合伙事业、保护合伙债权人，法律就合伙人对合伙财产的处分进行了相应的限制，主要包括：

(1)禁止分割合伙财产。合伙关系存续过程中，即在合伙清算之前，除法律另有规定外，合伙人不得要求分割合伙财产，包括不得请求返还出资，以及请求分配合伙人分红以外的合伙利润或基于合伙财产所生的财产。这一限制的目的在于保全合伙财产的完整性和稳定性。同时，为了保护善意第三人，《合伙企业法》第 21 条规定，合伙人在合伙企业清算前私自转移或者处分合伙企业财产的，合伙企业不得以此对抗善意第三人。

(2)禁止以合伙债权抵销合伙人的债务。合伙债权也是合伙财产的一部分，其性质不同于单一合伙人的债权。因此如果对合伙负有债务的第三人对于某一合伙人个人享有债权，他不得以该债权抵销其对合伙所负有的债务，否则是对合伙财产的分割；

① 见《合伙企业法》第 49 条第 1 款第 1 项。

(3)合伙份额转让的限制。合伙人在合伙中的份额，是合伙财产的一部分，合伙人对此并无单独的自由处分权。同时，合伙是一个组合体，合伙人基于相互信赖共同经营合伙事业，因此合伙人不得随意变动。法律规定，合伙人必须经其他合伙人一致同意，才能将自己在合伙中的份额全部或者部分转让给合伙人以外的第三人。但是，合伙人要向其他合伙人转让自己在合伙中的份额的，不受限制。通说认为，合伙人未经其他合伙人一致同意，将自己在合伙中的份额转让给合伙人以外的第三人的，该转让行为为效力待定的行为。如果行为做出后，其他合伙人一致同意，则该转让行为仍然生效。根据《合伙企业法》第 21 条、第 22 条的规定，合伙人向合伙以外的人转让其在合伙企业中的全部或者部分财产份额时，应当经其他合伙人一致同意。合伙人依法转让其财产份额时，在同等条件下，其他合伙人有优先受让的权利。合伙人之间转让在合伙企业中的全部或部分财产份额的，无需经其他合伙人一致同意，但是应当通知其他合伙人。

(4) 以合伙份额出质的限制。基于与(3)同样的理由，通说认为，合伙人要将自己在合伙中的份额为第三人设定权利质押的，也应经其他合伙人一致同意。但是为其他合伙人设定权利质押的，不受限制。[①] 但是《合伙企业法》并未区分向第三人出质与向其他合伙人出质，直接规定合伙人以其在合伙企业中的财产份额出质的，应当经其他合伙人一致同意。未经其他合伙人一致同意的，该出质行为无效，或者将该合伙人作为退伙处理。由此给其他合伙人造成损失的，该合伙人应当依法承担赔偿责任。

(5)合伙人的债权人行使代位权的限制。合伙人个人负有债务时，其债权人不得代位行使该合伙人在合伙中的权利。

值得注意的是，合伙人享有的利益分配请求权，以及合伙解散时的剩余财产分配权不同于合伙人在合伙中的份额，不受上述限制，可以进行分割、转让、处分、抵销合伙人的债务或者设定权利质押等，可以由合伙人的债权人行使代位权。

3. 关于合伙损益分配的权利与义务

合伙事业在经营过程中，既有合伙财产，也有合伙债务。当合伙财产多于合伙债务与出资的总和时，合伙有收益；反之，合伙有亏损。合伙人缔结合伙的目的在于共同经营合伙事业，共同享有收益，共同承担风险，包括共同分担亏损。因此，合伙合同中往往要明确约定合伙损益分配的比例、方法与时间。

关于损益分配的比例，合伙人可以在合伙合同中约定完全一致的收益分配比例和亏损分担比例，也可以作出不同的约定。如果合伙人只约定了收益分配的比例，没有约定亏损分担的比例，依据《最高人民法院意见》第 47 条的规定，个人合伙的合伙人按照出资比例分担亏损。没有约定出资比例的，则按照约定的收益分配的比例或者实际的收益分配比例分担亏损。但是，对造成合伙亏损有过错的合伙人，应当根据其过错程度相应地多承担分担责任。对于个人合伙中以技术性劳务出资的合伙人来说，《最高人民法院意见》也规定了其分担合伙亏损的责任以及分担比例的确定原则，即依合伙合同的约定；没有约定的，依出资比例；没有出资比例的，依约定的收益分配比例或实际的收益分配比例分担；没有约定或实际的收益分配比例的，按照其余合伙人平均投资比例承担。《合伙企业法》第 33 条直接规定损

---

① 郭明瑞、王轶：《合同法新论・分则》，中国政法大学出版社 1997 年版，第 380 页。

益分配的比例，由合伙人在合伙合同中明确约定；合伙人没有约定收益分配比例和亏损分担比例时，应当平均分配收益和平均分担亏损。我们认为，在没有约定亏损分担比例时，可以依据风险与收益相对应的原则，按照收益分配的比例分担亏损。合伙合同中也没有约定收益分配比例的，可以依照出资比例分担亏损。只有这样，才能体现出资－收益－风险相对应的精神。《民法总则》《民法通则》及《最高人民法院意见》没有规定合伙合同中只约定亏损分担比例，没有约定收益分配比例时的处理办法。依据《合伙企业法》的上述规定，合伙人应当平均分配收益。如上所述，我们认为，在没有约定收益分配比例时，可以按照亏损分担的比例分配收益。

如果合伙合同中也没有约定亏损分担比例，则可以依照出资比例分配收益。

关于损益分配的方法，法律没有明确规定。合伙人可以在合伙合同中约定具体的分配方法，通常以现金的方式分配损益，但是也可以采用实物或其他方式分配损益。关于损益分配的时间，法律也未作规定，合伙人可以在合伙合同中进行具体约定。没有约定的，通常在每个会计年度届满时进行分配。

4. 关于决定和执行合伙事务的权利与义务

合伙事务，为合伙事业的经营事务。共同经营合伙事业为合伙的根本目的。合伙协议可以明确确定各项合伙事务的决定方法与执行安排。合伙事务的执行可以分两个方面：内部执行与外部执行。内部执行涉及合伙事务的执行人与合伙之间的关系，以及该执行人与其他合伙人之间的关系。外部执行涉及执行合伙事务的合伙人的对外代表权，详见“合伙合同的外部关系”。

(1)合伙事务的决定。合伙事务由全体合伙人共同决定。《民法通则》对于合伙事项的表决方法也未作规定。《合伙企业法》通过第 30 条和第 31 条，对于一般合伙事项与重大合伙事项的表决方法作出了规定。除法律另有规定外，对于一般合伙事项，按照合伙合同约定的表决办法办理；合伙合同没有约定或者约定不明确的，按照合伙人一人一票、全体合伙人简单多数的表决办法办理；对于重大的合伙事项，则应取得全体合伙人一致同意。需要全体合伙人一致同意的重大合伙事项包括：(1) 改变合伙企业的名称；(2)改变合伙企业的经营范围、主要经营场所的地点；(3) 处分合伙企业的不动产；(4) 转让或者处分合伙企业的知识产权和其他财产权利；(5)以合伙企业名义为他人提供担保；(6)聘任合伙人以外的人担任合伙企业的经营管理人员。合伙合同可以约定必须经全体合伙人一致同意方得执行的其他合伙事务。合伙人对于依法或者依照合伙合同约定必须经全体合伙人一致同意始得执行的事务擅自处理，给合伙企业或者其他合伙人造成损失的，应当承担赔偿责任。

(2)合伙事务执行人的确定。各合伙人对合伙事务享有同等的执行和监督的权利。原则上，合伙事务由全体合伙人共同执行。

但是合伙合同中可以明确约定将合伙事务分别交由各合伙人执行，或者由个别合伙人(一名合伙人或者数名合伙人)执行合伙事务。确定由个别合伙人执行合伙事务，或者由某合伙人执行某项合伙事务时，该合伙人为合伙事务或者该项合伙事务的执行人，执行合伙事务所产生的收益归合伙企业，所产生的费用和亏损由合伙企业承担。合伙合同中可以订明执行人的权限范围。但是，合伙企业对合伙人执行合伙企业事务以及对外代表合伙企业权利的限制，不得对抗不知情的善意第三人。

(3) 合伙事务执行人与合伙之间的关系。由于合伙事务执行人是在全体合伙人的委托下执行合伙事务的，所以合伙事务执行人与合伙之间的关系是委托关系。

(4)执行人对合伙应当承担的义务。执行人对于合伙应当承担忠诚义务、注意义务、亲自执行合伙事务的义务、报告义务、交付金钱物品及孳息的义务、支付利息及损害赔偿的义务等。具体如下：一为忠诚义务。执行人应当忠诚于合伙的整体利益。如果在执行合伙事务时，利用职务上的便利，将应当归于合伙的利益据为己有，或者采取其他手段侵占合伙财产的，应当将该利益和财产退还给合伙；给合伙或者其他合伙人造成损失的，应当依法承担赔偿责任。二为注意义务，即执行人在执行合伙事务时，应当尽到一定程度的注意。合伙不向执行人支付报酬的情况下，执行人应当尽如同处理自己事务一样的注意；合伙依据合伙合同的约定向执行人支付报酬的情况下，执行人应当尽善良管理人的注意。执行人是否尽到应有的注意，是判断其应否承担债务不履行责任的依据。三为亲自执行合伙事务的义务。执行人应当亲自执行合伙事务。除合伙合同有明确约定、全体合伙人同意、基于习惯做法、出现迫不得已的情况外，执行人不得擅自将合伙事务交由第三人代为处理。四为报告义务。执行人在执行合伙事务过程中，应当及时向合伙报告合伙事务的执行状况、合伙事业的经营状况和财务状况，并且应当在委托执行关系终止时，履行向合伙明确报告执行情况的义务。五为交付金钱物品及孳息的义务。执行人收取的金钱、物品、相应孳息，以及其以自己名义为合伙取得的权益，应当交付给合伙。因执行合伙事务所获得的收益，也归于合伙。六为支付利息及赔偿损害的义务。执行人为了自己的利益，使用应当交付给合伙的金钱，或者使用了应当为合伙利益而使用的金钱时，应当自使用之时起计算并支付相应利息。给合伙造成损害的，执行人应当承担损害赔偿的责任。

(5) 执行人对合伙所享有的权利。执行人享有就其执行合伙事务所支出的必要费用、遭受的损害等，要求合伙予以承担或赔偿的权利。具体包括：请求合伙预付执行事务的费用，以及要求合伙偿还其为执行合伙事务所支出的必要费用及相应利息；请求合伙代为清偿其为执行合伙事务所负担的必要债务；请求合伙赔偿其执行合伙事务过程中受到的非归责于自己的损害；当合伙合同有约定时，请求合伙就其执行合伙事务给付报酬。

(6)其他合伙人的权利与义务。合伙事务由全体合伙人共同执行时，全体合伙人同时享有共同监督的权利。合伙合同约定或者全体合伙人决议确定将合伙事务(可以是部分合伙事务)交由个别合伙人(一人或数人)执行时，执行人以外的其他合伙人就不再享有执行该项合伙事务的权利了。与此相对应的是，其他合伙人享有监察权，即有权监督执行人、检查其执行情况、检查合伙的经营状况与财产状况、查阅账簿等。其他合伙人可以对执行人执行的事务提出异议。提出异议时，执行人应当暂停该项事务的执行。不暂停执行给合伙造成损害的，该执行人应当承担损害赔偿责任。但是如果所提异议不当，提异议的合伙人应当对合伙因该异议暂停执行有关合伙事务所遭受的损失承担赔偿责任。如果对此发生争议，可以由全体合伙人共同决定该项事务的执行或者中止。执行人不按照合伙合同的约定或者全体合伙人的决定执行事务的，其他合伙人可以决定撤销该执行委托。但是，其他合伙人在行使监察权时，应当遵守诚信原则，避免滥用权利给合伙事务的执行造成不正当的阻碍。不具有事务执行权的合伙人如果擅自执行合伙事务，给合伙企业或者其他合伙人造成损失的，应当依法承担赔偿责任。

（二）合伙合同的外部关系

在合伙事业的经营过程中，往往涉及与第三人的交易关系和责任承担关系。合伙合同应当对合伙与第三人之间的关系做出安排，此为合伙合同的外部关系，主要涉及合伙人的代表权、合伙的责任两个方面。

1. 合伙人的代表权

由于合伙不是法人，因此，学者认为合伙人的代表权，实为某合伙人对外代表其他合伙人的权利。[①] 一般而言，合伙人的代表权因被委托执行合伙事务而当然取得，无需另行授权。《民法总则》第 105 条规定，非法人组织可以确定一人或者数人代表该组织从事民事活动。《合伙企业法》第 25 条规定，执行合伙企业事务的合伙人，对外代表合伙企业。因此，执行人为一人的，该一人单独享有并行使对合伙的代表权。数人执行合伙事务的，该数人共同享有并行使对合伙的代表权。值得注意的是，数人执行的情况下，数人中的一人的单独行为，为无权代理，非经该数人同意，对合伙不发生代表效力。[②] 学者认为全体合伙人共同执行合伙事务的情况下，应当依据所执行的合伙事务的性质来确定代表权的归属。所执行的合伙事务为通常事务的，如果一名合伙人单独执行，可以视其为有代表权人；所执行的合伙事务为非通常事务的，为了避免产生无代表权人的问题，应当认为所有合伙人均有代表权。[③] 当然，合伙合同可以以特别约定做出不同的代表权安排，例如对某一执行人的代表权进行一定的限制。

有代表权的合伙人的对外行为，对全体合伙人直接产生效力。行使代表权所获得的财产是合伙财产，归全体合伙人；所产生的债务是合伙债务，由全体合伙人承担。

有代表权的合伙人退伙，或者合伙解散时，该合伙人的代表权消灭。有代表权的合伙人在其执行合伙事务的权限被撤销时，其代表权也随之消灭。其执行合伙事务的权限被限制时，权限范围以外的代表权消灭。但是，如上所述，代表权因执行权限被撤销或被限制而消灭，不得对抗不知情的善意第三人。

2. 合伙人的责任

合伙人应当就合伙债务承担清偿的责任。《民法通则》仅规定合伙人对于合伙的债务承担连带清偿责任，没有明确以合伙财产承担合伙债务及以合伙人个人财产承担合伙债务的先后顺序问题。《民法总则》对此进行了完善。依据《民法总则》第 104 条的规定，除法律另有规定外，包括合伙企业在内的非法人组织的财产不足以清偿债务的，其出资人或者设立人承担无限责任。《合伙企业法》第 39 条、第 40 条规定，对于合伙企业的债务，应当先以合伙企业的全部财产进行清偿。不足清偿的，对于不足部分，由合伙人以合伙企业出资以外的个人财产承担无限连带清偿责任。合伙人的连带清偿数额超过其依据合伙合同的约定或者法律的规定应当承担的数额时，有权向其他合伙人追偿。由此可以看出，我国采用的是连带责任中的补充主义，即只有在合伙财产不足以清偿合伙债务时，债权人方能向合伙人个人财产

---

① 郭明瑞、王轶：《合同法新论·分则》，中国政法大学出版社 1997 年版，第 383 页；黄立主编：《民法债编各论》（下），中国政法大学出版社 2003 年版，第 743 页。

② 史尚宽：《债法各论》（二十世纪中华法学文丛 19），中国政法大学出版社 2000 年版，第 723 页。

③ 黄立主编：《民法债编各论》（下），中国政法大学出版社 2003 年版，第 743 页。

求偿。

已经退伙的原合伙人,仍应对退伙前的合伙债务承担无限连带清偿责任,对于退伙后产生的合伙债务则不再承担责任。新加入合伙的新合伙人应当与其他合伙人一同,对合伙债务承担无限连带清偿责任。

四、合伙合同的效力变动

合伙合同的效力变动主要包括合伙合同主体的变更、合伙合同内容的变更、合伙合同的效力终止三个方面。

(一) 合伙合同主体的变更

合伙合同的主体是合伙人,所以合伙合同主体变更实为合伙人的变更。合伙人的变更主要表现为新合伙人的入伙、合伙人的退伙,以及合伙人的交替等情形。

1. 新合伙人入伙。新合伙人入伙,即合伙成立之后,合伙人以外的人加入合伙,成为新合伙人的事实。新合伙人入伙,使新合伙人与原合伙人之间的法律关系受合伙合同及相关立法的调整。根据《最高人民法院意见》第 51 条的规定,新合伙人入伙时,合伙对此有书面约定的,依照约定处理;合伙没有书面约定,必须经得全体合伙人同意,否则入伙无效。《合伙企业法》第 43 条要求依法订立书面入伙协议。合伙建立在信用关系上,因此法律要求在订立书面入伙协议时,原合伙人应当向新合伙人告知原合伙企业的经营状况和财务状况。如上所述,新合伙人同原合伙人一样,应当对合伙债务承担无限连带清偿责任。新合伙人入伙后,各个合伙人的出资比例、损益分配的比例、合伙事务的执行安排等事项,可能也随之发生改变,这些变化应当体现在修改后的合伙合同中,或者以入伙协议来表现。后一种情形下,入伙协议为合伙合同的一部分,即实质上,合伙合同因入伙协议而变更。

2. 合伙人退伙。合伙人退伙,指合伙人退出合伙,丧失其合伙人资格的事实。合伙人退伙,实为解除该合伙人与其他合伙人之间的合伙合同关系,可以分为声明退伙和法定退伙两类。

(1)声明退伙,又称任意退伙,是合伙人以其单方意思表示退出合伙的情形。因此,声明退伙不以其他合伙人同意为必要。由于合伙具有团体性,合伙人之间存在着相互信赖的关系,退伙会给合伙事业的经营带来影响,因此法律、合伙合同为此设定一定的条件或义务。依据《合伙企业法》第 46 条、第 47 条、第 48 条的规定,在合伙合同约定经营期限的情况下,原则上不得退伙,但是当合伙合同约定的退伙事由出现、经全体合伙人同意、发生合伙人难以继续参加合伙企业的事由,或者当其他合伙人严重违反合伙合同约定的义务时,合伙人仍然可以退伙。我们认为,合伙人退伙时应当通知其他合伙人全体。合伙合同没有约定经营期限的,合伙人可以在不给合伙企业事务的执行造成不利影响的情况下退伙,但是应当提前 30 天通知其他合伙人。合伙人违反法律的上述规定擅自退伙的,应当对由此给其他合伙人造成的损失承担赔偿责任。

(2)法定退伙,是法定事由发生时,合伙人无需声明即当然退伙的情形,主要有五种:一为该合伙人死亡或者被依法宣告死亡。但是对该合伙人在合伙中的财产份额享有合法继承权的继承人愿意继承其在合伙中的份额的,依据合伙合同的约定或者全体合伙人的同意,从继承之日起继承人取得该合伙的合伙人资格。如果该继承人不愿意通过继承取得合伙人资格、未取得依据法律规定或者合伙合同约定合伙人必须具有的相关资格，或者合伙合同约定该继承人不能成为合伙人的其他情形，则应按照退伙的程序，将原合伙人在合伙中的财产份额退还给其继承人。《合伙企业法》对于继承人是无民事行为能力人或者限制民事行为能力人，作出了变更为有限合伙人、有限合伙企业的规定。依据该法第50条的规定，经全体合伙人一致同意，该继承人可以依法成为有限合伙人，普通合伙企业依法转为有限合伙企业。全体合伙人未能一致同意的，应当按照退伙的程序，将原合伙人的财产份额退还该继承人。二为该合伙人丧失偿债能力。合伙人为自然人的，当其丧失偿债能力时，也即退伙。合伙人为法人或者其他组织的，该合伙人依法被吊销营业执照、责令关闭、撤销或者被宣告破产时，也丧失了相应的偿债能力，当然退伙。三是该合伙人被依法宣告为无民事行为能力或限制民事行为能力人。由于合伙人要参与、决定合伙事业的经营，所以当合伙人被依法宣告为无民事行为能力或限制民事行为能力人时，该合伙人即不能自主参与、决定合伙事业的经营。《合伙企业法》对于此种情况作出了变更为有限合伙人、有限合伙企业的规定。依据第48条第2款的规定，经其他合伙人一致同意，可以将该合伙人依法转为有限合伙人，普通合伙企业依法转为有限合伙企业。其他合伙人未能一致同意的，该无民事行为能力或者限制民事行为能力的合伙人退伙。四是该合伙人丧失依法或者依据合伙合同该合伙人必须具有的相关资格，即当然退伙。五是该合伙人在合伙企业中的全部财产份额被人民法院强制执行，该合伙人退伙。六是被其他合伙人一致同意，决议除名，使该合伙人退伙。《合伙企业法》规定了三种可以决议除名的法定情形，即被除名合伙人未履行出资义务，或者其因故意或重大过失给合伙企业造成损失，或者其在执行合伙企业事务时有不正当行为。同时，法律也允许在合伙合同中约定可以将相关合伙人决议除名的具体事由。这些约定事由发生时，其他合伙人可以一致同意将该合伙人除名。《民法通则》《最高人民法院意见》未规定除名退伙的法定事由。因而在实践操作中，其他类别的合伙应当由合伙人在合伙合同中事先约定除名事由。作出除名决议的，应当通知被除名的合伙人。被除名人接到通知时起，除名生效。被除名人对于除名有异议时，依据《合伙企业法》的规定，可以在接到除名通知之日起30天内向法院起诉，请求法院判令该除名决议无效。

退伙的效力为原合伙人丧失合伙人资格。因此，在退伙时，退伙合伙人应当与其他合伙人进行结算。结算应当以退伙时合伙的财产状况为依据。当合伙财产少于合伙人的出资总额时，合伙人应当按照分担亏损的比例承担合伙损失。当合伙财产不足以清偿合伙债务时，退伙合伙人仍应对退伙前的合伙债务承担无限连带清偿责任。所承担的清偿责任超过其应当承担的比例的，可以向其他合伙人追偿。退伙合伙人对退伙后的合伙债务无须负责。退伙时尚未了结的合伙事务，待了结后进行清算。

当合伙财产多于合伙人的出资总额时，合伙应当返还退伙合伙人的出资，并对其进行利益分配。退还办法由合伙合同约定或者由全体合伙人决定，可以退还金钱，也可以退还实物。

3. 合伙人的交替

合伙人的交替，指合伙人地位的转让，实质上是一合伙人将其在合伙中的份额转让给其他人，由受让人继受其合伙人地位的事实。合伙人的交替分为两种情形：(1)合伙人将其合伙份额转让给其他合伙人的情形。如上所述，这种转让不受限制，因此是自由转让。出让合伙人将其全部合伙份额转让给其他合伙人的，应当声明退伙；(2)合伙人将其合伙份额转让给合伙以外的第三人。上文述及，这种转让必须经得其他全体合伙人同意。此时，受让人因受让合伙份额而加入合伙，成为新合伙人。出让合伙人所转让的是其全部合伙份额的，应当声明退伙。

（二）合伙合同内容的变更

通常情况下，可以经全体合伙人协商一致，改变合伙合同的内容，例如增加或减少合伙财产、变更合伙事业的类别、变更合伙的名称、经营期间等。需要登记的合伙，在所变更的项目为登记事项的情况下，还应当办理变更登记。

（三）合伙合同的效力终止

合伙合同的效力终止，指合伙人之间的法律关系消灭。合伙合同的终止需要经过合伙的解散与合伙的清算两个阶段。

1. 合伙的解散

合伙解散的原因有多种，主要包括：(1)合伙合同约定的解散合伙的事由发生；(2)合伙存续期间届满，合伙人决定不再继续经营合伙事业；(3)全体合伙人决定解散合伙；(4)合伙合同所约定的合伙事务已经完成或者确定不能完成。依据《合伙企业法》第 85 条的规定，合伙企业还因下列原因而解散：合伙人已不具备法定人数满 30 天；合伙企业被依法吊销营业执照；法律、行政法规规定的其他解散原因。有学者认为破产也是合伙解散的一个原因。[①]

2. 合伙的清算

合伙解散后，应当经过清算程序。清算终结后，合伙方予消灭，合同的效力就此终止。未予清算，或者清算未完结前，合伙仍被视为存在，合伙合同关系依然存在。经登记成立的合伙组织，还需在清算结束时办理注销登记。

清算应当由清算人进行。《民法通则》《最高人民法院意见》没有规定清算人的确定方法，但是《最高人民法院意见》第 55 条规定了对合伙财产的处理。合伙财产的处理与合伙的清算大致相通，故此可以理解为，这一关于合伙财产处理的规定也适用于清算人的确定。依据该条规定，合伙财产的处理首先依据合伙人的书面协议；没有书面协议，又协商不成的，如果合伙人出资额相等，应当考虑多数人意见酌情处理；合伙人出资额不等的，可以按出资比例高的合伙人的意见处理，但要保护其他合伙人的利益。《合伙企业法》则明确规定清算人的确定方式有三种：(1)由全体合伙人担任清算人；(2)经全体合伙人过半数同意，可以在解散事由发生后 15 日内指定一名或数名合伙人担任清算人，或者委托第三人担任清算人；(3)法定期限内未确定清算人的，合伙人或其他利害关系人可以申请人民法院指定清算人。清算人一经确定，除非有正当理由并经全体合伙人同意，或者在人民法院指定清算人的情况下由人民法院撤销对该清算人的指定，否则不得擅自解任，该清算人也不得擅自辞任。

清算人的清算事务主要包括：(1)清理合伙财产，分别编制资产负债表及财产清单；(2)处理与清算有关的合伙尚未了结的事务；(3)清缴所欠税款；(4)清理债权、债务；(5)处理合伙清偿债务后的剩余财产；(6)代表合伙参与民事诉讼活动。就合伙财产而言，清算人应当首先以合伙财产支付清算费用，其后，依次清偿合伙所欠职工的工资和劳动保险费用、合伙

① 黄立主编：《民法债编各论》(下)，中国政法大学出版社 2003 年版，第 754 页。

所欠的税款、合伙的债务、返还合伙人的出资。仍有剩余的，应当依据约定或法定的比例分配给合伙人。在清偿债务的过程中，对于已届清偿期的合伙债务应当直接清偿；对于未届清偿期的合伙债务，在债权人不反对的情况下，可以提前清偿。债权人反对的，应当将清偿该债务所必需的数额，从合伙财产中划出并保留，以备清偿期届满时清偿之用。除上述解散清算外，《合伙企业法》与《企业破产法》也规定了破产清算这一情形。依据《合伙企业法》第92条的规定，如果合伙企业不能清偿到期债务，债权人可以依法向人民法院提出破产清算申请，也可以要求普通合伙人清偿。合伙企业依法被宣告破产的，普通合伙人对合伙企业债务仍应承担无限连带责任。合伙企业的相关破产程序参照适用《企业破产法》的规定进行。

五、隐名合伙合同

（一）隐名合伙合同的概念

隐名合伙合同，指双方约定，一方向另一方所经营的事业出资，分享其经营的利益，并在出资限度内分担其经营亏损的协议。隐名合伙合同中，接受出资并继续独立经营其事业的一方为出名合伙人；提供出资、分享出名合伙人经营事业的利益，并在自己出资限度内分担经营亏损的一方为隐名合伙人。作为合同双方当事人，出名合伙人、隐名合伙人的人数可以分别是一人或者数人。

《民法通则》没有对隐名合伙做出明确的规定，《最高人民法院意见》第46条则认可了隐名合伙的存在。该条规定，"公民按照协议提供资金或者实物，并约定参与合伙盈余分配，但不参与合伙经营、劳动的……视为合伙人。"台湾地区"民法典"对于隐名合伙合同做出了规定，并且规定"隐名合伙"一节没有规定的，准用关于合伙的规定。尽管如此，隐名合伙与合伙并不相同，隐名合伙合同与合伙合同的区别是明显的。

隐名合伙合同除具有双务性、有偿性、诺成性、不要式性等特征外，还具有如下法律特征：

1. 隐名合伙人不参与出名合伙人对事业的经营。尽管隐名合伙合同与合伙合同一样，都是双务有偿合同，但是隐名合伙人不参与出名合伙人对事业的经营是二者的本质区别。隐名合伙合同所约定的事业只是出名合伙人的事业，隐名合伙人不承担经营该事业的义务。出名合伙人对事业的经营享有独自经营权，隐名合伙人不参与经营，不享有事业执行权，但是享有检查权；

2. 隐名合伙人出资的财产权转移到出名合伙人名下。隐名合伙人出资后，其对出资的财产权即转移到出名合伙人的名下，不再归隐名合伙人所拥有，也不由隐名合伙人与出名合伙人共有。但是，隐名合伙终止时，出名合伙人应当向隐名合伙人返还出资；

3. 隐名合伙人在出资限度内对经营事业所产生的债务承担有限责任。隐名合伙人不参与事业经营，也不享有事业执行权，因此只以出资额为限承担有限责任，不像合伙合同中的合伙人那样，对于合伙债务承担无限连带清偿责任。但是也有例外，即，如果能够证明隐名合伙人以明示或默示的方式参与了事业的经营，该隐名合伙人就应当与出名合伙人共同承担责任，并且不能以出资额为责任承担的最高限额；

4. 隐名合伙人与第三人不产生权利义务关系。如上所述，隐名合伙人仅以出资额为限对出名合伙人的事业承担责任，这种责任的承担只在隐名合伙人与出名合伙人之间进行，与第三人并无关系。但是在上述例外情形中，隐名合伙人要与出名合伙人共同对外承担责任，一同与第三人产生相应的权利义务关系；

5. 隐名合伙不具有团体性。如上所述，隐名合伙合同中所约定的事业是出名合伙人的事业，隐名合伙人不参与该事业的经营；隐名合伙人的出资直接转至出名合伙人名下；隐名合伙人不与出名合伙人一同对外承担责任等，都表明隐名合伙人与出名合伙人并不围绕所约定的事业形成一个组成体，因此隐名合伙不具有团体性。

(二) 隐名合伙合同的内部关系

隐名合伙合同主要调整隐名合伙人与出名合伙人之间的权利义务关系，即隐名合伙合同的内部关系。

1. 隐名合伙人的权利与义务

(1)出资义务。隐名合伙人的基本义务，是向出名合伙人所经营的事业出资。隐名合伙合同下，仅由隐名合伙人出资，出名合伙人不承担出资的义务。隐名合伙人的出资，限于财产或者财产权利。其出资的方法可以是移转财产权或者移转对某项财产的使用权。移转财产权的，应当在出资时履行相应的手续，例如进行交付、办理登记、在指示证券上背书等。移转财产的使用权，应当在出资时交付该财产。关于出资的时间，由当事人在合同中进行约定。没有约定的，隐名合伙人负有随时应出名合伙人的要求给付出资的义务。

(2)分担损失的义务。隐名合伙人应当在出资限度内，分担出名合伙人经营事业的损失。因此，隐名合伙人所承担的是有限责任，也是隐名合伙人对出名合伙人所承担的内部责任，与出名合伙人所经营事业的债权人无关。但是出现表见出名合伙人的情形除外。

(3)利益分配请求权。隐名合伙人出资的目的，在于获得事业经营的利益。因此，隐名合伙人享有就事业经营的收益，依据隐名合伙合同的约定获得分配的权利。即使隐名合伙人尚未支取依约分配的利益，也不应将该利益部分视为隐名合伙人的增加出资。

(4)对于事业经营的检查权及账簿查阅权。如上所述，隐名合伙人出资的事业的经营结果与隐名合伙人利益攸关。但是事业由出名合伙人独自经营，隐名合伙人不参与，也不享有事业执行权。因此，为了平衡当事人的权利义务关系，保护隐名合伙人的合法利益，应当赋予隐名合伙人对于事业经营的检查权以及对于账簿的查阅权。依据台湾地区"民法典"的规定，隐名合伙人有权在每一事务年度末，对该事业经营状况、财产状况进行检查，对合伙账簿进行查阅。遇有重大事由时，隐名合伙人可以随时请求法院准许其行使检查权、查阅权。隐名合伙人必须亲自行使检查权与查阅权，不得将该权利让与他人。

2. 出名合伙人的权利与义务

(1)经营事业、执行事务的权利与义务。隐名合伙合同所约定的事业是出名合伙人经营的事业。对于该事业，出名合伙人享有专属的经营权及事务执行权。同时，出名合伙人的经营情况又会影响到隐名合伙人的利益，因此，出名合伙人在执行事务时，应当尽善良管理人的注意，并将事务执行情况报告隐名合伙人。非经隐名合伙人同意，出名合伙人不得擅自变更事业，或者将事业转让他人。①

(2)计算并分配损益的义务。除合同另有约定外，出名合伙人应当在每一事务年度末，

① 黄立主编:《民法债编各论》(下)，中国政法大学出版社 2003 年版，第 765 页。

计算事业经营的损益，并将应当归于隐名合伙人的利益以金钱的方式支付给隐名合伙人。这项义务与隐名合伙人承担出资义务相对应，是出名合伙人对隐名合伙人所承担的最为重要的义务。合同中应当约定损益计算的依据。只约定损失计算比例而未约定利益计算比例的，应当依所约定的损失计算比例，来计算利益。反之亦然。即，只约定利益计算比例而未约定损失计算比例的，应当依所约定的利益计算比例，来计算损失。损失计算比例、利益计算比例均未约定的，应当依隐名合伙人与出名合伙人的出资比例计算损益。出名合伙人没有实际出资的，以其对事业的执行作为劳务出资，计算出资比例，进而确定损益分配比例。关于事业损失的分担，也以每一事务年度末为分担时间，但是在具体操作上与利益分配稍有不同。损失分担只需将应当承担的损失计算出来就可以了，无需隐名合伙人现实支付金钱等来填补损失。隐名合伙人对于损失的承担仅以其出资额为限。当计算出的损失分担额大于其出资额时，对于超出部分，隐名合伙人概不负责，也不负有增加出资的义务。[①]

（三）隐名合伙合同的外部关系

出名合伙人享有事业的经营权、执行权，对外享有事业的代表权。经营事业所取得的债权是出名合伙人的债权，所承担的债务是出名合伙人的债务。隐名合伙人不享有经营权、执行权、对外代表权。因此，隐名合伙人对于合同以外的第三人不享有权利，也不承担义务。

但是，为了保护善意第三人，在下列三种情况下，隐名合伙人对外应当承担出名合伙人的责任，与出名合伙人一同承担无限连带清偿责任：(1)隐名合伙人参与了事务的执行；(2)虽然没有参与事务的执行，但是在外观上有参与执行的表示，例如在个人名片上印有其为营业负责人字样；(3)知道他人声称其参与了执行却不加否认。这三种情况下，隐名合伙人在对善意第三人承担清偿责任后，仍有权就超过其应当承担数额的部分，向出名合伙人追偿。

（四）隐名合伙合同的终止

隐名合伙合同的终止，指当事人之间的权利义务关系发生消灭。

隐名合伙合同可以因当事人的意思而终止，也可以因出现法定事由而终止。前者通常包括因声明退伙、隐名合伙期限届满当事人不愿意继续经营、当事人同意而终止三种情形；后者通常有所约定的事业已经完成或者确定不能完成、出名合伙人死亡或丧失民事行为能力、出名合伙人或隐名合伙人丧失清偿能力或者被依法宣告破产、事业终止或转让等情形。因隐名合伙人不参与事业的经营，因此隐名合伙人死亡，继承人可以继承其地位，隐名合伙合同的效力不受影响。隐名合伙人丧失民事行为能力，也不影响隐名合伙合同的效力。

隐名合伙合同终止时，出名合伙人应当向隐名合伙人返还出资。所约定的事业有经营利益的，出名合伙人应当向隐名合伙人支付其应得利益。事业发生亏损的，隐名合伙人在出资限度内分担损失。损失承担后，隐名合伙人的出资尚有剩余的，出名合伙人应当向隐名合伙人返还该剩余部分。

隐名合伙人能否获得事业经营的利益，取决于事业是否正常进行。因可归咎于出名合伙人的原因使事业终止或者转让的，隐名合伙人的利益分配也因此受到影响，故而可以向出名合伙人主张损害赔偿。

---

① 黄立主编：《民法债编各论》（下），中国政法大学出版社 2003 年版，第 767 页。

六、有限合伙合同

(一)有限合伙合同的概念

有限合伙合同,是有限合伙人与普通合伙人共同签订的,依据约定共同出资,由普通合伙人经营合伙事务,有限合伙人进行监督,依约分享合伙利益,普通合伙人承担无限经营风险,有限合伙人以出资额为限承担经营风险的协议。普遍认为,有限合伙中合伙人承担责任的有限性与无限性并存,可以修正有限责任的缺陷,拓宽融资渠道,减轻投资人的投资风险,实现社会资源的最佳配置,强化合伙人的激励机制,增强合伙人的凝聚力,体现出较高的稳定性和安全性,对于经济发展产生积极的促进作用。

有限合伙形式源于欧洲的"康孟达契约"。在立法上,英国1907年《有限合伙法》对有限合伙进行了明确界定。美国1985年《修正统一有限合伙法》也有相关规定。我国《民法通则》《民法总则》均未规定有限合伙。《合伙企业法》于2006年修订时加入了"第三章 有限合伙企业"的专章规定。因此,在我国,有限合伙合同得到了立法的有限确认,即当事人可以为成立有限合伙企业而订立有限合伙合同。对于有限合伙企业的相关法律事项,首先适用"第三章 有限合伙企业"这一章规定,该章未作规定的事项,适用关于普通合伙企业及其合伙人的一般性规定。

与一般的合伙合同相比较,有限合伙合同具有较为明显的特征:

1.有限合伙合同的主体包括有限合伙人与普通合伙人。根据《合伙企业法》的规定,有限合伙人与普通合伙人至少应当有一人;除法律另有规定外,有限合伙人与普通合伙人的总人数应当为二人或多人,但是最多不得超过50人。这与普通合伙有所不同。普通合伙的合伙人人数为二人或多人,没有上限。

2. 有限合伙人应当按照合同约定按期足额缴纳出资。有限合伙人可以用货币、实物、知识产权、土地使用权或者其他财产权利作价出资,但是不得以劳务出资。普通合伙人的出资方式为货币、实物、知识产权、土地使用权、其他财产权利和劳务等。

3. 由普通合伙人执行合伙事务,有限合伙人不执行合伙事务,也不得对外代表有限合伙企业。一般的合伙合同项下,合伙事务由全体合伙人共同执行,或者由选任的执行人来执行。

4.有限合伙合同可以明确约定将有限合伙的全部利润分配给部分合伙人。为了体现"共担风险、共享收益"的特点,法律禁止在一般的合伙合同中约定将全部合伙利润分配给部分合伙人。

5.有限合伙人在出资限度内对经营事业所产生的债务承担有限责任,普通合伙人对合伙债务承担无限连带责任。但是,在特定情况下,有限合伙人也会依法对相关合伙交易承担与普通合伙人一样的责任。一般的合伙合同项下,全体合伙人共同承担合伙事务的经营风险。

条件满足时,有限合伙人可以转换为普通合伙人,普通合伙人可以转换为有限合伙人。一般的合伙合同项下,各合伙人均为普通合伙人,不能随意转换为其他类型的合伙人。

根据《合伙企业法》第63条的规定,除具有普通合伙合同的相关内容外,有限合伙合同还应当载明:(1)普通合伙人和有限合伙人的姓名或者名称、住所;(2)执行事务合伙人应具备的条件和选择程序;(3)执行事务合伙人权限与违约处理办法;(4)执行事务合伙人的除名条件和更换程序;(5)有限合伙人入伙、退伙的条件、程序以及相关责任;(6)有限合伙人和普通合伙人相互转变程序。

与隐名合伙合同相比较,有限合伙合同具有如下特征:

1. 依据有限合伙合同成立有限合伙企业时,登记事项中应当载明有限合伙人的姓名或者名称及认缴的出资数额。隐名合伙合同具有内在性,不以成立合伙企业为合同目的,相关企业的登记事项中也不会载明隐名合伙人的姓名或名称,以及认缴的出资数额。

2. 有限合伙合同体现了一定的资合性和稳定性。有限合伙合同以设立有限合伙企业为目的,通过注册登记来设立有限合伙企业,也体现了较大的持久性。隐名合伙合同不具有团体性,体现了隐名合伙人对出名合伙人的信任,无需注册登记因而持久性较低。

(二)有限合伙合同当事人的权利与义务

1.普通合伙人的权利与义务

有限合伙中普通合伙人的权利、义务与一般合伙中合伙人的权利、义务大体一致。但是,在执行合伙事务方面,普通合伙人具有不同于有限合伙人的权利与义务。鉴于有限合伙有限责任与无限责任的并存性,法律要求由普通合伙人执行合伙事务。执行事务合伙人可以要求在合伙合同中确定执行事务的报酬及报酬提取方式。

2.有限合伙人的权利与义务

(1)出资义务。在有限合伙中,有限合伙人主要体现"融资性",同时以出资额为限承担有限责任。因此,法律对于有限合伙人的出资提出了较高的要求。除出资方式的有限性外,有限合伙人应当按照有限合伙合同的约定按期足额缴纳出资。没有按期足额缴纳的,应当承担补缴义务,并对其他合伙人承担违约责任。

(2)不执行合伙事务、不对外代表有限合伙的义务。有限合伙人不得执行合伙事务、对外代表有限合伙。由普通合伙人执行合伙事务、对外代表有限合伙。如果有限合伙人未经授权即以有限合伙名义与他人进行交易,给有限合伙或者其他合伙人造成了损失,该有限合伙人应当承担赔偿责任。为了保护善意第三人的合法权益,法律同时规定,第三人有理由相信有限合伙人为普通合伙人并与其交易的,该有限合伙人对该笔交易承担与普通合伙人同样的责任。但是,为了方便有限合伙人参与有限合伙相关事项的决策、监督有限合伙的财务状况、维护自身合法权益,《合伙企业法》第 68 条规定,有限合伙人的下列行为,不视为执行合伙事务:参与决定普通合伙人入伙、退伙;对有限合伙的经营管理提出建议;参与选择承办有限合伙审计业务的会计师事务所;获取经审计的有限合伙财务会计报告;对涉及自身利益的情况,查阅有限合伙财务会计账簿等财务资料;在有限合伙中的利益受到侵害时,向有责任的合伙人主张权利或者提起诉讼;执行事务合伙人怠于行使权利时,督促其行使权利或者为了该有限合伙的利益以自己的名义提起诉讼;依法为该有限合伙企业提供担保。

(3)与本有限合伙进行交易或竞争的权利。有限合伙人不执行本有限合伙的合伙事务,也仅以出资额为限对有限合伙承担有限责任,其自己的经济活动一般不会对本有限合伙产生影响,因此无需受到限制。除有限合伙合同另有约定外,法律允许有限合伙人与本有限合伙进行交易,以及自营或者同他人合作经营与本有限合伙相竞争的业务。

(4)处分在有限合伙中的财产份额的权利。如上所述,有限合伙人不执行合伙事务,也不对合伙承担无限责任，因此其在有限合伙中的财产份额的变化一般不会实质性影响有限合伙的经营和存续。除有限合伙合同另有约定外，法律允许有限合伙人将其在有限合伙中的财产份额出质；也允许有限合伙人按照合伙合同的约定向合伙人以外的人转让其在有限合伙中的财产份额，但是应当提前30天通知其他合伙人。《合伙企业法》第74条进一步规定，有限合伙人的自有财产不足以清偿其与本有限合伙无关的债务的，该有限合伙人可以以其从本有限合伙中分取的收益用于清偿；债权人也可以依法请求人民法院强制执行该有限合伙人在本有限合伙中的财产份额用于清偿。但是，人民法院强制执行有限合伙人的财产份额时，应当通知全体合伙人。在同等条件下，其他合伙人有优先购买权。

(5)保有“有限合伙人”身份的权利。有限合伙人不同于普通合伙人，与有限合伙具有紧密的“人身联系”。在通过出资成为有限合伙的有限合伙人后，其“有限合伙人”身份即具有稳定性。即使作为有限合伙人的自然人在有限合伙存续期间丧失民事行为能力，其他合伙人也不得因此要求其退伙。作为有限合伙人的自然人死亡、被依法宣告死亡或者作为有限合伙人的法人及其他组织终止时，其继承人或者权利承受人仍然可以依法取得该有限合伙人在有限合伙中的“有限合伙人”资格。

(三)有限合伙合同的变更与终止

1.新合伙人入伙

新合伙人入伙的程序与要求，与一般合伙没有本质区别，此不赘述。需要注意的是，新入伙的有限合伙人对入伙前有限合伙的债务，以其认缴的出资额为限承担责任；新入伙的普通合伙人对入伙前有限合伙的债务，承担无限连带责任。

2.原合伙人退伙

有限合伙中普通合伙人退伙的条件、程序与法律后果，与一般合伙中合伙人的退伙没有本质区别，此不赘述。

有限合伙人的退伙则稍有不同。依据《合伙企业法》的规定，作为有限合伙人的自然人死亡或者被依法宣告死亡时，作为合伙人的法人或者其他组织依法被吊销营业执照、责令关闭、撤销或者被宣告破产时，该有限合伙人丧失法律或合伙合同要求必须具有的相关资格时，或者该有限合伙人在有限合伙中的全部财产份额被人民法院强制执行等情况下，该有限合伙人当然退伙。有限合伙人以其对合伙的出资为限承担有限责任，该有限合伙人在出资后丧失偿债能力的，并不直接影响有限合伙的存续与发展，也不影响该有限合伙人在该有限合伙享有权利、承担义务，因此“个人丧失偿债能力”不是有限合伙人当然退伙的原因。

有限合伙人退伙后，对基于其退伙前的原因发生的有限合伙企业债务，以其退伙时从有限合伙企业中取回的财产承担责任。

3.普通合伙人、有限合伙人的身份转换

除有限合伙合同另有约定外，经全体合伙人一致同意，普通合伙人可以转变为有限合伙人，有限合伙人转变为普通合伙人。普通合伙人转变为有限合伙人的，应当对其作为普通合伙人期间有限合伙发生的债务承担无限连带责任。有限合伙人转变为普通合伙人的，应当对其作为有限合伙人期间有限合伙发生的债务承担无限连带责任。

4. 合伙人种类单一

由于退伙、身份转换等原因，致使有限合伙仅剩有限合伙人的，该有限合伙应当解散；致

使有限合伙仅剩普通合伙人的，该有限合伙应当转为普通合伙。有限合伙企业解散或者变更为一般的合伙企业的，应当依法及依照合伙合同的约定，办理相关登记手续。

第二节　旅游合同

随着社会经济的发展、物质文明的逐步实现，人们越来越注重精神上的享受。出外旅游观光正是实现这一目的的一种常见方式。因此，旅游合同是一种晚近才出现的合同类型，但是又有着非常广阔的发展前景，已逐渐成为国民最普遍之活动，[①]颇值得我们关注。

各国对于旅游合同的态度并不一致，有的国家通过立法对旅游合同进行了明确规定、特殊调整(如德国)，有的国家则仍将旅游合同排除在有名合同之外。我国《合同法》没有将旅游合同列入有名合同，但是台湾地区在对其“民法典”进行修订时，专门增加了一节(第二编第二章第八节之一“旅游”)，来调整旅游合同。国际统一私法协会(UNIDROIT)于 1970 年通过了《布鲁塞尔旅行契约国际公约》(以下简称“公约”)，我国大陆没有参加，而台湾地区参加了该公约。

实践操作中，一些标准合同及实际做法不甚规范，对于游客这一消费群体的利益保护不力，引起了社会的广泛关注。对此，国务院 2009 年制定通过了《旅行社条例》，并于 2016 年 2 月 6 日对该条例进行了部分事项的修改；我国最高人民法院于 2010 年通过并开始施行《最高人民法院关于审理旅游纠纷案件适用法律若干问题的规定》(以下简称《旅游纠纷司法解释》)，对旅游者与旅游经营者、旅游辅助服务者之间因旅游发生的合同纠纷、侵权纠纷的处理作出了具体规定。第十二届全国人大常委会第二次会议于 2013 年 4 月 25 日通过的《中华人民共和国旅游法》(以下简称《旅游法》)，一改以往与旅游相关的立法层级过低的局面，对旅游活动与旅游监管进行了较为全面的规定。

一、旅游合同的概念

关于旅游合同的概念，学理上有广义与狭义之分。广义说认为旅游合同为旅游者与旅游业者或者运送业者、旅馆业者签订的由该旅游业者提供旅游服务，或者该运送业者提供旅游运送、该旅馆业者提供旅行住宿，由旅游者支付相关费用的协议。公约及各国相关立法、多数学者主张狭义说，认为旅游合同是双方约定，由一方向另一方提供旅游服务，另一方为此支付旅游费的协议。因此，旅游合同仅与旅游服务有关，不包括旅游者与运送业者、旅馆业者等签订的运送合同、住宿合同等。以自己的名义经营旅游业务，向游客提供交通、住宿、餐饮、购物、娱乐等旅游服务并收取旅游费的一方为旅游经营者，主要为旅行社和景区；接受旅游服务并支付旅游费的一方为旅游者，或称游客。旅游者具有公众性，因此旅游服务关系除适用《民法总则》《民法通则》《合同法》《侵权责任法》《旅游法》外，还受《中华人民共和国消费者权益保护法》的调整。

---

① 杨与龄：《民法债编修正经过及其修正要旨(上)》，http://www.civillaw.com.cn/weizhang/default.asp? id=11645，下载日期：2004 年 7 月 1 日。

旅游的方式一般有三种，游客可以任选其一：一为游客参加旅行经营者组织的旅游团进行旅游；二为旅客自己组织安排旅行过程中的部分事项，例如自行设计旅游线路，并委托旅行社安排其他事宜，例如有关食、宿和/或交通等事项；三为完全的自助游，即游客自己组织安排旅游的全部事宜。可见，第一、二种旅游方式需要旅行社等旅游经营者提供相应的旅游服务，第三种方式与旅行社没有直接的关系，但是可能与景区存在直接关系。《旅游法》将景区列为旅游经营者，调整游客与景区之间的景区游览关系。《旅游纠纷司法解释》第1条第4款规定，旅游者在自行旅游过程中，与旅游景点经营者之间因旅游而产生的纠纷参照适用该司法解释。同时，从第一、二种方式可以看出"旅游服务"分为两种类别：综合性旅游服务及中介性旅游服务。综合性旅游服务，是由旅行社预先安排行程，提供或通过履行辅助人提供交通、住宿、餐饮、游览、导游或者领队等两项以上旅游服务，旅游者以总价支付旅游费用的旅游形式。依据《旅游法》的规定，旅行社与旅游者为此所签订的旅游合同又称作包价旅游合同。代办性旅游服务，是由旅游业者就旅游者所委托的事项为旅游者办理具体项目的行为，例如代旅客订飞机票，为旅客订宾馆房间或购买景区门票等。提供代办性旅游服务时，旅游业者仅就该具体项目收取代办费用，为此签订的旅游合同又称旅游代办合同。① 包价旅游合同具有较为突出的特性，对旅客利益的影响程度较高，因此是我们介绍的重点。

旅游合同具有如下法律特征：

1. 提供旅游服务的一方，即旅游经营者，必须具有法定资格。旅游业是许可经营的行业。根据《旅行社条例》(2016年2月6日修改)的规定，旅行社应当依法获得批准，取得旅行社业务经营许可证。未取得旅行社业务经营许可证的，不得从事旅游业务。旅行社不得出租、出借、非法转让旅行社业务经营许可。旅游业务具有较强的专业性，对于旅游者利益的影响程度高，所以各国对于旅游经营者的经营资格与经营能力均做出了较为严格的规定。例如我国将旅行社的经营范围分为国内旅游业务、入境旅游业务和出境旅游业务，并有相应的经营条件与要求；要求旅行社在取得业务经营许可证之日起3个节假日内开设专门银行账户、存入质量保证金或者提交银行担保，应当投保旅行社责任保险等。见《旅行社条例》第6条至第9条、第13条、第38条。如果提供旅游服务的一方不具有旅游经营资格，但是其提供的产品符合旅游服务的特点，该合同的效力如何，服务提供者的法律地位是否会受到影响，法律对此尚无明确规定。有学者认为只要所提供的服务符合旅游合同的特点，仍不影响其作为旅游合同一方当事人的法律地位。② 我们认为，根据《最高人民法院关于适用〈中华人民共和国合同法〉若干问题的解释(一)》第10条的规定，当事人超越经营范围订立合同，违反国家限制经营、特许经营以及法律、行政法规禁止经营规定的，合同无效。鉴于旅游业是特许经营的行业，未取得经营许可证不得从事旅游业务，旅游服务提供者不具有经营资格的，合同仍然无效，服务提供者应当就其过错承担相应的法律责任，包括赔偿旅游者因此遭受的损失。

2. 包价旅游合同的内容为旅游经营者为旅游者提供一揽子旅游服务，包括代办出境、

① 详见刘劲柳：《旅游合同》，法律出版社2004年版，第20～24页。

② 刘劲柳：《旅游合同范围与概念探析》，http://www.cnta.com/32-lydy/2003/lydy-7-4.htm，下载日期：2004年7月1日。

入境和签证手续，招徕、接待旅游者、为旅游者安排食宿等有偿服务。其中，接待旅游者、运送旅游者到各观光地点、导引旅游者进行旅游观光是旅游合同最主要的内容。但是，为了实现这一目的，有关出入境手续、签证手续的办理，住宿、饮食的安排又是旅游观光所必不可少的事项，将直接影响到旅游观光的实际质量。旅游经营者向旅游者提供的旅游服务是包括食、住、行等在内的一揽子服务，这与餐饮业者、旅馆业者、运输业者等分别与旅客签订餐饮合同、住宿合同、运送合同，向旅客提供食、住、行服务有所不同。同时，这一揽子服务的各个环节相互关联，有的内容又会受到外界因素或实际提供者，即餐饮业者、旅馆业者、运输业者的影响，任何一个环节出现阻碍，都会影响到整个旅游合同的顺利履行。因此，旅游合同的内容常会因不可抗力或其他特定事由而发生变更。①

3. 旅游经营者应当亲自履行旅游合同，不得擅自转让旅游合同项下的权利与义务。旅游者对于旅游经营者的选择，通常以对旅游经营者服务品质与信誉的信赖为基础。因此，旅游经营者应当尊重旅游者的选择，不得擅自转让旅游合同项下的权利与义务。《旅游法》规定，因未达到约定人数不能出团的，组团社经征得旅游者书面同意，可以委托其他旅行社履行合同。组团社对旅游者承担责任，受委托的旅行社对组团社承担责任。如果旅游者不同意委托其他旅行社履行合同，双方可以解除合同，组团社应当向旅游者退还已收取的全部费用。依据《旅行社条例》第 36 条的规定，旅行社需要对旅游业务作出委托的，应当委托给具有相应资质的旅行社，必须征得旅游者的同意，并与接受委托的旅行社就接待旅游者的事宜签订委托合同，确定接待旅游者的各项服务安排及其标准，约定双方的权利、义务。

4. 旅游合同是双务、有偿、诺成、非要式合同。旅游合同双方当事人相互享有权利、承担义务。旅游经营者以经营旅游事务为营业，因此，其所提供的服务是有偿服务。旅游合同是诺成合同，以当事人的协商一致为成立要件。并且，旅游经营者为了拓展业务，往往通过发布广告向潜在的旅游服务接受者提供其旅游信息，游客往往信赖广告上的旅游信息，从而与旅游业者订立相应的旅游合同。因此，旅游广告对于旅游合同内容的认定具有重要作用。此外，《旅游法》没有对各类旅游合同统一要求以书面形式订立，因此旅游合同仍然具有非要式性。但是，《旅游法》第 58 条明确规定包价旅游合同应当采用书面形式。依据《中国公民出国旅游管理办法》第 13 条的规定，我国公民接受旅行社组团进行出国旅游的，双方应当签订书面的旅游合同。

关于旅游合同的性质，学理上尚有争议。有观点认为旅游合同是一种新型合同，不能简单地归入委托合同、居间合同、承揽合同等有名合同。② 我们同意这一观点。同时，旅游合同与承揽合同具有一定的相似之处，故而台湾地区“民法典”将其放在承揽合同之后进行规定，我们认为这一做法值得借鉴。

二、旅游合同的订立

我国允许旅行社在许可的经营范围内采用特许经营、零售代理、电子商务、连锁经营等方式建立经营网络，扩大经营规模。旅游经营者通过发布广告、电话、传真咨询等方式，向潜

① 郭明瑞、王轶：《合同法新论・分则》，中国政法大学出版社 1997 年版，第 359 页。

② 郭明瑞、王轶：《合同法新论・分则》，中国政法大学出版社 1997 年版，第 357～358 页。

在的旅游者提供旅游信息，包括某一具体旅游线路的出团时间、游览期间、游览地点、食宿安排、费用计算等内容。旅游者在获得旅游信息，并希望进行旅游经营者所提供的具体旅游时，便与旅游经营者进行协商。双方就旅游事项达成一致时，旅游合同成立。

根据《旅游纠纷司法解释》第2条的规定，以单位、家庭等集体形式与旅游经营者订立旅游合同的，尽管该集体与旅游经营者是签订合同的双方当事人，但是作为集体成员的旅游者个人也具有合同当事人的法律地位，可以依法行使旅游者的权利，并承担旅游者的义务与责任。

旅游辅助服务者不是签订旅游合同的当事人，只依据与旅游经营者的约定，协助旅游经营者履行旅游合同义务，实际提供交通、游览、住宿、餐饮、娱乐等旅游服务。因此，旅游辅助服务者与旅游者之间，不具有直接的旅游合同关系。但是，旅游辅助服务者与旅游经营者一样，均应承担安全保障义务、告知警示义务、保密义务、安全保管义务等，详见下文。

《旅游法》要求以书面形式订立包价旅游合同，同时规定包价旅游合同应当具备下列内容：

订立包价旅游合同时，旅行社应当向旅游者详细说明前款第二项至第八项所载内容。

1. 旅行社、旅游者的基本信息，包括旅游经营者的名称及地址、旅游者的姓名、住址与身份证号码；

2. 旅游行程安排，包括旅游地点与日程、线路安排，游览景点名称与门票等；

3. 旅游团成团的最低人数；

4. 交通、住宿、餐饮等旅游服务安排和标准，包括交通工具类别、等级、航(车)次时间、住宿等级及客房类型、餐饮次数及等级标准等；

5. 游览、娱乐等项目的具体内容和时间；

6. 自由活动时间安排；

7. 旅游费用及其交纳的期限和方式，要明确所包括的具体项目和不予包含的费用；

8. 违约责任和解决纠纷的方式；

9. 法律、法规规定和双方约定的其他事项。

订立出境旅游合同的，还应当包括有关出境签证的手续、费用等内容。

《旅行社条例》还要求旅游合同时还应当载明旅行社安排的购物次数，停留时间及购物场所的名称，需要旅游者另行付费的游览项目及价格，解除或者变更合同的条件和提前通知的期限，旅游服务监督、投诉电话等内容。

《旅游法》和《旅行社条例》均要求旅行经营者在与旅游者签订旅游合同时，应当对旅游合同的具体内容作出真实、准确、完整的说明。

通常情况下，依据旅游合同的要求，旅游者应当在合同订立时，预先支付一部分旅游费用，其他费用在旅游开始之前付清。有的合同将这一预先支付的费用约定为定金。

旅游业者所发布、由旅游者所依据的旅游广告、宣传文件、行程表、说明会上的说明等，也可能成为旅游合同的一部分，或者被用以确定旅游合同的具体内容。但是，如果旅游经营者以格式合同、通知、声明、告示等方式作出对旅游者不公平、不合理的规定，或者减轻、免除其损害旅游者合法权益的责任，旅游者可以依法请求法院认定该内容无效。

三、旅游合同当事人的权利与义务

旅游合同是双务合同。旅游者与旅游经营者应当相互承担有关义务、享有相应权利，其义务与权利是相互对应的。

(一)旅游者的主要义务

1. 支付旅游费用的义务

支付旅游费用是旅游者的基本义务，是其享受旅游服务的根本对价。因此，旅游者所支付的旅游费用应当与旅游服务相对应。旅游业作为服务性行业，旅游经营者往往以其向旅游者收取的旅游费用作为其履行合同义务的资金基础，所以往往要求旅游者在订立合同时先行支付一定的旅游费用，并在合同义务开始之前结清剩余部分。

有的旅游经营者为了招揽生意、进行不正当竞争，向旅游者允诺在旅游结束后再支付旅游费用，但是由于资金有限，所以服务的质量会因此受到不良影响，不利于保护旅游者的合法权益。这种情况下，旅游经营者往往拖延向下游服务企业，如餐饮企业支付相关费用，也不利于这些企业的正常经营。因此，我们应当杜绝这种恶性循环。

合同双方应当事先约定旅游费用所包含的项目与不予包括的项目。包价旅游费用通常包含的项目有：(1)代办手续费：旅游经营者代旅游者办理旅行证件的手续费；(2)交通运输费：旅游业者代旅游者向民航、铁路、长途客运公司、水运等公共交通部门购买交通客票的费用；(3)餐饮住宿费：合同约定由旅游经营者安排的餐饮、住宿费用；(4)游览费：合同约定由旅游业者安排的游览费用，包括住宿地至游览地的交通费，以及非由旅游者另行付费的旅游项目的第一道门票费；(5)接送费：旅游期间从机场、港口、车站等将旅游者接至住宿旅馆的接送费用；(6)服务费：旅游经营者提供各项旅游服务所收取的导游服务费等费用。

如果旅游者要求提高餐饮住宿的标准，旅游经营者同意安排的，旅游者应当补交相关差额。

旅游者可以拒绝旅游经营者不合理、不合法的费用请求。首先，旅游者可以拒绝旅游经营者所安排的购物活动或者另行付费项目。旅游经营者如果安排旅游合同以外需要收费的旅游项目，应当事先征得旅游者的书面同意。如果旅游经营者擅自增加费用，旅游者有权要求旅游经营者予以返还。其次，旅游者公平接受旅游经营者提供的旅游服务。如果旅游经营者基于旅游者的年龄、职业等差异，就同一旅游行程向个别旅游者增加收费，旅游者可以要求返还。

旅游者可以要求旅游经营者退还不能依约履行旅游合同而未实际发生的费用。首先，旅游经营者降低合同约定的服务标准的，应当征得旅游者的同意，并且退还因降低标准而少付的费用或者赔偿未完成约定旅游服务项目的合理费用。其次，如果因公共客运交通工具(包括飞机、火车、班轮、城际客运班车等)延误，致使旅游合同不能依约履行，旅游者可以要求旅游经营者退还未实际发生的费用。

我国《国内旅游组团合同范本(试行)》第 4 条第 2 款规定，“前款第 2 项的交通客票费，如遇政府调整票价，该费用的退、补依照《合同法》第六十三条办理。……”台湾地区“外旅游契约”第 8 条规定，“旅游契约订立后，其所使用之交通工具之票价或运费较订约前运送人公布之票价或运费调高或调低逾百分之十者,应由甲方补足或由乙方退还。"[①]有学者认为这一规定并不合理。[②]

一般情况下,包价旅游费用通常不包含下列项目:(1)各地机场建设费;(2)旅游过程中发生的旅游者个人费用,例如在交通工具上的个人餐饮费、个人伤病医疗费、行李超重费、住宿时的洗衣、电话、饮料及酒类费、私人交通费、旅游者自由活动费用,以及在旅程中旅游者因个人行为产生的赔偿费用等;(3)旅游者自行投保的保险费,包括航空意外伤害保险及其他保险的保险费;(4)旅游者自行选择的自费游览项目的有关费用等。

《旅游法》第 41 条禁止导游和领队向旅游者索取小费,不得诱导、欺骗、强迫或者变相强迫旅游者购物或者参加另行付费旅游项目。当然,旅游者如果对有关旅游服务人员(例如导游)的服务感到满意,可以向其给付小费。小费是自愿给付的款项。[③]

2. 提供真实信息的义务

旅游者应当向旅游业者提供与旅游有关的信息,以便旅游经营者正确办理相关手续、顺利安排与完成旅行。旅游者还应当按照旅游经营者、旅游辅助服务者的要求如实告知、提供与旅游活动相关的个人健康信息,以便确定是否适于旅游活动,以及是否应当采取相应的预防措施。没有按照要求如实告知、提供相关信息,从而参加不适合自身条件的旅游活动,导致在旅游过程中出现人身伤亡、财产损失的,应当自行承担相应损失。

3. 准时集合与服从旅游安排的义务

包价旅游往往是组团旅游,时效性、组织性较强。任何一位旅游者的拖延,都会影响到全团旅游全程的顺利完成。因此,旅游合同中往往约定旅游者应当准时集合、服从旅游服务人员的安排。例如《国内旅游组团合同范本(试行)》第 6 条规定,旅游者应当于合同约定的时间在合同约定的出发地点准时集合出发。旅游者未准时到约定地点集合出发,也未能中途加入旅游团的,视为其解除合同,旅游业者可以按照合同的有关约定要求赔偿。依据《旅游纠纷司法解释》第 20 条的规定,旅游者在旅游过程中,未经导游或领队许可故意脱离旅游团队的,如果遭受人身伤亡、财产损害,应当自行承担相应损失。

4. 协助义务

旅游者应当遵守团队纪律,配合旅行团组织者完成旅游行程。

5.赔偿责任

旅游合同是双务合同,旅游者负有保护旅游经营者及其从业人员、其他旅游者合法权益的义务。旅游者在旅游活动中或者在解决纠纷时,损害旅行社、履行辅助人、旅游从业人员的合法权益的,应当依法承担赔偿责任。损害其他旅游者的合法权益的,依法直接承担赔偿责任,也可能依法受到旅游经营者的追偿。

---

① 作者注:甲方为旅游者;乙方为旅游业者。

② 黄立主编:《民法债编各论》(下),中国政法大学出版社 2003 年版,第 469 页。

③ 例如《浙江省旅行社管理办法》(2003 年)第 27 条的规定。

（二）旅游者的主要权利

1. 接受旅游服务的权利

旅游者签订旅游合同的主要目的，是享受旅游带来的精神感受。因此，接受旅游服务是旅游者的主要权利。如果旅游者所获得的旅游服务低于签订合同时所约定的标准，旅游者有权投诉、要求旅游业者改正，甚至解除合同，并获得旅游业者的相应赔偿。当然，如果旅游者所要求的旅游服务的标准高于合同约定的标准，从而使旅游成本增加的，旅游者应当支付因此增加的费用。

2. 变更、解除合同的权利

除依据合同性质不宜转让或者旅游合同另有约定外，旅游开始之前的合理期间内，旅游者可以自主决定将其在合同中的权利与义务转让给第三人，即改由第三人参加旅游。但是该第三人应当具备参加本次旅游的条件，例如有有效护照及签证、身体条件适合等。旅游经营者除非有正当理由，否则不得拒绝旅游者的变更。改由第三人参加旅游而使旅游费用增加的，旅游者或该第三人应当将增加部分支付给旅游经营者；因变更而减少旅游费用的，旅游者可以请求旅游经营者退还减少的费用。[①] 旅游开始之前或者进行中，旅游者可以随时通知旅游经营者解除旅游合同，通称“退团”，但是应当承担旅游经营者的合理费用或者已经为办理该旅游而实际支出的费用，仅请求旅游经营者退还剩余费用。实践中，旅游者提出“退团”请求时，旅游经营者可能出于减少损失的考虑，会向该旅游者提出由旅游者授权旅游经营者将“旅游名额”转让给第三人。旅游者可以自主决定是否同意授权旅游经营者转让“名额”。

结合上述情况可以看出，旅游者虽然享有单方变更、解除合同的权利，但是应当承担单方变更、解约给旅游经营者造成的实际损失或合理费用。在“孟元诉中佳旅行社旅游合同纠纷案”[②]中，旅游者单方提出解约，未就解约事项与旅游经营者协商一致，并拒绝旅游经营者提出的转让“名额”以减少损失的建议，坚持要求旅游经营者承担解除合同的全部损失，并放弃履行合同，法院认定该旅游者承担由此所造成的包机票款、酒店房款等全部损失。此外，旅游者可以自愿投保、自愿购买旅游纪念品及其他商品、自愿游览合同约定以外的其他旅游景点。

（三）旅游业者的主要义务

1. 亲自提供旅游服务的义务

旅游服务是旅游合同的核心内容。提供旅游服务是旅游业者的核心义务，围绕这一义务，旅游业者还承担其他相关义务。上文述及“旅游服务”的主要内容与分类，此不赘述。

旅游经营者应当亲自提供旅游服务。如上所述，除有正当理由并经旅游者书面同意外，旅游经营者不得将旅游合同转让给其他旅游经营者，即将旅游者“转团”。否则为违约行为，旅游经营者应当就此承担违约责任。《旅游纠纷司法解释》第 10 条规定，旅游经营者擅自将旅游业务转让给其他旅游经营者，旅游者在旅游过程中遭受损害的，可以要求与其签订旅游合同的旅游经营者与实际提供旅游服务的旅游经营者承担连带责任。在“焦建军与江苏省

---

① 见《旅游纠纷司法解释》第 11 条；参见台湾地区“民法典”第 514 条之 4。

② 载《中华人民共和国最高人民法院公报》2005 年第 2 期。

中山国际旅行社有限公司、第三人中国康辉南京国际旅行社有限责任公司旅游侵权纠纷案”中，法院认定被告是旅游经营者，本案第三人是受让旅游业务的其他旅游经营者，两者应当对原告遭受的损失承担连带责任。[①] 在具体旅游服务项目上，例如住宿、交通等，旅游经营者可以组织安排有关业者，例如某宾馆、某运输公司进行实际操作。后者即为旅游辅助服务者。旅游经营者将住宿、交通等具体项目交由旅游辅助服务者完成的，该旅游辅助服务者提供的住宿、交通等服务是旅游经营者履行旅游合同义务的延续，视为旅游辅助服务者代表旅游经营者提供相应的旅游服务。因旅游辅助服务者的原因造成旅游者人身伤亡、财产损失的，一方面，旅游者可以要求旅游经营者承担违约责任或侵权责任(旅游者享有选择权)；另一方面，旅游者也可以选择要求该旅游辅助服务者承担侵权责任，并要求旅游经营者承担未尽谨慎选择义务的补充责任。

在实践中，异地旅游的旅游经营者时常将部分旅游业务委托给旅游目的地的旅游经营者。这种情况下，接受委托的旅游目的地旅游经营者没有按照旅游合同提供约定的旅游服务，使旅游者在旅游过程中遭受损害的，旅游者可以要求与其签订旅游合同的旅游经营者承担相应的赔偿责任。签订旅游合同的旅游经营者委托其他人从事旅游业务的，旅游者可以要求签订旅游合同的旅游经营者承担相应的损害赔偿责任。

此外，一些旅游经营者基于自身利益方面的考虑，会准许他人挂靠其名下从事旅游业务。挂靠情况下，挂靠者以该旅游经营者的名义与旅游者签订旅游合同，提供旅游服务，因此在造成旅游者人身伤亡、财产损失时，依据《旅游纠纷司法解释》的规定，旅游者可以要求旅游经营者与挂靠人承担连带赔偿责任。

旅游经营者应当确保旅游服务符合通常的标准与约定的品质，包括住宿的地点与标准、餐饮的规格与充足度等。如上所述，如果所提供的旅游服务不符合通常的标准与约定的品质，旅游者有权要求旅游经营者予以改正，并给予损害赔偿。旅游经营者未予改正，或者虽经改正但仍不符合通常标准与约定品质的，旅游者有权请求相应减少旅游费用。旅游合同的目的无法实现的，旅游者有权解除合同。旅游者因此解除旅游合同的，旅游经营者应当将旅游者送回旅游合同约定的出发地，并承担因此产生的费用。在转团的情况下，旅游经营者也不得降低合同约定的服务标准。在上述自助游的情况下，旅游经营者不提供导游和领队服务，而是由旅游者自行安排游览行程，但是，只要旅游经营者提供的交通、住宿、游览等一项或多项旅游服务不符合旅游合同的约定，侵害旅游者合法权益，旅游者就有权要求旅游经营者承担相应责任。

旅游经营者提供旅游服务时，未经旅游者同意或者未发生法定事由，不得擅自改变旅游行程、减少或者增加旅游项目、增加旅游费用、安排合同未约定的其他旅游消费活动，不得中止服务活动。否则，旅游者有权要求旅游经营者赔偿未完成约定旅游服务项目等合理费用。根据《旅游纠纷司法解释》和《消费者权益保护法》的规定，旅游经营者在提供旅游服务时有欺诈行为的，旅游者可以要求旅游经营者双倍赔偿旅游者因此遭受的损失。

2. 办理相关手续、妥善保管有关证照的义务

旅游经营者应当依据旅游合同的需要，亲自为旅游者代办签证、代订客票以及办理其他必需手续。旅游经营者因过错致其代办的证件、手续存在瑕疵、遗失或毁损需要补办的，旅

---

① 载《中华人民共和国最高人民法院公报》2012年第11期。

游经营者应当应旅游者的要求予以补办或者协助补办，并承担相应费用；致使旅游者不能如约完成旅游行程的，旅游经营者应当退还尚未发生的费用，并承担相应的赔偿责任。

为了办理相关手续，以及为了方便组团旅游，旅游经营者或其工作人员通常会临时或持续地保管旅游者的有关证照。此时，旅游经营者应当妥善保管，避免遗失或毁损。旅游经营者或其工作人员未妥善保管，致使有关证照遗失或毁损，给旅游者带来损害的，旅游经营者应当承担相应的赔偿责任。

3. 安全保障的义务

在旅游行程中，旅游经营者应当合理保障旅游者的安全。如果未尽到安全保障义务，造成旅游者人身损害、财产损失，应当承担相应的赔偿责任。

旅游辅助服务者也负有安全保障义务。如果未尽此义务，造成旅游者人身损害、财产损失，也应当承担相应的赔偿责任。

需要注意的是，旅游服务机构及其导游对自然风险等应当具有比旅游者高得多的防患意识，应当谨慎、及时地判断危险情况，如果不顾客观存在的危险，盲目坚持带旅游者进行旅游项目，致旅游者于危险境地，并最终导致损害结果发生，对于旅游者的人身损害、财产损失则难辞其咎，应当承担相应的赔偿责任。在"吴文景、张恺逸、吴彩娟诉厦门市康健旅行社有限公司、福建省永春牛姆林旅游发展服务有限公司人身损害赔偿纠纷案"[①]中，法院认定受害人进入案涉景区游览，两被告对该旅游者负有安全保障义务，但是第一被告的导游坚持带旅游者冒险进入林区，第二被告管理不善致使树木折断伤人，均未尽到安全保障义务，应当承担相应的责任。

因除旅游经营者、旅游辅助服务者之外的第三人的行为，造成旅游者人身损害、财产损失的，由第三人承担赔偿责任。但是，如果旅游经营者、旅游辅助服务者对于此项损失的发生未尽到安全保障义务，则应承担补充责任。

根据《旅游法》第 67 条的规定，因不可抗力或者旅行社、履行辅助人已尽合理注意义务仍不能避免的事件，危及旅游者人身、财产安全的，旅行社应当采取相应的安全措施，因此支出的费用，由旅行社与旅游者分担；造成旅游者滞留的，旅行社应当采取相应的安置措施。因此增加的食宿费用，由旅游者承担；增加的返程费用，由旅行社与旅游者分担。

4.说明与告知、警示的义务

旅游经营者应当将旅游的具体事项向旅游者正确提示与说明。这些事项通常包括旅游行程安排、食宿、接送安排，旅游行程中的注意事项，游览地点的风俗习惯、气候条件与注意事项等。在与旅游者订立旅游合同时，旅游经营者还应当提示旅游者购买相关保险，以保障旅游者的相关权益。需要注意的是，旅游经营者应当尽说明与告知、警示义务也适用于旅游者自行安排活动期间，包括旅游经营者安排的在旅游行程中独立的自由活动期间、旅游者不参加旅游行程的活动期间以及旅游者经导游或领队同意暂时离队的个人活动期间等。(《旅游纠纷司法解释》第 19 条)

对于可能危及旅游者人身、财产安全的旅游项目，旅游经营者应当履行告知和警示的义务。未尽到这一义务，造成旅游者人身损害、财产损失的，应当承担相应的赔偿责任。当然，如果是旅游者不听从旅游经营者的告知与警示，参加不适合自身条件的旅游活动，导致旅游

---

① 载《中华人民共和国最高人民法院公报》2006 年第 6 期。

过程中发生人身损害、财产损失的，旅游经营者对此损失不应承担责任。

旅游辅助服务者同样负有告知警示义务。未尽到这一义务的，应当对旅游者因此发生的人身损害、财产损失承担相应的赔偿责任。

5. 保密义务

根据《保险纠纷司法解释》第 9 条的规定，旅游经营者负有保密义务，不得泄露旅游者的个人信息，也不得未经旅游者同意公开其个人信息。违反这一义务要求的，旅游经营者应当对旅游者承担相应的责任。

旅游辅助服务者同样负有保密义务。未尽到这一义务的，也应当对旅游者承担相应的责任。

6. 安全保管义务

旅游经营者对于为旅游者代管的行李物品负有安全保管的义务。当代管的行李物品灭失、损毁时，除法定免责情形外，应当承担损失赔偿责任。旅游经营者不予承担赔偿责任的损失包括：因不可抗力、意外事件造成的损失；因旅游者过错造成的损失；因代管物品的自然属性造成的损失；旅游者未听从旅游经营者的事先声明或提示，未将现金、有价证券、贵重物品等随身携带所造成的损失。

旅游辅助服务者同样负有安全保管义务。

7. 指派领队带团的义务

组团旅游时，旅游经营者应当委派导游人员。导游人员具有相应的专业知识与实践经验，可以组织、安排、引领旅游者顺利完成旅行。旅游经营者组织团队出境旅游的，还应当委派领队。旅游经营者所委派的导游人员及领队都应当佩戴导游证、领队证，遵守职业道德和执业规范，并严格按照旅游合同安排旅行活动。

8. 协助义务

旅游经营者应当承担协助义务，主要包括：(1)旅游者在旅游过程中发生人身伤亡或财产损失时的协助处理义务；(2)旅游者从旅游经营者安排的特定场所购买的物品有瑕疵时，协助退换或索赔的义务；(3)旅游者在旅游期间搭乘公共交通工具时遭受人身伤亡或财产损失的情况下，协助旅游者向有关经营者索赔的义务等。在上述“吴文景、张恺逸、吴彩娟诉厦门市康健旅行社有限公司、福建省永春牛姆林旅游发展服务有限公司人身损害赔偿案”中，法院认定两被告除未尽到安全保障义务外，在受害人于林区被折断树木砸伤后，未尽最大救助努力，使受害人延误了最佳救治时机，最终导致死亡后果发生，对此应当承担相应的赔偿责任。与“说明与告知、警示的义务”相似，旅游经营者的协助义务也适用于旅游者自行安排活动期间。

9. 赔偿责任

旅游经营者没有按照约定履行旅游合同，或者因其过错，给旅游者造成人身损害或财产损失的，旅游经营者应当承担赔偿责任，主要包括：(1)因旅游经营者的原因使旅行团没有成行；(2)因旅游经营者的原因使旅行的实际情况，如行程、住宿、交通、餐饮等，不符合合同的约定；(3)由于旅游经营者的过错，致使旅游行程延误，给旅游者带来损失；(4)由于旅游经营者的过错，致使旅游者遭受人身伤亡损害或财产损失；(5)旅游经营者擅自在行程安排之外增加购物活动，所购买的物品是假冒伪劣产品，从而给旅游者造成损失等情形。

旅游经营者擅自变更旅游合同的，也应当对旅游者承担损害赔偿责任。

旅游经营者与旅游者签订旅游合同。在旅游经营者违反旅游合同，给旅游者造成损害时，旅游者可以要求旅游经营者承担违约责任。旅游者遭受人身损害或财产损失，符合侵权责任构成要件的情况下，旅游者也可以依法要求旅游者承担侵权责任。为此，《合同法》第122条和《旅游纠纷司法解释》第3条均规定，旅游者可以选择要求旅游经营者承担违约责任或者侵权责任。

法律要求旅游经营者交纳质量保证金，投保责任保险，以保障该旅游经营者具有充足的赔偿能力，使旅游者得到足额赔偿。为了保障旅游者的合法权益，有的法律规定发生下列情况，旅游经营者不予赔偿或者无力赔偿旅游者的损失时，有关主管机关应当使用旅游经营者的质量保证金对旅游者先行赔偿：(1)旅游经营者因自身过错没有提供符合合同约定的质量标准的服务；(2)旅游经营者的服务没有达到国家或者行业规定的标准；(3)旅游经营者破产后造成旅游者预交旅游费损失的；(4) 人民法院判决、裁定及其他生效法律文书认定旅游经营者损害旅游者合法权益的；(5)法律、法规规定的其他情形。在使用质量保证金对旅游者先行赔偿后，主管机关应当在法定期限内告知该旅游经营者，并责成其限期补足质量保证金。

(四) 旅游经营者的主要权利

1. 收取旅游费用的权利

旅游经营者向旅游者收取旅游费用，是其提供旅游服务的对价，因此是旅游经营者的主要权利，详见上文。

2. 组团人数不足时解除合同的权利

旅游经营者以提供旅游服务为营业，因而注重成本核算。组团旅游的情况下，如果参团人数太少，可能会使旅游经营者的成本过大、利润过低。因此，旅游合同中往往约定组团成行的最低人数。当约定期限到来时，实际参团的人数低于约定的最低人数的，旅游经营者有权解除合同，但是应当提前通知旅游者，并承担相应的责任，例如退还旅游者已缴纳的全部费用，协助旅游者订立另一旅游合同，已经支付的原旅游费用多退少补等。我们认为，由于旅游经营者的原因使组团人数不足，导致合同解除，给旅游者带来其他损失的，旅游经营者还应当承担赔偿责任。

第三节 医疗合同

一、医疗合同的概念

医疗合同，又称医疗服务合同，指医方为患者提供医疗服务，患者方为此支付医疗费的合同。医患关系主要是基于医疗合同而发生的，因此医疗合同关系是最主要的医患法律关系。

医疗合同的双方当事人是法律地位平等的民事主体，医疗合同所确定的权利义务属于民事权利义务。因此，医疗合同属于民事合同的一种，它具有以下特点：

第一,医疗合同属诺成合同,基于医患双方的意思表示一致而成立。通常,患者或患者方前往医疗机构挂号,构成一项要约;医疗机构接受患者或患者方的挂号,发给挂号单,构成一项承诺,医疗合同即可成立。

第二,医疗合同属双方有偿合同。医方负有提供医疗服务的义务,患者或患者方则负有支付医疗费的义务。医方提供医疗服务以患者方支付医疗费为对价。

第三,医疗合同的内容具有多样性。医方提供的医疗服务,包括检查、诊断、治疗、处方、手术、注射、给药等。其中,既有单纯的服务,如检查、诊断、治疗、处方、手术、注射,又有交付一定标的物,如药品。广义的医疗服务还包括为患者提供疗养指导、床位租赁以及饮食服务。医疗服务合同可以是仅提供某一单项的医疗服务,如医方只为患者诊断疾病、开出处方,也可以是提供综合性的医疗服务,如住院治疗服务。由于医疗合同具有多样性,因此不同的医疗合同,医患双方的权利义务也不同。例如,患者仅看门诊,医患双方的权利义务就比较简单;如住院治疗,医患双方的权利义务就复杂得多;如手术治疗,医患双方的权利义务就更加复杂。

第四,医疗合同属无名合同。关于医疗合同的性质,学界有委任合同说、准委任合同说、雇佣合同说、承揽合同、混合合同说、无名合同说等不同主张。[①] 由于医疗合同内容的多样性,委任合同说、准委任合同说、雇佣合同说、承揽合同说均不能准确地揭示医疗合同的本质,混合合同说仅能说明如住院治疗、手术治疗这样的医疗合同,而不能说明如患者仅看门诊这样的医疗合同。由于医疗服务的多样性和复杂性,在法律上也很难对医疗合同确定统一的规则。这一点,医疗合同与旅游合同颇为相似。尽管医疗服务的历史可以追溯到远古,医患关系自古存在,但医疗合同因其难以统一规则而未成为民法上的有名合同。相对于买卖、租赁、承揽等具有统一规则的有名合同而言,医疗合同应属于无名合同。

二、医疗合同的当事人

医疗合同的当事人是医方和患者方,但不论是医方还是患者方,其情形都较为复杂。

(一)医方

医方指为患者治疗疾病的医疗机构,医疗事业事关患者和社会大众的卫生安全,为了加强对医疗机构的管理,促进卫生事业的发展,保障公民身体健康,使医疗机构更好地发挥救死扶伤,防病治病,为广大人民身体健康服务的作用,国务院 1994 年颁布的《医疗机构管理条例》以及卫生部同年发布的《医疗机构管理条例实施细则》《医疗机构基本标准(试行)》,卫生部、国家中医药管理局 1988 年颁布的《医师、中医师个体开业暂行管理办法》,对医疗机构均加以规定。国务院 2002 年颁布《医疗事故处理条例》第六十条规定,本条例所称医疗机构,是指依照《医疗机构管理条例》的规定取得《医疗机构执业许可证》的机构。按照这些规定,医疗机构有医疗机构与个体医师两类。

1. 医疗机构,是指依据上述《医疗机构管理条例》及实施细则的规定,经登记取得《医疗机构执业许可证》的机构。医疗机构的类别有综合医院、中医医院、中西医结合医院、民族医医院、专科医院、康复医院、妇幼保健院、中心卫生院、乡(镇)卫生院、街道卫生院、疗养院、综

---

① 参见黄丁全:《医事法》,台湾月旦出版社 1995 年版,第 141~146 页。

合门诊部、专科门诊部、中医门诊部、中西医结合门诊部、民族医门诊部、诊所、中医诊所、民族医诊所、卫生所、医务室、卫生保健所、卫生站、村卫生室(所)、急救中心、急救站、专科疾病防治院、专科疾病防治所、专科疾病防治站、护理所、护理站等。医疗机构的设立,须具备《医疗机构基本标准(试行)》规定的各种医疗机构的基本标准,并经县以上人民政府的卫生行政部门批准,办理执业登记。医疗机构设立后,必须按照核准登记的诊疗科目开展诊疗活动。作为合同一方当事人的医院、卫生院、疗养院,一般具备法人资格。诊所则因情况而定,如果其具备法人资格,则以诊所为当事人;如果其不具备法人资格,则以个体医师为当事人。另外,在一些企事业单位,作为员工的一项福利制度,其内部设有医务室(所),甚至可能是医院,这些医疗机构也可对外提供医疗服务,但不具备独立的法人资格。

2. 个体医师,是依照法律规定取得医师资格与执业执照,自己从事医疗业务,并进行独立核算的个人开业医师、中医师。随着医疗体制改革的深入进行,个体医师会越来越多。当患者前往个体医师处求医并得到治疗时,医方当事人为个体医师。按照《医师、中医师个体开业暂行管理办法》规定,个体开业医师、中医师申请开业,必须向所在县(市区)卫生主管部门提出申请,由卫生主管部门核发开业执照方可开业;个体医师应严格按照批准的地点、诊疗科目及业务范围执业;个体开业医师诊所设立药柜的,还应经发照机关审批,其所备用的药品种类也必须经发照机关核准。

(二)患者方

一般而言,患者本人即为患者方主体。患者在民法上属于自然人主体,不论是否具有民事行为能力,患者都可以成为医疗合同的当事人。但是在成立医疗合同的实践中,情况可能要复杂些。

1. 患者为未成年人或精神病人。当患者为未成年人或精神病人时,由其父母或监护人送诊,父母或监护人与医方订立医疗合同,合同当事人为送诊的监护人与医疗机构。此时,患者并非合同当事人,但在送诊者与医疗机构订立的医疗合同中,患者为合同的直接受益人,可获得医方提供的医疗服务。因此,未成年人或精神病人的监护人与医疗机构订立的医疗合同,属于为第三人利益订立的合同。

2. 患者为昏迷状态人。患者处于昏迷状态或意识不清时,由送诊者将患者送诊治疗,是否成立医疗合同以及医疗合同当事人的界定,因情形不同而有别。

第一,夫妻一方昏迷由他方送诊,一般认为夫妻一方系代理患者与医疗机构订立医疗合同,送诊者只是患者的代理人,合同当事人为患者和医疗机构。这主要是由于夫妻双方基于共同生活关系,在日常家务中互为代理人,当夫妻一方昏迷时,他方送诊属代理行为。此种代理属法定代理。夫妻双方在日常家务中互为代理人,在比较法上属于通行制度,[①]我国台湾地区民法也有明文规定(第 1003 条)。在我国大陆婚姻法中,并无夫妻双方在日常家务中互为代理的规定,但理论上自应作此解释,尤其在夫妻一方处于昏迷状态而急需救治的情况下,更应认为送诊的夫或妻一方有代理权,代为订立医疗合同。依代理制度,代理订立合同的法律后果归属于被代理人,医疗合同的当事人仍为患者,而非送诊的代理人。

第二,近亲属之间一方昏迷而由他方送诊,通说认为属于为第三人利益的合同,也有人

① 张俊浩主编:《民法学原理》,中国政法大学出版社 1991 年版,第 273 页。

主张近亲属及医方与患者仅成立无因管理，或主张近亲属的行为属无权代理。[①] 我们认为，这种情况应属表见代理。所谓表见代理，是指因行为人无代理权，以他人的名义实施法律行为，第三人有理由相信行为人有代理权的，法律将强制地使本人承受代理的法律后果的一种法律制度。在我国，近亲属包括父母、子女、祖父母(外祖父母)、孙子女(外孙子女)和兄弟姐妹。近亲属之间并无夫妻之间那种日常家务互为代理的法律关系，因而近亲属一方昏迷由他人送诊的，不适用代理的规定，送诊者无代理患者订立医疗合同的权利。然而，按照《婚姻法》规定，近亲属是存在一定的身份关系，如父或母已死亡或无力赡养，成年孙子女有负担能力的，对祖父母、外祖父母有赡养的义务。近亲属之间这种特殊的身份关系，足以使医方有理由相信送诊者有代理权，因而可构成表见代理。表见代理产生代理的法律后果，即医疗合同的权利义务由患者承受。

第三，朋友、路人或意外事故当事人将昏迷患者送诊时，一般应认为构成无因管理，而不能成立医疗合同。因为送诊者与患者之间并无法律上的权利义务，将昏迷患者送到医疗机构救治，对于送诊者而言，既非法定的义务，也非约定的义务。患者由于处于昏迷状态，无法进行意思表示，医疗机构实施救治，亦非法定或约定义务，而是基于救死扶伤的人道主义精神，送诊者和医方与患者之间均成立无因管理关系，即送诊者与患者之间成立无因管理关系，医方与患者之间也成立无因管理关系。但是，如果送诊者明确表示愿意为患者与医方成立医疗合同的，例如事故的肇事者将受害人送诊并表示负全部责任，则构成为第三人利益的合同。如患者苏醒后表示继续就医的，患者与医方可构成医疗合同关系。

3. 社会医疗保险中医疗合同的双方当事人。在社会医疗保险的情形下，作为被保险人的患者，应到保险公司指定的医疗机构进行治疗，此时存在保险机构、医疗机构与患者三方的关系。应认定仅以医疗机构与患者成立医疗合同关系。因为患者有权在保险机构指定的医疗机构中任选其一就诊，并且只有当患者自己前往该医疗机构求诊时才能成立医疗合同关系。[②] 所以，在医疗保险中，合同当事人仍为医方与患者。保险机构按照与患者之间的保险合同向医疗机构支付医疗费用，但不是医疗合同的当事人。

三、医疗合同的成立与终止

(一)医疗合同的成立

合同为双方法律行为，当事人双方意思表示一致，合同即告成立。这是诺成合同成立亦即一般合同成立的规则。医疗合同具有诺成性特征，医患双方意思表示一致，医患合同即告成立。

合同当事人达成合意的过程区分为两个阶段，即要约和承诺。当事人一方以订立合同为目的，向对方作出意思表示，为要约；受要约方接受要约，同意要约人的意思表示，则为承诺。承诺生效时，合同成立。[③] 依《合同法》第44条的规定，合同原则上自成立时生效，但法

① 参见黄丁全：《医事法》，台湾月旦出版社1995年版，第140页。

② 王敬毅：《医疗过失责任研究》，载于梁慧星主编：《民商法论丛》第9卷，法律出版社1997年版，第684页。

③ 《合同法》第25条。

律、行政法规规定应当办理经批准、登记手续生效的，依照其规定。

医疗合同的订立过程一般表现为患者前往医疗机构挂号就诊，医疗机构接受患者就诊，因此确立合同关系。然而，学界对于医疗合同成立过程中哪一方为要约人，哪一方为承诺人，却有不同的看法。多数人认为患者方为要约人，患者方的挂号行为是要约行为，医方为承诺人，医方接受挂号、发给挂号单为承诺。但也有人主张医院开业并标明挂号费以及自己服务项目的行为应视为要约，患者挂号的行为是承诺。[①]

我们认为，把医疗机构开列的服务项目视为要约，而将患者方挂号的行为视为承诺，有违要约、承诺的规则，也不符合实践中的做法。

首先，在合同的订立过程中，通常是要约表现为主动的一面，而承诺则表现为较为被动的一面，因为承诺只是对要约意思表示的接受。医疗合同的订立也是如此，医患关系的形成过程中，患者方表现为主动的一面，医疗机构表现为被动的一面。须先有患者因疾病而到医疗机构求诊的行为，而后才有医疗机构接受患者、为其提供医疗服务的可能。患者方的求诊表现为其按照医疗机构的规定挂号的行为，挂号行为是形成医疗合同关系的起点、而非终点。把患者的挂号行为视为医疗合同形成过程的终点是不正确的。

其次，如果把患者方的挂号行为视为承诺，作为医疗合同形成过程的终点，那么就意味着一旦患者方作出求诊（挂号）的意思表示，医疗合同即告成立，此时如医疗机构拒绝患者挂号即构成违约行为。[②] 但事实并非如此。尽管由于医疗服务具有“准公共产品”的性质，医疗机构负有强制缔约的义务，一般情况下不得拒绝病人，但是当医疗机构出现预约或已挂号的患者超过其所能承受的医疗能力，或者对于要求住院治疗的病人因病床已满而无法安排，或者出现患者的疾病属疑难病症而医疗机构因技术水平有限而无法承受等情形时，医疗机构是有权拒绝患者的。这种拒绝并不构成违约行为，而只是对要约（患者方求诊行为）的拒绝。这说明，对于患者方的求诊行为，医方有最终决定权，只有在医方决定接受患者时，医疗合同才能成立。

再次，医疗机构标明挂号费及医疗服务项目并不等于要约，而应属于要约邀请。在现代社会，服务业以广告、价目表等方式标明其服务项目及其价格，仅构成一项要约邀请，而非要约，《合同法》第 15 条第 1 款已有明文规定。例如旅馆、酒店关于客房的明码标价即是。医疗机构标明挂号费及医疗服务项目和收费标准，也具有同样的法律性质。唯有区别的是，医疗服务具有“准公共产品”性质，事关大众的利益，医方标明医疗服务项目及收费标准，不只是为了更好地为大众服务所需，更是法律规定的强制义务。国务院《医疗机构管理条例》第 26 条规定：“医疗机构须将《医疗机构执业许可证》、诊疗科目、诊疗时间和收费标准悬挂于明显处所。”

综上所述，我们认为，在医疗合同的形成过程中，患者方的挂号行为构成要约，医方接受挂号构成一项承诺。此为医疗合同成立的一般情形。然而，在不用挂号的诊所，患者的求诊构成一项要约，医师同意给予诊治构成一项承诺，医疗合同就此成立。对于危重病人，《医疗

① 刘劲松：《医疗事故的民事责任》，北京医科大学出版社 2000 年版，第 34 页。

② 主张患者挂号行为即是承诺的学者，就是这么认为的。参见刘劲松：《医疗事故的民事责任》，北京医科学大学出版社 2000 年版，第 35 页。

机构管理条例》第31条规定，医疗机构应当立即抢救，对限于设备或者技术条件不能诊治的病人，医疗机构应当及时转诊。这属于医疗机构强制缔约的问题。强制缔约与要约承诺属于不同的法律问题。强制缔约属于法定义务，排除当事人意思自治；要约承诺规则非强制的法定义务，仍以当事人意思自治为原则。不能将强制缔约混同于要约承诺规则。不仅在具有"准公共产品"的医疗服务领域，在具有某种"公共性"的商业服务领域（例如旅馆业），业者除某些特定性情况外（如客满），也负有强制缔约的义务（即旅馆业者不得拒绝要求入住的旅客）。[①] 但这并不等于说，业者标明的价目表就具有要约的法律性质。

（二）医疗合同的终止

医疗合同的终止，指基于合同而形成的医患法律关系消灭。引起医疗合同终止的原因有：

1. 当事人双方协议终止合同。医疗合同基于医患双方的合意而成立，也可依双方当事人的协议而终止。

2. 当事人一方解除合同。医疗合同的根本目的是患者的健康。基于这一目的，法律上赋予医疗合同双方不同的解除权。对于患者方来说，法律赋予其充分的解除权，患者方可以随时解除合同，包括中止治疗、出院和转院治疗。但对医方来说，除非出现了法定的解除事由，否则不得单方解除医疗合同。这些法定事由包括：患者因患传染病需进传染病医院治疗而医方并非传染病医院，患者所患疾病属较难杂症而医方因技术、设备条件限制不能诊治，在患者有能力支付而拒绝支付医疗费用时，医方有权解除合同。之所以赋予医患双方不同的解除权，根本原因在于，生命健康权及身体权是患者的人格权利，患者对自己的生命健康及身体有支配权，也只有患者才最能感悟自己的健康状况，医疗合同的最基本的目的是治疗患者的疾病，赋予患者的自由解除合同的权利，有利于患者的利益。医方的宗旨是救死扶伤，治病救人，通过医疗合同，医方的宗旨具体化为为患者提供医疗服务的义务，对医方解除合同权利加以严格的限制，是人道主义的法律体现。

3. 履行。当事人依照合同约定履行所承担的义务，合同的目的得以实现，合同权利义务归于消灭。医疗合同的目的是治疗疾病，但由于医方的义务具有过程义务而非结果义务的特点，因此医疗合同的目的并非治好病。因此，医疗合同因履行而终止，并不以完全治愈为标准，患者病情好转或基本痊愈出院，甚至只要医方按规定提供了医疗服务，即使未达到治疗的目的，医疗合同也告终止。

四、医疗合同的特殊规制

医疗合同基于医疗服务的特殊性，因而在法律上也有特殊的规制。对医疗合同的特殊规制主要包括强制缔约义务和降低对患者缔约行为能力的要求。

（一）医方的强制缔约义务

强制缔约义务，是指法律对于某些特殊的行业，强制地赋予业者在相对人为利用其行业服务而发出要约时，有为承诺意思表示而缔结合同的义务。缔约自由是契约自由原则的首

---

① 关于旅馆业者的强制缔约义务，参见杰克·P. 杰弗里斯：《美国饭店法》，何江等译，旅游教育出版社1988年版，第9页、第12页。

要内容，依缔约自由原则，不仅当事人之间不得强迫相对方订立合同，任何第三人也不得强制当事人订立合同，而且法律本身也只能为当事人缔约提供规范，而不得强制地规定当事人的缔约义务。但是，在一些具有"公共性"的行业，基于社会公共利益的考虑，法律可以强制地赋予业者以强制缔约义务。这些行业包括电信服务行业、邮政服务行业、煤气水电供应服务行业、旅馆酒店服务行业，公共交通运输行业，如无正当理由，业者不得拒绝提供服务。例如，出租车司机不得拒载客人，旅馆业者不得拒绝要求入住的旅客。医疗服务事关大众健康和具体患者的利益，也具有"公共性"，因此当患者前往医疗机构就诊时，医疗机构无正当理由，也不得拒绝患者就诊。

如同服务行业一样，强制缔约并非强制地要求医疗机构在任何情形下都负有缔约的义务，医疗机构如有正当理由，可以拒绝患者方的求诊。这种情形可以包括：(1)医疗机构因无住院设施或病床床位已满可以拒绝要求住院的患者；(2)医疗机构因门诊患者已超过所能接受的能力可以拒绝新的患者。

(二)降低对患者缔约能力的要求

法律明确规定，民事主体为民事法律行为，必须具备相应的民事行为能力。依《民法通则》第12条、第13条和《民法总则》第17条、第18条的规定，自然人分为完全民事行为能力人、限制民事行为能力人和无民事行为能力人三种情形。

在一般的民事活动中，民事主体如不具有相应的民事行为能力，其所为民事行为无效。那么，是否可以认定未成年人和精神病人与医方所订立的合同无效？关于未成年人和精神病人的缔约能力问题，最高人民法院《关于贯彻执行〈中华人民共和国民法通则〉若干问题的意见(试行)》第6条规定，无民事行为能力人、限制民事行为能力人接受奖励、赠与、报酬，他人不得以行为人无民事行为能力、限制民事行为能力为由，主张以上行为无效；《民法总则》第19条、第22条和第145条也规定，无民事行为能力人、限制民事行为能力人可以独立实施纯获利益的民事法律行为或者与其年龄、智力、精神健康状况相适应的民事法律行为。《合同法》第47条也确认限制行为能力人订立的纯获利益的合同的有效性。因此，当所订立的合同属于对其有利的"单纯获益"的合同，未成年人或精神病人也具有缔约能力。

在医疗活动中，是否适用上述规定确定未成年人或精神病人的缔约能力，不无疑问。当患者是未成年人或精神病人时，患者自己前往医疗机构就诊，医务人员的治疗对他的健康有益，这是能够确定的。但是医疗合同并非上述规定所称的"单纯获益"的合同，而是双务合同，患者负有支付医疗费用的义务。而且在实行挂号就诊的医疗机构，患者在订立合同时就必须支付挂号费。因此，适用上述法律规定来确定未成年人和精神病人的缔约能力，是不能成立的。

然而，实践中，不论患者是否具备民事行为能力，均可订立医疗合同，医疗机构也不会因患者属于未成年人或精神病人，且无法定代理人送诊，而拒绝给予治疗。也就是说，未成年人或精神病人是有缔约能力的。我们认为未成年人和精神病人的缔约能力源自于医疗服务的"公共性"。对于具有"公共性"的公共服务，其利用人为多数，利用者对公共服务的利用与其说是负担，不如说是利益，因此利用者的负担较轻。而且，因利用公共服务而缔结契约，往往采取标准合同形式。邮电服务、交通服务、酒店服务等公共服务业无不如此。对于公共服务业，法律并不要求服务的利用者具备完全民事行为能力，限制民事行为能力人和无民事行为能力人也被赋予缔约能力。例如,我国台湾地区《邮政法》第35条规定:“无行为能力人者,或者限制行为能力者,关于邮政事务对邮政机关所为之行为,视为有能力者之行为。”《电信法》第9条也规定:“无行为能力人或限制行为能力人使用电信之行为,对于电信事业,视为有行为能力人,但因使用电信所发生之其他行为,不在此限。”我国大陆地区法律虽无类似规定,但也应当赋予利用公共服务的未成年人和精神病人以缔约能力。

赋予未成年人和精神病人以缔约能力,与医疗机构的强制缔约义务,构成法律调整医患关系的一项特殊制度。

五、医疗合同当事人的权利义务

(一)医患权利义务的特点

医患关系的内容是医患双方基于医疗合同的约定或法律的规定而确定的权利和义务。医患关系的内容总是围绕着医疗服务而展开的。医患合同权利义务的特点如下:

1. 复杂性。由于医疗行为的多样性,因此医疗合同的内容极具复杂性。有的医疗合同,约定的医疗服务项目单一,医患双方权利义务就比较简单,如患者因轻微外伤而求诊,医方对伤口作一般消炎处理即可。有的医疗合同约定的医疗服务项目多是有技术难度,医患双方的权利义务就要复杂得多,如患者住院治疗,医方提供的医疗服务包括检查、诊断、注射、提供药品以至住宿、饮食服务。

2. 动态性。医疗机构为患者提供医疗服务,是一个动态的过程。通常,并非医方接受患者的挂号时即医疗合同成立之时就可确定医疗合同的内容,而是在医师对患者进行诊断疾病时及诊断后才逐步确定除诊断以外的医疗服务项目,如患者应进行检查的项目、具体治疗措施、是否住院、是否手术,在挂号时是不能确定的。医疗服务的动态特征,也使得医患双方的权利义务更加复杂。医患关系中,医方所负的义务在医患合同成立之时,是无法具体确定的,须随着对患者疾病的逐步了解逐渐予以确定。例如,医生对于一个门诊病人,在未了解其病情时,是无法确定是否必须对患者实施检查以及手术治疗的。这是医患关系中医方所负义务的一个重要特点,即动态性。医方所负义务的动态性也是医患合同不同于一般民事合同的重要一点。在一般合同关系中,当事人的权利和义务在合同成立之时即可确定,例如买卖合同成立时,买方和卖方的义务就确定下来。

(二)确定医疗合同当事人权利义务的依据

确定医患权利义务的依据有两个:

一是医疗合同成立时及成立后,医患双方共同确定的医疗服务项目,准确地说,是医方根据患者的疾病情况建议实施并经患者同意的医疗服务项目。医疗合同成立之时,医方对患者应采取哪些医疗措施,是不确定的;经医师经问诊后,根据医师对患者疾病的初步判断,才能确定下一步应采取的医疗措施,如建议进行尿样检查或建议血液检查等,经患者同意,那么尿样检查或血液检查即成为确定医患权利义务的依据。如果患者的疾病需要手术治疗,经医方建议和患者或其亲属同意,则进一步根据确定的手术项目,确定医患双方的权利义务。

二是法律的规定。由于医疗行为的对象是人,医方履行医疗合同,提供医疗服务需接触患者的身体、隐私,因此除直接基于医疗合同所确定的医疗服务项目外,基于患者的身体、隐私等人格利益，也在医患之间引发权利义务。此种权利义务可以由当事人约定，如经患者同意，医方可组织人员（专家）对患者的病例进行讨论，但更主要的是基于法律关于保护人格权的规定，如患者有保持其隐私的权利，医方则负有相应的不得扩散患者隐私的义务。这些法定的权利义务，与直接依据医疗合同确定的医疗项目所发生的权利义务，共同构成医疗合同中双方的权利义务。

正是由于医疗合同的权利义务包括约定与法定两部分，构成医患关系的复杂性，因此医疗纠纷中，常常出现违约责任与侵权责任竞合的情形，医方不履行或不适当履行医疗合同约定的提供医疗服务的义务，既可构成违约行为，又可构成侵权行为。例如，医方为患者施行手术治疗时，将手术器械遗留在患者体内，既违反了医疗合同，构成不适当履行，又侵害了患者的健康权、身体权，构成侵权行为。患者既可依合同法之规定请求医方承担违约责任，亦可依侵权行为法之规定要求医方承担侵权民事责任。

（三）患者方的权利义务

1. 患者方的主要权利

（1）患者享有获得适宜的医疗服务的权利。这项权利包括：拟就医的患者拥有得到导医服务以获知有关医疗信息权利；患者有获得为治疗其疾病所必需的基本医疗服务的权利；患者，尤其是急诊患者，有得到及时的医疗服务的权利。

（2）患者有知情权及同意权。此项权利包括：知情权是指患者有权了解和认识自己所患疾病，包括检查、诊断、治疗、处理及预后等方面的情况，并有权要求医生作出通俗易懂的解释；患者有权知道所有为其提供医疗服务的医疗人员，尤其是负责其治疗的医生的身份和专业地位；患者有权知道处方的内容，出院时有权索要处方副本或影印件；患者有权查阅医疗记录，知悉病历中的信息，在出院时有权复印他的医疗记录，[①]但对一些不宜告知其病情的患者，此项权利得由其家属行使；患者有权拒绝为了教学科研，而不是为了诊疗对其检查或处理；[②]患者有权在出院前一天接到即将出院的通知，并有权要求由一位主治医师以上的专业人士就出院后的保养问题提供咨询；语言不通的患者有得到译员的权利；有权检查医疗费用，并有权要求医方逐项作出详细的解释。

（3）人身、财产安全不受损害的权利。此项权利包括：患者有权要求医疗机构提供的医疗服务，符合保障人身、财产安全的要求；（2）患者因接受医疗服务受到人身、财产损害的，享有依法获得赔偿的权利。

（4）隐私权。在治疗过程中，患者的个人隐私有不受医方不法侵犯的权利；对于医务人员已经了解的患者的隐私，患者有不被擅自公开的权利。

（5）患者在接受治疗时，享有其人格尊严、民族风俗习惯得到尊重的权利。（在医院住院

---

① 《医疗事故处理条例》第 10 条。

② 1998 年 10 月 7 日，葛某到北京协和医院参加单位的体验，在没有经得葛某同意的情况下，为其作运动诱发电位检查，为此双方发生纠纷，事后双方自愿签署解协议，医院向葛道歉，并赔偿 5000 元。梁慧星教授认为，从法律上看，该事件的关键问题是实验没有得到当事人的同意。一个人应该由他自己决定是否接受这样的检测，在本人同意的情况下才可以做，见寿蓓蓓：《体检夹带人体实验》，《南方周末》，1999 年 2 月 12 日，第 5 版。《执业医师法》第 26 条第 2 款规定："医师进行实验性临床治疗，应当经医院批准并征得患者本人或者其家属同意。"

的病人，护士一般不叫其姓名，而是称其为×床，这是对患者不尊重的一种做法，不过这种做法已经开始在一些医院得到纠正。）

2. 患者方的义务

（1）配合医师诊治的义务。在医疗合同履行中，双方当事人必须密切配合。体现在患者方面，患者应如实陈述病史、病情、按医嘱进行各项检查并按医师的指示接受治疗。如果由于患者的错误陈述导致医师的判断错误，医方不承担民事责任。

（2）给付医疗费用的义务。医疗费用，包括诊疗、处方、检验、药品、手术、处置、住院等各种费用的总和。患者接受诊疗后，不论其效果如何，都应给付医疗费用。依合同法关于同时履行抗辩的规定，医方未为对待给付前，患者于对方请求给付医疗费用时，得行使同时履行抗辩权。但若患者未给付诊疗报酬前，除有特约或另有习惯者，依劳务性契约报酬后付原则，医师有先行给付的义务，即医师不得因患者未付医疗费用而主张同时履行抗辩权。另外医师若有强制诊疗义务时，也不得主张患者未付报酬而拒绝治疗。[①]

（3）患者在治疗过程中，应自觉遵守医方制定的与患者有关的规章制度。如住院病人应遵守医院的住院规章。

（四）医方的权利义务

1. 医方的权利

（1）治疗主导权。在治疗过程中，医师享有诊断权、处方权、处置权等，医师有权询问患者的家庭病史，患者个人生活情况，医师有权要求患者做各项检查，有权决定治疗、处置方案。

（2）医疗费用支付请求权。医方提供医疗服务后，有权要求患者方支付相应的医疗费用。

2. 医方的义务

（1）依法和依约提供医疗服务的义务。医方提供医疗服务，应当按照《执业医师法》和其他有关法律、法规的规定履行义务。医方和患者方另有约定的，应当按照约定履行义务，但双方的约定不得违背法律法规的规定，不得损害国家利益和社会公共利益。在非紧急情况下，医方不得未经患者方同意，擅自改变合同双方约定的医疗方案，否则应当承担违约责任。[②]

（2）忠实义务。忠实义务包括对患者的忠实和对社会的忠实两方面的内容。此项义务包括：医方应当保证其提供的医疗服务符合保障患者的健康和经济利益的要求，不得超出核准登记的诊疗项目开展诊疗活动；提供及时的医疗服务，对于危急患者，应当采取紧急措施进行诊治，不得拒绝处置危急患者；医方不得聘用非卫生技术人员从事医疗技术工作；[③]未经医生亲自诊查病人，医疗机构不得出具疾病诊断书、健康证明书或者死亡证明书等证明文

---

① 龚赛红：《医疗损害赔偿立法研究》，法律出版社 2001 年版，第 40 页。

② 见“郑雪峰、陈国青诉江苏省人民医院医疗服务合同纠纷案”，载《中华人民共和国最高人民法院公报》2004 年第 8 期。

③ 《医疗机构管理条例》第 28 条。

件;未经医师、助产人员亲自接产,医疗机构不得出具出生证明书或者死亡报告书;[①]医方应当向患者提供有关医疗服务的真实信息,不得作引人误解的虚假宣传;医务人员对患者就医方提供的医疗服务的内容、方法、效果、不良反应和副作用等问题提出询问,应当作出真实明确的答复,但应注意避免对患者产生不利后果;[②]对因限于设备或技术条件不能诊治的患者,应当及转诊;[③]医方提供服务,应当按照有关规定或医疗惯例出具服务单据、病历资料;患者或者家属索要服务单据、资料的,医疗机构必须出具;除法律、法规另有规定外,医疗机构以及医务人员应当保护患者的隐私权。[④]

---

① 《医疗机构管理条例》第 33 条。

② 《执业医师法》第 26 条第 1 款。《医疗事故处理条例》第 11 条规定:"在医疗活动中,医疗机构及其医务人员应当将患者的病情、医疗措施、医疗风险等如实告知患者,及时解答其咨询;但是,应当避免对患者产生不利后果。"。

③ 《医疗机构管理条例》第 31 条。

④ 《执业医师法》第 22 条。

第17章

不当得利和无因管理

第一节　不当得利

一、不当得利的概念

关于不当得利的概念，可以从不同的角度来理解。

作为一种利益，不当得利是没有合法根据，因他人受损而使自己获得的利益。例如欲领取1000元存款的乙因甲银行储蓄员的差错而领到了1100元，其多得的100元即构成不当得利，甲银行因此受到损失。受有损失的人为受害人，获得不当得利的人为受益人。

作为一种事实，不当得利是没有合法根据，一方受损，另一方因此获益的事实。造成这一事实的原因可以是行为或事件，具体包括：(1)受害人的行为。例如上例中，因银行储蓄员的差错，致使乙多得100元钱，使甲银行损失100元钱；(2)受益人的行为。例如乙盗取甲的名画挂于家中，这一不法行为致使乙获益，甲受损；(3)第三人的行为。例如寄存处误将甲的物品交给了乙。寄存处的不当行为致使乙的财产有所增加，从而获益，并使甲的财产有所减少，从而受损；(4)自然事件。例如连降大雨，致使甲位于高位的池塘中的鱼流入乙位于低位的池塘里，给乙带来收益，使甲遭受损失。因此，不能混淆不当得利的产生原因与这些原因产生的不当得利后果，认为不当得利是一种行为，甚至是民事法律行为。本质上，不当得利属于法律事实中的客观事件，其构成与当事人的意志无关。

不当得利是债的发生原因之一。当事人因不当得利的存在而产生不当得利之债。我国《民法总则》第122条规定："因他人没有法律根据，取得不当利益，受损失的人有权请求其返还不当利益。"这一规定从民事权利取得、内容、行使等方面确立了不当得利之债，在措辞上与《民法通则》第92条规定有着较为明显的不同。《民法通则》第92条规定："没有合法根据，取得不当得利，造成他人损失的，应当将取得的不当得利返还受损失的人。"因此，在不当得利之债中，受害人享有要求受益人向其返还不当得利的权利，即不当得利返还请求权，受益人负有将其所得不当利益返还给受害人的义务。受害人是债权人，受益人是债务人。

此外，法律为不当得利之债设定了相应的法律规范，构成不当得利法律制度。民法上之所以确立不当得利制度，其目的在于矫正欠缺法律关系的财产利益变动，恢复受害人和受益人之间扭曲的利益关系，通过授予受害人不当得利返还请求权和要求受益人承担不当得利返还义务，确定利益的正确归属，维护正常的社会经济秩序，保护当事人的合法权益。

不当得利制度起源于罗马法，但其中并没有关于不当得利的一般性规定。对于因非债清偿、给付目的不能实现，因偷窃、违反善良风俗、不法行为等所取得的利益，罗马法具体规定可通过提起"不当得利之诉"请求返还或赔偿，这一做法为后来的法国、荷兰、意大利等国的民事或商事立法所承袭，将不当得利规定于"准契约"章节中。1881 年，瑞士制定债务法时，首次对不当得利做了统一规定，承认其为债发生的独立原因。随后，德国、日本、土耳其及前苏俄民法典相继予以仿效。[①]

我国古代立法对于债的发生依据并无统一规定，一般限于契约。[②] 但实践中也承认不当得利能引起债的发生。及至近代立法，如《大清民律草案》采《德国民法典》体例，民国初第二次民律草案采《瑞士债务法》体例，都规定不当得利为债的发生依据之一。现行台湾民法在其第 179 条规定了不当得利，并承认不当得利是债发生的原因之一。《民法通则》将不当得利规定在"债权"一节中，亦承认不当得利是债发生的依据之一，其第 92 条的原则性规定是目前我国解决不当得利纠纷的主要法律依据。此外，最高人民法院《关于贯彻执行〈中华人民共和国民法通则〉若干问题的意见（试行）》第 131 条对不当得利的受益人应当返还的利益范围做了相应解释。《民法总则》在体例上，将"不当得利"法律关系规定在第五章"民事权利"，目的是促使受害人通过行使此项"民事权利"，矫正财产变动中失衡的利益关系。

二、不当得利的构成要件

不当得利的构成，需要四项要件：一方获得利益、他方受有损失、取得利益和受有损失之间有因果关系、没有合法根据，分述如下：

（一）一方获得利益

一方获得利益，是不当得利成立的必要条件。如果当事人一方只是使他方受到损害，自己并未从中获得利益，不能构成不当得利，但可能构成其他民事责任，如侵权责任。

一方获得利益，是指当事人一方因一定的事实而受有利益。这种利益仅指财产利益，不包括精神利益等不能用金钱价值衡量的利益，因为它们不具有返还的可能性。获得利益，即财产总额的增加，包括财产利益的积极增加与消极增加。财产利益的积极增加，是指财产权利的增强或财产义务的减弱，包括以下情况：(1)取得某项财产权利，如财产所有权、担保物权、知识产权、债权。(2)取得对某物的占有。即使占有人尚未取得对占有物的所有权或其他物权，仍然标志着占有人取得了具有财产权益的法律地位。(3)原有财产权利的扩张或效力增强，如因添附等原因使财产权利人在原有权利的基础上扩张了权利的标的范围或效力范围；因第一顺序抵押权消灭，使第二顺序抵押权上升为第一顺序抵押权。(4)财产利益的负担消灭，如存在于某财产所有权上的抵押权的消灭，使所有权人行使所有权不再受到限制。财产利益的消极增加，是指财产利益本应减少而没有减少所产生的利益，包括以下情况：(1)本应承担的债务没有承担或减少承担；(2)本应支出的费用没有支出或减少支出；(3)在原有的财产权利上本应设定的负担没有设定等。

---

① 彭万林主编：《民法学》，中国政法大学出版社 1997 年修订版，第 671 页。

② 陈安主编：《台湾法律大全》，中国大百科全书出版社 1998 年版，第 94 页。

（二）他方受有损失

他方受有损失，是不当得利成立的另一必要条件。虽有一方取得利益，但无他方受到损失，不能构成不当得利。损失，是指因一定的事实而减少财产的总额，包括财产的积极损失（又称直接损失，即现有财产的减少）和财产的消极损失（又称间接损失，即本应增加的财产未能增加）。不当得利制度的目的主要在于使受益人返还其不当得利。因此，他方即使没有现有利益的直接损失，也可以按照其应得利益来确定间接损失。例如乙居住甲的空房，由于乙的居住，致使甲本可居住该房的利益受到了损害。这种损害，也属于不当得利制度中的"他方受有损失"。

（三）取得利益和受有损失之间有因果关系

一方取得利益致使他方受有损失，即利益的获得和损失的产生之间有因果关系，是不当得利之债成立的另一个要件。关于二者之间因果关系的含义，理论上有直接因果关系说和非直接因果关系说之争。直接因果关系说认为，必须基于同一原因事实使一方获得利益，另一方受有损失，如果利益的获得和损失的产生是由两个或两个以上不同的原因事实导致的，即使利益和损失之间有牵连关系，也不认为它们之间存在因果关系。德国、日本的判例及学说多持这种观点，我国学者也有主张。[①] 非直接因果关系说认为，获得利益和受有损失可以是基于两个或两个以上的原因事实而不必一定是同一原因事实导致的，只要社会观念认为获得利益与受有损失之间有牵连关系，就可认为它们之间存在因果关系。显然，在因第三人的行为介入产生受益和受损是否构成不当得利问题上，两种学说会得出不同的处理结果。例如乙虚设公司，骗取甲投资100万元，并用该款项履行乙与丙所订合同项下的债务。此后，乙与丙所订合同被确定无效。此时，受到100万元损失的甲是否有权请求丙返还100万元的受益？对于这一问题，直接因果关系说从维护交易安全的角度出发，认为不存在不当得利，限制受害人向间接受益人行使不当得利返还请求权；非直接因果关系说从恢复当事人受损的利益角度出发，认为存在不当得利，扩大了受害人的权利范围，允许其向间接受益人行使不当得利返还请求权。从不当得利设立的宗旨来看，为维护当事人的合法权益，我们认为，《民法通则》第92条与《民法总则》第122条规定的获得利益和受有损失之间的因果关系宜采用非直接因果关系说，即不论取得利益和受有损失是否同时发生，不论因同一原因事实还是两个不同的原因事实引起了受益与受损，只要一方的受损是由另一方受益造成的，或者如果没有一方不当利益的取得，另一方就不会有财产利益的损失，则因果关系成立。亦可理解为"牵连关系"，即受益人取得利益与受害人受有损失这二者发生的原因事实之间具有关联。[②]

因果关系的成立，不要求所受的损失和所获得的利益在范围和表现形式上必须相同。实践中，当利益小于损失时，以利益为准构成不当得利，超过利益部分的损失，受害人可通过请求受益人承担赔偿责任来弥补；当利益大于损失时，以损失为准构成不当得利，利用不当得利所取得的其他利益，扣除劳务管理费用后，应当予以收缴。[③]

---

① 佟柔主编：《民法原理》（修订本），法律出版社1987年第2版，第253页。

② 梁慧星主编：《中国民法典草案建议稿附理由：债权总编》，法律出版社2006年版，第15页。

③ 最高人民法院《关于贯彻执行〈中华人民共和国民法通则〉若干问题的意见（试行）》第131条。

(四)没有合法根据

获得利益没有法律上的根据或合同上的原因,是不当得利构成的实质性条件。设立不当得利制度的目的在于调整没有合法根据的不正常、不合理的财产利益变动现象。如果一方取得利益是基于法律规定或合同约定,即使相对人因此遭受损失,也不构成不当得利,如赠与、一方违约时向对方双倍返还定金等情况,均不构成不当得利。正是受益人取得利益的非法性,才使得他有返还不当得利的必要。

没有合法根据,指受益人所取得的利益没有合法根据,并不要求受益人取得某项权利于法无据。例如,乙私自使用甲的材料装修自己的房屋。基于法律上关于添附的规定,乙取得了该装修材料的所有权。但是,乙因此获得的利益(房屋升值的利益)是没有合法根据的,故而应当向甲返还其不当得利。在"喻山澜诉工行宣武支行、工行北京分行不当得利纠纷案"[①]中,法院认为原告与某储蓄所签署的牡丹交通 IC 卡补卡通知单合法有效,但是该通知单中并未约定补卡收费,因此原告签署该通知单的行为不是原告必须接受每张 100 元补卡价格的原因。牡丹交通 IC 卡的制卡成本为 30.80 元,而该行规定补卡收费的价格是每张 100 元。对于多收的 69.20 元,被告不能出示合法依据,属于不当得利,应当予以返还。返还标的为补卡费 69.20 元以及按照中国人民银行同期活期存款利率计算的利息。

没有合法根据,既包括取得利益时没有合法原因,如合同关系之外的第三人因合同一方的错误交付而获得利益;也包括取得利益时有原因但嗣后原因消灭,如合同被确认无效前所取得的财产,因合同的被确认无效而成为不当得利。

关于"无合法根据"的含义,在学说上有统一说和非统一说之争。统一说认为应当明确概括出不当得利中"无合法根据"的统一含义。非统一说认为,不当得利的种类纷繁复杂,应当区分不当得利的不同情形,分别说明"无合法根据"的含义。有学者提出,统一说与非统一说的争论集中在不当得利的产生过程。然而,不当得利制度的目的是确立不当得利的返还关系。所谓"不当"即"无合法根据",应指取得利益并继续保有利益欠缺正当性或者法律依据。因而应当统一理解为:不论取得财产或者权利是否有合法根据,受益人继续保有其取得之利益欠缺正当性,即构成无合法根据。至于何者构成"欠缺正当性",应当依照不当得利的具体类型,根据利益取得的实际情况分别判断,亦即以统一说为基础,以非统一说为辅助。[②]

三、不当得利的基本类型

根据不当得利产生的原因不同,可将不当得利分为给付不当得利和非给付不当得利两种基本类型。

(一)给付不当得利

给付不当得利,是指基于给付行为而发生的不当得利。所谓给付,或称给付行为,是指为了特定目的,有意识地将财产利益移转给他人,增加他人财产利益的行为。实践中,给付行为可以是让与物的所有权、设立用益物权、设立担保物权、转移占有、消灭债务、提供劳务

---

① 载《中华人民共和国最高人民法院公报》2005 年第 6 期。

② 参见邹海林:《我国民法上的不当得利》,载梁慧星主编:《民商法论丛》第 5 卷,法律出版社 1996 年版,第 1~86 页。

等。给付的目的，通常是为了履行一定的法律义务，例如清偿债务、让与债权、加工某种产品等。所谓有意识，是指给付者有为给付的真实意思。如果非基于给付者的意思而为给付，不能构成给付不当得利。如果存在给付目的，即使给付的结果是一方受有损失，一方获得利益，该得利也是有合法根据的，不构成不当得利。但是，当给付目的欠缺时，因该给付使一方受有利益、一方受有损失的，就构成了给付不当得利。

根据给付目的欠缺的具体形式，可以将给付不当得利分为：

1.给付原因自始不存在的不当得利，例如非债清偿或基于无效行为的给付所取得的不当得利。非债清偿，是指一方本不负有债务，却误以清偿债务为目的向另一方给付的行为，另一方所获给付即构成不当得利；无效行为，包括无效合同和其他无效民事行为，受益人基于无效行为受领的给付，自始就没有合法依据，但由此是否构成不当得利，应区别对待。当给付为物的交付形态时，由于我国民法不承认物权行为的独立性和无因性，给付物的所有权复归给付人，他可通过行使物上请求权要求受益人返还，此时不构成不当得利。但是也有学者认为，标的物已经给付，即转移占有的情况下，虽然依据法理，该给付物的所有权复归给付人，但是占有也是一种财产利益，所以受益人仍然取得了利益，构成不当得利。这种情况下，给付人一方面可以依据所有权返还请求权请求受益人返还该物，另一方面也可以基于不当得利返还请求权请求受益人返还利益。这两种请求权发生竞合。① 民事行为在被确认无效之前，受益人已将给付物有偿转让，第三人属于善意取得的，给付人丧失给付物的所有权，此时受益人转让给付物取得的价款构成不当得利，给付人有权要求返还。当给付为特定物并被受益人消费时，给付物的所有权消灭，此时亦构成不当得利。当给付为劳务形态时，不能通过行使物上请求权要求返还，受益人获得的利益构成不当得利，受损人可要求受益人返还相当于劳务价值的价款。应当注意的是，如果民事行为无效的原因是由于双方恶意串通，实施民事行为损害国家、集体或第三人的利益造成的，则给付物应收归国家、集体所有或返还第三人，不能适用不当得利。②

2.给付原因嗣后不存在的不当得利。给付原因嗣后不存在，是指一方向另一方给付时存在合法的给付原因，但在给付之后，该给付原因消灭的法律事实。例如货物买卖合同约定甲向乙支付 100 万元货款，乙向甲交付所约定的货物。甲依约向乙支付了 100 万元货款，乙因此取得了相应的利益。但是此后，甲与乙协议解释了该买卖合同。这样，甲向乙进行给付的目的也就不存在了。此时，乙所取得的利益即因给付目的嗣后不存在而构成不当得利。给付目的嗣后不存在的情形有多种，例如民事行为因显失公平或者重大误解而被撤销、合同经当事人协议解除、民事法律行为所附的解除条件或期限成就的情况下，一方当事人因该原因而获得的给付利益就没有合法依据。但是否构成不当得利，也应区别对待。民事行为被撤销后，其行为自始就没有法律效力，受给付人获得的利益是否构成不当得利，其判断与给付原因自始不存在的处理相同。在合同解除有溯及力时，当事人之间基于合同发生的债权债务关系溯及既往地消灭，其处理与给付原因自始不存在的处理相同；在合同解除没有溯及

① 房绍坤、郭明瑞、唐广良：《民商法原理（三）·债权法·侵权行为法·继承法》，中国人民大学出版社 1999 年版，第 340 页。

② 《民法通则》第 61 条第 2 款。

力时，当事人之间基于合同产生的债权债务关系只向将来消灭，之前的债权债务并不失效，即给付物的所有权没有复归给付人，此时，在受给付人没有对待给付的情况下，其所获得的给付利益构成不当得利。当民事法律行为所附的解除条件或期限成就时，当事人之间的权利义务终止并只向将来发生效力，之前当事人之间的权利义务仍然有效，受给付人获得的给付利益的处理与合同解除没有溯及力时的处理相同。

3.给付目的实现不能的不当得利。给付目的实现不能，是指一方为达到某种给付目的而向另一方给付后，因合同终止、不可抗力等原因，使原有意图无法实现的法律事实。此时，另一方因该给付行为所获得的利益即构成不当得利。又如附条件的合同中，一方误以为所附条件已经成就而履行其债务，然而该条件并未成就，因而给付目的不能实现。这种情况下，因给付而获得的利益为不当得利，受益方应当向给付方返还其所获利益。但是，如果给付方以不正当行为阻碍条件成就，则应视为条件已经成就，不构成不当得利。

通常在下列情况下不认为构成不当得利：(1)履行道德上的义务而为给付。许多国家的法律规定，为履行道德义务而交付财产，不能作为不当得利请求返还。我国理论界和司法实践中也承认这一原则，例如养子女对其生父母的法定赡养义务本因收养而解除，但如果该子女仍赡养其生父母，则属于尽道德义务，对于因此而支付的费用，养子女不得以不当得利请求返还；(2)为履行未到期的债务而交付财产。给付人虽负有债务但未到履行期时，其给付行为只能视为提前履行而非不当得利。对此《日本民法典》第706条规定，债务人因错误而给付的，债权人应返还因此获得的利益(即自清偿之日起至债务清偿期届满时止这一期间所获得的利益)；《德国民法典》第813条规定，订有履行期限的债务先期清偿的，债务人不得请求返还，并不得请求返还提前清偿期间的利息。我国通说与后者的规定一致；(3)明知无给付义务而交付财产。一方给付财产虽无法律义务，但出于明知而为之，则法律不应保护因其故意行为所造成的损失。况且此种情形是否为赠与也难以确定；(4)因不法债务交付的财产。不法债务不受法律保护，受给付方不能合法地获得利益，给付方亦不能请求返还，该项财产应予以收缴，例如一方因履行赌债所为的给付；(5)债权请求权超过诉讼时效期间，债务人自愿履行债务而为的给付。根据《最高人民法院关于贯彻执行〈中华人民共和国民法通则〉若干问题的意见(试行)》第171条的规定，过了诉讼时效期间，义务人履行义务后，又以超过诉讼时效为由翻悔的，不予支持。

有学者认为，对于给付不当得利这一类型，可以以给付关系这一标准取代因果关系标准，与一方受益、他方受损、无合法根据等要件一同，作为判断是否构成不当得利的依据，即"由给付者，向受领给付者，请求返还无法律上之原因而受领的利益。"[①]其理由是：(1)维护当事人之间的信赖关系，即受益人应当并且仅应当向与其有给付关系的受损人返还利益，无需向与其无给付关系的第三人返还。受损人有权并且仅有权向与其有给付关系的受益人请求返还利益，不能请求与其无给付关系的第三人返还；(2)可以合理分配相关危险，维护给付关系当事人之间的抗辩，避免承担第三人的破产风险；(3)可以明确判断请求与返还不当得利的双方当事人。我们认为这一观点对于给付不当得利关系的决定及纠纷的解决具有实际意义。当第三人参与给付关系时，将形成不同当事人之间的给付关系，仍然应当根据具体给

① 王泽鉴：《债法原理(二)·不当得利》，中国政法大学出版社2002年，第50～51页、第77～78页。

付关系判断各有关当事人之间是否存在不当得利关系。[①]

(二)非给付不当得利

非给付不当得利,是基于给付行为以外的其他事由所发生的不当得利的总称。这些事由包括当事人或第三人的行为、法律的直接规定、自然事件等。根据非给付不当得利发生事由的不同,可将其分为:

1.因行为而产生的不当得利,具体包括:(1)因受益人自己的行为而产生的不当得利。因受益人自己的行为而产生的不当得利,指受益人以自己的行为使他人利益受损,使自己获益的情形。例如,乙擅自将甲的照片刊载于杂志封面,使杂志畅销而获得巨额利润。这种情况下,乙将甲的照片刊载于杂志封面的行为侵害了甲的肖像权,使自己获得巨额利润。该获益即为因受益人自己的行为而产生的不当得利。通说认为这种不当得利的理论依据是权益归属理论。根据权益归属理论,权利均有一定的利益内容,该利益内容归属于该权利人。例如所有权具有占有、使用、收益、处分等权益内容,这些利益内容归属于所有权人。违反权益归属原则取得利益的,属于侵害他人权益的范畴,欠缺法律上的原因,应当构成不当得利。但是某一权利具有何种权益内容,这一权益是否受到了侵害,应当具体分析。例如上例中,使用其肖像是甲肖像权的一项权益内容,该利益受到了乙的侵害,乙获得的利益构成不当得利。甲兴建灯塔,乙利用该灯塔的光亮在夜间捕鱼的情况下,由灯塔获取光亮是甲的灯塔所有权的一项权益内容。但是,乙利用该灯塔的光亮并未影响甲的这一项权益,因此该权益没有受到侵害,乙的获益不构成不当得利。[②] 随着社会的发展,当某一具体权益可以通过市场交易获得一定对价,并可以通过一定措施排除他人干涉时,受益人对于这一权益的享用就可能构成对权利人权益的侵害,其获益就会被确定为不当得利。受益人的行为可以是民事行为,也可以是事实行为。实践中较为常见的有无权处分或利用他人财产、侵害他人知识产权或人格权等;(2) 因受害人自己的行为而产生的不当得利。因受害人自己的事实行为,使自己受有损失,使他人获得利益的,该获益为因受害人自己的行为而产生的不当得利。受害人因自己的民事行为使自己受有损失,使他人获得利益的,属于非给付不当得利的范畴。这种情形主要表现为受害人对他人的财物支出费用,使他人获得相应利益。例如,甲误以为乙的绵羊是自己的,对该绵羊进行喂养而支出了费用。甲因支出费用而受有损失,乙因其绵羊得到了喂养而获得了利益,此获益构成不当得利;(3)因第三人的行为而产生的不当得利。例如丙用甲的饲料饲养乙的绵羊。由于丙的行为,甲受损,乙获益,该获益构成因第三人的行为而产生的不当得利。

2.因法律的直接规定而产生的不当得利,即由法律直接推定其符合不当得利的构成要件,发生不当得利后果的利益。例如根据《民法通则》第 79 条的规定,拾得失散的饲养动物归还失主,有权要求失主归还所支出的费用,即失主获得的不当得利。又如在添附的情况下,一方因添附而取得他人财产的所有权,他人因添附而丧失对其财产的所有权。根据法律的规定,取得所有权的一方应当补偿他人的利益损失。此外还有取得时效、善意取得等情形。

---

① 详见王泽鉴:《债法原理(二)·不当得利》,中国政法大学出版社 2002 年,第75～109 页。

② 王泽鉴:《债法原理(二)·不当得利》,中国政法大学出版社 2002 年,第 141～142 页。

3.因自然事件而产生的不当得利。例如,一方所饲养的牲畜混入另一方的牲畜群中,另一方因此获得的利益即构成不当得利。

4. 有学者还依据不当得利的内容,将非给付不当得利分为权益侵害不当得利、费用支出不当得利、债务清偿不当得利三类。[①] (1)权益侵害不当得利。权益侵害不当得利主要指受益人无合法根据侵害受害人权益而获得的利益,例如无权处分他人财产所得的价金、擅自出租他人财产所得的租金、擅自占有他人财产所取得的利益等。除他人受有损失、无合法根据外,受益人因侵害他人权益而获得利益是构成侵害他人权益不当得利的基本要件。产生侵害他人权益不当得利的原因主要是受益人自己的行为,也可以是第三人的行为及法律规定等。受益人的行为同时构成侵权行为的,受害人对于受益人享有返还不当得利请求权及侵权损害赔偿请求权,两种请求权发生竞合,详见下文;(2)费用支出不当得利,即受害人不以给付为目的,为受益人的财产支出费用,使受益人获得的利益。例如,甲误以为乙的绵羊是自己的,为饲养该绵羊而支出了费用。乙因此所获得的利益为费用支出不当得利。费用支出不当得利往往因受害人自己的事实行为而产生;(3)债务清偿不当得利,指受害人非因委任、无因管理或其他法定清偿义务,为受益人清偿债务,使受益人获得的利益。债务清偿不当得利也往往因受害人自己的事实行为而产生。

四、不当得利之债的法律效果

不当得利一经成立,当事人之间发生债权债务关系,即不当得利之债,其中受害人是债权人,有权请求受益人返还不当利益;受益人是债务人,负有返还不当得利的义务。不当得利之债的法律效果,主要涉及不当得利之债的标的和不当得利的返还范围两个方面。除此之外,不当得利返还债务是否存在连带清偿的问题、不当得利返还请求权的时效问题,也值得我们注意。

(一)不当得利之债的标的

不当得利之债的标的,是指债务人应予以返还的不当利益。根据最高人民法院《关于贯彻执行〈中华人民共和国民法通则〉若干问题的意见(试行)》第 131 条的规定,不当得利之债的标的应当包括原物和原物所生的孳息。就不当得利的返还形式而言,应当以返还所获利益的原状为原则,以偿还该利益的价额为例外。

原物,是指利益的原有形态,包括取得所有权或者占有权的物,债权、用益物权、担保物权等财产权利。返还原物,即债务人将其权利依法转移给债权人,例如取得动产所有权的,应当实物交付给债权人;取得不动产所有权的,应当登记交付给债权人;取得债权的,应当让与债权;设定物上权利的,应当予以废止;经废止的物权,应当予以恢复;成立债权的,应当予以免除;经免除的债权,应当予以恢复;移转占有的,应当返还占有等。

原物所生的孳息包括天然孳息和法定孳息。天然孳息,例如母马所生的小马;法定孳息,例如存款所生的利息。关于原物所生的孳息应否包括基于原物所取得的其他利益,我国的规定与其他一些国家与地区的法律规定不尽一致。《最高人民法院关于贯彻执行〈中华人民共和国民法通则〉若干问题的意见(试行)》第 131 条规定,原物所生的孳息,不应包括利用

① 王泽鉴:《债法原理(二)·不当得利》,中国政法大学出版社 2002 年,第 138 页。

原物所取得的其他利益，该其他利益在扣除劳务管理费用后，应当予以收缴。《德国民法典》第818条第1款规定，返还义务扩及于所受的利益和受益人基于取得之权利所取得之利益，或者对其所取得之标的物灭失毁损或侵夺的赔偿所得之利益。我国台湾“民法”第181条规定，受领人若基于所受领的利益取得的孳息、权利扩张、因原物而发生的对第三人的请求权以及其他利益，均应依不当得利之规定返还给受损人。

如果基于所受利益及其孳息的性质或者其他原因，原物不能返还的，受益人应当偿还该利益的价额，此为依原状返还不当得利原则的例外。例如甲与乙达成修车协议后，误将属于丙的摩托车当成乙的进行维修，基于甲的劳务给付，丙获得了不当得利，但因劳务不能返还，因此丙应当偿还该修车劳务的价额。此外，受益人基于法律行为让与原物而取得的对价利益，直接基于受益人与第三人的给付关系而来，不是直接因受害人的损失而产生的，因此不属于不当得利，受益人不负返还义务，但受益人应当对受害人承担偿还相应价额的义务。[①]

在偿还价额时，原则上依据价额偿还义务成立时原物的客观或一般价额，来计算该价额的数值。实践中，劳务给付利益的价额，按照提供劳务的相应报酬来计算。如果原物因为添附而不能返还的，按照受益人因为原物添附后所产生的利益来计算价额。如果受益人用益原物，其所获利益不能返还的，应当以受益人使用该原物所节省的费用为基础来计算价额。但是，在受益人将原物转让给他人的情况下，关于该相应价额的计算标准，理论上尚有争议。有观点认为，应依受益人获得利益时该利益的客观价值或者一般价值为准。[②] 另有学者认为，不当得利制度的设立目的，在于使受益人返还其不当得利，故而其偿还的价额，应以其实际取得的价金利益为限承担不当得利返还义务。但是如果受益人主观恶意，还可以要求其承担“加重”的返还责任，包括受益人取得价金、依该价金计算的法定利息；如有损害，并应承担赔偿责任。[③]

有时，一方受有损失，使他方受益，但是所获得的利益违反了他方的意愿与安排。例如，甲误以为乙的房屋是自己的，进行了修理，但是乙已经决定将于近日将该房屋拆除。这种情况下，乙所获得的违反其意愿与安排的利益被称为“强迫得利”。学者认为该得利的价额计算应当主观化，即应就受益人整个财产进行经济核算，认定受益人应当偿还的价额。如果计算结果为零，受益人不承担必返还其得利的义务。[④]

(二)不当得利的返还范围

不当得利制度不以补偿受害人的损失为目的，只以使受益人返还其所取得的不当利益为目的。因此，在计算应当予以返还的不当得利的范围时，应当考查受益人的主观状况。

1. 善意受益人的返还范围

在取得利益时不知道或不应知道没有合法根据的受益人，为善意的受益人。不论取得利益时的利益范围如何，其返还利益的范围仅以返还时的现存利益部分为限。如果现存利

① 王泽鉴:《债法原理(二)·不当得利》，中国政法大学出版社2002年，第204～205页。

② 张俊浩主编:《民法学原理》，中国政法大学出版社1997年版，第853页。

③ 邹海林:《我国民法上的不当得利》，载梁慧星主编:《民商法论丛》第5卷，法律出版社1996年版，第65页。

④ 王泽鉴:《债法原理(二)·不当得利》，中国政法大学出版社2002年，第213～214页。

益的原物形态已改变或不存在，但其财产价值仍存在或可由他物代偿，受益人仍负返还义务如利益已经不存在的，则不负返还义务。

具体来说，计算返还范围的时点，为受害人向受益人提出返还不当得利请求权之时。计算返还范围的依据，为受益人被请求返还不当得利时，就其整体财产而言的现存利益。例如，甲将时值5万元的电器赠与乙，乙将该物以4万元的价格售于丙。嗣后发现赠与关系不成立。乙为获得该赠与物支出2000元。假设乙为善意受益人。乙将该物售于丙，不存留原物，但是存在该物的价额4万元。由于乙为获得该物支出2000元，所以应当予以扣除。因此，就乙的整个财产而言，其现存利益为4万元－2000元＝38000元。

2. 恶意受益人的返还范围

在取得利益时或者嗣后知道或应当知道没有合法根据的受益人，为恶意的受益人，其返还利益的范围的确定方法应当区分取得利益时恶意还是嗣后恶意两种情形。(1)受益人在取得利益时为恶意。该自始恶意的受益人返还利益的范围应是受益人取得利益时的全部数额及相应的利息，即使该利益在返还之时已经减少甚至不复存在，返还义务也不因此减少或免除；(2)受益人在取得利益时为善意，嗣后为恶意。该嗣后恶意的受益人的返还范围应以恶意开始之时存在的利益为准。

善意受益人在获得利益后，将该利益无偿赠与第三人的情况下，受益人的得利不再存在，因而不承担返还义务。第三人自受益人处获得利益，并未使受害人受有损失，所以不具备不当得利之债的一般构成要件。但是为了保护受害人的合法权益，台湾地区“民法典”第183条规定，当善意受益人将所受利益无偿让与第三人时，该受让第三人应当承担返还该利益的义务。我们赞同这一做法。第三人承担返还利益义务时，应依据第三人的主观善意或恶意确定其返还的范围仅为返还时的现存利益，还是取得利益时的全部数额及相应利息。

当事人基于双务合同进行给付，嗣后该合同关系不成立的，如何行使不当得利请求权，以及不当得利返还范围的确定，较为复杂。学理上有不当得利请求权对立说、差额说、对待给付不当得利请求权说等学说。[①] 我们认为，应当结合不当得利、双务合同的立法宗旨，考虑对善意受益人的信赖保护及危险分配原则，对具体事项进行具体分析，以平衡当事人之间的权利义务关系。

(三)不当得利之债的债务人为多数时的义务承担

实践中，存在着不当得利之债的债务人为多数的情形。例如甲乙共同无权占有丙的房屋，甲住一层，乙住二层，因而甲乙应当向丙返还不当得利；因连降大雨，使丙位于高位的池塘里的鱼流入甲乙共有的位于低位的池塘，甲乙应当向丙返还不当得利；丙用20万元向甲乙购买某车，甲乙各分得购车款10万元。双方履行完毕后，购车合同被确认无效，甲乙应当向丙返还不当得利。

关于这种情况下，甲乙是否应当承担连带责任的问题，《民法总则》《民法通则》等有关立法未做明确规定。一般而言，各受益人应当按照各自的受益数额承担返还不当得利的义务，相互之间不承担连带责任。亦即，丙只能分别请求甲返还甲所获得的不当得利，请求乙返还乙所获得的不当得利，甲乙不对丙承担连带返还不当得利的责任。根据《民法通则》第87条

① 王泽鉴：《债法原理(二)·不当得利》，中国政法大学出版社2002年，第222～228页。

的规定，当事人约定承担连带责任的，负有连带义务的每个债务人，都负有清偿全部债务的义务，并在履行债务后，有权要求其他负有连带义务的人偿付他应当承担的份额。《民法总则》第 178 条规定，连带责任，由法律规定或者当事人约定。如果多个不当得利之债的债务人约定了返还不当得利的连带责任，则不当得利的受害人作为权利人，有权请求部分或者全部连带责任人承担责任。返还不当得利的连带责任人根据各自责任大小确定责任份额；难以确定责任大小的，平均承担责任。实际承担责任超过自己责任份额的返还不当得利连带责任人，有权向其他连带责任人追偿。因此，如果不当得利受益人甲乙相互约定承担连带责任，则不当得利受害人丙可以要求甲乙连带承担返还不当得利的义务。

（四）不当得利请求权的时效

《民法总则》《民法通则》未对不当得利请求权的时效作出特别规定，也未规定不当得利请求权不适用诉讼时效的规定。因此，不当得利请求权的时效应当适用《民法总则》第 188 条的规定，即从受害人（不当得利之债的民事权利人）知道或者应当知道其权利被侵害之时起 3 年，但是不超过权利受到侵害之日起 20 年。由于不当得利的构成不以当事人，即受害人与受益人的主观过错为要件，也不以当事人的法律行为为必要，所以如何判断受害人在哪一个时点知道或者应当知道其权利被侵害，是计算不当得利请求权时效的难题，应当引起立法者、司法实践者及学者的重视。[①]

① 在学者评广州市中级人民法院（2001）穗中法经终字第 00647 号民事判决书的论文中，即涉及这一问题。见于海涌：《论侵权行为与不当得利的竞合与选择——评广州市中级人民法院（2001）穗中法经终字第 00647 号民事判决书》，载梁慧星主编：《民商法论丛》2003 年第 2 号（总第 27 卷），金桥文化出版（香港）有限公司 2003 年版，第 479～493 页。该案中，广东民安证券有限责任公司（一审原告）于 1995 年 5 月 30 日通过中国工商银行广州德政支行（一审被告）下属某办事处误开一张金额为 160 万元的转账支票给被告。被告在没有支付对价的情况下，收取了这张支票，同时从原告的账户中划付了 160 万元进入被告自己的账户。2000 年 8 月 17 日原告因清理账目致函被告，要求查明 1995 年 5 月 30 日汇给被告的 160 万元的使用情况。被告协助办理了查询事项，并在查询中向原告说明该款已经划转给第三人使用。2000 年 12 月原告向一审法院提起侵权行为之诉，认为被告的行为构成侵权，请求法院判令被告承担侵权行为的法律责任。原告提出本案发生不当得利与侵权行为竞合，原告针对被告的侵权行为而非不当得利提起诉讼，主张诉讼时效应当从 2000 年 8 月 17 日起算。被告认为其行为只构成不当得利，诉讼时效已经届满。一审法院按照不当得利之诉审理了该案，认定被告构成不当得利，但是原告提起的诉讼已经超出了诉讼时效期间，故判决驳回其诉求。原告不服一审法院的判决，提起上诉。二审法院判决维持原判，驳回上诉。就该案不当得利返还请求权的诉讼时效，学者认为由于诉争支票的出票人为原告，因此诉讼时效应当从原告将支票交付给被告之时起开始计算，但是并未说明原告在这一时点知道了其权利被被告所侵害，还是应当知道其权利被侵害。就该案侵权行为的诉讼时效，学者认为应当从 2000 年 8 月 17 日原告知道被告的侵权行为之日起计算。我们基于学者提供的资料，认为尚不能证明原告在 1995 年 5 月 30 日向被告交付支票这一时点知道其权利被侵害，也不能证明其当时应当知道其权利被侵害。但是在 1995 年、1996 年、1997 年原告与被告进行年终对账时，原告是否应当知道其权利被侵害，当事人、法院及学者似乎并没有进行查证。从 1997 年年终对账到 2000 年 8 月 17 日这一期间内，有否证据证明受害人知道其权利被侵害，或者应当知道其权利被侵害，当事人、法院、学者均未提及。2000 年 8 月 17 日这一在学者看来是侵权行为诉讼时效起算点，是否也是不当得利受害人知道其权利被侵害的最早时点，对此未见当事人、法院、学者的论证。由此，可以看出，不当得利诉讼时效的计算是一个复杂的问题，应当引起立法者、司法实践者及学者的重视。

五、不当得利请求权与其他民事请求权的竞合问题

不当得利之债中，受害人对于受益人享有不当得利返还请求权，受益人负有返还义务，不当得利请求权的实质是财产变动请求权。民法中，涉及财产变动的还有合同债权、无因管理债权、所有物返还请求权、侵权行为损害赔偿请求权等。关于不当得利请求权与其他民事请求权之间的关系问题，法国、瑞士和苏联的民法理论认为，不当得利请求权是辅助性的权利，不具有独立的地位，其他请求权在效力上优先于不当得利请求权。只有在其他请求权不能行使或者不能得到满足的情况下，才能适用不当得利请求权。德国、日本的主导理论则认为，不当得利请求权是一种独立的权利，具有独立的地位。原则上可与其他请求权竞合并存，只要民法没有明文禁止，请求权人可以选择行使不当得利请求权或者其他请求权。[①]我们认为《民法通则》既然将不当得利规定为债发生的原因之一，就应承认不当得利请求权是一种独立的请求权，允许它与其他请求权并存。

实践中，不当得利请求权与其他民事请求权可能发生竞合的情况包括：

1.合同被撤销、解除或双务合同因不可抗力而履行不能。合同被撤销或者解除[②]的情况下，当事人应当恢复原状，即一方应当向另一方返还其依照被撤销、解除的合同所受领的标的物或者对待给付。另一方对接受标的物或者对待给付的一方享有所有物或对待给付返还请求权和占有不当得利返还请求权，两种请求权发生竞合，给付人可选择行使。当标的物被接受一方消费或者转由第三人善意取得而不能返还时，接受一方所取得的利益或者价款构成不当得利，负有返还给受害人的义务。当给付一方放弃其所有物返还请求权时，他仍然可以独立主张不当得利的返还。当双务合同的一方因不可抗力而履行不能时，另一方得向履行不能的一方请求返还其对待给付不当得利。

2.无合法根据占有某标的物。无合法根据而占有本属他人之物时，如果该标的物的所有权已经发生了转移，标的物给付人（该标的物的原所有权人）享有不当得利返还请求权。但是如果该标的物的所有权尚未发生转移，标的物给付人享有所有物返还请求权和占有不当得利返还请求权，此时两种请求权发生竞合。所有物返还请求权属于物上请求权，不当得利返还请求权属于债权，标的物给付人可以依其需要选择行使某一项请求权。当某一项请求权的行使使其权益得到充分、有效的保护时，另一项请求权归于消灭。但是当某一项请求权的行使不能使其权益得到合法保护时，标的物给付人可以行使另一项请求权来得到满足。

3.因侵权行为而获益。现代民法普遍承认，当侵权行为人因其侵权行为而受有利益时，同时形成损害赔偿请求权与不当得利返还请求权，受害人有权选择行使某项请求权。如果某一项请求权的行使可以满足其损害填补要求的，另一项请求权即行消灭；如果某一项请求权的行使不能满足其要求的，受害人有权继续行使另一项请求权，以满足其要求。

4.因无因管理而受益。通说认为，基于法律的明确规定，无因管理法律关系中，允许本人基于管理人的无因管理，获得相关利益。因而，本人所获利益是有合法根据的，不构成不

① 李双元、温世扬主编：《比较民法学》，武汉大学出版社 1998 年版，第 604 页。

② 当事人约定解除合同时，可以约定在解除合同后恢复原状。参见《中华人民共和国合同法》第 97 条。

当得利。既然不当得利返还请求权与无因管理费用偿还请求权的构成要件相互排斥，不当得利返还请求权与无因管理费用偿还请求权不会发生竞合。有学者认为，在无因管理制度下，管理人管理本人的事务所带来的利益应由本人享有。如果管理人私自占有该利益，不将其交由本人享有，则因没有合法根据而构成不当得利，本人有权请求管理人返还不当得利。因此，不当得利返还请求权与无因管理的利益获得请求权可能发生竞合。[①] 我们赞同这一观点。

第二节 无因管理

一、无因管理的概念

无因管理，是指没有法定的或约定的义务，为避免他人利益受到损失，自愿管理他人事务或为他人提供服务的行为。因无因管理事实的出现，在当事人之间形成无因管理之债，管理他人事务的一方称管理人，其事务接受无因管理的一方称本人或受益人。管理人享有请求本人偿还因管理事务而支出的必要费用的权利，本人负有偿还该必要费用的义务。因此，对于因管理事务而支出的必要费用的返还，管理人是债权人，本人是债务人。与此同时，本人有权获得因管理人管理事务所带来的利益，管理人应当满足本人的这一要求。因此，对于因管理事务所获利益的归属，本人是债权人，管理人是债务人。

无因管理制度起源于罗马法，被认为是一种准契约，德国普通法、《法国民法典》承袭罗马法体制，以准契约的形式确立了无因管理的效力。《德国民法典》摈弃准契约说，将无因管理作为"无委任之事务管理"规定在委任之后。日本法在此基础上将无因管理与合同、不当得利、侵权行为等并列，将无因管理作为债的发生原因之一。我国《民法总则》在第五章"民事权利"第 121 条规定："没有法定的或者约定的义务，为避免他人利益受损进行管理或者服务的，有权请求受益人偿还由此而支付的必要费用。"《民法通则》在"第二节 债权"中于第 93 条规定："没有法定的或者约定的义务，为避免他人利益受损失进行管理或者服务的，有权要求受益人偿付由此而支付的必要费用。"最高人民法院《关于贯彻执行〈中华人民共和国民法通则〉若干问题的意见（试行）》第 132 条规定："民法通则第九十三条规定的管理人或者服务人可以要求受益人偿付的必要费用，包括在管理或者服务活动中直接支出的费用，以及在该活动中受到的实际损失。"可见我国民法亦确认无因管理是债发生的一种独立的依据，管理人据此享有当然的民事权利。以上规定是目前解决无因管理纠纷的主要法律依据，虽然较为简单，但是此规定所揭示的价值判断与其他国家和地区民法规定的价值判断并无不同。[②]

---

① 房绍坤、郭明瑞、唐广良：《民商法原理（三）·债权法·侵权行法·继承法》，中国人民大学出版社 1999 年版，第 330 页。

② 张俊浩主编：《民法学原理》，中国政法大学出版社 1997 年版，第 856 页。

二、无因管理的特性

就其性质来说，无因管理是一种合法的事实行为，具体而言：

1. 无因管理是产生无因管理之债的事实行为

这既不同于合同、代理等的民事法律行为属性，又不同于不当得利的事件属性。虽然无因管理中，管理人应有为他人管理事务的意思（管理意思），但这种意思并非管理人的意思表示，它不要求管理人有为他人利益的明确表示，只要客观上表现出管理人系为他人利益而为管理行为即可，也不要求管理人要有行为能力（但要有认知能力），而且管理行为产生何种法律效果，也与管理意思无关，这是无因管理区别于民事法律行为的地方。

2. 无因管理的行为人具有为他人利益而管理的意思

作为法定之债的发生依据，无因管理和不当得利的法律后果都由法律直接规定，当事人不能约定。但就前者而言，行为人的意志内容有决定意义，它是管理人在无义务情况下实施的行为，管理人应当有为他人利益管理的意思（非意思表示，不要求表示出来）；对于后者，行为人的意志内容并不起决定作用，它是一种客观事件。无因管理的立法目的是为了减少损害的发生，鼓励人们互相关心、相互扶助，见义勇为，发扬助人为乐的精神；不当得利的立法目的则在于纠正社会经济生活中发生的不正常现象，在适用上二者不能等同。应注意的是，管理人实施管理所取得的利益本应归属于本人，本人因此从管理人处取得的利益具有合法根据，不构成不当得利，如果管理人把本应属于本人的利益占为己有，则因其没有取得该利益的合法根据，可以构成不当得利。

3. 无因管理是一种合法行为

一般地，在没有法定或者约定义务的情况下管理他人的事务，是对他人事务的干预，但管理人为了公共利益或者本人的利益而管理本人的事务，是符合道德准则的助人为乐、见义勇为的利人行为，因而是应当受到认可和鼓励的合法行为。这是无因管理与侵权行为的根本区别，因为侵权行为人不具有为他人谋取利益或者使他人避免损失的意图，其行为后果是造成了他人损害，实属不正当，侵权行为是损人行为，是违法行为。

尽管在对无因管理单独立法之前，有的国家将无因管理作为准合同来处理，可以看出无因管理与合同是有一定联系的，但是无因管理与合同之间仍然存在诸多区别，除上述事实行为与法律行为的区别外，还有：(1)无因管理是单方行为，不以意思表示为要件。合同是双方或者多方的民事法律行为，各方意思表示一致是合同成立的要件；(2)无因管理以没有当事人的管理约定为前提，而合同依据当事人的约定而成立，因此合同关系的存在原则上排除无因管理的成立。

无因管理与代理有着较为明显的相似之处。在无因管理法律关系中，管理人是为本人的利益而管理本人事务的。在代理中，代理人也是为本人的利益而实施代理行为的。但是二者也有较为明显的区别，主要是：代理人基于本人的委托或者有关机构的依法指定，负有管理本人事务的义务。因而，代理人的代理行为是履行该管理义务的行为。无因管理的管理人本无法律上的义务，管理人管理本人事务的事实行为不以履行某种义务为目的。因此，代理关系的存在原则上也排除了无因管理的成立。

无因管理也不同于无权代理。尽管无权代理时，无权代理人系未经授权而为本人管理事务，这与无因管理的管理人无法律上的义务而管理本人事务相似，但是两者的区别主要有：(1)无权代理中，无权代理人以本人的名义进行活动。无因管理中，管理人可以根据具体情况，以自己的名义或者以本人的名义实施管理行为；(2)无权代理行为是民事行为，行为人应当具有完全民事行为能力。无因管理是事实行为，不要求管理人具有完全民事行为能力；(3)无权代理需要本人的追认方成为有效代理，对本人发生法律效力，由本人承担代理行为的法律后果。未经本人追认的，对本人不发生法律效力，本人不承担无权代理行为的法律后果。无因管理只要符合构成要件，无需本人追认，即可成立，并对本人产生相应的法律效力；(4)无权代理行为的成立不以无权代理人实施行为的后果有利于本人为要件。无因管理中，原则上要求管理行为的后果要有利于本人。

有学者认为《民法通则》第 79 条规定的发现埋藏物、隐藏物以及拾得遗失物也构成无因管理。[①] 发现者、拾得者所实施的事实行为是对国家或失主利益的管理，因此，国家应当对发现者给予表扬或物质奖励，失主应当偿还拾得者所支出的费用。[②] 但是，也有学者提出，无因管理与遗失物的拾得还是不同的。拾得人对遗失物的管理基于对遗失物的占有，其管理的目的可能是为了失主的利益，也可能是为了自己的利益。无因管理中，管理人实施管理行为不以占有他人的财产为前提，其管理目的是为了他人的利益；拾得人的主观状态不同，其拾得遗失物可能构成不当得利或者侵权行为；失主偿还拾得人的费用，以拾得人向其归还遗失物为前提。而无因管理中，管理人请求返还管理费用的权利不以返还其占有物为条件。此外，《民法通则》调整拾得物的第 79 条与调整无因管理的第 93 条相互独立，有各自不同的调整范围，应当相互排除适用，并不发生竞合。[③] 我们认为，关于第 79 条与第 93 条的规定，就其内容而言，并不相互排斥。关于发现埋藏物、隐藏物，以及拾得遗失物是否构成无因管理，应当根据具体情况进行具体分析，不应排除两条规定发生竞合的可能性。

此外，有学者认为，实施正当防卫或紧急避险行为，使行为人遭受损失的，应当适用《民法通则》第 109 条的规定，由侵害人承担赔偿责任，受益人也可以给予适当的补偿。其中，要求受益人适当补偿正当防卫或紧急避险行为人损失的法理依据是无因管理理论。我们赞同这一观点。防卫人或紧急避险人在没有法律上的义务，为了避免他人利益遭受损失而采取防卫行为或紧急避险行为时，如果有所支出甚至有相应损失，受益人应当给予补偿。但是补偿数额的计算，可以与一般的无因管理有所不同。

三、无因管理的类型

(一)真正的无因管理与不真正的无因管理

通说认为，广义的无因管理可以分为真正的无因管理与不真正的无因管理两类。

---

① 该条第 1 款规定："所有人不明的埋藏物、隐藏物，归国家所有。接收单位应当对上缴的单位或者个人，给予表扬或者物质奖励。"第 2 款规定："拾得遗失物、漂流物或者失散的饲养动物，应当归还失主，因此而支出的费用由失主偿还。"

② 王家福主编：《中国民法学・民法债权》，法律出版社 1991 年第 1 版，1994 年第 2 次印刷，第 594 页。

③ 房绍坤、郭明瑞、唐广良：《民商法原理(三)・债权法・侵权行为法・继承法》，中国人民大学出版社 1999 年版，第 311～312 页。

1. 真正的无因管理

真正的无因管理，是管理人无法律上的义务，为他人管理事务的事实行为。真正的无因管理是民法上的无因管理，也是本节介绍的重点。真正的无因管理具备民法上无因管理的构成要件，即管理他人事务、管理人具有为他人利益管理事务的意思、无法律上的义务，详见下文。其中，具有为他人利益管理事务的意思是真正的无因管理与不真正的无因管理的根本区别。

学者根据管理事务的结果是否有利于本人，是否违反本人明示或者可以推知的意思，将真正的无因管理又分为正当的无因管理与不正当的无因管理。正当的无因管理又称适法的无因管理，是管理事务有利于本人，并不违反本人明示或者可以推知的意思的无因管理，具有一般性。不正当的无因管理又称不适法的无因管理，是管理事务不利于本人，违反本人明示或者可以推知的意思的无因管理，具有特殊性。我们将在下文做专门介绍。

2. 不真正的无因管理

不真正的无因管理，是管理人无法律上的义务，为自己而管理他人事务的事实行为。不真正的无因管理又可分为两种情形：(1)管理人明知是他人事务，仍然将其作为自己的事务进行管理的情形；(2)管理人误以为他人的事务是自己的事务而进行管理的情形。就其行为表象来看，不真正无因管理的管理人与真正无因管理的管理人一样，均为管理他人事务。但是，两者的区别在于管理人管理事务时的意思是为自己还是为他人。如果为自己，则为不真正的无因管理。基于这一区别，学者对于不真正的无因管理是否应当被视为无因管理尚有争议。有的学者认为不真正的无因管理不具有合法性，所以不是无因管理。[①] 有的学者则将不真正的无因管理看作准无因管理，并认为使明知为他人事务却进行管理的不真正的无因管理适用无因管理的有关规定，具有一定的积极意义。因为这种情形下，管理人虽无法律上的义务，也明知是他人事务，但是为了自己的利益而管理他人事务，实际上是对他人事务的不法干涉，应当适用侵权行为法或不当得利法的规定。但是单纯适用侵权行为法或不当得利法的规定，对于其事务被不法管理的本人来说，利益保护可能不尽周全。而允许适用无因管理法的规定，使本人有权要求不法管理人向其交付管理事务所取得的全部利益，对于本人的保护可能更为周全，更能维护正义。[②] 德国民法允许不真正无因管理情形适用无因管理法的规定，使本人有权选择对自己较为有利的保护方法。我们认为这一做法值得借鉴。

(二)一般的无因管理与特殊的无因管理

有学者根据是否必须对管理人给予表扬或者物质奖励这一标准，将无因管理分为一般的无因管理与特殊的无因管理。一般的无因管理下，不必对管理人给予表扬或者物质奖励，只赋予管理人管理费用偿还请求权等权利。特殊的无因管理下，除赋予管理人管理费用偿还请求权等权利外，还应当由有关方对管理人给予表扬或者物质奖励。就法律规定而言，《民法通则》第 93 条和第 79 条第 2 款规定的为一般的无因管理；第 79 条第 1 款规定的为特

---

① 房绍坤、郭明瑞、唐广良：《民商法原理(三)·债权法 侵权行为法 继承法》，中国人民大学出版社 1999 年版，第 313 页。

② 王泽鉴：《债法原理(一)·基本理论·债之发生》，中国政法大学出版社 2001 年版，第 356～357 页。

殊的无因管理。[①] 如上所述，我们认为应当根据具体情况，具体判断《民法通则》第 79 条所规定的发现埋藏物或隐藏物、拾得遗失物等行为是否为无因管理行为。

（三）进行管理的无因管理与提供服务的无因管理

有学者提出，根据管理人管理事务的内容或性质，可以将无因管理分为进行管理的无因管理与提供服务的无因管理两类。[②]

四、无因管理的构成要件

我国《民法通则》将无因管理作为一项独立的法律制度做出了规定，但是该项规定过于原则，《民法总则》的规定亦是如此。为防止滥加干涉他人事务，有必要探究无因管理的构成要件。根据各国的立法例和学理研究，无因管理的构成要件为管理他人事务、管理人具有为他人利益而管理事务的意思、无法律上的义务，分述如下：

（一）管理他人事务

管理人管理他人事务是成立无因管理的客观要件。对此，应从以下几个方面进行分析：一般地，“管理”应做广义理解，既包括对他人的事务的管理行为，如对他人财物的保存、利用、改良、处分等，也包括对他人提供劳务服务。《民法总则》《民法通则》将管理他人事务分为“管理”和“服务”，其含义与此相同。

“事务”泛指满足人们生活、生产需要的事项，可以是经济性的（如代交房租）或者非经济性的（如喂养小动物）事项；可以是法律行为（如代为购买书籍）或者事实行为（如修补邻居家倾斜的墙壁）；在实施法律行为时，可以以管理人自己的名义实施，也可以以本人的名义实施。但是，能够构成无因管理的事务应当符合以下几点要求：(1)不是单纯的不作为。单纯的不作为，如不对本人所租住的房屋进行改造，不会发生无因管理费用的偿还问题，因而不应当是无因管理中的“他人事务”；(2)须是合法事务。非法事务，例如代为购买毒品，不得成为无因管理的标的；(3)须为不专属于本人处理的事务。必须由本人处理的事务，如登记结婚、离婚、为某公司所聘任提供技术劳务等，均不能由他人管理，构成无因管理；(4)须不属于必须经本人授权才能处理的事务，例如未经授权，他人不得替本人从银行取款，因而从银行取款不能由他人无因管理；(5)须为能够发生债权债务关系的事务。不能发生债权债务关系的事务，如纯粹的宗教、道德、风俗和公益性质的事务不能发生债权债务关系，因而不能由他人无因管理。

“他人”，是指除管理人以外的人，但并不要求在进行无因管理时，管理人确切地知道他人是谁。管理人管理的应是他人的事务，单纯属于管理人自己的事务不能成为无因管理的标的。对于“他人事务”的分析，将在下文进一步论述。

（二）管理人具有为他人利益而管理事务的意思

管理人必须具有为他人谋利益而管理的心理状态，即管理意思，这是成立无因管理的主

---

① 王家福主编：《中国民法学 · 民法债权》，法律出版社 1991 年第 1 版，1994 年第 2 次印刷，第 593～594 页。

② 房绍坤、郭明瑞、唐广良：《民商法原理（三）· 债权法 · 侵权行为法 · 继承法》，中国人民大学出版社 1999 年版，第 314 页。

观要件,也是无因管理区别于侵权行为、代理与无权代理的重要方面。

管理意思不同于法律行为中的意思表示,无因管理的效力来源于法律的直接规定,对于管理人只要求具有一般的意思能力即可,其管理意思也无须向外表达。判断管理人是否具有管理意思,应结合本人对其事务的管理要求、事务管理的社会常识、管理人所具备的管理知识水平三种因素。[①] 例如管理人不具有完全民事行为能力时,对其管理行为是否符合本人意思的判断能力较差,因此应当以其通常具有的判断能力为判断标准。管理人应当对此承担相应的举证责任。

管理意思的对象应是他人的事务。管理人主观上并无为他人谋利益的意思,例如误以为是自己的事务而进行管理,不能构成无因管理。没有为他人谋利益的意思,但在客观结果上使他人获得了利益的,管理人因此所支出的必要费用,可依据不当得利制度请求返还。客观上是自己的事务,却误认为是他人的事务加以管理,行为人虽主观上有为他人谋利益的意思,但管理的并非是他人的事务,不能成立无因管理。如上所述,管理人只要有为他人谋利益的意思即可,不要求他在管理时知道他人是谁。例如,甲误将乙的事务当作是丙的事务而进行管理,这一张冠李戴的误信并不影响甲无因管理行为的成立。管理他人事务,不妨碍管理人有为自己谋一定利益的同步意思和管理结果。例如承租人为出租人的利益而修缮房屋,同时也获得了安全居住的利益。

一般将所管理的事务分为客观的他人事务和主观的他人事务。客观的他人事务,在性质上与他人有着当然的联系,明显可知系他人的利益。例如修缮他人的房屋即为客观的他人事务。除非可以证明管理人误以为该事务为其自己的事务而进行管理,否则可依对该客观的他人事务的管理行为判断管理人有管理意思;主观的他人事务,在性质上不具有与他人的当然联系,即属“中性”,管理人的管理意思须为外部表现,例如管理人及时通知本人其管理事项和管理结果等。如果根据上述情况仍然不能做出管理意思的判定的,管理人应当举证证明其为管理他人事务。管理人不能举证的,推定其不具有管理意思,仅为单纯管理自己的事务,因而不构成无因管理。

管理意思的内容是将管理所生的利益归于本人。该利益既可以是积极的利益,例如使本人获得一直想要的某件艺术品;也可以是消极的利益,例如采取防护措施使本人的房屋不致倒塌。同时,该利益既可以是事实上的利益,例如本人的财产未被大风摧毁,也可以是法律上的利益,例如为本人缴交到期租金或者交纳税款。通常情况下,对本人有利益与本人的意思相一致,但在一些情况下,管理的利益与本人的意思相冲突,此时,管理人应当判断管理行为是否会给本人带来真正利益。管理可以带来真正利益的,管理人得进行管理,其管理行为构成无因管理。否则,管理人不应当开始管理行为,或者管理行为已经开始的应当停止管理,其管理行为不构成无因管理。有时本人的意思与法律强制性规定或者社会公共利益相冲突,这种情况下,管理人可以出于维护社会公共利益的考虑,对本人的事务进行管理,其管

① 王家福主编:《中国民法学·民法债权》,法律出版社1991年版,第590~591页。

理行为构成无因管理。[1]

(三)无法律上的义务

无法律上的义务,是指管理人管理他人的事务不是履行法定的或者约定的义务。法定义务,指法律直接规定的管理他人事务的义务。单纯履行法定义务的行为不能构成无因管理。例如,监护人对被监护人的监护、消防人员消防救火等属于履行法定义务的行为,不构成无因管理。约定义务,指管理人与本人或第三人约定的由管理人管理本人事务的义务。管理事务范围广泛、方式多样。因此,约定义务不限于冠以"管理"二字的义务。其内容属于管理他人事务的均为约定义务。完全为了履行约定义务的行为不能构成无因管理。例如,承运人根据运输合同将托运人托运的货物运至目的地、承揽人根据承揽合同对本人的物品进行加工等属约定义务,不构成无因管理。

判断有无法律上的义务,应以管理事务开始的时间为标准。主要包括:(1)管理人在管理事务开始之前对他人事务没有法定或约定的管理义务,则其管理他人事务的行为可以构成无因管理。例如,甲乙素不相识。某日,乙从甲的房前经过时,发现甲的房屋起火,即挺身而出奋力救火。乙未与甲签订合同,也不负有此项法定义务,因此,乙的救火行为构成无因管理;(2)管理人管理事务的行为超出了法定或者约定义务的范围,该管理行为可以构成无因管理。例如,甲乙签订买卖合同,约定由乙向甲交付货物。乙送货上门时,发现甲的房屋起火,即挺身而出奋力救火。甲乙的买卖合同中并没有约定乙为甲灭火的义务,乙又不负有此项法定义务。因此,乙的这一管理甲事务的行为(为甲灭火)属于超出约定义务范围的行为,可以构成无因管理;(3)管理人原来负有法定或约定义务,但是此后该义务消灭的,义务消灭后管理他人事务的行为可以构成无因管理。例如,乙原为甲的雇员,雇佣合同中约定乙应当保护雇主的财物。在受雇期间,乙负有出现火情时奋力灭火的义务,这是约定义务,因而不构成无因管理。但是假设甲与乙协议解除雇佣合同,并且合同解除立即生效,乙走出甲经营场所后,发现甲的房屋起火,挺身而出奋力救火的行为为原约定义务消灭后的管理他人事务的行为,可以构成无因管理。此外,如果管理人在开始管理时不负有法定或者约定的义务,但在管理中途又产生了该法定或者约定义务,则在产生该义务之后所为的管理行为不构成无因管理,在产生该义务之前所为的管理行为构成无因管理。此外,判断有无法律上的义务,还应当以客观上该管理人是否负有法定或者约定的义务为标准,与管理人的主观认为无关。不负有义务的管理人在管理时主观上认为其有义务,构成无因管理;负有义务的管理人在管理时主观认为其没有义务,不构成无因管理。

五、无因管理的法律效果

尽管无因管理是对他人事务的干预,但是无因管理的成立排除了管理他人事务行为的违法性,即构成无因管理的管理行为是法律所认可的合法行为,管理人无需对本人承担侵权责任。而且,因管理行为的发生,在管理人与本人之间成立了无因管理之债。管理人与本人

---

① 关于不违反本人的意思是否为无因管理的构成要件,现尚有争议。多数学者持否定观点,也有学者认为为违反本人意思的管理行为构成不合法的无因管理。参见张广兴:《债法总论》,法律出版社 1997 年版,第 74～75 页。

互为债权人和债务人。为了平衡当事人的利益，既保护本人的合法权益，又保护管理人的合法权益，并体现对助人为乐行为的鼓励，法律对无因管理之债进行了一定程度的调整。无因管理之债的内容如下：

(一)管理人的权利和义务

管理人的权利，又称管理人的请求权，是无因管理下，管理人请求本人偿付因管理事务所支出的必要费用，以及在该活动中受到的实际损失的权利。管理人的权利亦即本人应当承担的义务，详见下文。管理人的这些权利可以由其继承人继承。无因管理的管理人本无管理本人事务的义务，但因无因管理的成立，管理人也就承担了一定的义务，这些义务具体包括：

1.适当管理义务。管理人不应违背本人的意思，而应尽其所能地依照本人明示的或按一般社会常识可推知的意思，以有利于本人的方法管理事务。适当管理的义务是管理人的主要义务。不违反本人的意思，指管理人的管理与本人的意思，或者本人的真实利益或本人在社会公共利益下所承担的义务并不相悖。为了本人的真正利益或社会公共利益而进行管理的，即使与本人的意思不相一致，也认为属于适当管理，例如抢救自杀者，虽违背本人的意思，却有利于本人的真实利益；本人将妻子遗弃，使其贫困交加，管理人为本人的妻子提供食物，虽然违背本人的意思，但实为为本人承担法定扶养义务；本人欠税未缴，管理人为其交税，虽然违背本人的意思，但实为为本人履行法定纳税义务。有利于本人的管理方法，指管理人对事务管理的方式和结果有利于本人，不损害本人的利益。管理人的管理方法是否适当，应视当时的客观情况而定，管理人应尽到善良管理人的注意义务。管理人主观上认为其管理方法有利于本人，但是客观上不利于本人，甚至反而使本人利益受损的，该管理方法并不适当。如果管理人所管理的事务是本人应当履行的法定义务或者社会公益义务，尽管管理结果可能不利于本人的利益(如导致本人财产减少)，仍然是适当的管理。

2.通知义务。管理人在开始管理时，应当将开始管理的事实通知本人。如果所管理的事务并不急迫，还应停止管理，等待本人的相应指示。但是，管理人的通知义务，应当以能够通知和有必要通知为限，无法通知或者本人已经知道的，无需通知。

3.报告义务。管理人开始管理后，应当将管理的有关情况及时报告给本人。该报告义务也应以管理人能够报告为限。事务管理完毕时，管理人应当及时向本人报告事务管理的始末、告知管理的结果。

4.计算交付义务。计算交付义务，又称结算义务，是指管理人应当将因管理行为而取得的利益交付给本人，将以自己的名义取得的权利转移给本人。管理人为自己的利益使用本人的钱款的，应当从使用之日起计算相应的利息，届时将所使用的钱款和利息一并交还给本人。

5.停止管理或者继续管理的义务。一般地，在管理行为开始之后，管理人有权自主决定停止或者继续管理他人的事务。但是如果在管理行为开始之后，本人或其继承人、代理人可以进行管理的，管理人应当停止管理。如果管理人停止管理较之不开始管理对本人更为不利的，管理人应当继续管理，而不应停止。例如管理人为本人签订一项购买汽车的合同，在合同中订有违约金条款，如果停止履行该合同将使本人另行支付一笔违约金，这一结果比不签订合同购买汽车更不利于本人。因而，管理人应当继续为本人履行该合同。

如上所述，管理人在管理过程中，应尽一定的注意。但是对于管理人应尽何种注意义务，我国法律未做出明确规定。一般认为管理人应尽善良管理人的注意。如果管理人未尽善良管理人的注意、未采取对本人有利的方法，或者未尽其他应尽的义务，因此给本人造成损害的，管理人应当以故意或者过失为限承担债务不履行的责任。但是在为免除本人生命、身体或者财产上的急迫危险而进行管理的情况下，管理人仅以故意或者重大过失为限对给本人造成的损害承担赔偿责任。[①] 有学者提出对于管理人注意义务的要求不应过高，应当要求管理人对所管理的事务尽到如同管理自己事务时一样的注意。如果管理人已经尽到了如此程度的注意，即使其管理不适当，仍然不应当承担责任。只有在没有尽到如此程度的注意时，方承担相应的责任。[②] 我们赞成将是否尽到如同管理自己事务时一样的注意，作为管理人是否尽到应有注意的判断标准。

如果管理人在管理本人事务过程中，因过错实施了非管理事务的行为，不法侵害本人合法权益的，应当向本人承担侵权赔偿责任。但是侵权损害赔偿责任的承担不影响管理人因无因管理所享有的权利。

有学者提出，我国对于不具有完全民事行为能力的管理人，不宜设置债务不履行责任，只应依侵权行为和不当得利的有关规定规制其责任。[③]

（二）本人的权利和义务

本人在享有上述通知、报告、计算交付等权利的同时，负有向管理人偿还必要费用、清偿债务、损害赔偿等义务，这同时构成了管理人的权利。本人的义务具体包括：

1.偿还必要费用及利息的义务。本人应当向管理人偿还其为管理事务所支出的必要费用以及相应利息。利息自费用支出之时起开始计算。管理人所支出的费用是否必要，应当以支出当时是否客观必需为判定标准。对于不必要支出的费用，本人不负偿还义务。

2.清偿债务的义务。对于管理人为管理事务而以自己的名义向第三人负担的必要债务，本人应当承担其债务或者代管理人清偿。管理人在管理事务时以本人名义对第三人负担债务的情况下，如果本人追认的，本人直接向第三人承担债务；如果本人不予追认，由管理人向第三人承担债务，但是管理人在承担之后，有权依无因管理请求本人进行清偿，本人应当清偿。

3.损害赔偿责任。管理人为管理事务而受有损害时，本人应当予以赔偿。损害与管理事务之间应当具有因果关系。非因管理事务而受有的损害，本人不承担赔偿责任。如果管理人对其损害的发生犯有过失，本人的赔偿责任应当适当减轻。

如上所述，按照是否应给管理人表扬或物质奖励的标准，可将无因管理分为一般的无因管理和特殊的无因管理，前者管理人只享有上述三项权利，后者管理人还有权获得表扬或物

---

① 有学者提出，管理人对本人事务的管理，如果不违反本人的意思要求和社会常识，只是在具体的管理方法、措施方面不当的，对于因此给本人造成的损害，管理人有故意或者重大过失的，应当承担赔偿责任；管理人有一般过失的，应当免除或者减轻管理人的赔偿责任。参见佟柔主编：《中国民法》，法律出版社1990年版，第474～475页。

② 房绍坤、郭明瑞、唐广良：《民商法原理（三）·债权法·侵权行为法·继承法》，中国人民大学出版社1999年版，第325页。

③ 张广兴：《债法总论》，法律出版社1997年版，第79页。

质奖励。

至于无因管理成立后，本人是否应当向管理人支付报酬，我们认为，无因管理制度设立的目的是发扬互帮互助、助人为乐的精神，请求支付报酬与此不符，因此一般情况下，管理人除了上述权利外，不应享有管理报酬请求权。各国立法和学说也多持此种态度。德国通说认为，如果所管理的事务属于管理人的职业范畴，例如医生救助遭遇车祸的人，则应当肯定其享有报酬请求权。此外，管理人因管理本人的事务而死亡的，应当由本人承担其殡葬费用或法定扶养费。我们认为这一观点值得参考。

六、对于无因管理的承认

管理人为本人管理本人事务后，本人可以自由决定是否承认管理人的无因管理行为。本人承认该管理事务行为的，依据台湾地区“民法典”的规定，管理人与本人之间的关系可以准用委托合同的有关规定。

有学者认为，本人的承认是单方行为、不应使管理人与本人之间的无因管理关系转变为委托合同关系。因此，准用委托合同有关规定的结果，不应使管理人处于比在无因管理法律关系中更为不利的地位。[①]

通过比较法律关于委托合同与无因管理的有关规定，可以看出，一般而言，本人承认该管理事务行为的，(1)如果委托合同下，受托人仅有权请求本人偿付其处理委托事务的必要费用，不能要求偿付对本人事务的其他有益费用时，管理人可以依据无因管理的有关规定请求本人偿付管理事务的必要费用与有益费用；(2)如果委托合同下，受托人可以请求报酬，则管理人可以准用这一规定，请求本人支付报酬。如果受托人不能请求报酬，则管理人仍可以依据无因管理的有关规定，请求本人偿付有益费用；(3)无报酬请求权时，管理人可以准用委托合同中较低的注意程度来管理事务；(4)管理人可以准用委托合同的有关规定，请求本人预付有关费用、承担代为清偿债务的担保责任。

七、不法无因管理

不法无因管理，又称不适法无因管理、不正当的无因管理，是指管理人没有法律上的原因，违反他人明知或者可以推知的意思而管理他人事务的行为。不法无因管理与合法的无因管理(又称适法无因管理、正当的无因管理)相对应。

就其构成要件来说，不法无因管理与合法无因管理不同的是：不法无因管理中，管理人管理事务或者在管理事务中的行为违反本人明知或者可以推知的意思，并且，该违反不以维护社会公共利益或者本人的真正利益为目的。

就其性质而言，不法无因管理属于侵权行为。因此如果该管理行为给本人造成损害的，管理人应当承担赔偿责任。应当注意的是，如果管理人不为该管理行为，本人同样会遭受该损害的，管理人不负赔偿责任。如果该损害与该管理行为之间不具有因果关系的，管理人也不负赔偿责任。有学者提出，在本人生命、身体或者财产有急迫危险的情况下，除非管理人犯有故意或者重大过失，否则管理人对于违反本人的意思所进行的管理行为不承担损害赔

---

① 王泽鉴:《债法原理(一)·基本理论·债之发生》中国政法大学出版社 2001 年版，第 358～360 页。

偿责任。[①]

在不法无因管理的情况下，本人可以对该管理行为予以承认。如果本人承认该管理行为，即可以准用委托合同的有关规定，产生本人委托管理人进行管理的有关权利与义务。本人不承认该管理行为的，其有权选择主张或者不主张享受因该管理所生的利益：

(一)本人主张享受不法无因管理所生之利益

本人主张享受不法无因管理所产生的利益的情况如：(1)甲雇请乙看管甲的房屋，乙违反甲的意思将甲的房屋出租给丙，甲向乙主张享受出租该房屋所取得的租金；(2)甲将某物存放于乙处，乙知道甲有意出售该物，故以 5000 元售于丙，比市价低 500 元。甲向乙主张享受出售该物的 5000 元价款。这种情况下，本人有权享受该不法无因管理所产生的利益，同时也应当以该利益为限偿还管理人为管理事务所支出的必要费用及利息，清偿管理人所负担的债务，赔偿管理人所遭受的损失。本人提出享受主张不能被视为是对该管理行为的承认，也不能使不法无因管理转变为合法的无因管理。

(二)本人不主张享受不法无因管理所生之利益

如果本人不主张享受不法无因管理所带来的利益，则不承担偿还管理人因此支出的必要费用及利息、清偿管理人因此所负的债务、赔偿管理人因此所受的损失的义务。如果本人虽不主张享受该利益，但本人确实因该不法无因管理而受有利益的，同时管理人因该不法无因管理而受有损害的，在管理人与本人之间构成不当得利。管理人可以向本人请求返还不当得利，本人负有在其所受利益的范围内返还该不当得利的义务。对于管理人的其他损害，本人不负任何责任。

---

① 张广兴：《债法总论》，法律出版社 1997 年版，第 83 页。

第18章

侵权责任

第一节　侵权责任概述

侵权责任法律规范是保护民事主体合法权益，明确侵权责任，预防并制裁侵权行为，促进社会和谐稳定的民事基本法律。随着社会经济的发展，新的侵权类型不断出现，我国现有的法律体系中有关侵权责任的规定较为原则，不易操作，许多规定又分散在单行法中，缺乏对侵权责任共性问题的规定。因此，为了适应改革发展稳定的要求，妥善处理侵权责任法律规则的现实性与前瞻性、原则性与可操作性的关系，第十一届全国人民代表大会常务委员会第十二次会议于 2009 年 12 月 26 日通过了《中华人民共和国侵权责任法》，并于 2010 年 7 月 1 日起施行，这是我国对侵权责任进行专门规定的法律制度。

一、侵权责任的概念

根据我国《侵权责任法》第 2 条的规定，侵权责任是指侵害民事权益，应当依照法律规定所承担的民事责任。尽管侵权责任的概念存在不同的理论观点，[①]但我国《侵权责任法》对侵权责任的概念进行了明确规定。侵权责任的基本任务就是保护民事主体的合法权益，明确侵权责任，预防并制裁侵权行为，促进社会的和谐稳定。因此，侵权责任具有如下特征：

1. 侵权责任具有权利保护的目的。侵权责任所保护的民事权益，包括生命权、健康权、姓名权、名誉权、荣誉权、肖像权、隐私权、婚姻自主权、监护权、所有权、用益物权、担保物权、著作权、专利权、商标专用权、发现权、股权、继承权等人身、财产权益。因此，侵权责任是最重要的民事权利救济法。对于一些民事权利，如信用权、人身自由权、身体权悼念权，侵权责任法没有进行列举，而是用“等”字进行概括。这是因为现实存在的民事权利种类不能罗列穷尽，法律进行弹性规定，才可以真正全面保护民事权利。如果说合同法是市场交易法，那么侵权责任法就是权利的保护法。

2. 侵权责任属于债法。债的关系体现为特定人之间的关系，是特定人要求特定人为一定行为或者不为一定行为权利义务关系。债的发生原因包括合同、不当得利、无因管理、缔约过失和侵权行为。因侵权行为而承担的法律责任就是侵权责任，这种责任既是特定人之间的权利义务关系，又由当事人根据自愿原则行使权利。《侵权责任法》第 3 条规定，被侵权

① 杨立新：《侵权法论》，人民法院出版社 2004 年版，第 33 页。

人有权请求侵权人承担侵权责任。可见,侵权责任的承担原则是不告不理,受害人不主张权利的,侵权人就不承担责任。

3. 侵权责任具有优先的属性。当权利人的人身或者财产权益遭受侵害时,受害人往往在身体或者生活上产生困难,在经济上受到一定损害,从而影响正常的生活和工作。因此,保障当事人的权利,全面弥补救济受害人的损害非常重要。在一些情况下,侵权人的行为既违反了侵权责任法的规定应当承担侵权赔偿责任,同时也违反的刑法或者行政法的规定而应当承担刑事责任或者行政责任,就可能出现侵权人的责任承担问题。如侵权人既需要赔偿受害人的经济损失,但由于其行为同时构成犯罪也要被处罚金,侵权人如果支付罚金,就无能力赔偿受害人的经济损失。为此,我国侵权责任法将保护受害人的利益摆在优先地位。《侵权责任法》规定,侵权人因同一行为应当承担侵权责任和行政责任、刑事责任的,不影响其依法承担侵权责任。因同一行为应当承担侵权责任和行政责任、刑事责任,侵权人的财产不足以支付的,先承担侵权责任。《民法总则》第 187 条也规定,民事主体因同一行为应当承担民事责任、行政责任、刑事责任的,民事主体的财产不足以支付的,优先用于承担民事责任。

二、侵权责任与侵权行为

侵权责任与侵权行为应该是有所区别的,但我国法学理论历来未将二者明确区分,侵权行为法实际上就是侵权责任的承担法,侵权行为的理论包括了侵权责任的承担。事实上,作为行为的侵权行为与作为责任的侵权责任无论是在构成要件上还是后果的承担上均有所不同。

"侵权行为"是一个外来词汇,其随着近代西方法律文化的传播而传入中国。英文中侵权行为一词称作"tort",它源于拉丁词"tortum ",原意是"扭曲"。在法国,侵权行为被称为"delict ",原意是"过错""罪过"。在德国,侵权行为称为"unerlaubte handling"或者"delike",意思是"不法侵害"。可见,侵权行为一词,包含了人类社会长期的一种固有观念,即侵权行为乃是一种违反公共规范的行为,是一种社会所不允许的行为。

何谓侵权行为,是一个历年来争论不休的问题,学术界各有不同的主张。比较典型的有四种观点:(1)过错说。认为侵权行为是一种过错行为。例如英国学者福来明(Fleming)认为,"侵权行为是一种民事过错,而不是违反合同。对这种过错,法院将在损害赔偿的诉讼中予以补救"。[①] (2)违反法定义务说。认为法律规定有不得加害于他人的义务,"侵权行为的责任系违反法律事先规定的义务而引起"的法律后果。[②] (3)责任说。认为侵权行为是一种损害赔偿责任。例如《法国民法典》第 1382 条规定:"任何行为使他人受损害时,因自己过失而致行为发生的人对他人负有赔偿责任。"(4)不法行为说。认为侵权行为是不法行为。日本《新版新法律词典》认为,由其行为引起他人的损害,以至发生赔偿责任的场合,称其行为

① Fleming, *The Law Of Torts*, 4th ed., Sydney, 1971, p.1.

② Winfield, *The Province Of The Law Of Tort*, Cambrige, 1931, p.31.

谓不法行为。[①] 在我国的民法理论研究中，学者对侵权行为的概念也作了有益的探索。[②] 我们认为，侵权行为是指行为人由于过错，或者基于法律的特别规定虽无过错，但违反法定义务，侵害他人财产和人身权利，依法应承担损害赔偿等法律后果的违法行为。我国《民法通则》第 106 条第 2 款规定："公民、法人由于过错侵害国家的、集体的财产，侵害他人财产、人身的，应当承担民事责任。"第 3 款规定："没有过错，但法律规定应当承担民事责任的，应当承担民事责任。"

根据对侵权行为概念的理解，可以概括侵权行为一般具有如下法律特征：

1. 侵权行为是一种侵害他人财产权和人身权的行为，其违法性在于违反了法律的义务性和禁止性规定或超过了法律规定的许可范围和限度。侵权行为侵害的对象是物权、知识产权和人身权等绝对权。不同于合同债权的相对权属性，当绝对权受到侵害时，受害人不能借助合同法得到救济，只能寻求侵权责任法的保护。当然，随着社会的发展和经济生活的复杂化，侵权行为法保护的对象和范围正在不断扩大，除包括公民、法人享有的财产权和人身权外，还应包括其他权益。例如，一些国家的法律开始将第三人侵害债权作为侵权行为看待。[③] 侵权行为的概念本身，体现了法律对行为违法性的谴责和对公民、法人民事权利的保护。

2. 侵权行为是一种过错行为。除法律规定的产品责任、高度危险作业等少数特殊情形下的侵权行为无须具备主观过错要件外，侵权行为都是一种行为人基于主观过错而实施的违法行为，无过错也就无违法行为。侵权行为的这一特性，反映了行为人主观状态的不正当性和应受谴责性，它与行为人表现出来的客观行为的违法性是相一致的。法律对侵权行为的规制，正体现了法律对行为人主观状态的否定性评价。

3. 侵权行为是作为或不作为的违法行为。侵权行为的表现形式既可以是作为，也可以是不作为。这种具体表现形式的不同，是由法律规定的行为人承担的法定义务不同所决定的。法律规定行为人负有作为的义务，行为人不履行法定作为义务的，构成不作为的侵权行为；法律规定行为人负有不作为的义务，行为人违反法律规定而作为的，则构成作为的侵权行为。侵权行为的表现形式只有作为和不作为，没有其他表现形式。

4. 侵权行为是应承担损害赔偿等法律后果的行为。侵权行为造成损害，就构成损害赔偿民事法律关系，行为人有义务承担由侵权行为引起的法律后果。在侵权行为的法律后果中，损害赔偿是侵权行为人最基本、最主要的责任方式。

由此看来，侵权责任是指违法行为人依法应当承担的法律后果，侵权行为则是指行为人侵害他人合法权益的违法行为。民事法律规范作为当事人的行为准则和司法裁判准则，其目的在于规定违法行为人应当承担的责任，以弥补救济被侵权人因此遭受的损害，制裁侵权人的违法行为。将规定侵权行为及其责任的法律称为侵权责任法，更具有科学合理性。

---

① 郭明瑞等：《中国损害赔偿全书》，中国检察出版社 1995 年版，第 113 页。

② 李双元、温世扬主编：《比较民法学》，武汉大学出版社 1998 年版，第 770～772 页。

③ 参见王利明、杨立新：《侵权行为法》，法律出版社 1996 年版，第 3 页。

三、侵权责任的功能

侵权责任的功能，就是侵权责任的法律规定在适用中应达到何种目的。侵权责任的功能是民事法律规范功能的体现，侵权责任的归责原则、构成要件等，都必须受到民事法律规范功能的指导。侵权责任的功能一般表现为以下几方面：

（一）赔偿

赔偿，是在违法行为人侵害他人民事权利造成他人损害后违法行为人应当对他人因此所受的损失进行弥补，使受害人的损失达到全面的恢复。[①] 赔偿包括三方面的内容，一是违反法律规定侵害他人权益造成的财产损失，即直接的财产损失和间接的财产损失；二是因违法侵权而造成人身损害的损失，即人身伤害及死亡所产生的经济损失；三是精神损害。侵权责任的赔偿功能，就是通过对受到侵害的民事权利进行法律上的救济，全面弥补和恢复因违法行为而造成的损害，以保护民事主体的合法权益。因此，赔偿功能是民事主体实现民事权益的合法保障。

（二）遏制

遏制，是防止违法行为人进行违法行为侵害他人合法民事权益的预防措施。侵权责任机制的设立，是要从根本上制止违法行为的发生，使违法损害他人合法利益的行为不会发生。侵权责任的遏制功能表现在：第一，侵权责任从利益的角度防止违法行为的发生。民事主体进行违法侵权，其目的往往是为了获得非法利益或者其他不法目的，而取得非法利益是非法行为的主要目的。侵权责任作为一种主要是财产责任的法律手段，就使违法行为人在侵害他人合法权利时不得不考虑违法行为的成本。这种使违法行为不仅不能得到利益，而且要对造成损害的利益进行弥补，恢复原状。这一行为的后果就对企图进行违法行为损害他人民事权益的行为人起到警告的效用。第二，侵权责任的承担，尤其是侵权责任的强制效果，会对违法行为人产生心理负担。一般而言，行为人对自己行为的性质与行为的后果具有比较清楚的认识，行为人知道自己的行为会产生侵权责任，会使其自我反省。当知道自己必须为自己的违法行为承担相应的法律后果时，在从事这种非法活动时就会自我限制。第三，侵权责任的承担往往是由法院或者仲裁机构裁决的。由于审判的公开，违法行为人的责任承担往往会受到舆论的谴责，会在社会上造成对侵权责任人的批评，这样对其他人起到警示效果，从而防止违法行为的发生。

（三）惩罚

惩罚，是通过侵权责任的承担，对民事违法行为的制裁和谴责。许多学者认为惩罚是民事责任的功能之一。[②] 我们同意这样的观点。目前，我国民法规定的侵权责任，基本上是为了弥补受害人因此造成的损害。但侵权责任法明确规定，明知产品存在缺陷仍然生产、销售，造成他人死亡或者健康严重损害的，被侵权人有权请求相应的惩罚性赔偿。这种“相应

---

① 有观点认为侵权责任的功能应当是补偿。我们认为补偿和赔偿属于不同的法律词汇。补偿具有大概性，而赔偿则具有全面弥补性。赔偿作为侵权责任的功能更为妥当。

② 江平主编：《民法学》，中国政法大学出版社 2000 年版，第 741 页。王利明、杨立新：《侵权行为法》，法律出版社 2000 年版，第 24 页。

的惩罚性赔偿”,突破了我国《产品质量法》“假一赔二”和《食品安全法》“假一罚十”的惩罚性赔偿规则。我国法律对侵权责任人的惩罚,是国家通过对侵权责任人的民事制裁,使其在承担民事赔偿责任之外的法律责任。这种法律责任仍然是对特定的受害人的责任,属于民事责任的范畴。

四、侵权责任的分类

侵权责任可以根据不同的标准进行分类。对侵权责任进行分类的目的,在于正确把握不同侵权责任的构成要件,明确当事人的责任范围和确定责任的承担方式。侵权责任可作如下分类:

(一)一般侵权责任和特殊侵权责任

根据归责原则、责任构成要件和举证责任负担的不同,侵权责任可分为一般侵权责任和特殊侵权责任。

一般侵权责任是指具备侵权责任的一般构成要件,直接由侵权人自己承担民事责任的侵权责任。一般侵权责任,是侵权责任的一般形式,这种侵权责任,要求行为人必须具有可归责的意思状态、行为必须具有违法性和必须有造成他人损害的结果,在归责问题上实行过错责任,无过错即无责任。

特殊侵权责任是相对于一般侵权责任而言,指不须具备一般侵权责任的要件,而由法律特别规定的侵害他人权利的责任。在特殊侵权责任中,责任主体和行为主体可能同一,也可能分离,归责原则采取无过错或过错推定,行为人即使无过错也应依法承担责任。

一般侵权责任和特殊侵权责任,具备不同的构成要件,实行不同的归责原则,其责任主体在两种不同的侵权责任中表现为不同的状态,有时是合二为一,有时则相分离。

(二)积极侵权责任和消极侵权责任

根据侵权行为的具体表现形式不同,侵权责任可分为积极侵权责任和消极侵权责任。

积极侵权责任,又称作为的侵权责任,是指以一定的作为侵害他人合法权益的侵权责任。这种侵权责任表现在行为人对他人负有不作为的义务,但行为人违背法定的不作为义务而实施了积极的行为,例如侮辱、损害财产、假冒他人注册商标等。

消极侵权责任,又称不作为的侵权责任,是指以不作为致人损害的侵权责任。这种侵权责任的发生乃是因为行为人负有某种法定的作为义务,但行为人因未履行这种义务而导致损害的发生,例如医生未对患者及时采取诊疗护理措施致患者死亡,在公共场所施工未设置安全标志或采取措施致使行人受到伤害等。

积极侵权责任和消极侵权责任的区别,在于前者是行为人主动实施不法行为,侵害了他人的民事权利;后者则是责任人不实施法律规定的行为,从而造成他人民事权利受到损害。

(三)单独侵权责任和共同侵权责任

根据侵权责任人的多寡和行为间是否存在关联,侵权责任可分为单独侵权责任和共同侵权责任。

单独侵权责任,是指由一个人单独实施的侵权行为而承担的民事责任,它是侵权责任的普遍表现形式。在这种侵权责任中,往往表现为行为人一个人单方面的过错。

共同侵权责任,是指两人以上共同实施侵权行为而应承担的民事责任。这种侵权责任表现为行为人为数人,行为人主观上有共同过错,各个行为人的行为之间存在着关联关系,他们的共同行为造成了同一的损害后果。和单独侵权责任比较,共同侵权责任具有以下特征:(1)主体具有复合性,即有两个以上的侵权人存在。(2)行为具有共同性,即两个以上的人相互联系的行为构成一个损害的原因。只要各个行为人对行为所产生的损害后果存在过错,并且各行为之间的联系是引起损害发生的同一原因,就表明行为具有共同性。(3)结果具有单一性,即共同侵权行为造成一个统一的不可分割的损害后果。尽管共同侵权责任的形式复杂,但归纳起来,其种类主要有这几种:(1)因共同的意思而实施的侵权行为,如合谋殴打他人的行为。(2)因违反共同的注意义务而实施的侵权行为,如共同违反规定排放废气的行为。(3)因分别过错及共同关联行为,如两人在街上开玩笑争打,误伤他人。(4)因分别过错行为的结合而实施的侵权行为,如购买的电热水器漏电,加装的漏电保护器不符合质量要求,导致用户在使用时被电伤。

共同侵权责任包括共同危险责任和无意思联络的共同侵权责任两种形式。共同危险责任也称为准共同侵权责任,指数人实施的行为均有侵犯他人合法权益的危险性,其中一人或者数人的行为致人损害而又不能判明谁是侵害人的侵权责任。例如,在同一时间、地点的数人中造成同一损害而又不能确定具体的侵权行为人,该数人构成共同侵权责任。如行人因某居民楼顶上砸下的砖头导致受伤,在不能证明是谁实施侵权行为的情况下,该居民楼顶搬砖头的数人构成共同侵权责任。《侵权责任法》第 10 条规定,二人以上实施危及他人人身、财产安全的行为,其中一人或者数人的行为造成他人损害,能够确定具体侵权人的,由侵权人承担责任;不能确定具体侵权人的,行为人承担连带责任。而无意思联络的共同侵权责任是指数个行为人事先并无意思上的联络,由于数个行为的结合而致同一受害人受有损害的侵权责任。例如某汽车违章行驶在非机动车交通道,甲驾驶无合法手续的摩托车非法上路行驶,二车同时撞上正常行走的行人,致使该行人死亡。在无法确定该行人死亡是由汽车还是摩托车造成的情况下,汽车驾驶员和甲就构成无意思联络的共同侵权责任。《侵权责任法》第 11 条规定,二人以上分别实施侵权行为造成同一损害,每个人的侵权行为都足以造成全部损害的,行为人承担连带责任。

因此,单独侵权责任因行为人只有一个人,所以其责任承担和过错认定相对简单,并且在法律关系中仅存在行为人和受害人之间的关系。共同侵权责任因其行为人为多数,其共同过错应从行为、结果等方面进行综合分析,责任的承担和过错认定相对复杂。共同侵权责任所引起的法律后果存在着两种法律关系;一是行为人和受害人之间的损害赔偿关系,共同侵权责任的行为人对受害人承担连带赔偿责任;二是多数行为人之间的法律关系,共同侵权责任的某一个或几个侵权人向受害人承担连带赔偿责任以后,有权向其他共同侵权人要求分担赔偿责任。

(四)按份责任与连带责任

根据侵权责任人的责任关联性,侵权责任可分为按份责任与连带责任。

按份责任是指侵权责任人为多人时,各侵权行为人按照各自确定的份额承担责任。权利人也只能就属于侵权责任人应当承担的责任份额请求其承担责任。《民法总则》第 177 条规定,“二人以上依法承担按份责任。能够确定责任大小的,各自承担相应的责任;难以确定责任大小的,平均承担责任”。

连带责任是指侵权责任人为多人时，两个或者两个以上的侵权行为人依法对损害后果承担全部责任。就是说几个侵权责任人中的任何一人都有义务承担全部的侵权责任，承担责任后有权向其他连带责任人追偿超过自己责任范围的部分赔偿额。《侵权责任法》第8条规定，二人以上共同实施侵权行为造成他人损害的，应当承担连带责任。第13条规定，被侵权人有权请求部分或者全部连带责任人承担责任。第14条规定，连带责任人根据各自责任大小确定相应的赔偿数额；难以确定责任大小的，平均承担赔偿责任。支付超过自己赔偿数额的连带责任人，有权向其他连带责任人追偿。

按份责任与连带责任只能发生在共同侵权责任之中。

(五)垫付责任与补充责任

根据侵权责任的目的性，侵权责任可分为垫付责任和补充责任。

垫付责任是指与违法行为人具有特殊关系的民事主体在违法行为人无力承担赔偿责任时，为了保护受害人的利益而承担的先行支付赔偿金的责任形式。《最高人民法院关于贯彻执行〈中华人民共和国民法通则〉若干问题的意见》第162条规定："行为人致人损害时年满18周岁的，应当由本人承担民事责任；没有经济收入的，由扶养人垫付，垫付有困难的，也可以判决或者调解延期给付"。垫付责任可以说是我国民法在责任方面的一中特殊规定，责任人在这里既没有主观过错，也没有客观行为，只是因为和违法行为人具有特殊的关系，就必须承担先为支付损害赔偿金的责任。这种特殊的民事责任作为一种法定责任，其目的是为了保护受害人的利益，使受到侵害的权利能够得到救济。虽然《民法总则》已于2017年10月1日生效，但并没有明确废除《民法通则》的相关规则，该垫付责任的法律规则仍然具有法律效力。

补充责任是指民事主体因违法不作为或者不适当作为时，对第三者违法侵权行为所造成的损害应承担与过错相适应的侵权责任。最高人民法院《关于审理人身损害赔偿案件适用法律若干问题的解释》第6条规定："从事住宿、餐饮、娱乐等经营活动或者其他社会活动的自然人、法人、其他组织，未尽合理限度范围内的安全保障义务致使他人遭受人身损害，赔偿权利人请求其承担相应赔偿责任的，人民法院应予以支持。因第三人侵权导致损害结果发生的，由实施侵权行为的第三人承担赔偿责任。安全保障义务人有过错的，应当在其能够防止或者制止损害的范围内承担相应的补充赔偿责任。安全保障义务人承担责任后，可以向第三人追偿。赔偿权利人起诉安全保障义务人的，应当将第三人作为共同被告，但第三人不能确定的除外。"《侵权责任法》则在第37条和第40条规定了安全保障义务人及学校等教育机构未尽安全保障义务而使受害人遭受第三人侵权的补充责任。补充责任的特征是：第一，补充责任只发生在侵权责任中，在合同责任里没有补充责任。第二，补充责任的承担必须具有法律的规定，责任主体是经营管理者、群众活动组织者或者学校、幼儿园等教育机构，其过程必须发生在商业经营活动、群众性组织活动或者教育教学期间。第三，补充责任以两个侵权行为为前提。如某人在商场殴打他人，商场管理人员视而不见。殴打他人的行为人是侵权行为的直接人，商场不尽安全保障义务，是侵权行为的不作为，商场应承担相应的过错责任。商场的这种责任就是补充责任。第四，补充责任人具有追偿权。补充责任人承担责任后，可以向直接进行侵权行为的人追偿。

垫付责任和补充责任虽然规定为一种责任，但这两种责任均不属于终局责任，这两种责任归根结底都不要由责任人承担侵权责任。垫付责任只是暂时的代为支付，侵权责任最终仍然是由行为人承担。补充责任则规定对第三人的追偿权。但二者仍然具有如下区别：

1.主观状态不同。垫付责任的责任人主观没有过错，而补充责任的责任人主观上必须具有过错，即责任人有未尽安全保障义务的主观不良心理。

2.适用范围不同。垫付责任的适用范围只包括两种情况，一是没有参加机动车第三者责任强制保险或者肇事后逃逸的机动车，由道路交通事故社会救助基金先行垫付部分或者全部抢救费用；二是扶养人对没有支付能力的成年人致人损害的垫付责任。补充责任则包括经营管理者、群众活动组织者和学校、幼儿园等教育机构未尽安全保障义务时的过错责任，适用面比较广。

四、侵权责任和刑事责任的区别

侵权责任和刑事责任同为违法行为而产生的责任，但二者所导致的法律责任和适用的法律不同，前者承担的是民事责任，适用侵权责任法的有关规定；后者承担的是刑罚的责任，适用刑法的有关规定。但是，侵权责任和刑事责任又有着密切的联系。一方面，侵害公民、法人的财产和人身权益构成犯罪的责任同时也是侵权责任，因其情节严重而构成犯罪，犯罪行为人除依法承担刑事责任外，还应承担因其侵权给受害人造成损害的赔偿责任。行为人并不因其已经承担刑事责任而免除其对受害人的侵权责任；另一方面，侵权责任法和刑法在目的和功能上也趋于相同，均是通过法律责任的承担来制止违法行为，以维护公民、法人的财产权和人身权的安全。所以，侵权责任所适用的法律与刑事责任所适用的法律一样，都有惩诫、教育和预防的作用。

尽管侵权责任和刑事责任的联系密切，但它们的区别也是十分明显的，主要表现在以下几个方面：

1.侵犯的客体不同。侵权责任的侵权行为是对民事主体财产权利和人身权利的侵犯，侵害的客体是民事主体的民事权益。而刑事责任的犯罪行为是对社会秩序和公共利益的侵犯，侵害的客体是刑法所保护的社会关系。

2.法律性质不同。侵权责任是侵权人对受害人的民事责任，属于私法范畴。侵权责任具有一定的任意性，表现在受害人有权决定是否要求侵权人承担民事责任，有权要求侵权人赔偿全部或部分损失，在赔偿问题上可由侵权人和受害人协商解决。而刑事责任，属于公法的范畴。刑事责任具有明显的强制性。除少数自诉案件外，刑事责任的承担不由被害人决定，更不能由被害人予以免除，而是由代表国家的审判机关 根据犯罪行为的动机、目的、情节、后果等因素决定行为人应否承担以及如何承担刑事责任。

3.适用的法律不同。侵权责任的法律后果是损害赔偿的权利义务关系，属于民事法律关系，受民法调整，其主要目的是通过赔偿的方法使已经遭受侵害的财产关系和人身关系得到恢复和补救。而刑事责任的法律后果，是犯罪和刑罚的法律关系，受刑法调整。只有那些触犯刑律，具备了刑法所规定的犯罪构成要件的违法行为，才适用刑法的规定，其主要目的是通过刑法所规定的刑罚方法惩罚犯罪行为人，从而达到惩罚、预防犯罪，保护人民群众的利益，稳定社会秩序的目的。

五、侵权责任和违约责任的区别

侵权责任和违约责任，是两种不同的民事责任，它们之间具有联系又有区别。其共同之处在于：它们都是债的发生依据，并且基本上是损害赔偿之债；就二者的构成要件来说，侵权责任和违约责任基本相同；在归责原则上，二者均以过错责任原则为基础。但是，侵权责任和违约责任有着明显的不同，主要表现在：

1.债权债务关系成立的时间不同。因侵权责任而产生的债权债务关系，其前提是发生侵权行为，即侵权责任之债基于侵权行为而发生。而在违约责任，是先有合同之债，后有违约责任，如果没有合同之债的存在，就谈不上违约责任。

2.保护的民事权利不同。侵权责任保护的是公民、法人的物权、知识产权和人身权，这些权利属于绝对权。违约责任保护的是合同权利，合同权利属于债权、相对权。

3.责任承担方式不同。侵权责任的承担方式除损害赔偿外，还有返还财产、消除危险、排除妨碍、恢复原状、赔礼道歉、恢复名誉、消除影响等；违约责任的承担方式则是继续履行、支付违约金、赔偿损失。在违约责任，法律允许合同当事人事先约定民事责任的承担，如约定违约金，侵权责任则不允许当事人事先约定。发生侵权责任时，侵权人应根据法律的规定承担侵权责任。即使同是损失赔偿责任，侵权责任规定的赔偿与违约责任规定的赔偿也有区别。

4.举证责任承担不同。侵权责任的举证主要在受害人，受害人应举证证明其财产或人身权益受到侵害、侵权人主观上有过错的事实，侵权人在一般情况下不负举证责任，举证责任在债权人一方。而在违约责任中，举证责任主要在于债务人。只要债务人不履行合同义务就应承担违约责任。因此，债务人负有举证责任以证明自己已经履行了合同义务或债务不履行是由于不可抗力或债权人的过错所导致的，否则即应承担违约责任。

5.诉讼管辖不同。依我国《民事诉讼法》第 24 条至第 29 条的规定，因合同纠纷引起的诉讼，由合同履行地或被告所在地的人民法院管辖，合同当事人也可以在书面合同中选择当事人住所地、合同履行地、合同签订地、标的物所在地的法院为管辖法院。因侵权责任纠纷引起的诉讼则由侵权行为地或被告住所地的法院管辖。

第二节　侵权责任的构成与方式

侵权责任的构成与方式，是规定何种行为构成侵权责任以及该行为应如何承担侵权责任的法律规则，是侵权责任法的重要组成部分。

一、侵权责任的归责原则

侵权责任的归责原则，是指确定侵权责任归属所必须依据的法律准则，即依据何种标准来确定行为人的侵权责任。归责原则在侵权责任法中占据着重要地位。一定归责原则的确立，决定着侵权责任的分类、侵权责任的构成要件、举证责任的分担、免责事由的确定和损害赔偿原则与方法的确定。同时，对于法律因概括性而无法穷尽的具体的侵权行为，归责原则成为指导司法人员处理此类纠纷的准则。[①] 由于侵权责任的复杂性和决定归责的法律价值标准不同,有必要确立多项归责原则,这些归责原则所组成的具有内在联系的统一整体,就是归责原则体系,它反映了一国侵权责任法的全貌。归责原则体系具有如下特点:其一,每一归责原则都具有普遍的适用性,适用于对应的某一类侵权责任;其二,具有内在的逻辑性,各项具体的归责原则在作用和功能下互相补充、互相联系,全面体现了侵权责任归责的补偿、制裁和预防功能。

我国《侵权责任法》确立了过错责任原则、无过错责任原则和公平责任原则为侵权责任的归责原则,从而建立了侵权责任归责体系,现将这几项原则分别论述如下:

(一)过错责任原则

1. 过错责任的概念

过错责任原则,也叫过失责任原则。它以行为人主观上存在过错作为其承担民事责任的基本构成要件和最终要件,即行为人仅在有过错的情况下,其行为才构成侵权责任,并根据其过错程度确定承担的民事责任范围的大小。如果行为人没有过错,其行为就不构成侵权行为,也就不用承担侵权责任。我国《侵权责任法》第 6 条规定:“行为人因过错侵害他人民事权益,应当承担侵权责任。”

过错责任原则的确立,反映了商品经济社会的客观要求。在商品经济社会中,由于商品生产和商品交换的领域不断扩大,实际过错责任原则,即每个商品经营者仅对其有过错的行为承担责任,对不可抗力等意外事故造成的损失不负责任,这样就增强了人们行使权利的责任心,使权利人行使权利的积极性和主动性得以充分发挥。同时,过错责任原则的确立,也是社会道德规范的要求。一个人如果不考虑社会公德和他人的合法权益,故意或过失地致他人损害,法律即对其侵权行为进行惩罚,以促使人们审慎地进行活动,稳定社会经济秩序,从而促进社会生产力的发展。正是因为过错责任原则对保护和促进商品经济具有积极作用,所以各国民事立法在一般侵权责任的归责原则上均采用过错责任原则。

过错责任的内容包括以下几个方面:

(1)以过错作为侵权责任的构成要件。行为人是否构成侵权行为,应不应该承担民事责任,不仅要认定其行为是否违法,是否造成损害后果,行为和后果之间是否存在因果关系,而且要考察行为人的主观过错。如果行为人没有过错,或者完全是由于受害人的过错造成损害,则行为人不必承担侵权责任。

(2)过错作为确定侵权责任范围的根据。完全是由于侵权人的过错造成受害人损害的,侵权人应承担全部民事责任。如果受害人对损害的造成也有过错的,则可以适当减轻侵权人的民事责任(例如《民法通则》第 131 条的规定)。在数人共同实施侵权行为的情况下,尽管对受害人承担的是连带责任,但在内部应以各个侵害人的过错程度来确定应承担的民事责任,其过错程度与责任大小成正比。在精神损害赔偿中,应否进行精神损害赔偿以及赔偿数额的大小,也是将过错程度作为一项重要的考虑因素。

(3)在举证责任上,根据“谁主张,谁举证”的原则,过错责任原则中侵权人过错的证明由受害人来承担,只有受害人证明侵权人主观上存在过错,才能要求其承担侵权的民事责任。

---

① 王利明:《侵权行为法归责原则研究》,中国政法大学出版社 1992 年版,第 18~20 页。

(4)在抗辩事由或免责事由上，根据无过错则无责任这一过错责任原则的核心要素，侵权人可以受害人过错、第三人过错、不可抗力、正当防卫、紧急必避险等自己没有过错的事由要求免除或减轻自己的责任。

过错责任原则一般适用于《侵权责任法》中规定的一般侵权责任和其他法律中没有作出特别规定的侵权责任。

2. 推定过错责任

推定过错责任，是指在受害人能够证明其所受损害与侵权人的行为有因果关系的情况下，如果侵权人不能证明其主观上没有过错，就推定为有过错，由侵权人承担侵权损害赔偿责任。推定过错责任，实际上属于过错责任范畴，只是在无法判明过错的情况下，为保护受害人的合法权利，根据相关人和受害人或受害物之间的管属关系及对之应尽的注意义务，在其不能证明没有过错的情况下，认定为有过错。《侵权责任法》第 6 条第 2 款规定，根据法律规定推定行为人有过错，行为人不能证明自己没有过错的，应当承担侵权责任。

推定过错责任具有以下的法律特征：

(1)举证责任倒置。在侵权损害的法律关系中，受害人往往必须就所受的损害举证证明侵权人具有主观过错。由于过错推定直接推定侵权人有过错，在这种情况下，受害人仅需证明侵权人的行为和损害结果之间存在因果关系，不必证明侵权人有过错，从而避免了受害人举证困难或举证不力所应承担的不利后果，便于受害人求偿。因此，在过错推定中，侵权人必须举证证明自己没有过错，或证明有其他免责事由，否则将推定侵权人主观上具有过错。

(2)侵权免责事由受到严格限定。在某些适用过错推定的侵权行为中，法律规定免责事由仅为不可抗力、第三人过错或受害人过错。侵权人只有证明存在这些免责事由，才能说明其主观上没有过错，从而推翻对他的过错推定。侵权免责事由的严格限定，大大加重了侵权人的责任，加强了对受害人的保护。

过错推定分为一般过错推定和特殊过错推定：一般过错推定，是指行为人侵害他人人身、财产并造成损害，在没有证据证明他没有过错的情况下，就推定行为人具有主观过错，应承担由此产生的法律后果；特殊过错推定，是指在某些特殊的侵权责任中，只要行为人不能证明有法定的免则事由存在，就不能推翻法律对他所作的主观上存在过错的推定，应承担由此产生的法律后果。区分一般过错推定和特殊过错推定的法律意义在于，对一般过错推定，其免责事由法律没有作出限定；而特殊过错推定，其免责事由则是由法律直接规定，只有证明法定免责事由的存在，行为人才能免除侵权责任。

过错推定责任和过错责任既有联系，又有区别。一方面，过错推定责任是过错责任原则的发展，其标准均是以过错作为确定侵权责任的依据。过错推定责任和过错责任同样具有预防、补偿、制裁的价值和功能。另一方面，过错推定责任和过错责任原则又有明显的区别：其一，“谁主张，谁举证”是过错责任原则的举证规则，而过错推定责任的举证规则是举证责任倒置，由行为人来举证证明自己没有过错；其二，过错责任原则往往根据侵权人过错的不同程度来确定其责任的大小，而过错推定责任因为行为人的过错是推断的，因而无法确定过错程度或过错等级；其三，过错推定比过错责任原则更加重了侵权人的责任，更加严格地保护受害人的利益，其免责事由也受到法律的严格限定。

（二）无过错责任原则

1. 无过错责任的概念

无过错责任，是指没有过错造成他人损害的，与造成损害原因有关的人也应当承担侵权责任。执行这一原则，不是根据行为人的过错，而是根据客观存在的损害、行为人的活动及其所管理的人或物的危险性质与所造成的损害后果的因果关系，而特别加重其责任。无过错责任也称为无过失责任，英美法则称为“严格责任”。

无过错责任原则的出现，是社会生产不断发展进步的结果。在自由资本主义进入垄断资本主义阶段后，工业生产飞速发展，机械设备大量利用，因而工业事故也不断发生，主要表现在交通事故锐增、工业灾害加剧、环境污染严重、产品质量、医疗事故频繁等，造成很大的损害。尽管这些活动对损害的发生有很大危险，却又是必不可少的工业经济活动，对事故的因果关系和过错的认定均极为困难，如果依传统的过错责任原则来认定，则工业主或工厂一方往往不承担任何责任，使工人一方受到很大的损害。随着劳资矛盾的激化，在立法中便开始在工业事故方面逐步采用无过错责任，即在特定的情况下，致人损害的一方即使没有过错也应承担赔偿责任。以后，无过错责任的范围逐渐扩大到交通事故和环境污染方面，从而使无过错责任成为适用民事责任的原则之一。在现代社会中，实行无过错责任原则，既不妨碍生产力的发展，又可以保证社会安全和个人利益，对侵权人来说也是公平合理的。因为行为人从事一切活动都应以避免损害他人为前提。目前世界上各国的民法都把无过错责任作为处理特殊行为的适用原则。我国《侵权责任法》第7条规定，行为人损害他人民事权益，不论行为人有无过错，法律规定应当承担侵权责任的，依照其规定。这是我国民法确认无过错责任原则的法律规定。

无过错责任的法律特征在于：

(1)因果关系是决定侵权责任的基本要件。依据无过错责任，行为人或责任人应否承担侵权责任，不取决于其主观上是否有过错，而是取决于损害结果和行为及其物件之间是否存在因果关系，如果存在因果关系，则行为人或责任人应承担侵权责任。

(2)不能对侵权人进行过错推定。无过错责任的一个重要依据在于尽管行为人或责任人并无过错，但依法仍应承担侵权责任。这是因为在一些法律规定的行为或责任状况中，很难以过错或者推定过错的概念来衡量行为或状况的责任，也无法用过错来衡量当事人的心理状态。在这种情况下，确定过错的标准和方法不适用责任的承担，因此无法以过错来概括。

(3)在举证责任负担上，由于不考虑侵权人有无过错而免除了受害人对侵权人过错的举证责任，侵权人也不得以证明自己没有过错的方式主张免责。但在侵权人欲以损害事实是由于受害人的故意或第三人的过错造成的而主张免责时，则实行举证责任倒置，由侵权人承担相应的举证责任。

(4)其适用范围和免责事由由法律作出特别规定。由于无过错责任是责任人对无过错的状况或损害所应承担的民事责任，因此只有对这种责任进行限制，才能防止责任范围的扩大和加重。基于这一目的，法律往往对无过错责任的适用范围进行规定。同时，作为保护受害人弱者利益的一项原则，不能像过错责任原则一样存在广泛的免责事由。相反，在无过错责任原则中，行为人的免责事由是由法律直接规定的，不同的侵权行为，其免责事由可能不一样。

2. 无过错责任原则和过错责任原则的区别

无过错责任原则适用于特殊侵权责任，它同过错责任原则比较，有以下区别：第一，适用范围不同。过错责任原则适用于一般侵权责任；无过错责任原则仅适用于特殊侵权责任。第二，构成要件不同。过错责任原则要求行为人必须具备主观上的过错；无过错责任原则则不以行为人主观过错为构成要件。第三，责任范围不同。因适用过错责任原则而产生侵权责任，财产损害应全额赔偿；而在适用无过错责任原则而承担侵权责任的情况下，即使没有发生实际损害，当事人也应承担相应的民事责任。①

（三）公平责任原则

1. 公平责任的概念

公平责任，是指在当事人双方对于损害的发生均无过错，根据法律不能适用无过错责任，如果适用过错责任，受害人遭受的损害则得不到赔偿，在这种显然有失公平的情况下，裁判机关可以根据当事人双方的实际情况，按公平合理的原则判定双方分担损失。公平责任原则之所以确立，在于当事人民事法律地位平等这一民法本质特点的要求。民事法律地位平等，表现在财产利益上是民事权利和民事义务的对等。一旦某种原因造成这种对等关系的破坏，法律便要求当事人承担民事责任。随着社会经济的发展，民法所调整的商品经济关系及与之相关联的其他社会关系内容越来越复杂，民事活动中新的情况不断出现。尽管在侵权责任的归责原则中已有过错责任原则和无过错责任原则，但许多新情况又是这两项原则所无法解决的。这种新情况就是侵权人主观上无过错，客观上未获得任何利益，依无过错责任原则令其承担责任没有法理依据。但受害人主观上也没有过错，客观上却受到财产损失，如果让其承受全部损害后果，则显失公平。于是，在过错责任原则和无过错责任原则之外，便产生了公平责任原则。公平责任原则体现社会的公正合理性和在更高水准上要求人们承担互济互助的社会责任，是道德观念和法律意识结合的产物。《侵权责任法》第 24 条规定："受害人和行为人对损害的发生都没有过错的，可以根据实际情况，由双方分担损失"。这明确表明公平责任原则也是我国侵权责任的归责原则。

公平责任具有如下法律特征：

(1)公平责任是以公平观念作为判断标准来确定责任的。公平的观念属于道德的范畴。公平责任则是将道德规范中的公平内容上升为法律责任，它是以公平观念作为价值判断标准来确定当事人的责任。这种公平责任的目的不在于对侵害人的不法行为进行制裁，而在于由当事人对双方均无过错造成损害的情况负担责任。所谓公平，是指公正合理，使各方的利益得到适当的对待。公平不是指绝对的平均，而是要根据具体的状态和当事人的经济状况，合情合理地分担民事责任。

(2)公平责任适用于当事人没有过错的情况。当事人没有过错，表明不能找到有过错的当事人，也不能推定行为人有过错。在损害发生的情况下，行为人和受害人均无过错。

(3)公平责任主要适用于侵害财产权的纠纷。这是因为公平责任的目的在于平衡当事人之间的财产损失，从而对遭受的损害在当事人之间进行合理分配负担。所以，公平责任主

① 《最高人民法院关于贯彻执行〈中华人民共和国民法通则〉若干问题的意见(试行)》第 154 条。

要适用于侵害财产权的纠纷。尽管如此，在人身权的侵害案件中，也有适用公平责任的状况，但这种责任也体现为财产责任，如人身伤害导致的医疗费、误工损失等财产赔偿。

2. 公平责任与过错责任的区别

(1)过错责任原则适用于一般侵权责任，以过错作为责任的构成要件；公平责任原则适用于当事人双方均无过错的情形，而且仅适用于侵犯财产权的案件，当事人对损害的发生没有过错。

(2)过错责任原则的目的在于制裁有主观过错的行为人，恢复受害人所受到的损失，具有制裁、教育、预防等作用；而公平责任原则其目的在于平衡当事人之间的利益，稳定社会秩序。

(3)在责任形式和赔偿范围上，过错责任原则适用的责任形式除赔偿损失外，还包括赔礼道歉、消除影响的形式，在赔偿范围上，由侵权人对所造成的实际损失负赔偿责任。而公平责任原则仅限于损害赔偿责任形式，受害人并非能得到全部赔偿，其具体数额由裁判机关依实际情况判定。

3. 公平责任和无过错责任的区别

(1)无过错责任侧重于损害后果，即只要侵权人的行为客观上造成损害后果，尽管侵权人并无主观过错，行为人仍应承担侵权损害赔偿的后果；公平责任则侧重于保护受害人的利益，在受害人并无过错而受损害的情况下，根据实际情况从社会公平负担的原则出发，才由行为人分担损失。

(2)无过错责任的赔偿范围由法律规定，往往有最高限额的规定；而公平责任的损失分担则由人民法院或者仲裁机构依实际情况酌情裁量。

(3)无过错责任原则适用于高度危险作业等法律直接规定的特殊侵权责任；而公平责任只适用于双方当事人均无过错的损害。

二、侵权责任的构成要件

侵权责任的构成要件，是指一般侵权责任的构成要件，是各种侵权责任在通常情况下所共同具有的条件。对于一般侵权责任的构成要件，理论界有不同的主张，主要有“三要件说”“四要件说”和“五要件说”等。[①] “三要件说”主张在四要件中扩大“过错”要件以取消“行为的违法性”要件，“五要件说”则主张在四要件基础上增加“责任能力”要件，但“四要件说”为民法学界的通说。所谓四要件，即损害事实、违法行为、因果关系和主观过错是侵权责任的构成要件。

(一)损害事实

损害事实，是指法律所保护的物质财富和非物质财富遭受损害的客观结果。当侵权行为侵害他人财产权益导致财产毁损灭失的，就是物质财富的损害，又称财产损害。当侵权行为侵害他人人身权益时，所造成的损害包括两个方面：一是侵权行为侵害他人的人身权引起的物质财富的损失，如医疗费、护理费、误工损失、丧葬费等；二是侵权行为造成他人非物质财富的损害，即精神损害，如侵犯他人的肖像权、名誉权、隐私权等给受害人造成的精神痛

① 刘心稳主编：《中国民法学研究述评》，中国政法大学出版社1996版，第631～632页。

苦。应注意，损害和损失不是同一个概念。一般认为，损害是指权利受到妨碍的事实状态，损失是因这一事实引起的财产利益的减少，是损害的价值表现，其数额往往是可以确定的。人身权利受到侵害不能称作损失，但可称为损害，因此损害包括损失，财产损失也可称为财产损害。

损害事实的存在是构成侵权之债的前提和依据。侵权之债的当事人之间事先并不存在某种法律关系，只是由于行为人的侵权行为造成了受害人的损害，才在当事人之间建立了侵权损害赔偿之债，而且侵权责任主要是损害赔偿责任，它的适用以损害事实的确实存在为基础。如果某种行为未造成损害，就谈不上赔偿责任；如果某种行为只有发生损害的可能性，但并没有造成客观的损害事实，也不用承担损害赔偿责任，即“无损害，无赔偿”。

损害作为一种客观事实，由于侵权行为的手段、方式及侵权人主观状态的不同，其内容和表现十分复杂，但作为侵权责任构成要件的损害事实应满足以下要求：(1)损害具有法律上的可补救性。一方面，损害必须在量上具有可补救性，即只有达到一定数量的财产损失或严重的精神损害或致人伤害、死亡，法律才规定予以补救，对于极少量的财产损失或极轻微的人身、精神损害，法律则不考虑给予补救。另一方面，损害必须在质上具有可补救性，即受害人请求保护的利益是受法律规定保护的权益，并且在补救方法上存在可能性，例如请求“青春损失费”的赔偿就不属于法律上的补救范围。(2)损害具有客观的真实性和确定性。一方面，损害必须是已经发生的、真实存在的侵害后果。在一定情况下，已经发生的、确实存在的危险可以认定为损害。另一方面，侵权损害后果的范围和程度是可以认定的，是否能够用金钱来衡量，并不影响它的确定性。

损害根据侵害客体的不同，可分为：

1.财产损害，又称财产损失，指因侵权行为导致的财产利益的减少。它是可以用金钱计量的实际物质财富的损失，包括财产的直接损失和间接损失两种情形。直接损失是因侵权行为直接造成的现有财产的减少，如电视机被砸坏造成的损失，因受伤害而支付的医疗费等。间接损失是受害人在正常情况下应该得到的利益因侵权行为的发生而未得到，也称为可得利益的损失，如因受伤住院而减少劳动收入。

2.人身损害，指因侵害他人的生命健康权而导致受害人死亡或伤残的后果。人身损害常伴随相应的财产损失，侵权人必须承担这两方面的侵权责任。

3.精神损害，指因侵害公民的姓名权、肖像权、名誉权、荣誉权等人身权利而造成受害人的精神痛苦。它与人身损害同属于无形损害，不能以金钱计量，但损害事实是可以确定的，“抚慰受害人的精神痛苦的物质条件是可以以金钱来衡量和支付的”，[①]因此可以和财产损害一样适用损害赔偿责任。但应注意，财产损害的赔偿，在于恢复财产关系的原状，人身损害和精神损害的赔偿则在于抚慰受害人，并制裁侵权人。

纯粹经济损失(pure economic loss)是英美法系的用语，我国法律并无这一词语。关于什么是纯粹经济损失，理论上存在不同的观点。1972 年的瑞典《侵权责任法》第 2 条规定纯

① 王利明：《侵权行为法归责原则研究》，中国政法大学出版社 1992 年版，第 369 页。

粹经济损失是"与任何人的人身伤害和财产损害没有关系的经济损失"[①]，如养鸡户甲因疏忽致受病毒感染的鸡逃出鸡舍，当地政府被迫关闭所有肉蛋市场长达10天。下列人员向甲提起诉讼：(1)其他动物饲养人，要求赔偿10天中他们未能出售牲畜的损失；(2)潜在买受人，他们失去供应而造成的损失；(3)屠宰场，在此期间他们无法正常营业而造成的收入损失。我国没有纯粹经济损失的法律规则，《民法总则》第176条规定，"民事主体依照法律规定和当事人约定，履行民事义务，承担民事责任"。因此，判断侵权人是否承担侵权责任，要看是否存在因果关系。损害事实与侵权人行为之间只要存在因果关系，侵权人就应当承担因此产生的法律后果。

（二）违法行为

侵权行为本质上是违法行为，即它侵犯了法律所保护的公民、法人的财产权利和人身权利，具体表现为作为和不作为两种形式。法律规定禁止实施某种行为，行为人违背法律的规定实施了该种行为，是作为的违法行为，如对他人进行诽谤、毁坏他人财物等。法律规定行为人应实施某种行为，行为人违背法律规定未实施该行为，是不作为的违法行为，如在道路上施工依法应设置红灯、路障而不设置。

行为的违法性是行为人承担侵权民事责任的条件之一，如果行为人的行为不违法则不会发生责任。使行为人对其违法行为承担责任，这体现了法律对其行为违法性的否定性评价。一般情况下，行为人没有法律根据，损害他人财产和人身权的行为都是违法的，应承担侵权责任，但有些行为尽管造成他人人身和财产损害，法律却允许这些行为的存在，承认其合法性，行为人不必承担民事责任，这些行为不构成侵权行为。如因为治疗需要，医生在征得患者同意后对其进行截肢。

三、因果关系

因果关系，是指在自然界和社会中，每个客观现象的出现，在一定条件下必然是另一种已存在的现象所引起，前一个现象称为原因，后一现象称为后果。原因和现象之间这种客观存在的联系，就是因果关系。基于实事求是和法律的立场，现代民法在因果关系问题上采用了被称为"两分法"的基本方法，即首先确定行为人的行为或依法应由他负责的事件是否在事实上属于造成损害发生的原因；其次，确定已构成事实上原因的行为或事件是否在法律上成为应对该行为负责的原因。[②] 事实上的原因在于实事求是地探求哪些行为及什么样的行为是如何导致损害发生的，揭示损害发生的过程，界定行为人在其中扮演的角色，它是探求法律上的原因的基础。行为人的行为与损害事实存在着事实上的因果关系，并不意味着他都要承担法律责任。作为侵权责任构成要件的因果关系，是指违法行为和损害事实之间内在的必然联系。在这里，违法行为是原因，损害事实是后果。法律上的原因体现了法律对行为人行为的评价，只有那些受到法律否定性评价的行为，行为人才承担法律责任，可见，通过探求法律上的因果关系，可以界定责任主体及其责任范围。

---

① W. Van Gerven, J. Lever and P. Larouche ed., Tort Law: Scope of Protection, Hart, Oxford, 1998, p.44.

② 王家福主编：《中国民法学·民法债权》，法律出版社1991年版，第477页。

侵权责任从损害后果出发去寻求造成损害的原因，具有逆反性的特点。因果关系是行为人承担民事责任的一个必要条件，但不能认为只要有因果关系，行为人就要承担侵权责任，只有符合了侵权责任的各个构成要件，行为人才承担侵权责任。违法行为和损害事实的因果关系，有时很简单，由一个原因产生一个结果。但在更多的情况下，因果关系又是错综复杂的。因此，在分析确定因果关系的时候，应注意以下几点：

1.必须正确认识因果关系的时间顺序性。造成损害的原因总在损害结果之前，如果某一行为发生在损害之后，就应把它排除于因果关系的认定之外。

2.必须明确因果关系的客观性和必然性。侵权责任中的因果关系是客观世界中普遍存在的事务之间因果联系的一种，它同样是不以人的主观意志为转移，因此不能凭主观臆断认定因果关系，而应进行科学的认证。同时，作为原因的行为应当是作为结果的现象的必要条件，在此基础上再去区分主要原因、次要原因、直接原因、间接原因等等，并对各种原因力的作用进行恰当的评价。

3.必须正确认识因果关系表现形式的多样性。因果关系有时会表现为一因一果、一因多果、多因多果，因此，必须正确认识因与果的关系并采取相应的措施。

4.必须把原因和条件区分开来。原因是那种对结果起决定作用，并与结果有着内在的必然的本质的联系的现象。条件虽然对结果的发生有一定的影响和作用，但这种影响和作用不是决定性的，它与结果的联系并非本质的必然的联系。例如，甲打伤乙，送医院治疗，护士丙给乙打错针而造成乙的死亡。在这里，甲打乙是乙受伤的原因，但并非是乙死亡的原因。造成乙死亡的原因，应当是丙打错针的过失行为。由此可见，甲的打人行为只是给乙的死亡造成一种可能性，它只是死亡结果的一种条件。所以，如果将条件当成原因，就扩大了侵权责任的范围。

5.必须分析主要原因和次要原因。主要原因是对结果发生起主要的决定作用的原因。次要原因是对结果发生不起主要的决定作用的原因。例如，某汽车驾驶员开车，途中因刹车障碍，即向单位领导打电话要求停车修理。但该领导坚持他下班后再修车。结果车子在行进过程中因刹车失灵撞伤某行人。这里驾驶员和单位领导的行为都是造成事故的原因，但相比之下，单位领导的决定是造成事故的主要原因。由此可见，引起一个结果的发生，有时只有一个原因，而有时有多种原因。在出现这种“多因一果”的情形时，为明确责任，我们就要按照它们对结果发生所引起作用的大小，分清主要原因和次要原因，从而正确确定承担侵权责任的客观基础。

因果关系的证明，根据“谁主张，谁举证”的诉讼原则，一般由原告（即受害人）承担。在原告举证证明存在因果关系之后，被告（即侵权人）可通过反证，证明不存在因果关系使自己不必承担侵权责任。但在某些特殊的侵权行为中，法律严格限制了被告用来否认存在因果关系的事由，从而加重了被告的责任。此外由于现实的复杂情况，有时原告只能证明损害与被告的行为有关，却无法证明二者存在因果关系，此时从保护受害人合法利益和维护社会公平正义的角度出发，实行因果关系推定，采用举证责任倒置的方法来确定被告人的责任。这一做法已为一些国家所运用，[①]我国最高人民法院《关于适用〈中华人民共和国民事诉讼法〉

① 王家福主编：《中国民法学·民法债权》，法律出版社1991年版，第482页。

若干问题的意见》第 74 条也有体现。

四、过错

过错，是指行为人行为时的主观心理状态。在一般情况下，行为人必须在主观上对自己的行为及其所导致的损害有过错时，才承担民事责任，它体现了侵权责任法领域内行为人责任自负的基本法律价值，既能有效地制裁和预防违法行为，又能充分调动民事主体的积极性，给民事主体提供广阔的活动空间。过错是行为人承担侵权责任的主观要件，反映了法律对行为人内心状况的否定性评价。

过错根据行为人的主观心理状态的不同，可以分为故意和过失两种。故意是指行为人预见到了自己的行为可能导致的损害后果，却仍然希望或放任这种损害后果发生的一种心理状况。过失是指行为人对自己的行为可能导致的损害后果应当预见或者能够预见而没有预见（所谓疏忽的过失），或者虽然预见了行为可能导致的损害后果，却轻信此种后果可以避免（所谓过于自信的过失）的一种心理状态。过失的实质是行为人违反了他对其他人应尽的注意义务。根据注意义务的要求程度不同，可将过失进一步区分为重大过失、一般过失或轻微过失。重大过失是指行为人不仅没有尽到法律要求的对于他人的特殊注意义务，而且也没有尽到法律要求的不得侵犯他人人身和财产的一般注意义务。一般过失是指行为人尽到了作为普通人应尽的谨慎勤勉的一般注意义务，却没有尽到法律要求的针对特定事物的特殊注意义务。

过错所包括的故意和过失两种形态，在刑法中对定罪量刑有着重要意义，但在民法中，因为民事责任的承担范围，一般取决于损害的有无和大小，并不因为行为人主观是故意或过失而有所不同，因此民法领域中故意和过失的区分意义不如在刑法中的重要。但在具体案件处理中，区分行为人的过错，尤其是过失的程度，对于归责、责任范围及行为人的免责不无影响。对过错的判定标准历来有主观说和客观说之分。前者主张对行为人过错的认定就是这种心理状态的再现描述；后者主张对行为人过失的检验，应以注意义务为标准，从行为人表现出来的客观行为进行判断。我们认为对行为人过错的判定，可以综合运用主客观标准，汲取二者的长处。对于故意的判定，由于行为人的主观心理状态明显，可用主观标准进行衡量，必要时可结合行为人的行为及其行为后果进行认定，这样就能使行为人意识到自己错误的所在，自觉承担民事责任。对于过失，其表现不如故意那么明显，采用主观标准进行判定存在着一定困难。由于行为人的内心意志总是通过一定的外在行为表现出来，因此行为人的过错与其侵害行为有着密切的联系，“对行为的违法性和过错的评价是同一的、不可分割的”，[①]这就为从客观行为去考察行为人的主观心理状态提供了可能性。我们认为可以采用客观标准，通过分析行为人的行为是否达到了他应尽到的注意标准来判断行为人过失的有无及轻重，这样不仅准确科学，而且能指导行为人如何行为，起到民事责任的教育和预防作用。另外在过错的判定上，法律还规定了过错推定，即行为人不能证明其主观上无过错，就推定他违反义务的行为是有过错的。

过错根据造成损害后果的主体来源的不同，可分为：

---

① 王利时、杨立新：《侵权行为法》，法律出版社 1996 年版，第 70 页。

1.侵权行为人单独过错，即损害的发生完全是由于行为人的故意或过失造成，行为人应对损害后果自行负责。

2.侵权行为人共同过错。共同过错的基本特征有二：一是两人以上的行为人之间在主观上有共同致人损害的意思联系；二是他们的侵权行为是造成同一损害结果的共同原因。如“教唆、帮助他人实施侵权行为的人，为共同侵权人，应当承担连带责任”，“教唆、帮助限制民事行为能力人实施侵权行为的人，为共同侵权人，应当承担主要民事责任”。

3.受害人过错，即损害结果的发生主要是由于受害人自己的故意或重大过失所造成的。这种情况下，可以免除或减轻侵权人的民事责任。根据我国侵权责任法的规定，损害完全是因受害人自己造成的，应由其自行承担所产生的一切后果。应当注意的是，在人身损害赔偿纠纷中，侵权人因故意或者重大过失而致人损害，受害人只有一般过失的，也不能减轻赔偿义务人的赔偿责任。

4.第三人过错。由于第三人的过错造成损害的，第三人应承担民事责任。例如在紧急避险过程中，尽管避险人造成他人财产或人身的损害，但这种损害应由引起险情的人承担赔偿责任。

5.混合过错，即损害的发生或者扩大，行为人和受害人双方均有过错。这种情况下，就应该根据他们各自的过错程度来确定双方应承担的责任的大小，而不应由侵权行为人负全部的责任。

过错根据其主体的不同性质，还可分为：(1)自然人的过错，即以自然人个人为过错责任主体；(2)法人的过错，即在承认法人具有意思能力的前提下以法人为过错责任主体。法人的过错一般可以由法人的机关，也可以通过法定代表人或其工作人员职务上的行为来表现。

因此，在一般侵权责任中，如果损害的发生并非行为人过错造成，行为人则一般不应承担侵权责任。

五、侵权责任的方式

侵权责任的方式，就是侵权责任的承担形式。关于侵权责任的方式，在立法上体现为两种观念：一是恢复原状；二是赔偿损失。根据我国《侵权责任法》第 15 条的规定，侵权责任的承担方式有 8 种，即：停止侵害、排除妨碍、消除危险、返还财产、恢复原状、赔偿损失、赔礼道歉、消除影响与恢复名誉。承担侵权责任的方式，可以单独适用，也可以合并适用。可见，我国法律采取的是以恢复原状为主，以损害赔偿为辅的侵权责任承担原则。① 同时，对于物质损害赔偿金和精神损害赔偿金的侵权责任承担上，原则上应当一次性给付。《侵权责任法》第 25 条规定，损害发生后，当事人可以协商赔偿费用的支付方式。协商不一致的，赔偿费用应当一次性支付；一次性支付确有困难的，可以分期支付，但应当提供相应的担保。

(一)侵害财产权的责任

侵害财产权，是指公民、法人实施违法行为，侵害国家，集体的或公民的财产权益，造成财产损害的后果。侵害财产权，侵权行为人应依法承担民事责任。

侵害财产权的行为，习惯上称之为财产损害。按《侵权责任法》的规定，侵害财产权分为

---

① 江平主编：《民法学》，中国政法大学出版社 2000 年版，第 788 页。

侵占财产和损坏财产两种。前者是以对他人所有的财产的非法占有为特点，将他人财产占为己有；后者是以对他人所有的财产进行毁损为特点，使他人财产的价值和使用价值受到破坏，造成他人财产的减少以至丧失，并可能导致受害人财产收益的减少。侵害财产权，侵权人应承担财产性质的民事责任，其目的在于救济受害人所有权受到的损害。具体而言，侵害他人财产权，应承担以下民事责任：

1. 返还财产

《民法总则》第179条规定，承担民事责任的方式之一是返还财产。因此，侵害财产权，首先应当考虑返还财产。适用返还财产，要具备两个条件：一是侵权行为的方式是侵占财产，二是原物仍然存在并且能够返还。如果原物不存在，就不能适用返还财产。原物不存在，用同种类物奉还，是实物赔偿。只有返还原物，才是返还财产。如果原物尚存，但因为使用、保管不善等原因，使其价值和使用价值受到影响，在一般情况下，也应返还原物。但返还时，应计算原物价值受到影响的损失程度，予以赔偿。如果原物尚存，但其价值和使用价值已经损失殆尽，不能发挥原有的功能，再返还原物也无意义，则只能折价赔偿。返还原物必须将原物的孳息也一并返还。

2. 恢复原状

《民法总则》第179条规定，损坏国家的、集体的或者他人财产的，应当恢复原状。恢复原状的责任方式要符合二个条件：一是损坏的财产存在恢复的可能；二是恢复原状具有必要性且有经济上的合理性。适用恢复原状，主要条件是财物损坏程度较小，财物主要部分没有损坏，基本功能并未受到大的影响，经过维修即可发挥正常效能。对这种损坏，一般应由侵权人或受害人将被损坏的财物予以修复，其修理费用，由侵权人支付。例如车辆损坏，一般采用恢复原状的方式。这样，一方面防止受害人提出不合理要求，另一方面也避免给侵权人造成过重负担。恢复原状的一个重要问题就是采用什么标准作为恢复原状的准则。标准过高，对侵权人不利；标准过低，不能保护受害人的权利。我们认为，既然是恢复原状，就应当以“原状”为标准，在切实保护受害人权利的前提下，适当考虑侵权人的经济负担能力，使损坏恢复到未损坏时的基本状态。

3. 赔偿损失

赔偿损失包括赔偿直接损失和间接损失两方面的内容。直接损失是指行为人的侵权行为侵占或损坏受害人的财产，致使受害人现在拥有的财产价值量的实际减少。间接损失是指行为人的侵权行为侵占或损坏受害人的财产，致使受害原来必得的利益无法获得而造成财产应增加而未能增加，也称可得利益损失或必得利益损失。对于直接损失的赔偿，按照《民法通则》的提法，称为折价赔偿，即计算出被侵害的财产实际减少的价值，按照实际减少的价值进行赔偿。对于原物灭失的，以原物的价值进行赔偿；对原物受损坏的，或者返还原物、恢复原状后原物的价值受到一定影响的，就要计算出受到一定影响的实际减少的价值，按照计算出的实际减少的价值进行赔偿。对直接损失还可以用实物赔偿的方法，即用同种类、同等质量的实物赔偿。《侵权责任法》第19条也规定，侵害他人财产的，财产损失按照损失发生时的市场价格或者其他方式计算。对于间接损失的赔偿，一般按照两种方法进行计算：一是收益平均法，即计算出受害人在受害人前一定时间里单位时间平均收益值。例如某人从事汽车运输，车被损坏后，10天未能营运。对此，可用前一个月平均日收益计算出其损失额；二是同类比照法，即确定条件基本相同的人在同等条件下的平均收益值，作为受害人可得利益的损失。

（二）侵害人身权造成财产损失的责任

侵害人身权，广义地讲，就是侵权行为的侵害客体是公民、法人的人身权；狭义地讲，是指违法行为侵害公民的生命健康权，造成受害人身体损伤或生命丧失，侵权人应依法承担因此给受害人造成的财产损失的民事责任。这里所讲的是狭义的人身权损害赔偿责任。一般而言，侵害人身权包括侵害生命权和侵害健康权两种类型，其民事责任也不一样。兹分述如下：

1. 侵害生命权造成损失的责任

生命权，是指自然人以其性命维持和安全利益为内容的人格权，侵权人实施非法行为，剥夺他人生命，应承担损害赔偿民事责任。侵害他人造成人身损害的，应当赔偿医疗费、护理费、交通费等为治疗和康复支出的合理费用，以及因误工减少的收入。造成残疾的，还应当赔偿残疾生活辅助具费和残疾赔偿金。造成死亡的，还应当赔偿丧葬费和死亡赔偿金。被侵权人死亡的，其近亲属有权请求侵权人承担侵权责任。被侵权人为单位，该单位分立、合并的，承继权利的单位有权请求侵权人承担侵权责任。侵害生命权的具体赔偿项目分述如下：

（1）医疗费。医疗费包括诊疗费、化验费、药费、住院费等医治人身伤害的费用。医疗费的赔偿，应根据治疗机构出具的医疗费、住院费等收款凭证，结合病历和诊断证明等相关证据确定。赔偿义务人对治疗的必要性和合理性有异议的，应当承担举证责任。

（2）交通费和住宿费。治疗中受害人和护理人员的交通费和住宿费，应在合情合理的情况下由侵害人赔偿。转院治疗的交通费、住宿费也应由侵害人赔偿。受害人亲属办理丧葬事宜支出的交通费、住宿费和误工损失等其他合理费用，也应当由侵害赔偿。

（3）护理费。护理费是护理人员因护理受害人而造成实际收入的减少，对此，应由侵害人赔偿。专人护理的人数原则上限定为一人。但医疗机构或者鉴定机构有明确意见的，可以参照确定护理人员人数。护理费按照护理人员误工的实际收入的损失计算。护理人员没有收入或者雇佣护工的，按照当地护工从事同等级别护理的劳动报酬标准计算。

（4）丧葬费。根据《最高人民法院关于审理人身损害赔偿案件适用法律若干问题的解释》第 27 条规定，丧葬费按照受诉法院所在地上一年度职工月平均工资标准，以 6 个月总额计算。

（5）死亡赔偿金。死亡赔偿金是受害人的财产性损失，应当根据受诉法院所在地上一年度城镇居民人均可支配收入或者农村居民人均纯收入标准，按 20 年计算。但 60 岁以上的，年龄每增加 1 岁减少 1 年。75 周岁以上的，按 5 年计算。但是，如果赔偿权利人举证证明其住所地或者经常居住地城镇居民人均可支配收入或者农村人均纯收入高于受诉法院所在地标准的，死亡赔偿金可以按照其住所地或者经常居住地的相关标准计算。《侵权责任法》第 17 条规定，因同一侵权行为造成多人死亡的，可以以相同数额确定死亡赔偿金。因此，如果因为矿难、交通等事故造成多人死亡的，应以当地的标准、以相同的数额给付死亡赔偿金。

（6）被扶养人的生活费。侵害人非法剥夺他人的生命权，致使受害人生前扶养的人的扶养来源丧失，侵害人应依法向其支付必要的生活费。被扶养人生活费应当根据扶养人丧失劳动能力的程度，按照受诉法院所在地上一年度城镇居民人均消费性支出或者农村居民人均年生活消费支出标准计算。被扶养人为未成年人的，计算至18周岁；被扶养人无劳动能力又无生活来源的，计算20年。60周岁以上的年龄每增加一岁减少一年；75周岁以上的，按5年计算。构成被扶养人的条件必须是受害人依法应当扶养的未成年人或者丧失劳动能力而又没有其他生活来源的成年近亲属。被扶养人还有其他扶养人的，赔偿义务人只赔偿受害人依法应当负担的部分。被扶养人有数人的，年赔偿总额累计不超过上一年度城镇居民人均消费性支出额或者农村人均年生活消费支出额。

《最高人民法院关于适用〈中华人民共和国侵权责任法〉若干问题的通知》(法发〔2010〕23号)第4条规定："人民法院适用侵权责任法审理民事纠纷案件，如受害人有被抚养人的，应当依据《最高人民法院关于审理人身损害赔偿案件适用法律若干问题的解释》第28条的规定，将被抚养人生活费计入残疾赔偿金或死亡赔偿金。"因此，被扶养人生活费赔偿项目并不是取消，而是应当计入残疾赔偿金或死亡赔偿金，不再单独列为一项。

2. 侵害健康权造成损失的责任

健康权是自然人以其身体内部机能和器官乃至整体的功能利益为内容的权利。非法侵害他人的健康权，应当承担损害赔偿责任。侵害健康权包括一般伤害和致人残废两种类型，其损失赔偿的处理也有所不同。

(1)一般伤害的赔偿。一般伤害是指经过治疗可以恢复健康，并未造成残废的人身损伤。对于一般伤害，侵权人应赔偿受害人医疗费、误工费、护理费、交通住宿费、伙食补助和营养费。医疗费、护理费、交通住宿费的赔偿和侵害生命权中医疗费、护理费、交通住宿费的赔偿一样，除前面已经阐述外，以下就医疗费、误工费和伙食补助、营养费和护理费进行阐述：

第一，医疗费。医疗费包括实际治疗的支出及康复费、整容费和后续治疗费。医疗费的赔偿数额，按照一审法庭辩论终结前实际发生的数额确定。器官功能恢复训练所必要的康复费、适当的整容费以及其他后续治疗费，赔偿权利人可以待实际发生后另行起诉。但根据医疗鉴定 鉴定结论确定必然发生的费用，可以与已经发生的医疗费一并予以赔偿。

第二，误工费。指受害人误工收入的赔偿。其原则是应当按照实际伤害程度、恢复情况并参照治疗医院出具的证明或者法医鉴定等认定。赔偿的误工日期，以治疗单位出具的证明确定。受害人因伤残持续误工的，误工时间可以计算至定残日前一天。受害人有固定收入的，误工费按照实际减少的收入计算。受害人无固定收入的，按照其最近3年的平均收入计算。当受害人不能举证证明其最近3年的平均收入状况的，可以参照受诉法院所在地相同或者相近行业上一年度职工的平均工资计算。

第三，伙食补助费和营养费。住院期间的伙食补助费补偿标准以国家工作人员出差伙食补助费的标准为准计算伙食补助费。受害人确有必要到外地进行治疗的，因客观原因不能住院，受害人本人及其陪护人员实际发生的住宿费和伙食费的合理部分也应当由侵害人赔偿。营养费则应参照治疗机构的意见，根据受害人的伤残情况进行赔偿。

第四，护理费。除依照前面所提的护理费赔偿标准外，护理期限应当计算到受害人恢复自理能力时止。受害人因伤残不能恢复生活自理能力的，可以根据其年龄、健康状况等因素确定合理的护理期限，但最长不能超过20年。

(2)致人残废的赔偿。致人残废是指侵害自然人的健康权造成其丧失全部或部分劳动力，即造成其肌体组织功能的全部或部分丧失。致人残疾，依法应赔偿因增加生活需要所支出的必要费用以及因丧失劳动能力导致的收入损失，包括残疾赔偿金、残疾辅助器具费、被扶养人生活费，以及因康复护理、进行治疗实际发生的必要的康复费、护理费、后续治疗费。

第一，残疾赔偿金。残疾赔偿金是受害人的财产性损失，应当根据受害人丧失劳动能力程度或者伤残等级，按照受诉法院所在地上一年度城镇居民人均可支配收入或者农村居民人均纯收入标准，自定残之日起按 20 年计算。但 60 周岁以上的，年龄每增加一岁减少一年。75 周岁以上的，按 5 年计算。如果伤残的受害人实际收入并没有减少，或者伤残等级较轻，但造成职业妨害严重影响其劳动就业的，可以对残疾赔偿金作相应调整。

第二，残疾辅助器具费。指除一般伤害的医疗费以外，治疗残废所必需的辅助费用。残疾辅助器具费按照普通适用器具的合理费用计算。伤情有特殊需要的，可以参照辅助器具配制机构的意见确定相应的合理费用标准。辅助器具的更换周期和赔偿期限应当参照配制机构的意见确定。

司法实践中往往存在侵害他人人身权益造成的财产损失难以确定的情况，在这种情况下，如果侵权人因为侵权行为而获得利益的，就按照侵权人获得的利益计算受害人的财产损失，由侵权人承担赔偿责任。如果侵权人是否因侵权而获得利益，或者获得利益难以计算的，当事人又不能因此协商的，由人民法院根据实际情况确定赔偿数额。

(三)精神损害的赔偿

精神损害赔偿是权利主体因合法权益受到不法侵害而遭受精神痛苦或精神利益受到损害时，要求侵权人通过财产补偿等形式予以救济的一项民事法律制度。根据最高人民法院《关于确定民事侵权精神损害赔偿责任若干问题的解释》(法释〔2001〕7 号)，我国规定了基本的精神损害赔偿制度。《侵权责任法》第 22 条规定，侵害他人人身权益，造成他人严重精神损害的，被侵权人可以请求精神损害赔偿。

精神损害，或称精神痛苦，产生于两个来源，其一是公民的人体遭受生理损害而产生的精神痛苦；其二是公民的心理损害而产生的精神痛苦。对于精神痛苦赔偿侵权责任，法律规定必须存在精神损害达到“严重”程度。因此，在提到精神损害赔偿时，必须界定精神损害的严重程度。对于严重精神损害的认定，一般应当考虑以下几方面情节：

1.侵权的手段是否恶劣。行为人采用恶劣的手段侵害他人的人身权益，表明行为人的主观恶意及其不良心理状态，说明行为人对其违法行为具有认知性，知道或者应该知道法律所禁止的行为而仍然实施，应当承担相应的侵权责任，以制裁其违法行为。

2.侵权的后果是否严重。侵害人身权的后果往往体现为受害人的人身权益遭受一定损害，涉及受害人的健康、名誉、荣誉等人格尊严，影响当事人正常的工作和生活，不责令侵权人承担侵权责任，不能弥补受害人因此造成的损害。从广义上来说，因侵权而造成他人精神损害，侵权人应当承担停止侵害、恢复名誉、消除影响、赔礼道歉及支付精神损害抚慰金。但其中最主要的仍然是支付精神损害抚慰金，即以财产来赔偿损失。

3.侵权的影响是否广泛。侵害他人人身权益而造成恶劣影响的，会使受害人的正常人格尊严遭受严重侵害。而精神损害赔偿具有多种功能，如补偿功能、惩罚功能、调整功能等。但作为财产赔偿的一种，其目的就是要弥补受害人因此所受的损害。以财产赔偿的方式，弥补当事人因为精神损害而造成的损失，是精神损害赔偿的基本功能。财产赔偿的方式，可以消除受害人因此遭受的感情损害，改变受害人因为生理、心理创伤所带来的消极影响，使其心理状态恢复到原来的状况。

关于精神损害赔偿的功能问题，存在许多不同的观点。一种观点认为，精神损害赔偿的功能只有一个，即单一功能。但这种单一功能的主张对什么是精神损害的唯一功能又有不同的观念：(1)精神损害赔偿的功能是惩罚。(2)精神损害赔偿的功能是补偿。(3)精神损害赔偿的功能是平衡，以满足受害人的心理需要。(4)精神损害赔偿的功能是调整，以弥补财产赔偿责任的不足。第二种观点认为精神损害赔偿功能具有双重性，既有补偿功能又有惩罚功能。[①] 第三种观点认为精神损害赔偿具有补偿、抚慰和惩罚三功能。[②] 一般认为，精神损害赔偿具有抚慰和惩罚的功能，一方面表明对非法过错侵权行为的谴责，另一方面又对受害人以金钱补偿的方式进行抚慰，使权利义务关系得到平衡。同时又作为一种调整手段，在其他财产赔偿责任不足以弥补受害人的损害时，使受害人的合法利益得到全面的保护。

精神损害赔偿责任的构成，与一般侵权责任构成要件相同，须具备损害事实、违法行为、因果关系和主观过错。但是，精神损害赔偿责任又有其自身的特殊性，表现在：

第一，损害事实具有无形性和严重性。精神损害是造成人精神上心理上或社会影响上的无形损害，表现为忧愁、痛苦、烦恼等心理状态。尽管有的精神损害也会造成财产的间接损失，如信誉受损导致无法经营所受损失，但其基本特征是无形的损害。同时，精神损害必须造成严重后果。对于精神损害没有造成严重后果的行为，侵权人必须承担停止侵害、恢复名誉、消除影响、赔礼道歉的民事责任，但一般不承担财产赔偿责任。

第二，违法行为具有特定性。表现为行为指向特定主要是针对受害人的姓名、肖像、名誉等权利；行为方式特定，主要是语言表现形式；行为情节特定，主要是手段卑劣、后果严重、影响不良等。

第三，因果关系具有转换性。违法行为不是直接作用于侵害客体使其出现损害事实，而是经过心理或社会作用，达到精神损害的结果。

第四，主观过错具有绝对性。精神损害赔偿责任，要求侵害人主观上必须具有过错。只有主观上具备故意或过失，才能构成精神损害赔偿责任。

尽管恢复名誉、消除影响、赔礼道歉等也属于精神损害赔偿的范畴，但从赔偿的角度来理解，精神损害赔偿属于侵权人的财产赔偿责任，即用金钱给付的方式弥补受害人因此遭受的精神损害。最高人民法院 2001 年 3 月 8 日《关于确定民事侵权精神损害赔偿责任若干问题的解释》明确将民事责任和精神损害赔偿责任进行区分，精神损害赔偿责任限定为财产赔偿责任。因此，精神损害的赔偿范围，包括以下几方面：

1.当自然人的生命权、健康权、身体权、姓名权、肖像权、名誉权、荣誉权、人格尊严权、人身自由权受到侵害时，受害人有权提出精神损害赔偿要求。法人或其他组织不得以人格权遭受损害为由要求赔偿精神损害。虽然侵害他人隐私依法应当承担精神损害赔偿责任，但隐私权目前并不是法律规定的独立人格权。侵害他人隐私必须造成因此损害他人名誉权的

---

① 王利明主编：《人格权法新论》，吉林人民出版社 1994 年版，第 663 页。

② 杨立新：《人身权法论》，人民法院出版社 2002 年版，第 276 页。

后果，侵权行为人才承担精神损害赔偿责任。

2.非法使被监护人脱离监护而导致亲子关系或近亲属间的亲属关系遭受严重损害的，监护人有权要求侵权行为人承担精神损害赔偿责任。

3.侮辱、诽谤、贬损或者以违反社会公德的方式，侵害死者姓名、肖像、名誉、荣誉；非法披露、利用死者隐私，或者以违反社会公共利益、社会公德的其他方式侵害死者隐私；非法利用、损害遗体、遗骨，或者以违反社会公共利益、社会公德的其他方式侵害遗体、遗骨；非法侵害他人具有人格象征意义的特定纪念物品，导致该物品永久性灭失或者毁损，死者的近亲属或物品所有人，有权要求侵权行为人承担精神损害赔偿责任。

对精神损害具有一般情节但没有造成严重后果的，可以要求侵害人赔礼道歉、消除影响、恢复名誉；对精神损害情节严重的，除承担上述精神损害民事责任外，同时要求承担财产责任。

精神损害赔偿数额的计算，由人民法院根据案件的实际情况确定赔偿数额。在确定精神损害赔偿数额时，应考虑以下实际情况后作出决定：

首先必须考虑损害后果及受害人精神损害的程度。对后果严重、精神损害程度高的侵害人应责令承担较高数额的赔偿，以起到补偿、抚慰的作用。

其次要考虑侵权人的过错程度。对故意实施侵权行为、手段恶劣或有重大过失的行为的侵害人，应责令承担较高数额的赔偿，以起到制裁作用。

第三要考虑侵权行为的手段、场合、行为方式等具体情节。

第四要考虑侵权人获利的情况。侵害他人人身权益造成财产损失的，按照被侵权人因此受到的损失赔偿；被侵权人的损失难以确定，侵权人因此获得利益的，按照其获得的利益赔偿；侵权人因此获得的利益难以确定，被侵权人和侵权人就赔偿数额协商不一致，向人民法院提起诉讼的，由人民法院根据实际情况确定赔偿数额。

第五要考虑侵权人、受害人双方的经济状况，考虑受理法院所在地的平均生活水平。这样，在确定赔偿数额时，一方面能真正补偿受害人的精神损害；另一方面也能让侵权人承担应受的民事责任。

根据以上精神损害赔偿的法定标准可以看出，在确定精神损害赔偿金时，我国法律体现出处理精神损害赔偿金问题的酌情原则和区别对待原则。酌情原则是指审判机关在处理精神损害赔偿纠纷时，根据自由裁量的权力，确定精神损害赔偿金的数额。对精神损害赔偿额的确定，可以根据侵权人的过错程度、侵权行为的具体情节、后果和影响确定其赔偿责任。最高人民法院《关于审理名誉权案件若干问题的解答》第 10 条规定："公民提出精神损害赔偿要求的，人民法院可以根据侵权人的过错程度、侵权行为的具体情节、给受害人造成精神损害的后果等情况酌定。"而区别对待原则，是对精神损害的不同利益因素所造成的损害区别对待，根据不同的地点、手段、情节等，确定不同的损害赔偿额。这是因为不同的地点、不同的手段或者不同的经济状况，精神损害的标准及精神损害赔偿的抚慰功能也各不相同。因此，具体分析、对待具体问题，才能达到精神损害赔偿的惩罚、弥补和调整功能。

最高人民法院 2001 年 3 月 8 日《关于确定民事侵权精神损害赔偿责任若干问题的解释》将死亡赔偿金和残疾赔偿金规定包含精神损害赔偿，最高人民法院 2003 年 12 月 26 日颁布并在 2004 年 5 月 1 日起施行的《关于审理人身损害赔偿案件适用法律若干问题的解释》也规定精神损害赔偿问题适用《关于确定民事侵权精神损害赔偿责任若干问题的解释》。因此，精神损害赔偿包括以下方式：(1)致人残疾的，为残疾赔偿金；(2)致人死亡的，为死亡赔偿金；(3)其他损害情形的精神抚慰金。必须注意的是，最高人民法院《关于确定民事侵权精神损害赔偿责任若干问题的解释》规定的死亡赔偿金、残疾赔偿金与《关于审理人身损害赔偿案件适用法律若干问题的解释》规定的死亡赔偿金、残疾赔偿金虽然名称一样，但属不同意义的法律概念，《关于审理人身损害赔偿案件适用法律若干问题的解释》规定的死亡赔偿金、残疾赔偿金性质上是对受害人及其近亲属财产损失的赔偿，赔偿数额的确定与精神损害赔偿标准不同。综上所述，如果侵权人的行为造成受害人死亡或者残疾的，除应赔偿死亡赔偿金或残疾赔偿金外，还应当赔偿受害人因此造成的精神损害。

第三节 侵权责任的抗辩事由

侵权责任的抗辩事由，是指行为人针对受害人主张承担侵权责任的请求，提出免除或者减轻责任的法定理由。侵权责任的抗辩事由，具有如下法律特征：

1.抗辩事由的目的是为了免除或者减轻行为人的侵权责任。因此，抗辩事由既包括免除责任的理由——免责事由，也包括减轻侵权责任的理由——减责事由。

2.抗辩事由由法律直接规定。法律没有规定的，不能成为当事人免除责任或者减轻责任的理由。

3.抗辩事由的主张权利由当事人自由行使。当事人有权主张抗辩，也有权放弃抗辩的权利。当事人对自己主张的抗辩，有义务提供证据进行证明。

侵权责任的抗辩事由分为一般的抗辩事由和特殊的抗辩事由。一般的抗辩事由是指普遍适用的抗辩事由，在各种类型的侵权责任中，当事人均可提出该抗辩事由而主张免除或者减轻侵权责任。特殊的抗辩事由，则是在具体的侵权责任中，由于法律规定了特别的免除或者减轻要件，当事人只能就该特殊侵权责任所规定的特殊抗辩事由提出抗辩主张。我国《侵权责任法》第三章专门规定了不承担侵权责任和减轻侵权责任的情形。

一、受害人过错

受害人的过错，指受害人因故意或过失而未能尽到保护自己所应尽的义务，从而与行为人的行为一起造成损害的发生。例如撞车自杀。

受害人过错作为侵权责任的免责或者减轻责任事由，一般必须具备以下条件：(1)受害人主观上具有故意或过失，即受害人知道损害结果应该发生，但希望这种损害结果发生或者放任这种损害结果的发生，或者轻信这种损害结果可以避免。(2)受害人的过错行为是自愿的行为。(3)受害人这种过错行为造成的损害，行为人不能避免或克服。

我国《侵权责任法》将受害人过错的抗辩事由分成两种情形：

1.受害人过错。《侵权责任法》第 26 条规定，被侵权人对损害的发生也有过错的，可以减轻侵权人的责任。这里规定的“过错”，应当理解为受害人的过失。因为侵权责任法同时对受害人的故意状况进行了规定。

2.受害人故意。《侵权责任法》第 27 条规定，损害是因受害人故意造成的，行为人不承担责任。受害人故意，应当包括受害人同意。受害人同意，是指受害人事先明确表示自愿承担损害后果，且不违背法律和社会公德的意思表示。在受害人同意的范围和限度内，行为人对其实施侵害行为所造成的损害不承担民事责任。例如某人同意接受新药物的试验，因新药物试验而造成的损害，主持试验的单位不承担责任。

受害人同意，必须具备以下条件：(1)受害人事先有明示的真实意思表示。受害人的同意必须在侵害行为之前作出，如果是在事后作出的则是对行为人责任的免除。受害人的同意必须是明示的，即受害人的同意，可以通过单方面的声明，也可以采用免责条款的方式明确地表示出来，但不能采用默示的方式或者推定受害人的同意。受害人的同意必须是其本身真实的意思表示，因欺诈、胁迫、重大误解等原因而作出的同意，不能视为同意。(2)受害人同意的对象必须是其有权处分或抛弃的权利。受害人同意的对象构成允许侵害的权利范围，它一般限于财产权、知识产权。人身权由于与权利主体的人身密不可分，一般不允许权利人转让或抛弃，并且受害人自愿要求侵害其人身权的，通常会构成对公共秩序破坏和对社会公德的违背。但在特殊情况下，为公众利益或他人利益而自愿捐献血液或捐赠身体器官、自愿接受某种手术治疗等，不仅不违背法律和道德，反而有利与社会和本人，当事人的同意成立。(3)受害人的同意不得违背社会公德和违反法律规定。例如在劳动合同中订立“工伤概不负责”的条款就是违反法律的强行性规定，这种约定依法无效。(4)侵害行为不能超过受害人同意的范围和程度。如果超过了，侵害人就应对超出限度和范围的损害承担赔偿责任。

由于受害人同意必须以明示的意思表示进行确定，但我国《合同法》第 53 条规定：“合同中的下列免责条款无效：(一)造成对方人身伤害的：……”。尽管《合同法》的目的是为了严格保护公民的生命和健康，但我们认为，《合同法》关于人身伤害的范围具有确定性，即由于侵权行为造成他人身体机能完整受到损害。在特殊的情况下，为保护他人或者为公众利益而自愿献血或者捐献人体器官，不仅有利于社会和公众，而且对自己的人体机能及健康不会造成影响，应该可以作为侵权责任的免责事由。

二、第三人过错

第三人过错，指第三人对于损害的发生或者扩大具有过错行为。例如甲故意将乙从人行道上推到车行道，致乙被丙车撞伤，甲应承担侵权责任。我国《侵权责任法》第 28 条规定，损害是因第三人造成的，第三人应当承担侵权责任。第三人过错作为免责的事由具有如下特点：(1)第三人和侵权人之间没有共同故意或过失。如果第三人和侵权人之间存在共同过错，则他们的行为构成共同侵权行为。因此，虽然第三人和侵权人没有共同过错，但他们对损害的发生都起了一定的作用，应该分别对损害后果承担责任。(2)第三人的行为是减轻或者免除侵权人民事责任的根据。第三人过错表现在两个方面，其一是第三人对损害的发生具有过错，是损害后果发生的唯一原因。例如直接挑逗动物造成对他人的人身伤害。其二是第三人对损害的扩大具有过错。例如被他人打伤后，医院怠于救治而使伤情加重。所以，如果第三人的行为是损害发生的唯一原因，则应该由第三人承担全部责任，如第三人引起险情。如果第三人的行为和侵权人的行为一起，都是损害发生或者扩大的原因，则第三人应该承担相应的民事责任，从而减轻侵权人的责任。

三、不可抗力

不可抗力是指不能预见、不能避免并不能克服的客观情况。它既包括某些自然现象，如地震，也指某些社会现象，如战争。《民法总则》第180条规定："因不可抗力不能履行民事义务的，不承担民事责任。"《侵权责任法》第29条也规定，因不可抗力造成他人损害的，不承担责任。法律另有规定的，依照其规定。

不可抗力之所以作为侵权责任的免责事由，其目的在于不能让人们承担与其行为无关而又不能控制的事故的后果。根据我国《民法总则》第180条的规定，不可抗力是指"不能预见、不能避免且不能克服的客观情况"。一般说来，某个客观情况要被确定为不可抗力，应当具备三个条件：(1)它必须独立于人的行为之外，既不是由于当事人的行为所产生，也不受当事人的意志而控制。(2)它必须是构成损害后果的发生原因。(3)它必须是具有人力所不能抗拒的性质。某一不可抗力的客观情况是否作为侵权责任的免责事由，不能简单地进行肯定或者否定，而应该根据具体情况进行分析认定。在理解不可抗力作为侵权责任的免责事由时，必须注意掌握三方面的问题：第一，关于不可预见。不可预见是由人的主观能动进行判断。对于不同的人来说，预见能力是因人而异的。因此，人的预见能力表现为两种情形，一是预见取决于人的预见能力。人们对某种现象是否能够预见，应该以现有的技术水平作为衡量的标准。另外，预见能力往往因为不同的人、不同的专业和不同的能力而有所差别。在确定时一般应该以一般人的预见能力作为标准。第二，关于不可避免和不能克服。不可避免和不能克服，表明当事人已经尽了最大的努力、采取了一切应该采取的措施，仍然不能避免损害的发生。例如在地震中，只有一座房屋倒塌，其他房屋都没有倒塌，这种情况就要具体进行分析，以确定其是否可以避免或者克服该情况的发生。第三，关于客观情况。不可抗力的客观情况只能是存在于人的行为之外的自然事件，不以人的主观意志为转移。

四、正当防卫

正当防卫，是指当公共利益、他人或本人的合法权益受到不法侵害时，行为人采取的一种防卫措施。正当防卫是法律赋予公民的一种自卫权利，行为人正当防卫造成相对人损害的，不构成侵权行为。我国《民法总则》第181条规定："因正当防卫造成损害的，不承担民事责任。"《侵权责任法》第30条规定："因正当防卫造成损害的，不承担责任。正当防卫超过必要的限度，造成不应有的损害的，正当防卫人应当承担适当的责任"。

构成正当防卫必须具备以下条件：(1)必须存在不法侵害行为。只有在不法侵害实际发生的情况下，才能实施正当防卫。如果侵害行为尚未发生或已经结束，这种情况下实施的防卫行为在性质上属于报复侵害不是正当防卫。(2)防卫行为必须具有必要性和急迫性。如果有条件通过其他方式制止侵害行为，则不能实施正当防卫。如侵害他人的名誉权，虽然会造成一定的损害后果，使受害人的名誉受损，但这种侵害并非直接对公民或法人的人身、财产施加损害，可以通过合法的方式予以制止，因而没有采取防卫行为的必要。(3)防卫行为必须针对侵害人本人。这表明正当防卫须是针对不法侵害的反击，对合法行为不得实施防卫行为。防卫行为只能针对不法行为人，不能针对第三人，但在对来自动物的侵害加以反击的过程中，如果是某人故意纵使动物进行侵害的，可对纵使人实行正当防卫。(4)防卫行为必须具有保护合法权益的目的。实施正当防卫的人不仅应意识到侵害行为的实际存在，而且主观上必须认识到其目的是为了保护本人或他人的合法权益或公共利益。这是正当防卫权利存在的基础。如果主观上不具有保护合法权益的目的，如为了私利打击报复，则行为人的防卫行为不能构成正当防卫。(5)防卫不得超过必要的限度，即防卫措施是"正当"的。所谓必要限度，是指防卫人采取的措施足以有效制止侵害行为所必要的强度。只要是为了制止侵害行为所必需的，就是"正当"的；如果防卫人采取的防卫措施的强度明显超过不法侵害行为的强度，则是不必要的，就不能认为是"正当"的，而应认定是防卫过当。我国《民法总则》第 181 条规定："正当防卫超过必要的限度，造成不应有的损害的，正当防卫人应当承担适当的民事责任。"

在实际运用正当防卫时，要注意区分正当防卫和互相斗殴的界线。所谓互相斗殴，是指双方主观上具有伤害对方的故意而实施的伤害对方人身的行为。互相斗殴，在事实上存在着先后的状况，不能以对方先动手为由而将实施的殴打行为认为是正当防卫，因为这种"后动手"的行为主观上并没有防卫的意图和目的。只有在不还手则不能阻止对方殴打行为、不能保护自己的人身利益的前提下，实施的行为才属于正当防卫。

五、紧急避险

紧急避险行为，是指为了使公共利益、本人或他人的人身安全和其他合法权益免受正在发生的危险的损害，不得已采取的加害于他人人身或财产，以较小损害挽救较大损害的紧急措施。紧急避险是一种法律所允许的行为，原则上行为人对因避险所造成的他人的损害不负民事责任。我国《侵权责任法》第 31 条规定："因紧急避险造成损害的，由引起险情发生的人承担责任。如果危险是由自然原因引起的，紧急避险人不承担责任或者给予适当补偿。紧急避险采取措施不当或者超过必要的限度，造成不应有的损害的，紧急避险人应当承担适当的责任。"

构成紧急避险必须符合下列条件：(1)必须有合法权益受损害的紧急危险。采取紧急避险措施，必须存在正在发生并且威胁到公共利益、本人或他人合法权益的危险。如果危险不存在或已经消除或虽存在危险但不会造成合法权益的损害，就没有采取紧急避险措施的必要。(2)必须是在不得已的情况下采取的避险措施。所谓不得已的情况，是指如果不采取紧急避险措施，就不能保护更大的合法利益。(3)避险行为必须适当。所谓适当，就是紧急避险人所采取的措施，没有超过以较小的损害保全较大的利益所必需的限度。如果避险行为不仅没有减少损害，反而扩大了损害，或者避险行为引起的损害不能轻于危险所带来的损害，那么这种避险行为就是不必要的，即不适当。

《民法总则》第 182 条及《侵权责任法》的规定，因采取紧急避险措施造成损害的，由引起险情发生的人承担责任，如果险情是由受害人造成的，由受害人自己承担损害的后果；如果险情是由避险人引起的，应由避险人承担责任；如果险情是由第三人引起的，则由第三人承担责任。如果险情是由自然原因引起的，紧急避险人不承担民事责任，但可以给予适当补偿。如果因紧急避险采取的措施不当或超过必要限度，造成不必要的损害的，紧急避险人应承担适当的责任。

六、见义勇为、紧急救助

见义勇为、紧急救助是指为了保护他人的民事权益而采取帮助行为而导致自己或者受助人损害的,不承担侵权责任。《民法总则》第 183 条规定,“因保护他人民事权益使自己受到损害的,由侵权人承担民事责任,受益人可以给予适当补偿。没有侵权人、侵权人逃逸或者无力承担民事责任,受害人请求补偿的,受益人应当给予适当补偿。”第 184 条规定,“因自愿实施紧急救助行为造成受助人损害的,救助人不承担民事责任。”

见义勇为、紧急救助的立法目的在于保护见义勇为,鼓励见义勇为,弘扬社会主义核心价值观,免除见义勇为者的后顾之忧,倡导培育见义勇为、乐于助人的良好社会风尚,不让英雄流血又流泪。见义勇为、紧急救助的构成要件包括:(1)救助人自愿。见义勇为、紧急救助必须是非专业人员的救助行为。区别于专业的救助人员,他们没有专业救助知识,没有经过专业的学习或者训练,在实施紧急救助行为时难免会出现造成他人损害的状况。(2)救助人以救助为目的实施见义勇为、紧急救助的行为。(3)救助人因救助行为造成受助人损害。

见义勇为、紧急救助造成损害的后果有三种:一是侵权人承担。因保护他人的民事权益而使自己遭受损害的,由侵权人承担赔偿责任。二是受益人适当补偿。在侵权人逃逸或者无力承担民事责任的情况下,如果救助人要求受益人给予补偿,则受益人应当补偿。三是不承担民事责任。因实施紧急救助行为造成受助人损害的,救助人不承担责任。如两个中学生见路人心脏病发作躺在路边,急忙将其抬到医院救治,到医院后该患者死亡,其家属诉中学生救助不当要求赔偿的理由不能成立。

七、其他抗辩事由

其他抗辩事由,是指虽然在侵权责任法中没有规定,但根据我国《民法通则》及其他民事、行政法规,行为人对所造成的人身或者财产损害具有免除或者减轻责任的理由。具体表现在以下几种情形:

(一)依法执行职务

依法执行职务,是指依照法律的规定在必要时因行使职权,造成他人财产和人身受到损害的行为,对此行为人不必承担责任。执行职务的行为包括三种情况:(1)国家工作人员代表国家依法执行公务时造成相对人损害,如公安人员对犯罪嫌疑人采取限制其人身自由的措施、开枪击伤逃犯;(2)某些特定人员合法执行职务而损害相对人的财产和人身的行为,如医生对伤员作必要的截肢手术;(3)公民依法维护公共利益和社会秩序的行为,如当场扭抓犯罪嫌疑人时扭伤了嫌疑人,可视为依法执行职务的行为。[①] 但依据《民法通则》第 121 条规定,国家机关或国家机关工作人员在执行职务中,如侵害公民、法人的合法权益的,应承担民事责任。

依法执行职务,应满足以下条件:(1)必须要有合法的授权。合法的授权肯定了该行为有利于维护社会公共利益和公民的合法权益,这是该行为准则的法律基础。(2)执行职务的程序和方式必须合法。(3)执行职务的活动是必要的,并且损害的发生是不可避免或必要

① 王利时、杨立新:《侵权行为法》,法律出版社 1996 年版,第 77 页。

的。(4)损害必须在合理的限度内，即损害不应超过必要的限度。

(二)自助

自助是指权利人为了保护自身的合法权益，在情况紧急来不及请求国家有关机关保护的情况下，采取拘束他人人身或扣押、毁损他人财产而为法律或社会公德所认可的救济行为。自助行为与正当防卫、紧急避险均属于自力救济。尽管目前我国民法中尚无自助行为的规定，但实践中则不断有类似情况发生。例如，饭店对吃完饭拒不付款的客人临时扣押其财物。对于自助行为，不能以违法行为定性。事实上，承认自助行为的合法性，对于保护公民和法人的权益，维护正常的社会经济秩序具有必要性。

一般认为，自助行为必须具备如下条件：(1)必须是为了保护自己的合法权益。自助行为和正当防卫的一个明显区别，在于前者的目的是维护自己的合法权益，后者的目的既可以保护自己的合法权益，也可以是保护社会公共利益或他人的利益。自助之所以存在，乃在于弥补国家机关保护的不足，因而只有在提起诉讼或通过有关权力机关来不及保护自己权益时，才能实施自助行为。这种自助行为一般只有权利人本人才能实施。(2)必须是情况紧急来不及请求国家机关进行援助。如果在损害发生以后，可以请求有关机构进行援助，则不允许实施自助行为。只有在情况紧急的状况下，不采取自助措施就不能保护自己权益的，才允许实施自助行为。(3)自助方法必须不得超过必要限度。自助行为为保护自助人的权利所必需的，自助人应采取对加害人造成最小损害的方法来保护其权益。否则，自助人对采取超过必要限度的自助措施造成他人损害的，应承担民事责任。

(三)意外事件

意外事件是指发生为行为人所不能预见的损害结果。因为不能预见，也就不能要求行为人加以避免或预防，因此主观上没有过错的心理状态。意外事件作为侵权行为的免责事由，通常表现为两种类型：(1)外在因素的介入，引起无法预见的后果发生。例如手术过程中突然停电。(2)事物本身所具有的某种风险导致损害的发生。如某病人在常规打针中因为其特有的体质而发生人身损害。

作为侵权责任的免责事由，意外事件必须具备以下条件：(1)意外事件具有不可预见性。不可预见性，是指在损害发生时，即使当事人尽到合理的注意也不能预见损害后果的发生。(2)意外事件具有客观性。客观性表明损害后果的发生是行为人自身以外的原因。行为人在损害发生前已经尽到合理的注意，或者已经采取了应该采取的措施而仍然不能避免损害后果的发生。(3)意外事件具有偶然性。偶然性表明该损害事件的发生概率很低，当事人尽到通常的注意也不能预防损害的发生。

第四节　侵权责任主体的特殊规定

就一般侵权责任的承担而言，侵权人应就自己行为造成的损害后果承担侵权责任。但在某些特殊的情况下，虽然行为人的行为造成他人人身或者财产损害，行为人的行为与他人的损失存在客观的因果关系，但由于行为人没有承担侵权责任的经济能力，或者由于他人对行为人享有某些特定的管理、照顾、保护义务，或者行为人主观上没有过错，如果不要求行为人或者特定的人对行为人造成的损害承担相应的责任，不要求特定的人尽到管理、照顾、保护的法定义务，就不能弥补被侵权人因此所遭受的损失，不能全面保护当事人的合法权益。因此，我国侵权责任法对侵权责任主体进行特别规定。侵权责任主体的特殊规定，就是由于法律规定的主体具有特殊性，行为人未依法履行相应义务，或者根据法律规定，在行为人的行为造成他人人身或者财产损害时，而应承担侵权责任的法律规则。

一、监护人责任

我国《民法总则》第34条规定："监护人不履行监护职责或者侵害被监护人合法权益的，应当承担法律责任。"《侵权责任法》第32条则规定："无民事行为能力人、限制民事行为能力人造成他人损害的，由监护人承担侵权责任。监护人尽到监护责任的，可以减轻其侵权责任。有财产的无民事行为能力人、限制民事行为能力人造成他人损害的，从本人财产中支付赔偿费用。不足部分，由监护人赔偿。"可见，监护人的侵权责任，是为他人行为承担的民事责任。

从上述规定进行分析可见，我国法律一方面规定对无民事行为能力人、限制民事行为能力人造成他人损害的，由监护人承担侵权责任；另一方面又规定监护人尽了监护责任的，可以适当减轻其责任。因此，监护人有过错的，应该承担责任；监护人没有过错的(尽了监护责任)，也要承担责任(可以减轻责任)。这就表明民法通则在这种民事责任上体现了两种归责原则：(1)过错责任。所谓的监护，就是监护人有义务对被监护人的人身和财产进行监督和保护。被监护人致人损害，表明监护人没有尽到监督的职责，致使被监护人的行为对他人财产和人身造成损害。对此，监护人具有主观不良心理状态，没有尽到自己的义务。(2)无过错责任。由于监护人尽了监护责任，但仍然造成他人损害，监护人应该承担一部分责任。由于监护人的责任混合了过错责任和无过错责任，一方面严格保护了受害人的利益不受损害，另一方面在出现受害人具有过错的情况下，可以减轻监护人的责任，从而维护了当事人各方的合法利益。

监护人的侵权责任必须具备两个基本的条件：

1.必须要有无民事行为能力人、限制民事行为能力人损害的行为。这种损害的行为应包含两个方面的内容：一是因果性，即行为人的行为是损害发生的唯一原因；二是违法性，即行为人的行为侵犯他人合法权利无正当理由。

2.必须存在监护关系。无民事行为能力人、限制民事行为能力人致人损害，由监护人承担民事责任。因此，监护人承担责任，其前提是和行为人之间存在监护关系。这种监护关系首先应依现实是否存在监护关系来认定，在现实上不能认为有事实监护的情况下，再以法律规定的监护关系予以认定。

在确定监护人责任时，应该注意把握以下几种特殊情况：

1.无民事行为能力人或限制民事行为能力人在学校、幼儿园或精神病院致人损害的责任。对于无民事行为能力人或限制民事行为能力人在学校致人损害的状况，我国于2002年9月1日颁布施行《学生伤害事故处理办法》，对在学校实施的教育教学活动或者学校组织的校外活动中，以及在学校负有管理责任的校舍、场地、其他教育教学设施、生活设施内发生的，造成在校学生人身损害后果的事故的处理进行规定。该办法表明，学生伤害事故的责任，应当根据相关当事人的行为与损害后果之间的因果关系依法确定。因学校、学生或者其他相关当事人的过错造成的学生伤害事故，相关当事人应当根据其行为过错程度的比例及其与损害后果之间的因果关系承担相应的责任。除非法律另有规定，否则学校对未成年学生不承担监护责任。因此，由于学校的过错行为致未成年学生损害的，学校应该承担责任。学生或未成年学生的监护人由于过错，造成学生伤害事故的，由监护人承担责任。我国侵权责任法明确规定，无民事行为能力人在幼儿园、学校或者其他教育机构学习、生活期间受到人身损害的，幼儿园、学校或者其他教育机构应当承担责任，但能够证明尽到教育、管理职责的，不承担责任。限制民事行为能力人在学校或者其他教育机构学习、生活期间受到人身损害，学校或者其他教育机构未尽到教育、管理职责的，应当承担责任。无民事行为能力人或者限制民事行为能力人在幼儿园、学校或者其他教育机构学习、生活期间，受到幼儿园、学校或者其他教育机构以外的人员人身损害的，由侵权人承担侵权责任；幼儿园、学校或者其他教育机构未尽到管理职责的，承担相应的补充责任。

2.夫妻离婚后的监护责任问题。最高人民法院《关于贯彻执行〈中华人民共和国民法通则〉若干问题的意见》第 158 条规定："夫妻离婚后，未成年子女侵害他人权益的，同该子女共同生活的一方应当承担民事责任；如果独立承担民事责任确有困难的，可以责令未与该子女共同生活的一方共同承担民事责任。"因此，在同子女生活的一方承担责任确有困难的情况下，未与子女共同生活的生父或生母应该与原配偶一起共同对受害人承担连带赔偿责任。

3.关于监护代管人的责任。最高人民法院《关于贯彻执行〈中华人民共和国民法通则〉若干问题的意见》第 22 条规定："监护人可以将监护职责部分或者全部委托给他人。因被监护人的侵权行为需要承担民事责任的，应当由监护人承担，但另有约定的除外；被委托人确有过错的，负连带责任。"所以，在确定监护代管人因被监护人侵害他人造成损害后果的责任时，要注意有约定按约定处理；没有约定的，监护代管人又没有过错的，由监护人承担责任；监护代管人有过错的，则应承担部分责任。

无民事行为能力人、限制民事行为能力人致人损害，由监护人承担民事责任。这种监护人的侵权责任，一方面表明监护人具有过错，未尽到对无行为能力人和限制行为能力人的教育和管束责任；另一方面表明监护人的责任并不是绝对不可减轻的。如果监护人能够证明自己已对无行为能力人和限制行为能力人尽到监护责任，则可适当减轻其民事责任。必须明确的是，监护人负全部责任的前提是致人损害的无民事行为能力和限制民事行为能力人没有自己的财产。如果行为人拥有自己的独立财产，则应以其财产承担，监护人不负或仅负适当的责任。

二、用人单位责任

《侵权责任法》第 34 条规定："用人单位的工作人员因执行工作任务造成他人损害的，由用人单位承担侵权责任。"对于"用人单位"的理解，根据我国民法通则及相关于的法律，应该是指法人或者其他组织机构，是与自然人相对应的组织体。

(一)企业法人对其工作人员致人损害的侵权责任

我国《民法总则》第 62 条规定："法定代表人因执行职务造成他人损害的，由法人承担民事责任"；第 170 条规定："执行法人或者非法人组织工作任务的人员，就其职权范围内的事项，以法人或者非法人组织的名义实施民事法律行为，对法人或者非法人组织发生效力。”企业的经营活动，后果由企业法人承担。所谓经营活动，不仅包括在企业营业范围内合法的活动，也包括超出经营范围的活动。企业法人不仅要承受它的法定代表人和其他工作人员实施民事法律行为的后果，而且要承担他们在经营活动中实施侵权行为的后果。企业法人对其工作人员致人损害的民事责任，就是企业法人对其侵权行为应承担的法律后果。

企业法人侵权责任不同于自然人的侵权责任，也不同于一般的侵权责任，它除了应具备过错、违法行为、损害事实和因果关系这四个要件外，还必须符合以下构成要件：

1.须是企业法人的法定代表人或者法人工作人员的行为。企业法人作为一个组织体，是法律拟制的，其一切活动只能通过自然人的行为来实现。但是，不是一切自然人的行为都能成为法人的行为。能够构成企业法人侵权行为的具体行为人必须是法人的法定代表人或者其他工作人员。法定代表人是依照法律或法人组织章程规定，代表法人行使职权的负责人。法人的其他工作人员包括法人机关的成员和法人的一般职工。企业法人机关的成员依法以法人名义活动时，是法人的代表。企业法人的一般职工在法人的授权下以法人名义活动，也是法人的代表。

2.须是法定代表人或者法人工作人员执行职务的行为。企业法人的法定代表人和其他工作人员只有在执行职务时才能代表企业法人。因此，法定代表人和其他工作人员只有在执行职务中以法人名义实施的行为，才是企业法人的行为，只有在这类行为中发生侵权，才能构成企业法人的侵权责任。

3.企业法人的过错是通过工作人员的过错来体现的。企业法人的过错，实际上是指企业法人内部工作人员的过错。既然企业法人的法定代表人和其他工作人员执行职务的行为是企业法人的行为，其实施行为中的过错理应是企业法人的过错。因此，除了法律另有规定之外，只有法定代表人和其他工作人员执行职务中过错致人损害的行为，才构成企业法人侵权行为。

企业法人的工作人员在执行职务过程中致人损害的，会产生两种责任：一是企业法人对受害人承担的民事责任；二是直接责任人向企业法人承担的责任。所以，在企业法人向受害人赔偿损失之后，企业法人有权就此向直接责任人追偿。

在明确企业法人对其工作人员致人损害的侵权责任时，要注意雇佣关系中雇主对雇员致人损害的民事责任。所谓雇主对雇员致人损害的侵权责任是指由于雇佣关系的存在，雇员在按照雇主的意志完成工作任务过程中致他人损害，由雇主承担的民事赔偿责任。《侵权责任法》第 35 条规定：“个人之间形成劳务关系，提供劳务一方因劳务造成他人损害的，由接受劳务一方承担侵权责任。提供劳务一方因劳务自己受到损害的，根据双方各自的过错承担相应的责任”。最高人民法院《关于适用〈中华人民共和国民事诉讼法〉若干问题的意见》第 45 条规定：“个体工商户、农村承包经营户、合伙组织雇用的人员在进行固用合同规定的生产经营活动中造成他人损害的，其雇主是当事人。”因此，雇主对其雇员在经营活动中致人损害必须承担侵权责任。在确定雇主因雇员执行职务行为而致人损害的赔偿责任时，一般要掌握以下要件：(1)必须确定雇主和雇员之间的雇佣关系；(2)雇员所实施的侵权行为必须发生在执行雇主安排的事务过程中。关于如何确定雇员是否执行职务，有三种观点：一是以雇用人的意思表示为标准，是否执行职务以是否依照雇用人所指示的办事范围作为依据。

二是以雇员主观上是否为了雇主的利益而办事作为认定的标准；三是以雇员的实际表现作为标准，只要雇员实际的行为和雇主指示的范围相一致，就认定为执行职务的行为。[①] 第三种观点则在实践中较好掌握，因此为大部分人所接受。

侵权责任法同时对劳务派遣中产生的侵权责任问题进行规定，劳务派遣期间，被派遣的工作人员因执行工作任务造成他人损害的，由接受劳务派遣的用工单位承担侵权责任；劳务派遣单位有过错的，承担相应的补充责任。

(二)国家机关及其工作人员因执行职务致人损害的侵权责任

按照《民法总则》的规定，“国家机关或者国家机关工作人员在执行职务中，侵犯公民、法人的合法权益造成损害的，应当承担民事责任。”此即职务侵权行为，它是指在国家机关行使国家权力或国家机关工作人员在行使国家权力过程中侵害公民、法人合法权益的行为。只有以国家名义，行使国家权力的行为，才是执行职务的行为；只有在执行职务中发生的侵权行为，才是职务侵权行为。

国家机关及其工作人员因执行职务致人损害的职务侵权责任，根据不同的标准具有以下不同的分类：

1.积极的职务侵权责任和消极的职务侵权责任

这是根据侵权责任的行为状态来进行分类的。

积极的职务侵权责任是指国家机关或者国家机关工作人员在执行职务过程中所发生的侵权责任，又称为作为的职务侵权责任。它包括三种情况：(1)因执行职务的行为本身违法而造成损害的责任，如滥用职权损害他人利益。(2)执行职务的方法不当而造成损害的责任，如非法限制人身自由造成损害。(3)执行职务行为本身所固有的危险而造成损害的责任，如公安机关工作人员在依法使用武器时误伤他人。

消极的侵权责任是指国家机关或者国家机关工作人员怠于执行职务而造成损害的责任，又称为不作为的职务侵权责任。这种侵权责任的特点在于法律规定了国家机关及国家机关工作人员履行职责的义务，国家机关及其工作人员在能够履行自己职责而不履行或者不积极履行法定义务造成他人损害的，必须承担侵权责任。

2.行政侵权责任和司法侵权责任

这是根据职务侵权行为的性质来分类的。

行政侵权责任是指国家行政机关或者行政机关工作人员在执行行政职务过程中造成他人损害的责任。行政侵权责任包括两种状态：(1)因具体行政行为而产生的责任。所谓具体行政行为是指针对特定的事实和对象所采取的具体措施，如治安管理、税收行为等。(2)因抽象行政行为而产生的违法行为。所谓抽象行政行为是指行政机关制定行政法规的活动。如果行政规定违反法律，造成公民损害，就构成行政侵权责任。

司法侵权责任是指国家审判机关、检察机关、公安机关和国家安全机关在执行司法职务过程中侵害他人合法权益的责任。如对依法扣押的财产因保管不善丢失，造成财产所有人财产损失。

国家机关及其工作人员因执行职务致人损害的侵权责任必须符合以下构成要件：

---

① 王利明、杨立新：《侵权行为法》，法律出版社 1996 年版，第 261 页。

(1)必须是公民、法人的合法权益受到损害。国家机关及其工作人员执行职务,往往是对某些人的"权利"进行限制或给予一定的"损害",但这些限制或损害只要有法律根据,就不是侵权。只有在公民、法人的合法权益没有法律根据地受到损害时,国家机关及其工作人员的行为才构成职务侵权行为。

(2)实施行为的主体必须是国有机关及其工作人员。国家机关包括国家权力机关、行政机关、审判机关、检察机关和军事机关。国家机关工作人员是担任公职从事公务的人员,包括受聘用、任命、委托在国家机关工作,担任一定公职,能依法从事公务的人员。

(3)必须在执行职务过程中损害合法权益。执行职务的行为是凭借国家权力实施的行为。只有在执行职务过程中侵权,才能构成职务侵权。下列行为不是执行职务的行为,包括:①国家机关及其工作人员以平民身份实施的行为;②实施与职务无关的行为;③国家机关对其工作人员的管理行为。

国家机关及其工作人员因执行职务致人损害,应由造成损害的国家机关或国家工作人员所在的国家机关负责赔偿。在这种情况下,国家机关赔偿是以国家的名义,用国库的财产进行赔偿的,这种责任也称为国家赔偿责任。国家赔偿责任除了适用《民法通则》第 121 条的原则规定外,还应具体适用《国家赔偿法》的规定。

国家机关及其工作人员因执行职务致人损害的赔偿责任与一般侵权责任的承担不同,是由国家赔偿法专门规定。国家赔偿法没有规定的,才适用民法通则的规定。国家机关及其工作人员因执行职务致人损害的赔偿责任具体内容为:(1)侵害公民生命权的,必须赔偿丧葬费和死亡赔偿金,二者合并计算的赔偿额为国家上年度职工年平均工资的 12 倍。(2)侵害公民健康权的,医疗费的赔偿以实际支出为标准。误工工资每日按国家上年度职工日平均工资计算,最高不得超过上年度职工平均工资的 5 倍。部分丧失劳动能力致残的,赔偿上年度职工年平均工资的 10 倍;全部丧失劳动能力的,为 20 倍。(3)侵害公民自由权的,每日的赔偿金为上年度职工日平均工资。(4)对受扶养的无劳动能力的人因此丧失扶养来源的,应当支付生活费,标准是参照当地民政部门有关生活救济的规定计算。未成年人给付到 18 周岁,其他无劳动能力人给付到死亡止。(5)对于财产权的损害,只赔偿直接损失。

三、网络侵权责任

网络侵权责任,就是行为人利用网络侵害他人的民事权益而依法应承担的民事责任。随着科学技术的迅速发展,计算机网络通信已开设辐射到社会各个领域,互联网的空前应用广泛地改变了人类生活方式,为人们的生活开拓了极大的空间。但是,来自网上的各种侵权行为也侵害了民事主体的合法权益。虽然一些网络侵权责任可以根据传统的侵权责任法规则进行处理,但许多网络侵权责任具有自己的特点,有必要立法进行规制。我国《侵权责任法》第 36 条规定:"网络用户、网络服务提供者利用网络侵害他人民事权益的,应当承担侵权责任。"因此,网络侵权责任的承担者包括网络用户和网络服务提供者。

根据我国侵权责任法的规定,网络侵权责任具有如下特征:

1.网络侵权责任是过错责任。侵权责任法规定了"利用"一词,说明网络用户或者网络服务提供者对于网络侵权行为主观上具有过错,即网络用户或者网络服务提供者希望通过网络达到侵害他人合法权益的效果,或者由于疏忽大意或者未尽到注意义务而损害他人合法权益。网络用户或者网络服务提供者对于自己的主观不良心理状态而产生的后果应当承担相应的法律责任。《侵权责任法》对此也规定,网络服务提供者知道网络用户利用其网络服务侵害他人民事权益,未采取必要措施的,与该网络用户承担连带责任。

2.网络侵权责任产生于网络服务。网络作为一种将地理位置不同并具有独立功能的多各计算机系统通过线路连接的体系,可以形成网络资源共享的状态。这种资源共享的情形造成的侵权,具有方式特殊、影响范围不确定的特点。网络用户有权使用互联网发布信息、取得资料,网络服务提供者也有权管理或者限制网络用户发布或者取得信息。

3.网络侵权责任认定错综复杂。网络存在的数字化信息不存在连续性,其所作的修改或者删除很难发现和鉴定,具有易变和不稳定性,网络信息的证据效果不明确。另外,由于网络运行离不开网络服务提供者的参与,而网络用户既可以显名,也可以匿名,甚至可以起名,这给侵权人的认定带来困难。对此,我国《侵权责任法》规定,网络用户利用网络服务实施侵权行为的,被侵权人有权通知网络服务提供者采取删除、屏蔽、断开链接等必要措施。网络服务提供者接到通知后未及时采取必要措施的,对损害的扩大部分与该网络用户承担连带责任。

网络侵权责任一般表现为几种类型:

第一,网络人身侵权。人身权是民事主体依法所享有的,与其人格及身份不可分离,没有直接财产内容的民事权利。人身权是民事主体进行民事活动的基本权利,保持主体的人格尊严不受侵犯,也是人类文明的发展标志。网络人身侵权,主要表现在侵害当事人的姓名权、名誉权、荣誉权及隐私权。侵权人往往通过网络撒播的方式冒用他人姓名,或者诋毁他人的社会评价,损害他人的名声,破坏他人的荣誉。而网络隐私侵权,侵权人则是通过非法收集他人的个人数据,识别当事人的主体身份,了解当事人的财产、婚姻、经历、职业、住址、信件等不愿意公开的个人情况。因此,在信息处理及传播手段不断发展和计算机网络广泛应用时,保护当事人的合法人身权益,责令侵权人承担网络侵权责任就具有重要意义。

第二,网络财产侵权。网络财产侵权表现在两方面,一方面是行为人利用网络交易手段,通过网络窃取当事人的资产。如通过网上银行系统盗窃他人的银行资产。另一方面是在网络游戏中侵占他人的财产。如盗窃他人的网络 Q 币。网络财产侵权应当承担与实际财产侵权一样的侵权责任,侵权人应返还财产、赔偿损失。

第三,网络侵犯知识产权。随着网络技术的广泛应用,网络侵犯知识产权的行为层出不穷,如未经著作权人同意擅自将其作品转载到网络,擅自转载新闻单位发布的新闻,擅自传播盗版音像作品等。最高人民法院早在 2000 年 12 月 21 日颁布施行了《关于审理涉及计算机网络著作权纠纷案件适用法律若干问题的解释》,明确规定了网络的数字化作品和网络传播权,网络用户存在侵犯权利人的知识产权的,应当承担侵权责任。网络服务提供者主观有过错,或者对权利人有证据的警告而仍然不采取移除侵权内容等措施以消除侵权后果的,网络服务提供者应与该网络用户承担共同侵权责任。

因此,网络服务提供者利用网络侵害他人利益造成损害的,应当承担过错责任。网络用户利用网络侵害他人权益造成损害的,受害人首先必须通知或提醒网络服务提供者,网络服务提供者在受害人通知或提醒后不采取删除、屏蔽或者断开链接等措施的,网络服务提供者应当与网络用户承担连带责任。

四、安全保障责任

安全保障责任，最早产生于司法解释。最高人民法院《关于审理人身损害赔偿案件适用法律若干问题的解释》第6条规定，从事住宿、餐饮、娱乐等经营活动或者其他社会活动的自然人、法人、其他组织，未尽合理限度范围内的安全保障义务致使他人遭受人身损害，安全保障义务人有过错的，应当在其能够防止或者制止损害的范围内承担相应的补充赔偿责任。《侵权责任法》第37条规定，宾馆、商场、银行、车站、娱乐场所等公共场所的管理人或者群众性活动的组织者，未尽到安全保障义务，造成他人损害的，应当承担侵权责任。因第三人的行为造成他人损害的，由第三人承担侵权责任；管理人或者组织者未尽到安全保障义务的，承担相应的补充责任。因此，安全保障责任就是经营者、群众活动组织者在从事经营或者组织活动过程中，因过错违反安全保障义务的法律规定，依法应承担的损害赔偿责任。

管理人、群众性活动组织者承担安全保障责任的法理基础在于经营、群众性活动的安全注意义务。在经营及群众性活动中，管理人、活动组织人对消费者或者其他进入消费场所或者参加活动的人均应尽到一般的安全注意，保护消费者或者其他进入消费场所等人的人身和财产不受损害，使经营者、组织者在经营交易、群众性活动过程中承担起注意和保护的责任，营造良好的消费环境、防范危险的发生、制止他人的不法侵权行为。管理人、群众性活动组织者违反应当积极作为的安全保障义务，就要为受害人向直接侵权人求偿不能承担风险责任。[①] 尽管我国法律对经营者的经营场所及经营者、组织者的安全保障义务方面进行比较全面的规范，但大多是从经营者、组织者在经营、群众性活动中不得有侵害消费者、其他进入消费场所或者参加群众活动的人的人身及财产行为的角度出发进行规范。例如，《中华人民共和国消防法》第12条规定："歌舞厅、影剧院、宾馆、饭店、商场、集贸市场等公众集聚的场所，在所有或者开业前，应当向当地公安消防机构申报，经消防检查合格后，方可所有或者开业"。公安部《高层建筑消防管理规则》规定，宾馆、饭店的走道、楼梯、出口等部位，要经常保持畅通，严禁堆放物品。国务院《营业性演出管理条例》第11条规定，设立营业性演出场所，安全设施、卫生条件必须符合国家规定标准。对于经营者防止第三人对消费者进行侵权的保障义务，除了司法解释，法律规定并不十分具体明确。《中华人民共和国消防者权益保护法》第7条规定："消费者在购买商品和接受服务时享有人身、财产不受损害的权利"。而《中华人民共和国合同法》第290条和第302条又规定，承运人应当在约定的期间或者合理期间将旅客安全运输到约定地点，承运人应当对运输过程中旅客的伤亡承担损害赔偿责任，但伤亡是旅客自身健康原因造成或者承运人证明伤亡是旅客故意、重大过失造成的除外。前者的规定看不出安全保障责任的归责原则，后者则明确承运人对于第三人侵权而造成旅客的人身损害责任的归责原则是无过错责任。侵权责任法明确规定了安全保障责任的过错归责原则，确定了一般情况下管理人、群众性活动组织者有义务保障消费者及在消费场所等当事人的人身和财产安全，制止和防范第三人的侵权行为。

安全保障责任的构成要件必须符合以下几项：

---

① 《最高人民法院司法解释小文库》编选组编：《人身损害赔偿司法解释》，人民法院出版社2006年版，第45页。

1. 行为人具有违反安全保障义务的行为

行为人违反安全保障义务的行为基本表现为不作为的方式，就是行为人应当尽到安全保障义务保护权利人的权利不受侵害，但由于行为不尽适当注意的义务，违反了法律规定，违反了一般的照顾、协助、提醒、告知等义务，行为具有违法性和不当性。违反安全保障义务的行为一般表现为设施不当，如物业公司未尽保养电梯义务而造成电梯损坏致该居民小区业主乘电梯时受伤；服务不当，如银行安保人员遇到银行内发生抢劫时不制止而躲起来。

2. 权利人的权益受到侵害

权利人的权益受到损害，包括人身权和财产权。人身权是权利人的生命、健康权遭受侵害，权利人除有权要求侵权人赔偿因此造成的财产损失外，还有权要求赔偿精神损害。财产权是权利人因行为人违反安全保障义务而造成其财产或者财产利益的损害事实。

3. 行为人具有过错

违反安全保障义务的过错，是未尽安全保障义务的过失，是一种不注意的心理状态。

在判断行为人是否具有安全保障义务的过错时，应以其是否达到法律规定的注意义务、是否达到相同经营管理人、群众性活动组织者所必须达到的注意义务、是否达到诚实善良当事人的注意义务为标准。

4. 违反安全保障义务的行为与损害后果之间具有因果关系

对于设施不当而造成的损害，可以明确行为与后果具有因果关系。对于服务不当与损害后果的因果关系，应该从如果服务适当是否可以避免损害后果发生来判断因果关系的存在。如果服务管理适当存在避免损害后果的可能性，则认为行为人没有过错，行为人的行为与损害后果没有因果关系。

管理人、群众性活动组织者违反安全保障义务所应当承担的侵权责任实际上有两种，一种是管理人、群众性活动组织者因为自己在管理、组织活动过程中过错违反安全保障义务的行为而侵害受害人的人身权益，管理人、群众性活动组织者应自己承担侵权责任。另一种就是补充责任，它是管理人、群众性活动组织者在其应承担的安全保障义务范围内没有尽到防范、制止侵权行为所应对受害人的人身损害承担的赔偿责任。如银行的保安人员在储户办理存款业务时不在岗，使该储户在银行内被抢。管理人、群众性活动组织者承担侵权补充责任的构成要件一般认为和违反安全保障义务的直接侵权责任在构成要件上并无多少区别，就是管理人、群众性活动组织者首先在主观上必须具有过错。其次是管理人、群众性活动组织者实施了违反安全保障义务的行为，其基本方式表现为不作为，是对发生的第三人的侵权行为没有进行有效的防范或者制止。再次是相对人遭受人身损害。最后是损害后果和管理人、群众性活动组织者的不作为或者作为不当之间具有因果关系。负有安全保障义务的管理人、群众性活动组织者不尽安全保障义务是造成受害人人身、财产损害的原因。

五、教育机构责任

教育机构责任是指学校、幼儿园或者其他教育机构未尽教育管理职责而应承担的损害赔偿侵权责任。我国法学理论对教育机构的责任性质存在不同的观点。第一种观点认为，教育机构对学生承担的是一般的教育、管理和保护义务，教育机构承担的是过错责任，无过错则不承担侵权责任。第二种观点认为，学校与学生形成一种合同关系，学生在教育机构期间所损害，主要看教育机构是否存在违约行为。教育机构对学生损害承担的是违约责任。第三种观点认为，学校与学生之间是一种监护关系。家长将学生送入学校，应视为将监护义务转移给学校。学生在教育机构期间所受损害或者造成他人损害，教育机构应当承担监护责任。[①] 我们认为，教育机构对学生负有的仅仅是一般的管理和保护义务，不具有监护的法定职责。教育机构对学生承担的是违反注意与保护义务的过错责任。我国《侵权责任法》《学生伤害事故处理办法》对教育机构的侵权责任做了全面规定。其中《侵权责任法》将教育机构的侵权责任规定为三种情形：

1.无民事行为能力人。《侵权责任法》第 38 条规定："无民事行为能力人在幼儿园、学校或者其他教育机构学习、生活期间受到人身损害的，幼儿园、学校或者其他教育机构应当承担责任，但能够证明尽到教育、管理职责的，不承担责任"。可见，无民事行为能力人在学校、幼儿园或者其他教育机构学习、生活期间遭受人身损害的，法律规定幼儿园、学校或者其他教育机构承担的是过错推定责任。幼儿园、学校或者其他教育机构对于无民事行为能力人在学习、生活期间受到的损害，必须举证证明自己没有过错，已经尽到教育、管理职责。不能证明的，应当承担侵权责任。

2.限制民事行为能力人。对于限制民事行为能力人在学校或者其他教育机构学校生活期间遭受人身损害，侵权责任法则规定了过错责任。与无民事行为能力人不同，限制民事行为能力人受到人身损害不适用举证责任倒置。受害人必须举证证明学校或者其他教育机构具有教育管理过错。《侵权责任法》第 39 条规定："限制民事行为能力人在学校或者其他教育机构学习、生活期间受到人身损害，学校或者其他教育机构未尽到教育、管理职责的，应当承担责任"。

3.无民事行为能力人或者限制民事行为能力人遭受外来人身损害。无民事行为能力人或者限制民事行为能力人在教育机构学习、生活期间受到教育机构以外的人进行人身损害的，由侵权人承担侵权责任。但如果教育机构未尽管理职责的，教育机构应当承担侵权补充责任。无民事行为能力人或者限制民事行为能力人要求教育机构承担补充责任的，必须举证证明教育机构有未尽管理职责的过错。我国《侵权责任法》第 40 条规定，"无民事行为能力人或者限制民事行为能力人在幼儿园、学校或者其他教育机构学习、生活期间，受到幼儿园、学校或者其他教育机构以外的人员人身损害的，由侵权人承担侵权责任；幼儿园、学校或者其他教育机构未尽到管理职责的，承担相应的补充责任"。

此外，我国《侵权责任法》对没有意识或者行为失去控制而致人损害的法律责任进行了规定。《侵权责任法》第 33 条规定，"完全民事行为能力人对自己的行为暂时没有意识或者失去控制造成他人损害有过错的，应当承担侵权责任；没有过错的，根据行为人的经济状况对受害人适当补偿。完全民事行为能力人因醉酒、滥用麻醉药品或者精神药品对自己的行为暂时没有意识或者失去控制造成他人损害的，应当承担侵权责任"。因此，行为人因自己的原因而造成暂时没有意识或者不能控制自己的行为，如吸毒导致他人损害的，应当承担侵权责任。行为人自己没有过错的原因而产生的暂时没有意识或者不能控制自己行为的，如梦游而损伤他人，行为人也仍然要承担适当补偿的侵权责任。

① 尹志强：《侵权行为法论》，中国政法大学出版社 2008 年版，第 153 页。

第五节　特殊侵权责任

特殊侵权责任，是相对于一般侵权责任而言的，指当事人基于与自己有关的行为、事件或其他特别原因致人损害，依照民法的特别规定或侵权责任法的规定而应承担的侵权责任。

特殊侵权责任之所以特殊，表现在以下三个方面：(1)侵权责任的主体特殊。对于特殊侵权责任的主体，法律专门进行规定。这些主体和一般侵权责任主体不同，必须具备法律特别规定的条件，如产品责任，就要求侵权主体必须是产品生产者、经销者。(2)侵权责任的行为特殊。例如高度危险作业致人损害。(3)侵权责任的致害物质特殊，如产品质量造成他人损害。特殊侵权责任具有与一般侵权责任不同的法律特征：其一，特殊侵权责任适用过错推定、公平责任原则，例外情况下采用无过错责任原则；其二，特殊侵权责任的构成须具备特别的要件，每一种特殊侵权责任所要求的特别条件各有不同，并取决于法律的规定；其三，特殊侵权责任适用特殊的举证责任。一般侵权责任的举证责任原则是"谁主张，谁举证"，而特殊侵权责任则实行举证责任倒置，即由侵权人证明自己没有过错，否则就应对损害结果承担侵权责任。

特殊侵权责任的构成要件由于具体的侵权行为种类不同而具有不同的构成要件，但特殊侵权责任通常都必须具备三个构成要件：即损害后果、侵害行为的违法性、侵害行为与损害后果之间的因果关系。因此，特殊侵权责任和一般侵权责任构成要件的区别在于，特殊侵权责任不要求行为人对其造成的损害后果必须具有过错的心理状态。特殊侵权责任人只要具备上述三个要件，就必须承担侵权责任。

根据我国《民法通则》《侵权责任法》的规定，除了侵权责任主体有特殊规定外，特殊侵权责任还包括以下几种：

一、产品责任

所谓产品责任，是产品制造者、销售者对因制造、销售或者提供有缺陷的产品并致人身及他人财产损害所应承担的法律后果。我国《民法通则》第 122 条规定："因产品质量不合格造成他人财产、人身损害的，产品制造者、销售者应当依法承担民事责任。运输者、仓储者对此负有责任的，产品制造者、销售者有权要求赔偿损失。"《侵权责任法》第五章专门规定了产品责任。因此，因产品缺陷致人损害，制造者和销售者应承担产品责任。运输者、仓储者等第三人的过错使产品存在缺陷，造成他人损害的，产品的生产者、销售者赔偿后，有权向第三人追偿。

产品责任如何区分违约责任和侵权责任，是必须清楚掌握的性质。从广义的角度来看，产品责任无疑既有侵权责任的性质，也有违约责任的性质。因此，在法律上限定产品责任的范围就非常重要。我国《产品质量法》第 34 条规定："本法所称缺陷，是指产品存在危及人身、他人财产安全的不合理危险；产品有保障人体健康，人身财产安全的国家标准、行业标准的，指不合该标准"。从这一规定的精神可见，产品侵权责任和产品违约责任的界限在于：产品自身质量问题和产品自身损坏造成财产损失的，是产品违约责任。《侵权责任法》第 41 条规定,“因产品存在缺陷造成他人损害的,生产者应当承担侵权责任”。对于“他人”的理解,我们认为应当是产品缺陷造成人身损害,包括造成产品以外其他财产、人身损害的,属于产品侵权责任。

因产品缺陷致人损害的民事责任是一种特殊的侵权责任。有关产品制造者、销售者承担责任的归责原则,存在不同的观点。一种观点认为产品责任是无过错责任;①第二种观点认为产品责任是过错责任,属于过错推定责任。② 第三种观点认为产品责任包括无过错责任和过错责任。③ 一般认为,产品责任的性质属于过错推定责任。构成产品责任,应满足以下的构成要件:

1.产品质量不合格。产品质量不合格,就是产品不符合法定质量标准以及合同的约定,在产品的适用、安全等方面有缺陷。这种产品缺陷往往表现为产品缺少应当具有的机能,以致对他人的财产、人身构成侵害的危险。衡量一个产品是否合格的标准,主要有三个方面的依据:(1)法律、法规规定的标准。(2)国家规定的质量标准。(3)合同约定的质量标准。

2.损害后果。损害后果包括财产损害和人身损害,这种损害侵害的是消费者的财产权和人身权,并不是对产品本身的损坏。产品本身的损坏,是制造者、销售者应承担的合同责任,而非产品责任这一特殊侵权责任,如购买电视机没有显像,是合同责任,而电视机爆炸造成他人人身伤害,则是产品责任。因此,损害后果既可能发生在购买者、消费者身上,也可能发生在第三者身上。与合同无任何关系的受害人均可要求制造者、销售者承担产品责任。

3.因果关系。因果关系是指产品缺陷和损害结果之间具有的必然联系。因产品缺陷而导致损害,其因果关系与一般侵权行为的因果关系不同:首先,它是产品缺陷和损害后果之间的相互联系,而不是特定行为和损害后果之间的联系;其次,产品责任中的因果关系往往要通过因果关系的推定才能实现。这是因为,在现代的生产技术条件下,消费者置身于产品的设计、制造过程之外,很难证明损害与产品缺陷的因果联系。为了保护产品受害人的利益,就应该采取推定的原则。这种因果关系的推定适用于两种情况:(1)只要受害人能够证明损害是产品缺陷在事实上的结果,因果关系即告成立;(2)只要产品有缺陷,并在事实上发生了该缺陷可能导致的损害,即可认定因果关系成立。可见,因果关系在产品缺陷致人损害的民事责任中具有特殊性。

因产品缺陷致人损害,其责任主体为产品制造者、销售者。制造者包括零部件制造者和成品制造者。在不能确定产品缺陷发生的具体阶段的,一般应由成品制造者承担责任。销售者包括产品批发商和零售商。产品制造者和销售者应承担连带责任,受害人有权向产品制造者、销售者任何一方请求损害赔偿。当运输者、仓储者也负有责任时,产品制造者、销售者在承担责任后,有权要求产品运输者、仓储者赔偿。

我国《侵权责任法》在产品责任上还体现了两方面的新规则。一是增加规定了缺陷产品的召回制度。《侵权责任法》第 46 条规定,“产品投入流通后发现存在缺陷的,生产者、销售者应当及时采取警示、召回等补救措施。未及时采取补救措施或者补救措施不力造成损害

① 杨立新:《侵权损害赔偿》,吉林人民出版社 1990 年版,第 178 页。

② 王利明主编:《民法:侵权行为法》,中国人民大学出版社 1993 年版,第 432 页。

③ 张新宝:《中国侵权行为法》,中国社会科学出版社 1995 年版,第 319~320 页。

的，应当承担侵权责任”。二是对产品责任规定了惩罚性赔偿制度。《侵权责任法》第 47 条规定，“明知产品存在缺陷仍然生产、销售，造成他人死亡或者健康严重损害的，被侵权人有权请求相应的惩罚性赔偿”。我国《产品质量法》规定因缺陷产品造成损害的，受害人有权请求双倍赔偿。《食品卫生法》则规定因食品质量造成损害的，受害人有权请求十倍赔偿。而《侵权责任法》则突破了“假一罚二”及“假一罚十”的界限，增加了侵权责任的惩罚性内容。

二、机动车交通事故责任

机动车交通事故责任是指机动车在道路上造成他人人身或者财产损失而依法应当承担的侵权赔偿责任。我国《侵权责任法》第 48 条规定，“机动车发生交通事故造成损害的，依照道路交通安全法的有关规定承担赔偿责任”。根据《道路交通安全法》的规定，机动车致人损害的赔偿责任属于无过错责任，除非损失是由非机动车驾驶人、行人故意碰撞机动车造成的，否则机动车即使无过错，也要承担不超过 10％的赔偿责任。

机动车交通事故责任的构成要件有：

第一，必须发生道路交通事故。道路交通事故责任首先必须发生在公共道路上，包括公路、城市道路及允许社会机动车通行的道路等用于公众通行的场所。居民小区、机关、学校等单位内的道路不属于机动车交通事故责任的道路，在该场所发生的机动车碰撞事故，不属于侵权责任法规定的机动车交通事故责任，只是一般的民事责任，可参照道路交通安全法的规定处理。其次是道路交通事故责任必须是机动车所导致。机动车是指以动力装置驱动或者牵引上路行驶的轮式车辆，而非机动车是指以人力或者畜力为动力上路行驶的交通工具(但包括电动自行车)。因此，有轨电车、推土机等不属机动车交通事故责任的机动车。

第二，必须发生损害后果。机动车交通事故责任的承担必须有损害结果的发生，如果机动车没有造成人身或者财产损害，机动车只应对自己的违法行为承担行政责任，如罚款、吊销驾驶证等，无需承担侵权责任。

第三，机动车行驶与损害后果之间具有因果关系。一般情况下，机动车在静止状态下不会发生交通事故责任。机动车在静止状态下产生的责任属于一般民事责任。但如果由于机动车在道路上违法停放，使其他机动车因此发生碰撞，则应承担机动车交通事故责任。

我国《侵权责任法》特别规定了机动车交通事故责任的几种情形：

1.车辆所有人与使用人不是同一人时的事故责任。因为租赁、借用等情形机动车所有人与使用人不是同一人时，发生交通事故后属于该机动车一方责任的，由保险公司在机动车强制保险责任限额范围内予以赔偿。不足部分，由机动车使用人承担赔偿责任；机动车所有人对损害的发生有过错的，承担相应的赔偿责任。

2.已有买卖意思并实际交付车辆但未办理过户登记的事故责任。虽然车辆的所有权转移以是否登记为要件，但当事人之间已经以买卖等方式转让并交付机动车但未办理所有权转移登记，发生交通事故后属于该机动车一方责任的，由保险公司在机动车强制保险责任限额范围内予以赔偿。不足部分，由受让人承担赔偿责任。因此，受让人在发生道路交通事故时，虽然不是车辆的所有人，但仍应当承担保险责任外的侵权赔偿责任。

3.转让拼装或者报废车辆的事故责任。以买卖等方式转让拼装或者已达到报废标准的机动车，发生交通事故造成损害的，转让人和受让人均有过错，由转让人和受让人承担连带责任。

4.盗窃、抢劫或者抢夺车辆的事故责任。因盗窃、抢劫或者抢夺的机动车发生交通事故造成损害的，由盗窃人、抢劫人或者抢夺人承担赔偿责任。保险公司在机动车强制保险责任限额范围内垫付抢救费用的，有权向交通事故责任人追偿。

5.发生事故驾驶员逃逸的责任。机动车驾驶人发生交通事故后逃逸，该机动车参加强制保险的，由保险公司在机动车强制保险责任限额范围内予以赔偿。这与原来规定的发生事故驾驶员逃逸的保险公司不承担保险责任完全不同。如果机动车不明或者该机动车未参加强制保险，需要支付被侵权人人身伤亡的抢救、丧葬等费用的，由道路交通事故社会救助基金垫付。道路交通事故社会救助基金垫付后，其管理机构有权向交通事故责任人追偿。

侵权责任法规定的机动车交通事故责任与道路交通事故责任认定不同，前者属于侵权责任，后者是公安交通管理部门对发生道路交通事故后当事人责任的确定。我国《道路交通安全法》。第 73 条规定，“公安机关交通管理部门应当根据交通事故现场勘验、检查、调查情况和有关的检验、鉴定结论，及时制作交通事故认定书，作为处理交通事故的证据。交通事故认定书应当载明交通事故的基本事实、成因和当事人的责任，并送达当事人。”由此看来，交通事故认定书的目的是分清责任，并作为人民法院处理机动车交通事故责任的证据。

三、医疗损害责任

根据我国《侵权责任法》的规定，医疗损害责任是指医疗机构及其医务人员因过错而使患者在诊疗活动中受到损害，医疗机构应当承担的损害赔偿责任。在《侵权责任法》颁布之前，我国对于患者因医疗诊治而发生的损害赔偿责任要求医疗机构或者医务人员必须构成医疗事故，并按照损害后果的严重程度，将医疗事故分成四级。对于是否构成医疗事故，在司法实践中又存在两种做法。一是根据《医疗事故处理条例》的规定，由医学会组织专门的技术鉴定委员会作出认定意见。二是根据司法鉴定机构所作的鉴定结论对是否构成医疗事故进行判断。这就出现人民法院在认定医疗诊治行为是否构成侵权责任存在两种不同的认定依据的情形。最高人民法院 2002 年 4 月 1 日施行的《关于民事诉讼证据的若干规定》第 4 条规定，“因医疗行为引起的侵权诉讼，由医疗机构就医疗行为与损害后果之间不存在因果关系及不存在医疗过错承担举证责任。”但 2010 年 7 月日施行的《侵权责任法》则直接规定医疗损害的过错责任，完全废除了医疗损害的过错推定责任原则。因此，一旦发生医疗损害赔偿纠纷，患者必须举证证明医疗机构具有过错，没有举证或者举证不能的，医疗机构不承担侵权责任。

医疗损害责任应当具备以下构成要件：

1.医疗机构或者医务人员主观过错。主观过错包括故意和过失。在医疗活动过程中，一种是医疗机构或者医务人员故意侵害患者权益，如故意摘取患者的器官。行为人不仅要承担刑事责任，也应当承担侵权赔偿责任。另一种是医疗机构或者医务人员因过失，即违反诊疗过程中必要的注意义务而造成患者损害，如不当手术、未尽说明义务等。患者举证证明医疗机构存在过错一般是通过司法鉴定的方式。

2.医疗机构或者医务人员具有违法行为。法律明确规定医疗机构或者医务人员在医疗活动过程中，必须严格遵守医疗卫生管理法律、行政法规、部门规章和诊疗护理规范、操作规则，恪守医疗服务职业道德。一般而言，医疗机构或者医务人员的主观过错往往体现为违法行为，如开错药、延误治疗等。

3.医疗机构或者医务人员的行为造成损害。医疗损害包括人身损害和财产损害。因医疗行为产生的人身损害权益主要有生命权、健康权、知情权、隐私权。因医疗行为产生的财产损害是指人身损害而导致的财产利益损失，如诊疗费、护理费、交通费、误工损失等。

4.医疗过错行为与损害后果之间具有因果关系。医疗损害因果关系的认定采取举证责任倒置，只要在医疗过程中发生损害，就推定医疗机构或者医务人员存在过错，医疗行为与损害后果就具有因果关系。医疗机构或者医务人员必须举证证明自己的诊疗行为符合规范，不存在医疗过错。医疗机构或者医务人员不能证明的，就应当承担医疗侵权赔偿责任。

针对医疗实践中存在的侵权实际问题，我国《侵权责任法》专门规定了一些具体的规则，具体表现在：

第一，明确患者的知情同意权。知情同意权包括知情权和同意权。知情权是患者对其病情、治疗方案、治疗风险有知悉的权利。同意权是患者同意进行医疗的权利。《侵权责任法》第55条规定："医务人员在诊疗活动中应当向患者说明病情和医疗措施。需要实施手术、特殊检查、特殊治疗的，医务人员应当及时向患者说明医疗风险、替代医疗方案等情况，并取得其书面同意；不宜向患者说明的，应当向患者的近亲属说明，并取得其书面同意。医务人员未尽到前款义务，造成患者损害的，医疗机构应当承担赔偿责任。"第56条规定："因抢救生命垂危的患者等紧急情况，不能取得患者或者其近亲属意见的，经医疗机构负责人或者授权的负责人批准，可以立即实施相应的医疗措施。"这里虽然用了"可以"这一非强制字眼，但根据《执业医师法》等相关规定，对于抢救生命垂危的患者等紧急情况，医生应当进行诊疗救治。医疗机构及其医务人员应当按照规定填写并妥善保管住院志、医嘱单、检验报告、手术及麻醉记录、病理资料、护理记录、医疗费用等病历资料。患者要求查阅、复制相关病历资料的，医疗机构应当提供。

第二，保护患者的隐私权。《侵权责任法》第62条规定："医疗机构及其医务人员应当对患者的隐私保密。泄露患者隐私或者未经患者同意公开其病历资料，造成患者损害的，应当承担侵权责任。"对于学生实习观摩医疗过程，由于学生不具有医务人员资格，其观摩学习必须经过患者的同意，否则构成隐私侵权。

第三，规定医疗推定过错责任。医疗损害责任属于过错责任，但《侵权责任法》又特别规定了三种情形，即只要出现以下三种情形的，就推定医疗机构或者医务人员有过错，应当承担医疗损害赔偿责任。一是违反法律、行政法规、规章以及其他有关诊疗规范的规定；二是隐匿或者拒绝提供与纠纷有关的病历资料；三是伪造、篡改或者销毁病历资料。

第四，规定药品、医疗器械缺陷损害的无过错责任。根据产品质量法的规定，因药品、医疗器械等缺陷造成损害的，实行的是无过错责任。因此，《侵权责任法》第59条规定："因药品、消毒药剂、医疗器械的缺陷，或者输入不合格的血液造成患者损害的，患者可以向生产者或者血液提供机构请求赔偿，也可以向医疗机构请求赔偿。患者向医疗机构请求赔偿的，医疗机构赔偿后，有权向负有责任的生产者或者血液提供机构追偿"。

第五，禁止不必要的医疗检查。针对实践中存在的多项、重复、不必要医疗检查，我国《侵权责任法》规定禁止不必要的医疗检查。《侵权责任法》第63条规定："医疗机构及其医务人员不得违反诊疗规范实施不必要的检查。"因此，医疗机构或者医务人员为了谋求利益而进行不必要的医疗检查，损害患者的权益，应当承担侵权责任，对不必要的检查及因此产生的财产损失进行赔偿。

第六，对医疗水平提出要求。《侵权责任法》第 57 条规定："医务人员在诊疗活动中未尽到与当时的医疗水平相应的诊疗义务，造成患者损害的，医疗机构应当承担赔偿责任。"这一规定的理解体现在两方面：一是医疗设备应该达到当时的水平；二是医务人员的能力应该达到当时的水平。如果设备与人员不能达到当时的水平而造成患者损害的，应当承担医疗损害责任。

四、环境污染责任

我国《民法总则》第 9 条规定："民事主体从事民事活动，应当有利于节约资源、保护生态环境。"民法总则关于绿色原则的规则，明确规定了环境污染责任。环境，是指影响人类生存和发展的各种天然的和经过人工改造的自然因素的总体，包括大气、水、海洋、土地、矿藏、森林、草原、野生生物、自然遗迹、人文遗迹、自然保护区、风景名胜区、城市和乡村等。环境污染，就是人为地使环境发生化学、物理、生物等特征的不良变化，从而影响人类健康和活动，影响生物生存和发展的现象。凡是对上述自然因素进行影响引起不良变化的，均是环境污染。《侵权责任法》第 65 条规定，"因污染环境造成损害的，污染者应当承担侵权责任。"从侵权责任法的规定可见，排污符合规定标准，但给他人造成损害的，排污者仍然应当承担侵权责任。

环境污染责任必须具备以下要件：

1.污染环境造成损害事实。构成这一损害事实往往分为两种情况：其一，污染环境的行为违反国家保护环境防止污染的有关规定而造成损害。我国保护环境防止污染的规定主要有四类：(1)全国人民代表大会制定的法律，如环境保护法。(2)国务院制定的法规，如海洋倾废管理条例。(3)国务院各部、委颁发的规章，如农药安全使用规定。(4)地方性环境保护规章。其二，合法排污造成污染损害后果。有的排污行为虽然并未违反环境保护法规，但只要客观上造成污染损害，就构成环境污染责任。污染环境的损害，具有复杂性(即污染源复杂、污染过程复杂)、潜伏性(即损害往往要经过长时间才能发现)和损害的广泛性(即受害地区广泛、受害对象广泛)的特点。应充分把握这些特点，以确定损害是否由污染环境所造成。

2.损害事实和污染环境行为之间存在因果关系。所谓因果关系，即受害人所受的损害是因为侵权人排放有害物质或其他污染行为造成的。由于污染环境是工业发展所产生的副作用，加上污染所造成的损害具有复杂性、潜伏性和广泛性的特点，因此，要证明污染环境致人损害的因果关系往往十分困难：一方面要有化验分析的技术手段，另一方面还需适用因果关系推定的方法进行确认。在通常的情况下，受害人只要证明：(1)行为人的污染环境行为到达某一区域。(2)该区域发生多种类似的损害，就足以推定因果关系的存在。这既有利于保护受害人的合法权益，也可以促使行为人防止污染、避免损害，并利用自身的专业技术和经济实力对污染与损害因果关系做出严格的论证。我国《侵权责任法》规定，因污染环境发生纠纷，污染者应当就法律规定的不承担责任或者减轻责任的情形及其行为与损害之间不存在因果关系承担举证责任。

环境污染责任是无过错责任。对污染环境致人损害的无过错责任，一方面符合世界各国的立法通例，另一方面有利于加强当事人的环保意识，严格控制和防止污染环境的情况出现，减轻受害人的举证责任，更加有利于保护当事人的合法权益。

环境污染责任应由污染环境的行为人承担。但由于下列原因造成污染环境的、污染人不承担责任：其一，因不可抗力造成污染损害的；其二，因受害人自身的责任引起污染损害的。

另外，因第三人的过错污染环境造成损害的，被侵权人可以向污染者请求赔偿，也可以向第三人请求赔偿。污染者赔偿后，有权向第三人追偿。

五、高度危险责任

高度危险责任，是指采用现代科学技术手段从事对他人或者周围环境有高度危险活动，因从事这种高度危险性活动导致他人人身或者财产损害而依法承担的侵权责任。我国《民法通则》第 123 条规定，“从事高空、高压、易燃、易爆、剧毒、放射性、高速运输工具等对周围环境有高度危险的作业造成他人损害的，应当承担民事责任。”《侵权责任法》第 69 条规定，“从事高度危险作业造成他人损害的，应当承担侵权责任。”

高度危险责任，具有以下法律特征：

第一，高度危险责任适用范围比较广泛。民法采用列举的方式，将高度危险活动归纳为高空作业、高压作业、从事易燃品作业、从事易爆品作业、从事剧毒作业、从事放射性作业和高速运输工具作业七类。

第二，高度危险责任是一种无过错责任。由于高度危险作业具有超出一般程度的危险性，尽管作业人极其谨慎，有时也难以避免损害的发生。因此，适用无过错责任原则，符合法律对公民合法权益的特殊保护要求，且有助于促进从事高度危险作业的人改进技术，增强作业的安全性。

第三，高度危险责任与其他侵权责任的竞合。将高度危险作业的赔偿责任进行规定，导致了多种民事责任的竞合。例如高层楼层施工产生脚手架坠落伤人，受害人可选择高度危险作业的赔偿责任，也可以要求适用建筑物或其他设施上悬挂物坠落致人损害的民事责任。

虽然我国《民法通则》采取了罗列的方式，列举了最常见的 7 种高度危险作业种类，但如何确定高度危险作业的范围，一直是一个争议的难题。以汽车为例，一般认为属于高速运输工具，而行政法规则将其规定为非高速运输工具，汽车交通事故承担的是过错责任原则。我们认为，所谓的高度危险，是指人们在从事某种作业时，即使尽到现有技术水平下所能尽到的高度谨慎，仍不能避免损害的发生。因此，构成一种高度危险作业，必须具有以下特征：一是这种作业为法律所允许；二是行为人从事这种作业对周围环境可能造成的损害难以避免。

高度危险责任作为一种特殊侵权责任，应具备以下的条件：

1.必须要有高度危险作业人。作为从事高度危险作业致人损害的责任主体，作业人是指实际控制高度危险作业的客体并利用该客体谋取利益的人，他既可以是高度危险作业的客体所有人，也可以是其客体的经营管理人，前者如建筑公司和高度危险物品的所有人，后者如汽油储炼公司。

2.必须有高度危险作业的行为。无论作业人的作业活动是否合法，凡是使他人财产或人身造成损害，都产生高度危险作业的赔偿责任。

3.必须要有财产的损害。财产的损害表现在几个方面。其一，要有受害人。受害人仅指高度危险作业以外的人，而不包括作业人的工作人员或雇员。其二，受害人须因作业人的高度危险作业导致既有财产的减少和应得财产利益的损失。其三，法律规定对他人财产、人身构成威胁但尚未造成财产损害后果，作业人应承担消除危险的民事责任。

4.必须在高度危险作业和损害后果之间存在因果关系。这种因果关系采用推定的方式，即受害人证明损害与高度危险作业有形式上的联系，如果作业人无法证明因果关系不存在，则推定因果关系成立。

从事高度危险作业致人损害，应承担民事责任。我国《侵权责任法》对高度危险责任进行分类规定，明确不同高度危险作业活动的责任主体及其免责事由。

1.民用核设施责任。民用核设施发生核事故造成他人损害的，由民用核设施的经营者承担侵权责任。但如果该损害是因战争等情形或者受害人故意造成的，则民用核设施的经营者不承担责任。

2.民用航空器责任。民用航空器造成他人损害的，由民用航空器的经营者承担侵权责任。但如果该损害是因受害人故意造成的，民用航空器的经营者不承担责任。

3.占有或者使用高度危险物责任。占有或者使用易燃、易爆、剧毒、放射性等高度危险物造成他人损害的，由占有人或者使用人承担侵权责任。但如果损害是因受害人故意或者不可抗力造成的，占有人或者使用人不承担责任。被侵权人对损害的发生有重大过失的，可以减轻占有人或者使用人的责任。

4.从事高空、高压、地下挖掘活动或者使用高速轨道运输工具责任。从事高空、高压、地下挖掘活动或者使用高速轨道运输工具造成他人损害的，由经营者承担侵权责任。但如果损害是因受害人故意或者不可抗力造成的，经营者不承担责任。被侵权人对损害的发生有过失的，可以减轻经营者的责任。

5.遗失、抛弃高度危险物责任。遗失、抛弃高度危险物造成他人损害的，由所有人承担侵权责任。所有人将高度危险物交由他人管理的，由管理人承担侵权责任；所有人有过错的，与管理人承担连带责任。

6.非法占有高度危险物责任。非法占有高度危险物造成他人损害的，由非法占有人承担侵权责任。所有人、管理人不能证明对防止他人非法占有尽到高度注意义务的，与非法占有人承担连带责任。

7.未经许可进入高度危险区域责任。未经许可进入高度危险活动区域或者高度危险物存放区域受到损害，管理人应当承担责任。但管理人已经采取安全措施并尽到警示义务的，可以减轻或者不承担责任。

六、饲养动物损害责任

我国《民法通则》第127条规定："饲养的动物造成他人损害的，动物饲养人或者管理人应当承担民事责任；由于受害人的过错造成损害的，动物饲养人或者管理人不承担民事责任；由于第三人的过错造成损害的，第三人应当承担民事责任。"这一规定确立了动物致人损害的民事责任。《侵权责任法》第78条也规定："饲养的动物造成他人损害的，动物饲养人或者管理人应当承担侵权责任，但能够证明损害是因被侵权人故意或者重大过失造成的，可以不承担或者减轻责任。"

关于饲养动物损害责任的归责原则，理论界和实践中一般认为属于无过错责任。但在《民法通则》颁布之前，司法实务对动物致人损害采取的是过错责任原则。[①] 从《民法通则》的规定来看，其采取的是无过错责任原则，同时规定如果由于受害人的过错造成损害的，动物的饲养人或者管理人不承担责任。因此，由于混合过错而产生的减轻动物饲养人或者管理人责任的情形在这一民事责任的承担上是不存在的。但新颁布的《侵权责任法》又采取了不同的规则，规定因被侵权人故意或者重大过失造成损害的，也可减轻侵权人的责任。这一过错相抵的规定表现出饲养动物损害责任实际上属于过错责任，是过错责任的推定过错责任。

饲养动物损害责任，一般必须具备以下条件才能构成：

1.必须有饲养的动物。所谓饲养的动物，是指由工人喂养和管理的动物。饲养的动物既包括家畜、家禽，也包括驯养的野兽。饲养动物的前提是人们对动物的占有和控制，因而饲养的动物一般有所有人或管理人。

2.必须是动物造成他人损害。这种动物造成他人损害，是基于动物的本能行为所造成的，如犬咬人，马踢人。如果动物致他人损害，是由于人的强制或驱使，在这种情况下，动物已经成为他人实施侵权行为的工具，就不是动物损害。

3.必须有损害事实存在。这种损害事实包括：(1)人身损害，如被狗咬伤；(2)财产损害，如牛食田中的青苗；(3)妨害，如恶犬挡于路上使学生无法上学。动物致人损害，既包括动物直接加害于他人，也包括因动物的动作间接地致他人损害，如马受惊后撞翻他人车辆，车辆翻倒时损坏他人财物。

4.必须在动物行为和损害事实之间存在因果关系。在确定因果关系时，要注意动物损害的客观可能性，要根据具体环境确认因果关系。例如，被狗咬伤，在缺医少药的山区可能会造成伤口感染以致截肢的损害后果，这种后果和动物行为仍应认定有因果关系。

饲养动物致人损害，动物饲养人或者管理人应当承担责任。动物饲养人，是对动物进行占有、使用、收益、处分的所有人；动物管理人是指实际控制和管束动物的人。在一般情况下，动物饲养人和管理人同为一人。但是，如果饲养人和管理人不为同一人时，管理人应承担动物致人损害的民事责任。遗弃、逃逸的动物在遗弃、逃逸期间造成他人损害的，由原动物饲养人或者管理人承担侵权责任。在实践中还出现一种非法占有他人动物而产生该被非法占有的动物侵害他人的状况，在这种情况下，非法占有人属于有过错的第三人，应该对占有动物造成的损害承担民事责任。

饲养的动物致人损害，饲养人或者管理人应该承担民事责任。但在以下法律规定的条件下，动物饲养人或者管理人可以免除承担民事责任：(1)当事人双方约定有免责事由。例

① 最高人民法院《关于李桂英诉孙桂清鸡啄眼一案的复函》(1982年1月22日)认为："李桂英带领自己三岁男孩外出，应认识到对小孩负有看护之责。李桂英抛开孩子，自己与他人在路旁闲聊，造成孩子被鸡啄伤右眼，这是李桂英做母亲的过失，与养鸡者无直接关系。因此，判决孙桂清(养鸡者)负担医药费是没有法律根据的。"

如专门为马钉掌铁。这种当事人双方以明示或者默示的方式达成一致协议，表明一方当事人自愿承担动物可能造成的危险。如果被动物损伤，则动物的饲养人或者管理人不承担责任。(2)受害人过错。这种受害人的过错，是由于受害人因为故意或者重大过失而导致动物损害自身。在这种情况下，所有损失由受害人自己承担。对于受害人一般过错能否减轻动物饲养人或管理人责任的问题，由于无过错责任的法律原则就是不存在过失相抵的情形，因此，如果由于受害人存在一般过错的主观状态，则仍应该由动物饲养人或管理人承担损害赔偿的全部责任。(3)第三人过错。因第三人的过错致使动物造成他人损害的，被侵权人可以向动物饲养人或者管理人请求赔偿，也可以向第三人请求赔偿。动物饲养人或者管理人赔偿后，有权向第三人追偿。(4)动物园无过错。动物园的动物造成他人损害的，动物园应当承担侵权责任，但能够证明尽到管理职责的，不承担责任。

《侵权责任法》在规定饲养动物致人损害的过错侵权责任时，又特别规定了一种饲养动物侵权的无过错责任，即烈性犬等危险动物损害责任。《侵权责任法》第80条规定："禁止饲养的烈性犬等危险动物造成他人损害的，动物饲养人或者管理人应当承担侵权责任。"关于什么属于烈性犬等危险动物，法律并没有明确界定。我们认为，烈性犬等危险动物损害责任应当符合以下要件：一是这种饲养动物是法律禁止饲养的；二是这种动物属于危险动物，一般不能与他人进行接触，如果与他人进行接触就具有人身危险；三是这种动物造成他人损害。

七、物件损害责任

物件损害责任，是指建筑物及其搁置物、悬挂物，或者林木等其他设施造成他人损害，根据法律规定而应当承担的侵权责任。与《民法通则》规定的分类不同，我国《侵权责任法》将建筑物或者其他设施以及建筑物上的搁置物、悬挂物发生倒塌、脱落、坠落造成他人损害，在公共场所、道旁或者通道上挖坑、修缮、安装地下设施等，没有设置明显标志和采取安全措施造成他人损害，及林木、堆放物致人损害的行为合并规定为物件损害责任。

(一)建筑物等致人损害的民事责任

我国《民法通则》第126条规定："建筑物或者其他设施以及建筑物上的搁置物、悬挂物发生倒塌、脱落、坠落造成他人损害的，它的所有人或者管理人应当承担民事责任，但能够证明自己没有过错的除外。"《侵权责任法》第85条规定："建筑物、构筑物或者其他设施及其搁置物、悬挂物发生脱落、坠落造成他人损害，所有人、管理人或者使用人不能证明自己没有过错的，应当承担侵权责任。所有人、管理人或者使用人赔偿后，有其他责任人的，有权向其他责任人追偿。"这里规定的搁置物、悬挂物等致人损害的民事责任，也称为建筑物致人损害的民事责任。建筑物等致人损害，包括三种情况：(1)建筑物倒塌致人损害；(2)建筑物附属物件脱落致人损害；(3)建筑物上的搁置物、悬挂物坠落致人损害。

建筑物等致人损害的民事责任，须具备以下条件：

1. 存在建筑物或者搁置物、悬挂物倒塌、脱落、坠落的事实。建筑物，是指以一切结构、形状、功能和材料，通过人工建造而附属于土地的永久或临时性设施。例如房屋、桥梁、井、路、雕塑等。所谓倒塌，是指建筑物因本身结构毁坏而全部或部分倾塌。脱落，是指附着于建筑物上之物与建筑物相分离坠落；坠落是指搁置、悬挂于建筑物之上的物离开原处而落下。例如阳台上的花盆、墙上的广告等掉落于地。由此可见，建筑物或其搁置物、悬挂物发生倒塌、脱落、坠落的事实主要表现为三种情况：(1)建筑物全部或者部分倒塌。(2)附着于建筑物的构件脱落。(3)建筑物上的搁置物坠落。

2. 有损害事实。损害事实包括人身伤害，也包括财产损害。如果建筑物或其搁置物、悬挂物等并未损害他人的人身或财产，而只是阻碍他人权利的正常行使，则不发生建筑物或者其搁置物、悬挂物致人损害的民事责任。如搁置物坠落阻断邻人的通道，影响其通行权的行使，不属于特殊侵权行为。

3. 在损害事实和建筑物或其搁置物、悬挂物倒塌、脱落、坠落之间存在因果关系。这种因果关系表现为两种情况：其一是倒塌、脱落、坠落等物理力直接作用于他人的人身、财产，造成损害；二是倒塌、脱落、坠落等的物理力并未直接作用于他人的人身、财产，而是引发其他现象，致使他人的人身财产受损害。因为刮风、下雨导致建筑物倒塌、脱落、坠落，造成损害的，并不影响因果关系的存在。

4. 建筑物的所有人、管理人或使用人不能证明自己没有过错。建筑物的所有人、管理人或者使用人能够证明自己没有过错，则不承担民事责任；如果不能证明自己没有过错，则应当承担民事责任。因此，建筑物的所有人、管理人或使用人不能证明自己没有过错，是搁置物、悬挂物等致人损害民事责任的构成要件。

建筑等致人损害，所有人、管理人或使用人应承担民事责任，这是基于对使用人、管理人或所有人的过错推定。因为建筑物在正常状态不会发生倒塌、脱落、坠落，之所以发生这些不正常的状况，是因为设置不当、管理不当、使用不当或是其他缺陷，其原因在于所有人、管理人或使用人未尽到应有的注意。所以，所有人、管理人或使用人依法充当责任主体，有利于促使他们加强建筑物的保养维修和注意保障他人安全。

由于有的建筑物在建设任务完成后建设单位就注销，或者因为某些原因找不到建设单位，在建筑物或者其他设施倒塌时管理人或者使用人又能够证明自己没有过错，而是由于建设单位或者施工单位的过错导致损害发生，因此，《侵权责任法》第 86 条特别规定："建筑物、构筑物或者其他设施倒塌造成他人损害的，由建设单位与施工单位承担连带责任。建设单位、施工单位赔偿后，有其他责任人的，有权向其他责任人追偿。因其他责任人的原因，建筑物、构筑物或者其他设施倒塌造成他人损害的，由其他责任人承担侵权责任。"

为了保护受害人的权益能够得到弥补，我国《侵权责任法》同时规定，从建筑物中抛掷物品或者从建筑物上坠落的物品造成他人损害，难以确定具体侵权人的，除能够证明自己不是侵权人的外，由可能加害的建筑物使用人给予补偿。所以，只要证明自己不是侵权人，建筑物的使用人就可以不承担损害责任。如从楼上掉下的烟灰缸砸伤路过的行人，在不知道谁是扔烟灰缸的人的情况下，该楼所有的使用人均应承担赔偿责任。但如果可以证明自己不是侵权人的，就可免除责任。

堆放物倒塌造成他人损害，堆放人不能证明自己没有过错的，应当承担侵权责任。在公共道路上堆放、倾倒、遗撒妨碍通行的物品造成他人损害的，有关单位或者个人应当承担侵权责任。

因林木折断造成他人损害，林木的所有人或者管理人不能证明自己没有过错的，应当承担侵权责任。

(二)未设置明显标志或未采取安全措施致人损害的民事责任

我国《民法通则》第125条规定:“在公共场所、道旁或者通道上挖坑、修缮、安装地下设施等,没有设置明显标志和采取安全措施造成他人损害的,施工人应当承担民事责任。”《侵权责任法》第91条规定:“在公共场所或者道路上挖坑、修缮安装地下设施等,没有设置明显标志和采取安全措施造成他人损害的,施工人应当承担侵权责任。窨井等地下设施造成他人损害,管理人不能证明尽到管理职责的,应当承担侵权责任。”

这种未设置明显标志或未采取安全措施致人损害的民事责任称为地面施工致人损害的民事责任。

关于地面施工致人损害的民事责任归责原则,有两种不同的主张。一种认为应该适用无过错责任,另一种认为属于过错责任中的过错推定责任。从《民法通则》第125条及《侵权责任法》第91条的规定可以明显看出,我国法律关于地面施工致人损害的责任属于过错责任。因为法律已经明确规定施工人在从事地面施工时,必须设置明显标志和安全措施。因此,没有设置明显标志并采取安全措施,管理人没有尽到管理职责,就是不履行法律规定的义务,主观上就具有不良的心理状态,就是民法规定的主观过错。如果施工人能够证明自己已经设置明显标志和采取安全措施,管理人证明尽到管理职责的,即证明自己没有主观过错,可以免除责任。否则,就推定施工人、管理人具有过错心理状态。

未设置明显标志或未采取安全措施致人损害的民事责任,必须具备以下构成要件:

1. 有在公共场所、道旁或者通道上从事挖坑、修缮、安装地下设施等作业的施工人或者窨井等地下设施的管理人。包括三个方面的要求:(1)特定地点。公共场所是指公众聚集、活动的地方;道路、通道是指社会公众通行的地段。这些地方因为对公众开放,出入人员具有广泛性、不可避免性,在这些地方施工具有较大的潜在危险。(2)特定活动,即在地面进行挖坑、掘井、开渠、埋设地下设施等。(3)特定主体,即从事施工作业或者窨井等地下设施管理的组织或个人。

2. 没有设置明显标志、采取安全措施或尽到管理职责。设置明显标志、采取安全措施、尽到管理职责,一方面保证施工地点的施工活动,另一方面使通行人免受因施工形成的危险因素的损害。设置明显标志、采取安全措施、进行适当管理,是法律对施工人、管理人的特殊要求,是施工人、管理人承担的作为义务。施工人未设置明显标志和采取安全措施,管理人没有尽到管理职责,违反了作为的义务。所以,尽管其施工活动是合法的,但这种不作为的行为不合法,应受到法律的否定性评价,具有违法性。

3. 损害与没有设置明显标志、没有采取安全措施、没有尽到管理职责之间具有因果关系。这种因果关系表现为因施工人没有设置明显标志和采取安全措施、管理人没有尽职尽责而导致损害的发生。施工人如果能够证明自己已设置明显标志和采取安全措施,并且这些标志和措施足以使任何人采取通常的注意就可以避免损害发生,则不用承担民事责任。同样,管理人能够证明自己已尽管理职责,则不承担民事责任。

未设置明显标志和采取安全措施致人损害的,未尽管理职责而使窨井等地下设施造成他人损害,由施工人、管理人承担民事责任。这里的施工人、管理人,是指接受施工任务、组织施工作业及依法具有管理职责的组织或个人,而不是指具体进行施工作业或者具体管理的工作人员或雇员。这种侵权行为的原因是施工人、管理人违反注意他人安全的作为义务,是施工人、管理人违法不作为的行为后果。

八、侵害英雄烈士权利责任

我国《民法总则》第 185 条规定，“侵害英雄烈士等的姓名、肖像、名誉、荣誉，损害社会公共利益的，应当承担民事责任。”英雄烈士是指为了人民利益而奋斗，在保卫国家、国家建设过程中作出巨大贡献、建立卓越功勋，牺牲故去的人。[①] 2018 年 5 月 1 日生效施行的《英雄烈士保护法》规定，制定该法的目的是为了加强对英雄烈士的保护，维护社会公共利益，传承和弘扬英雄烈士精神、爱国主义精神，培育和践行社会主义核心价值观，激发实现中华民族伟大复兴中国梦的强大精神力量。

关于何为英雄烈士，我国法律也进行了明确规定。2011 年 8 月 1 日施行的《烈士褒扬条例》第 8 条规定，公民牺牲符合下列情形之一的，评定为烈士：(1)在依法查处违法犯罪行为、执行国家安全工作任务、执行反恐怖任务和处置突发事件中牺牲的；(2)抢险救灾或者其他为了抢救、保护国家财产、集体财产、公民生命财产牺牲的；(3)在执行外交任务或者国家派遣的对外援助、维持国际和平任务中牺牲的；(4)在执行武器装备科研试验任务中牺牲的；(5)其他牺牲情节特别突出，堪为楷模的。2004 年 10 月 1 日施行的《军人抚恤优待条例》第 8 条规定，现役军人死亡，符合下列情形之一的，批准为烈士：(1)对敌作战死亡，或者对敌作战负伤在医疗终结前因伤死亡的；(2)因执行任务遭敌人或者犯罪分子杀害，或者被俘、被捕后不屈遭敌人杀害或者被折磨致死的；(3)为抢救和保护国家财产、人民生命财产或者执行反恐怖任务和处置突发事件死亡的；(4)因执行军事演习、战备航行飞行、空降和导弹发射训练、试航试飞任务以及参加武器装备科研试验死亡的；(5)在执行外交任务或者国家派遣的对外援助、维持国际和平任务中牺牲的；(6)其他死难情节特别突出，堪为楷模的。

根据《英雄烈士保护法》的相关规定，禁止歪曲、丑化、亵渎、否定英雄烈士事迹和精神。英雄烈士的姓名、肖像、名誉、荣誉受法律保护。任何组织和个人不得在公共场所、互联网或者利用广播电视、电影、出版物等，以侮辱、诽谤或者其他方式侵害英雄烈士的姓名、肖像、名誉、荣誉。任何组织和个人不得将英雄烈士的姓名、肖像用于或者变相用于商标、商业广告，损害英雄烈士的名誉、荣誉。

侵害英雄烈士等的姓名、肖像、名誉、荣誉，损害社会公共利益的，应当承担民事责任。《最高人民法院关于确定民事侵权精神损害赔偿责任若干问题的解释》第 3 条规定，自然人死亡后，其近亲属因下列侵权行为遭受精神痛苦，向人民法院起诉请求赔偿精神损害的，人民法院应当依法予以受理：(1)以侮辱、诽谤、贬损、丑化或者违反社会公共利益、社会公德的其他方式，侵害死者姓名、肖像、名誉、荣誉；(2)非法披露、利用死者隐私，或者以违反社会公共利益、社会公德的其他方式侵害死者隐私；(3)非法利用、损害遗体、遗骨，或者以违反社会公共利益、社会公德的其他方式侵害遗体、遗骨。

---

① 李适时主编：《中华人民共和国民法总则释义》，法律出版社 2017 年版，第 580 页。